● 研究生教学用书

高级宏观经济学

Advanced Macroeconomics

主　编　吕朝凤（西南财经大学）
陈汉鹏（中国社会科学院）
付才辉（北京大学）

副主编　余长林（厦门大学）
朱丹丹（四川农业大学）
郑　洁（北京大学）
戢梦雪（四川社会科学院）
崔庆波（云南大学）

厦门大学出版社　国家一级出版社
XIAMEN UNIVERSITY PRESS　全国百佳图书出版单位

图书在版编目（CIP）数据

高级宏观经济学 / 吕朝凤，陈汉鹏，付才辉主编
. -- 厦门 ：厦门大学出版社，2023.1
ISBN 978-7-5615-8685-3

Ⅰ. ①高… Ⅱ. ①吕… ②陈… ③付… Ⅲ. ①宏观经济学 Ⅳ. ①F015

中国版本图书馆CIP数据核字(2022)第140175号

出 版 人　郑文礼
责任编辑　许红兵
封面设计　张雨秋
技术编辑　朱　楷

出版发行　厦门大学出版社
社　　址　厦门市软件园二期望海路 39 号
邮政编码　361008
总 编 办　0592-2182177　0592-2181253(传真)
营销中心　0592-2184458　0592-2181365
网　　址　http://www.xmupress.com
邮　　箱　xmupress@126.com
印　　刷　厦门市竞成印刷有限公司

开本　787 mm×1 092 mm　1/16
印张　28.25
插页　2
字数　603 千字
版次　2023 年 1 月第 1 版
印次　2023 年 1 月第 1 次印刷
定价　78.00 元

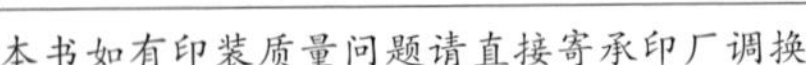

厦门大学出版社
微信二维码

厦门大学出版社
微博二维码

序

经济学历史悠久，经历过数次革命性创新，已经形成较为成熟的理论体系，尤其在21世纪取得了长足发展。早在18世纪，以斯密为代表的一些经济学家提出了“看不见的手”(invisible hand)的观点，对后世影响极为深远。即使在现实宏观经济的治理过程中，各国政府也高度重视对整体经济的研究(顾金亮，2005)，充分发挥政府的积极作用，以缓和经济波动，推动整体经济发展。在此背景下，宏观经济研究机构犹如雨后春笋般涌现。针对不断出现的宏观经济问题，这些机构提出了大量有价值的学术观点。

缺乏严密的逻辑体系和微观基础是早期宏观经济学所面临的最严峻挑战，使其不能对宏观经济运行做出严谨而系统的预测。20世纪30年代的凯恩斯革命迎来了现代宏观经济学的建立，即以1929—1933年大萧条时期鼓励国家干预经济的宏观经济实践为开端，至1936年世界著名经济学家凯恩斯的著作《就业、利息和货币通论》(《通论》)问世，标志着现代宏观经济学的形成。在《通论》中，凯恩斯非常清楚地提出，“创立独立的宏观经济学，要说明的正是总产量与就业量如何决定”(顾金亮，2005)，并以此为基础，打破了传统古典经济学倡导的“市场万能”理论，创建了以“有效需求不足”为基础的凯恩斯宏观经济分析框架。

20世纪70年代，滞胀现象的出现对以凯恩斯为基础的宏观经济思想提出了挑战，“理性预期学派”及“新古典宏观经济学”分析框架开始兴起。在巨大挑战之下，一些名为“新凯恩斯主义”(new Keynesianism)的研究，对传统的凯恩斯理论基础进行了丰富和发展，最重要的是引入了微观基础。自此，现代宏观经济学开始逐渐脱离简化研究范式，转向以微观基础为出发点的新的宏观经济研究范式。在这一时期，宏观经济学发展的一个迫切任务正是，积极吸收凯恩斯分析框架中的可利用之处，并发展一套坚实的微观基础(常志霄，高震华，1998)。无论是古典宏观经济学，或是凯恩斯宏观经济学，都是从不同角度实现宏观经济学向现实的回归(徐广军，

2002)。

随着微观基础引入宏观经济学的研究之中，数学方法也逐渐在宏观经济学研究中得到了广泛应用(王艳萍,2013)，而以统计学与计量经济学为代表的数学方法在宏观领域的广泛应用反过来又推动了数学方法的不断发展。实际上，宏观经济学的理论研究，主要体现为完善和发展传统理论，使其更加贴近经济事实(徐慧燕,2014)。总之，宏观经济学在争论与发展过程中，已经演绎出不同的理论体系。而这些理论体系不断融合创新，又成为剖析现实经济的重要工具，为人类理解经济运行规律、提高世界各国居民福利做出了重要贡献。

中国自 1978 年改革开放以后，经济快速增长，发展质量提升，成为世界上第 13 个保持两位数年均经济增长率长达 25 年以上的国家，创造了“中国奇迹”(林毅夫,2018)。中国宏观经济成就举世瞩目。但是，随着人口结构变迁、自然资源约束加剧，中国经济仍然面临着结构转型的重要任务。而转变经济增长动能、提升经济发展质量、实现全民共享增长成果，将在很长一段时间里成为中国经济改革发展的重要目标。总结中国宏观经济的发展经验，归纳中国经济建设的成功原因，寻找推动中国经济高质量发展的突破口，并对中国宏观经济未来发展提供前瞻性建议，已经成为中国经济学家共同面临的世纪挑战。本书的一个重要特点是，充分吸收国内外学者在宏观经济领域所取得的研究进展，在宏观经济学前沿教材中融入对中国宏观经济建设经验的总结，并将新结构经济学思想融入宏观经济前沿理论之中，兼顾经典理论介绍与批判，从而丰富和发展现有的前沿宏观经济理论。

本书是由西南财经大学、中国社会科学院、北京大学、中国人民大学、厦门大学、南开大学、云南大学、四川大学、西南交通大学、上海大学、四川农业大学、西华大学、四川省社会科学院、成都市发展与改革委员会、英国剑桥大学、墨西哥下加利福尼亚自治大学蒂华纳分校等高校和研究机构科研人员共同合作的成果。本书的编写坚持以马克思主义为指导，坚持学术与历史视角，不仅涵盖宏观经济学的经典理论，而且兼顾了相关理论的最新发展；不仅侧重于经典模型和文献的介绍，而且在各章中对宏观经济学的研究发展进程进行了梳理。总之，本书从不同方面展现了宏观经济学前沿理论演化和变迁的波澜壮阔的画卷。本书的主要特色如下：

前瞻性强。本书的作者均拥有经济学博士学位，长期致力于宏观经济学前沿理论及相关领域的研究。全书在梳理经典宏观理论和模型的基础上，对其未来发展方向进行了一些探索。

规范实用。本书的撰写工作严谨规范，严格尊重原有文献的思想和逻辑，引用了国际和国内文献约3000份，在一定程度上可以被称为宏观经济学前沿研究大纲。本书的章节安排符合高级宏观经济学课程教学要求，并配有相应习题以供学习使用。本书还附有教学PPT，以帮助高校师生教学和学习。

学科交叉。本书具有学科交叉的特点，不仅包括作为宏观经济理论主要内容的经济增长与周期理论，还涵盖总量消费和投资、失业、通货膨胀等前沿理论和政策问题，对于一些交叉学科的相关研究也有所涉及。个别章节的实证部分甚至涉及微观家户和企业数据，详细介绍了如何利用产业和微观层面数据进行相应的宏观经济方面的研究。

结构新颖。本书的章节编排兼顾经典宏观经济理论的介绍和新理论的融入，既符合国际主流教材的写作范式，也引入了近年来的新经济学思潮。尤其值得关注的是，作者尝试将制度与增长作为专题，介绍一套诠释制度与增长关系的宏观经济模型，并详细介绍了利用中国经济数据对相关命题进行规范实证检验的过程，具有典型的"中国范"，有利于最新宏观经济思想的学习传播。

论证充分。本书所有的理论和论据，都是基于权威文献和数据库，并在书中进行了一一标注。读者在注释和参考文献中，可找到对应的资料。实际上，为完成此书的撰写，作者总共参阅了约3000份国际和国内文献，文献的时间跨度超过200年。可以说，为著此书，作者参考了几乎所有可能找到的国际和国内相关文献。本书在总结大量文献的基础上，基本达成了如下的目标：概括当前前沿的宏观经济理论，梳理宏观经济的国际和国内实证研究，初步归纳和发展出新结构宏观经济学的相关研究范式，以形成一套系统的现代宏观经济学理论体系，为高年级本科生、硕士和博士研究生学习前沿宏观经济理论，提供一本具有权威性、可阅读性和全面性的"中国范"前沿教材。

本书编写分工如下：

第一章：吕朝凤（西南财经大学）；

第二章：余长林（厦门大学）、陈朴（中国人民大学）；

第三章：付才辉（北京大学）、吕朝凤（西南财经大学）；

第四章：吕朝凤（西南财经大学）、邓舒心（西南财经大学）；

第五章：戢梦雪（四川省社会科学院）、菲利普·阿雷斯蒂斯（P.Arestis，剑桥大学）；

第六章：朱丹丹（四川农业大学）、路易斯·阿尔弗雷多·阿维拉·洛佩兹（Luis Alfredo A. L.，墨西哥下加利福尼亚自治大学蒂华纳分校）；

第七章：陈汉鹏（中国社会科学院）；

第八章：郑洁（北京大学）、文永恒（北京大学）、杨林川（西南交通大学）；

第九章：冯凯（南开大学）、黄正多（四川大学）；

第十章：崔庆波（云南大学）、贾利军（上海大学）、余啸（成都市发展与改革委员会）；

第十一章：吕朝凤（西南财经大学）、支宏娟（西华大学）；

第十二章：陈娜（四川大学）、谢哲（西南财经大学）。

2022 年 3 月

目 录

第一章

引言:问题与方法

第一节　宏观经济学的兴起

世界著名经济学家 Marshall 在 *Principles of Economics* 中对“经济学”做出过如下的定义:政治经济学或经济学是一门研究人类一般生活事务的学问;它研究个人和社会活动中与获取和使用物质福利必需品最密切相关的那一部分。

这一定义拓展了以 Smith(1880)、Ricardo(1776)等为代表的古典经济学的研究范畴,将研究对象从“财富科学”发展到“人的科学的一部分”。如果经济研究在取平均数时样本量足够大,可以使得单个的个性特征相互抵消,那么就能够实现“(经济学通常)寻求不受个人特性影响的广泛结果”(Marshall,1890),即整体经济之运行特征。这就为宏观经济学的形成提供了思想基础。然而,在 20 世纪初,对于如何衡量与研究宏观经济,存在着重大的争议。同时,当时的世界经济出现巨大震荡,经济冲击的巨大影响使得学术界重新审视 Smith(1775)和 Marshall(1890)等传统古典经济学家提出的“看不见的手”(invisible hand)的观点,也使得各国政府高度重视对整体经济的研究(顾金亮,2005)。

在此背景下,美国于 1920 年设立国家经济研究局(National Bureau of Economic Research,NBER),作为专门研究宏观经济周期的研究机构;其他西方国家也纷纷效仿,如德国成立德国经济研究所(German Institute for Economic Research,GIER),作为专门研究宏观经济状况观察和国民经济总决算方面的机构;法国成立法国国家统计和经济研究所(National Institute of Statistics and Economic Studies,NISES),作为专门研究就业等问题的调查机构。一时间针对宏观经济进行研究的机构犹如雨后春笋般涌现。它们在对各国国民收入与分配结构性问题进行研究的过程中,整理并发布了大量的总量时间序列数据,为以后的宏观经济研究提供了数据基础。学者们利用这些宏观数据,在探索宏观经济问题的过程中提出了大量有价值的学术观点,如 Pigou(1927)提出“宏观经济波动可能是由于经济主体在预测未来经济发展中遇到的困难所导致的”、“商人们的预期变化——此外再没有别的东西，构成了产业波动的直接原因或者前导”等。类似上述简单针对宏观时间序列数据的研究，被后来的学者称为“古典式的宏观经济学”。

缺乏严密的逻辑体系是古典式宏观经济学最严重的缺陷，使其不能对宏观经济运行做出系统预测与考察。直到世界著名经济学家 Keynes(1936)的《就业、利息和货币通论》(以下简称《通论》)问世，此问题才得到解决。从此，宏观经济学才真正成为经济学科的一个分支学科，因为 Keynes 在《通论》中非常清楚地“主张创立独立的宏观经济学，要说明的正是总产量与就业量如何决定”(顾金亮，2005)。Keynes 在《通论》中利用“三个基本心理定律”、“国家央行决定货币供给”和“议价决定单位工资”三大公理性假说，打破了之前古典经济学倡导的“市场万能论”(market omnipotence theory)，主张“有效需求不足”。Keynes 承认除了自愿失业(voluntary unemployment)和摩擦性失业(frictional unemployment)外，社会经济中还存在着“非自愿失业”(involuntary unemployment)，现实经济经常出现处于充分就业状态下的均衡。由此，他主张政府“积极干预经济”，保证总需求水平与充分就业的一致性。

事实上，Keynes 的《通论》极其难读。然而，幸运的是 Hicks(1937，1967)和 Hansen(1949，1953)在解释和校正《通论》的过程中，综合 Marshall(1890)等发展新古典经济学(neoclassical economics)思想，利用 IS-LM 模型进行概括。原始的 IS-LM 模型请见图 1-1-1。虽然这种简化可能使得 Keynes 的经济思想又向以 Smith、Marshall 等为代表的正统经济学迈回了一步，但是它却极大地推动了 Keynes 的经济思想的传播。在二战后至 20 世纪 60 年代间，Keynes 的思想成为宏观经济学的主流思想，《通论》的销售量甚至一度超过《圣经》。

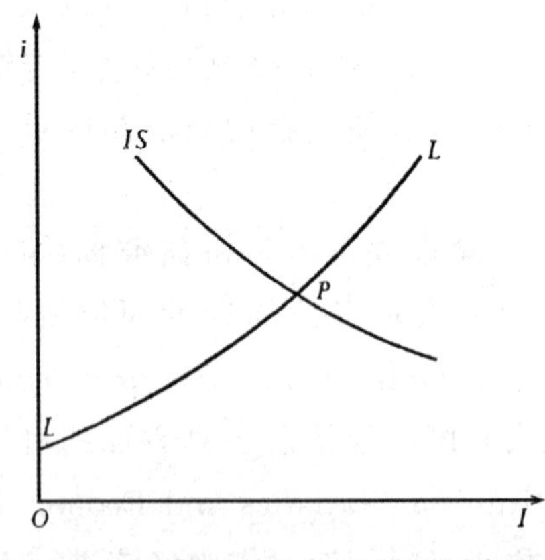

图 1-1-1 原始的 IS-LM 模型示意图

资料来源：Hicks(1937)的图 3 和 Hicks(1967)的图 9。

在实践中，战后许多国家纷纷运用 Keynes 的经济思想，把充分就业和经济增长作为政策目标，推行 Keynes 及其追随者所主张的财政金融政策，故可以把 Keynes 及其追随者称为“凯恩斯主义”(Keynesianism)。这些政策在恢复“满目疮痍”的战后经济、减轻经济冲击、缓和经济危机和抑制失业方面发挥了重要作用,使得战后西方国家迎来了经济空前发展的黄金时期。鉴于 Keynes 的经济思想在应用上所取得的前所未有的巨大成功,凯恩斯主义也因此成为一个时代的象征。因此,可以把 1945—1970 年称为凯恩斯主义的黄金年代。

第二节　宏观经济学的发展

如果“飞速增长”是西方国家在战后到 20 世纪 70 年代初期的经济发展特征,那么“滞胀”(stagflation)就成为主要西方国家在 20 世纪 70 年代中后期和 80 年代初的重要经济特征。滞胀主要表现为“经济增长缓慢,失业率高企,通货膨胀持续高涨”。更重要的是,似乎传统的凯恩斯主义经济思想难以解释这一现象,也很难提出一套经济政策来实现“充分就业状态下的宏观均衡”。事实上,在 1960 年代强调货币政策的有效性、主张“单一政策”的、以 Friedman 为代表的货币学派(monetarism)已经开始向传统的凯恩斯主义经济思想提出挑战。并且,他们在某些领域获得了巨大的成功,如提出菲利普斯曲线(Phillips curve),认为在通货膨胀与失业之间,永远存在着暂时的此消彼长,但不存在永久性的此消彼长。

然而,货币主义并没有真正地动摇传统凯恩斯主义经济思想的地位。真正动摇凯恩斯主义经济思想的是由 Lucas、Prescott、Stocky 和 Sargent 等学者倡导的理性预期批判(rational-expectation critique)学说。其中 Lucas(1976)在“Econometric Policy Evaluation:A Critique”一文中提出:传统政策分析没有充分考虑到政策变动对人们预期的影响,现行宏观经济模型无法指导政策制定。凯恩斯主义正是 Lucas 等学者首要的批判对象,因为 Keynes 在《通论》中提出政策干预主张的同时,并未考虑这些经济政策的影响。从本质上讲,Keynes 在《通论》中阐述其观点时,未引入微观基础,未考虑到个体行为预期的影响。因此,在 20 世纪 70 年代以后,宏观经济学发展的迫切任务就是,积极吸收 Keynes 分析框架中的可资利用之处,并发展一套坚实的微观基础(常志霄,高震华,1998)。

Prescott 则同 Kydland 等学者一起,在 Solow(1956)提出的全要素生产率外生冲击假说的基础上,构建起一套具有完整微观基础的经济周期模型,即“real business cycle”(RBC)。针对经济波动现象,这一套理论的解释是:真实存在的技术冲击导致了现实的经济波动,而存在波动的现实经济都是行为人根据对技术变迁的预期所做出的最佳反应,因而无论何时,产出都处在“自然水平”(natural level),都是最优的。包括 Mendoza(1991)在内的众多学者,将这一套模型应用到货币经济、开放经济、异质性经济中,获得了巨大成功。通过将分析框架构建在强大选择逻辑基础上，他们为破解宏观经济运行规律提供了一套比较完备的理论系统（Plosser，1989）。然而，真正的技术变迁周期可能极其长久，短期很难形成准确的预期，难以准确预测其对经济的影响（常志霄，高震华，1998）；更重要的是，由于受限于知识的可获得性，个人很难形成比较完整的技术预期。

在受到巨大理论冲击的情况下，凯恩斯主义也一度“沉寂下去”。不过，“沉寂时间”并不是很长，在20世纪70年代末，在积极吸取理性预期思想、效用与利润最大化原则的基础上，Fischer、Phelps等学者试图在继承传统凯恩斯主义关于市场不完全竞争观点的基础上，建立起微观个体理性和最优化决策行为基础之上的宏观经济理论体系，以支撑传统凯恩斯主义的国家干预经济这一政策主张（Mankiw，Romer，1991）。凯恩斯主义这一拥有辉煌历史的宏观经济学理论体系，由于获得了坚实的微观基础而焕发出新的生命力。这些具备了微观基础的凯恩斯主义宏观经济理论体系和政策主张，被称为“新凯恩斯主义”（new Keynesianism）。相比传统凯恩斯主义，新凯恩斯主义具有两个独特的优越性：一方面，它吸收了凯恩斯主义和新古典主义理论的优点，获得了坚实的微观基础；另一方面，它比新古典主义的假设更贴近现实，与其他的宏观经济学流派相比更加“兼容并蓄”。然而，新凯恩斯主义也有一定的缺陷，即其研究比较倾向于理论发展，并没有太强的政策含义。

第三节　宏观经济学的争议

从历史的角度看，宏观经济学过去90年里的发展历程就是一部争议与创新的融合史。20世纪末，宏观经济学具备了坚实且牢固的微观基础；进入21世纪后，则需要利用这些微观基础发展出更具说服力的理论体系。著名经济学家Romer（2016）在 *The American Economist* 上发表了“The Trouble with Macroeconomics”一文，指出：动态随机一般均衡（dynamic stochastic general equilibrium，DSGE）模型在构造外生冲击和参数识别方面所存在的缺陷使得其对现实的解释力不足，导致宏观经济学研究逐步脱离现实。Romer的论据可归纳如下：一是，DSGE模型所依托的脱离现实的外生冲击，是不受经济个体行为影响的，在理论上没有坚实的微观基础；二是，DSGE模型非但没有解决模型参数识别问题，甚至进一步使这个问题复杂化；三是，在面对缺陷时采取相互支持和包容的态度，造成主流宏观经济学回避和忽略DSGE模型所存在的问题。鉴于此，在这种环境下诞生的宏观经济理论被Romer视作只有当“巨魔、小鬼和以太（物理学家假想的物质）”存在时才解释得通的物理学。可以说，Romer批判是自Lucas批判后，宏观经济学发展史上最严厉的“自我批评”。

Romer批判实质上有着强烈的现实背景。据统计,在2008年全球金融危机后的10多年间,各国中央银行总共发行了超过12万亿美元的货币,这虽然不能彻底消除经济冲击,但是量化宽松的货币政策作为缓解经济停滞问题的权宜之计,似乎已经成为西方国家实务界的一个共识。然而,新共识与现有的宏观经济理论却大相径庭,现有的宏观经济理论认为中央银行的举措无关轻重。甚至"即使所有的救助措施被中央银行所撤回,也不会坏到哪里去"的观点,一直在主流宏观经济理论中广为流行,因为数学模型的推导结论显示"货币政策与产出并无相关性"。Romer(2016)将此观点称为"后现实",源自"人性的弱点"。

宏观经济学未来的发展,应该是"理论与现实一起前进"。理性与非理性融合也可能成为一种新趋势,这种趋势受到Haldane、Thaler、Shiller等学者的支持。Haldane认为,现实经济具有非理性特征,往往比用数学刻画的经济环境复杂得多。无论如何,"从在上班路上买的咖啡和面包,到我们存放养老金的基金,我们每天做出的买卖决策绝不像主流经济学者们设想的那样受理性驱使"。宏观经济学要做到"理论与现实一起前进",还需要学术界重新审视宏观数据问题。实际上,国际学术界已经意识到这个问题,而Nakamura(中村惠美)获得2019年年度克拉克奖(John Bates Clark medal)就是一个强烈信号。Nakamura的一个重要学术贡献是,他和Steinsson于2018年利用银行业调查收集的微观价格数据,获得美国经济中价格调整的众多特征,发现现实经济中的价格调整频率更高,周期的中位数为4.3个月。这对认为周期为1年的传统观点提出了挑战。

无论如何,宏观经济学在争论与发展过程中,已经演绎出不同的理论体系。这些理论体系不断融合与创新,已经成为剖析现实经济的重要工具,为人类理解经济运行规律、增进世界各国居民福利做出了重要贡献。我们真诚地希望,读者能够在掌握这些理论框架的基础上,突破这些理论体系,继而为探索出世界经济下一次腾飞的线索,在这个伟大的星球上实现各国经济共同发展、人类社会共享发展成果的宏伟目标而努力。本书深入浅出地向读者介绍现代主流的宏观经济分析框架,通过融入最近20年里中国宏观经济的成果,使读者既能够掌握西方主流宏观经济研究架构,又能够了解宏观经济学在中国的应用成果。

第四节 宏观经济学在中国的适用与发展

在改革开放后的40多年里,中国经济长期保持以9%的速度高速增长,经济总量于2012年超过日本排名世界第二,经济建设取得了举世瞩目的成就,创造了"中国奇迹"。中国宏观经济也逐渐成为国际学术界的研究焦点,学术界运用现代宏观经济分析方法对中国宏观经济问题进行剖析。现代宏观经济学在中国的适用，主要体现在如下三个方面：

一是中国式分析框架。长期以来，以厉以宁、林毅夫、刘国光、钱颖一、吴敬琏、徐现祥、袁志刚、张维迎等为代表的经济学家们坚持现代经济学的中国化，将中国模式融入现代经济学，不断推动和发展非均衡模型、发展经济学和博弈理论，创立新结构经济学等，提出“软预算约束”，探索国企改革模式、外国援助作用机理、中国社会保障最优模式、地方官员经济作用机理等，很多成果都体现出现代经济学中国化的特点。这些成果为后来青年学者的研究提供了理论基础。在21世纪的第二个10年里，诸如陈彦斌、黄玖立、吕朝凤、王永进、严成樑等青年学者尝试探索中国经济周期成本、退休制度改革的宏观经济影响，尝试将樊纲等学者构建的中国各省（自治区、直辖市）市场化进程程度作为制度变量，引入Acemoglu、Helpman等学者创立的AAH分析框架中，考察市场化改革对中国经济增长的影响，甚至将Coase和Wang(2011)提出的“市场发展功能”假说进行模型化。这些研究都在从不同的角度探索中国宏观经济研究的分析框架。正如《经济学(季刊)》创刊词所述的，用国际规范的方法，研究中国的本土经济现象；当中国成为世界上最大的经济体之时，研究中国经济所取得的成就也就是世界级的成就。

二是中国式经济增长。著名经济学家邹恒甫于1993年在《经济研究》上发表了《积累欲、节俭与经济增长》一文，利用韦伯财富积累偏好，将东方民族所重视的财富代际遗传特征引入经济增长模型。同年，经济学家薛进军对20世纪末兴起的新经济增长模型进行了评述。这些成果都在不同程度上推动了中国宏观经济学的发展。进入21世纪之后，探索中国经济增长的趋势、影响因素和作用机理，就成为当时中国宏观经济学界最热门的选题。在增长趋势方面，比较著名的研究包括蔡昉和都阳(2000)、刘强(2001)、舒元和徐现祥(2002)、徐现祥和李郇(2004)等的研究；在增长因素方面，比较著名的研究包括沈坤荣和耿强(2001)、Chow等(2002)、Young(2003)、林毅夫和刘培林(2003)、徐现祥等(2007)等的研究。其中，舒元和徐现祥(2002)在研究中尝试从“边干边学”角度，把对社会主义经济建设适宜道路的探索融入经济增长模型；徐现祥等(2007)则将中国地方官员制度与辖区经济增长相结合，试图探索出独特的中国经济增长模式。

三是中国式波动。自1978年改革开放以来，中国经济波动具有周期长、幅度小的典型特征。经济学家周方、陈学彬先后于1992年、1995年利用AD-AS框架来探讨中国宏观经济波动(周方，1992；陈学彬，1995)。进入21世纪之后，大量学者开始思考经典RBC模型和DSGE模型在中国的适用性问题。例如，陈昆亭和龚六堂(2004)、黄赜琳(2005，2006)、吕朝凤和黄梅波(2011，2012)分别利用引入人力资本，引入政府部门的RBC模型和小型开放RBC模型来解释中国宏观经济波动；李成等(2010)利用新凯恩斯DSGE模型，来探讨不同货币政策对中国宏观经济的影响等。学者在应用RBC模型和新凯恩斯DSGE模型时，提出了许多新观点和新方法，如陈昆亭和龚六堂(2004)提出的人力资本积累重要性，黄赜琳(2005)、吕朝凤和黄梅波(2012)等倡导的中国居民与政府消费的对数替代关系,李浩等(2007)、吕朝凤和黄梅波(2012)等倡导的国外部门冲击影响等。他们在对一些中国独特的周期特征进行解释的同时,也留下了许多极具研究价值的新问题。

本书创新性地引入中国学者的创新性成果,将一些具有代表性的、有中国特色的宏观经济模型融入相关章节,并且在每一章都对相关的应用性研究进行梳理,以进一步帮助读者理解相关理论模型,而且能够应用相关理论模型。我们希望能够为未来中国青年学子的成长贡献绵薄之力。

第五节　章节说明

本书是一本适用于经济学和管理学专业的高级本科生、硕士和博士研究生的高级宏观经济学教材,主要讲解规范的现代宏观经济分析框架,梳理相关应用知识,旨在培养既能够掌握理论知识又能熟练应用相关理论知识的新世纪财经人才。全书共 12 章,每章都附有大量习题,供读者巩固相关理论知识。

第一章为引言,简单梳理现代宏观经济学的诞生与发展,为后面内容的学习打下基础。

第二、三、四章主要介绍现代经济增长模型。其中第二章梳理了索洛模型、拉姆齐模型和戴蒙德模型,以及相关应用。虽然后两个模型和相关模型的构造并不相同,但是我们都通过最优控制理论来求解。每个模型对系统都有自己的选择,比较分析不同模型的结论将对读者具有启发意义。

第五、六、七章主要介绍现代经济周期理论。其中第五章梳理了国际和中国经济周期的特征事实,第六章介绍由 Kydland、Prescott 等创立的 RBC 模型,第七章介绍新凯恩斯 DSGE 模型,以及相关应用。由于两类模型的构建和假设存在一定的差异性,因此,在介绍相关的应用时,分别在不同章节内进行梳理。

第八、九、十、十一章主要介绍消费、失业、货币和通胀、投资四大专题。其中第八章梳理了以 Hall 为代表的随机游走消费理论和以 Diamond、Mortensen、Pissarides 为代表的搜寻匹配模型(search-match model),以及相关应用。由于我们比较关心的是就业问题,所以本书主要介绍涉及就业方面的搜寻匹配模型。第十章主要介绍宏观金融理论。第十一章则是宏观投资专题。

第十二章主要介绍本书涉及的数理基础,包括矩阵理论、最优化基础等。对这些数理基础知识的介绍,可以使读者更容易掌握本书的核心内容。

习题

1.1 主流宏观经济理论的演变原因。请根据本章第一、二节所论述的内容并结合所学：

(1)对凯恩斯主义到新兴古典主义的演变原因及其改进做出评述。

(2)对新兴古典主义到新凯恩斯主义的演变原因及其改进做出评述。

1.2 Keynes(1936)《就业、利息和货币通论》。Keynes 利用三大公理性假说打破了之前古典经济学倡导的“市场万能论”，主张“有效需求不足”。

(1)简述 Keynes 的三大公理性假说。

(2)Keynes 及其追随者的理论被称为“凯恩斯主义”，请阐述他们主张的政策在恢复“满目疮痍”的战后经济中的作用。

1.3 Lucas 批判。传统的凯恩斯主义经济思想难以解释“滞胀”现象，Lucas、Prescott、Stocky 和 Sargent 等学者倡导的理性预期批判(rational-expectation critique)对传统凯恩斯主义经济思想的地位造成了冲击。

(1)简述 Lucas 批判的主要内容及观点。

(2)在受到巨大理论冲击的情况下，新凯恩斯主义的优越性体现在哪些方面？

1.4 Romer(2016)《宏观经济学的困境》。该文指出：DSGE 模型在构造外生冲击和参数识别方面所存在的缺陷使得其对现实的解释力不足，导致宏观经济学研究逐步脱离现实。

(1)简述 Romer 的论据。

(2)为什么说 Romer 批判是宏观经济学发展史上最严厉的“自我批评”？

1.5 宏观经济学在中国的适用与发展。当今中国已成为世界上第二大经济体，其发展也为宏观经济学研究提供了新的思路。现代宏观经济学在中国的适用，主要体现在中国式分析框架、中国式经济增长和中国式波动等方面。请根据本章第四节内容，对以下三点提出自己的看法：

(1)中国式分析框架。

(2)中国式经济增长。

(3)中国式波动。

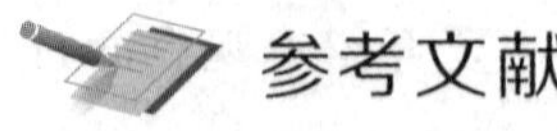

参考文献

COASE R H, WANG N, 2011. The Industrial Structure of Production: A Research Agenda for Innovation in an Entrepreneurial Economy[J]. Entrepreneurship Research Journal, 1(2): 1-13.

HANSEN A H, 1949. Monetary Theory and Fiscal Policy[M]. New York: McGraw-Hill.

HANSEN A H, 1953. A Guide to Keynes[M]. New York: McGraw-Hill.

HICKS J R, 1937. Mr. Keynes and the “Classics”: A Suggested Interpretation[J]. Econometrica, 5(2):

147-159.

HICKS J R，1967. Mr. Keynes and the "Classics"(1937)[M]//HICKS J R. Critical Essays in Monetary Theory. Oxford：Clarendon Press:126-142.

KEYNES J M，1936. The General Theory of Employment，Interest and Money[M]. London：Macmillan.

LUCAS JR R E，1976. Econometric Policy Evaluation：A Critique[J]. Carnegie-Rochester Conference Series on Public，1(1)：63-64.

MANKIW N G，ROMER D，1991. New Keynesian Economics:Volume 2：Coordination Failures and Real Rigidities[M]. Combridge，Mass.：The MIT Press.

MARSHALL A，1890. Principles of Economics[M]. London：Macmillan.

MENDOZA E G，1991. Real Business Cycles in a Small Open-Economy [J]. American Economic Review. 81(4)：797-818.

NAKAMURA E，STEINSSON J，2018. High-Frequency Identification of Monetary Non-Neutrality：The Information Effect[J]. The Quarterly Journal of Economics，133(3)：1283-1330.

PIGOU A C，1927. Industrial Fluctuations[M]. London：Macmillan.

PLOSSER C I，1989. Understanding Real Business Cycles[J]. Journal of Economic Perspectives，3(3)：51-77.

RICARDO D，1776. On the Principles of Political Economy[M]. London：J. Murray.

ROMER P，2016. The Trouble with Macroeconomics[J]. The American Economist，20：1-20.

SMITH A，1775. An Inquiry into the Nature and Causes of the Wealth of Nations[M]. Oxford：Clarendon Press.

SMITH A，1880. An Inquiry into Nature and Causes of the Wealth of Nations[M]. Oxford：Clarendon Press.

SOLOW R M，1956. A Contribution to the Theory of Economic Growth[J]. Quarterly Journal of Economics，70(1)：65-94.

YOUNG A，2003. Gold into Base Metals：Productivity Growth in the People's Republic of China during the Reform Period[J]. Journal of Political Economy，111(6)：1220-1261.

常志霄，高震华，1998. 宏观经济学的演进与最新前沿[J].经济学动态(4):56-59.

陈昆亭，龚六堂，2004. 中国经济增长的周期与波动的研究:引入人力资本后的 RBC 模型[J]. 经济学(季刊)，3(4)：803-818.

陈学彬，1995. 对我国宏观经济波动的 AD-AS 模拟分析[J]. 经济研究(5)：59-69.

顾金亮，2005. 凯恩斯《通论》的范式意义[J].南通大学学报(社会科学版)(3):43-47.

黄赜琳，2005. 中国经济周期特征与财政政策效应:一个基于三部门 RBC 模型的实证分析. 经济研究(6)：27-39.

黄赜琳，2006. 技术冲击和劳动供给对经济波动的影响分析:基于可分劳动 RBC 模型的实证检验[J].财经研究(6):98-109.

李成，马文涛，王彬，2010. 通货膨胀预期、货币政策工具选择与宏观经济稳定[J]. 经济学(季刊)，10(1)：51-82.

李浩，胡永刚，马知遥，2007. 国际贸易与中国的实际经济周期:基于封闭与开放经济的 RBC 模型比较分析[J]. 经济研究(5)，17-26，41.

林毅夫，刘培林，2003. 中国的经济发展战略与地区收入差距[J]. 经济研究(3)：19-25.

吕朝凤，黄梅波，2011. 习惯形成、借贷约束与中国经济周期特征：基于 RBC 模型的实证分析[J]. 金融研究 (9)：13.

吕朝凤，黄梅波，2012. 国际贸易、国际利率与中国实际经济周期：基于封闭经济和开放经济三部门 RBC 模型的比较分析[J]. 管理世界 (3)：16.

沈坤荣，耿强，2001. 外国直接投资、技术外溢与内生经济增长：中国数据的计量检验与实证分析[J]. 中国社会科学(5)：82-93.

舒元，徐现祥，2002. 中国经济增长模型的设定：1952—1998[J]. 经济研究(11)：3-11,63,92.

徐现祥，王贤彬，舒元. 地方官员与经济增长：来自中国省长、省委书记交流的证据[J]. 经济研究，2007 (9)：18-31.

徐现祥，李郇，2004. 中国城市经济增长的趋同分析[J]. 经济研究(5)：40-48.

周方，1992. 总需求、总供给与经济波动[J]. 数量经济技术经济研究(6)：51-63.

第二章

索洛-拉姆齐-戴蒙德模型

第一节　引　言

正当 1987 年世界股票市场暴跌之时，瑞典皇家科学院（The Royal Swedish Academy of Sciences）宣布该年度诺贝尔经济学奖授予长期与里根政府的经济政策唱反调、主张政府必须有效地干预市场经济的美国麻省理工学院教授 Solow。许多经济学家认为，纽约股票市场的这场大动荡，恰恰证实了 Solow 坚持的理论，他的经济增长理论由此成为当今世界热门研究课题之一。事实上，Solow 关于各种不同因素是如何对经济增长和发展产生影响的长期经济增长模型，早在 1956 年他的一篇题为“A Contribution to the Theory of Economic Growth”的论文中就提出来了。

索洛模型（Solow model）通过放弃劳动力与资本固定比例（Solow，1956）的假设，修正了哈罗德-多马模型（Harrod-Domar model）中的“刀刃平衡”（knife-edge equilibrium）。通过将资本、劳动和总产出之间的比例关系内生化，Solow 将一般的生产函数表述为 $Y=F(K,L)$，并在考虑技术水平变化时使用具有希克斯中性技术进步（Hicks neutral technical progress）的生产函数 $Y=A(t)F(K,L)$。给定储蓄率不变，最终产品与资本存量的稳态增长率（stable growth rate）都为 $n+\frac{g}{1-\alpha}$，其中 n 为劳动力（人口）增长率，g 为技术进步率，$1-\alpha$ 表示资本投入占比。索洛模型假定储蓄率为 s，资本折旧率为 δ，得出资本积累方程 $k=sf(k)-(n+g+\delta)k$。在以后的经济学教科书中，以具有劳动增强型的技术进步即哈罗德中性技术进步（Harrod neutral technologyical progress）的生产函数代替了具有希克斯中性技术进步的生产函数，修正的生产函数为 $Y=F(K,AL)$。

索洛模型自提出伊始，就一直被评述、批判并不断完善。Cass（1965）等建立了无限期界模型（infinite-horizon model）并提出使社会福利最大化的资本存量条件，并将索洛模型最初推导出的黄金律（golden rule）资本存量修正为修正黄金律（modified golden rule)资本存量,以将储蓄率内生化。Mankiw 等(1992)将人力资本因素 $H(t)$ 引入索洛模型中检验索洛增长模型中的生活水平是否与国际变化相一致,并考察了索洛模型对生活水平趋同的影响。结果表明,包含人力资本和实物资本积累的增广索洛模型能够很好地描述跨国数据,同时,在保持人口增长和资本积累不变的情况下,各国的趋同速度接近增广索洛模型预测的速度。李军(2003)、周晨和熊和平(2007)引入老龄化因素以测定老龄化程度对经济的影响。Georgios(2010)从劳动力变化率、技术进步等角度研究了索洛模型;Aghion 等学者引入已有资本的废弃率来考量新通用技术的出现引起的产出下降(Aghion,et al.,2011)。Ferrara(2011)解决了具有类似一般人口增长的索洛模型,同时他还假设增长率是有界且收敛的。Antoci(2014)等人基于索洛模型研究发现,人口数量的减少有助于经济增长和环境净化。Roberto(1997)和 Lei 等(2014)在对索洛模型的研究中,均引入了服从布朗运动(Brownian motion)的随机噪声干扰,从不同角度分别研究了随机索洛模型的渐进性质、含有噪声干扰的资本劳动率的稳定分布及资本积累和含有随机干扰因素的人口增长的稳定性。

Dalgaard 和 Strulik(2013)将 Reher(2004)确定的生育率转变引入模型,提出被他们称为历史扩展(history expansion)的索洛模型,在标准收敛增长回归中解释长期经济增长的差异。Cervellati 等(2019)利用 1950—2014 年跨国面板数据给出了证据。李佼瑞和张艳霞(2016)引入环境净化和两个投资时滞参数,首次提出了带有环境净化的双时滞索洛模型,并分析了该模型的动态周期波动行为。Vadim(2020)利用 Dalgaard 和 Strulik(2013)提出的历史增广(history augmented)索洛模型,探讨了工业化国家之间跨国收入的不平等演化。Chatzarakis(2021)通过比较索洛模型与马克思经济增长模型,提出索洛增长模型缺乏资本积累的关键动态特征。

在索洛模型中,储蓄率 s 被假定为外生参数,储蓄率的变动将影响稳态的人均消费和动态的人均消费水平。有些情况下,与“最优储蓄”(相对应于最优资本存量和最优消费)相比会出现“过度储蓄”(即“过度积累”),而一个高于黄金率的储蓄率被证明是动态无效的(Asheim,2017),即只有在给定当前消费与未来消费之间的权衡参数的条件下,才能判断增加储蓄率的合理性。相较于储蓄率外生给定,Ramsey(1928)、Cass(1965)和 Koopmans(1965)将储蓄内生化,提出著名的拉姆齐模型(Ramsey model),模型中储蓄将由家庭和企业共同决定,并且无限生存的家庭拥有消费效用,并追求一生效用极大。但是,家庭也有消费限制(一生消费现值<一生财富现值)。

如今多数的前沿宏观经济分析,都绕不开拉姆齐模型。拉姆齐模型已经成为现代宏观经济分析最重要的工具之一。Ramsey 曾猜想,“从长期来看,只有最有耐心的家庭拥有正的资本存量”。Becker(1980)在证实拉姆齐猜想的基础上还发现,“如果家庭之间的贴现率相等,那么稳态收入分配是不确定的”。Sarte(1997)和 Sorger(2002)在研究家庭在长期稳态均衡中的财富分配时,探讨了收入累进税的影响,而 Becker 等(2015)则考察了不完全资本市场(incomplete capital market)的影响,发现了财富的非退化分布(non-degenerate distribution)。Lucas 和 Stokey(1984)提出:在某些递归效用设置下,可以存在非退化财富分布。但他们的研究是建立在家庭时间偏好率不同这一假说基础上的。相反,Nakamura(2020)在假设家庭时间偏好率相同的基础上,假设家庭财富具有不同的跨期替代弹性,也得出长期财富分布是非退化的结论。

Guerrini(2010)利用 Bertalanffy(1966)的人口增长模型为拉姆齐模型提供了解决方案,并将模型推广到具有更一般人口增长的环境。叶洁莹(2014)运用引入人力资本的拉姆齐模型进行分析,也发现人力资本与经济增长密切相关。Sergei(2015)提出了一种利用常数相对风险厌恶(constant relative risk aversion,CRRA)效用函数和柯布-道格拉斯(Cobb-Douglas,C-D)技术求解拉姆齐模型的新方法。Asheim(2017)通过研究具有 Chichilnisky(1996)偏好的代际博弈(generational game)的平稳马尔科夫均衡(Markov equilibrium),探讨了齐齐尔尼斯基标准(Chichilnisky standard)在拉姆齐模型中的适用性问题。Federico(2016)将拉姆齐模型拓展到对垄断竞争(monopolistic competition)下供应的各种商品的一般偏好,并推导出加价可变性和宏观经济动态的含义。Vieira 等(2021)利用一个单部门离散时间拉姆齐模型,分析和比较了代表戈尔曼偏好(Gorman preference)的两类效用函数,即同类偏好(homothetic preference)和非位似偏好(non-homothetic)对福利、资本积累和收敛到稳态的速度的影响,发现对于同一经济体,偏好结构不仅影响资本动态和社会福利,而且影响收敛到稳态均衡的速度。

拉姆齐模型考虑了无限期界下家庭的消费行为在经济增长中的作用,在当代宏观经济分析中应用极其广泛。但是该模型下代表性家庭的假设不够合理,其原因在于随着时间的推移,会不断有新家庭加入,这种新家庭的加入会引发一系列的经济互动,其中,老年一代做出的决策将影响年轻一代面临的各类市场价格这一约束条件尤为关键。因此,Diamond(1965)在 Allais(1947)和 Samuelson(1958)的早期研究成果的基础上将上述约束条件与索洛模型融合,发展建立了戴蒙德模型(Diamond model)。戴蒙德模型考虑了家庭存在代际交叠的增长问题,是通过在微观层面上分析单个经济人的跨期效用最大化,逐步延伸到整个经济系统的增长和动态变化等宏观问题。因而,戴蒙德模型真正体现了宏观经济运行与微观个体行为的融合(孟望生,2010;王询,孟望生,2013)。

戴蒙德模型自提出之后,其应用范围逐渐扩展到经济学的各个领域。Barro(1974)对李嘉图等价定理(Ricardian equivalence theorem)进行了新的阐述,他利用戴蒙德世代交叠模型(over lapping generation model,OLGM)对国债与消费的关系进行了研究,结果表明,政府采用发行国债的扩张性财政政策未必能够有效刺激消费。Tirole(1985)和 Weil(1987)运用 OLGM 证明了当证券市场投资者个数为无限时理性泡沫存在的可能性;他们同时证明,泡沫只可能在一个动态无效率(dynamic inefficiency)的代际交叠经济中存在。Bernanke 和 Gertler(1989)在 *The American Economic Review* 上发表的权威性论文,利用 OLGM 对实际经济周期模型进行了改良,构建了金融加速器模型，从金融市场的角度来寻找经济周期波动的原因。Galor 和 Zeira(1993)在一个小型开放经济中从人力资本投资角度用 OLGM 研究了收入分配格局的动态演化。Persson 和 Tabellini(1994)使用 OLGM 研究了在财政纯粹进行再分配情况下收入分配对经济增长的影响。

Aaron(1996)在 OLGM 中引入生产和投资，通过劳动生产率增长这一因素来修正 Samuelson 的模型，在 OLGM 中，养老金的增长取决于人口增长率和劳动生产率增长率两个因素；还有学者创建了第一个大规模仿真 OLGM，用来模拟养老金改革及人口老龄化自身对资本积累的反馈作用(Auerbach et al., 1987; Auerbach, 1989; Kotlikoff, 1996)。国内的袁志刚和宋铮(2000)构建了一个可以把握中国养老保险制度基本特征的 OLGM，通过数值模拟发现人口老龄化作为我国计划生育政策的自然结果，是我国城镇居民储蓄倾向上升的一个重要因素。Obstfeld 和 Rogoff(1996)运用 OLGM 对政府财政赤字与经常项目赤字间的相关性进行了实证研究。

OLGM 中均衡的存在性问题一直是该模型在理论研究层面的热点问题。Thibault(2000)证明，当存在生产性资本和利他主义作用因素时，OLGM 确实会存在非平凡平衡解。Tanaka(2021)指出在三期 OLGM 中，由于消费者负债和储蓄，可能存在负的实际平衡效应。Li 和 Lin(2021)为引入政府债务的 OLGM 稳态均衡的存在性和唯一性提供了易于检验的条件，即通过检查生产函数和效用函数的一阶导数及其相互作用便可以确定模型是否存在“非平凡平衡”(non-trivial equilibrium)，结果表明政府债务水平、生产技术、个人偏好和增长率对均衡的存在有重要影响，如果政府债务超过一定水平，均衡将不存在。此外，若给定技术、偏好和增长率，可以确定均衡状态下政府债务产出比的上限。

史永东和杜两省(2001)针对我国资本市场的现状，利用具有技术进步和随机实质资本收益率的 OLGM，通过对我国转轨时期经济动态效率的实证检验，从理论上分析了资产定价泡沫对中国经济的影响。Miyagiwa 和 Papageorgious(2003)引入归一化的常数替代弹性(constant elasticity of substitution, CES)生产函数证明了 OLGM 中，因子替代性与生产之间不存在这种单调关系。特别是，他们证明了，如果资本和劳动力具有相对可替代性，则替代弹性较大的国家在运输和稳定状态下的人均产出增长率较低。贺菊煌(2004)以 OLGM 为蓝本，将消费的生命周期模型(life-style model)与人口模型、索洛增长模型进行有机结合，同时纳入社会养老保险、收入预期、寿命预期、非预料死亡和遗产继承等内容，建立了一个经济动态模型，并用此模型研究经济增长率和资产收益率变动对储蓄率的影响。林静(2009)对具有泡沫的戴蒙德模型进行扩充，通过货币的交易媒介功能将货币因素引入模型中。

Sorek(2011)研究了通过连续质量改进(质量阶梯)增长的紧密 OLGM，以表明对于时间间隔替代弹性的合理值，研究表明，较短的专利长度可促进增长：在外生创新规模下，放松专利宽度保护会刺激研发投资和质量增长；在内生创新规模下，放松滞后宽度保护对研发投资和质量增长的影响取决于专利长度。薛白(2014)将信贷因素引入戴蒙德经济的内生增长模型(endogenous growth model),构建了资产泡沫与经济增长的一般性分析框架,认为当市场不完全时,社会保障可以部分地防范特殊和累积风险。Bethencourt 和 Kunze(2019)探讨了在 OLGM 下最优资本所得税是否为零的命题,研究结果表明,对于一大类偏好,最优资本所得税沿着转移路径在稳定状态下是非零的。Diwakar 等(2021)研究了不同物质资本水平创新的 OLGM 中专利的含义。Bambi 和 Eugeni(2021)在代际交叠框架下研究了名义汇率的确定与动态。

第二节　索洛模型

一、模型假设

索洛增长模型,又被称为新古典经济增长模型,是在新古典经济学框架内构建的经济增长模型。其基本含义是:在不考虑折旧的情况下,人均资本拥有量的变化率 k' 取决于人均收入储蓄率 $sf(k)$ 和按照既定的资本劳动比配备每一新增长人口所需资本量 nk 之间的差额,且索洛增长模型假设其生产函数具有不变规模报酬的特征。新古典生产函数决定了在劳动供给不变时,资本的边际产出递减,这一生产函数与储蓄率不变、人口增长率不变、技术进步不变的假设结合,形成了一个完整的一般动态均衡模型。索洛模型强调资源的稀缺性,强调单纯物质资本积累带来的增长极限,在人口增长率不变和技术进步不变条件下的稳态零增长正是这一思想的体现。

该模型所采用的函数,有如下三个关键假设:

假设 1:由资本和劳动力生产出产品。而且,资本和劳动力的边际生产率是正的、递减的。这一过程可以由连续、可微、一阶线性齐次的凹函数表示为:

$$Y(t)=F(K(t),L(t)) \tag{2-2-1}$$

因此人均产出可以表示为:

$$y=Y/L=f(k) \tag{2-2-2}$$

显然,在生产函数 $f(k)$ 的假设下,通过计算有:

$$f'(k)>0,f''(k)<0 \tag{2-2-3}$$

假设 2:劳动力供给无弹性。这样,可以假设人口增长与劳动力的供给增长是一致的。假设劳动力增长率为常数(Inada,1964)。稻田条件[①](Inada condition)的作用是保证经济路径不发散。

假设 3:该模型修正了哈罗德-多马模型的生产技术假设,采用了资本和劳动可替代的新古典 C-D 生产函数,从而解决了哈罗德-多马模型中经济增长率与人口增长率不能自发相等的问题。

二、黄金率及经济意义

对于拥有不同储蓄率的两个国家,如果它们拥有相同的生产函数和劳动增长率,则根据上面的分析知道这两个国家将拥有相同的经济增长率,但是,它们的消费水平将不同。这是因为均衡时的消费水平:

$$c^*(s)=(1-s)f(k^*)=f(k^*(s))-nk^*(s) \quad (2\text{-}2\text{-}4)$$ [②]

稳态消费是随着储蓄率的改变而变化的。因此在保证经济增长率不变的前提下,不同的国家可以选择不同的储蓄率来极大化它们在稳态时的消费水平。

选择储蓄率来极大化式(2-2-4)中给出的消费水平,得到最优性条件为:

$$\frac{\mathrm{d}c^*(s)}{\mathrm{d}s}=(f'(k^*(s))-n)\frac{\mathrm{d}k^*(s)}{\mathrm{d}s}=0 \quad (2\text{-}2\text{-}5)$$

因为 $\frac{\mathrm{d}k^*(s)}{\mathrm{d}s}>0$,因此在均衡时极大化消费水平的储蓄率满足下式:

$$f'(k^*(s_{\text{gold}}))-n=0 \quad (2\text{-}2\text{-}6)$$

我们把满足上面方程的储蓄率水平叫作黄金储蓄率,相应的资本存量水平叫作满足黄金律的资本存量,它满足资本存量的边际生产率等于人口增长率(如果考虑资本折旧,那么黄金律的资本存量就是满足边际生产率等于人口增长率与资本折旧率之和的资本存量)。

稳态时极大化消费水平的储蓄率也可以通过均衡条件得到:

$$s=\frac{nk_{\text{gold}}}{f(k_{\text{gold}})}=\frac{k_{\text{gold}}f'(k_{\text{gold}})}{f(k_{\text{gold}})} \quad (2\text{-}2\text{-}7)$$

黄金律的资本存量可以通过图 2-2-1 来说明。图中给出了消费水平与储蓄率的关

---

① 稻田条件指某种新古典生产函数,满足:$f(0)=0$;一阶导数大于 0,二阶导数小于 0。当生产要素投入趋于 0 时,一阶导数的极限无穷大;当生产要素的投入趋于无穷大时,一阶导数的极限等于 0。

② $c^*(s)=(1-s)f(k^*)=f(k^*(s))-sf(k^*(s))$,在平衡增长路径上有 $sf(k^*(s))=(n-\delta)k^*(s)$,此时我们假设不存在折旧 δ。

系。我们给出了三个储蓄率水平 s_1、s_{gold} 和 s_2，它们满足 $s_1 < s_{gold} < s_2$，对应它均衡时的资本存量水平分别为 $k_1 < k_{gold} < k_2$，它们是曲线 $sf(k)$ 和直线 nk（不考虑资本折旧 δ）的交点。在图中，消费水平为对应的生产函数曲线 $f(k)$ 与曲线 $sf(k)$ 在相应的资本存量水平的垂直距离。可以发现，仅当储蓄水平为 s_{gold} 时，消费水平达到极大，此时对应的资本存量满足 $f'(k^*(s_{gold}))-n=0$，正好为生产函数与直线 nk（不考虑资本折旧 δ）平行的切线。

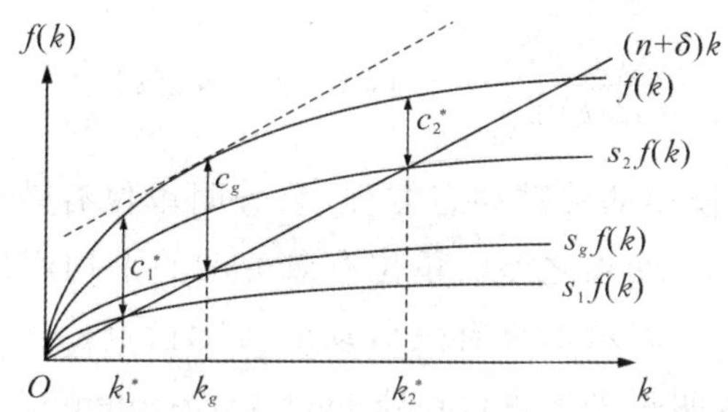

图 2-2-1　索洛模型的稳态和黄金率资本比较分析图

可以证明，当且仅当 $s=s_{gold}$ 时，对应的均衡点的资本存量是帕累托最优（Pareto optimality）的。这是因为：当 $s>s_{gold}$ 时，对应的均衡时的资本存量满足 $k^*>k_{gold}$，消费水平满足 $c^*<c_{gold}$，此时的经济不是帕累托最优的。因为如果把储蓄率水平从 s 降低到 s_{gold}，这样消费者的消费水平可以由初始的 $f(k^*)-sf(k^*)$ 上升到 $f(k^*)-s_{gold}f(k^*)$；随着资本存量的下降，消费水平下降，直至资本存量达到 k_{gold} 时，消费水平达到 $f(k_{gold})-s_{gold}f(k_{gold})$，最终消费水平满足 $f(k_{gold})-s_{gold}f(k_{gold})>f(k^*)-sf(k^*)$。因此消费者可以通过降低储蓄率促使消费水平上升，从而使福利得到改善，此时的经济也叫过度储蓄经济。

当 $s<s_{gold}$ 时，对应的均衡时的资本存量满足点 $k^*<k_{gold}$，消费水平满足 $c^*<c_{gold}$，此时的经济也不是帕累托最优的。因为此时如果把储蓄率水平从 s 上升到 s_{gold}，这样消费水平由初始的 $f(k^*)-sf(k^*)$ 下降到 $f(k^*)-s_{gold}f(k^*)$；随着资本存量的上升，消费水平上升，直至资本存量达到 k_{gold} 时，消费水平达到 $f(k_{gold})-s_{gold}f(k_{gold})$，最终消费水平满足 $f(k_{gold})-s_{gold}f(k_{gold})>f(k^*)-sf(k^*)$，此时，消费者可以通过提高储蓄率促使消费水平上升，从而使福利得到改善，此时的经济也叫储蓄不足经济。因此，当且仅当 $s=s_{gold}$ 时，对应的均衡点的资本存量是帕累托最优的。

三、索洛模型的动态学

（一）k 的动态学

随着时间的推移，经济总量会不断变化，相对于未经调整的资本存量 K 而言，从单位有效劳动的平均资本存量 k 出发进行分析要简单得多。不考虑技术进步的情形，有 $k=K/L$，将 k 考虑为时间 t 的函数，对 k 求导得：

$$\dot{k}(t)=\frac{\dot{K}(t)}{L(t)}-\frac{K(t)\dot{L}(t)}{[L(t)]^2}\text{①} \tag{2-2-8}$$

K/L 即 k，$\dot{L}/L$ 为 n；$\dot{K}$ 可以表示为总储蓄 $sY(t)$－折旧 $\delta K(t)$，这里假设折旧 $\delta K(t)$ 为 0，则式(2-2-8)转化为：

$$\dot{k}(t)=\frac{sY(t)}{L(t)}-\frac{K(t)\dot{L}(t)}{[L(t)]^2}=sf(k(t))-nk(t) \tag{2-2-9}$$

方程(2-2-9)是索洛模型的关键动态方程，它表明单位有效劳动平均资本存量的变化率是 $sf(k(t))$ 和 $nk(t)$ 两项之差。单位有效劳动的平均产出是 $f(k)$，其中用于投资的比例是 s，因此 $sf(k)$ 表示单位有效劳动的实际投资。nk 代表 k 保持在现有水平所需要的必要投资量，也叫持平投资(break-even investment)。

(二)动态过渡

初始时，经济一般处于非均衡状态，由稳定性定理知道当时间充分长时，消费水平路径和储蓄水平路径会收敛到各自的均衡值。下面考虑经济从初始的非均衡到达均衡的过程。

把动态方程两边同时除以人均资本存量，得到资本存量的增长率 γ_k：

$$\gamma_k=\frac{\mathrm{d}k/\mathrm{d}t}{k}=\frac{sf(k)}{k}-n \tag{2-2-10}$$

因此，人均资本存量的增长率为 $sf(k)/k$ 与 n 之差，如图 2-2-2 所示。

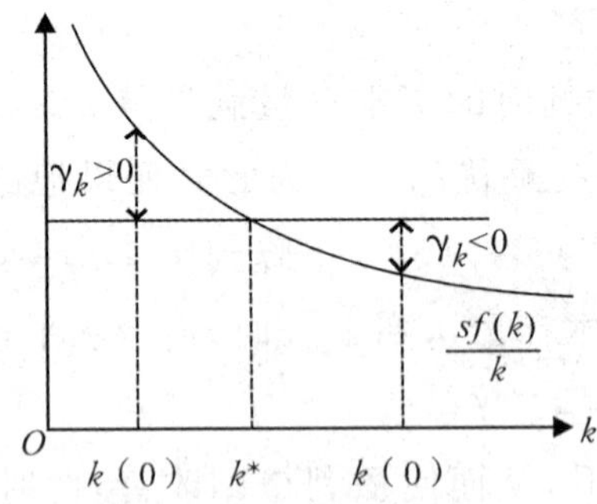

图 2-2-2　经济增长率与初始值 $k(0)$ 和 k^* 的关系图

图 2-2-2 表示当初始资本存量 $k(0)$ 位于均衡点的左边时，$sf(k)/k$ 在 n 的上方，因此资本存量 k 的增长率为正。这样随着时间的增加，资本存量会增加；而随着资本存

① 字母上方带·表示字母所指代的变量对时间 t 的导数。

量的增加，$sf(k)/k$ 下降，从而 k 的增长率会慢慢地减少直至等于 0，此时资本存量达到均衡点 k^*。反之，当资本存量位于均衡点的右边时，$sf(k)/k$ 在 n 的下方，因此资本存量的增长率为负。这样随着时间的增加，资本存量会减少；而随着资本存量的减少，$sf(k)/k$ 上升，从而 k 的增长率会慢慢地上升直至等于 0，这样资本存量达到均衡点 k^*。

类似的方法可以用于讨论产出的动态过渡性质。很容易得到产出的增长率为：

$$\gamma_y = \frac{\dot{y}}{y} = \frac{f'(k)\dot{k}}{f(k)} = \frac{f'(k)k}{f(k)} = \gamma_k \tag{2-2-11}$$

其中 $f'(k)\dot{k}/f(k)$ 为资本收入份额，通过计算有：

$$\frac{\partial \gamma_y}{\partial_k} = \frac{f''(k)k}{f(k)}\gamma_k - \frac{nf'(k)}{f(k)}(1 - \frac{f'(k)k}{f(k)}) \tag{2-2-12}$$

因为 $0 < f'(k)k/f(k) < 1$，方程(2-2-12)的最后一项为负。当初始资本存量 $k(0)$ 位于均衡点的左边时，有 $\gamma_k > 0$，因此得到 $\frac{\partial \gamma_y}{\partial_k} < 0$。这样产出的增长率随资本存量的增加而下降，直至达到均衡点 k^*。

当初始资本存量 $k(0)$ 位于均衡点的右边时，$\gamma_k < 0$，因此 $\frac{\partial \gamma_y}{\partial_k}$ 的符号不确定。但是在均衡点附近，γ_k 很小，因此，同样可以得到 $\frac{\partial \gamma_y}{\partial_k} < 0$。这样随着资本存量的下降，产出的增长率上升，直至达到均衡点 k^*。

至于消费水平的动态过渡特征，因为 $c = (1 - s)y$，而储蓄率为常数，因此，由产出的动态过渡特征可以直接得到消费水平的动态过渡性质。这里不再赘述。

（三）收敛速度

通过前面的讨论，可以知道在一定条件下，当时间充分长时，资本存量水平 $k(t)$、产出 $y(t)$、消费 $c(t)$ 等主要经济参数都会收敛到各自的均衡值 k^*、y^* 和 c^* 等。但是，不同经济中它们的差别在何处呢？这里就要涉及一个收敛速度的问题(Barro et al.,1995)，也就是考虑经济从初始的不均衡到达均衡的时间问题。我们可以用一个合适的参数来衡量经济由初始的非均衡到均衡的速度，这就是经济的收敛速度问题。为简单起见，借用一个例子来说明。

考虑 C-D 生产函数 $Y = AK^{\alpha}L^{1-\alpha}$，通过计算可以得到：

$$\gamma_k = sAk^{-(1-\alpha)} - n \tag{2-2-13}$$

上式等价于：

$$\gamma_k = \frac{\mathrm{d}(\log(k))}{\mathrm{d}t} = sAe^{-(1-\alpha)\log k} - n \tag{2-2-14}$$

因此均衡时的资本存量满足：

$$sAe^{-(1-\alpha)\log k^*} - n = 0 \tag{2-2-15}$$

在均衡点附近通过对数线性化得到：

$$\frac{\mathrm{d}(\log(k))}{\mathrm{d}t} = -\beta\log(k/k^*) \tag{2-2-16}$$

其中：

$$\beta = (1-\alpha)n \tag{2-2-17}$$

这里 $\beta=(1-\alpha)n$ 表示特征根的大小，它的绝对值可以用来衡量收敛速度。它的绝对值越大，资本存量从 $k(0)$ 上升到 k^* 的速度越快。注意到这里储蓄率没有影响经济的收敛速度，这是对特殊的生产函数才有的结论。如果生产函数的形式改变，这个性质将不存在。事实上，储蓄率对收敛速度的影响是模糊的。上面结论出现的原因是储蓄率改变的经济影响体现在下面两个方面：一是随着储蓄率的上升，投资增加，这样资本存量的收敛速度加快；二是随着储蓄率的上升，均衡点的资本存量相应增长，这样导致初始值与均衡值的距离增加，收敛速度下降。必须综合上面两种效应，才能得出储蓄率变动的具体影响效应（依赖于上述两种效应的相对大小）。对于我们选定的生产函数，这两种效果正好抵消，因此，得到上述储蓄率不影响收敛速度的结论。

四、对产出与消费的影响

（一）对投资的影响

在索洛模型中，政策最容易影响的参数是储蓄率（Chen et al. 2019）。政府购买中消费品和投资品的比例、政府收入中来源于税收和借款的比例以及对储蓄和投资的课税等，都有可能影响产出中用于投资的比例，即储蓄率。因此，有必要考察一下储蓄率变化对模型的影响。

为此，我们将考虑一个处于平衡增长路径上的索洛经济，并假设 s 出现一次永久性的增加。这种设定除了能分析模型中储蓄的作用之外，还能说明当经济不在平衡增长路径时该模型的动态变化。

储蓄率增加会使实际投资曲线向上移动，从而使 k^* 上升，如图 2-2-3 所示，但这种变化并不是瞬间实现的。一开始，k 仍然等于原来的 k^* 值，但在这一水平上，实际投资是超过持平投资的，即用于投资的资源多于维持 k 不变所需的水平，因此 $\dot{k}$ 为正数以后开始上涨并一直上涨到新的 k^* 值，此后 k 会在这个新的 k^* 值上保持不变。

图 2-2-4 中的(1)(2)(3)三幅小图即描绘了上述结论。t_0 表示储蓄率出现增加的时刻，根据假设，s 在时刻 t_0 突然上升并在此后保持不变。s 的突然增加使实际投资严格

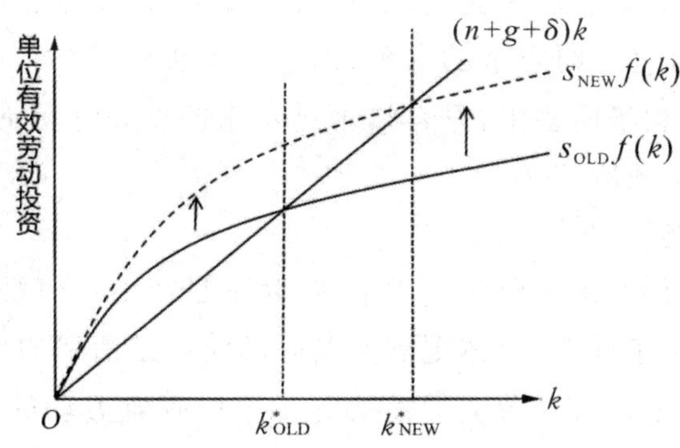

图 2-2-3 储蓄率上升对投资的影响

大于持平投资，因此 $\dot{k}$ 将从 0 跳跃至一个严格为正的值，而 k 则从原来的 k^* 逐渐上升至新的 k^*，与此同时 $\dot{k}$ 也随之逐渐回到零值。

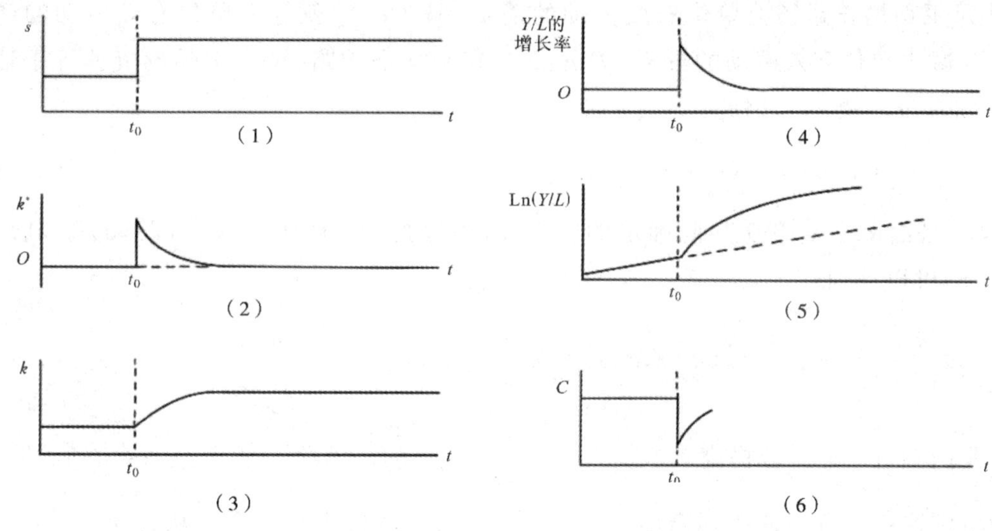

图 2-2-4 储蓄率上升的影响

此外，劳均产出 Y/L 的变化也是我们感兴趣的。Y/L 等于 $Af(k)$，因此当 k 保持不变时，Y/L 的增长率为 g，即 A 的增长率；当 k 上升时，Y/L 的增长来自 A 和 k 两方面的增加，因此其增长率会大于 g；而当 k 到达新的 k^* 值时，又变为只有 A 带来 Y/L 的增长，因此 Y/L 的增长率会再次回到 g。因此，储蓄率的永久增加仅会导致劳均产出增长率的暂时增加，k 经过一段时间的上升后最终会达到一个更高的水平，这时增加的储蓄将全部用于维持 k 的这一较高水平。

图 2-2-4 中的(4)(5)小图，描述了劳均产出在储蓄率增加后的变化情况。劳均产出的增长率一开始是 g，然后在 t_0 时刻突然上涨，但随后又逐渐回到初始值。因此，劳均产出从 t_0 时刻开始上升，并超过其原路径，然后逐渐稳定到一个与原路径平行的较高路径上。

总之，储蓄率变化只具有水平效应，没有增长效应：它改变了经济的平衡增长路径，从而改变了劳均产出在任一时点上的水平，但它并不影响劳均产出在平衡增长路径上的增长率。实际上，在索洛模型中，只有技术进步率的变化才具有增长效应，所有其他参数的变化都只有水平效应。

(二)对消费的影响

对于家庭而言，他们的福利将取决于消费，而不是产出。而投资仅仅是将来生产中的一种投入品。在这种条件下，个体更需要关心的应该是消费的变化而不是产出。

根据上文的分析，单位有效劳动的消费等于单位有效劳动的产出乘以产出中用于消费的比例 $1-s$ 。由于 s 在 t_0 时刻并不是连续变化的，而 k 却是连续变化的，所以，单位有效劳动的消费在一开始会突然下降。然后，随着 k 不断上升而 s 保持在较高水平，消费将逐渐上升，如图 2-2-4 中第(6)小图所示。

至于消费是否会最终超过 s 上升前的水平，这个答案并不是一目了然的。我们令 c^* 表示平衡增长路径上单位有效劳动的消费，那么，c^* 就等于单位有效劳动的产出 $f(k^*)$ 减去单位有效劳动的投资 $sf(k^*)$ 。在平衡增长路径上，实际投资就等于持平投资 $(n+g+\delta)k^*$ ，因此：

$$c^*=f(k^*)-(n+g+\delta)k^* \tag{2-2-18}$$

k^* 是由 s、n、g 和 δ 共同确定的。因此，可以把 k^* 写作 $k^*(s,n,g,\delta)$ 。利用式(2-2-18)可以得到：

$$\frac{\partial c^*}{\partial s}=[f'(k^*(s,n,g,\delta))-(n+g+\delta)]\frac{\partial k^*(s,n,g,\delta)}{\partial s} \tag{2-2-19}$$

我们知道 s 上升会提高 k^*，换言之，$\frac{\partial k^*}{\partial s}$ 是正的。因此，s 上升是否会在长期中提高消费则取决于资本的边际产出 $f'(k^*)$ 与 $n+g+\delta$ 的大小关系。从直观上看，(单位有效劳动的)投资需要增加 $n+g+\delta$ 乘以 k 的变化量，才足以保证 k 会上升，那么如果 $f'(k^*)$ 小于 $n+g+\delta$ ，则资本增加导致的额外产出并不足以维持其更高的资本存量水平，这时消费必须下降才能维持较高的资本存量。反之，如果 $f'(k^*)$ 大于 $n+g+\delta$ ，则增加的产出大于维持更高资本存量所需的水平，因此消费会上升。

在图 2-2-5 中，我们不仅画出了 $(n+g+\delta)k$ 和 $sf(k)$ 的曲线，还画出了 $f(k)$ ，可以看出，$f'(k^*)$ 可能大于也可能小于 $n+g+\delta$ 。在平衡增长路径上，消费等于产出减去持平投资，因此，c^* 即为 $k=k^*$ 时 $f(k)$ 与 $(n+g+\delta)k$ 之间的距离。图 2-2-5 中刻画了三种不同 s 值下 c^* 的大小。其中，最上面一幅图中的 s 较高，故 k^* 也较高，并且 $f'(k^*)$ 小于 $n+g+\delta$ ，因此储蓄率上升会使消费降低，即便经济到达了新的平衡增长路径之后也是如此；中间这幅图中的 s 较低，故 k^* 也较低，并且 $f'(k^*)$ 大于 $n+g+\delta$ ，因此 s 的上升会在长期中提高消费；而在最下面一幅图中，s 的水平恰好使得

$f'(k^*)$ 等于 $n+g+\delta$，也就是说，当 $k=k^*$ 时，$f(k)$ 和 $(n+g+\delta)k$ 两条线互相平行，在这种情况下，s 的微小变化在长期内对消费没有影响，并且在所有可能的平衡增长路径中，此时消费达到最大水平，而此时的 k^* 值通常被称为资本存量的黄金律水平。但实际上，在索洛模型中，由于储蓄是外生的，我们并没有办法内生地确定平衡增长路径上的资本存量水平，因而更无法确定它是否等于黄金律水平。

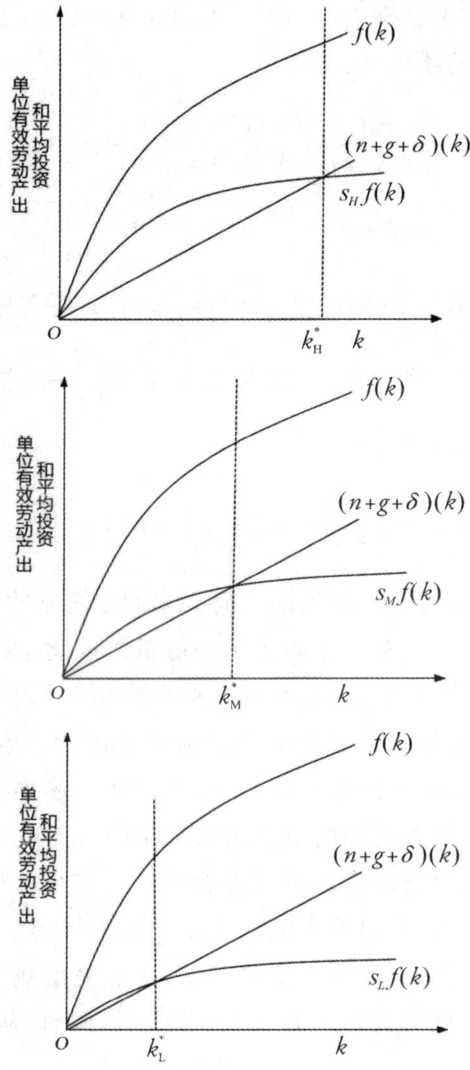

图 2-2-5 平衡增长路径上的产出、投资与消费

五、索洛模型相关应用与前沿问题

在很多情况下，我们还想了解各因素对增长的大致决定程度，也就是在某一时期，增长多大程度上来源于各种投入要素的增长，多大程度上来源于其他因素。由

Abramovitz(1956)和 Solow(1957)首创的增长核算为这一问题提供了解决办法。具体的索洛增长核算过程如下：

首先，考虑生产函数 $Y(t)=F(K(t),A(t),L(t))$，它意味着：

$$\dot{Y}(t)=\frac{\partial Y(t)}{\partial K(t)}\dot{K}(t)+\frac{\partial Y(t)}{\partial L(t)}\dot{L}(t)+\frac{\partial Y(t)}{\partial A(t)}\dot{A}(t) \tag{2-2-20}$$

其中，$\partial Y/\partial L$ 与 $\partial Y/\partial A$ 分别表示 $(\partial Y/\partial AL)A$ 和 $(\partial Y/\partial AL)L$。在式(2-2-20)两边同除以 $Y(t)$ 并改写右边的项可得：

$$\begin{aligned}\frac{\dot{Y}(t)}{Y(t)}&=\frac{K(t)}{Y(t)}\frac{\partial Y(t)}{\partial K(t)}\frac{\dot{K}(t)}{K(t)}+\frac{L(t)}{Y(t)}\frac{\partial Y(t)}{\partial L(t)}\frac{\dot{L}(t)}{L(t)}+\frac{A(t)}{Y(t)}\frac{\partial Y(t)}{\partial A(t)}\frac{\dot{A}(t)}{A(t)}\\&=\alpha_K(t)\frac{\dot{K}(t)}{K(t)}+\alpha_L(t)\frac{\dot{L}(t)}{L(t)}+R(t)\end{aligned} \tag{2-2-21}$$

式中，$\alpha_L(t)$ 是产出在 t 时刻的劳动弹性，$\alpha_K(t)$ 是产出在 t 时刻的资本弹性，$R(t)=\frac{A(t)}{Y(t)}\frac{\partial Y(t)}{\partial A(t)}\frac{\dot{A}(t)}{A(t)}$。将(2-2-21)式两边都减去 $\frac{\dot{L}(t)}{L(t)}$，并使用等式 $\alpha_K(t)+\alpha_L(t)=1$，即可得到工人平均产出增长率的表达式：

$$\frac{\dot{Y}(t)}{Y(t)}-\frac{\dot{L}(t)}{L(t)}=\alpha_K(t)\left[\frac{\dot{K}(t)}{K(t)}-\frac{\dot{L}(t)}{L(t)}\right]+R(t) \tag{2-2-22}$$

Y、K 和 L 的增长率是很容易度量的。而如果假定资本收入就等于其边际产出，那么也可以用数据中资本收入占总收入的比例来衡量。因此，$R(t)$ 可以用式(2-2-20)中的其余部分计算。这样，式(2-2-22)就将工人平均产出的增长分解为工人平均资本的增长和一个余项，该余项被称为索洛剩余(Solow residual)。索洛剩余有时被用于度量技术进步的贡献(Kümmel，Lindenberger，2020)，但从上述推导过程可以看出，索洛剩余实际上反映的是除资本积累之外的所有增长源泉(Aurélien，2019)。

上述基本分析框架可以通过许多方式进行推广。其中，最常见的一种推广是考虑不同的资本类型和劳动类型，并对投入品的质量变化进行调整。当然，也可以拓展至更为复杂的经济中。例如，如果我们能找到不完美竞争市场(imperfectly competitive market)的证据，就可以尝试对数据中的收入份额进行调整，从而更好地估计产出对不同投入品的弹性。

事实上，增长核算仅仅考虑了增长的直接决定因素，也就是探讨了要素积累、投入品的质量改善等如何促进增长，但忽略了到底是什么导致了这些决定因素变化等更为深层次的问题。为了说明这一点，可以考虑一个处于平衡增长路径上的索洛经济。我们知道，在这种情况下，经济增长完全来自 A 的增长。

尽管增长核算仅能用于讨论增长的直接源泉，但在分析许多问题时，它仍是一个十分有效的工具(Klenow et al.，2021)。例如，在关于东亚新兴工业国家高速增长的争论中，增长核算起到了重要作用。Young(1995)将增长率的对数函数设为：

$$Q=\exp[\alpha_0+\alpha_K\ln K+\alpha_L\ln L+\alpha_t t+\frac{1}{2}B_{KK}(\ln K)^2+B_{KL}(\ln K)(\ln L)+B_{Kt}(\ln K)t+\frac{1}{2}B_{LL}(\ln L)^2+B_{Lt}(\ln L)t+\frac{1}{2}B_{tt}t^2]$$

$$\text{s.t.}\ \alpha_L+\alpha_K=1,$$

$$B_{KK}+B_{KL}=B_{LL}+B_{KL}=B_{Kt}+B_{Lt}=0 \tag{2-2-23}$$

式中，K、L 和 t 分别表示资本投入、劳动投入和时间(时期)，α 和 B 为参数。

通过详细的增长核算得出，这些国家之所以比世界上绝大多数其他国家增长得更快，几乎完全是由于投资的增加、劳动参与率以及劳动力质量的提高(用教育程度衡量)，而并不是由于技术进步或者其他影响索洛剩余的因素(Young，1995)。这说明，其他国家要想复制新兴工业国家的成功，只需要促进物质资本和人力资本的积累，更好地利用资源就能实现。在新兴工业国家，贸易政策、监管政策等国家政策的作用主要体现在对要素积累和要素利用的促进上。

然而，Hsieh 等(2002)发现，除了数量方面，通过考察要素收益的情况，也可以进行增长核算。例如，如果高速增长仅仅来源于资本积累，我们将看到资本收益大幅下降，或者资本份额大幅上升(或者两者兼有)的现象。通过这种办法进行增长核算，Hsieh(2002)发现索洛剩余的作用被大幅度提高。Fernald 等(2011)、Cheremukhin 等(2013)进一步推广了这种分析方法，并找到了 Hsieh 等人的分析中可能低估了要素积累作用的原因。

李军(2003)利用下式将人口老龄化问题引入索洛模型中以测定老龄化程度对经济的影响：

$$\theta=\frac{Y_R}{L_R}/\frac{Y}{N}=\frac{Y_R}{Y}\frac{N}{L_R}=\frac{1}{\alpha}\frac{Y_R}{Y} \tag{2-2-24}$$

式中，Y 为经济总产出，N 为总人口，Y_R 为总产出中用于养老的部分，L_R 为老人数量。在新经济平衡增长路径方程中，老龄化因素变量分别出现在实际投资项与持平投资项中，研究表明：老龄化程度的加深会降低实际投资，从而降低经济增长，但同时也会通过降低持平投资而对经济增长发挥正向效应，老龄化因素的最终效应是由这正负两方面效应的净效应决定的(李军，2003)。

增长核算还广泛应用于研究生产力增长的减速(始于 20 世纪 70 年代早期，美国及其他工业国家每工时产出的增长率减小)与反弹(始于 90 年代中期，美国生产力增长回到减速前的水平)。对于生产力的反弹，Oliner 等(2007)建立如下模型进行研究：

$$A\dot{L}P\equiv\dot{V}-\dot{H}=\sum_J(\alpha_j^K-\O_j)(\dot{K}_j-\dot{H})+\alpha^L\dot{q}+M\dot{F}P \tag{2-2-25}$$

式中，$\dot{V}$ 是非农业务的总增加值，$\dot{H}$ 是总工时，$\dot{K}_j$ 是用于非农业务部门的 j 类资本的总金额，α^L 和 α_j^K 分别是劳动力和各类资本的收入份额，$\emptyset_j$ 是相对于 j 类资本的产出调整成本弹性，$\dot{q}$ 是劳动质量指数，$\dot{\text{MFP}}$ 表示多因素生产率。各类资本包括计算机硬件、软件、通信设备、其他有形资本和软件以外的无形资本，每种类型的资本都是由相应的最终产出部门产生。

直到 20 世纪 90 年代中期，计算机技术的迅速发展及其在经济中的广泛应用对经济总产出的影响仍比较有限。究其原因，主要有两个：一是，尽管计算机迅速应用日益普及，但在总资本存量中的占比仍比较小；二是，运用新技术涉及巨大的调整成本。然而，增长核算的研究发现，计算机以及其他信息技术是经济反弹的主要源泉（Oliner et al.，2002；Oliner et al.，2007），90 年代中期以来，计算机与其他信息技术对经济总体的生产力已经产生了巨大影响。

根据统一增长理论预测，生育率过度是当代发展较快的一个关键决定因素，因为它标志着持续飞速增长的开始。而新古典增长模型以起飞为前提，并通过（随后）投资率的变化来解释比较发展。Dalgaard 和 Strulik（2013）建立如下基本方程用以观察统一增长理论和新古典增长模型在解释上是如何相互补充的：

$$y(t) \approx A_\tau \left(\frac{s}{n+\delta+g}\right)^{\alpha/(1-\alpha)} e^{g(t-\tau)} \tag{2-2-26}$$

取对数为：

$$\log(y(t)) \approx \log(A_\tau) + g(t-\tau) + \frac{\alpha}{1-\alpha}\log(s) - \frac{\alpha}{1-\alpha}\log(n+\delta+g) \tag{2-2-27}$$

式中，A_τ 是 τ 时期的技术水平，$A(\tau)=A_\tau$ 。Dalgaard 和 Strulik（2013）利用上述方程对统一增长理论和新古典增长模型进行了实证整合，研究结果表明，统一增长理论和新古典增长模型共同构成了一个针对当代收入差异的强大预测工具。

Antoci（2014）等人考察了环境外部性在两个部门（农业部门和工业部门）、自由部门间劳动力流动和异质代理人（工人/农民和工业企业家）的经济动态形成中所起的作用。其中代表农民（F-agent）经营的公司的生产函数如下所示：

$$Y_F = L^\alpha E^\beta, \alpha, \beta > 0, \alpha+\beta \leqslant 1 \tag{2-2-28}$$

其中，$1 \geqslant L \geqslant 0$ 为其劳动力投入；E 为自然可再生资源存量。代表性行业企业家（I-agent）具有恒定的规模回报：

$$Y_I = (1-L)^\alpha K^{1-\alpha} \tag{2-2-29}$$

研究发现，从环境保护、福利结果和部门劳动力分配的角度来看，在存在工业部门经济活动的环境压力的情况下，均衡的稳定性及其特征对承载能力水平的变化较为敏感。

Vadim(2020)基于 Dalgaard 和 Strulik(2013)的研究方法，探讨了历史扩展的索洛模型对跨国收入不平等的影响，并假设总产出通过以下 C-D 生产函数进行描述：

$$Y(t)=K(t)^{\alpha}\left[A(t)L(t)\right]^{1-\alpha} \tag{2-2-30}$$

式中，$Y(t)$ 是 t 时的总产出，$K(t)$ 是生产过程中物质资本的投入，$L(t)$ 是生产中的劳动，$A(t)$ 是技术水平，α 是产出相对于物质资本的弹性。对于一个恒定的储蓄率 $s\in(0,1)$、固定折旧率 $\delta\in(0,1)$，以及恒定的人口增长率 $n\geqslant 0$，由 $\hat{y}^{*}=\left[s/(n+g+\delta)\right]^{\alpha/(1-\alpha)}$ 给出的每单位有效劳动的收入 $\hat{y}(t)=Y(t)/\left[A(t)L(t)\right]$ 在稳态下是恒定的。结果显示，根据这一索洛模型，在持续增长起飞后，各国平等收入增加，随后在某个点达到峰值，最后开始下降。

封世蓝(2021)在索洛模型中引入私人人力资本和公共人力资本，并根据 Basu 和 Foster(1998)的研究选取识字率作为公共人力资本的代理变量，基于中国 268 个地级市 2010 年的横截面数据建立计量模型，估计结果如下：

$$\underset{}{\text{ggdp\_pf10}_i}=\underset{(3.60)}{14.36}+\underset{(1.415)}{5.478}\text{literacyratio\_pf82}_i+\sum_j\gamma_i\,control_{ji}+\mu_i \tag{2-2-31}$$

式中括号内是估计参数的稳健标准误，i 表示城市，j 表示控制变量的类型。核心解释变量 literacyratio_pf82 为通过计算得到的 1982 年各地级市的识字率，数据来源于 1982 年第三次“人口普查数据”。实证分析发现，公共人力资本投资对城市长期经济增长具有显著促进作用，1982 年城市识字率每提高一个百分点，2010 年该市的经济增长率会提高 0.0548 个百分点。

第三节　拉姆齐模型

一、拉姆齐模型相关假设

在索洛模型中，储蓄率 s 为外生的假定一方面是出于简化的目的，另一方面是因为在经济社会中它比较稳定，在一定的时期内变化不大。然而，增长理论研究的是长期的动态经济增长，而在长期内 s 是变化的，如果继续将它作为外生变量就会导致经济增长与它的相互作用被排除。事实上，一个经济是否具有稳定状态、是否收敛以及收敛的速度如何，与储蓄率有较大的关系。将 s 视为外生使模型无法解释经济增长真正的内在规律和机制，应该说是造成索洛模型解释增长局限性的原因。

$$k(t)-k^{*}\approx e^{-(1-\alpha_K(k^{*})(n+g+\delta)t}[k(0)-k^{*}] \tag{2-3-1}$$

s 是由家庭的消费行为来决定的，即经济总量的动态取决于微观层面上的决策。考察家庭消费行为的方法就是利用消费效用函数。家庭消费决策的原则是长期内家庭消费效用的最大化。有了家庭消费的效用函数，我们可以分析家庭在各种资本和产出水平值下如何选择消费或储蓄的规律，从而使储蓄率成为模型的内生变量。

二、模型构建

(一)家庭消费与效用

家庭的消费行为决定储蓄率，从而在很大程度上决定经济增长的基本特征。家庭为经济中基本的行为主体，它提供劳务以换取工资，从其拥有的资产取得利息收入，用工资和利息收入等形成可支配收入用以购买消费品，并将另一部分储蓄起来以备将来使用或形成能产生未来收入的新资产。家庭成员的寿命虽是有限的，但也会考虑子女的福利。利他主义父母的存在考虑了后代的消费需要与福利。我们首先考察在无限时域中生存的家庭行为。

假定经济中有大量相同的家庭，每一家庭的规模以速度 n 增长。家庭每一成员每一时点提供 1 单位劳动。家庭将所拥有的资本均租给厂商，每个家庭的最初资本持有量为 $\frac{K(0)}{H}$，其中 $K(0)$ 为经济中最初的资本量，H 为家庭数。为了简便，不考虑资本品的折旧。家庭的收入用于消费和储蓄，目的是追求一生的最大化效用。

家庭效用函数的形式为：

$$U=\int_{0}^{\infty}e^{-\rho t}U[C(t)]\frac{L(t)}{H}\mathrm{d}t \tag{2-3-2}$$

式中，$C(t)$ 为 t 时每一家庭成员的消费，$U(\cdot)$ 为即期效用函数，$L(t)$ 为经济的总人口，$\frac{L(t)}{H}$ 为家庭成员数，$U[C(t)]\frac{L(t)}{H}$ 为家庭在 t 时期的总效用，ρ 为贴现率，$e^{-\rho t}$ 表示家庭对消费的时间偏好，其中 $\rho>0$，为消费效用的贬值率。$e^{-\rho t}$ 表明越是近期效用越重要，即人们首先考虑当前自己的福利，然后才考虑后代的福利，对三五代之后的福利不会考虑太多。$\rho>0$ 反映"父母式"的自私。事实上，不同代际的 ρ 不一样，这里为了简化，假定 ρ 相同。如果没有这个贴现的因子，U 会变得无穷大，无法用消费效用最大化来进行消费决策。因此，为了保证 U 是有限的，ρ 的存在是必须的。$\rho>0$ 还显然不够，ρ 要大于 n 才不至于使 U 趋向无穷大(在后面的推导过程中你会发现它的范围)。假定 $U'(C)>0$，$U''(C)<0$，这是符合消费的一般规律。这也反映出家庭希望在长期

内平均消费，不喜欢消费水平的剧烈变动。再进一步假定 $U(C)$ 满足稻田条件(经济的收敛性)。则即期效用函数的形式为：

$$U[C(t)]=\frac{C(t)^{1-\theta}}{1-\theta},\theta>0 \tag{2-3-3}$$

其中，$\rho-n-(1-\theta)g>0$，保证一生效用不发散。

为什么要假定这样一种特殊的效用函数形式？因为理性的家庭倾向于均匀消费。消费的边际效用的弹性值 $-\frac{U''(C)C}{U'(C)}$ 可以看作不同时期消费之间替代弹性的倒数 $(1/\sigma)$。

考察 t 与 s 两时点间消费的替代弹性 σ：

$$\sigma=\frac{-U'(C_s)/U'(C_t)}{C_s/C_t}\cdot\frac{\mathrm{d}\frac{C_s}{C_t}}{\mathrm{d}\frac{U'(C_s)}{U'(C_t)}} \tag{2-3-4}$$

取 $s\rightarrow t$ 时的表达式的极限，即：

$$\sigma=-\frac{U'(C_t)}{U''(C_t)C_t} \tag{2-3-5}$$

要消费均匀稳定，则这一替代弹性值也就为常数。容易发现，这时的替代弹性为 $\sigma=\frac{1}{\theta}$，即此时效用函数为 CRRA 效用函数。θ 越高，当 C 增加时，$U'(C)$ 下降的速度越快，家庭不愿意接受消费有较大波动。反之 θ 越小，则家庭愿意接受消费的较大波动。θ 反映家庭在不同时期改变消费的愿望。

(二)厂商与家庭的行为

假定经济社会中也有大量相同的厂商，每一厂商的生产函数设定为 $Y=F(K,AL)$，并满足前一节的假定。厂商的行为相对简单，在每一时点上，厂商在竞争性的市场中雇用劳动力与资本，按其边际产品支付相应报酬，并在竞争性的市场上销售其产品。厂商将 A 看作是既定的，即以 g 的速度增长。由于生产函数为规模报酬不变，且市场是竞争性的市场，因而厂商的利润为零。

资本的边际产品为 $f'(k)$。由于没有考虑折旧，资本的实际报酬率(real rate of return)为 t 时的边际产品，即 t 时的实际利率为：

$$r(t)=f'(k(t)) \tag{2-3-6}$$

有效劳动的边际产品为 $f(k)-kf'(k)$，则每单位有效劳动的实际工资为：

$$\omega(t)=f(k(t))-k(t)f'(k(t)) \tag{2-3-7}$$

由于劳动的边际产品为 $A(t)\dfrac{\partial F(K,AL)}{\partial AL}$，因此一个工人在 t 时的劳动收入为 $A(t)\omega(t)$。

有代表性的家庭将 r 和 ω 的路径看作是既定的，其预算约束为其一生的消费现值，即不能超过其初始财富加上其一生的劳动收入的现值。在写预算约束条件时，我们知道 r 可能随时间变化。因此，定义 $R(t)=\int_0^t r(\tau)\mathrm{d}\tau$，即在 0 期投资 1 单位产品，在 t 期产生 $e^{R(t)}$ 单位的产品。$e^{R(t)}$ 表示在 $[0,t]$ 上连续复利计算的结果。

由于家庭有 $\dfrac{L(t)}{H}$ 个成员，在 t 时期的劳动收入为 $A(t)\omega(t)\dfrac{L(t)}{H}$，消费为 $C(t)\dfrac{L(t)}{H}$，则预算约束为：

$$\int_0^\infty e^{-R(t)}C(t)\frac{L(t)}{H}\mathrm{d}t\leqslant\frac{K(0)}{H}+\int_0^\infty e^{-R(t)}A(t)\omega(t)\frac{L(t)}{H}\mathrm{d}t \tag{2-3-8}$$

正如在索洛模型中一样，我们用有效劳动对有关变量进行正规化，即 $c(t)=\dfrac{C(t)}{A(t)}$，$c(t)$ 为每单位有效劳动的平均消费。则 t 时期家庭的总消费为 $C(t)\dfrac{A(t)L(t)}{H}$（$\dfrac{A(t)L(t)}{H}$ 为家庭有效劳动的数量）。

家庭初始资本持有量为 0 期每单位有效劳动的平均资本率乘以 $\dfrac{A(0)L(0)}{H}$，则：

$$\int_0^\infty e^{-R(t)}c(t)\frac{A(t)L(t)}{H}\mathrm{d}t\leqslant k(0)\frac{A(0)L(0)}{H}+\int_0^\infty e^{-R(t)}\omega(t)\frac{A(t)L(t)}{H}\mathrm{d}t \tag{2-3-9}$$

我们知道，$A(t)L(t)=A(0)L(0)e^{(n+g)t}$，代入上式，两边同时除以 $\dfrac{A(0)L(0)}{H}$，得：

$$\int_0^\infty e^{-R(t)}c(t)e^{(n+g)t}\mathrm{d}t\leqslant k(0)+\int_0^\infty e^{-R(t)}\omega(t)e^{(n+g)t}\mathrm{d}t \tag{2-3-10}$$

家庭的目标函数如前式(2-3-2)：$U=\int_0^\infty e^{-\rho t}\dfrac{C(t)^{1-\theta}}{1-\theta}\dfrac{L(t)}{H}\mathrm{d}t$，将 $C(t)=A(t)c(t)$，$A(t)=A(0)e^{gt}$，$L(t)=L(0)e^{nt}$ 代入式(2-3-2)，得：

$$\begin{aligned}U&=\int_0^\infty e^{-\rho t}\left[A(0)^{1-\theta}e^{(1-\theta)gt}\frac{c(t)^{1-\theta}}{1-\theta}\right]\frac{L(0)e^{nt}}{H}\mathrm{d}t\\&=A(0)^{1-\theta}\frac{L(0)}{H}\int_0^\infty e^{-\rho t}e^{nt}e^{(1-\theta)gt}\frac{c(t)^{1-\theta}}{1-\theta}\mathrm{d}t\end{aligned}$$

$$=B\int_0^{\infty} e^{-\beta t}\,\frac{c(t)^{1-\theta}}{1-\theta}\mathrm{d}t \tag{2-3-11}$$

式中，$B=A(0)^{1-\theta}\frac{L(0)}{H}$，$\beta=\rho-n-(1-\theta)g$，$\beta>0$（被设定的）（这里从 $\beta>0$ 知道 ρ 的取值范围）。

家庭的行为是在上述预算约束的条件下，求得目标函数的最大值。因此，我们仍用拉格朗日函数来解决这一问题。我们还应该注意到，由于消费的边际效用总是为正，所以家庭满足其预算约束的等号形式。

$$L=B\int_0^{\infty} e^{-\beta t}\,\frac{c(t)^{1-\theta}}{1-\theta}\mathrm{d}t+\lambda\left[k(0)+\int_0^{\infty} e^{-R(t)}\omega(t)e^{(n+g)t}\mathrm{d}t\right]-\int_0^{\infty} e^{-R(t)}c(t)e^{(n+g)t}\mathrm{d}t \tag{2-3-12}$$

对于单个的 $c(t)$ 的一阶条件是：

$$Be^{-\beta t}\,c(t)^{-\theta}=\lambda e^{-R(t)}e^{(n+g)t} \tag{2-3-13}$$

为了考察上式在消费行为方面的经济含义，对式(2-3-13)线性化，即取对数，得：

$$\ln B-\beta t-\theta\ln c(t)=\ln\lambda-R(t)+(n+g)t \tag{2-3-14}$$

两边同时对 t 求导得：

$$-\beta-\theta\frac{\dot{c}(t)}{c(t)}=-r(t)+(n+g) \tag{2-3-15}$$

解出：

$$\begin{aligned}\frac{\dot{c}(t)}{c(t)}&=\frac{r(t)-n-g-\beta}{\theta}\\&=\frac{r(t)-\rho-\theta g}{\theta}\text{（因为 }\beta=\rho-n-(1-\theta)g\text{）}\end{aligned} \tag{2-3-16}$$

这是最大化问题的欧拉方程。这一方程描述了在给定 $c(0)$ 的情况下，$c(t)$ 是如何随时间的变化进行变动的。

$$c(t)=c(0)^{[R(t)-(\rho-\theta g)t]/\theta} \tag{2-3-17}$$

由于 $C(t)=c(t)A(t)$，C 的增长率等于 $c(t)$ 和 $A(t)$ 的增长率之和，$\frac{\dot{c}(t)}{c(t)}$ 的式子表明，单个工人平均消费的增长率为 $\frac{r(t)-\rho}{\theta}$。因此，如果实际利率 $r(t)$ 大于贴现率 ρ，则每个工人平均消费率会上升，反之则会下降。θ 越小时，即随着消费的变化，边际效用变化越小，在对实际利率和贴现率之差做出反应时，消费的变化越大。

$c(0)$ 的决定有如下的要求：如果 $c(0)$ 太低，沿 $c(t)$ 的路径中的消费支出小于一生的财富，因而会有较高的消费路径；如果 $c(0)$ 太高，消费支出大于一生的财富，因而这时的这一消费路径是不可行的。我们的目的是选择 $c(0)$ 使一生消费现值等于初始财富加上一生收入的现值。

三、经济动态

要想研究上述模型中经济的动态变化，最简便的办法就是描述 c 和 k 的变动。

(一)c 的动态学

由于所有家庭都是相同的，因此方程(2-3-16)不仅描述了单个家庭中 c 的变动，同时也描述了总体经济中 c 的变动。根据 $r(t)=f'(k(t))$，式(2-3-16)可以重新写为：

$$\frac{\dot{c}(t)}{c(t)}=\frac{f'(k(t))-\rho-\theta g}{\theta} \tag{2-3-18}$$

可见，当 $f'(k)$ 等于 $\rho+\theta g$ 时，$\dot{c}$ 为零。令 k^* 表示此时的 k 值，当 k 大于 k^* 时，$f'(k)$ 小于 $\rho+\theta g$，因此 $\dot{c}$ 为负；当 k 小于 k^* 时，$\dot{c}$ 为正。

图 2-3-1 总结了上述分析(箭头表示 c 变动的方向)，即如果 k 小于 k^*，则 c 上升；如果 k 大于 k^*，则 c 下降；当 k 等于 k^* 时，$\dot{c}=0$，表示此时 c 保持不变。

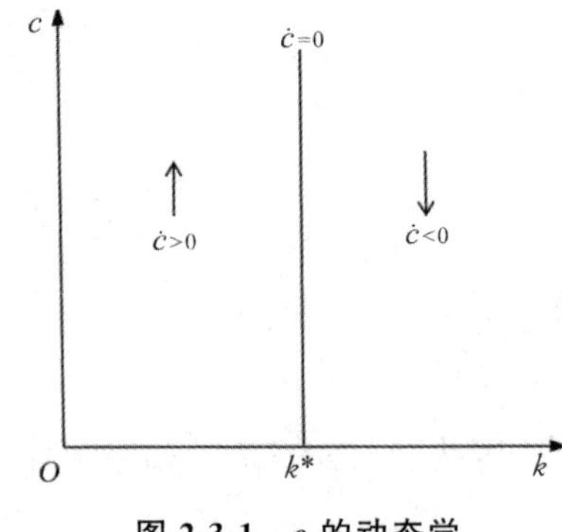

图 2-3-1　c 的动态学

(二)k 的动态学

与索洛模型一样，k^* 等于实际投资减去持平投资。因为我们假设不存在折旧，所以持平投资为 $(n+g)k$，而实际投资就是产出减去消费，即 $f(k)-c$，因此：

$$\dot{k}(t)=f(k(t))-c(t)-(n+g)k(t) \tag{2-3-19}$$

可见，对于既定的 k 使得 $\dot{k}=0$ 的 c 值为 $f(k)-(n+g)k$。我们知道，当消费等于实际产出与持平投资曲线之间的差时，$\dot{k}$ 为零。因此，使得 $\dot{k}=0$ 的 c 值随着 k 上升，一直达到 $f'(k)=n+g$（即 k 的黄金律水平)后才开始下降。并且，当 c 超过使得 $\dot{k}=0$ 的

c 的水平时 k 会下降；当 c 小于这个水平时 k 会上升。当 k 足够大时，持平投资会超过总产出，这时对于所有正的 c 值来说 $\dot{k}=0$ 都变为负数。图 2-3-2 总结了上述结果，其中箭头表示 k 的变动方向。

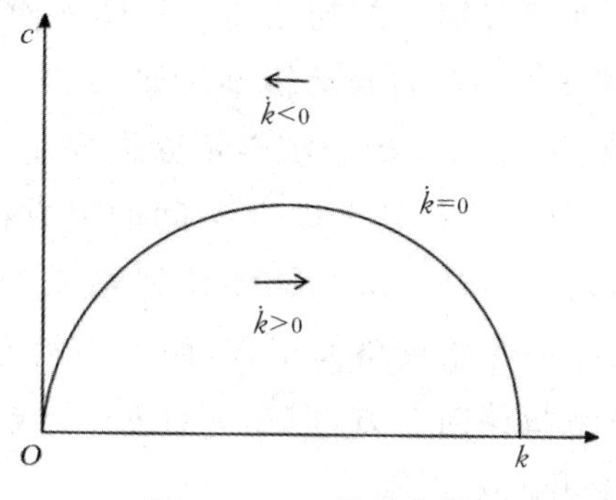

图 2-3-2　k 的动态学

图 2-3-3 综合了图 2-3-1 和图 2-3-2 中的信息，这里的箭头同时表示 c 和 k 的变动方向。例如，当 c 和 k 处在 $\dot{c}=0$ 线左边、$\dot{k}$ 线上方的区域时，$\dot{c}$ 为正而 $\dot{k}$ 为负，因此 c 会上升而 k 会下降，在图中即表示为箭头指向上方和左方。图中其他区域的箭头也是通过类似的推理得到的。特别的，在 $\dot{c}=0$ 线或者 $\dot{k}=0$ 线上，c 和 k 只有一个会变动。例如，在 $\dot{k}=0$ 上方的 $\dot{c}=0$ 线上，c 为常数而 k 会下降，因此箭头指向左方。最后，当 c 和 k 恰好处于 E 点时 $\dot{c}$ 和 $\dot{k}$ 均为零，因此不会出现偏离此点的运动。

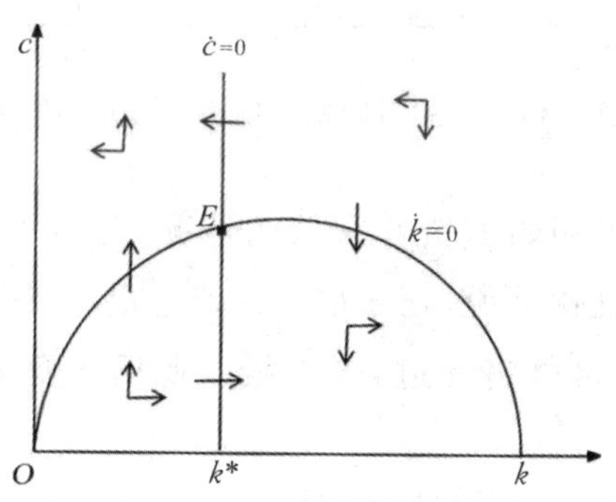

图 2-3-3　c 与 k 的动态学

值得注意的一点是，图 2-3-3 中的 k^*（使 $\dot{c}=0$ 的 k 值）小于 k 的黄金律水平（对应于曲线 $\dot{k}=0$ 峰顶的 k 值）。要证明这一点，我们首先应明确，k^* 是由 $f'(k^*)=\rho+\theta g$ 确定的，而 k 的黄金律水平是由 $f'(k_{GR})=n+g$ 确定的。由于 $f''(k)$ 是负数，因此当且仅当 $\rho+\theta g$ 大于 $n+g$ 时 k^* 小于 k_{GR}，这等价于 $\rho-n-(1-\theta)g>0$。而为了保证终生效用不会发散，我们前面已经假定了此式成立（参见图 2-3-2），因此 k^* 必然位于 $\dot{k}=0$ 曲线峰顶的左侧。

（三）c 的初值

图 2-3-3 说明了，在给定 c 和 k 初始值的情况下，c 和 k 应如何随时间变动才能满足

家庭的跨期最优化(*cross-period optimization*)条件,并同时满足刻画投入与产出、消费之间关系的方程。然而,虽然在模型中 k 的初始值是给定的,但 c 的初始值实际上尚未确定。

图 2-3-4 向我们展示了如何确定 c 的初始值。具体来说,图中假设 $k(0)$ 小于 k^*,并演示了在 c 的不同初始值下 c 与 k 的变动轨迹。如果 $c(0)$ 在 $\dot{k}=0$ 曲线上方,例如位于点 A,则 $\dot{c}$ 为正而 $\dot{k}$ 为负,因此图中的经济会不断向左上方移动。如果 $c(0)$ 恰好使 $\dot{k}$ 为零,例如点 B,则经济一开始直接往 (k,c) 空间的上方移动,使得 $\dot{c}$ 为正而 $\dot{k}$ 变为负,之后经济又向左上方移动。如果经济的初始位置略低于 $\dot{k}=0$ 曲线,例如点 C,则由于 $\dot{k}$ 是 $\dot{c}$ 的连续函数,且在一开始仅略大于零,而 $\dot{c}$ 仍然为正。因此,这种情况下,经济起初会向上方移动,并且略微偏向右方,但在穿过 $\dot{k}=0$ 线后 $\dot{k}$ 会变为负,于是经济接下来的变动路径仍然是 c 上升而 k 下降。

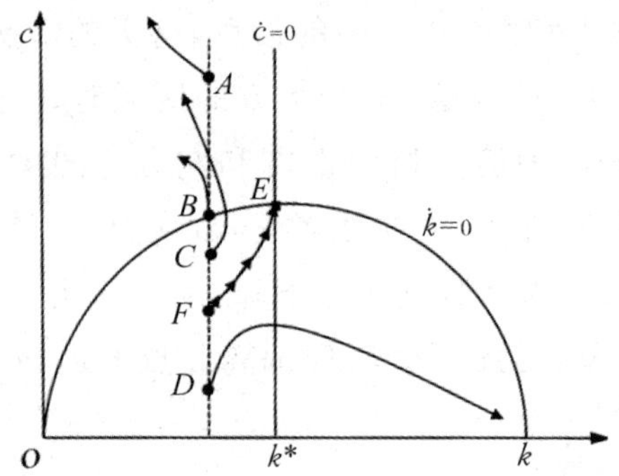

图 2-3-4　c 的不同初始值下 c 与 k 的行为

图 2-3-4 中点 D 代表了初始消费非常低的情况,此时 $\dot{c}$ 和 $\dot{k}$ 都为正。根据方程(2-3-18),$\dot{c}$ 与 c 是成正比的,也就是说,当 c 很小时 $\dot{c}$ 也很小,因此在这种情况下,c 会一直处于较低的水平,并且经济最终将穿过 $\dot{c}=0$ 线。此后 $\dot{c}$ 变为负,而 $\dot{k}$ 仍为正,所以经济会进一步向右下方移动。

我们知道 $\dot{c}$ 和 $\dot{k}$ 分别是 c 和 k 的连续函数,因此在 C 点与 D 点之间必然存在一个临界点(即图中的 F 点),使得当 c 的初始值位于此处时,经济最终会收敛于稳定点 E。对于任何高于此临界点的初始消费水平,经济在达到 $\dot{c}=0$ 线之前都会穿过 $\dot{k}=0$ 线,于是经济最终的变动轨迹是消费持续上升而资本持续下降;而对于任何低于此临界点的初始消费水平,经济会首先达到 $\dot{c}=0$ 线,因此经济将转到消费下降而资本上升的变动轨迹上;唯有当消费的初始值正好等于临界点的时候,经济会向 c 与 k 都保持不变的点收敛。

上面我们分析的所有变动轨迹实际上都满足方程(2-3-18)和方程(2-3-19),那这能否说明这些路径都有可能出现呢?答案是不能。因为在上面的分析中我们尚未要求家庭必须满足预算约束,也没有考虑到经济中的资本存量不能为负数,而这些条件决定了哪些路径能真正描述经济的行为。

如果经济开始于点 F 上方，则 c 较高并且会不断上升，于是 k 的运动方程(2-3-19)意味着 k 最终将为零，而为了继续满足方程(2-3-18)和方程(2-3-19)，c 必须继续上升，从而 k^* 会变为负数。然而，这种情况是不可能发生的，因为当 k 为零时产出也为零，从而 c 也只能降到零，这意味着家庭并不能满足他们的跨期最优化条件即方程(2-3-18)，因此我们可以排除这种路径。

为了进一步排除始于点 F 下方的路径，我们可以考虑用资本持有约束表示的预算约束式：$\lim\limits_{s\to\infty}e^{-R(s)}k(s)e^{(n+g)s}\geqslant 0$。如果经济开始于类似 D 的点，则 k 最终将超过资本存量的黄金律水平。此后，实际利率 $f'(k)$ 会小于 $n+g$，因此 $e^{-R(s)}e^{(n+g)s}$ 会上升。而由于 k 仍在不断上升，则 $e^{-R(s)}k(s)e^{(n+g)s}$ 是发散的，也即 $\lim\limits_{s\to\infty}e^{-R(s)}k(s)e^{(n+g)s}$ 是无穷大。这等于是说家庭终生收入的现值比其终生消费的现值大无穷多，从而每个家庭都有能力在每个时间点上提高其消费，并由此获得更高的效用。也就是说，在这种情况下家庭并没有最大化其效用，因此这样的路径也不会是均衡路径(equilibrium path)。

最后，如果经济开始于点 F，则 k 最终收敛于 k^*，从而 r 收敛于 $f'(k^*)=\rho+\theta g$，因此 $e^{-R(s)}e^{(n+g)s}$ 最终将下降，其速度为 $\rho-n-(1-\theta)g=\beta>0$，从而 $\lim\limits_{s\to\infty}e^{-R(s)}k(s)e^{(n+g)s}$ 为零。

综上所述，只有始于点 F 的路径才有可能成为均衡路径。

(四)鞍点路径

鞍点和局部极值是有区别的。虽然二者在该点处的梯度都为零，但是在鞍点附近的海塞矩阵是不定的(非正定，非负定，非半正定)，而在局部极值附近的海塞矩阵是正定的。

其中，海塞矩阵是一个多元函数的二阶偏导构成的方阵，描述了函数的局部曲率，可用于判定多元函数的极值。具体形式如下所示：

设多元实函数 $f(x_1,x_2,\cdots,x_n)$ 在点 $M_0(a_1,a_2,\cdots,a_n)$ 的领域内有二阶连续偏导，若有 $\frac{\partial f}{\partial x_j}|_{((a_1,a_2,\cdots,a_n)=0}$，$j=1,2,\cdots,n$

并且

$$A=\begin{bmatrix}\frac{\partial^2 f}{\partial x_1^2} & \frac{\partial^2 f}{\partial x_1\partial x_2} & \cdots & \frac{\partial^2 f}{\partial x_1\partial x_n}\\ \frac{\partial^2 f}{\partial x_2\partial x_1} & \frac{\partial^2 f}{\partial x_2^2} & \cdots & \frac{\partial^2 f}{\partial x_2\partial x_n}\\ \vdots & \vdots & \ddots & \vdots\\ \frac{\partial^2 f}{\partial x_n\partial x_1} & \frac{\partial^2 f}{\partial x_n\partial x_2} & \cdots & \frac{\partial^2 f}{\partial x_n^2}\end{bmatrix}$$

则当 A 为正定时，$(x_1,x_2,\cdots,x_n)$ 在点 $M_0(a_1,a_2,\cdots,a_n)$ 处有极小值；则当 A 为负定时，$(x_1,x_2,\cdots,x_n)$ 在点 $M_0(a_1,a_2,\cdots,a_n)$ 处有极大值。

综上所述，尽管上述讨论都是针对某一个具体的初始 k 值而言的，但其基本的思想是有普遍性的，即对于任意大于零的初始 k 值，都存在唯一的初始 c 值同时满足家庭跨期最优化条件、资本存量的动态学、家庭预算约束以及 k 不能为负的条件。我们将 c 的这些初始值表示为 A 的函数，即可得到鞍点路径（saddle point path），如图 2-3-5 所示。也就是说，对于任意 k 的初始值，c 的初始值必须位于鞍点路径上，并且随后经济会沿着鞍点路径向点 E 移动。

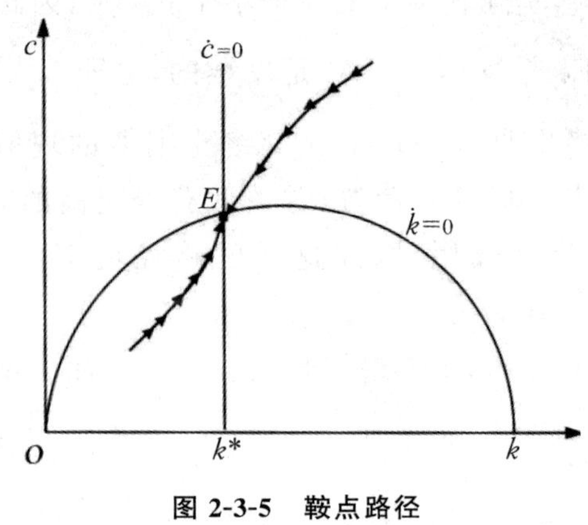

图 2-3-5　鞍点路径

四、平衡增长路径

(一)平衡增长路径的性质

一旦经济收敛于点 E，其行为就与处于平衡增长路径（balanced growth path）的索洛模型完全一样了，即单位有效劳动的平均资本、平均产出和平均消费都是常数。而由于 y 与 c 是常数，则储蓄率 $(y-c)/y$ 也是常数。此外，总资本存量、总产出与总消费的增长率都为 $n+g$，工人平均资本、工人平均产出和工人平均消费的增长率都为 g。

可见，索洛模型对经济增长驱动力的讨论在本质上并不取决于其储蓄率不变的假设，即便储蓄是内生的，劳动效率的增长仍然是工人平均产出持续增长的唯一源泉。并且，由于这里的生产函数与索洛模型相同，通过重复上一讲中的计算方式同样可以证明，当且仅当工人平均资本的差距和资本收益差距都十分庞大时，工人平均产出的巨大差距才可能来自工人平均资本的差距。

(二)社会最优点与资本的黄金律水平

索洛模型与拉姆齐-卡斯-库普曼斯模型平衡增长路径之间唯一明显的差别是，在后一种模型中，资本存量高于黄金律水平的平衡增长路径是不存在的。在索洛模型中，如果储蓄率足够高，那么在该经济所达到的平衡增长路径之外，会存在使得每一时刻都得到更高消费的可能路径。相反，在拉姆齐-卡斯-库普曼斯模型中，由于储蓄来自家庭的选择行为，而家庭的效用依赖于其消费，并且不存在外部性，因此经济中存在增加每个时期消费可能性的路径必然不会是均衡路径，因为如果经济处在这种路径，那么家庭就可以通过减少储蓄来增加效用。

我们也可以从相关图中看出上述分析的结果。根据图 2-3-5，如果初始资本存量超过了黄金律水平[即 $k(0)$ 大于 $\dot{k}=0$ 曲线的峰顶水平]，则初始消费将高于保持 k 不变所需的水平，因此 $\dot{k}$ 为负。最终 k 将逐渐下降到低于黄金律水平的 k^* 。

k^* 小于黄金律资本存量水平的结论说明，经济并不收敛于使 c 最大化的可持续的平衡增长路径。实际上，当我们考虑 g 等于零从而工人平均消费和工人平均产出没有长期增长的情况时，上述结果就变得十分直观了。在这种情况下，k^* 由 $f'(k^*)=\rho$ 确定[参见方程(2-3-18)]，k_{GR} 由 $f'(k_{GR})=n$ 确定，而假设 $\rho-n-(1-\theta)g>0$ 则可以简化为 $\rho>n$ ，由此就可以得出，k^* 小于 k_{GR} 。这一结果意味着，在 $k=k^*$ 处增加储蓄会使工人的平均消费最终维持在高于其初始消费的水平上。然而，由于家庭对当前消费的评价高于未来消费，永久增加消费所能获得的好处是有限的(Hurd et al.，1995)，因此，有时(特别是当 k 超过 k^* 时)通过牺牲短期效用来获取长久收益的做法并不可取，这种取舍会降低而不是提高家庭的终生效用。总的来说，k 会收敛于低于黄金律水平的值，而由于 k^* 是经济能收敛到的 k 的最优水平，因此它也被称为修正的黄金律资本存量。

五、政府购买对平衡增长的影响

现代经济不仅仅将资源用来投资与消费，而且还得用于公共项目。因此，将模型扩展到包括政府部门是比较贴近现实的。

假定在单位时间内，政府购买单位有效劳动力的产品为 $G(t)$ ，且政府购买不会影响私人消费的效用。同样，政府购买也不会影响未来的产出水平，即政府致力于公共消费而非公共投资。承担政府购买的费用来自总量税，即单位时间单位有效劳动的一次付清的总量税。假定政府总是在平衡预算的条件下运作，这里不考虑赤字融资。

在上述的假定之下，投资为产出减去私人消费与政府购买，则 k 的运动方程为：

$$\dot{k}(t)=f(k(t))-c(t)-G(t)-(n+g)k(t) \tag{2-3-20}$$

较高的 $G(t)$ 值，使得 $\dot{k}=0$ 的曲线向下移动。如果 k 为常数的话，政府买得越多，私人消费下降得就会越多。但政府购买并不影响欧拉方程，即 $\frac{\dot{c}(t)}{c(t)}=\frac{r-\rho-\theta g}{\theta}$ 。

然而,税收的存在使得家庭预算发生变化。具体来说:

$$\int_0^{\infty} e^{-R(t)} c(t) e^{(n+g)t} \mathrm{d}t \leqslant k(0) + \int_0^{\infty} e^{-R(t)} (\omega(t) - G(t)) e^{(n+g)t} \mathrm{d}t \tag{2-3-21}$$

为了理解模型的含义,我们将政府购买看成有两种可能:一种是永久性的变化,一种是暂时性的变化。假定经济处在平衡增长的路径上,$G(t)$ 出现未预期的永久性变化:$G(t)$ 从 G_L 上升至 G_H 。则 $\dot{k}=0$ 下移,下移的量为 $G(t)$ 的增加量。由于 $G(t)$ 不影响欧拉方程,则 $\dot{c}=0$ 线不受影响(如图 2-3-6 所示)。

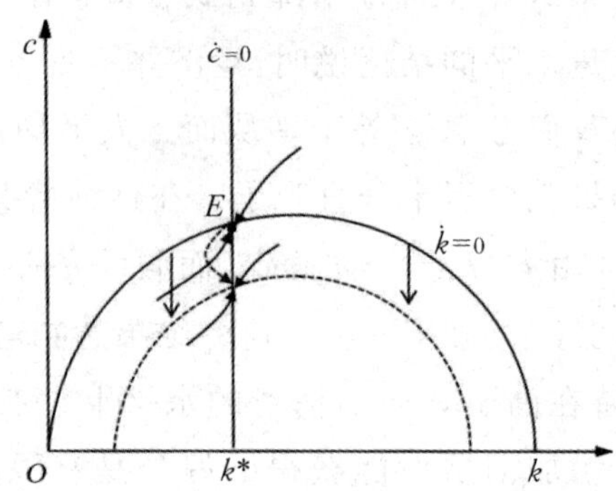

图 2-3-6 政府购买持续增加的作用

作为反应,c 必须做迅速的变动,使经济处在新的鞍形轨道上。否则,在某点上资本变为负的,或者家庭将积累无限财富。在这种情况下,c 的调整量就是 G 的增加量,经济立即处在新的平衡增长路径上。

直观上看,政府购买和税收的永久性增加,使家庭一生的财富下降,消费立即下降。

若人们预料 G 的增加只是暂时性的,且为了简化,假定人们知道终端的时间。在这种情况下,c 的下降不是 $G_H - G_L$(因为人们知道 G 的上升是暂时的)。为了清楚这一点,我们假定下降量是 $G_H - G_L$,那么当 G 回到 G_L 时,c 会非连续地跳升,边际效用非连续地下降。由于 G 回到 G_L 是可预期的,则边际效用的非连续下降对家庭而言不会是最优的。

在 $G = G_H$ 时:

$$\dot{k}(t) = f(k(t)) - c(t) - G_H - (n+g)k(t) \tag{2-3-22}$$

在 $G = G_L$ 时:

$$\dot{k}(t) = f(k(t)) - c(t) - G_L - (n+g)k(t) \tag{2-3-23}$$

$\frac{\dot{c}(t)}{c(t)}$ 还是如前,由于 c 在由 G_H 回到 G_L 时不能非连续变化,这就决定了 G 增加时所发生的事。

因此,一旦 G 增加,c 迅速连续变化。当 G 回到初始水平时,$G = G_H$ 时经济的动态会将经济带回原有的鞍形路径。此后，经济沿这一鞍形路径移至旧的平衡增长路径。

在图 2-3-7(a)中，G 的增加比较持久，c 的下降接近 G 的增加量。随着 G 从 G_H 向 G_L 逼近，由于家庭预期 G 将下降，所以家庭会增加消费降低资本持有量。由于 $r=f'(k)$，所以我们可以由 k 来断定 r 的变动。r 在政府支出较高时逐步上升，之后慢慢回到初始水平，如图 2-3-7(b)，t_0 表示 G 增加的时间，t_1 表示 G 回到 G_L 的时间。

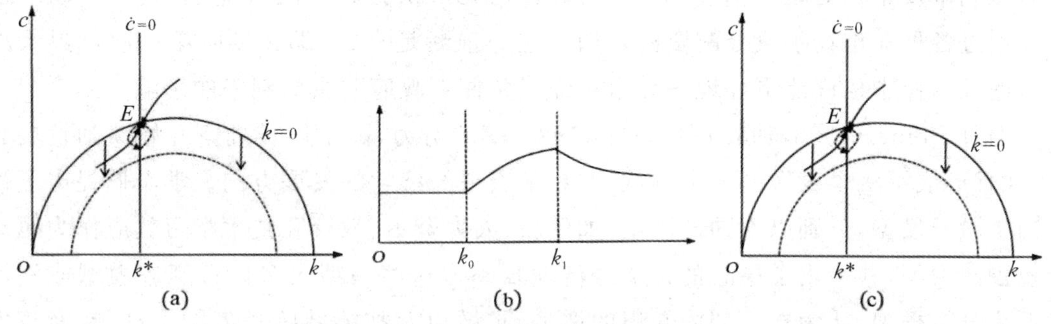

图 2-3-7　政府购买暂时增加的效应

在图 2-3-7(c)中，G 短暂上升。这里家庭对消费的改变较小，而是选择用储蓄来支付暂时性高税收部分。因此，政府购买对资本存量以及实际利率的影响较小。

从拉姆齐-卡斯-库普曼斯模型来看，它在解释经济增长理论的两个核心方面仍然与索洛模型一样，并没有增加解释的能力，但它是第一次系统阐述具有微观基础的宏观模型。因而，拉姆齐-卡斯-库普曼斯模型对经济研究方法的贡献要大于它对增长理论解释的贡献。

六、拉姆齐模型相关应用与前沿问题

上述分析说明了，政府购买暂时性增加会导致实际利率上升，而永久性增加则不会如此。从直观上看，当政府购买暂时性增加时，家庭预期其未来消费高于当前消费，为了使家庭接受这种差别，实际利率必须更高。反之，当政府购买永久性增加时，家庭的当前消费较低并且预期其未来消费将一直比较低，因此，实际利率无须变动，家庭就会接受当前较低的消费水平。

战争是政府购买暂时性增加的一个现实例子，因此，根据前文分析，战争期间的实际利率应该较高。Barro(1987)通过考察英国 1729—1918 年的军费支出和利率检验了上述预测。Barro(1987)估计了军事购买序列的关系式，并将其用于估计军费支出中的暂时性成分。Barro(1987)进一步用长期利率对估计所得的暂时性军费支出做回归。由于残差项是序列相关的，他还进行了一阶序列相关修正。最终的估计结果如下：

$$R_t = 3.54 + 2.6\widetilde{G}_t, \lambda = 0.931$$

$$(0.27) \quad (0.7) \quad (0.027) \tag{2-3-24}$$

式中，R_t 是长期名义利率；$\tilde{G}_t$ 是暂时性军费支出占国民生产总值比重的估计值，是残差项的一阶自回归参数；括号中的数字表示标准误。可见，暂时性军费支出与利率之间的关系在统计上是显著的。如果将第一次世界大战排除在外，这一结果可能更强：若样本期间截至 1914 年，$\tilde{G}_t$ 的系数将提高到 6.1。第一次世界大战中大量的军费支出仅导致利率发生相对较小幅度的上升，Barro(1987)认为其原因可能是，政府控制了价格并通过各种非市场手段分配资源。如果这一推断是真的，那么剔除第一次世界大战之后的较少样本也许能更好地估计市场经济条件下政府购买对利率的影响。

通过 Romer(1986，1987)和 Lucas(1988)等的努力，内生增长理论开始蓬勃发展起来，并且形成了一个庞大的研究领域，左右了宏观经济学的发展方向。学者们提出了许多内生增长模型，分别以不同的因素，如创新、人力资本、教育和技术学习效应作为驱动力量创建模型，并给出了稳态的正值经济增长率。这些模型大多以拉姆齐模型或索洛模型为分析框架，认为在长期中知识的增加、扩散以及技能熟练程度的上升，是经济发展的最终动力。这也与人类经济社会发展的史实相吻合。以此为基础，内生增长理论开始与实际经济周期理论和一些计量技术相结合，形成了动态随机一般均衡理论，成为现代宏观经济学发展的热点。

此外，索洛模型提供了经济分析的基本框架，为后续增长模型的发展奠定了基础。为此，后人通过对其进行改进形成了一系列讨论增长问题的模型。其中，具有代表性的有 20 世纪 60 年代由 Koopmans(1965)和 Case(1965)提出的拉姆齐-卡斯-库普曼斯模型，该模型是在索洛模型的基础上引入拉姆齐模型的跨期效用最大化分析而构建的。西方的经济学家们将现代增长理论尤其是内生增长理论用于经济现实的研究，得出一系列理论成果，诸如：Lucas(1993)提出了著名的“卢卡斯效应”，即一些新兴工业化国家成功的关键在于其熟练产业工人迅速在部门之间进行转换的能力；Benhabib 和 Spiegel(1994)指出，各国之间经济增长率的差异主要来源于人力资本存量的差异，正是这种差异影响了各国创新和赶超更发达国家的能力。Barro 和 Sala-i-Martin(1991)假设产出服从 C-D 函数形式：

$$Y = AK^{\alpha}H^{\eta}(Le^{gt})^{1-\alpha-\eta} \tag{2-3-25}$$

式中，$\alpha > 0, \eta > 0, \alpha + \eta < 1$，$Y$ 为产出，K 为实物资本存量，H 为人力资本存量，L 为劳动力数量，α 为固定技术参数。劳动力以恒定的外生率 n 增长，g 是不断增加技术进步的外生劳动率。Barro 和 Sulu-i-Martin(1991)利用回归方法得出结论：教育水平和随后的增长显著相关，公共教育投入对增长有显著效应。

Aghion 和 Banerjee(1999)假设在投资需求高于总储蓄的时期，所有储蓄都投资于高收益活动(总回报为 a)，经济增长率达到其最大值 $g^* = (1-\alpha)\sigma$，Aghion 和 Banerjee 将这些时期称为“Hooms”。相反，在投资需求低于总储蓄的时期，总储蓄的正部分投资于低收益活动，因此增长率小于 g^*，这些时期称为"衰退"。在 Hooms 期间，$I_{t+1}^d > S_t$，$I_{t+1}^d = \frac{W_B^t}{v}$；$S_t = W_B^t + W_L^t$。根据以上论述并将道德风险和事后监控引入模型得到以下方程，描述两个连续时期之间资本积累的动态演变，考察了金融约束(financial constraint)下的创新与增长之间的关系。

$$W_B^{t+1} = (1-\alpha)[\mu(1-\beta)\sigma(W_B^t + W_L^t) + \beta\sigma(W_B^t + W_L^t) - \beta\sigma W_L^t] \quad (2\text{-}3\text{-}26)$$

$$W_L^{t+1} = (1-\alpha)[(1-\mu)(1-\beta)\sigma(W_B^t + W_L^t) + \beta\sigma W_L^t] \quad (2\text{-}3\text{-}27)$$

式中，W_B^t 和 W_L^t 表示期初 $(t+1)$ 投资者(借款人)和非投资者(贷款人)的财富。换句话说，考虑到所有可用储蓄 $(W_B^t + W_L^t)$ 在繁荣时期投资于高收益活动，该活动的总收入等于 $\sigma(W_B^t + W_L^t)$。该收入的一部分 $(1-\beta)$ 用于支付劳动力报酬，其中投资者的比例为 μ，非投资者的比例为 $1-\mu$。同时，虽然投资者(借款人)实现了资本投资 $(W_B^t + W_L^t)$ 的收益率 $\beta\sigma$，但他们必须偿还从贷款人 W_L^t 处借入的高利率 $r=\beta\sigma$ (因此，第一个方程式右侧的术语 $-\beta\sigma W_L^t$，对应于第二个方程式右侧的术语 $\beta\sigma W_L^t$)。

Howitt(2005)使用熊彼特增长理论(Schumpeterian growth theory)来解释自 19 世纪中叶以来各国之间的人均收入差异，以及 20 世纪后半叶最富裕国家之间的趋同。其基准模型如下：

$$Z_t = \varphi L^{1-\alpha}\int_0^1 A_t(i)^{1-\alpha} x_t(i)^\alpha \mathrm{d}i, 0 < \alpha < 1 \quad (2\text{-}3\text{-}28)$$

式中，L 是劳动力投入，φ 是一个参数，表示影响一国全要素生产率的地理、制度和政策等非技术因素，$x_t(i)$ 是国家对中间产品的投入，而 $A_t(i)$ 是与之相关的国家特定技术生产率参数。一般商品用于消费，作为研发投入，也作为中间产品用于生产投入。

尹音频和何辉(2009)把利息税引入拉姆齐模型中，利用消费者效用最大化和厂商利润最大化的一般均衡来分析利息税率的调整对经济稳态下人均消费的影响；Guerrini(2010)利用 Bertalanffy(1966)的人口增长理论为拉姆齐模型提供了解决方案，并将模型推广到更具有普遍性的人口增长环境；叶洁莹(2014)运用引入人力资本的拉姆齐模型进行分析，并发现人力资本与经济增长密切相关；Sergei(2015)提出了一种利用 CRRA 效用函数和 C-D 技术求解拉姆齐模型的新方法；Federico(2016)假设一个具有跨期效用的消费者的效用函数为：

$$V = E\sum_{t=1}^{\infty}\beta^{t-1}U_t \quad (2\text{-}3\text{-}29)$$

式中，$\beta \in (0,1)$ 是贴现因子；$E[\cdot]$ 是期望算子；U_t 是 t 期的对称效用函数，取决于外部最终商品集的消费。参考 Dixit 和 Stiglitz(1977)的研究将总效用以各类消费效用的总和表示：

$$U_t = \int_0^1 u(C_{jt})\mathrm{d}j \tag{2-3-30}$$

Federico(2016)利用式(2-3-29)和式(2-3-30)将消费和增长的拉姆齐模型扩展到对垄断竞争下供应的各种商品的一般偏好,并推导出加价可变性和宏观经济动态的含义。

Asheim(2017)通过研究具有齐齐尔尼斯基偏好的代际博弈中的平稳马尔科夫均衡,展示了拉姆齐模型中实现齐齐尔尼斯基标准;高春亮和李善同(2021)将人力资本结构纳入拉姆齐模型,分析人力资本结构影响公共服务需求空间分布和均等化的微观机制,假设效用函数 $u(c_t)$ 为跨期固定替代函数,c_t 为个人消费商品,ρ 为贴现率,λ_k、λ_h 为拉格朗日乘子,则消费者效用贴现值总和最大化时的现值汉密尔顿函数为:

$$\max H = u(c_t)e^{-\rho t} + \lambda_k(\dot{k}_t)e^{-\rho t} + \lambda_h(\dot{h}_t)e^{-\rho t} \tag{2-3-31}$$

$$s.t. \dot{k}_t = F(k_t, L - l_h + s(h_t)\emptyset(\omega) - \delta_k k_t - c_t - \tau\omega_t)$$

$$\dot{h}_t = h_t^{\beta} l_h^{1-\beta} - \delta_h h_t$$

结果表明:在转换效应和挤出效应共同作用下,公共服务需求呈中心外围分布特征。

Vieira 等(2021)建立了以下最优化模型,分析和比较了代表戈尔曼偏好的两类效用函数(即同类偏好和非位似偏好)对福利、资本积累和收敛到稳态的速度的影响:

$$\max N_0 \sum_{t=0}^{\infty} \beta^t (1+n)^t u_j(c_t), j = a, b \tag{2-3-32}$$

式中,N_t 表示两个经济体在每个时期 t 的相同消费者数量。根据假设,这些经济体的人口以相同的速率 n 增长,即 $N_t = (1+n)N_0$,其中 $n = \Delta N_{t+1}/N_t$,N_0 是两个经济体在 0 时期的相同消费者数量。两个经济体都有一种商品可以消费或投资。在每个周期 t,一个消费者的消费量用 c_t 表示。研究发现,对于同一经济体,偏好结构不仅影响资本动态和社会福利,而且影响收敛到稳态均衡的速度。

第四节　戴蒙德模型

一、戴蒙德模型相关假设与构建

拉姆齐模型在假定市场完全的基础上,还假定家庭生活在无限时期中,家庭与家庭之间无差异,代与代之间无任何联系。为此,Samuelson(1958)结合 Allais(1947)关于代际更迭的相关论著,提出了 OLGM 的早期思想。该思想认为,经济体存在新家庭进入和旧家庭的退出(即人口变动),这种新旧家庭的进入或退出通过老一代人去世、新一代人出生的交替模式完成。然而,此模型与索洛模型的结论相仿,只是平衡增长的路径比索洛模型中的稍低一些(Romer,1986)。

Diamond(1965)以“代际更迭思想”为基础,创造性地结合索洛模型,构建了一个著名的戴蒙德模型。该模型认为,个人的存活期是有限的,这些有限的存活期按个人是否参与劳动分为两个离散期,即青年期(参与劳动)和老年期(退出劳动);据此就形成了一个离散时期内上下两代人(老年人和年轻人)交叠存在的局面;且每一代际的人并不在乎其后代的福利,经济在这种局面下永远持续。

Blanchard(1985)提出了一个关于人的死亡服从泊松分布随机过程的假设,将OLGM向无限期界扩展,使该模型关于有限期界的思想在一个更简易的处理框架中得到保留,从而进一步发展了OLGM。至此,学界已形成了较为完整的OLGM分析框架。在此,本书对拉姆齐模型假定条件进行修正:假定模型中有新的家庭连续进入经济,并揭示这一微小差异可能会对经济均衡所产生的影响。

若假定有新家庭连续进入,则暗示经济社会中会有老的家庭退出,即“新老更迭”。本书给定时间是离散而非连续,即 t 的取值为 $0,1,2,\cdots$,而不是过去的 $t \geqslant 0$。为了简化分析,假定经济社会中的每个人生存在两个不同的时期。

L_t 代表 t 时期出生的人,人口的增长率为 n;因此 $L_t=(l+n)L_{t-1}$,由于个人生存在青年和老年两个时期(分别对应的是年轻人和老年人)上,在 t 期有 L_t 个人处在其生命的第一个时期(青年),$L_{t-1}=\dfrac{L_t}{n+1}$ 个人处在生命的第二个时期(老年),个人消费上一时期的储蓄以及从中所获得的利息收入。

设 C_{1t} 和 C_{2t} 代表 t 时期年轻人与老年人的消费,t 时期出生的人其效用以 U_t 表示。U_t 取决于 U_{1t} 和 U_{2t+1}($t+1$ 时期的消费)。我们采用经典的CRRA效用函数,并假设效用函数具有可加性(Wilhelmsson,2002),则:

$$U_t=U(C(t))+\frac{1}{1+\rho}U(C_{2t+1})=\frac{C_{1t}^{1-\theta}}{1-\theta}+\frac{1}{1+\rho}\frac{C_{2t+1}^{1-\theta}}{1-\theta} \tag{2-4-1}$$

要使经济具有平衡增长的路径和使总效用收敛,必须满足一些特殊的假设条件。因为寿命是有限的,故不要求 $\rho>n+(1+\theta)g$ 来保证一生效用不发散。如果 $\rho>0$,代表第一时期消费的权重大于第二时期的消费权重;如果 $\rho<0$,则代表第二时期的消费权重大于第一时期的消费权重;$\rho>-1$ 是保证第二时期的消费权重为正。

假定经济社会中有许多相同的厂商,每个厂商的生产函数都为 $Y_t=F(K_t,A_tL_t)$。$F(\cdot)$ 仍为规模报酬不变且满足稻田条件。A 的增长率仍为 g,则 $A_t=(1+g)A_{t-1}$。在竞争性的市场中,劳动与资本的收入均为各自的边际产品,厂商的利润为零。假定没有折旧,则单位有效劳动的实际工资为:

$$\omega_t = f(k_t) - k_t f'(k_t) \tag{2-4-2}$$

实际利率为：

$$r_t = f'(k_t) \tag{2-4-3}$$

最初的资本存量为 K_0，它由老年人平均拥有。

在 $t=0$ 时期，老年人拥有资本，年轻人提供劳动，两者结合以生产产品。老年人同时消费其资本收入与现有财富，年轻人将劳动所得 $\omega_1 A_t$ 分配于消费和储蓄，将储蓄带入下一期。因此 $t+1$ 时期的资本存量 k_{t+1} 等于 t 期年轻人的数量（L_t）与每个人的储蓄（$\omega_1 A_t - C_{1t}$）之积，该资本再与下代人的劳动结合，如此周而复始循环。

考虑劳动者 t 期出生，在第二阶段的消费为：

$$C_{2t+1} = (1 + r_{t+1})(\omega_t A_t - C_{1t}) \tag{2-4-4}$$

由此可得：

$$C_{1t} + \frac{1}{1 + r_{t+1}} C_{2t+1} = A_t \omega_t \tag{2-4-5}$$

式(2-4-5)表明，一个人一生的消费现值由其初始财富(此时为 0)与一生劳动收入现值所构成。模型均衡要求：在满足上式约束的同时，使其两阶段效用达到最大。构造拉格朗日函数：

$$L = \frac{C_{1t}^{1-\theta}}{1-\theta} + \frac{1}{1+\rho}\frac{C_{2t+1}^{1-\theta}}{1-\theta} + \lambda[\omega_t A_t - (C_{1t} + \frac{1}{1+r_{t+1}} C_{2t+1})] \tag{2-4-6}$$

一阶条件为：

$$C_{1t}^{1-\theta} = \lambda \tag{2-4-7}$$

$$\frac{1}{1+\rho}\frac{C_{2t+1}^{1-\theta}}{1-\theta} = \frac{1}{1+r_{t+1}}\lambda \tag{2-4-8}$$

消去 λ，得：

$$\frac{C_{2t+1}}{C_{1t}} = [\frac{1+r_{t+1}}{1+\rho}]^{1/\theta} \tag{2-4-9}$$

式(2-4-9)表明，人的消费随时期变化是增还是减，主要取决于与 r_{t+1} 及 ρ 的比较关系。θ 仍是决定个人消费对 r 和 ρ 之差的反应的程度：θ 越小，随着消费的变化，边际效用变化越小，在对实际利率与贴现率之差做出反应时，消费的变化较大。

将式(2-4-9)中的 C_{2t+1} 用 r_{t+1} 和 $\omega_t A_t$ 来表示，可得：

$$C_{1t} + \frac{(1+r_{t+1})^{(1-\theta)/\theta}}{1+\rho^{1/\theta}} = A_t \omega_t \tag{2-4-10}$$

$$C_{1t}=\frac{(1+\rho)^{1/\theta}}{1+\rho^{1/\theta}+(1+r_{t+1})^{(1-\theta)/\theta}}A_t\omega_t \tag{2-4-11}$$

$\frac{1+\rho^{1/\theta}}{1+\rho^{1/\theta}+(1+r_{t+1})^{(1-\theta)/\theta}}$ 表示消费占收入的比例。用 $s(r)$ 表示收入中用于储蓄的比例，则：

$$s(r)=\frac{(1+r)^{1/\theta}}{1+\rho^{1/\theta}+(1+r)^{(1-\theta)/\theta}} \tag{2-4-12}$$

当 $(1+r)^{(1-\theta)/\theta}$ 随 r 递增时，年轻人才会在 r 增加时提高储蓄，$(1+r)^{(1-\theta)/\theta}$ 对 r 的一阶导数为 $\frac{1-\theta}{\theta}(1+r)^{(1-2\theta)/\theta}$。如果 $\theta<1$，则 s 随 r 递增；如果 $\theta>1$，则 s 随 r 递减。r 的上升，同时具有收入效应与替代效应。θ 值较小时，替代效应占优；θ 较高时，收入效应占优；$\theta=1$ 时，替代效应等于收入效应。

式(2-4-11)可以转换为：

$$C_{1t}=[1-s(r_{t+1})]A_t\omega_t \tag{2-4-13}$$

二、经济动态与社会福利

(一)动态模型

与无限期界模型一样，可以通过加总个人行为来描述总量经济的动态。$t+1$ 时期的资本存量就是 t 时期年轻人的储蓄额：

$$K_{t+1}=s(r_{t+1})L_tA_t\omega_t \tag{2-4-14}$$

不难发现，K_{t+1} 是 r_{t+1} 与 ω_t 的函数。这是因为在 t 期的储蓄取决于 t 期的劳动收入以及对下一时期实际利率 r_{t+1} 的预期。

将式(2-4-14)写成集约比的形式，即两边同除以 $L_{t+1}A_{t+1}$，得：

$$k_{t+1}=\frac{1}{(1+n)(1+g)}s(r_{t+1})\omega_t \tag{2-4-15}$$

在上式中，将 r_{t+1} 和 ω_t 替换掉，得：

$$k_{t+1}=\frac{1}{(1+n)(1+g)}s(f'(k_{t+1}))[f(k_t)-k_tf'(k_t)] \tag{2-4-16}$$

一般情形的讨论：

$$k_{t+1}=\frac{1}{(1+n)(1+g)}s(f'(k_{t+1}))[\frac{f(k_t)-k_tf'(k_t)}{f(k_t)}f(k_t)] \tag{2-4-17}$$

k_{t+1} 与 k_t 之间关系存在有几种可能性(详见图 2-4-1)。

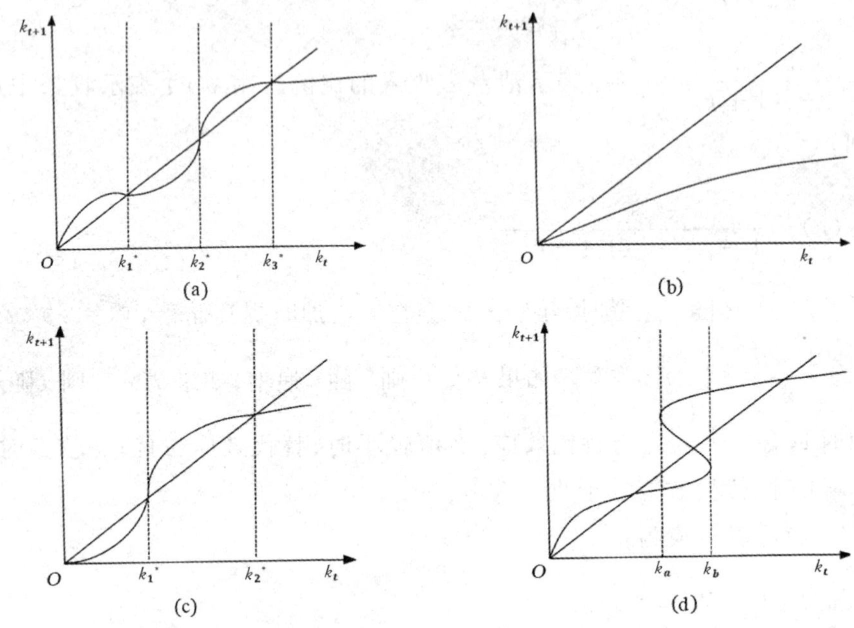

图 2-4-1　k_{t+1} 与 k_t 几种可能的关系

(a)中 k_1^*、k_3^* 是稳定的,k_2^* 是不稳定的。如果劳动收入占产量的比与劳动收入中储蓄所占的比不变,则不可能出现多个 k^* 。若为 C-D 生产函数,则 k^* 唯一。

(b)中,k_{t+1} 永远小于 k_t,k 总是收敛于 0(后两对中有一或都为 0)。

(c)中,当 k 较低时 k 收敛于 0;k 较高时 k 收敛于一正值。即如果 $k_0 < k_1^*$,则 k 收敛于 0;当 $k_0 > k_1^*$ 时,k 收敛于 k_2^* 。

(d)中,k_{t+1} 有三个可能的值。如果 s 是 r 的减函数时,会出现这种情形。这时,如果个人 k_{t+1} 预期较高,并因此预期 r 较低,则储蓄会较高;如果预期 k_{t+1} 较低时,则储蓄较低。如果储蓄对 r 足够灵敏,且 r 对 k 的反应足够灵敏,则就肯定有一个以上的 k_{t+1} 与一个给定的 k_t 相对应。这时经济的路径是不确定的,即使没有外部冲击,经济也会波动。

在 k_{t+1} 与 k_t 的关系中隐含了上述几种可能关系。因此,当前的问题是能否寻找到一个均衡的 k 值,满足式(2-4-17);或者说,k 从一正的初值出发之后,能否收敛到均衡值。此时,假设代际交叠而非永生,可能更符合实际经济。

另外,与索洛模型和拉姆齐模型相比,戴蒙德模型也并没有对经济增长的基本问题提供更好的回答。根据稻田条件,当 k_t 充分大时,k_{t+1} 必须小于 k_t 。具体而言,由于年轻人的储蓄不能超过经济的总产出,因此 k_{t+1} 不能大于 $f(k_t)/[(1+n)(1+g)]$,而由于资本的边际产出会随 k 的不断增大逐渐趋向于零,因此 k_{t+1} 最终必将小于 k_t,这就说明 k 不能无限地增长。因此,劳动效率增长仍然是工人平均产出增长的唯一源泉。虽然戴蒙德模型确实表明了有可能存在多个 k^* 值,即其他条件完全相同的经济有可能收敛到不同的平衡增长路径，但其原因可能仅仅是初始条件不同。与索洛模型和拉姆齐模型一样，我们只能通过工人平均资本和回报率的巨大差距来解释工人平均产出的巨大差距。

(二)收敛速度

该模型不仅能够从定性的角度揭示一些经济行为，而且在定量上解释了经济变量的变动特征。当 θ 为 1 时，劳动收入中用于储蓄的比例为 $1/(2+\rho)$，只考虑 C-D 生产函数的特殊情形，此时 $f(k)$ 为 k^{α}，$f'(k)$ 为$\alpha k^{\alpha-1}$，式(2-4-15)可转为：

$$k_{t+1}=\frac{1}{(1+n)(1+g)}\frac{1}{2+\rho}(1-\alpha)k_t^{\alpha} \tag{2-4-18}$$

平衡增长路径上的 k 值和 y 值很容易计算。式(2-4-18)将 k_{t+1} 表示为 k_t 的函数，当两者相等时，经济便处于平衡增长路径。也就是说，k^* 由下式确定：

$$k^*=\frac{1}{(1+n)(1+g)}\frac{1}{2+\rho}(1-\alpha)k^{*\alpha} \tag{2-4-19}$$

求解此式可得：

$$k^*=\left[\frac{1-\alpha}{(1+n)(1+g)(2+\rho)}\right]^{1/(1-\alpha)} \tag{2-4-20}$$

由于 y 等于 k^{α}，因此上式表明：

$$y^*=\left[\frac{1-\alpha}{(1+n)(1+g)(2+\rho)}\right]^{\alpha/(1-\alpha)} \tag{2-4-21}$$

式(2-4-21)揭示了模型参数如何影响平衡增长路径上单位有效劳动的平均产出，因此，可以通过代入不同的参数值来预测不同情况下的长期效应。

在此基础上，还可以求出经济向平衡增长路径收敛的速度有多快，采用的方法与前面一样，仍然是在平衡增长路径附近对模型进行线性化，也就是将 k 的运动方程(2-4-18)替换为在 $k=k^*$ 附近的一阶近似。已知当 k_t 等于 k^* 时，k_{t+1} 也等于 k^*。因此：

$$k_{t+1}\cong k^*+\left(\left.\frac{\mathrm{d}k_{t+1}}{\mathrm{d}k_t}\right|_{k_t=k^*}\right)(k_t-k^*) \tag{2-4-22}$$

令 λ 代表 $\mathrm{d}k_{t+1}/\mathrm{d}k_t$ 在 $k_t=k^*$ 处的值。根据这一定义，可以将式(2-4-22)重新写为：

$$k_{t+1}-k^*\cong\lambda(k_t-k^*) \tag{2-4-23}$$

可得：

$$k_t-k^*\cong\lambda^t(k_0-k^*) \tag{2-4-24}$$

其中，k_0 表示 k 的初始值。

式(2-4-24)说明收敛性是由参数 λ 所决定的。如果 λ 在 0 和 1 之间，则经济系统会平滑地收敛；如果 λ 处于 −1 和 0 之间，则经济将以阻尼震荡的方式向 k^* 收敛，即 k 在大于 k^* 和小于 k^* 之间来回变化，但每一期都更接近 k^*；如果 λ 大于 1，则经济系统会爆炸性发散；而如果 λ 小于 −1，则经济存在爆炸性震荡。

要想求解 λ，则需要用到式(2-4-18)：$k_{t+1}=\dfrac{1}{(1+n)(1+g)}\dfrac{1}{2+\rho}(1-\alpha)k_t^{\alpha}$。可得：

$$\begin{aligned}\lambda \equiv \left.\frac{\mathrm{d}k_{t+1}}{\mathrm{d}k_t}\right|_{k_t=k^*} &= \alpha\frac{1-\alpha}{(1+n)(1+g)(2+\rho)}k^{*\alpha-1} \\ &= \alpha\frac{1-\alpha}{(1+n)(1+g)(2+\rho)}\left[\frac{1-\alpha}{(1+n)(1+g)(2+\rho)}\right]^{\frac{\alpha-1}{1-\alpha}}=\alpha \end{aligned} \tag{2-4-25}$$

其中，第二行用方程(2-4-20)替换了 k^*。由式(2-4-25)可得，λ 就是资本份额 α。由于 α 处于 0 到 1 之间，因此 k 会平滑地收敛于 k^*。例如，若 α 为 1/3，则每一期 k 会向 k^* 逼近 2/3 的距离。

戴蒙德模型中的收敛速度与索洛模型并不相同。[①] 主要原因在于：尽管年轻人的储蓄是收入的固定比例，并且他们的收入是总收入的固定比例，但老年人的消费并不是总收入的固定比例。老年人消费占产出的比例是 $K_t/F(K_t,A_tL_t)$，或者 $k_t/f(k_t)$，由于资本报酬递减，因此这个比例会随 k 递增，而由于这个比例与储蓄是反向关系，所以总储蓄占产出的比例是 k 的减函数。因此，当 $k<k^*$ 时总储蓄占产出的比例高于其平衡增长路径值，当 $k>k^*$ 时则低于平衡增长路径值，这带来的结果就是，经济的收敛速度比索洛模型更快。

三、动态无效率问题

戴蒙德模型的平衡增长路径与拉姆齐-卡斯-库普曼斯模型的一个主要区别，是与福利有关的。我们已经知道，拉姆齐-卡斯-库普曼斯模型在均衡时，能够保证代表性家庭的福利最大化。而在戴蒙德模型中，由于出生于不同时间的经济个体会获得不同的效用水平，因此，并没有简明的方法可以合理评估社会福利。如果把福利看作是不同代际效用的加权总和，那么就没有理由认为分散均衡可以最大化福利。主要原因是：我们分配给不同代际的权重是随意的(Kaz，2003)。

就经济学而论，衡量效率的最低标准是均衡必须是帕累托有效的。然而，戴蒙德模型的均衡，甚至连这个标准都不一定满足。尤其是，在该模型中平衡增长路径上的资本

---

① 实际上，它与离散形式的索洛模型也不相同(Chris，2008)。

存量，可能会超过黄金律水平，因此消费存在永久性增加的可能性。

为了简单说明这种可能性，本书假设经济满足对数效用函数和 C-D 生产函数，并且 g 为零。如此在平衡增长路径上求解 k 值的式(2-4-20)，可以简化为：

$$k^* = \left[\frac{1}{(1+n)}\frac{1}{2+\rho}(1-\alpha)\right]^{1/(1-\alpha)} \tag{2-4-26}$$

因此，平衡增长路径上的资本边际产出 $\alpha k^{*\alpha-1}$ 为：

$$f'(k^*) = \frac{\alpha}{1-\alpha}(1+n)(2+\rho) \tag{2-4-27}$$

黄金律的资本存量是：使得平衡增长路径上单位有效劳动的平均消费最高的资本存量。在 $g=0$ 的平衡增长路径上，单位有效劳动的平均消费等于单位有效劳动的平均产出 $f(k)$ 减去单位有效劳动的持平投资 $nf(k)$，因此，黄金律的资本存量应满足 $f'(k_{GR})=n$。$f'(k^*)$ 既可能大于 $f'(k_{GR})$，也可能小于 $f'(k_{GR})$，特别是当 α 充分小时，$f'(k^*)$ 会小于 $f'(k_{GR})$，即平衡增长路径上的资本存量大于黄金律水平。

为了理解缘何 k^* 大于 k_{GR} 时无效率，我们可以考虑处于平衡增长路径上且 $k^* > k_{GR}$ 的戴蒙德经济，并在其中引入社会计划者。如果计划者并不改变 k，则每人每期的消费等于工人平均产出 $f(k^*)$ 减去保持资本处于 k^* 水平所需的新增投资 nk^*。这在图 2-4-2 中用 * 表示。假设在某一时期 t_0，计划者分配给消费的资源比往常多，而分配给储蓄的则比往常少，从而使得下一期的工人平均资本为 k_{GR}，并且在此后所有时期都将资本维持在 k_{GR} 水平上。利用此计划，下期可用于消费的工人平均资源为 $f(k^*)+(k^*-k_{GR})-nk_{GR}$，而在接下来的每个时期，可用于消费的工人平均产出均为 $f(k_{GR})-nk_{GR}$。由于 k_{GR} 能够最大化 $f(k)-nk$，所以 $f(k_{GR})-nk_{GR}$ 大于 $f(k^*)-nk^*$，并且由于 k^* 大于 k_{GR}，所以 $f(k^*)+(k^*-k_{GR})-nk_{GR}$ 比 $f(k_{GR})-nk_{GR}$ 还要大。在图 2-4-2 中用 * 表示了这一政策下的消费路径。如图所示，与将资本维持在 k 的政策相比，在这一政策下，可用于消费的资源在每一期都更多。因此，在原来的平衡增长路径基础上，计划者可以将资源在年轻人和老年人之间调配，从而使得每一代人在每一时期的境况都得到改善。

由此可见，戴蒙德模型的均衡可能并不是帕累托有效的。这一结论似乎难以想象：既然市场是竞争性的，又不存在外部性，均衡为帕累托有效——这一经典结论为什么会不成立呢？实际上，其原因就在于，标准结论不仅假设了竞争性和无外部性，还假设了经济个体数量的有限性(Diamond，1965)。具体而言，在戴蒙德模型中，无限的代际使得计划者可以为老年人提供一条通过市场无法实现的消费路径。在市场经济条件下，如果经济个体想要在年老时消费，他们的唯一选择就是持有资本，即使资本回报率可能很低。但是计划者却不必受此限制，老年人的消费不一定要由资本存量以及资本回报率决定，相反，计划者可以将所有可用于消费的资源在年轻人和老年人之间任意分配

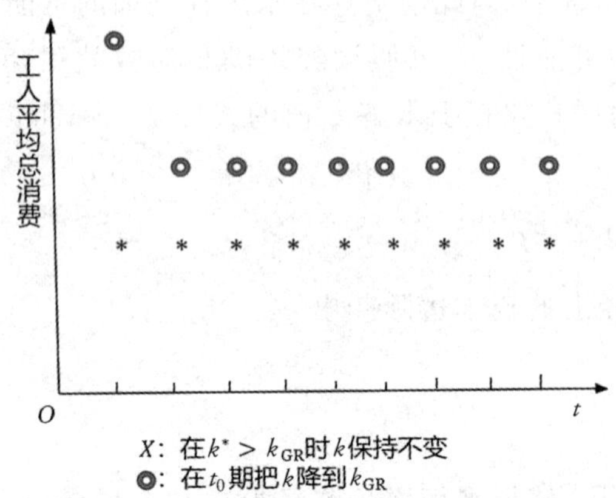

图 2-4-2　k 降低到黄金率水平会如何影响工人的平均消费路径

(Tang,2006)。

例如,计划者可以从每个年轻人的劳动收入中取走 1 个单位,并转移给老年人,由于每个老年人对应 $1+n$ 个年轻人,这就使得每个老年人的消费增加 $1+n$ 个单位,并且计划者可以要求每一代的年轻人都按此操作,从而避免让任何人利益受损的可能性。如果资本的边际产出小于 1,也就是说,如果资本存量超过黄金律水平,则这种在年轻人和老年人之间转移资源的办法就比储蓄更加有效。因此,计划者可以改进分散决策下的资源配置。鉴于这种类型的无效率与传统的无效率不同,其根源在于经济的跨期结构,因此,我们可以将其称为动态无效率(Romer,2006)。

四、戴蒙德模型相关应用与前沿问题

戴蒙德模型证明了,分散经济可以积累超过黄金律水平的资本,并因此导致帕累托无效率的资源配置。由于现实经济中的资本积累并不是由社会计划者控制的,这就提出了一个问题:现实经济是不是动态无效率的?如果答案是肯定的,则会对公共政策具有重要的启示意义:对低储蓄率的担忧可能根本就是杞人忧天,当前消费和未来消费其实是可以同时增加的。

实际上,这一问题是由 Abel 等(1989)提出的。他们通过观察发现,表面上看起来美国和其他主要经济体中似乎的确存在动态无效率。为了更深入的研究,他们设立了以下动态模型:

$$\Omega(\theta_t)=u(c_t^y(\theta_t))+E\{v(c_{t+1}^0(\theta_{t+1}))\mid\theta_t\} \tag{2-4-28}$$

鉴于这一代人出生在自然状态 θ_t 下,我们将 $\Omega(\theta_t)$ 设定为事前效用。如果有可能在不降低 $\Omega(\theta_t')$ 或任何其他 θ_t' 的情况下,使得某些 θ_s 的 $\Omega(\theta_s)$ 增加了,则被称为初始平衡动态无效;如果这种帕累托改进是不可能的,那么均衡是动态有效的。研究发现,如果实际回报率小于经济增长率，则平衡增长路径就是动态无效率的，而实际回报率的直接衡量指标是短期政府债券的实际利率。根据 Abel 等(1989)的研究，在 1929—1986 年，美国的实际利率平均仅有百分之零点几，远小于经济的平均增长率，而其他主要工业国家也有类似现象。因此，实际利率小于黄金律水平，这说明这些经济积累了过多的资本。

Abel 等(1989)进一步讨论了如何在不确定性世界中评估动态有效性。其充分条件是:资本净收入超过投资。对于确定性经济中的平衡增长路径而言，这一条件实际上与前面比较实际利率和经济增长率的条件是相同的。因为，在此时，净资本收入等于实际利率乘以资本存量，而投资等于经济增长率乘以资本存量。因此，当且仅当实际利率大于经济增长率时，资本收入才大于投资。但 Abel 等(1989)证明，在存在不确定性时，这两个条件并不等价，并且只有比较"资本收入和投资"才是判断是否动态有效的正确方法。直观地说，这一判断方法的含义是:资本部门只有在其生产的产出大于其消耗的新增投资，从而使得可用资源增加时才会对消费有贡献，而资源消耗超过产出的资本部门则对消费没有贡献。

戴蒙德模型的应用范围不断扩展，至今已经涉及经济学多个领域。早期的 Barro (1974)利用 OLGM 对国债与消费的关系进行了研究，结果表明，政府采用发行国债的扩张性财政政策未必能够有效刺激消费；Tirole(1985)和 Weil(1987)运用 OLGM 证明了当证券市场投资者个数为无限时理性泡沫存在的可能性。他们同时证明，泡沫只可能在一个动态无效率的代际交叠经济中存在。Bernanke 和 Gertler(1989)利用 OLGM 对 RBC 模型进行改良，构建了金融加速器模型，从金融市场的角度来寻找经济周期波动的原因。

Persson 和 Tabellini(1994)研究了一个具有恒定人口的 OLGM，利用 OLGM 研究了在财政纯粹进行再分配情况下收入分配对经济增长的影响，模型中非利他个体生活两个时期，每一个体都有相同的偏好，并假设在 $t-1$ 期出生但在 t 期老去的第 i 个个体的效用为:

$$v_t^i = U(c_{t-1}^i, d_t^i) \tag{2-4-29}$$

式中，c 表示年轻时的消费，d 表示老年时的消费。效用函数 $U(\cdot)$ 是凹的、行为良好的、同质的或(在不丧失普遍性的情况下)线性同质的。

Aaron(1996)引入生产和投资，通过劳动生产率的增长这一因素来修正 Samuelson 的模型。在 Aaron(1996)的 OLGM 中，养老金的增长取决于人口的增长率和劳动生产率的增长率两个因素；还有学者创建了第一个大规模仿真 OLGM，用来模拟养老金改革及人口老龄化自身对资本积累的反馈作用(Auerbach, Kotlikoff, 1987; Auerbach, 1989; Kotlikoff, 1996)。

21 世纪以来，戴蒙德模型的应用领域进一步拓展。Thibault(2000)证明，当存在生产性资本和利他主义作用因素时，OLGM 确实会存在非平凡稳态解。袁志刚和宋铮(2000)把养老保险制度引入 OLGM，构建了一个可以把握中国养老保险制度基本特征的 OLGM，在完全基金式的养老保险制度中，政府向第 t 期的年轻人征收数量为 d_t 的税金，用于投资以后向第 $t+1$ 期的老年人支付数量为 $(1+r_{t+1})d_t$ 的养老金，行为人面对的预算约束条件应改写为：

$$c_t^1 + s_t = f_2[(n_{t-1}/n_t)s_{t-1}, 1] \tag{2-4-30}$$

$$c_{t+1}^2 = f_1(s_t, n_{t-1}/n_t)s_t \tag{2-4-31}$$

式中，c_t^1 和c_{t+1}^2 分别表示第 t 期的青年人和第$t+1$ 期的老年人的消费，也就是同一个行为人在青年期和老年期的消费，s_t 表示第t 期的储蓄，n_{t+i} 表示第$t+i$ 期的青年人数量，也就是第 $t+i$ 期的劳动力数量，i 是整数。袁志刚和宋铮(2000)通过数值模拟，提出人口老龄化作为我国计划生育政策的自然结果，是我国城镇居民储蓄倾向上升的一个重要因素。

史永东和杜两省(2001)针对我国资本市场的现状，利用具有技术进步和随机实质资本收益率的 OLGM，假设一个代表性的消费者除了可以把储蓄投资于实质资本之外，还可以投资于泡沫资本(如股票泡沫)，投资于实质资本的收益率为 $1+f'(\hat{k}_{t+1})$ 。假设泡沫资本的供给 M 是固定的，从而有 $B_t = p_t M$ ，这里，B_t 为泡沫的总价值，p_t 为泡沫的价格。这意味着，泡沫大小的变化完全归因于价格的变化，故投资于泡沫资本的收益为 p_{t+1}/p_t ，于是每个工人的泡沫水平为 $b_t = B_t/N_t = p_t M/N_t$ 。由此可得，在跨时迭代模型中，年轻人在时期 t 满足的预算约束条件变为：

$$w_t = c_{1t} + i_t + b_t \tag{2-4-32}$$

$$c_{2t+1} = i_t[1+f'(\hat{k}_{t+1})] + b_{t+1}(1+n) \tag{2-4-33}$$

史永东和杜两省(2019)并通过对我国转轨时期经济动态效率的实证检验，从理论上分析了资产定价泡沫对中国经济的影响。贺菊煌(2004)以 OLGM 为蓝本，将消费的生命周期模型与人口模型、索洛增长模型进行有机结合，同时引入社会养老保险、收入预期、寿命预期、非预料死亡和遗产继承等内容，建立了一个经济动态模型，并用此模型研究了经济增长率和资产收益率变动对储蓄率的影响，并通过利用美国 1959—1992 年居民可支配收入和居民消费数据拟合回归模型，可得：

$$S = \frac{0.9259S_{-1}}{1+G} + \frac{0.2993G}{1+G} \tag{2-4-34}$$

$$R^2 = 0.6398$$

式(2-4-34)是根据 Modighani 等(1954)提出的消费函数 $C=\alpha_1 A+\alpha_2 Y$ 和资产积累式 $A-A_{-1}=Y_{-1}-C_{-1}$ 相结合而得到的。式中 S 表示储蓄率，G 表示收入增长率，实证结果表明，当经济进入稳定状态 $(S=S_{-1})$ 时，$dS/dG=2.3187$，即经济增长率上升 1 个百分点，储蓄率上升约 2.32 个百分点。

林静(2009)对具有泡沫的戴蒙德模型进行扩充，通过货币的交易媒介功能将货币因素引入模型中；薛白(2014)将信贷因素引入戴蒙德经济的内生增长模型，构建了资产泡沫与经济增长的一般性分析框架，代表性个体收入分配的最优化问题变为：

$$\text{Max}\, U = u(\dot{c}_{1t}) + (1+\theta)^{-1} u(\dot{c}_{2t}) \tag{2-4-35}$$

其中，$\dot{c}_{1t}$、$\dot{c}_{2t}$ 分别为引入信贷因素后代理人在 t 期和 $t+1$ 期的消费支出，设定信贷资金中 $1-\beta$ 的比重用于 t 期消费，则约束条件调整为：

$$\dot{c}_{1t} + \dot{s}_t = w_t + m_t \tag{2-4-36}$$

$$\dot{c}_{2t} = \dot{s}_t[1 + f'(k_{t+1})] - m_t(1+r) \tag{2-4-37}$$

式中，$\dot{c}_{1t} = c_{1t} + (1-\beta)m$，$\dot{s}_t = s_t + \beta m_t$；$w_t$ 为单位劳动收入，m_t 表示人均信贷量，k_{t+1} 为单位有效劳动资本存量为投资实体经济的收益率；$\dot{s}_t[1+f'(k_{t+1})]$ 表示代理人使用自有资金 s_t 和信贷资金 βm_t 从事实体经济投资时所能得到的收益，第二项 $m_t(1+r)$ 表示 $t+1$ 期代理人所需还款资金。

Kaz 和 Chris(2003)引入索洛模型中归一化的 CES 生产函数：

$$f_\sigma(k_t) = A(\sigma)\{\delta(\sigma)k_t^\rho + [1-\delta(\sigma)]\}^{\frac{1}{\rho}} \tag{2-4-38}$$

Kaz 和 Chris(2003)并将新老交替的概念加入上式中，得出戴蒙德模型中归一化的 CES 生产函数：

$$w_{\sigma,t} = f_\sigma(k_t) - k_t f'_\sigma(k_t) = [1-\delta(\sigma)][A(\sigma)]^\rho [f_\sigma(k_t)]^{1-\rho} \tag{2-4-39}$$

利用式(2-4-38)和式(2-4-39)，Kaz 和 Chris(2003)证明了在 OLGM 中，变量替代性与增长率之间不存在单调关系。特别是，他们证明了，如果资本和劳动力具有相对可替代性，则替代弹性较大的国家在稳定状态下的人均产出增长率较低。

Li 和 Lin(2021)假设经济生产一种可以消费或投资的商品；每个人生活两个时期，第一个时期工作，第二个时期退休；每个公民都有一个非弹性供给的劳动力单位。人口以 n 的速率增长，即 $L_{t+1} = (1+n)L_t$，其中 L_t 是周期 t 中的工人数量。生产函数在这两个因素中显示出恒定的规模收益。在 t 时期，产出 Y_t 为：$Y_t = F(L_t, K_t) = L_t f(k_t)$，其中 K_t 为资本。每个工人的产量为：

$$y_t = f(k_t),\ f'(k) > 0,\ f''(k) < 0(\forall k > 0) \tag{2-4-40}$$

式中 $k_t = K_t/L_t$、$y_t = Y_t/L_t$ 分别代表资本劳动比和产出劳动比。Li 和 Lin(2021)利用上式为带政府债务的 OLGM 稳态均衡的存在性和唯一性提供了易于检验的条件，即通过检查生产函数和效用函数的一阶导数及其相互作用便可以确定模型是否存在“非平凡平衡”。结果表明政府债务水平、生产技术、个人偏好和增长率对均衡的存在是重要的,如果政府债务超过一定水平,均衡将不存在。此外,若给定技术、偏好和增长率,可以根据他们的结果,确定均衡状态下政府债务产出比的上限。

Diwakar 等(2021)研究了不同物质资本水平创新的 OLGM 中专利的含义,并用参数 λ 建立了专利宽度保护模型,该参数限制了专利持有人收取无约束垄断价格的能力,在此专利宽度政策下,均衡固定利率修改为:

$$1+r^{*}=\frac{(\delta+r^{*})^{-\frac{\alpha}{1-\alpha}}\left(\frac{\lambda}{\alpha}-1\right)\left(\frac{\alpha^{2}}{\lambda}\right)^{\frac{1}{1-\alpha}}+\hat{\eta}}{\hat{\eta}} \tag{2-4-41}$$

$$\text{对于 }\delta=0:r^{*}=\left[\frac{\left(\frac{\lambda}{\alpha}-1\right)}{\hat{\eta}}\right]^{1-\alpha}\left(\frac{\alpha^{2}}{\lambda}\right) \tag{2-4-42}$$

这表明平稳均衡利率 r^{*} 随着专利宽度保护的增加而增加,随着折旧率和创新成本的降低而减少,即 $\frac{\partial r^{*}}{\partial \lambda}>0$;$\frac{\partial r^{*}}{\partial \delta}$,$\frac{\partial r^{*}}{\partial \eta}<0$;$\frac{\partial (r^{*}+\delta)}{\partial \delta}>0$。

此外,Mauro(2021)在 OLGM 框架下研究了名义汇率的确定与动态;Dirk(2021)在具有不可保险的特殊劳动收入风险的典型戴蒙德模型中刻画了资本的最优线性税收。

消费或者储蓄问题直接关系到经济运行的各个方面,从微观层面的企业投资、个人理财决策、教育和养老问题到宏观层面的就业研究、通货膨胀、社会保障、经济增长,都与消费息息相关(Samuelson,1958)。在 OLGM 中,不同代际的人有不同的消费倾向和不同的财富水平,这是该模型独具特色之处。理性的个体在每个时期的经济决策都要对整个生命的有限期界内预期和续存做出考虑,有限生命周期内的预期收入作出考量。其中,人力资本投资和保障性储蓄是最基本和必需的经济行为,社会人力资本投资制度和社会保障体系的建设,无疑会改变个体消费者(或家庭)所面临的预算约束以及厂商的决策函数,影响个体的消费行为、人力资本决策、企业的劳动力需求决策及工资支付制度、工会与企业之间的议价博弈的变化等,从而对经济增长产生巨大的影响。

修正的 OLGM 证明,社会性的人力资本投资是极其重要的,决定着个体有限期界内的生活质量以及社会经济增长的韧性和潜力;政府的社会保障不仅仅是一种福利供给,更是经济发展的调节剂。但是,不论是社会人力资本投资还是社会保障体系,其合理构建必须符合经济体的一般规律,要符合适当的比率和力度。此外,OLGM 根基于市场经济假设,与个体消费选择相关的资本与劳动收入、税后可支配收入、消费与储蓄等家庭决策行为应该是完全市场化的。修正模型在其他经济形式下的适用性有待进一步研究。

第五节　新古典增长模型的不足与反思

Solow 于 1956 年发表了《关于经济增长理论：一种解说》，开始创建新古典增长理论模型。同年，Swan 在《经济增长与资本积累》中也独立提出了具有新古典生产函数的经济增长理论模型。索洛模型确立了当代经济增长理论模型的研究范式，使其成为现代经济增长理论的基准形式，后经英国的 Mead 和美国的 Samuelson 等经济学家的不断修正和完善，普遍流行于当代西方经济学教科书中，被称为新古典经济增长模型。新古典增长理论模型也普遍被吸收到国内的宏观经济学教材中。但是，新古典增长模型中技术进步对经济增长的影响机理仍然缺少比较深入细致的分析。

除此之外，到目前为止，我们所讨论的模型都没有对经济增长的核心问题提供令人满意的答案。这些模型的主要结论都是否定性的。如果资本回报反映了其对产出的贡献，则资本累积远不足以解释长期的经济增长，也不足以解释跨国收入差距。而除了资本回报之外，在模型中唯一决定收入的变量就是"劳动效率"。不难理解的是，给定资本和劳动数量，在今天的生产率水平下可以生产出比上一世纪更多的产品，这一事实我们常常用技术进步来解释。然而，新古典模型忽略了技术进步和知识的外溢。

在理论方面，首先，模型中不包含社会的目标，因而并不能说明稳定增长的福利特征。其次，新古典增长理论假定经济中的生产函数具有规模报酬不变的性质。这一假定往往和事实不相符。对大多数工业化国家来说，由于这些国家的生产资料配置比较合理，整个经济各部门间相互协调能力较强，再加上信息传递较为准确有效，所以生产资源的总体利用效率高，其结果就是少量的生产投入有可能带来大量的产出。而一些发展中国家由于不具备工业化国家的生产条件，再加上一些其他的因素，就可能导致规模报酬递减。再次，在新古典模型中，稳态增长率是外生的，模型无法对劳动力增长率和技术进步率做出解释，从而也就不能控制人口增长率或提高技术进步速度提出有意义的政策建议。事实上，这两个参数对许多发展中国家是相当重要的。

在实践方面，首先，从新古典增长模型中得到一个重要的结论，就是不同国家的经济增长有着趋同性，即有着相同技术和人口增长率的国家最终会接近于相同的稳态增长率（尽管收入的稳态水平可能各异）。但是据统计，在不同的国家之间往往存在着增长率的较大差异，这显然与新古典增长理论的趋同论相悖。其次，在模型中，生产技术水平、人口增长率以及储蓄率都被假定为不变，这在一定程度上限制了模型的应用。再次，模型中假定的规模收益不变不是生产的一般特征。

针对上述问题，西方经济学家们在 20 世纪 80 年代中期以后再次掀起一股增长理论热。其扩展主要包括：把效用函数作为目标引入增长模型之中；利用人力资本说明技术进步;把人口增长和储蓄率看成是经济当事人最优化选择的结果;利用知识投资的外在性说明生产的规模收益递增等。其中,增长理论的新发展主要表现为把传统理论中某些变量内生化,故这些发展也被称为内生增长理论(endogenous growth theory)或新增长理论(new growth theory)。

本章小结

本章对索洛模型、拉姆齐模型等经典理论进行了梳理,考察了技术进步外生条件下一个国家经济增长变迁的过程。事实上,自 Solow(1956)的创造性研究之后,经济增长理论经过了长达 30 年的发展,已经变得非常成熟。然而,Diamond(1965)以"代际更迭思想"为基础,创造性地结合索洛模型,构建了一个著名的戴蒙德模型。该模型预言了"宏观经济无效率"这一情形,激发了大量研究,对学术研究贡献巨大。但是无论是 Solow、Ramsey,还是 Diamond,他们的模型都是以外生技术进步作为假设基础的,无法回答一个国家经济的长期增长和经济结构的内生变迁问题。

需要说明的是,Domar(1983)指出,增长模型……至少可以追溯到马克思。马克思在经济增长史上第一次揭示了社会总资本再生产和流通的科学理论体系。该体系的内容十分丰富,包括个别资本再生产和社会资本再生产的关系、两种基本前提或两种构成原理等(吴易风,2002)。这些论述实质上已经触及一个国家经济增长的核心。西方经济学家已能解读马克思的社会资本再生产理论,他们业已懂得,马克思的社会资本再生产理论就是经济增长理论(吴易风,2002)。

Robinsion(1963)指出:"(马克思的)扩大再生产的图式,为研究(Keynes 的)储蓄和投资的问题,以及研究资本品的生产和消费品的需求之间的平衡,提供了一种极其简单而又不可缺少的方法。它被 Harrod 和 Domar 进一步发展成为长期经济发展理论的基础。"可见,在研究经济增长问题时,我们应该坚持马克思主义,采用马克思主义原理来重新审视现代西方理论的研究结论,这将有助于揭示经济增长问题的核心,也为读者研究经济增长问题提供一个全面视角。

习题

2.1 索洛剩余度量的实际因素(Aurélien, 2019;Kümmel, Lindenbenger, 2020)。根据本章第二节的模型推导,我们将工人平均产出的增长分解为工人平均资本的增长和一个余项,该余项被称为索洛剩余:

$$\frac{\dot{Y}(t)}{Y(t)}-\frac{\dot{L}(t)}{L(t)}=\alpha_K(t)\left[\frac{\dot{K}(t)}{K(t)}-\frac{\dot{L}(t)}{L(t)}\right]+R(t)$$

(1)推导索洛剩余。

(2)讨论为什么索洛剩余可以被用于度量技术进步的贡献。

(3)论证索洛剩余实际上反映的是除资本积累之外的所有增长源泉。

2.2 在索洛模型中,政策最容易影响的参数是储蓄率(Chen, 2019)。政府购买中消费品和投资品的比例、政府收入中来源于税收和借款的比例以及对储蓄和投资的课税等,都有可能影响产出中用于投资的比例,即储蓄率。

(1)论证在索洛模型中储蓄率变化只具有水平效应,但没有增长效应。

(2)证明在索洛模型中,只有技术进步率的变化才具有增长效应。

(3)利用均衡消费水平推导黄金律的储蓄率。

$$c^*(s)=(1-s)f(k^*)=f(k^*(s))-nk^*(s)$$

2.3 引入政府购买的平衡增长路径(Ramsey, 1928)。假定在单位时间内,政府购买单位有效劳动力的产品为 $G(t)$,且政府购买不会影响私人消费的效用。同样,政府购买也不会影响未来的产出水平,即政府致力于公共消费而非公共投资。承担政府购买的费用来自总量税,即单位时间单位有效劳动一次付清的总量税。假定政府总是在平衡预算的条件下运作的,这里不考虑赤字融资。在上述的假定之下,投资为产出减去私人消费与政府购买,则 k 的运动方程为:

$$\dot{k}(t)=f(k(t))-c(t)-G(t)-(n+g)k(t)$$

(1)税收的存在如何改变家庭预算。

(2)若人们预料 G 的增加只是暂时性的,其消费会如何改变。

(3)若人们预料 G 的增加比较持久,其消费又会如何改变。

2.4 引入偏好到拉姆齐模型中,分析其对福利、资本积累和收敛到稳态速度的影响(Vieira et al.,2021)。在现实经济中,偏好是影响消费、储蓄等经济决策的重要因素,本章第三节给出的拉姆齐模型并未将偏好考虑到模型中,利用以下最大化模型:

$$\max N_0\sum_{t=0}^{\infty}\beta^t(1+n)^t u_j(c_t),j=a,b$$

N_t 表示两个经济体在每个时期 t 的相同消费者数量。根据假设,这些经济体的人口以相同的速率 n 增长,即 $N_t=((1+n)N_0$,其中 $n=\Delta N_{t+1}/N_t$,N_0 是两个经济体在 0 期间的相同消费者数量。两个经济体都有一种商品可以消费或投资。在每个周期 t,一个消费者的消费量用 c_t 表示。问:

(1)偏好结构如何影响资本动态?

(2)偏好结构如何影响社会福利?

(3)偏好结构如何影响收敛到稳态均衡的速度?

2.5 现实经济的动态无效率(Abel et al.,1989)。本章第四节给出的戴蒙德模型证明,分散经济可以积累超过黄金律水平的资本,并因此导致帕累托无效率的资源配置。利用以下动态模型:

$$\Omega(\theta_t)=u(c_t^y(\theta_t))+E\{v(c_{t+1}^0(\theta_{t+1}))\mid\theta_t\}$$

$\Omega(\theta_t)$ 是推广的预先效用,因为这一代出生在自然状态下 θ_t 。如果有可能在不降低 $\Omega(\theta_t')$ 或任何其他 θ_t' 的情况下,使得某些 θ_s 的 $\Omega(\theta_s)$ 增加,则被称为初始平衡动态无效;如果这种帕累托改进是不可能的,那么均衡是动态有效的。要求:

(1)论证如果实际回报率小于经济增长率,则平衡增长路径就是动态无效率的。

(2)讨论如何在不确定性世界中评估动态有效性。

(3)证明在存在不确定性时,(1)和(2)两个条件并不等价,并且只有比较"资本收入和投资"才是判断是否动态有效的正确方法。

参考文献

AARON H J, 1996. The Social Insurance Paradox[J]. Canadian Journal of Economics, 32(3): 371-374.

ABEL A B, MANKIW N, SUMMERS L H, et al., 1989. Assessing Dynamic Efficiency: Theory and Evidence[J]. Review of Economic Studies, 56(1): 1-19.

ABRAMOVITZ M, 1956. Resource and Output Trends in the United States Since 1870[J]. American Economic Review, 46(2): 5-23.

AGHION P, BANERJEE A, 1999. Dualism and Macroeconomic Volatility[J]. Quarterly Journal of Economics, 114(4): 1359-1397.

AGHION P, HOWITT P, 2011. A Model of Growth through Creative Destruction[J]. Econometrica, 60(2): 323-351.

AGHION P, BOLTON P, 1992. Distribution and Growth in Models of Imperfect Capital Markets[J]. European Economic Review, 36(2-3): 603-611.

ALLAIS M, 1947. Le Problème De La Planification Dans Une Économie Collectiviste[J]. Kyklos, 1(3): 254-280.

ANTOCI A, RUSSU P, SORDI S, et al., 2014. Industrialization and Environmental Externalities in a Solow-Type Model[J]. Journal Of Economic Dynamics and Control, 47: 211-224.

ASHEIM G, 2017. Sustainable Growth[J]. Social Choice and Welfare, 49(3-4): 825-848.

AUERBACH A J, 1989. The Economic Dynamics of Ageing Population: The Case of Four OECD Countries[J]. OECD Economic Studies (12): 97-130.

AUERBACH A J, KOTLIKOFF L J, REVIEW A E, et al., 1987. Evaluating Fiscal Policy with a Dynamic Simulation Model[J]. American Economic Review, 77(2): 49-55.

AURÉLIEN S, 2019. How Saline Is the Solow Residual? Debating Real Business Cycles in the 1980s and 1990s[J]. History of Political Economy, 51(3): 579-599.

BAMBI M, EUGENI S, 2021. Nominal Exchange Rate Determination and Dynamics in an OLG Framework[J]. Economic Theory, 72(1): 93-132.

BARRO R J, 1974. Are Government Bonds Net Wealth? [J]. Journal of Political Economy, 82(6): 1095-1117.

BARRO R J, 1987. Government Spending, Interest Rates, Prices, and Budget Deficits in the United Kingdom, 1701-1918[J]. Journal of Monetary Economics, 20(2): 221-247.

BARRO R J, MANKIW N G, SALA-I-MARTIN X, 1995. Capital Mobility in Neoclassical Models of Growth[J]. American Economic Review, 85(1): 103-115.

BARRO R J, SALA-I-MARTIN X, 1991. Convergence across States and Regions; Comments and Discussion[J]. Brookings Papers on Economic Activity, (1): 107-158.

BASU K, FOSTER J, 1998. On Measuring Literacy[J]. The Economic Journal, 108(11): 1733-1749.

BECKER R A, 1980. On the Long-Run Steady State in a Simple Dynamic Model of Equilibrium with Heterogeneous Households[J]. Quarterly Journal of Economics, 95(2): 375-382.

BECKER R A, BORISSOV K, DUBEY R S, 2015. Ramsey Equilibrium with Liberal Borrowing[J]. Journal of Mathematical Economics (61): 296-304.

BENHABIB J, SPIEGEL M M, 1994. The Role of Human Capital in Economic Development Evidence from Aggregate Cross-Country Data[J]. Journal of Monetary Economics, 34(2): 143-173.

BERNANKE B, GERTLER M, 1989. Agency Costs, Net Worth, and Business Fluctuations Agency Costs, Net Worth, and Business Fluctuations[J]. The American Economic Review, 79(1): 14-31.

BERTALANFFY L V, 1966. On the Von Bertalanffy Growth Curve[J]. Growth, 30(1): 123-124.

BETHENCOURT C, KUNZE L, 2019. Tax Evasion, Social Norms, and Economic Growth[J]. Journal of Public Economic Theory, 21(2): 332-346.

BLANCHARD O J, 1985. Debt, Deficits, and Finite Horizons[J]. Journal of Political Economy, 93(2): 223-247.

CASS D, 1965. Optimum Growth in an Aggregative Model of Capital Accumulation[J]. Review of Economic Studies, 32(3): 233-240.

CERVELLATI M, MEYERHEIM G, SUNDE U, 2019. The Timing of the Demographic Transition and Economic Growth[J]. Econ. Let, 181: 43-46.

CHEREMUKHIN A, POPOVA A, TUTINO A, 2013. A Dynamic Theory of Discrete Choice with Information Costs[J]. Journal of Economic Behavior & Organization, 34-50.

CHICHILNISKY G, 1996. An Axiomatic Approach to Sustainable Development[J]. Social Choice and Welfare, 13(2): 231-257.

DALGAARD CARL-JOHAN, STRULIK H, 2013. The History Augmented Solow Model[J]. European Economic Review, 63: 134-149.

DIAMOND P A, 1965. National Debt in a Neoclassical Growth Model[J]. American Economic Review, 55(5): 1126-1150.

DIWAKAR B, SOREK G, STERN M, 2021. Patents and Growth in OLG Economy with Physical Capital [J]. Macroeconomic Dynamics, 25(2): 489-508.

DIXIT A K, STIGLITZ J E, 1977. Monopolistic Competition and Optimum Product Diversity Monopolistic Competition and Optimum Product Diversity[J]. The American Economic Review, 67(3): 297-308.

FEDERICO E, 2016. The Ramsey Model with Monopolistic Competition and General Preferences [J]. Economics Letters，145：141-144.

FERNALD J G，NEIMAN B，2011. Growth Accounting with Misallocation：Or，Doing Less with More in Singapore[J]. American Economic Journal：Macroeconomics，3(2)：29-74.

FERRARA M，2011. An AK Solow Model with a Non-Positive Rate of Population Growth[J]. Applied Mathematical Sciences，5(25-28)：1241-1244.

GALOR O，ZEIRA J，1993. Income Distribution and Macroeconomics[J]. The Review of Economic Studies，60(1)：35-52.

GUERRINI L，2010. A Closed-Form Solution to the Ramsey Model with the Von Bertalanffy Population Law[J]. Applied Mathematical Sciences，4(65-68)：3239-3244.

HOWITT P，2005. Health，Human Capital，and Economic Growth：A Schumpeterian Perspective [J]. Health and Economic Growth：Findings and Policy Implications，1：19-40.

HSIEH M H，2002. Identifying Brand Image Dimensionality and Measuring Degree of Brand Globalization：A Cross-National Study[J]. Journal of International Marketing，10(2)：46-67.

HURD M D，LEE H K，1995. Household Saving Rates in Korea：Evidence on Life-Cycle Consumption Behavior[J]. Journal of the Japanese and International Economies，9(2)：174-199.

INADA K I，1964. On the Stability of Growth Equilibria in 2-Sector Models[J]. Review of Economic Studies，31(2)：127-142.

KAZ M，2003. Discourse and Development of Economic Knowledge[J]. Voprosy Economiki，12：81-94.

KLENOW P J，LI H，2021. Innovative Growth Accounting[J]. NBER Macroeconomics Annual，35(1)：246-295.

KOOPMANS T C，1965. On the Concept of Optimal Economic Growth[M]. The Economic Approach to Development Planning，Chicago：Rand McNally.

KOTLIKOFF L J，1996. Simulating the Privatization of Social Security in General Equilibrium[J]. NBER Working Paper，5776.

KÜMMEL R，LINDENBERGER D，2020. Energy，Entropy，Constraints，and Creativity in Economic Growth and Crises[J]. Entropy，22(10)：1156.

LEI D，HUANG Y，2014. Stationary Distribution of Stochastic Solow Model[J]. Mathematic Application，27(4)：775-778.

LI J，LIN S，2021. Existence of Equilibrium in an Overlapping Generations Model with Government Debt [J]. Journal of Public Economic Theory，23(4)：1.

LUCAS JR R E，1988. On the Mechanics of Economic Development[J]. Journal of Monetary Economics，22(1)：3-42.

LUCAS JR R E，1993. Making a Miracle[J]. Econometrica，61(2)：251-272.

LUCAS JR R E，1998. On the Mechanics of Economic Development[J]. Journal of Monetary Economics，22(1)：3-42.

LUCAS JR R E，STOKEY N L，1984. Optimal Growth with Many Consumers[J]. Journal of Economic Theory，32(1)：139-171.

MANKIW N G，ROMER D，WEIL D，1992. A Contribution to the Empirics of Economic Growth [J]. Quarterly Journal of Economics，107(2)：407-437.

MAYER-FOULKES H D，2005. R&D，Implementation，and Stagnation：A Schumpeterian Theory of

Convergence Clubs[J]. Journal of Money, Credit and Banking, 37(1): 147-178.

MIYAGIWA K, PAPAGEORGIOU C, 2003. Elasticity of Substitution and Growth: Normalized CES in the Diamond Model[J]. Economic Theory, 21(1): 155-165.

NAKAMURA T, 2020. On the Long-Run Wealth Distribution in a Simple Ramsey Model With Heterogeneous Households[J]. Economic Modelling, 84: 177-180.

OBSTFELD M, ROGOFF K S, 1996. Foundations of International Macroeconomics[J]. MIT Press: 832-3.

OLINER S D, SICHEL D E, 2002. Information Technology and Productivity: Where Are We Now and Where Are We Going? [J]. Economic Review, 87(3): 15.

OLINER S D, SICHEL D E, STIROH K J, 2007. Explaining a Productive Decade[J]. Brookings Papers on Economic Activity, 1(0).

PERSSON T, TABELLINI G, 1994. Is Inequality Harmful for Growth? [J]. American Economic Review, 84(3): 600-621.

RAMSEY F P, 1928. A Mathematical Theory of Saving[J]. Economic Journal, 38(152): 543-559.

REHER D S, 2004. The Demographic Transition Revisited as a Global Process[J]. Population. Space Place, 10: 19-41.

ROMER D, 2006. Advanced Macroeconomics[M]. New York: McGraw-Hill.

ROMER P M, 1986. Increasing Returns and Long-Run Growth[J]. Journal of Political Economy: 123-132.

ROMER P M,1987. Growth Based on Increasing Returns to Specialization[J]. American Economic Review Papers and Proceedings, 77(2).

SAMUELSON P A, 1958. An Exact Consumption-Loan Model of Interest with or without the Social Contrivance of Money[J]. Journal of Political Economy, 66(6): 467-482.

SAMUELSON P A, 1958. Frank Knight's Theorem in Linear Programming[J]. Zeitschrift Für National Ökonomie, 18(3): 310-317.

SARTE P D G, 1997. Progressive Taxation and Income Inequality in Dynamic Competitive Equilibrium [J]. Journal of Public Economics, 66(1): 145-171.

SOLOW R M, 1956. A Contribution to the Theory of Economic Growth[J]. Quarterly Journal of Economics, 70(1): 65-94.

SORGER G, 2002. On the Long-Run Distribution of Capital in the Ramsey Model[J]. Journal of Economics Theory, 105(1): 226-226.

TANAKA Y, 2021. Microeconomic Foundation for Phillips Curve with a Three-Period Overlapping Generations Model and Negative Real Balance Effect[J]. Central European Economic Journal, 8(55): 163-175.

TANG J, 2006. Economic Analysis of Resources Allocation within the Framework of Intergenerational Altruism[J]. China Population, Resources and Environment, 16(2): 19-22.

THIBAULT E, 2000. Existence of Equilibrium in an OLG Model with Production and Altruistic Preferences[J]. Economic Theory, 15(3): 709-715.

TIROLE J, 1985. Asset Bubbles and Overlapping Generations[J]. Econometrica, 53(5): 1071-1100.

VIEIRA W, BUCCI A, MARSIGLIO S, 2021. Welfare and Convergence Speed in the Ramsey Model under Two Classes of Gorman Preferences[J]. Italian Economic Journal, 7(1): 37-58.

WEIL P，1987. Confidence and the Real Value of Money in an Overlapping Generations Economy[J]. The Quarterly Journal of Economics，102：1-1.

WILHELMSSON M，2002. Spatial Models in Real Estate Economics[J]. Housing，Theory and Society，19(2)：92-101.

YOUNG A，1995. The Tyranny of Numbers：Confronting The Statistical Realities of the East Asian Growth Experience[J]. The Quarterly Journal of Economics，110(3)：641-680.

封世蓝，2021. 关于创新驱动发展的研究[J]. 经济研究参考(16)：83-95.

高春亮，李善同，2021. 人力资本流动，公共服务需求与公共服务均等化[J]. 南开管理评论，24(2)：162-172.

贺菊煌，2004. 带生命周期消费的经济动态模型[J]. 吉林大学社会科学学报(3)：28-42.

李军，2003. 老龄化与养老保障宏观经济效应分析[D]. 中国社会科学院研究生院.

林静，2009. 货币因素在具有泡沫的戴蒙德模型中的应用[J]. 统计与决策 (12)：35-38.

史永东，杜两省，2001. 资产定价泡沫对经济的影响[J]. 经济研究(10)：52-59.

薛白，2014. 资产泡沫与经济增长：基于信用扩张的内生增长模型[J]. 金融评论(6)：47-55.

叶洁莹，2014. 人力资本对经济增长的影响：基于拉姆齐模型的实证分析[J]. 中国商贸(26)：214-215.

尹音频，何辉，2009. 调整个人储蓄利息所得税率对我国稳态人均消费的影响：基于拉姆齐模型的实证研究[J]. 财经论丛(3)：22-27.

袁志刚，宋铮，2000. 人口年龄结构，养老保险制度与最优储蓄率[J]. 经济研究(11)：24-32.

周晨，熊和平，2007. 人口老龄化对我国经济增长的影响：一个基于 SOLOW 模型的解释[J]. 湖北经济学院学报(人文社会科学版)(5)：48-50.

第三章
内生增长模型与琼斯批判

第一节　引　言

增长理论的起源可追溯到Smith(1776)的《国富论》。《国富论》在经济学界的地位是毋庸置疑的，甚至有人调侃说，在这之后所有的经济研究不过是对于该著作的注解(林金忠，2012)。之所以如此调侃，是因为该著作囊括的内容包括了经济学研究的很多方面(方福前，2017)。在Smith所处的年代，重商主义(mercantilism)盛行。重商主义认为，国家财富增长的关键在于金银的积累。而Smith(1776)则驳斥了这种观点，认为金银不过是交易的媒介，一国的富裕程度取决于该国生产了多少产品，生产的产品越多，则越富裕。Smith这一论点强调了生产力的重要性。但如果要问哪个模型是现代增长模型的开山之作，那答案一定是哈罗德-多马模型(Harrod，1939；Domar，1946)。哈罗德-多马模型属于古典经济学的范畴，古典经济学为近现代的经济学提供了最初的理论体系。而古典经济学又是在重商主义的基础上发展而来的，与其说是发展而来的，倒不如说是在批判中前进更为合适，因为古典经济学多是对于重商主义的批判。

如前所述，虽然重商主义把经济增长与金银等积累混淆，但有一点可以肯定，即经济增长在重商主义中也是核心议题(黄阳华，2020)。古典经济学更加细化这一议题，将其细分为两个方面：一方面是经济增长由哪些因素推动；另一方面是在经济发展的过程中，政府扮演的角色是什么，以及可以用什么样的方法来推动经济增长(佘时飞，2009)。古典经济学家Ricardo(1776)和Malthus(1798)为经济增长理论的发展奠定了基础，他们在自己的著作中都强调在给定土地上追加劳动的边际生产力递减，由此开创了边际生产力递减规律：即在其他条件不变的情况下，给定其他生产要素，增加某一种生产要素，其生产力是递减的(陈林，朱卫平，2009)。

回到哈罗德-多马模型，其主要缺陷在于资本-产出比率、储蓄率、技术进步的速度和人口增长率都是外生给定的参数。由于该模型是凯恩斯宏观经济理论的补充，因此该模型表明，长期充分就业要求整个经济中每年的投资都必须等于充分就业的储蓄；而由于投资追加的资本要求总产出相应增长，则当存在着连续的储蓄时，充分就业的均衡就要求总产出连续地按几何级数增长(Harrod，1939；Domar，1946)。该模型的另一问题启发了 Solow(1956)的思考，后者开创了之后经济增长理论的生产函数。由于哈罗德-多马模型中使用的是固定比例的生产函数，即资本和劳动不能相互替代，而是需要按固定比例进行投入，这就导致了有保证的增长率不同于自然增长率(严成樑，2020)。为解决这一问题，Solow(1956)引入了 C-D 函数。该生产函数的特点在于劳动与资本是可以相互替代的，整个经济时刻处于所有物品的供求均衡之中(董晓花等，2008)。由于所有物品时时刻刻处于供求均衡之中，也即经济处于一般均衡，由此研究经济增长可以从研究供给方面入手。另外，索洛模型还为之后的经济增长理论确定了一个重要准则，即将稳态增长路径作为分析经济增长的一个重点。

要掌握内生增长理论，那么我们必须了解何谓内生变量，又何谓外生变量。“内生变量”的数值由模型本身决定，而“外生变量”的数值对该模型来说是预先给定的(左大培，2005)。因此，我们就可以理解新古典增长模型不是内生的，因为它必须借助外生的技术进步来解释劳动生产率的持续增长，而它的稳态增长率则是由外生的劳动增长率和技术进步率共同决定的。索洛模型之后的无限期界模型和代际交叠模型是将外生给定的储蓄内生化。其中无限期界模型也为之后的经济增长理论确定了一个准则：一个完整的经济增长理论模型，必须包括以最优化行为分析来决定每个时点上资源配置比例这一部分。

综上所述，我们知道，在内生增长模型之前的经济增长模型都认为技术进步是经济增长的来源，但问题的关键在于很难把技术进步纳入模型分析框架内。而这一困难又源自之前经济增长模型中完全竞争的假设。完全竞争的假设包括商品是完全同质的、买方和卖方都是价格的接受者(即没有能力去改变价格)、信息是充分的、厂商可以自由进出市场。因此，在新古典增长模型中，没有任何多余的资源可用于提高技术水平。新古典厂商无法为 R&D 提供任何支持，从这个意义上说，如果有技术进步存在，那么它也只能外生于模型。

为了让读者更好地理解整个内生增长理论的发展，本章在引言的之后部分将从知识与人力资本、产品、人口、制度、知识产权、产业结构和金融七个维度对内生增长理论进行梳理。

一、知识与人力资本维度

以 Solow(1956)为代表的技术外生模型，已经无法解释 20 世纪 70 年代的经济现象。到 80 年代，Romer(1986)和 Lucas(1988)打破经济增长理论研究的“桎梏”，使得经济增长问题再次回到经济研究领域主流赛道。新古典增长理论强调边际收益递减，但在 Romer(1986)和 Lucas(1988)分别将知识与人力资本加入经济增长研究中后，要素收益递增则成为重要的假设。他们的研究为之后的内生增长模型的发展奠定了坚实的基础。

许多经济学家在 Lucas(1988)人力资本外部性假设的基础上，进行经济增长的研究。如 Stokey(1988)将个体生命的有限性引入两部门增长模型，提出如果某个国家与世界上其他国家差异较大，那么该国在自由贸易体系下将无法满足自身对于人力资本投资效率的需要。Romer(1990a，1990b)弥补了之前模型存在的问题，认为知识不再是完全的公共产品，而是具有非竞争性和部分排他性的特点，市场由完全竞争市场转向更具现实意义的垄断竞争市场，人力资本的存量是经济增长的主要决定性因素。Tamura(1991)构建了一个内生增长模型，在该模型中不同代理人之间的人力资本在初始时刻的存量不同，但都有相同的偏好和机会；在发展的过程中，低水平的人力资本具有更高的回报率，从而增长更快，最后人均收入和产出的增长率都趋于同一水平。Stokey(1991)引入个体异质性进行研究，提出不同水平的劳动力所生产出来的产品的质量也会存在差异；换言之，高水平的劳动力对应高质量的产品。Krugman(1991)将国家划分为两种类型——农业国和工业国，工业国为“核心”，农业国为“外国”，并指出在经济长期增长的过程中，虽然物资和人力资本的外部性扮演了一个重要的角色，但它们并不是关键的和根本的驱动因素。Lucas(1993)拓展了 Lucas(1988)的模型，将经济增长与国际贸易相结合，提出“干中学”(learning-by-doing)是人力资本积累的重要方式，并认为出口经济是这种方式发挥作用的最好经济模式。因为劳动力在从事出口产品生产时，会学习到最新的技术，不断提高自己的劳动力水平。

国内学者对于从人力资本维度研究长期经济增长同样也做出了许多贡献。杨建芳等(2006)将教育和健康纳入到人力资本的研究当中，构建了包含教育资本和健康资本的内生增长模型，并利用中国省级层面的数据进行了实证分析，研究发现，人力资本积累虽然相比于物质资本积累对经济增长的边际效应更大，但由于两者积累速度差异过大，导致物质资本积累对经济增长的贡献远大于人力资本积累。郭庆旺和贾俊雪(2009)将教育进一步细分，将其区分为基础教育和高等教育，对人力资本和经济增长之间的关系进行研究，并利用中国省份数据进行实证检验。研究显示，基础教育投资有助于促进经济增长，但高等教育对促进地区经济增长的作用并不明显。关于人力资本、技术和经济增长之间关系的研究还有许多文献(代谦，别朝霞，2006；姚先国，张海峰，2008；刘穷志，何奇，2013；王维国，刘丰，胡春龙 等，2019)。

但一些学者对人力资本促进经济增长的结论持怀疑的态度，因为他们认为资本(包含物质和人力资本)对经济增长的外部性影响也许并不如我们想象中那样直接和有效。如 Jones 和 Manuelli(1997)通过对原有的内生增长理论进行归纳和总结，得出了与上述同样的观点，即外部性是长期经济增长过程中不容忽视的因素，但对其是长期经济增长的根本因素持怀疑的态度。因此，学术界越来越重视从不同的维度探讨经济增长。

二、产品维度

“创造性破坏”(Schumpeter,1942)概念可以通俗地被理解为:当一个新技术在原有技术基础上被发明出来,那么新的技术就会直接取代原有的技术,新的产品取代原有的产品。这一思想衍生出了从产品的两个维度——产品数量和产品质量——来考虑长期经济增长问题。接下来,我们将从产品数量和产品质量两条线索来厘清这一类内生增长理论的发展脉络。

Judd(1985)建立一个产品持续创新的动态一般均衡模型将专利的寿命划分为有限和无限两类,从专利寿命的角度进行探讨。该研究为从产品数量角度来解释长期经济增长做出了开创性的贡献。Romer(1987)将垄断竞争的市场模式引入内生增长模型研究,指出由于专业化导致中间产品的数量增加,从而引发规模经济,进而促进长期经济增长。如果说 Judd(1985)为从产品数量角度解释长期经济增长做出了开创性的贡献,那么 Grossman 和 Helpman(1989)则为从产品质量角度解释长期经济增长做出了开创性的贡献。Grossman 和 Helpman(1991a)通过简化,将国家分为南北两类,指出北方主要从事研发活动,而南方劳动力成本较低,并从伯特兰德竞争的角度探讨产品数量与长期经济增长之间的关系。Helpman(1992)在之前研究的基础上,提出了两种可以保持经济处于长期增长态势的产品创新模式。

Aghion 和 Howitt(1992)构建了一个“创造性毁灭”模型,认为创新使得知识的存量增加,导致新技术的生产更具效率,并且使得新技术替换原有旧的技术。上述研究从产品数量和产品质量的角度来研究长期经济增长。值得注意的是一些学者也在这些研究的基础上将产品数量和产品质量相结合探讨长期经济增长问题(Grossman,Helpman,1991b;Dinopoulos,Thompson,1998)。例如,Aghion 等(2001)在熊彼特增长框架下假设每个中间产品部门是双寡头(duopolistic)竞争,研究认为合理的市场竞争程度能够促进经济增长。Aghion 等(2005)探究了产品市场竞争与创新之间的关系,通过构建模型发现,竞争会阻碍落后公司进行创新,但会鼓励实力相接近的公司进行创新。Aghion 等(2015)研究发现,产品市场竞争和专利保护可以作为创新的补充投入,这与早期内生增长模型(Romer,1990a;Aghion,Howitt,1992)的发现不一致。但在熊彼特增长模型中,产品市场竞争和专利保护可以成为互补性的力量,这主要是因为在这种模型中存在逃避竞争效应(escape competition effects)(Aghion et al.,2001,2005)。

三、人口维度

在索洛模型中,人口增长率是外生变量,但在现实生活中,人口增长、技术与长期经济增长往往存在着千丝万缕的联系(Barro,Becker,1989)。经济学家们也逐渐将人口增长内生化纳入到研究当中。Galor 和 Weil(2000)将经济发展阶段划分为三个阶段，构建了一个包含人口、技术的经济增长模型。Peretto 和 Valente(2015)以熊彼特模型为基础，引入生育率，构建了一个包含生育率的内生增长模型，研究技术、资源和人口之间的相互作用关系。Lanz 等(2017)构建了一个包含内生人口和有限土地储备的双部门熊彼特模型，该模型与 Bretschger(2013)、Peretto 和 Valente(2015)的不同之处在于它将土地作为一种稀缺形式的资本加以处理。

四、制度维度

制度作为影响经济增长的一个重要因素，不应该被排除在经济增长模型之外，而是应该被划作内生变量(Saint-Paul，Verdier，1993)。关于制度与经济增长之间的关系，马克思认为：由于资本主义制度特有的性质叠加经济运行中的无政府状态，使得经济增长无法达到稳定的状态[①]。Schultz(1968)对于制度与经济增长之间的关系进行了开创性的研究。他认为，应该将制度作为内生变量，并且将制度与经济增长之间的关系分为三类：经济增长研究中不包含制度因素；经济增长研究中将制度作为外生变量；经济增长研究中将制度作为内生变量。其中前两类都不将制度划分为内生变量作为研究。Benabou(1996)认为制度会影响教育、基础设施和医疗等公共产品的供给，从而对经济增长产生影响。Lizzeri 和 Persico(2004)也得到同样的结论。Acemoglu 和 Robinson(2005)探讨了社会历史发展、制度变迁和经济增长之间的相互作用关系，发现社会历史的发展会促进制度的变迁，而制度的差异导致了不同的经济增长。

Acemoglu 和 Guerrieri(2008)认为，民主的政治制度会消除进入市场的限制因素，从而带来自由竞争的市场环境，促进经济的长期增长。傅勇(2010)实证检验了中国财政分权背景下，地方政府如何影响基础教育和公共基础设施的供给，中央政府转移支付对基础教育和公共物品供给的影响。傅强和朱浩(2013)从政治激励和经济激励两个维度探讨了制度与经济增长之间的关系。Acemoglu(2015)在以往研究的基础上，进一步探究了制度和经济增长之间的关系，认为民主制度和经济发展之间的关系是通过税收发挥作用的。Acemoglu 等(2019)测算了民主制度对于经济增长的影响，其结论是非民主制度国家若向民主制度国家转变，其经济增长水平会得到显著提升。但并非所有学者都认同民主制度会促进经济增长的结论，Burkhart 和 Lewis-Beck(1994)、Tabellini 和 Giavazzi(2005)就持有不一样的看法，认为民主制度并不会促进经济增长。

五、知识产权维度

对于知识产权制度，发达国家和发展中国家或许会持截然不同的态度：发达国家享

① 《马克思恩格斯全集》(第 2 版)第 45 卷，人民出版社 2003 年版。

有先进的生产技术，希望通过知识产权保护制度获得垄断利润；而发展中国家技术水平落后，渴望获得发达国家先进的生产技术，使其生产能力产生质的飞跃（董雪兵 等，2012）。学术界目前对于知识产权保护制度与经济增长之间的关系，持有三种观点（曾鹏，赵聪，2016）。

第一种观点是知识产权制度促进经济增长。Dinopoulos 和 Kottaridi（2008）通过构建南北两国模型，研究发现知识产权保护强度的提升会提高全球各国创新的步伐和经济增长的速度。Mokyr（2009）认为，专利的知识产权只是由少数人掌握的，而由少数人掌握的这些专利可以供全体社会成员享受，全体社会成员消费少数人控制的知识产权导致消费者的福利增长并促进经济增长。彭福扬（2012）提出，知识产权保护与经济增长的联系，是通过技术创新这个桥梁相互影响的，他利用中国地区面板数据，实证发现中国知识产权保护促进了经济增长。

第二种观点是知识产权制度阻碍经济增长。Allred 和 Park（2007）认为，当知识产权保护应用于发展中国家时，知识产权保护通过影响技术创新，从而阻碍地区经济发展。Puga 和 Trefler（2010）通过研究中国和印度等少数低工资国家，发现知识产权保护程度过高会影响到地区的技术创新，从而阻碍经济增长。Adams（2011）认为知识产权保护对经济增长的最终效果取决于国家的经济发展水平和其他特征。Evan 等（2018）认为知识产权保护通过限制自由竞争，阻碍了国家经济和世界经济的发展。

第三种观点是知识产权制度和经济增长之间呈现 U 形关系。Allred 和 Park（2007）认为，应该区别对待发达国家和发展中国家，在发达国家，知识产权保护与经济增长呈 U 形的关系。余长林和王瑞芳（2009）研究发现，经济发展水平与知识产权保护强度存在一定关系，即经济发展水平越高，知识产权保护程度的提升能促进经济增长，知识产权保护与经济增长之间呈 U 形的关系。Cysne 和 Turchick（2012）认为知识产权保护的影响应分为短期影响和长期影响，在短期，知识产权保护会阻碍经济增长，而在长期中，知识产权保护会促进经济增长。阳立高等（2013）通过构建中间产品种类扩张的内生增长模型，研究发现在发展中国家，知识产权保护的强度存在临界值，若在临界值以下知识产权保护会促进经济增长，超过则会阻碍经济增长。

关于知识产权制度，学界除了研究知识产权保护程度之外，对于最优专利的长度与宽度也颇有研究。O'Donoghue 等（1998）依据创新速度快慢将产业划分为两种类型并指出，对于创新速度快的产业，专利长度越长越好，专利宽度应避免过宽；对于创新速度慢的产业，专利长度越短越好，在专利宽度方面，应该实施较宽的专利制度。潘士远（2005）在专利长度与专利宽度是有限还是无限这一问题上，认为应该选择有限的专利长度与专利宽度；专利长度的增加会在对整个经济带来好处的同时也带来坏处，好处是会促进社会的创新，坏处是使整个社会的福利水平下降；但随着专利长度的增加，坏的效应会大于好的效应，另外专利宽度的增加也会为社会带来好处与坏处，其结果与专利长度的增加类似。Futagami 和 Iwaisako（2007）在 Iwasisoko 和 Futagami（2003）的基础上，研究发现无限的专利长度与有限的专利长度相比，并不能使社会福利达到最大化，而有限的专利长度能够使社会福利达到最大化。Saito（2017）构建了一个最终产品和中间产品部门都参与研发活动的质量阶梯模型，研究发现，在多数情况下，加强专利保护更有利于最终产品的技术升级。以往的研究，往往忽视了新技术发明后审查所耗费的时间，而这些耗费的时间会影响到企业的预期利润，Akimoto 和 Morimoto（2020）以Romer（1987）的模型为基础，将新开发商品的审查时间引入，研究表明缩短审查时间会促进研发和增加专利申请数量。

六、产业结构维度

在经济学增长理论的发展早期，大量经济学家不再把目光局限在卡尔多事实（Kaldor typical facts）的研究上，卡尔多事实使得经济学家关注总量研究领域，较少涉及产业结构等话题。但我们从历史发展的进程中可以发现，随着一个国家的不断发展，生产要素也存在在生产部门间转移的情况：从农业部门逐渐转移到工业等部门，从要素报酬率低的部门转向要素报酬率高的部门（祝树金，赵玉龙，2017）。

关于产业结构和经济增长之间的研究，也并非一蹴而就的。学者先从统计分析入手，并非先行构建理论模型。Kuznets 等（1946）通过统计分析等方法，对产业结构与经济增长之间的关系展开研究。Kuznets（1949）在关于国民收入应该如何度量的讨论中，认为国民收入应该从产业结构的视角去度量。选择从产业结构的视角度量国民收入后，又遇到一个问题：对经济增长进行研究是否需要从产业结构着手？Kuznets（1957）利用国家层面数据进行分析，研究发现制造业部门与人均国民收入呈现正向变动关系。由此回答了上述问题，即研究经济增长问题需要从产业结构出发。之后 Kuznets（1965，1966，1971）利用截面数据和时间序列数据，对产业结构与经济增长问题进行深入研究，发现产业结构是随着经济增长而动态变化的：在经济发展早期，农业部门在三个部门独占鳌头；但随着经济的发展，工业部门和服务业部门的份额会不断扩大。

在国内，付凌晖（2010）通过实证分析产业结构与经济发展之间的关系，研究发现经济发展会显著带动产业结构升级，但是产业结构升级对经济发展没有显著的促进作用。傅元海等（2016）探究了制造业结构与经济增长效率的关系发现，制造业结构高度化与制造业结构合理化会对经济增长效率产生不同的效应，合理化会显著改善经济增长效率，但是高度化会不利于经济增长效率的提高。

Chenery（1960）认为，在经济发展过程中，三个部门的变动比例是不平衡的。其中，农业部门和服务业部门的变动是三部门中变动最小的，而工业部门的变动是最大的。由此，他提出了著名的工业化模式。这种模式有赞同的声音（Sacks，1972；Ueno，1972；Beason，Weinstein，1996），也有不赞同的声音（Gregory，Griffin，1974）。Baumol（1967）发现，制造业与服务业部门的生产率关系是此消彼长的，若制造业部门的生产率上升，则会导致服务业部门的生产率下降。造成这种现象的主要原因是,资本与劳动的比例对制造业和服务业两部门的影响不同,资本与劳动比例的提高对于制造业部门生产率提高的影响更大。

Acemoglu 和 Guerrieri(2006)通过建立非均衡经济增长模型(unbalanced growth model)发现,要素比例差异与资本深化差异共同构成经济增长的源泉。拥有更多资本份额的部门,其产出的增长速度更快,而在资本份额相对较少的部门,其就业的增长速度更快。Aghion 和 Howitt(2009b)在简化的内生增长模型中,假设制造业部门需要劳动与资本两种要素投入,而在服务业部门仅需要劳动一种要素投入。该模型的求解结果表明,在资本与劳动比例无限提高时,劳动力处于制造业部门的劳动力比例将下降,服务业部门的劳动比例将提高,而人均收入的增长接近于技术进步的长期增长率。Ju 等(2015)建立了一个具有无限产业的增长模型,提出了一个禀赋驱动的结构变化理论。该模型中基础产业的构成随时间发生内生性变化,每个产业都表现出一个驼峰型的生命周期:一个新的产业出现,繁荣起来,然后衰落,逐渐被更多的资本密集型产业所取代。

七、金融维度

金融系统对于经济增长到底有多重要?Hicks(1969)在《经济理论》中提出,英国工业革命的发生,并不是由于技术触发的,在工业革命之前,这些技术已经存在,但没有引发工业革命,真正带来工业革命的是金融系统的变革。Pagano(1993)从资本积累出发,建立了包含金融系统的内生增长模型,为之后研究金融发展与经济增长之间的关系奠定了坚实的理论基础。Rioja 和 Valev(2004)认为金融规模和金融发展过程中存在边际递减规律,使得金融发展对经济发展的作用大小不同。白钦先和张志文(2008)将股票市场划分为流动性、规模和波动性三个维度,研究发现股票市场流动性的提升将对经济增长起到显著的正面促进作用,而股票市场的规模和波动性的提升将对经济增长起到显著的负面作用。赵勇和雷达(2010)在 Howitt 和 Aghion(1998)、Acemoglu 等(2002)的基础上,将债务合同引入金融发展与经济增长的研究中,着重探讨了经济增长方式的选择和方式的转变问题,结果表明可根据不同的经济发展水平选择不同的经济增长方式,而金融的发展水平会促使经济增长方式更早地实现转变。Rousseau 和 Wachtel(2011)研究发现,不同的金融发展水平对于经济发展的作用方向是不同的:当金融发展水平低于 32%时,金融发展对经济增长起到负面的作用;当金融发展水平高于 60%时,金融发展对经济增长没有影响;当金融发展水平在 40%时,金融发展对经济增长起到的促进作用最大。

关于金融发展如何影响经济增长的问题,接下来会从资本配置效率、储蓄转化效率和技术渠道三个方面进行阐述。

首先，金融系统的发展会提升资本在经济中的配置效率。Diamond 和 Dybvig(1983)认为银行吸收存款，并将这些存款投资于一些期限较长的项目，在这一过程中，银行扮演了一个中介的角色，为家庭的投资提供更多选择，提高了市场的流动性。Greenwood 和 Jovanovic(1990)认为，金融中介与经济增长是相互影响的关系，金融的发展提升了金融中介获得信息的能力，从而风险甄别能力也显著提高了，因此金融中介可以更好地发挥资源配置的功能，资本的配置效率也因此获得提高。Bencivenga 和 Smith(1991)通过建立包含金融中介的内生增长模型，研究发现金融中介通过将储蓄转化为资本，为非流动性与生产性资产提供足够的资本，最终加快了经济的发展。Levine(1991)指出，股票市场为个人投资者提供了流动性，提高了资本的配置效率，促进了经济的发展。

其次，金融系统的发展会提高储蓄转化效率。Harrison 等(1999)研究发现，经济发展使得银行业利润提高，这使得其他行业的企业投资于银行业，大量竞争者的进入使得银行业利润减少，专业化程度提高，储蓄转化效率提高，进而反过来促进经济增长。周骏(2009)认为随着金融系统的不断发展，交易费用逐渐降低，从而提高储蓄的转换效率得以提高。Greenwood 等(2010)认为更好的金融系统可以调动储蓄并促进资源的有效配置。

最后，金融发展会鼓励技术创新。许多学者提出金融的发展会通过技术这个渠道促进经济增长，金融市场的发展鼓励企业选择创新，提升专业化水准等(Saint-Paul，1992；King，Levine，1993；Bencivenga et al.，1995；de la Funete，Marin，1996)。Bhatti 等(2013)认为金融发展和经济增长之间的关系取决于创新或研发水平，高层次的创新或研发水平对金融发展对经济增长的影响存在负面影响。Comin 和 Nanda(2019)通过跨国面板数据研究发现，一个国家更深层次的金融市场会加速资本密集型技术的扩散，而金融市场深度所带来的好处只存在于技术商业化的早期阶段。

虽然内生增长理论从诞生至今已经取得了长足的进步，但是与现实经济结合时，仍然存在一定的缺陷。例如在效率与公平之间，该理论更注重于效率而欠缺对公平的考量；在总量与结构之间，该理论更注重于从总量视角来阐述经济增长，而缺少从结构的维度来解释经济增长的动力(严成樑，2020)。在面临这些缺陷时，我们需要将越来越多的新元素融入经济增长分析当中，如人工智能(artificial intelligence)、大数据等。这些新的技术对我们的生活产生了广泛的影响，同时对于经济运行效率等也产生了深刻的影响。目前，已经有学者将新技术与经济增长相结合。Aghion 等(2019)将人工智能视为自动化的一种延伸，分析了它会对经济增长产生何种影响。Jones 和 Tonetti(2020)把大数据融入经济增长的研究之中，研究认为应该将数据产权归于消费者，这样能够产生近似最优的分配。因此，构建一个与现实经济发展相契合的经济增长理论模型，是我们亟须解决的问题。

第二节　完全竞争假设下的内生增长模型

一、干中学模型

由于哈罗德-多马模型使用的是固定比例的生产函数(Harrod，1939；Domar，1946)，即资本和劳动不能相互替代，需要按固定比例进行投入，这就导致有保证的增长率与自然增长率的对立(严成樑，2020)。为此，Solow(1956)引入了C-D函数。该生产函数的特点在于劳动与资本是可以相互替代的，整个经济时刻处于所有物品的供求均衡之中。但在索洛模型中，经济增长仍然源自外生的劳动生产率。Arrow(1962)为了解决经济增长的外生问题，将“干中学”概念引入经济增长模型。

(一)基本假设

假设一：经验知识和技术水平会伴随着资本存量的增加而提高，经验知识和技术水平提高之后会带动整个社会生产能力的提高，其结果是规模报酬递增。

假设二：单个厂商会从经验知识水平提高中获益，不管是其他厂商创造的还是整个社会创造的，因为经验知识是公共产品，具有外部性。

假设三：新的资本不会替代旧的资本，创造性毁灭过程不存在。

(二)模型

设 G 代表投资总额和资本品的序号，$\lambda(G)$ 代表资本品 G 所需要花费的劳动投入量，$\gamma(G)$ 则是代表资本品 G 的生产能力，x 代表总产出，L 代表所需要使用的劳动力总量。其中，$\lambda(G)$ 不是递增的函数，$\gamma(G)$ 不是递减的函数。在社会生产中，资本品的使用顺序是按生产能力的高低排列的，即生产能力越高，其在生产过程中就会被优先使用。T 代表 G 的寿命，在任一 t 时刻，$G'-G$ 会在生产中被使用，可得：

$$x=\int_{G'}^{G}\gamma(G)\mathrm{d}G \tag{3-2-1}$$

$$L=\int_{G'}^{G}\lambda(G)\mathrm{d}G \tag{3-2-2}$$

$$G'(t)\geqslant G(t-T) \tag{3-2-3}$$

由此可知，x、L、G'、G 均为时间的函数。在任一 t 时刻，劳动力数量给定并且在整个社会就业是完全的，所以若给出具体的式子，就可以对式(3-2-1)、式(3-2-2)和式(3-2-3)联立求解。为了得到具体的式子，我们进一步假设 $\gamma(G)=a$，其意味着资本品给定，生产能力也就固定不变；假设：

$$\lambda(G)=bG^{-n} \tag{3-2-4}$$

由于新的资本品 G 代表更高的生产能力，所以在式(3-2-4)中 $n>0$。因此，我们把 n 分为两种情况进行分析，即 $n\neq 1, n=1$。

$$n\neq 1, x=aG\left[1-\left(1-\frac{L}{cG^{1-n}}\right)^{1/(1-n)}\right];c=b/(1-n) \tag{3-2-5}$$

$$n=1, x=aG(1-e^{-L/b}) \tag{3-2-6}$$

假设劳动力的增长率为 $\sigma=\dot{L}/L$，则可得：

$$\dot{x}/x=\dot{G}/G=\sigma/(1-n) \tag{3-2-7}$$

由于 σ 是外生的，所以干中学模型并不能称为真正意义上的内生增长模型(潘士远，史晋川，2002)。不过，该模型为以后的内生增长模型奠定了基础(刘伟，范欣，2019)。

二、罗默模型

在索洛模型中，技术进步是由外生的“残余”(residual)解释的(潘士远，史晋川，2002)。而 Arrow(1962)、Uzawa(1964，1965)和 Sheshinske(1967)等都不认同将技术进步作为外生变量的做法，努力将技术进步内生化，但是最终都未能很好地解决“索洛残余”的问题。Chipman(1970)证明了有可能构建一个具有完全竞争、收益递增和外部性一致的一般均衡模型。还有许多学者研究了收益递增情况下的连续时间优化问题，但都忽略了竞争均衡的存在(Weitzman，1970；Skiba，1978；Dechert，Nishimura，1983)。Romer(1986)以 Arrow(1962)的模型为基础，解决了“干中学”模型的不足，成功地将技术进步内生。

(一)生产函数

假设存在正外部性经济。代表性厂商的生产函数可以表示为：$Y=F(K,K_a,L)$。其中，K 和 K_a 分别代表厂商和其他厂商的资本投入，L 代表厂商的劳动投入。函数具备以下性质：

$$F_1>0>F_{11}, \lim_{K\to 0}F_1=\infty, \lim_{K\to\infty}F_1=0 \tag{3-2-8}$$

$$F_3>0>F_{33}, \lim_{L\to 0}F_3=\infty, \lim_{L\to\infty}F_3=0 \tag{3-2-9}$$

$$F_2>0>F_{22} \tag{3-2-10}$$

$$F(\lambda K,\lambda K_a,\lambda L)>\lambda Y \tag{3-2-11}$$

该规模报酬递增是由于其他厂商的投入对该厂商具有正外部性，而该厂商本身的 Y 对 K 和 L 是规模报酬不变的。由此可得，劳动的平均产出为：

$$y=F\left(\frac{K}{L},K_a,1\right)\equiv f(k,K_a);f_1>0>f_{11},f_2>0>f_{22} \tag{3-2-12}$$

(二)模型求解

Romer(1986)使用了一个有约束的社会规划者进行模型的求解。

$$\underset{\{c,k,\eta\}}{\mathrm{Max}} H=\frac{c^{1-\sigma}}{1-\sigma}e^{-\rho t}+\eta[\dot{k}] \tag{3-2-13}$$

$$\dot{k}=f(k,K_a)-\delta k-c \tag{3-2-14}$$

式中,$1/\sigma$ 为代表性个体效用的跨期替代弹性,ρ 代表时间偏好率。约束下社会规划者的最优选择条件及初始条件为:

$$c^{-\sigma}e^{-(\rho-n)t}=\eta \tag{3-2-15}$$

$$\dot{k}=f(k,K_a)-\delta k-c \tag{3-2-16}$$

$$\eta[f_1(k,K_a)-\delta]=-\dot{\eta} \tag{3-2-17}$$

$$\lim_{t\to\infty}\eta(t)k(t)=0 \tag{3-2-18}$$

$$k(0)=k_0 \tag{3-2-19}$$

$$K_a(t)=L(t)k(t) \tag{3-2-20}$$

其中,δ 代表折旧率。计算可得:

$$\frac{\dot{c}}{c}=\frac{f_1(k,Lk)-\delta-\rho}{\sigma} \tag{3-2-21}$$

$$\frac{\dot{k}}{k}=\frac{f(k,Lk)}{k}-\delta-\frac{c}{k} \tag{3-2-22}$$

$$\frac{\dot{c}}{c}=\frac{\dot{k}}{k} \tag{3-2-23}$$

$$\frac{\dot{y}}{y}=\frac{\dot{k}}{k} \tag{3-2-24}$$

$$\frac{\dot{y}}{y}=\frac{\dot{k}}{k}=\frac{\dot{c}}{c} \tag{3-2-25}$$

若生产函数为C-D函数,则式(3-2-21)和式(3-2-22)可转化为如下方程:

$$\frac{\dot{c}}{c}=\frac{(1-\alpha)AL^{\alpha}-\delta-\rho}{\sigma} \tag{3-2-26}$$

$$\frac{\dot{k}}{k}=(1-\alpha)AL^{\alpha}-\delta-\frac{c}{k} \tag{3-2-27}$$

$$\frac{c}{k}=(1-\alpha)AL^{\alpha}-\delta-\frac{\dot{k}}{k} \tag{3-2-28}$$

由上述计算结果可知,产出增长率与资本和消费增长率相同。由式(3-2-26)可知,若想使增长率保持为正,则必须:$(1-\alpha)AL^{\alpha}>(\delta+\rho)$。同时为了得到平衡增长路径,需添加约束条件:$(\delta+\rho)<(1-\alpha)AL^{\alpha}<\delta+\frac{\rho}{1+\sigma}$。在式(3-2-27)和式(3-2-28)

中，$(1-\alpha)AL^{\alpha}$ 代表边际生产力。

三、卢卡斯两部门模型

Lucas(1988)与 Romer(1986)的模型可以说是同一代的内生增长模型，区别在于：Romer(1986)的模型是以 Arrow(1962)的模型为基础的；而 Lucas(1988)的模型是以 Uzawa(1965)的模型为基础，将 Schultz(1963)和 Becker(1964)中人力资本的概念加入内生增长模型中，强调人力资本的外部性。

(一)模型假设

该模型假定人口增长率为 0，没有政府部门，效用函数为：$U=\int_0^{\infty}\frac{c(t)^{1-\sigma}}{1-\sigma}e^{-\rho t}\mathrm{d}t$，实物资本和人力资本构成了生产部门的生产要素，生产函数为：$yk^{\alpha}\ (uh)^{1-\alpha}$，其中 A 代表技术的系数，k 和 h 分别代表实物资本和人力资本，u 则代表在总时间中投入生产的比例。当产品生产出来后，除了用于消费，还需要弥补折旧部门，因此下一时期的资本积累可以表示为：$\dot{k}=y-c-\delta k$。

假设人力部门的生产函数为：$p=B(1-u)h$，其中 p 代表人力部门的产出，B 代表生产系数，$(1-u)$ 则代表用于人力生产的时间比例。在该模型中，还假设了人力资本也需要折旧，折旧率同样为 δ，因此下一时期的人力资本积累可以表示为：$\dot{h}=p-\delta h$。

(二)模型求解

同样使用约束下的社会规划者进行模型求解，汉密尔顿方程(Hamilton equation)表示为：

$$\max_{\{c,u,k,h,\eta,\varphi\}} H=\frac{c^{1-\sigma}}{1-\sigma}e^{-\rho t}+\eta\dot{k}+\varphi\dot{h} \tag{3-2-29}$$

社会规划者的最优化的必要条件为：

$$c^{-\sigma}e^{-\rho t}=\eta \tag{3-2-30}$$

$$\eta A(1-\alpha)u^{-\alpha}k^{\alpha}h^{1-\alpha}=\varphi Bh \tag{3-2-31}$$

$$\eta\left[A\alpha u^{1-\alpha}\left(\frac{h}{k}\right)^{1-\alpha}-\delta\right]=-\dot{\eta} \tag{3-2-32}$$

$$\eta A(1-\alpha)u^{1-\alpha}\left(\frac{h}{k}\right)^{-\alpha}+\varphi B(1-u)-\delta=-\dot{\varphi} \tag{3-2-33}$$

$$\frac{\dot{k}}{k}=Au^{1-\alpha}\left(\frac{h}{k}\right)^{1-\alpha}-\frac{c}{k}-\delta \tag{3-2-34}$$

$$\frac{\dot{h}}{h}=(1-u)-\delta \tag{3-2-35}$$

$$\lim_{t\to\infty}\eta(t)k(t)=0 \tag{3-2-36}$$

$$\lim_{t\to\infty}\varphi(t)h(t)=0 \tag{3-2-37}$$

设 $x=c/k$，$z=h/k$，将式(3-2-30)至式(3-2-37)结合可得以下结果：

$$\frac{\dot{z}}{z}=B(1-u)-Au^{1-\alpha}z^{1-\alpha}+x \tag{3-2-38}$$

$$\frac{\dot{x}}{x}=\left(\frac{\alpha-\sigma}{\sigma}\right)Au^{1-\alpha}z^{1-\alpha}+x+\frac{(\sigma-1)\delta-\rho}{\sigma} \tag{3-2-39}$$

$$\frac{\dot{u}}{u}=\frac{1-\alpha}{\alpha}B+Bu-x \tag{3-2-40}$$

长期均衡时，满足 $\frac{\dot{z}}{z}=\frac{\dot{x}}{x}=\frac{\dot{u}}{u}$，可得：

$$u^*=\frac{\rho+\delta(1-\sigma)}{B\sigma}+\frac{\sigma-1}{\sigma} \tag{3-2-41}$$

$$z^*=\frac{\left(\frac{B}{\alpha}A\right)^{\frac{1}{1-\alpha}}}{u^*} \tag{3-2-42}$$

$$x^*=\frac{\rho+\delta(1-\sigma)-1}{\sigma}+\frac{1}{\alpha} \tag{3-2-43}$$

在长期均衡点 $\{u^*,x^*,z^*\}$ 附近的动态变化过程，可由下列泰勒展开式表示：

$$\begin{bmatrix}\frac{\dot{z}}{z}\\ \frac{\dot{x}}{x}\\ \frac{\dot{u}}{u}\end{bmatrix}=\begin{bmatrix}-A(1-\alpha)(u^*)^{(1-\alpha)}(z^*)^{-\alpha} & 1 & -B-(1-\alpha)(u^*)^{-\alpha}(z^*)^{-\alpha}\\ \left(\frac{\alpha-\sigma}{\sigma}\right)A(1-\alpha)(u^*)^{(1-\alpha)}(z^*)^{-\alpha} & 1 & \left(\frac{\alpha-\sigma}{\sigma}\right)A(1-\alpha)(u^*)^{-\alpha}(z^*)^{(1-\alpha)}\\ 0 & -1 & B\end{bmatrix}\begin{bmatrix}\mathrm{d}z\\ \mathrm{d}x\\ \mathrm{d}u\end{bmatrix} \tag{3-2-44}$$

式(3-2-44)的特征根分为三种情况：只有一个负值特征根、存在一个以上负值特征根和没有负值特征根。假设上式只有一个负值特征根，则表示存在一个稳定的马鞍路径；但如果负值的特征根不止一个，则代表存在复均衡路径；如果没有负值特征根，则长期均衡不存在。

四、创造性毁灭模型①

“创造性破坏”概念可以通俗地理解为：当一个新技术在原有技术的基础上被发明

① 该模型的介绍参照了中国社会科学院“新经济增长理论的发展和比较研究”课题组集体撰写，由佐大培、杨春学主笔的《经济增长理论模型的内生化历程》，中国经济出版社 2007 年 1 月第 1 版，第 195～206 页。

出来，那么新的技术就会直接取代原有的技术，新的产品取代原有旧的产品。Aghion 和 Howitt(1992)则通过引入“创造性破坏”这一概念，基于 Reinganum(1985)的模型，提出了创造性毁灭模型。Aghion 和 Howitt(1992)并不是最早将“创造性破坏”这一概念加入模型中的学者，在此之前还有 Schmitz(1987)、Stokey(1988)等。

(一)模型假设

假设在经济中存在三个部门，即研发部门、最终消费品部门和中间品部门。其中，中间品部门区别于其他两个部门的是其具有垄断竞争的性质，而研发部门和最终消费品部门具有完全竞争的性质。经济中存在着三种劳动，分别是简单劳动 M 、熟练劳动 N 和特殊劳动 R，M 用于消费品生产，N 既可以用于消费品生产也可用于研发，R 则只能用于研发。M、N 和 R 类型的劳动的总量是不变的，并且劳动者拥有的初始禀赋为 1。最终产品的生产函数为 $y=AF(x)$ ，其中 A 代表中间产品生产效率函数，x 代表不变收益的中间产品，$F'(x)>0$，$F''(x)<0$ 并且规模报酬不变。假设中间产品只能由熟练劳动生产，生产中间产品投入的劳动量为 L ，则 $x=L$ 。研究部门创新的泊松实现率(Possion arrival rate)表示为 $\lambda\varphi(n,R)$ ，其中 $n=N-L$，λ 为一个固定不变的参数，φ 为规模报酬不变的生产函数，$\varphi(0,R)=0$。

假设时间具有连续的性质，并且可表示为 $\tau\geqslant 0$。$\tau_t t=0,1,2,\cdots$ 代表着第 t 次创新所需要花费的时间，两次创新中间所间隔的时间并非固定不变的，而是完全随机的；价格和消费数量为固定不变的常数，n_t 表示时间 t 内投入研发活动的劳动数量。则 τ_t 服从参数为 $\lambda\varphi(n_t,R)$ 的指数分布。创新使得新的中间产品更替，而新的中间产品相比于老的中间产品会使最终消费品的生产更具有效率，其关系式可表示为 $A_t=A_0\gamma^t(t=0,1,2,\cdots)$ ，其中 $\gamma>1$ 表示新的中间产品与最终消费品的生产效率之间的相互关系参数，A_0 代表初始的生产效率，A_t 代表第 t 次创新后的生产效率。这里需要强调的是，生产出新中间产品的创新者会拥有垄断地位，并且垄断地位持续至下一次创新发生，因为新的中间产品会取代旧的中间产品。

(二)中间产品部门

由于最终产品市场是完全竞争的状态，所以由利润最大化条件可得：$p_t=A_tF'(x_t)$，$\pi=\mathrm{Max}[A_tF'(x_t)-w_t]x_t$ ，其中 w_t 为熟练工人的工资，A_t 为生产效率并且数值给定。假设 $\omega_t=w_t/A_t$，ω_t 为效率工资，中间产品生产者的边际收入函数可以表示为：$\hat{\omega}(x)=F'(x)+xF''(x_t)$ ，边际收入函数向右下方倾斜，并且满足稻田条件：

在 $x>0$ 情况下，$\hat{\omega}'(x)<0$，$\lim\limits_{x\to 0}\hat{\omega}(x)=\infty$，$\lim\limits_{x\to\infty}\hat{\omega}(x)=0$。

所以中间品厂商的一阶条件为 $\hat{\omega}(x_t)=\omega_t$ ，反函数 $x_t=\hat{x}(\omega_t)$ 。垄断利润可写成 $\pi_t=A_t\hat{\pi}(\omega_t)$ ，其中 $\hat{\pi}(\omega)=-(\hat{x}(\omega))^2F''(\hat{x}(\omega))$，$\hat{\pi}$ 和 $\hat{x}$ 均为正，对所有的正值 ω_t 严格递减。

(三)研发部门

假设研发不存在同期的溢出效应，创新的泊松实现率可表示为 $\lambda\varphi(z,s)$ ，其中 z 和

s 分别代表投入的熟练劳动和特殊劳动，而这个实现率与其他公司的投入是相互独立的。对于一家公司来说，就是通过选择 z 和 s 来实现利润最大化：$\pi^e=\lambda\varphi(z,s)V_{t+1}-w_t z-w_t^s s$，其中 V_{t+1} 代表 $t+1$ 个创新的价值，w_t 和 w_t^s 分别代表熟练劳动和特殊劳动的工资率，$\varphi(z,s)$ 为规模报酬不变函数。在均衡的时候，特殊劳动的投入量与特殊劳动的总量 R 相同，库恩-塔克条件(Kuhn-Tucker condition)为：

$$w_t\geqslant\varphi'(n_t)\lambda V_{t+1},n_t\geqslant 0 \tag{3-2-45}$$

由于 $\varphi(n_t)\equiv\varphi(n_t,R)$，所以，当 $n_t\geqslant 0$ 时，$\varphi'(n_t)>0,\varphi''(n_t)\leqslant 0,\varphi(0)=0$。

垄断者并不会因为自己的垄断地位而获得下次创新的研发成本优势，因此垄断者研发的收益可以表示为：$V_{t+1}-V_t$。由于其他研究者的收益为 V_{t+1}，由此，我们可以发现垄断者的收益小于其他研究者，即垄断者不会参与研发活动。V_{t+1} 与 π_{t+1} 之间的关系可表示为：$V_{t+1}=\pi_{t+1}/[r+\lambda\varphi(n_{t+1})]$。这意味着模型中不存在垄断者从技术进步中取得更有利益的效率效应(efficiency effect)或租金耗散效应(rent-dissipation effect)的情况。新技术的发明使得创新者在一段时间内获得垄断地位，每一次创新都会永久性地提高生产率，而且每次创新的概率都为 $\lambda\varphi(n_t)$。

(四)模型均衡

当熟练劳动力市场均衡时，得到 $N=x+n$。均衡时，$y_t=A_tF(N-\hat{n})$，根据假设可以得到 $y_{t+1}=\gamma y_t$。实际产出的对数 $\ln y_t$ 的时间路径是始于 $\ln y_0=\ln F(N-\hat{n})+\ln A_0$ 的随机阶梯函数，且每一阶梯的大小是常数 $\ln\gamma>0$。由于该动态过程的不稳定，因此用离散时间形式表达：$\ln y_{t+1}=\ln y_t+\varepsilon(t)$ (其中 $t=0,1,\cdots,\varepsilon(t)$)是 $\ln\gamma$ 乘以 t 到 $t+1$ 期间内的创新数量，所以 $\varepsilon(t)$ 是以参数为 $\lambda\varphi(\hat{n})$ 的泊松分布。

$$\left\{\frac{\varepsilon(0)}{\ln\gamma},\frac{\varepsilon(1)}{\ln\gamma},\cdots\right\} \tag{3-2-46}$$

所以，$\ln y_{t+1}=\ln y_t+\lambda\varphi(\hat{n})\ln\gamma+e(t)$，其中 $t=0,1,\cdots,e(t)=\varepsilon(t)-\lambda\varphi(\hat{n})\ln\gamma$。因为 $e(t)$ 独立同分布，因此：$E(t)=0,\mathrm{var}(t)=\lambda\varphi(\hat{n})(\ln\gamma)^2$。运算可得经济平均增长率(AGR)和增长率变异(VGR)为：

$$\mathrm{AGR}=\lambda\varphi(\hat{n})\ln\gamma,\mathrm{VGR}=\lambda\varphi(\hat{n})(\ln\gamma)^2 \tag{3-2-47}$$

由于垄断的存在，所以个人最优往往不会与社会最优相等。假设存在社会规划者使得社会经济也达到最优。因此它的目标是使最终产品的预期现值最大化：$U=\int_0^\infty e^{-r\tau}\sum_{t=0}^\infty \Pi(t,\tau)A_tF(N-n)\mathrm{d}\tau$。

由之前的假设可以得到：$\Pi(t,\tau)=\dfrac{(\lambda\varphi(n)\tau)^t e^{-\lambda\varphi(n)\tau}}{t!}$。通过计算可以得到：$U=\dfrac{A_0F(N-n)}{r-\lambda\varphi(n)(\gamma-1)}$。最大化问题的一阶条件为：$\dfrac{F'(N-n^*)}{\lambda\varphi'(n^*)}=\dfrac{(\gamma-1)F(N-n^*)}{r-\lambda\varphi(n^*)(\gamma-1)}$。

可得研发导致的最优平均增长 AGR* 为：$\mathrm{AGR}^* = \lambda\varphi(n^*)\ln\gamma$。

五、模型检验、相关应用与前沿问题

本节中所介绍的模型为内生增长模型的发展奠定了重要基础，之后的许多内生增长模型和实证分析都是以此为基础进行研究的。如 Bucci 等(2008)将物质资本存量的增长和个体对后代的利他程度的偏好参数引入卢卡斯-宇泽模型(Lucas-Uzawa model)中，形成了一个卢卡斯-宇泽模型的扩展版。他们的理论核心是引入如下方程：

$$Y_t = AK_t^{\alpha}H_{Yt}^{1-\alpha}, A > 0, \alpha \in (0,1) \tag{3-2-48}$$

$$\underset{\{c_t, u_t, k_t, h_t\}_{t=0}^{\infty}}{\mathrm{Max}} U \equiv \int_0^{\infty} \left(\frac{c_t^{1-\theta}-1}{1-\theta}\right) e^{-(\rho - mg_L)t} \mathrm{d}t, (\rho - mg_L) > 0, m \in [0,1], \theta > 1 \tag{3-2-49}$$

$$s.t.: \begin{cases} \dot{k}_t = Ak_t^{\alpha}(u_t h_t)^{1-\alpha} - c_t - (g_L + \delta)k_t, \\ \dot{h}_t = B(1-u_t)h_t - \varphi[Au_t^{1-\alpha}(h_t/k_t)^{1-\alpha}(c_t/k_t) - \delta]h_t - (g_L+\delta)h_t \end{cases} \tag{3-2-50}$$

其中，Y 为同质的消费品产出，H_Y 为生产活动中使用的人力资本存量，$\delta > 0$ 为实物资本折旧率，B 为正的技术参数(学习中人力资本的生产率)，φ 反映了 K 的增长率对 H 积累的影响，m 为关于后代利他程度的控制参数(Strulik，2005)。该模型结果表明，不同的利他主义程度下，人口增长对于经济增长的影响也会不同。人口增长对经济增长产生的不同效应还取决于物质资本与人力资本之间的关系。

在 Bucci 等(2008)将利他主义引入增长模型后，Aghion 和 Howitt(2009a)也从贸易自由化的角度考虑经济增长问题。但遗憾的是，在 Aghion 和 Howitt(2009a)的研究中没有考虑贸易自由化倾向与加强产品市场竞争的问题(Aghion et al.，2013)。因为国外生产者与国内生产者竞争会导致最低效的公司退出国内市场(Trefler，2004)。Aghion 等(2013)以 Aghion 和 Howitt(2009a)的框架为理论模型，研究了贸易自由化与经济增长之间的关系。在实证分析方面采用了南非部门层面的数据，采用南非的数据是因为该数据在先前有关贸易自由化和经济增长方面的文献中曾被广泛采用，如研究研发和人力资本投资与经济增长(Fedderke，2006)、拥有定价能力的产业与经济增长的关系(Aghion et al.，2008)、市场结构与经济增长的关系(Fedderke，Naumann，2011)。Aghion 等(2013)的主要计量结果如下：

$$\begin{aligned} \Delta A = a_0 &- \underset{(9.3e-005)}{0.0003} \times P - \underset{(0.0003)}{0.0012} \times M_{-1}P_{-1} - \underset{(0.0513)}{0.1265} \times L_{-1} - \\ &\underset{(6.2e-005)}{0.0002} \times L_{-1}P_{-2} - \underset{(0.1110)}{0.4426} \times L_{-1}M_{-1} \end{aligned} \tag{3-2-51}$$

式中，ΔA 代表全要素生产率增长，P 代表有效贸易壁垒的衡量标准，M 定义为技术前沿的距离，L 代表拥有定价权的程度。这一结果表明贸易保护会对全要素生产率增长产生负面影响，贸易自由化对更接近技术前沿的部门会产生更大的积极影响，定价权对生产率增长产生显著的负面影响(Aghion et al.,2008)，贸易自由化对产品市场竞争较低的部门具有更大的生产率增长效应。

与 Aghion 等(2013)不同的是，Schwab 和 Werker(2018)探讨了经济租金与经济增长的关系。在指标选取方面，Schwab 和 Werker(2018)通过参考 Nickell(1996)、Aghion 等(2005)和 Aghion 等(2008)的方法，采用勒纳(Lerner)指数作为衡量租金的方法。但在实践中勒纳指数的计算缺少准确的数据进行计算。因此，Schwab 和 Werker(2018)构造了一个新的指标 mark-up=(revenue-totalvariablecost)/revenue，其主要计量结果如下：

$$P_{ijt}=\beta_0-0.498M_{ijt-1}-0.034Y_{it-1}+0.099M_{ijt-1}\times Y_{it-1}$$
$$(-13.12)\qquad(-1.52)\qquad(4.00)\tag{3-2-52}$$

式中，i、j、t 分别代表国家、制造业和时间，M 为 mark-up 衡量的租金指标，Y 为人均 GDP 的对数，P 为生产力的增长率，括号中的为 CT 值。由式(3-2-52)可知，租金和增长之间存在强烈的负相关关系。

在探讨了贸易自由化、经济租金与经济增长关系后，本章再次从人力资本的维度探讨经济增长。因为现代经济增长模型的基础是假设存在强大的人力资本外部性(Lucas,1988;Romer,1986,1990a)。Borjas 和 Doran(2012)以该条假设为线索，研究了1992 年后大量涌入的苏联数学家对美国同行生产力的影响，但结果与 Jones 和 Romer(2010)所强调的“一个高技能工人的想法会促使其他高技能工人产生更多的想法”的观点并不一致。Borjas 和 Doran(2012)模型的核心是：

$$D_j=L_1^{\lambda_j}L_2^{1-\lambda_j}\tag{3-2-53}$$

$$Y_j=D_j^{\varphi_j}(K_j^{\alpha_j}L_j^{1-\alpha_j})\tag{3-2-54}$$

式中，D_j 代表数学中 j 子领域思想的存量，L 代表数学家的数量，φ 代表外部性弹性。研究发现，研究领域与苏联数学家重叠的美国数学家受到了负面影响，只有当政策制定者调整分配给受影响领域的资源数量时，社会才能完全获得新的高技能员工产生的人力资本外部性的收益。

继 Borjas 和 Doran(2012)分析了苏联数学家对美国人力资本的影响后，Grogger 和 Hanson(2015)发现了一个有趣的现象：美国在 1970 年授予的理工科博士学位中，外国出生的博士仅占 12%，到了 2011 年，这一比例上升到了 36%。由于理工科人才的增加有利于提高美国经济的长期增长率(Jones,1995a,1995b)，因此在国外出生的博士在授予学位后是否回国就成为一个关键的问题。Grogger 和 Hanson(2015)在研究中采用了 Survey of Earned Doctorates(SED)提供的 1958—2008 年数据，研究发现：

$$Y = a_0 + \underset{(0.365)}{2.041} \times \mathrm{Lgdp_{US}} - \underset{(0.189)}{0.743} \times \mathrm{Lgdp_{BC}} - \underset{(0.038)}{0.152} \times \mathrm{Lper_{BC}} + \underset{(0.002)}{0.005} \times \mathrm{Lpiv_{BC}} \tag{3-2-55}$$

其中，Y代表留美意愿，$\mathrm{Lgdp_{US}}$代表滞后一期的美国GDP增长率，$\mathrm{Lgdp_{BC}}$代表滞后一期的出生国GDP增长率，$\mathrm{Lper_{BC}}$代表出生国滞后一期的人均GDP，$\mathrm{Lpiv_{BC}}$代表滞后一期的出生国政治状况。因此，美国经济、出生国经济和政治状态是影响留美意愿的关键因素。

关于人力资本与经济增长之间有趣的研究一直在继续。Doepke和Tertilt（2019）研究了女性赋权是否能促进经济发展的问题。之前的研究已经证明了在不同国家和不同时期，妇女在社会中的相对地位与经济发展水平之间存在很强的正相关关系（Doepke et al.，2012；Duflo，2012）。因此，如果赋予妇女权利与经济增长存在因果关系，那么赋予妇女权利具有社会和经济的双重价值。在进行实证分析时，Doepke和Tertilt（2019）采用了墨西哥Programade Educación，Saludy Alimentación（PROGRESA）数据，其核心计量结果为：

$$\begin{aligned}\mathrm{Women} = a_0 &- \underset{(0.110)}{0.426} \times \mathrm{Al_{to}} - \underset{(0.144)}{0.245} \times M_{\mathrm{cl}} - \underset{(0.136)}{0.141} \times W_{\mathrm{cl}} + \underset{(0.357)}{5.068} \times C_{\mathrm{cl}} + \\ &\underset{(0.027)}{0.314} \times \mathrm{Log}_E - \underset{(0.045)}{0.431} \times S_{\mathrm{share}}\end{aligned} \tag{3-2-56}$$

式中，Women表示女性在家庭收入中所占份额；$\mathrm{Al_{to}}$代表酒精和烟草支出，$\mathrm{M_{cl}}$代表男性服装支出，这两个变量用以衡量男性私人物品支出；W_{cl}代表女性服装支出，用以衡量女性私人物品支出；C_{cl}代表儿童服装支出，作为衡量通常由女性提供的公共物品的标准；Log_E代表支出的对数；S_{share}代表储蓄占收入的份额。结果表明，向妇女赋权确实导致了儿童支出的增加，但储蓄率却下降了。

除了女性赋权与经济增长的问题外，已经有越来越多的证据表明女性劳动参与率与人力资本和经济增长存在密切联系（Cuberes，Teignier，2018；Doepke，Tertilt，2019）。虽然Klasen和Lamanna（2009）研究认为女性劳动参与率对人均产出增长率有积极的影响，但却没有回答该影响是否只是由于核算而引起的。为了解决这一问题，Baerlocher等（2021）采用1980—2005年100多个国家的数据对这一关系进行了实证分析，其主要计量结果如下：

$$\begin{aligned}\ln y_{(it)} = \gamma &+ \underset{(0.07)}{0.85} \times \ln y_{0(it)} + \underset{(0.03)}{0.01} \times s_{0(it)} - \underset{(0.60)}{1.93} \times \ln N_{0(it)} + \underset{(0.62)}{1.91} \times \ln W_{0(it)} - \\ &\underset{(0.62)}{0.23} \times \ln p_{m0(it)} + \underset{(0.36)}{0.17} \times \ln(1 + p_{f0}/p_{m0})_{(it)} + \underset{(0.09)}{0.40} \times g_{k(it)} - \\ &\underset{(0.05)}{0.03} \times \Delta s_{(it)} - \underset{(1.03)}{0.65} \times (1-\theta) g_{m(it)} + \underset{(0.89)}{1.76} \times \theta g_{f(it)} + \underset{(0.63)}{1.76} \times g_{w(it)} -\end{aligned}$$

$1.00 \times g_{n(it)}$

(0.84) (3-2-57)

式中，θ 是妇女在劳动力中所占的比例；g_m 和 g_f 分别是男性和女性的参与率的增长速度；W 是劳动力人口；p 是劳动参与率。研究认为，女性劳动力参与率的增长对经济增长有显著的正向影响，并且这些积极的影响是更多的人口参与市场生产的结果。

第三节　垄断竞争假设下的内生增长模型

一、产品种类扩张

Arrow(1962)假设 K 的增加将会通过“干中学”使得知识等比例地增加。Lucas(1988)认为人力资本的生产产生了非竞争和非排他的商品。但 Romer(1990a)在之前的文献基础上假设知识不再是完全的公共产品，而是具有非竞争性和部分排他性的特点，由完全竞争市场转向更具现实意义的垄断竞争市场，人力资本存量是经济增长的主要决定性因素。并且该模型包含最终产品生产部门、中间产品生产部门、研发部门和代表性家庭四个部门。

（一）代表性家庭

在该模型中，社会的最终产品只有一种，消费者的终身效用函数与 Lucas(1988)的模型中的效用函数一致，即：$U=\int_0^{\infty}\frac{c(t)^{1-\sigma}}{1-\sigma}e^{-\rho t}\mathrm{d}t$ 。每一时期的约束条件为：$\dot{a}(t)=w(t)L(t)+r(t)a(t)-c(t)$，其中假设人口没有增长，个人存活的时期是无限的，并且每人每个时期可提供 L 单位的劳动力。最优选择的一阶条件为：$\frac{\dot{c}}{c}=\frac{r(t)-\rho}{\sigma}$ 。

（二）最终产品生产部门

假设在整个社会中只有一个代表性厂商，只需要投入劳动和中间产品就可以生产最终产品，无需资本，也就没有资本积累。生产函数可表示为：$Y(t)=A(t)L(t)^{1-\alpha}\int_0^{N(t)}x(t)^{\alpha}(j)\mathrm{d}j$，$0<\alpha<1$。由最终产品生产部门的利润最大化目标可知，$\pi(t)=Y(t)-w(t)L(t)-\int_0^{N(T)}p(j)x(j)\mathrm{d}j$，据此得到必要条件：$x(j)=L\left(\frac{A\alpha}{p(j)}\right)^{1-\alpha}$，$j\in[0,N]$，$w=(1-\alpha)\frac{Y}{L}$ 。

（三）中间产品生产者

为简化模型，假设在 t 时刻，整个社会拥有 $N(t)$ 种中间产品，并且每一种中间产品都具有一定程度的垄断性。生产函数中拥有固定的系数，投入品只包含最终产品，最终产品价格为 1，投入 1 单位最终产品可以产出 1 单位中间产品。因此，每次生产 $x(j)$ 单位中间产品的利润可以表示为：$\pi(j)=[p(j)-1]x(j)$ 。由于具有一定程度的垄断，所以：$p(j)=p=\frac{1}{\alpha}>1, x(j)=x=LA^{\frac{1}{1-\alpha}}\alpha^{\frac{2}{1-\alpha}}$ 。需要注意的是中间产品的开发任务是交由研发部门完成的，研发部门开发完成后，将专利出售给中间产品生产部门。

（四）研发部门

研发部门只进行研发活动，而不进行生产活动，并且研发部门中的各研发单位都是处于完全竞争的状态，研发出一种新的中间产品，需要在研发活动中投入 η 单位的最终商品。由于研发部门的行为由最终产品生产部门的利润决定，所以生产最终商品的厂商从时期 t 开始的利润现值可以表示为 $V(t)=\int_0^{\infty}(P-1)xe^{-r(s-t)}\mathrm{d}s$ ，经过计算可得：$V(t)=\frac{1}{r}\left[\frac{1-\alpha}{\alpha}\alpha^{\frac{2}{1-\alpha}}LA^{\frac{1}{1-\alpha}}\right]$ 。因为对市场完全竞争的假设，所以 $V(t)=\eta, r=\frac{L}{\eta}\frac{1-\alpha}{\alpha}\alpha^{\frac{2}{1-\alpha}}A^{\frac{1}{1-\alpha}}$ ，其中 r 代表市场利率。

（五）市场均衡

在市场均衡中包含了最终产品市场、劳动力市场、中间产品市场和研发市场的均衡。在瓦尔拉斯法则的总资源限制下，后三个市场均衡会使得最终产品市场也达到均衡的状态。根据 $L^S=L$ ，可得到劳动市场均衡工资为：$w=(1-\alpha)\frac{Y}{L}$ 。其中，$(1-\alpha)$ 为均衡工资时劳动者的工资收入占国民收入的比例，而这又与生产函数中劳动者投入所占的比例相同。

由于中间产品的供给者为垄断者，均衡时中间产品供给量为：$x=LA^{\frac{1}{1-\alpha}}\alpha^{\frac{2}{1-\alpha}}$ 。通过把 $r=\frac{L}{\eta}\frac{1-\alpha}{\alpha}\alpha^{\frac{2}{1-\alpha}}A^{\frac{1}{1-\alpha}}$ 代入 $\frac{\dot{c}}{c}=\frac{r(t)-\rho}{\sigma}$ ，可得到 $\frac{\dot{c}}{c}=\frac{1}{\sigma}\left[\frac{L}{\eta}A^{\frac{1}{1-\alpha}}\frac{1-\alpha}{\alpha}\alpha^{\frac{2}{1-\alpha}}-\rho\right]$ 。在均衡增长的路径上，消费增长率与其他量增长率相同，因此消费增长的特征可以反映产出增长的特征。在这个模型中，跨期替代弹性 $1/\sigma$ 、技术系数 A 和时间偏好率 ρ 对增长率的影响与 Romer(1986)得到的结果相同。本模型与之前模型的区别在于：(1)在其他条件不变的情况下，单位研发成本 η 的增加会导致投资下降，从而降低产出增长率；(2)当 L 增加时，产出增长率会提高。

二、产品质量扩张

虽然 Grossman 和 Helpman(1991b)发表的时间早于 Aghion 和 Howitt(1992)的

创造性毁灭模型的发表时间，但其实 Grossman 和 Helpman(1991b)的模型涉及的内容综合了 Segerstrom 等(1990)、Aghion 和 Howitt(1992)的成果，认为社会经济中存在着许多不同类型的产品，并且每一个产品都有属于自己的质量提升阶梯，所有不同类型的产品同时进行质量提升，每一次质量提升都要以前一次质量为基础。

(一)消费者

在整个经济中，商品的数量是固定的并连续存在，可记为 $\omega \in [0,1]$。商品的质量用 q 表示，并且质量提升不存在上限，$q_0(\omega)=1$ 代表在 $t=0$ 时期商品的质量。$q_j(\omega)=\lambda^j(\lambda>1, j=1,2,3,\cdots)$，表示商品在经过 j 次质量提升后的质量。商品质量的提升并不是自发形成的，而是需要研发活动的支持。

消费者的跨期折现效用函数可表示为 $U=\int_0^{\infty} e^{-\rho t}\log u(t)\mathrm{d}t$ 。其中，ρ 代表消费者主观效用时间贴现率；$\log u(t)$ 为 t 时期的瞬时效用，可表示为 $\log u(t)=\int_0^1 \log[\sum_j q_j(\omega)d_{jt}(\omega)]\mathrm{d}\omega$，其中 $d_{jt}(\omega)$ 代表消费者在时期 t 对 j 质量第 ω 产品的消费量。消费者的预算约束可表示为 $\int_0^{\infty} e^{-R(t)}E(t)\mathrm{d}t \leqslant A(0)$，其中 $E(t)$ 代表消费者在时期 t 的消费支出，$E(t)=\int_0^1[\sum_j p_{jt}(\omega)d_{jt}(\omega)]\mathrm{d}\omega$，$p_{jt}(\omega)$ 代表质量为 j 时第 ω 产品的价格，$R(t)$ 代表市场利率，$A(0)$ 代表全部财产的限制。

消费者的目的是最大化跨期贴现效用函数 U。因此，首先需要在约束条件下最大化 $u(t)$。通过上述条件，可得到静态的需求函数：$d_{jt}(\omega)=\begin{Bmatrix} E(t)/p_{jt}(\omega), \text{如果 } j=J_t(\omega) \\ 0, \text{其它} \end{Bmatrix}$，其中，$J_t(\omega)$ 代表第 ω 产品在 t 时期，经过 $p_{jt}(\omega)/q_j(\omega)$ 调整后，消费者认为价格最便宜。经过计算并进行最优求解得到：$U=\int_0^{\infty} e^{-\rho t}\{\log E(t)+\int_0^1[\log q_t(\omega)-\log p_t(\omega)]\mathrm{d}\omega\}\mathrm{d}t$，$\dot{E}/E=\dot{R}-\rho$ 。

(二)厂商

假设市场是伯特兰德市场，厂商生产产品只需要投入劳动作为生产要素，并且 1 单位劳动可以生产 1 单位的第 ω 商品，为了简化，再假设工资率 $w=1$。因此，在均衡时，每个厂商的价格会达到 $p_t(\omega)=w=1$。

假设某一个厂商获得提升第 ω 种商品的技术专利，因此，该厂商便可以垄断第 ω 种商品的生产。由于 $q_j(\omega)=\lambda^j$，所以下一代产品的质量是上一代产品的 λ 倍，在最优化情况下，厂商定价为：$p_t(\omega)=\lambda$ 。当厂商生产 $\mathrm{d}(\omega)$ 单位的商品时，其最大化利润为：$\pi_t(\omega)=\lambda \mathrm{d}(\omega)-\mathrm{d}(\omega)$ 。由之前条件和假设可得：$\pi_t(\omega)=\pi(\omega)=(\lambda-1)\dfrac{E}{\lambda}$ 。

(三)研发部门

研发部门只进行研发活动，并不会进行生产活动。假设研发活动符合泊松分布，研

发成功率表示为 i 。因此，研发投入的劳动量为 ai 单位。再假设资本市场是完全竞争的，可得 $rV(t)=\pi(t)-iV(t)$ ，其中 $V(t)$ 代表通过研发专利所能获得的未来市场价值的贴现值。最优的研发成功速度可表示为 $\underset{(i)}{\mathrm{Max}}Vi-ai$ ，因此，研发的最优条件为 $V=a$ ，可得到：$r=\left(1-\frac{1}{\lambda}\right)\frac{E}{a}-i$ 。

（四）均衡

由消费者、生产部门和研发部门的分析可以得到消费者最优、利率和劳动力市场均衡条件。经过计算可以得到如下的方程式：$L=\frac{E(t)}{\lambda}+ai$，$\dot{E}/E=\left(1-\frac{1}{\lambda}\right)\frac{E}{a}-i-\rho$ 。再根据长期均衡的条件：$\dot{E}/E=0$，解得：$E^{*}=L+a\rho$，$i^{*}=\left(1-\frac{1}{\lambda}\right)\frac{L}{a}-\frac{\rho}{\lambda}$。其中 E^{*} 和 i^{*} 分别代表均衡支出和均衡利率。由于之前假定劳动投入、厂商数量和商品数量固定不变，因此消费者效用的增长率可以代表经济增长率：$g\equiv\dot{u}/u$ ，分析可得：$\log u=\log E-\log\lambda+\int_{0}^{1}\log q_{t}(\omega)\mathrm{d}\omega$ 。

由于均衡时，$E(t)$ 和 λ 的值都是固定不变的，因此经济增长率完全由 $\int_{0}^{1}\log q_{t}(\omega)\mathrm{d}\omega$ 决定。换言之，经济增长率取决于商品质量的提升。研发投入的劳动量为 ai^{*} 单位，研发成功的概率为 i^{*} ，在时间跨度 τ 内，代表性的第 ω 种产品质量提升 m 次的概率密度函数可以表示为：$f(m,\tau)=\frac{(i\tau)^{m}e^{-it}}{m!}$ 。由于代表性的第 ω 种产品质量提升 m 次的预期值为 $i\tau$ ，因此 $\int_{0}^{1}\log q_{t}(\omega)\mathrm{d}\omega=\sum_{m=0}^{\infty}f(m,\tau)\times\log\lambda^{m}=i\tau\times\log\lambda$ ，可得 $g=i\times\log\lambda$ 。

三、模型检验、相关应用与前沿问题

在探讨国际贸易模型时，许多学者提出了南北贸易的动态模型，新产品由北方生产，而旧的产品则由南方生产（Segerstrom et al.，1990；Grossman，Helpman，1991a，1991b；Glass，Saggi，2002）。但这些模型中，存在一个明显的缺陷，即它们都具有很强的规模效应（Gustafsson，Segerstrom，2010）。为了解决强规模效应问题，Gustafsson 和 Segerstrom（2010）在 Grossman 和 Helpman（1991a）的基础上，建立了一个南北贸易模型，该模型没有强规模效应，具有独特的稳态均衡，北方的创新率、向南方的技术转移率和南北工资比率都是恒定不变的。其核心是引入如下方程：

$$U_{i}=\int_{0}^{\infty}e^{-(\rho-g_{L})t}ln[\mathrm{u}_{it}]dt \tag{3-3-1}$$

$$\pi_{Nt}=\frac{w_{N}\,\bar{x}_{Nt}L_{t}}{(\sigma-1)h};\pi_{St}=\frac{w_{S}\,\bar{x}_{St}L_{t}}{\sigma-1} \tag{3-2-2}$$

$$\dot{n}_t=\frac{(K_{Nt})^{\theta}L_{Rt}}{a_N};\dot{n}_{St}=\frac{(K_{St})^{\theta}L_{Ct}}{a_S} \tag{3-3-3}$$

式中，g_L 为固定人口增长率，h（$h>1$）代表一单位北方劳动所生产的产出，北方企业的边际生产成本为 w_N/h，$\bar{x}_{Nt}$ 代表北方产品的人均消费需求，L_t 代表世界劳动力供给，σ 代表产品品种间的替代弹性，a_N 代表创新研发生产率参数，a_S 代表模仿的研发生产率参数，L_{Rt} 代表北方从事创新活动的劳动力总量，L_{Ct} 代表南方从事模仿活动的劳动力总量，$1>\theta>0$ 代表跨期知识溢出参数，K 代表知识储备，$\dot{n}_t$ 代表北方企业总创新率，$\dot{n}_{St}$ 代表南方企业模仿的总速率。该模型与 Grossman 和 Helpman(1991b)的模型还有一个很大的差异在于，它考虑了贸易成本、人口增长和区域间的人力资本差异。

之前的许多文献通常将世界分为北方和南方，并且不允许作为模仿者的南方国家转变为创新者(Segerstrom et al., 1990; Grossman, Helpman, 1991a, 1991b; Glass, Saggi, 2002; Gustafsson, Segerstrom, 2010)。但在 Lorenczik 和 Newiak(2012)的模型中允许南北双方进行创新，同时双方也能相互模仿。其研究结果显示：只有当知识产权超过某一临界阈值水平时，南方地区的创新研发才会发生。随着南方地区科研效率的提高和南方地区人口的增多，这一临界水平将会降低。

在 Lorenczik 和 Newiak(2012)的观点中，知识产权存在门槛效应，即低于这一门槛时，知识产权不能促进创新，而更多的创新会带来更高的经济增长率(Barro, Sala-i-Martin, 1995; Romer, 1987, 1990a)。为了探讨知识产权和经济增长的关系，Mohtadi 和 Ruediger(2013)进行了一项实证分析，基本回归形式表示为：

$$\begin{aligned}\text{GROWTH}=&\alpha_0+\alpha_1\times\ln\text{GDP}+\alpha_2\times\text{SCHOOL}+\alpha_3\times\text{IPR}+\\&\alpha_4\times\text{CONTROL}+u\end{aligned} \tag{3-3-4}$$

式中，GROWTH 代表人均 GDP 增长，lnGDP 代表对数形式的人均 GDP，SCHOOL 代表受教育年限，IPR 代表知识产权指数，而在控制变量(CONTROL)中包含投资占 GDP 份额(INVEST)、人口增长率(POPG)、平均通货膨胀水平(INF)和开放水平占 GDP 的份额(TRADE)。其阈值效应的核心计量模型表示为：

$$\text{GROWTH}_i=\alpha' x_i+\delta'_n x_i(\gamma)+u_i \tag{3-3-5}$$

其中，人力资本为门槛变量，γ 为阈值水平，x 包括前面的所有解释变量。以下为计量结果。当受教育年限≤5.8834330 时：

$$\begin{aligned}\text{GROWTH}=&\underset{(0.4109)}{1.5798}-\underset{(0.0441)}{0.1678}\times\ln\text{GDP}+\underset{(0.0335)}{0.0345}\times\text{SCHOOL}-\underset{(0.0838)}{0.2177}\times\text{IPR}+\\&\underset{(0.0097)}{0.0677}\times\text{INVEST}-\underset{(0.2626)}{0.9563}\times\text{POPG}-\underset{(0.0021)}{0.0102}\times\text{TRADE}-\underset{(0.0001)}{0.0006}\times\text{INF}\end{aligned} \tag{3-3-6}$$

当受教育年限>5.8834330时：

$$\begin{aligned}\text{GROWTH}=&0.3363-0.1501\times\ln\text{GDP}+0.0330\times\text{SCHOOL}+0.1225\times\text{IPR}+\\&(0.4547)(0.0499)\qquad(0.0248)\qquad\qquad(0.0836)\\&0.0352\times\text{INVEST}-0.2486\times\text{POPG}+0.0021\times\text{TRADE}-0.0001\times\text{INF}\\&(0.0134)\qquad\qquad(0.2656)\qquad\quad(0.0005)\qquad\quad(0.0003)\end{aligned}\tag{3-3-7}$$

研究显示，人力资本存量存在门槛效应，即低于该门槛，知识产权对经济增长有较强的负面影响，而高于该门槛，知识产权只能对经济增长产生微弱显著的正面影响。

Bielig(2015)同样也研究了知识产权与经济增长之间的关系。但不同的是，该研究将知识产权分成了不同的类别，研究发现不同类别的知识产权对经济增长的影响也不同。Bielig(2015)使用的是德国1999—2009年的经济数据，计量结果为：

$$\begin{aligned}\hat{Y}=b_0&+0.396\times P-1.22\times U+0.866\times T+0.310\times D\\&\quad(0.001)\qquad(0.563)\qquad(0.000)\qquad(0.121)\end{aligned}\tag{3-3-8}$$

其中，因变量为国内生产总值，P 是第 j 年专利的存量，U 是第 j 年实用模型的存量，T 是第 j 年商标的存量，D 是第 j 年设计的存量，括号中的为 p 值。结果显示：专利与商标的存量对经济发展水平具有显著的正向影响。

以往的文献，在研究贸易、创新活动和经济增长关系时，大多数是以最终商品作为研究对象。而Liu和Qiu(2016)从中间品关税的角度出发，研究三者之间的关系。另外，该项研究的另一大特色在于其首次基于企业层面的数据研究中间品进口对创新的直接影响。Liu和Qiu(2016)使用双重差分方法进行分析，将由于加入WTO而中间品关税降低幅度较大的行业作为实验组，将中间品关税降低幅度较小的行业作为对照组。主要计量方程为：

$$y_{fit}=\beta\times\ln T01_i\times Post02_t+X'_{fit}\gamma+\lambda_f+\lambda_t+\varepsilon_{fit}\tag{3-3-9}$$

式中，y_{fit} 为属于 i 行业的企业 f 在第 t 年的创新活动，若 $t\geqslant 2002$，则 $Post02_t=1$；λ_f 为企业固定效应；λ_t 为时间固定效应；X'_{fit} 为一组控制变量。

其基本的结果为：

$$\begin{aligned}\ln(\text{patent})=\alpha_0&-0.1555\times\ln T01\times\text{Post02}-0.0014\times\text{Age}-0.0000\times\text{Age}^2+\\&\quad(0.0190)\qquad\qquad\qquad\qquad(0.0003)\qquad\qquad(0.0000)\\&0.0110\times\text{Exporting}+0.0225\times\ln(\text{Labor})+\\&\quad(0.0016)\qquad\qquad(0.0011)\\&0.0047\times\ln(\text{Capital/Labor})-0.001\times\text{Foreignshare}\\&\quad(0.0005)\qquad\qquad\qquad\qquad(0.0035)\end{aligned}\tag{3-3-10}$$

结果显示：中间产品关税降低削弱了中国企业的创新能力，中间品进口对企业创新产生了负面影响，高质量中间品进口替代了企业内部创新。

由上文的介绍可知，知识产权、创新和经济增长之间存在着重要的关系。但由于融资等问题常常使研发投资远低于社会最优水平，因此，许多国家利用税收优惠和其他政策来解决投资不足问题。Brown 等(2017)利用双重差分方法评估了国家层面的政策与研发投资之间的关联，主要的计量模型为：

$$\begin{aligned}\mathrm{R\&D}_{i,j,t}=&\alpha(\mathrm{Tax}_{i,t}\times \mathrm{Inno\_inten}_j)+\\&\beta(\mathrm{IP}_{i,t}\times \mathrm{Inno\_inten}_j)+\\&\gamma(\mathrm{Finan\_ma}_i\times \mathrm{Inno\_inten}_j)+\eta_j+\eta_i\times\eta_t+\varepsilon_{i,j,t}\end{aligned}\tag{3-3-11}$$

式中，$\mathrm{R\&D}_{i,j,t}$ 是 t 年 i 国 j 产业的研发投资除以增加值，$\mathrm{Inno\_inten}_j$ 是产业 j 的创新强度，$\mathrm{Tax}_{i,t}$ 是第 i 国在第 t 年的研发税收抵免，$\mathrm{IP}_{i,t}$ 是第 i 国在第 t 年的专利保护水平，$\mathrm{Finan\_ma}_i$ 是第 i 国的金融市场规则。研究表明，在促进创新投资方面，直接处理拨款和融资问题的国内政策可能比传统的税收补贴更有效。

第四节　琼斯模型和内生增长模型的再发展

一、琼斯批判

以 Romer(1986)、Lucas(1988)、Aghion 和 Howitt(1992)等提出的理论为代表的内生增长理论具有规模报酬递增的特征，并且政策变量永久性的变化对经济增长率的影响并非暂时性的，而是永久性的。这一点与 Solow(1956)的观念截然相反，Solow(1956)认为长期经济增长完全取决于外生的技术进步。Mankiw 等(1992)进行了实证研究，并对 AK 模型提出了质疑。之后 Jones(1995a)通过实证研究发现，内生增长理论中规模报酬递增的特征和理论意义与现实不符。

由于以 Solow(1956)的模型为代表的新古典增长模型存在技术进步外生化的缺陷，因此，之后的经济学家们一直致力于将技术进步内生化。最早可以追溯到 Arrow(1962)提出的“干中学”模型。但“干中学”模型，仍然假设规模报酬不变，外生的人口增长率决定了经济增长率。而 Uzawa(1965)提出的 AK 模型为 Lucas(1988)和 Romer(1986)奠定了基础。Uzawa(1965)的模型以两部门为基础，并假定劳动力不仅可以用于物质资本的生产，而且同样可以用于人力资本的生产，由于技术进步提高生产率，而社会其他部门可以用零成本获得新技术，因此整个社会的生产率也提高了。Romer(1986)的模型是基于 Arrow(1962)和 Uzawa(1965)的模型进一步发展而来的，由于在新古典完全竞争的框架下想要把技术和人力资本内生化非常困难，因此 Romer 假设厂商不从事有目的的 R&D,知识仅仅是投资过程中的副产品,从而避免了激励问题。Romer(1990)的模型,以完全竞争的最终产品部门、不完全竞争的中间产品部门和研发部门为基础。

Jones(1995a)从总投资占 GDP 的比重以及科学家和工程师数量两个数据出发,将内生增长模型分为 AK 形式的和基于 R&D 的两种类型,通过利用 Summers 和 Heston(1991)的数据,研究发现国家总投资占 GDP 的比重明显上升,但是经济增长率并没有出现永久性的上升。因此,该结论就显示了,以 AK 形式为基础的内生增长理论中投资率与经济增长率的关系并不符合现实情况。另外,对于基于 R&D 的内生增长模型,Jones(1995a)发现在以美国为代表的各个发达国家中,科学家和工程师的数量在不断地增长,但与之对应的经济增长率却没有呈现相同的上升趋势。因此,以 R&D 为基础的内生增长理论中的"规模效应"与实证结果也存在差异。

因此,"琼斯批判"可以概括为两个方面:一方面是对 AK 形式内生增长模型及其政策含义的否定;另一方面是否定了基于 R&D 的内生增长模型的规模效应和其政策含义。虽然批判了基于 R&D 模型的规模效应,但是除了规模效应之外,Jones(1995a)对于基于 R&D 的内生增长模型还是给出了肯定的评价。之后,Jones(1995b)提出新的假设,即技术创新机会递减,换句话说就是指随着知识存量的增加,发现新知识的概率呈现递减的趋势。基于该假设,"半内生增长模型"(semi-endogenous growth)得以诞生,该模型的代表人物有 Jones(1995a)、Kortum(1997)和 Segerstrom(1998)等人。为了应对"琼斯批判"的挑战,学者们在原有的内生增长模型基础上不断完善,提出了"全内生增长模型"(full-endogenous growth),而"全内生增长模型",可以分为两个分支:一个是以"种类扩张"(variety expansion)为基础,其代表作有 Aghion 和 Howitt(1998)的 *Endogenous Growth Theory*;Dinopoulos 和 Thompson(1998)的 *Schumpeterian Growth without Scale Effect*;另一个则是以"租金保护说"(rent protection activities,RPA)为基础,其代表作有 Dinopoulos 和 Syropoulos(2007)的 *Rent Protection as a Barrier to Innovation and Growth*。

以 Aghion 和 Howitt(1998)等为代表提出的"种类扩张"就是把上文提到的产品种类扩张和产品质量扩张相结合,认为在任何时刻的经济增长率都取决于产品种类扩张和产品质量扩张的速度。同时假定产品种类扩张由社会中人口增长率决定。产品质量扩张被表示为 $A_t^{\max}/A_t^{\max}=\sigma\beta n_t$ 。其中,$A_t^{\max}$ 表示由产品质量扩张所产生的先进技术,σ 表示比例因子,β 代表生产力的参数,n_t 代表每一中间产品生产部门经生产力调节后用于质量扩张的 R&D 支出,其大小等于 $N^*/(Q_tA_t^{\max})$,其中 N^* 代表质量扩张的 R&D 支出,Q_t 为时刻 t 存在的中间产品种类数。因此,产品质量扩张创新率只取决于投入每一中间产品部门的经生产力调节后的产品质量扩张的 R&D 支出水平。在平衡增长路径中,经济增长率由人口增长率和产品质量扩张的创新率共同决定。在没有人口增长的情况下,长期经济增长最终取决于产品质量扩张创新率。$n_t=N^*/(Q_tA_t^{\max})$

的稀释效应使得规模效应得以消除。

“租金保护说”在“创造性毁灭”的基础上引入了专业化工人，而专业化工人的作用就是为领先者提供租金的保护服务，使领先者享受新知识带来好处时间更长，减少挑战者利用这些新知识，提高其利用的成本，新产品不会立即取代旧产品，即不会马上出现“创造性毁灭”。原本的挑战者为了利润最大化，会进行R&D的投资，以获得垄断地位，从而享受垄断租金。这里简单介绍下该模型的推导。知识生产函数可以表示为$A(t)=\lambda q(t)$，其中$\lambda>1$是每个创新获得的规模，q是每个企业中创新活动的期望数量。独立同分布的企业在相同单位时间内服从泊松分布。其密度函数为$I(t)=L_A(t)/X(t)$，其中$L_A(t)$代表整个经济中投入研发的劳动数量，$X(t)$代表研发的难度。通过$q(t)$对时间t求导可以得到$q^*(t)=I(t)$，再进一步变形可以得到$g=A^*(t)/(t)=I(t)\times\log\lambda=L_A(t)\times\log\lambda/X(t)$。再根据$H(t)=\theta L(t)$，其中$0<\theta<1$，$H(t)$是指专业化工人，得到$L_y(t)+L_A(t)=(1-\theta)L(t)$，$X(t)=\beta H(t)$。综上所述可以得出$g_A=L_A(t)\times\log\lambda/L(t)\beta\theta$。因此，在均衡处，人口增长率、R&D补贴率、租金保护活动的单位劳动投入和创新幅度与长期经济增长率呈现正向的变动，而专业化劳动份额、R&D活动的单位劳动投入、知识产权的无障碍程度、消费者主观贴现率与长期增长率呈现反向变动。

“琼斯批判”在经济增长理论的发展中有非常重要的意义，它的提出直接推动了经济增长模型的发展，直接或间接地演化出了“半内生增长模型”和以第一代内生增长模型为基础的“全内生增长模型”。但是对于“琼斯批判”，学者之间存在众多的分歧。Ha和Howitt(2007)认为“琼斯批判”不应该全盘否定以Romer(1986)模型为代表的早期内生增长理论的政策含义。刘安国和杨开忠(2008)认为，“琼斯批判”不过又一次回到新古典增长理论的轨迹中，因为在“半内生增长模型”中，长期的经济增长仍然取决于外生变量。Prettner和Trimbom(2012)认为，虽然人口增长可以带来更大的市场规模和扩充潜在研发人员的数量，但是，实证发现经济增长与人口增长之间呈现负相关的关系。Boikos等(2013)不认同收入增长与人口增长呈明显正相关的预测。但Bloom等(2020)肯定了“琼斯批判”中技术创新机会递减的假设。

无论如何，“琼斯批判”已经在内生增长模型的发展中占据了重要地位。接下来，本章将对在“琼斯批判”基础上诞生的琼斯模型做简要的介绍。

二、琼斯模型

将A定义为一个经济体中知识或技术的储备。那么构建一个简单的模型：

$$\underset{c_t, L_{A,t}}{\mathrm{Max}}\int_0^{\infty} e^{-\rho t}u(c_t)\mathrm{d}t, c\equiv\frac{C}{L} \tag{3-4-1}$$

限制条件表示为：

$$Y=(AL_Y)^{\alpha}K^{1-\alpha} \tag{3-4-2}$$

$$\dot{K}=Y-C \tag{3-4-3}$$

$$L_A+L_y=L,\dot{L}/L=n \tag{3-4-4}$$

$$\dot{A}=\bar{\delta}L_A \tag{3-4-5}$$

式中，$\bar{\delta}$ 为研发速度，L_A 为投入 R&D 部门的劳动力。由于研发速度受到知识存量的影响，因此构造：$\bar{\delta}=\delta A^{\varphi}$ 。其中，若 $\varphi<0$，则创新率随着知识水平的提高而降低；$\varphi>0$ 对应的是正外部性的情况；$\varphi=0$，则创新率与知识存量无关。因此，φ 可以衡量研发过程中随时间变化的外部性程度。$\dot{A}=\delta L_A A^{\varphi}l_A^{\lambda-1}$ ，在均衡时，$L_A=l_A$，l_A 表示在研发过程中产生的外部性。除了对研发方程进行说明外，这里考虑的增长模型与 Romer (1990a)的模型非常相似。经济由三个部门组成：最终产品部门、中间产品部门和研发部门。接下来我们将探讨两个问题：一个是稳态增长率的推导；另一个是分散式经济中投入研发的劳动所占比例。

放松 $\varphi=1$ 的假设，在劳动力不断增加的情况下，会产生一条平衡增长的路径，改写式 $\dot{A}=\delta L_A A^{\varphi}l_A^{\lambda-1}$ ，得到：

$$\frac{\dot{A}}{A}=\delta\frac{L_A^{\lambda}}{A^{1-\varphi}} \tag{3-4-6}$$

在均衡增长路径上，知识的增长速度是恒定的。这将与投入 R&D 部门的劳动力数量一致，但前提是 L_A^{λ} 和 $A^{1-\varphi}$ 以相同的速度增加，这一限制也同时约束了知识的增长速度。在 RGHAH 模型(Romer-Grossman-Helpman-Aghion-Howitt model)中，这种或类似的策略足以消除规模效应。通过对式(3-4-6)两边进行微分可以得到：

$$g_A=g_y=g_c=g_k=g=\frac{\lambda n}{1-\varphi} \tag{3-4-7}$$

式中，n 是劳动力的增长率，y 代表人均产出，c 是人均消费，k 代表资本与劳动的比率。由式(3-4-7)可知，稳定状态下的经济增长率仅取决于劳动增长率和参数 φ 与 λ ，这两个参数决定了研发部门的规模收益。这里需要注意的是，若我们按照 RGHAH 模型假设 $\varphi=1$，由于 L 一直在增长，所以经济体中不存在均衡增长路径。在 $\varphi=0$ 和 $\lambda=1$ 的情况下，由于研发没有外部性，创新的速度独立于知识存量，得到：

$$\dot{A}=\delta L_A \tag{3-4-8}$$

如果从事研发的劳动力数量是常数，那么每一时期的创新数量也是不变的，这就导致随着时间的积累，知识增量占知识存量的比重越来越小，最后趋近于 0，增长将逐渐停止。现在假设劳动力数量不再是常数，而是以 n 的速率增长，在 $\varphi=0$ 的情况下，知识增量也以 n 的速率增长。创新的数量和知识的存量必须以同样的速度增长。由于创新的数量与从事研发的劳动力成正比，因此生产率的增长速度就不可避免地与劳动力的增长速度相联系。从这个模型中可以看出政府的税收政策不会对稳态的增长产生影响。这些结果与 RGHAH 模型的结果形成了鲜明的对比。在 RGHAH 模型中,稳态增长率内生地依赖于政策变量,如对研发的补贴。这个内生性假设主要取决于 $\varphi=1$,而这一假设被研发的时间序列证据否定。

在稳态时,研发部门所雇用的劳动所占的份额为:

$$s_{DC}=\frac{L_A}{L}=\frac{1}{1+\psi_{DC}} \tag{3-4-9}$$

$$\psi_{DC}=\frac{1}{1-\alpha}\left[\frac{\rho(1-\varphi)}{\lambda n}+\frac{1}{\sigma}\right] \tag{3-4-10}$$

根据式(3-4-9)和式(3-4-10)可知,更高的稳态增长率 $\lambda n/(1-\varphi)$ 对应着更高的研发部门劳动占比,其因果关系是从增长到研发。较低的时间偏好率,或较高的跨期替代弹性,也会导致均衡增长路径上投入研发的劳动份额的增加。研发部门的生产率参数 δ 的增加,对研发部门稳态时劳动占比没有影响;但是,对从事研发活动的劳动进行工资补贴,则会增加研发部门的劳动占比。

三、琼斯模型的发展

技术创新机会是否会递减?Evenson(1984)为技术创新机会递减假说提供了证据,他发现研究者的人均专利下降是世界普遍的问题。Jones(1995a)对格罗斯曼-赫尔普曼模型(Grossman-Helpman model)中的技术发明和生产率增长与研究成比例增长的观点提出了反对意见。Kortum(1997)的模型是 Jones(1995b)模型的延续,该模型将 Evenson 和 Kislev(1976)、Grossman 和 Helpman(1991b)模型相结合,发展形成了一个有关技术变化的搜索理论模型(search-theoretic model)。

在该模型中,经济是由无数个体(i)组成的,$i\in[0,L(t)]$。时间连续并且 $L(t)$ 非递减,对于 t,$\int_{-\infty}^{t}L(s)\mathrm{d}s$ 有界,消费品的种类 $j\in[0,1]$。

(一)偏好

个体的目标期望效用最大化 $U_i(t)=\int_t^{\infty}e^{-\rho(s-t)}\times\exp[\int_0^1\ln C_{ijs}\mathrm{d}j]\mathrm{d}s$ 。其中,$\rho>0$ 是贴现率,C_{ijs} 是个体;在时间 s 消费消费品 j ,消费品的价格为 P_{jt} 。效用最大化要求每种商品的支出相等,因此,$P_{js}C_{ijs}=X_i(s)$,其中,$X_i(s)$ 表示在时间 s 个体 i 的总支出。个体 i 的消费指数表示为 $\exp[\int_0^1\ln C_{ijs}\mathrm{d}j]=X_i(s)/P(s)$,其中 $P(s)=\exp[\int_0^1\ln P_{js}\mathrm{d}j]$ 为总价格指数。以价格指数为计算单位,$U_i(t)=\int_t^{\infty}e^{-\rho(s-t)}X_i(s)\mathrm{d}s$ 。假设个人可以按 $r(t)$ 借贷,均衡时要求 $r(t)=\rho$ 。

（二）技术

从事研究的人数 $R(t) \leqslant L(t)$，过去所有的研究成果可以表示为 $K(t)=\int_{-\infty}^{t} R(s)\mathrm{d}s$ 。在时间 t 到 $s(s>t)$ 之间，发现生产 j 商品的概率服从参数为 $K(s)-K(t)$ 泊松分布。技术的不同取决于其将劳动转化为产出的效率。如果生产商品 j 的效率为 q ，工资为 W ，则该商品的单位成本为 W/q 。在初始阶段，商品以 $q_0>0$ 的效率生产。当研究人员对一种新技术有想法时，其效率是由代表技术机会的概率分布得出的。一项新技术的效率与它用于生产的商品种类无关，分布公式如下：

$$Pr(Q \leqslant q;K) \equiv F(q;K)=\begin{cases}1-S(K)(1-F(q)), q \geqslant \bar{q}(K) \\ 0, q<\bar{q}(K)\end{cases} \tag{3-4-11}$$

设随机变量 Q 为一种新技术的效率。$S(K)$（spillover function）在 $[0,\infty]$ 上是非负连续递增的函数并且满足 $S(1)=1$。$F(q)$ 是搜寻分布（stationary search distribution）函数，在 $[-\infty,q_0]$ 上满足 $F(q)=0$，在 $[q_0,\infty]$ 上 $F(q)=\int_{q_0}^{q} f(x)\mathrm{d}x$ 。由于 $\bar{q}(K)=\min\{q \geqslant q_0, 1-S(K)[1-F(q)] \geqslant 0\}$ ，因此，它在 K 上弱增长（要么 $\bar{q}(K)=q_0$，要么它满足 $1-S(K)[1-F(\bar{q}(K))]=0$）。搜寻分布是连续的，除了 q_0 可能跳跃。

在 $S(K)=1$ 的特殊情况下，将所有 K 的搜索分布简化为平稳的搜索分布 $F(q)$ 。如果在 K 中 $S(K)$ 增加，那么从搜索分布中得出的技术的效率在 K 中随机地增加。

（三）市场结构

假设已经发现 m 种生产商品 j 的技术，q_l（$l=0,1,\cdots,m$）代表效率水平，按照发现日期排序。生产商品 j 的技术是 $z=\max\{q_0,q_1,\cdots,q_m\}$ ，即选择最好的效率水平。假如 $q_m=z$ ，第 m 项技术创新的步骤 $y=z/\max\{q_0,q_1,\cdots,q_m\}$ 。如果一项技术被创新，那么它可以申请专利。如果任何人使用 $q \in \left(\frac{z}{y}, z\right)$ 效率的新技术生产第 j 种商品，就构成专利侵权。当一种更有效的技术被发现时，专利保护到期。而在专利到期时，模仿者可以免费获得该技术，但在此之前，专利持有人可以无成本地阻止他人侵犯该技术。

生产商品 j 的技术的未过期专利所有者设定了一个价格使得利润最大化，然后以 W 的工资雇用工人以满足该价格下的需求。假设该专利技术代表了一种发明步骤 y ，能够以 z 效率生产商品 j 。竞争对手可以模仿以前最先进的技术，因此，能够以 $W/\left(\frac{z}{y}\right)$ 的成本生产。由于竞争对手认为价格是给定的，因此，只有当价格超过其成本时才进行生产。对商品 j 的需求是单位弹性的，因此专利持有者通过收取竞争对手不进入时的最高价格来使利润最大化。可以得出：

$$P_{jt}=yW(t)/z \tag{3-4-12}$$

(四)技术前沿

市场结构存在差异,意味着只能使用最先进的技术。生产某种特定商品的技术水平是随机的,其分布函数 G_1 如下所示:

$$G_1(z;K)=\begin{cases}\exp\{-[1-F(z)]\sum(K)\}, z\geqslant\bar{q}(K)\\ \exp\{-[1-F(z)]\sum(\bar{K}(z))-[K-\bar{K}(z)]\}, q_0\leqslant z\leqslant\bar{q}(K)\\ 0, z<q_0\end{cases}\tag{3-4-13}$$

其中,$K(t)=K$,$\sum(K)=\int_0^K S(x)\mathrm{d}x$,$q_0\leqslant z\leqslant\bar{q}(z)$,$\bar{K}(z)=\min\{\bar{K}\in[0,K]\mid 1-S(\bar{K})[1-F(z)]\leqslant 0\}$。在最初的效率水平上有一个质点,$G_1(q_0;K)=\exp\{-\sum(K)\}$。

技术前沿代表了整个产品领域的技术水平。由于在不同商品之间搜索的独立性,技术前沿的分布等于某一特点商品的技术水平的概率分布。因此,$G_1(z;K(t))$ 是在时间 t 中使用效率小于或等于 z 的技术生产的商品的测量。这个分布汇总了过去所有研究工作的成果。总生产率可以看作是技术前沿分布的平均值。

$p(K)$ 是通过计算一个新想法超过任何效率水平的概率,并将其整合到最新技术的分布上得到的。对于 $K\geqslant 1$,有:

$$\begin{aligned}p(K)&=\int_{q_0}^{\infty}(1-F(z;K))\mathrm{d}G_1(z;K)\\&=G_1(\bar{q}(K);K)+\int_{\bar{q}(K)}^{\infty}S(K)[1-F(z)]\mathrm{d}G_1(z;K)\\&=G_1(\bar{q}(K);K)+\int_0^1 x\sum(K)/S(K)\exp\{-x\sum(K)/S(K)\}\mathrm{d}x\\&=\frac{S(K)}{\sum(K)}[1-e^{-\sum(K)/S(K)}]\end{aligned}\tag{3-4-14}$$

对于 $K\leqslant 1$,则有:

$$p(K)=(s(K)/\sum(K))[1-e^{-\sum(K)}]+[1-S(K)]e^{-\sum(K)}\tag{3-4-15}$$

对于 $K=1$,式(3-4-14)与式(3-4-15)相同,因为 $S(1)=1$。

另外,在 t 时刻发明效率为 q 的新技术,在 x 年内使用的概率为 $\Phi(q,K(t+x),K(t))$。给定过去的研究存量 K,新技术的发明步骤与其被替代技术的效率 $(z'=\frac{z}{y})$ 的联合分布为 $H(z',y;K)$。正在使用的技术的发明步骤分布记为 $G_2(y;K)$。

(五)总收入

工人获得工资 $W(t)$,而研究人员则从他们可能发现的任何专利发明中获得利润作为补偿。总收入 $X(t)=W(t)[L(t)-R(t)]$，利润总收入 $\int_1^{\infty}\pi(y,t)\mathrm{d}G_2(y;K(t))$。具有效率 z 和发明步骤 y 的专利技术的收益为 $\pi(y,t)=X(t)(1-y^{-1})$，因此总收入为：

$$X(t)=\frac{W(t)[L(t)-R(t)]}{\int_1^{\infty}y^{-1}\mathrm{d}G_2(y;K(t))} \tag{3-4-16}$$

利用式(3-4-12)和 $P(t)=1$，可得：

$$W(t)=\frac{\exp\{\int_{q_0}^{\infty}\ln(z)\mathrm{d}G_1(z;K(t))\}}{\exp\{\int_1^{\infty}\ln(y)\mathrm{d}G_2(y;K(t))\}} \tag{3-4-17}$$

(六)专利价值

专利之所以有价值，是因为专利使专利所有者有权获得未来使用专利技术所获得的利润。$V(t)$ 是 t 时期的专利期望价值，具体为：

$$V(t)=\int_t^{\infty}\int_{q_0}^{\infty}\int_1^{\infty}e^{-\rho(s-t)}[1-\Phi(z'y,K(s),K(t))]\times\pi(y,s)\mathrm{d}H(z',y;K(t))\mathrm{d}s \tag{3-4-18}$$

而从事研究的人员期望可以得到 $p(K(t))V(t)$ 的回报。

(七)均衡

研究工作的收益相对于生产工作的工资 $E(t)\equiv p(K(t))V(t)/W(t)$，决定了个人在研究和生产间的选择。上面的推导说明了，研究的收益和生产的工资依赖于研究存量的路径。如果研究存量的路径 $K(s)$ 使得 $R(s)=K(s)$，则说明是均衡的。给定研究存量 $K(t)$ 和劳动力路径 $\{L(s)\mid s\geqslant t\}$，对于所有 $s\geqslant t$，均衡的创新路径为 $\{R(s)\mid s\geqslant t\}$，且劳动力市场配置对每个人都是最优的。

$$R(s)=\begin{cases}0,E(s)<1\\ \in[0,L(s)],E(s)=1\\ L(s),E(s)>1\end{cases} \tag{3-4-19}$$

其中，(1) $E(s)\equiv p(K(s))V(s)/W(s)$；(2)工资满足式(3-4-17)；(3)专利的期望值满足式(3-4-18)；(4)创新可以申请专利的概率满足式(3-4-14)。

四、流动性、创新和内生增长

内生增长模型通常假定创新是增长的引擎。现有的模型隐含地假设公司可以免费筹集资金来资助研发。然而，在现实情况中，创新企业却面临着融资摩擦。Brown 和

Petersen(2009)通过实证研究,发现融资摩擦影响着总体研发的速度。为了解决融资摩擦问题,Malamud 和 Zucchi(2019)以 Riddick 和 Whited(2009)、Décamps 等(2011)、Bolton 等(2011)和 Hugonnier 等(2015)为基础构建了一个包含融资摩擦的动态企业融资模型,以探讨在存在融资摩擦的情况下,企业如何管理创新投资。下面具体介绍一些他们的模型:

(一)基本模型

经济中有一个具有代表性的家庭,其偏好表示为 $E[\int_0^{\infty} e^{-\rho t}\ln C_t \mathrm{d}t]$,其中 C_t 表示 t 时刻的消费,W_t 表示具有竞争力的工资。

1.消费品部门

有一种独特的消费品作为经济的计价单位,其产量用 y_t 表示。消费品是通过以下技术,使用劳动力(L)和多种(连续)投入品 $j \in [0,1]$ 竞争性生产的:

$$y_t = \frac{1}{1-\beta}\int_0^1 L^{\beta}\,\overline{X}_{jt}^{1-\beta} q_{jt}^{\beta}\,\mathrm{d}j,\beta \in (0,1) \tag{3-4-20}$$

式中,$\overline{X}_{jt}$ 为 t 时刻投入品 j 的数量,q_{jt} 为投入品 j 的质量。对于投入品 j 来说,初始投入质量标准化为 1。投入品质量的提高源于创新。消费品部门只使用每种投入品的最高质量版本。因为人口是标准化的,所以劳动单位也是标准化的。在余下部分,我们为了简化分析,省略了参数 L 。

2.投入品部门

投入品部门由两类公司组成:现有公司和进入公司。现有公司,是指该行业的最新创新者也即该行业的现有垄断者。每一家现有公司生产一种投入品,并投资于创新,以提高其质量。专利永存,但并不妨碍企业创新和超越现行质量标准。z_{jt} 为现有公司在 t 时期的研发强度,现有公司承担的流动成本为:

$$\Phi(z_{jt},q_{jt}) = \zeta\,\frac{z_{jt}^2}{2}q_{jt},\zeta > 0 \tag{3-4-21}$$

假设现有公司以泊松速率 φz_{jt} 提高产出的质量。技术突破的发生率,随 z_{jt} 的增加而增加。当现有公司 j 取得突破时,投入 j 的质量由 q_{jt-} 到 $q_{jt} = \lambda q_{jt-}$,$\lambda > 1$ 表示质量改进的大小。给定消费品部门的需求,每个现有公司设定其投入品 j 的产量和相关的销售价格为 $\overline{X}_{jt}$ 和 p_{jt} 。生产的边际成本标准化为 1。与内生选择 $\overline{X}_{jt}$ 和 p_{jt} 相关的动态现金流满足下式:

$$d\,\overline{\Pi}_{jt} = [\overline{X}_{jt}(p_{jt}-1) - \Phi(z_{jt},q_{jt})]\mathrm{d}t + \sigma\,\overline{X}_{jt} dB_{jt} \tag{3-4-22}$$

式中,B_{jt} 是一个代表操作冲击(operating shocks)的标准布朗运动(Brownian motion),它在现有公司中具有特殊性和独立性。σ 为这些冲击的波动率。波动率与生产率 $\overline{X}_{jt}$ 成比例。式(3-4-22)中的现金流过程意味着现有公司可能出现经营亏损。假设允许现有公司保留收益(以弥补经营亏损或研发支出),并以 $\bar{C}_{jt}$ 表示现有公司在 t 时刻的现金储备。现金储备的利率为 δ,小于市场利率 r。$r-\delta>0$ 代表现金的持有成本。现金储备的动态满足下式:

$$d\bar{C}_{jt}=\delta\bar{C}_{jt}\mathrm{d}t+d\bar{\Pi}_{jt}-d\bar{D}_{jt}+d\bar{F}_{jt}-d\bar{\Omega}_{jt},\bar{C}_{jt}\geqslant 0 \tag{3-4-23}$$

其中,$\bar{D}_{jt}$、$\bar{F}_{jt}$ 和 $\bar{\Omega}_{jt}$ 是非递减的,分别代表累计收益、累计融资和累计融资成本。由式(3-4-23)可知,现金储备随现金利息、经营利润和融资增加而增加,随支出、融资成本和经营亏损增加而减少。用 $V(\bar{C}_{jt},q_{jt})$ 表示现有公司价值。每个现有公司都制定生产、创新、融资和现金管理政策,以最大限度地利用式(3-4-22)中的预算约束,直到创造性毁灭的到来。当进入公司创造更高质量的投入品 j 时,创造性毁灭就会冲击现有公司。其发生的内生速率为 x_d 。

在这种情况下,现有公司失去市场份额,退出,收回现金储备,并收回生产资产($\bar{K}_{Tjt}$)和研发资产($\bar{K}_{Ejt}$)有价值的部分($\psi\epsilon[0,1)$,$\psi_E\epsilon[0,1)$)。资产价值随投入质量增加:$\bar{K}_{Tjt}=\kappa_T q_{jt}$,$\bar{K}_{Ejt}=\kappa_E q_{jt}$,$\kappa_T>0$,$\kappa_E>0$。假设 $\psi>\psi_E$,因为生产资产基本为有形资产,资产的部分回收意味着,当现金储备为正时,现有公司永远不会停止服务。

在任何时候,进入公司都试图取代现有公司的市场地位。进入公司的数量是内生的,用 m_E 表示。进入公司不生产任何投入品,只投资于创新。进入公司寻求创新,他们目前没有领先的投入品,他们的创新具有广泛的宽度和不确定的应用。为了模拟这种不确定性,假设进入公司的研发努力以等概率在任何行业 j 取得突破。在预期中,进入公司的突破导致平均投入质量的提高,表示为 $\bar{q}_t=\int_0^1 q_{jt}\mathrm{d}j$ 。进入公司承担的创新成本也取决于平均质量。在 t 时刻,进入公司的创新率为 z_{Et} 。流动成本如下:

$$\Phi_E(z_{Et},\bar{q}_t)=\zeta_E\frac{z_{Et}^2}{2}\bar{q}_t,\zeta_E>0 \tag{3-4-24}$$

当进入公司获得改善投入品 j 的突破时,投入品 j 的质量将跳跃 $\Lambda>1$(即从 q_{jt-} 到 $q_{jt}=\Lambda q_{jt-}$)。进入公司的进入成本为 $\bar{K}_{Tjt}$,进入公司成为行业 j 的新现有公司。

首先,进入公司需要为建立研发资产的进入成本 $\kappa_E\bar{q}_t$ 提供资金。由于进入公司本身没有资金,他们只能从外部筹集资金。与现有公司一样,新进入者也面临着比例的和固定的融资成本,我们分别用 $\omega_E\bar{q}_t$ 和 ϵ_E 表示这些成本。只有当进入公司在取得技术突破成为现有公司时,模型中才会去掉这些成本。允许进入者将外部融资的收益储存在现金储备中,表示为 $\bar{C}_{Et}$ 。现金储备动态满足:

$$d\bar{C}_{Et}=[\delta\bar{C}_{Et}-\Phi_E(z_{Et},\bar{q}_t)]\mathrm{d}t-d\bar{D}_{Et}+d\bar{F}_{Et}-d\bar{\Omega}_{Et},\bar{C}_{Et}\geqslant 0 \tag{3-4-25}$$

式中,$\bar{D}_{Et}$、$\bar{F}_{Et}$ 和 $\bar{\Omega}_{Et}$ 分别代表累积支出、累积融资和累积融资成本的非递减过程。进入公司的现金储备随着现金利息和新融资增加而增加,随着研发支出、支出和融资成本增加而减少。进入公司价值用 $V_E(\bar{C}_{Et}, \bar{q}_t)$ 表示，是现金储备和平均投入质量的函数。每家进入公司通过制定创新、融资和现金管理决策来最大化价值。现有公司在进入公司持有正现金储备时不会停止经营，因为它的研发资产的回收部分价值为 ψ_E 。

3.平衡增长路径

模型的平衡增长路径，是指总量以恒定的内生速率 g 增长。均衡是一种分配，即现有公司制定生产、创新、现金管理和融资决策，以最大化其价值；进入公司做出创新、现金管理和融资决策以最大化其价值；进入公司的数量使自由进入条件具有约束力；消费品部门使利润最大化；代表性家庭从消费中获取效用最大化和使市场出清。

我们求解了一个增长率 g ，它满足以下技术条件：$r>g$ 和 $r-\delta>\delta-g$ 。第一个条件保证了正的贴现率；第二个条件确保了企业不会出现退化行为，即赚取现金回报的动机大于创新投资的需求。

4.公司融资满足增长需求

虽然将融资成本和企业现金储备作为关键因素，但此增长模型遵循了之前的贡献。也就是说，模型经济有两种商品：投入品和以数量计算的消费品。在进入公司实现“创造性地毁灭”之前，现有公司对投入实施专利，充当垄断者的角色。专利保护意味着进入者不产生任何投入，只投资于创新。

创新技术也遵循了以前的内生增长模式。企业选择创新率也可能影响技术突破的泊松发生率。进入公司的突破比现有公司的突破具有更大的广度。虽然这个假设有助于使分析易于处理，但它抓住了一个理念：进入公司寻求在他们不完全了解的投入上获得领先地位。

(二)无约束的经济

在无约束的经济中，企业不面临融资成本，因此不保留预防性现金储备。在此用 $V_{(q_t)}$ 作为现有公司价值并且为投入质量的函数。以消费品行业的需求计划为例，垄断企业通过设定垄断价格 $p_{jt}=(1-\beta)^{-1}$（下称 p^* ）和相关产量 $\bar{X}^*_{jt}=q_{jt}(1-\beta)^{\frac{1}{\beta}}$ 来实现利润最大化。现有公司价值满足以下哈密顿-雅可比-贝尔曼（Hamilton-Jacobi-Bellman，HJB)方程：

$$\max_{z_E^*}\{\bar{X}^*(p^*-1)-\Phi(z^*,q)+\varphi z^*[V(\lambda q)-V(q)]+x_d^*[\psi\bar{K}_T+\psi_E\bar{K}_E-V(q)]\}$$
$$=r^*V(q)-\dot{V}(q) \tag{3-4-26}$$

式中 r^* 为均衡利率。前两部分代表除去生产和创新成本后的营业收入，这些收入立即作为股息支付。第三部分是现有公司取得突破时企业价值的概率加权变化。在第四部分中，由于创造性破坏，现有公司将部分收回其资产。为了求解 V ，在此假设公司价值对于投入质量是线性的，$V(q_t)=q_t v^*$ ，$v^*>0$。根据这一假设，求解式(3-4-26)，得到现有公司的最优创新率：

$$z^{*}=\frac{\varphi(\lambda-1)v^{*}}{\zeta} \tag{3-4-27}$$

其中，分子代表企业价值在突破时（按比例）的变化，其权重为泊松系数 φ，Malamud 和 Zucchi(2019)把这个数量称为创新的收益。分母为研发成本系数。虽然 x_d^* 在式(3-4-26)中是给定的，但它来自进入公司的创新率的总数。进入公司价值满足以下 HJB 方程：

$$\max_{z_E^*}\{-\Phi_E(z_E^*,\bar{q})+\varphi z_E^*[V(\Lambda\bar{q})-\Lambda K_T\bar{q}-V^E(\bar{q})]\}=r^*V^E(\bar{q})-\dot{V}^E(\bar{q}) \tag{3-4-28}$$

其中，第一部分表示研发的流动成本(进入公司不赚取收入)，第二部分是当进入公司取得突破时价值的概率加权变化。通过 $V^E(\bar{q}_t)=\bar{q}_t v_E^*$（$v_E^*>0$）求解式(3-4-26)得到进入公司的最优创新率：

$$z_E^*=\frac{\varphi(\Lambda v^*-v_E^*-\Lambda\kappa_T)}{\zeta_E} \tag{3-4-29}$$

对于现有公司，式(3-4-29)的分子是当一个进入公司在改进一项投入品取得突破时价值的净变化，在这种情况下，在支付进入成本 $\Lambda\kappa_T$ 后，该公司成为该投入的新的现有公司。Malamud 和 Zucchi(2019)把式 3-4-29 的分子称为进入公司创新的收益，分母为研发成本系数。

自由进入要求，进入公司价值等于设立研发资产的进入成本：$v_E^*(m_E^*)=\kappa_E$。这一条件决定了进入公司的数量，即 m_E^*。在所有进入公司中，最优创新率等于进入公司的总体创新率，或同等地创造性毁灭的均衡率：$x_d^*=m_E^*\varphi z_E^*$。

经济增长为现有公司和进入公司对增长的贡献之和，分别表示为 $g_I^*=(\lambda-1)\varphi z^*$ 和 $g_E^*=(\Lambda-1)m_E^*\varphi z_E^*$，给定为：$g^*=(\lambda-1)\varphi z^*+(\Lambda-1)m_E^*\varphi z_E^*$。

(三)约束的经济

1.在存在融资摩擦的情况下进行创新

融资成本促使企业保持预防性现金储备。由于现金的边际成本是恒定的，而边际收益随现金储备的增加而减少，因此存在一个目标现金水平 $\bar{C}^*(q_t)$，在这个水平上成本和收益是相等的。当现金储备低于目标 $\bar{C}^*(q_t)$ 时，公司有效地规避风险并保留运营收益，如之前的现金管理模型。在这种情况下，现金的边际价值大于 1。现金在公司内部比支付出去更有价值。当现金储备处于目标水平 $\bar{C}^*(q_t)$ 时，有效风险规避为零。如无约束经济(unconstrained economy，UE)，现金的边际价值为 1，所有超过目标水平 $\bar{C}^*(q_t)$ 的现金都被支付。在现金保留区间 $c\in[0,\bar{C}^*(q_t)]$，现有公司价值满足：

$$\max_{z,\bar{X}}\left\{\begin{array}{l}\frac{(\sigma\bar{X})^2}{2}V_{cc}+[\delta\bar{C}+(p-1)\bar{X}-\Phi(z,q)]V_c+\varphi z[V(\bar{C}^*,\lambda q)-\\(\bar{C}^*(\lambda q)-\bar{C})-V(\bar{C},q)]+x_d[\psi\bar{K}_T+\psi_E\bar{K}_E+\bar{C}-V(\bar{C},q)]\end{array}\right\}$$

$$=rV(\bar{C},q)-\dot{V}(\bar{C},q) \tag{3-4-30}$$

其中，第一部分表示现金流波动对企业价值的影响；第二部分是现金积累的影响，现金积累是由于现金利息加上净研发支出的营业收入；第三部分是指现有公司取得突破时价值的变化，在这种情况下，将筹集资金、现金储备补充到目标水平；第四部分表示由于创造性毁灭而退出的影响，在这种情况下，现有公司回收其现金储备超过生产和研发资产的清算价值。通过 $V(\bar{C}_t,q_t)=q_t v(c)$，$(v(c)\geqslant 0)$，$c=\bar{C}(q_t)/q_t$ 求解式(3-4-30)，定义规模的目标现金流水平(scaled target cash level)为 $C^*=\bar{C}^*(q_t)/q_t$。

融资摩擦对公司政策有以下重要影响：

第一，投入产出率($\bar{X}$)是现有公司有效风险规避的函数，而后者本身是现金储备的函数。有效的风险规避随着现金储备的减少而减少，并且只有在 $c=C^*$ 时为零，此时受约束的现有公司对相同的、不受约束的现有公司设定相同的生产率。在现金流出后，现有公司会更有效地规避风险，并寻求减少现金流波动。为此，他们降低了投入品 j 的生产率，并提高了相关的销售价格。然后，融资摩擦导致现有企业的生产率下降。

第二，最优创新率也随现金储备的变化而变化：

$$z(c)=\frac{\varphi(\lambda w^*-v(c)+c)}{\zeta v'(c)} \tag{3-4-31}$$

其中，用 $w^*=v(C^*)-C^*$ 表示 $c=C^*$ 的现有公司价值(现金净额)。类似于约束经济(constrained economy，CE)[见式(3-4-27)]，CE 中的最佳创新率可以解释为相关收益和成本的比率。与式(3-4-27)不同，收益和成本是现金储备的函数。从创新中获得的收益是在取得突破时企业价值(除去新融资)的增加，用泊松系数 φ 加权。创新成本是由现金 $v'(c)$ 的边际价值加权，系数 ζ 反映了将现金用于研发的边际损失。因为任何 $c<C^*$ 的现金边际价值都大于 1，所以 CE 的创新成本大于 UE。

第三，现有公司制定融资决策以最小化发行成本。为了节省固定成本，现有公司在现金储备耗尽时，会以一种不稳定的方式筹集资金。那么，$c=0$ 时的公司价值等于净发行成本后的续存价值：

$$v(0)=v(C_*)-C_*(1-\epsilon)-\omega \tag{3-4-32}$$

其中，C_* 是内生的(按比例计算的)发行金额，或者说，是发行后的现金储备水平。在这个水平上，融资的收益和成本是相等的：$v'(C_*)=1+\epsilon$。

第四，现有公司分配超过 C^* 的现金储备作为支付。现有公司价值在 C^* 以上的现金储备是线性的：$v(c)=v(C^*)+c-C^*(c>C^*)$。通过变形可得：$v'(C^*)=1$。这意味着企业现金在 C^* 的价值等于其支付的价值。目标现金水平满足条件：$v''(C^*)=0$。

进入公司通过做出创新、现金管理和融资决策来最大化其价值。对于现有公司而言，进入公司现金的边际效益随着现金储备的增加而减少，而成本则是不变的。当进入公司持有现金储备时，其价值满足以下 HJB 方程：

$$\max_{Z_E}\{[\delta\bar{C}_E-\Phi_E(z_E,\bar{q})]V_C^E+\varphi z_E[V(\bar{C}^*,\Lambda\bar{q})-\Lambda\kappa_T\bar{q}-(\bar{C}^*(\Lambda\bar{q})-\bar{C}_E)-V^E(\bar{C}_E,\bar{q})]\}=rV^E(\bar{C}_E,\bar{q})-\dot{V}^E(\bar{C}_E,\bar{q}) \tag{3-4-33}$$

其中，第一部分反映了现金消耗(由于研发支出)对公司价值的影响，第二部分是进入公司获得突破时概率加权值的变化。在这种情况下，进入公司占据了现有公司的市场地位，并筹集资金以达到新的目标现金水平。

对于现有公司而言，融资摩擦影响公司政策。首先，它们使最优创新率依赖于现金储备：

$$Z_E(c_E)=\frac{\varphi(\Lambda w^*-v_E(c_E)+c_E-\Lambda\kappa_T)}{\zeta_E v'_E(c_E)} \tag{3-4-34}$$

最优创新率为收益之间的比率。突破后公司价值的变化，包括净新融资和进入成本，并以泊松系数和创新成本加权，即现金边际价值加权系数 ζ_E 。由于进入公司在取得技术突破后取代了现有公司的市场地位，因此当成为现有公司价值(w^*)越大时，进入公司从创新中获得的收益越大。与现有公司类似，新进入公司以一种不稳定的方式筹集资金，并将收益储存在现金储备中，这意味着以下价值匹配条件：

$$v_E(0)=v_E(C_{E*})-(1+\epsilon_E)C_{E*}-\omega_E \tag{3-4-35}$$

与式(3-4-32)类似，最优发行金额 C_{E*} 等于边际收益和融资成本，即 $v'_E(C_{E*})=1+\epsilon_E$ 。由于新进入公司没有营业收入，只投资于创新，因此在两轮融资中，随着累积研发支出的增长，其现金储备呈单调下降趋势。因此，现金储备永远不会超过 C_{E*} ，新进入公司永远不会支付现金作为股息。

其次，新进入公司筹集资金以支付 κ_E 的进入成本，并将其现金储备至 C_{E*} 。自由进入要求进入后的公司价值等于筹集的资金加上相关的融资成本：

$$v_E(C_{E*})=(1+\epsilon_E)(C_{E*}+\kappa_E)+\omega_E \tag{3-4-36}$$

式(3-4-36)确定了进入公司的均衡数量 m_E ，式(3-4-35)和式(3-4-36)意味着 $v_E(0)=(1+\epsilon_E)\kappa_E$ 。再加上 UE 中的自由进入条件($v_E^*=\kappa_E$)，这个结果意味着进入公司在 CE 中比在 UE 中更有价值[V_E 在 C_E 上增加，所以 $v_E(C_E)>v_E(0)>\kappa_E=v_E^*$]。

为了理解企业决策如何形成均衡增长率，分析企业决策中最优创新率的特性，并将其与企业决策相关的特性进行比较是有用的。

由式(3-4-31)可知，现有公司的创新率是相关收益与成本的比率，该比率随现金储备的增加而减少。当现金储备较少时，创新的收益更有价值，因为突破有助于低成本的融资，并放松流动性限制(现金储备较少时流动性限制更紧)。当现金储备较小时，创新的成本也更大，因为现金的预防性效益更大，使用现金资助研发的损失也更大。于是就出现了一个问题：$z(c)$ 是随现金储备的增加而增加还是减少？命题 1 有助于解决这个问题。

命题 1：现有公司最优创新率 $z(c)$ ，(a)如果现金流量波动足够小，随现金储备 c 增加;(b)至少在 $c=C^*(w^*>v^*)$ 时超过 z^*,即现有公司在 CE 中的价值高于在 UE 中的价值。

命题 1(a)发现现有公司的创新率对现金储备的敏感性,很大程度上取决于现金流的波动性。当现金流波动率较低时,现金储备的小幅增加会导致发生高成本融资的概率大幅下降(即达到融资边界 $c=0$)。因此,现金的边际价值和创新成本对 c 高度敏感。随着现金储备的减少,创新成本的增长速度高于收益的增长速度,故而,$z(c)$ 随着 c 的增加而增加。反之,当现金流波动较大时,c 的小幅增加几乎不会影响发生高成本融资的概率,现金的边际价值对 c 不太敏感,创新成本对它也不太敏感。在这种情况下,$z(c)$ 随着 c 的增加而(非单调)减少。由于现金流波动率随 σ 而增加,随 β 而减少,故而,当 σ 足够小或 β 足够大时,$z(c)$ 随现金储备的增加而增加。

命题 1(b)比较了 CE 和 UE 中现有公司的创新率。这说明如果现有公司在 CE 中比在 UE 中(即 $w^*>v^*$)更有价值,至少当他们持有目标现金水平时,他们在 CE 中的研发密集度更高。事实上,在目标现金水平上,如果 $w^*>v^*$,那么 CE 的创新收益要大于 UE,而创新成本是相同的。如果 $w^*>v^*$,而 $z(c)$ 随着现金储备增加而减少,则现有公司在 CE 中的创新要多于在 UE 中的创新。

对于进入公司,式(3-4-35)表明 $z_E(C_E)$ 也是创新收益与成本的比值。进入公司的收益和成本也随着现金储备的减少而减少。然而,命题 2 表明 $z_E(C_E)$ 具有不同的性质。

命题 2:进入公司的最优创新率 $z_E(C_E)$,(a)随现金储备水平 C_E 而增加;(b)如果现金储备大于临界水平 $\widetilde{C}_E\in[0,C_{E*})$,且 $w^*-v^*>(\epsilon_E C_{E*}+w_E)/\Lambda+\epsilon_E(v^*-\kappa_T)$,则超过 z_E^*。

命题 2(a)表明,进入公司的创新率对现金储备的敏感性,无疑是正的。进入公司的创新率在一轮融资后是最大的,并随着现金储备的减少而下降。原因是进入公司不能从生产中获得收入,因此现金储备对于保持财务灵活性是极其重要的。使用现金来资助研发需要很大的成本,随着现金储备的减少,成本急剧增加,因为现金的预防性效益也是如此。随着现金储备的减少,创新的成本总是以高于收益的速度增加,因此 $z_E(c_E)$ 随着 c_E 的增加而增加。

此外,命题 2(b)说明进入公司在 CE 中比在 UE 中设置了更大的创新率的条件。突破之后,进入公司就会变为现有公司。当现有公司在 CE 中比在 UE 中更有价值时,如果进入公司的现金储备超过 $\widetilde{C}_E$,则在 CE 中比在 UE 中投资更多的创新,在这种情况下,储备现金的需求得到了缓解。反之,如果现金储备低于 $\widetilde{C}_E$,则进入公司对 CE 的创新投资少于 UE。

2.将创新决策加入增长中

在任何时候,企业持有不同水平的现金储备,因为不同企业在其经营进程中面临的冲击不同。企业根据自身的现金可用性设定创新率。为了在均衡状态下求解不同公司的创新率，Malamud 和 Zucchi(2019)推导了现有公司和进入公司现金的内生横截面分布，它为不同的现金水平(以及相关的创新率)分配了概率权重。因此，现金储备通过以下两个渠道影响总量：(1)企业的创新率是现金储备的函数；(2)现金的分配用于计算现有企业和进入企业的总创新率，这是内生增长率的关键组成部分。现金的分配是平稳的，因为公司只面临特殊的冲击。

Malamud 和 Zucchi(2019)分别用 $\eta(c)$ 和 $\eta_E(c_E)$ 表示现有公司和进入企业现金的分布。值得注意的是，Malamud 和 Zucchi(2019)发现，现有公司的现金分布在 $c=0$ 附近的数量可以忽略不计，这意味着“现有企业”在大多数时候保持着大量的现金储备。不同的是，进入企业的现金分布在 $c_E=0$ 附近数量为正，这意味着进入者可能面临流动性约束。由于进入公司没有获得有助于现金积累的营业利润，他们的现金储备在两轮融资之间因为研发支出而减少，而且当现金储备较小时，随着进入公司削减研发支出，现金储备减少的速度较慢。因此，大量新进入公司持有少量现金储备。

没有总冲击意味着，Malamud 和 Zucchi(2019)所述的经济是静止的(除去内生增长率之后)。与 UE 类似，家庭的最大化问题产生了确定均衡利率的欧拉方程：$r=\rho+g$。因为 ρ 是常数，所以 r 具有与内生增长率 g 相同的性质。增长率为现有公司和进入公司的贡献之和，分别用 g_I 和 g_E 表示：

$$g=g_I+g_E \tag{3-4-37}$$

$$g_I=(\lambda-1)Z, Z=\varphi\int_0^{C^*} z(c)\eta(c)\mathrm{d}c \tag{3-4-38}$$

其中，$(\lambda-1)$ 为现有公司由于突破导致的质量提升规模，Z 为现有公司平均创新率，同时 Z 也表示现有企业的总体创新率。通过比较式(3-4-37)和式(3-4-38)可以看出，融资摩擦通过最优创新率和现金分配来影响现有公司对增长的贡献。因为零现金储备的现有企业数量可以忽略不计，所以现金储备少的企业的创新决策对总体具有轻微的影响。

$$g_E=(\Lambda-1)m_E Z_E, Z_E=\varphi\int_0^{C_E^*} z_E(c_E)\eta_E(c_E)\mathrm{d}c_E \tag{3-4-39}$$

其中，$(\Lambda-1)$ 为进入公司的突破所带来的质量改进的规模，Z_E 为进入公司的平均创新率。也就是说，Z_E 表示单个进入公司的总体创新率。将 Z_E 乘以 m_E 得到创造性破坏率 x_d，Z_E 代表进入公司的总体创新率。通过比较式(3-4-39)和式 $g^*=(\lambda-1)\varphi z^*+(\Lambda-1)m_E^*\varphi z_E^*$ 可以看出，融资摩擦通过最优创新率、现金分配和进入公司的数量影响进入公司对增长的贡献。

命题 3：如果现有公司在 CE 中比 UE 中更有价值，且对增长的贡献更大，那么在 CE 中进入公司对增长的贡献小于在 UE 中。

此命题表明，融资摩擦对现有公司和进入公司对于增长的贡献有相反的影响。进入公司对增长贡献的减少意味着现有公司受到创造性破坏的威胁较小，因此，它们面临更低的退出概率和更小的贴现率。因此，现有公司更有价值，他们从 CE 中获得的创新比在 UE 中获得的更多。然后，现有公司设定了更高的创新率，并且现有公司对增长的贡献在 CE 中大于在 UE 中的贡献。重要的是，命题 3 表明融资摩擦改变了增长的组成，提高了现有公司的贡献，阻碍了进入公司的贡献。

五、竞争、税收和经济增长

Yılmaz(2013)以 Romer(1990a)、Grossman 和 Helpman(1991c)的内生增长模型为基础，假设政府支出的资金来源是对资本收入按比例征税，从而探讨了竞争和税收对经济增长和部门劳动分配的影响。在基于研发的增长模型中，一般认为研发技术使用熟练劳动力作为独特的投入，但在 Yılmaz(2013)的模型中，使用的是政府对研发投入的补贴和劳动力作为投入。

在该模型中，有企业、家庭和政府三部门。企业由最终产品部门、中间产品部门和研究部门组成。研究部门的工作是设计新的中间产品，从事中间品生产的公司进行垄断竞争，最终产品部门的企业则利用劳动力和可用的中间产品生产同质消费品。家庭是无限寿命的个体，他们从最终商品的消费中获得效用，并无弹性地提供劳动力。

(一)企业

假设在 t 时刻最终产品的生产函数为：

$$y = AL_y^{1-\alpha}\int_0^n x_j^\alpha \mathrm{d}j, 0 < \alpha < 1 \tag{3-4-40}$$

其中，A 为恒定的生产率系数；y 为最终产品产量；L_y 为生产最终产品所使用的劳动力；x_j 为第 j 种中间产品的数量；n 为中间产品的种类。在 t 时刻最终产品部门的利润函数为：

$$\pi_y = y - w_y L_y - \int_0^n p_j x_j \mathrm{d}j \tag{3-4-41}$$

其中，w_y 为最终产品部门的工资率；p_j 为中间产品 j 的价格。由式(3-4-41)的一阶条件，可推导出中间部门对第 j 种中间投入的需求：

$$p_j = A\alpha L_y^{1-\alpha} x_j^{\alpha-1} \tag{3-4-42}$$

由式(3-4-42)可知，中间产品的价格等于从式(3-4-40)推导出的边际生产率，因此表示了中间产品 j 的需求曲线，中间产品 j 是由最终产品部门的企业利润最大化产生的。对于所有中间产品 j，需求函数是相同的，因为所有这些产品都以同样的方式进入最终产品的生产函数。由式(3-4-41)利润最大化可知：

$$w_y = (1-\alpha)\frac{y_t}{L_{yt}} \tag{3-4-43}$$

式(3-4-43)表示劳动的需求函数。由于中间产品部门的每家企业拥有不同的技术,因此,假设:

$$x_j = k_j \tag{3-4-44}$$

由式(3-4-44)可推导出,中间产品部门所使用的资本总量 $K_j = \int_0^n k_j \mathrm{d}j$。中间品生产企业最大化利润,并且受到式(3-4-42)约束。这些企业通过选择最优价格 p_j 以最大化自己的利润:

$$\pi_j = p_j x_j - rk_j = (p_j - r)x_j \tag{3-4-45}$$

其中,x_j 为式(3-4-42)中对生产者的需求量。每一家中间产品生产企业以利率 r 通过贷款筹集资金,因此每个公司获得资金的总融资成本为 rk_j。由于中间品部门中所有企业的需求曲线 $x(p_j)$ 是对称的,故而上述最大化问题对所有企业都是相同的。它们面临相同的价格和数量($p_j = p; x_j = x$),因此,$\pi_j = \pi$。在中间部门企业之间不存在战略相互作用的假设下:

$$p_j = \frac{1}{\alpha} r \tag{3-4-46}$$

另外,由于中间产品生产者之间是对称的,由式(3-4-44)可得:

$$x = \frac{K_j}{n} \tag{3-4-47}$$

由式(3-4-42)和式(3-4-46)可知,中间产品部门在时刻 t 的利率可表示为:

$$r = \alpha^2 \frac{\bar{y}}{K_j} \tag{3-4-48}$$

其中,$\bar{y} = AL_y^{1-\alpha} x^\alpha n$。由式(3-4-45)、(3-4-46)和(3-4-47)可得:

$$\pi_j = \pi = \alpha(1-\alpha) AL_y^{1-\alpha} \left(\frac{K_j}{n}\right)^\alpha = \alpha(1-\alpha) \frac{\bar{y}}{n} \tag{3-4-49}$$

短期内,新设计生产表示为:

$$g_n = \frac{n^\circ}{n} = \Phi \frac{L_n}{\varphi}, \varphi = z\text{Landn} > 0 \tag{3-4-50}$$

其中,L_n 为 t 时刻部门所雇佣的劳动力总数;φ 为新创意开发难度的参数,与经济中的总就业 L 呈正相关关系;Φ 为政府投入研发活动的收入份额。假设政府投入研发活动的收入份额与创新增长率正相关。式(3-4-50)表示研究劳动生产率随知识存量(n)的增加而增加。改写式(3-4-50)可得:

$$g_n=\frac{\overset{\circ}{n}}{n}=\Phi\frac{s_n}{z}\text{，其中 } s_n=\frac{L_n}{L} \tag{3-4-51}$$

p_n 为第 j 次设计的价格。由式(3-4-52)可知，一旦从研究部门获得了一种新的设计，设计的生产者就可以永远获得正在生产的新产品所带来的垄断利润。

$$p_n=\int_t^{\infty}\pi_j e^{-r(s-t)}\mathrm{d}s=\alpha(1-\alpha)\int_t^{\infty}\frac{y(s)}{n(s)}e^{-r(s-t)}\mathrm{d}s \tag{3-4-52}$$

由于研究领域是竞争性的，自由进入条件导致所有的利润机会将被完全耗尽。零利润条件为：

$$p_n=\frac{\varphi}{n}w_n \tag{3-4-53}$$

其中，w_n 是研究部门的工资水平。式(3-4-53)意味着发明一种新设计的边际成本等于 $\frac{\varphi}{n}w_n$ 。

(二)政府

政府预算约束表示为：

$$g=\tau rK_j \tag{3-4-54}$$

其中，τ 为资本税率并在每个时间点都平衡其预算；K_j 是经济中的总资本水平。通过式(3-4-48)和式(3-4-54)可得：

$$g=\tau\alpha^2 y \tag{3-4-55}$$

因此，政府支出占总收入的比例可表示为：

$$\frac{g}{y}=\tau\alpha^2 \tag{3-4-56}$$

为简单起见，假设所有的政府支出都用于资助研究部门。因此，政府支出在总收入中转移到研究部门的份额 Φ 为：

$$\Phi=\frac{g}{y}=\tau\alpha^2 \tag{3-4-57}$$

式(3-4-57)表明，政府支出在总收入中的份额随着竞争的增加而增大。

(三)家庭

由于 $L=L_y+L_n$，将其标准化为在 t 时刻，总劳动力供给为 1。表示为：$s_y+s_n=1$。其中，s_y 和 s_n 分别表示总劳动力供给在最终产品和研究部门的份额。另外，人口增长率为 0。家庭效用函数表示为：

$$U=\int_{0}^{\infty}(\log c_i)e^{-\rho t}\mathrm{d}t$$
$$s.t.\dot{K}_j=w+(1-\tau)rK_j-c \tag{3-4-58}$$

其中，$c(t)$ 表示 t 时刻的人均消费量，家庭获得资产的回报率（r），这些资产是作为贷款提供给中间行业的公司而获得的工资率（w）。因此，w 和 rK_j 分别是它们的劳动收入和利息收入，ρ 是行动者的时间偏好率。变量 τ 表示适用于资本收入的比例税率，该税率由家庭给定。由式(3-4-58)定义的家庭优化的一阶条件为：

$$g_c=\frac{c^{\circ}}{c}=r(1-\tau)-\rho \tag{3-4-59}$$

式(3-4-59)意味着每个家庭的消费将以相同的速度增长，居民消费正在以 $r(1-\tau)-\rho$ 的速度增长。因此，如果净实际回报 $r(1-\tau)$ 超过家庭对未来消费的贴现率（ρ），那么每个工人的消费就会上升，反之则会下降。家庭总收入的现金流由 w_yL_y、rK_j 和 w_nL_n 三个部分组成，式(3-4-43)和式(3-4-48)分别说明 w_yL_y、rK_j 与最终品 y 生产之间的关系，w_nL_n 是来自现有专利的收入 $n\pi$。为此，我们需要知道每个中间产品公司的总利润。通过推导可知，每个中间产品企业的净利润为0。

（四）均衡

在劳动力市场中，由于最终部门和研究部门之间的同质性和完全流动性，两个部门的劳动力工资率是相等的。因此，均衡中有以下条件：

$$w=w_y=w_n \tag{3-4-60}$$

由式(3-4-52)可知：

$$p_n=\frac{\alpha(1-\alpha)}{g_n-g_y+r}\frac{y}{n} \tag{3-4-61}$$

由式(3-4-53)给出的研究部门的自由进入条件，可得到该部门的工资率：

$$w_n=\frac{\alpha(1-\alpha)}{g_n-g_y+r}\frac{y}{\varphi} \tag{3-4-62}$$

对称均衡生产收入水平：

$$y=AL_y^{1-\alpha}K_j^{\alpha}n^{1-\alpha} \tag{3-4-63}$$

由于不存在人口增长，式(3-4-63)意味着：

$$g_y=\frac{y^{\circ}}{y}=\Phi\frac{s_n}{z} \tag{3-4-64}$$

再通过式(3-4-59)可得：

$$r=h(\rho+g_y) \tag{3-4-65}$$

其中，$h=\dfrac{1}{1-\tau}$，将式(3-4-43)和式(3-4-62)给出的最终产品和研究部门的工资率相等，并使用式(3-4-57)、(3-4-64)和(3-4-65)可得到：

$$s_n=\frac{\alpha-h\rho z}{\alpha+h\Phi} \tag{3-4-66}$$

$$s_y=\frac{h\Phi+h\rho z}{\alpha+h\Phi} \tag{3-4-67}$$

因此，利用式(3-4-66)可得到收入增长率 g_y 和创新增长率 g_n：

$$g=g_y=g_n=\Phi\frac{s_n}{z}=\frac{\alpha-h\rho k}{\alpha+h\Phi}\frac{\Phi}{z} \tag{3-4-68}$$

式(3-4-68)表明，税收通过两个渠道影响增长：首先，税收通过 Φ 来促进增长；其次，税收通过降低投入研究部门的劳动份额来抑制增长。通过式(3-4-65)和(3-4-68)，还可以得到实际利率：

$$r=h\left(\rho+\frac{\Phi}{z}\frac{\alpha-h\rho z}{\alpha+h\Phi}\right) \tag{3-4-69}$$

式(3-4-69)将利率表示为税率的函数。

六、模型检验、相关应用与前沿问题

Crafts(1995)、Oxley 和 Greasley(1998)曾用 Grossman 和 Helpman(1990)、Rebelo(1991)的第一代内生增长模型去研究有关工业革命时期的经济增长问题，但都无法解释英国在工业革命期间经历的增长率。Madsen 等(2010)利用英国 1620—2006 年的长期历史数据，试图解释创新、人口增长和其他因素在促使马尔萨斯陷阱向后马尔萨斯增长机制转变方面的重要性。计量模型如下：

$$\Delta\ln A_t=\ln\lambda+\sigma\left[\ln X_t-\ln Q_t+\left(\frac{\varphi-1}{\sigma}\right)\ln A_t\right]+e_t \tag{3-4-70}$$

其中，λ 为研究生产率参数，σ 为复制参数(如果所有创新都是重复的，则为 0；如果没有重复的创新，则为 1)，φ 为知识的规模回报，X 是半内生增长模型的研发投入，Q 衡量产品种类，e_t 服从均值为 0 的正态分布。

回归模型设计如下：

$$\begin{aligned}\Delta\ln y_t=&b_0+b_1\times\Delta\ln X_{t-1}+b_2\times\ln(X/Q)_{t-1}+b_3\times\psi_{t-1}\times\Delta\ln L_{t-1}+\\&b_4\times\Delta\ln\tau_t+b_5\times\Delta\ln g_t+b_6\times\Delta\ln FD_t+b_7\times\Delta(I/K)_t+\\&b_8\times\Delta\ln S_t^W+b_9\times\Delta\ln S_t^{IM}+u_t\end{aligned} \tag{3-4-71}$$

其中，y_t 为劳动生产率，τ_t 为贸易壁垒，由关税与进口额的比例衡量，g_t 为政府支出占 GDP 的比例，FD_t 为金融深化(以货币存量 M1 与 GDP 比例衡量)，I_t 和 K_t 分别代表投资和资本存量，S_t^W 代表世界知识存量，S_t^{IM} 代表国际知识溢出通过进口渠道实现的部分。X_t 通过国内居民申请专利的数量来衡量，Q_t 通过劳动力数量衡量，关于 S_t^W 和 S_t^{IM} 的具体衡量方法可参阅 Madsen 等(2010)的研究。该研究表明，创新活动是形成工业革命的重要力量。

Boldrin 和 Levine(2008)认为在完全没有垄断力量的情况下，有竞争力的租金能够而且确实能够维持创新。然而，关于这些租金的来源和意义，或者关于创新活动在竞争条件下是如何发生的，却知之甚少。为了纠正这种不平衡，该文致力于研究有竞争力的创新者在理论和实践中赚取租金的方式。其核心思想如下：

$$q_0 = \sum_{t=0}^{\infty} (\beta\delta)^t u'(\beta^t) \tag{3-4-72}$$

其中，q_0 表示竞争性租金，β 为我们假设每一个创新的所有者在下一个时期都有 b 份复制品，在需求方面，我们还假设一个无限期的代表性消费者，其贴现系数为 $0 \leqslant \delta \leqslant 1$，在时期 t，如果有 k_t 创新可用，产生 $u(k_t)$ 的效用。因此，创新者的租金很容易计算为收入流的贴现现值。

税收与经济增长关系的相关研究，不仅包括研发税收抵免，还包括整体税收收入和税收结构等。Arnold 等(2011)研究了税收结构与经济增长之间的关系，其主要的计量模型为：

$$\begin{aligned}\Delta \ln y_{it} = & -\varphi_i(\ln y_{it-1} - \beta_1 \times \ln s_{it}^k - \beta_2 \times \ln h_{it} + \beta_3 \times n_{it} + \sum \beta_j V_{it}^j - a_{it}) + \\ & b_{1i} \times \Delta \ln s_{it}^k + b_{2i} \times \Delta \ln h_{it} + b_{3i} \times \Delta \ln n_{it} + \sum b_{ji} \Delta V_{it}^j + \varepsilon_{it}\end{aligned} \tag{3-4-73}$$

其中，y 为人均 GDP；s^k 为转换为实物资本的投资率；h 为人力资本，以劳动适龄人口的平均受教育年限来衡量；n 为人口增长率；V^j 为一组政策变量。该研究所报告的实证结果未能用一个公式来表述，详情可参考 Arnold 等(2011)。该研究认为，改善个人所得税的设计有助于经济增长，而降低销售税和财产税并不会加快经济复苏的速度。在促进经济增长和经济复苏方面，最有希望的税收改革是降低低收入人群的所得税(包括社会保障税)，这将刺激需求，增加工作激励，减少收入不平等。

Hellwing 和 Irmen(2001)开发了一个具有竞争性市场的内生经济增长模型。研究认为，技术变革源于企业家追求利润的有意行动。这为一种普遍的观点提供了一个反例，即只有在创新公司有望获得垄断或寡头垄断的租金时，才有可能实现内生技术变革。其核心思想如下：

$$\pi = \min(x_t, A_{t-1}(1+q_t)l_t) - w_t l_t - (1+r_{t-1})(\Gamma(x_t) + K(q_t)) \tag{3-4-74}$$

其中，π 表示企业在时期 t 的期望利润，为收入 $\min(x_t, A_{t-1}(1+q_t)l_t)$ 与劳动成本 $w_t l_t$ 和前期投入 $\Gamma(x_t)+K(q_t)$ 之间的差额。由于投入需求函数 $\Gamma(x_t)$ 与 $K(q_t)$ 的二阶导性质，创新和产能的投资都面临着收益下降的问题。

Ormaechea 和 Yoo(2012)同样研究了税收结构与经济增长的关系，但与 Arnold 等(2011)不同的是，该研究将数据集进行了扩展，包括 70 个国家，其中 23 个高收入国家、23 个中等收入国家和 24 个低收入国家。主要计量模型如下：

$$\begin{aligned}\Delta g_{i,t} = &-\varphi(g_{i,t-1} - \alpha_1 \times I_{i,t-1} - \alpha_2 \times \ln h_{i,t-1} - \alpha_3 \times n_{i,t-1} - \\ &\alpha_4 \times T_{i,t-1} - \sum\nolimits_{j=5}^{m} \alpha_j \ \mathrm{TC}_{i,t-1}^{j}) + \beta_{1,i} \times \Delta I_{i,t} + \beta_{2,i} \times \Delta \ln h_{i,t} + \\ &\beta_{3,i} \times \Delta n_{i,t} + \beta_{4,i} \times \Delta T_{i,t} + \sum\nolimits_{j=5}^{m} \beta_j \times \Delta \mathrm{TC}_{i,t}^{j} + \gamma_i \times t + \\ &\eta_i + \varepsilon_{i,t}\end{aligned} \tag{3-4-75}$$

其中，$g_{i,t}$ 是国家 i 在 t 年的人均 GDP 增长率；I 是实物投资率；h 是平均受教育年龄；n 是人口增长；T 是税收占 GDP 的比例；TC 是有关税收结构的变量；φ 是误差校正调整参数。Ormaechea 和 Yoo(2012)的研究证实了 Arnold 等(2011)的观点，即对经济增长最有害的税依次为企业所得税、个人所得税、消费税和财产税。

Xing(2012)通过对一组较小的国家进行实证分析，认为 Arnold 等(2011)的税收对经济增长的影响大小排名并不具有普遍性。该研究所建立的误差修正模型(ECM)为：

$$\begin{aligned}\Delta \ln y_{it} = &-\varphi_i(\ln y_{it-1} - \alpha_{1,i} \times \ln s_{i,t}^{k} - \alpha_{2,i} \times \ln h_{i,t} + \alpha_{3,i} \times n_{i,t} + \\ &\sum\nolimits_{j=4}^{m} a_{j,i}\ TAX_{i,t}) + \beta_{1,i} \times \Delta \ln s_{it}^{k} + \beta_{2,i} \times \Delta \ln h_{i,t} + \\ &\beta_{3,i} \times \Delta \ln n_{it} + \sum\nolimits_{j=4}^{m} \beta_{j,i}\ \Delta\,\mathrm{TAX}_{i,t} + \gamma_i \times \mu_t + \delta_i + \varepsilon_{i,t}\end{aligned} \tag{3-4-76}$$

该研究的计量模型遵循了 Arnold 等(2011)的方法。Baiardi 等(2019)同样研究了税收与经济增长之间的关系。其误差修正模型为：

$$\begin{aligned}\Delta \log Y_{i,t} = &\ a_{0,i} + \varphi_i \times \log Y_{i,t-1} + a_{1,i} \times \log K_{i,t} + a_{2,i} \times \log H_{i,t} + \\ &a_{3,i} \times n_{i,t} + \sum a_{j,i}\ \mathrm{FISCAL}_{i,t} + F_i(t) + b_{1,i} \times \Delta \log K_{i,t} + \\ &b_{2,1} \times \Delta \log H_{i,t} + b_{3,i} \times \Delta n_{i,t} + \sum b_{j,i} \Delta\,\mathrm{FISCAL}_{i,t} + \epsilon_{i,t}\end{aligned} \tag{3-4-77}$$

其中，$Y_{i,t}$ 为第 t 年 i 国的实际人均 GDP；FISCAL 为税收变量组，包括总税负占 GDP 的比重、所得税占税收总收入的比重、个人所得税占税收总收入的比重、企业所得税占税收总收入的比重、消费税和财产税占税收总收入的比重、消费税占税收总收入的比重、财产税占税收总收入的比重、不动产经常性税占税收总收入的比重和其他财产税占税收总收入的比重。a 和 b 开头的项分别表示长期动态和短期动态。与 Arnold 等(2011)结果不同的是，在 Baiardi 等(2019)的研究中，企业所得税的转移与人均 GDP 没有显著关系。

本章小结

在马克思主义政治经济学中，马克思经济增长理论一般是指简单再生产理论和扩大再生产理论（吴易风，2007）。马克思在《资本论》第二卷提出，实物补偿问题和价值补偿问题是研究社会资本再生产的关键。因此，在实物形式中，生产资料生产部类和消费资料生产部类构成了社会总产品，而生产资料生产部类和消费资料生产部类也可分别称为第一部类与第二部类。在价值构成中，不变资本、可变资本和剩余价值则构成了社会总产品。纵观经济增长理论的发展历史，马克思的地位是毋庸置疑的，他是首位对经济增长理论进行系统研究的经济学家，具有开创性和指导性意义（吴易风，朱勇，2015）。因此，我们需要从马克思政治经济学的视角对现代经济增长理论进行对比和批判，使现代经济增长理论更加契合现代经济生活和中国特色社会主义的发展。

还需强调的是，马克思政治经济学和内生增长模型并不能割裂来看。在马克思经济增长理论中，同时强调了技术与报酬递增的决定作用，出于技术因素，企业规模随着时间的推移会不断扩大，不难看出现代经济增长理论沿袭了马克思经济增长理论的思想。同时，在现代增长理论模型中，我们还可以看到马克思主义哲学思想：事物矛盾的源泉来自事物内部。现代经济增长理论认为技术、劳动力供给、储蓄率、人力资本、劳动分工和创新等内生变量相互作用，促进了经济的增长。因此，我们在探究经济增长理论的过去和未来时，需要以马克思主义为指导，深刻把握该理论，并推动其不断发展。

习题

3.1 卢卡斯-宇泽模型的扩展(Bucci et al., 2008)。生产函数服从式(3-2-48)，即 $Y_t = AK_t^{\alpha}H_{Yt}^{1-\alpha}$，$A>0$，$\alpha\in(0,1)$，$Y$ 是同质消费品产出，A 是全要素生产率（在本题中为常数），K 代表总实物资本，H_Y 代表生产活动中使用的人力资本存量，α 是总收入中的实物资本份额。对于两个竞争性的且具有可复制性的投入要素（如 H_Y 和 K），该生产函数具有恒定规模收益。

(1)根据边际生产率的思想，求 1 单位生产性人力资本的实际利率 r_t 和应计工资 w_t。（注意，$\mu_t H_t \equiv H_{Yt}$）

(2)在总体水平上，我们假设人力资本积累的规律为 $\dot{H}_t = B(1-\mu_t)H_t - (\varphi g_{Kt} + \delta)H_t$。其中，$H_0>0$，$\mu_t\in[0,1]$，$B>0$，$1+\varphi>0$，$B$ 是一个正的技术参数（表示技能获取中的人力资本生产率），δ 是（物质和人力）资本的共同折旧率，φ 反映了 $K(g_{Kt})$ 增长率对 H 积累的影响，$K(g_{Kt})$ 是学习的一种衡量标准，指对新资本货物中包含的新技术的使用。在人力资本积累的规律中，如果 $\varphi\neq 0$，该卢卡斯-宇泽模型的扩展与卢卡斯-宇泽模型的主要区别是什么？

3.2 经济增长(Rebelo,1991)。假设有两种生产要素：资本和土地。资本被用于两个部门，而土地只被用于生产消费品。具体来说，生产函数是 $C(t)=K_c(t)^{\alpha}T^{1-\alpha}$ 和 $K(t)=BK_K(t)$，其中 K_C 和 K_K 是两个部门分别使用的资本量[因而 $K_C(t)+K_K(t)=K(t)$]，T 是土地的数量，$0<\alpha<1$，$B>0$。要素报酬是其边际产品，资本可以在两个部门间自由流动。为简单起见，T 被标准化为1。

(1)令 $P_K(t)$ 表示 t 时资本品对消费品的相对价格。在两个部门中，用消费品单位表示的资本收入必定相等，利用这一事实推导一个将 $P_K(t)$ 和 $K_C(t)$ 参数 α 和 B 联系起来的条件。如果 K 以速度 $g_K(t)$ 增长，则 P_K 的增长(或下降)率是多少？令 $g_P(t)$ 表示该增长率。

(2)用消费品表示的真实利率是 $B+g_P(t)$。因此，若假设家庭具有我们的标准效用函数 $\mu=\int_0^{+\infty}e^{-\rho t}\frac{C(t)^{1-\delta}}{1-\delta}d_t$，$\rho>0$，$\delta>0$，则消费的增长率必定为 $(B+g_P-\rho)/\delta\equiv g_C$。假设 $\rho<B$。

①利用你在(1)部分的结果，用 $g_K(t)$ 而非 $g_P(t)$ 来表示 $g_C(t)$。

②根据消费品的生产函数，要使 C 以速度 $g_C(t)$ 增长，则 K_C 的增长率是多少？

③将你①部分和②部分的结果结合起来，求用各参数表示的 $g_K(t)$ 和 $g_C(t)$。

3.3 金融维度对内生增长理论(赵勇，雷达，2010)。生产函数的形式如下：$Y_t=L^{1-\alpha}\int_0^1 A_{it}x_{it}^{\alpha}\mathrm{d}i$，$0<\alpha<1$，$Y_t$ 表示最终产品在时间 t 时的产出，L 代表劳动力投入，A_{it} 刻画了中间产品的生产率，x_{it} 则度量了中间产品的投入数量。以最终产品作为计价产品，假定其价格为1。

(1)在完全竞争的框架下，通过求解最终产品厂商的利润最大化条件，求解中间产品的反需求函数，其中中间产品价格表示为 p_{it}。

(2)假定中间产品的生产函数为 $x_{it}=K_{it}/A_{it}$，K_{it} 表示第 i 个中间产品生产部门的厂商所投入的资本数量，K_{it}/A_{it} 的形式则表示随着技术的不断进步，生产新的中间产品的困难也相应增大。假定市场利率为 r_t，厂商通过选择 x_{it} 的数量以最大化其利润，相应的最大化利润为：$\pi_{it}=\max(p_{it}x_{it}-r_tK_{it})=\max(\alpha L^{1-\alpha}A_{it}x_{it}^{\alpha}-r_tA_{it}x_{it})$，通过求解以上的最优化问题，请求出厂商最优产出、最大化利润以及均衡利率条件。

3.4 Krugman(1979)的模型。假设世界包括两个地区："北方"和"南方"。地区 $i(i=N,S)$ 的资本积累由 $Y_it=K_i(t)^{\alpha}[A_i(t)(1-\alpha_{Li})L_i]^{1-\alpha}$ 和 $K_i(t)=s_iY_i(t)$ 给定。新技术在北方开发。具体来说，$\dot{A}_N(t)=Ba_{LN}L_NA_N(t)$。另一方面，南方的技术改进是通过学习北方技术而得到的：$\dot{A}_S(t)=\mu a_{LS}[A_N(t)-A_S(t)]$，前提是 $A_N(t)>A_S(t)$；否则的话，$\dot{A}_S(t)=0$。在这里，a_{LN} 是北方劳动力中从事研发的比例，a_{LS} 是南方劳动力中从事学习北方技术的比例。L_N 和 L_S 假设不变。

（1）北方工人每人平均产出的长期增长率是多少？

（2）定义 $Z(t)=A_S(t)/A_N(t)$ 。将 $\dot{Z}$ 表示为 Z 和模型参数的函数。Z 是否稳定？如果是，收敛于何值？

（3）南方每工人平均产出的长期增长率为多少？

3.5 Lucas(1988)的模型。具有人力资本的模型其规模报酬递增。假设 $Y(t)=K(t)^{\alpha}[(1-\alpha_H)H(t)]^{\beta}$，$\dot{H}(t)=B\alpha_H H(t)$ 和 $\dot{K}(t)=sY(t)$ 。假如 $0<\alpha<1$，$0<\beta<1$ 和 $\alpha+\beta>1$。

（1）H 的增长率是多少？

（2）该经济是否收敛于一条均衡增长路径？如果是，均衡增长路径上 K 和 Y 的增长率是多少？

3.6 假设生产函数是 $Y=[(1-\alpha)L]^{1-\alpha}\int_{i=0}^{A}x(i)^{\alpha}\mathrm{d}i$，$0<\alpha<1$，其中 $x(i)$ 为资本品 i 的使用量，A 表示资本品的潜在数量 。

（1）假设在 $0\leqslant i\leqslant A$ 时，$x(i)$ 等于 K/A ，在其他情况下等于0。用 Y 表示的 L、K 和 A 的函数是什么？

（2）假设资本品 i 的租金价格为 $p(i)$ 且工资为 w 。考虑一个厂商用最低成本生产1单位产品的问题。请建立厂商成本最小化的拉格朗日方程。

参考文献

ACEMOGLU D, 2015. Localised and Biased Technologies: Atkinson and Stiglitz's New View, Induced Innovations, and Directed Technological Change[J]. The Economic Journal, 125(583): 443-463.

ACEMOGLU D, ROBINSON J A, 2005. Economic Origins of Dictatorship and Democracy[M]. U.K: Cambridge University Press.

ACEMOGLU D, AGHION P, ZILIBOTTI F, 2002. Distance to Frontier, Selection, and Economic Growth. NBER Working Paper, 9066.

ACEMOGLU D, NAIDU S, RESTREPO P, et al., 2019. Democracy Does Cause Growth[J]. Journal of Political Economy, 127(1): 47-100.

ACEMOGLU D, GUERRIERI V, 2006. Capital Deepening and Non-Balanced Economic Growth[J]. NBER Working Paper, No.12475.

ACEMOGLU D, GUERRIERI V, 2008. Capital Deepening and Nonbalanced Economic Growth[J]. Journal of Political Economy, 116(3): 467-498.

ADAMS S, 2011. Intellectual Property Rights, Innovation, and Economic Growth in Sub-Saharan Africa[J]. Journal of Third World Studies, 28(1): 231-243.

AGHION P, BLOOM N, BLUNDELL R, et al., 2005. Competition and Innovation: An Inverted-U Relationship[J]. The Quarterly Journal of Economics, 120(2): 701-728.

AGHION P, BRAUN M, FEDDERKE J, 2008. Competition and Productivity Growth in South Africa[J]. Economics of Transition, 16(4): 741-768.

AGHION P, FEDDERKE J, HOWITT P, et al., 2013. Testing Creative Destruction in an Opening Economy: The Case of the South African Manufacturing Industries[J]. Economics of Transition, 21(3): 419-450.

AGHION P, HARRIS C, HOWITT P, et al., 2001. Competition, Imitation and Growth with Step-By-Step Innovation[J]. The Review of Economic Studies, 68(3): 467-492.

AGHION P, HOWITT P, GRIFFITH R, 2005. Competitionand Innovation: An Inverted — U Relationship[J]. Quarterly Journal of Economics, 120(2): 701-728.

AGHION P, HOWITT P, PRANTL S, 2015. Patent Rights, Product Market Reforms, and Innovation [J]. Journal of Economic Growth, 20(3): 223-262.

AGHION P, JONES B, JONES C, 2019. Artificial Intelligence and Economic Growth[M]. Chicago: University of Chicago Press.

AGHION P, LJUNGQVIST L, HOWITT P, et al., 1998. Endogenous Growth Theory[M]. Cambridge: MIT Press.

AGHION P, HOWITT P, 1992. A Model of Growth through Creative Destruction[J]. Econometrica, 60 (2): 321-351.

AGHION P, HOWITT P, 2009b. The Economics of Growth[M]. Cambridge: MIT Press.

AGHION P, HOWITT P, 2009a. Understanding Economic Growth[M]. Cambridge: MIT Press.

AKIMOTO K, MORIMOTO T, 2020. Examination and Approval of New Patents in an Endogenous Growth Model[J]. Economic Modelling, 91: 100-109.

ALLRED B B, PARK W G, 2007. Patent Rights and Innovative Activity: Evidence from National and Firm-Level Data[J]. Journal of International Business Studies, 38(6): 878-900.

ARNOLD J M, BRYS B, HEADY C, et al., 2011. Tax Policy for Economic Recovery and Growth [J]. The Economic Journal, 121(550): 59-80.

ARROW K J, 1962. The Economic Implications of Learning by Doing[J]. Review of Economic Studies, 29 (3): 155-173.

BAERLOCHER D, PARENTE S L, RIOS-NETO E, 2021. Female Labor Force Participation and Economic Growth: Accounting for the Gender Bonus[J]. Economics Letters, 200, 109740.

BAIARDI D, PROFETA P, PUGLISI R, et al., 2019. Tax Policy and Economic Growth: Does It Really Matter? [J]. International Tax and Public Finance, 26(2): 282-316.

BARRO R J, BECKER G S, 1989. Fertility Choice in a Model of Economic Growth[J]. Economictrica, 57: 481-501.

BARRO R J, SALA-I-MARTIN X, 1995. Economic Growth[M]. MA: Mcgraw Hill.

BAUMOL W J, 1967. Macroeconomics of Unbalanced Growth: The Anatomy of Urban Crisis[J]. American Economic Review, 57(3): 415-426.

BEASON R, WEINSTEIN D E, 1996. Growth, Economies of Scale, and Targeting in Japan (1955—1990)[J]. The Review of Economics and Statistics, 78: 285-295.

BECKER G S, 1964. Human Capital[J]. Columbia University Press for the National Bureau of Economic Research, New York.

BENCIVENGA V R, SMITH B D, STARR R M, 1995. Transactions Costs, Technological Choice, and Endogenous Growth[J]. Journal of Economic Theory, 67(1): 153-177.

BENCIVENGA V, SMITH B, 1991. Financial Intermediation and Endogenous Growth[J]. Review of Economic Studies, 58(2): 195-209.

BHATTI A, HAQUE M E, OSBORN D R, 2013. Is the Growth Effect of Financial Development Conditional on Technological Innovation? [J]. Centre for Growth and Business Cycle Research Discussion Papers Series, 188: 1-32.

BIELIG A, 2015. Intellectual Property and Economic Development in Germany: Empirical Evidence for 1999-2009[J]. European Journal of Law and Economics, 39(3): 607-622.

BLOOM N, JONES C, REENEN J, et al., 2020. Are Ideas Getting Harder to Find? [J]. American Economic Review, 110: 1104-1144.

BOIKOS S, BUCCI A, STENGOS T, 2013. Non-Monotonicity of Fertility in Human Capital Accumulation and Economic Growth[J]. Journal of Macroeconomics, 38: 44-59.

BOLDRIN M, LEVINE D K, 2008. Perfectly Competitive Innovation[J]. Journal of Monetary Economics, 55(3): 435-453.

BOLTON P, CHEN H, WANG N, 2011. A Unified Theory of Tobin's q, Corporate Investment, Financing, and Risk Management[J]. The Journal of Finance, 66(5): 1545-1578.

BORJAS G J, DORAN K B, 2012. The Collapse of the Soviet Union and the Productivity of American Mathematicians[J]. The Quarterly Journal of Economics, 127(3): 1143-1203.

BRETSCHGER L, 2013. Population Growth and Natural Resource Scarcity: Long-Run Development Under Seemingly Unfavourable Conditions[J]. Scandinavian Journal of Economics, 115(3): 722-55.

BROWN J R, PETERSEN F, 2009. Financing Innovation and Growth: Cash Flow, External Equity, and the 1990s R&D Boom[J]. The Journal of Finance, 64(1): 151-185.

BROWN J R, MARTINSSON G, PETERSEN B C, 2017. What Promotes R&D? Comparative Evidence From Around The World[J]. Research Policy, 46(2): 447-462.

BUCCI A, KUNZE H E, TORRE D L, 2008. Parameter Identification, Population and Economic Growth in an Extended Lucas and Uzawa-Type Two Sector Model[J]. Departmental Working Papers, 18(2): 211-228.

BURKHART R E, LEWIS-BECK M S, 1994. Comparative Democracy: The Economic Development Thesis[J]. American Political Science Review, 88(4): 903-910.

CHENERY H B, 1960. Patterns of Industrial Growth[J]. American Economic Review, 50(4): 624-654.

CHIPMAN J S, 1970. External Economies of Scale and Competitive Equilibrium[J]. Quarterly Journal of Economics, 84(3): 347-385.

COMIN D, NANDA R, 2019. Financial Development and Technology Diffusion[J]. IMF Economic Review, 67(2): 395-419.

CRAFTS N F R, 1995. Exogenous or Endogenous Growth? The Industrial Revolution Reconsidered [J]. Journal of Economic History, 55(4): 745-772.

CUBERES D, TEIGNIER M, 2018. Macroeconomic Costs of Gender Gaps in a Model with Entrepreneurship and Household Production[J]. The BE Journal of Macroeconomics, 18(1): 1-15.

CYSNE R P, TURCHICK D, 2012. Intellectual Property Rights Protection and Endogenous Economic Growth Revisited[J]. Journal of Economic Dynamics and Control, 36(6): 851-861.

DÉCAMPS J P, MARIOTTI T, ROCHET J C, et al., 2011. Free Cash Flow, Issuance Costs, and Stock

Prices[J]. Journal of Finance, 66(5): 1501-1544.

DECHERT W D, NISHIMURA K A, 1983. A Complete Characterization of Optimal Growth Paths in an Aggregated Model with a Non-Concave Production Function[J]. Journal of Economic Theory, 31(2): 332-354.

DE LA FUENTE A, MARÍN J M, 1996. Innovation, Bank Monitoring, and Endogenous Financial Development[J]. Journal of Monetary Economics, 38(2): 269-301

DIAMOND D, DYBVIG P, 1983. Bank Runs, Deposit Insurance, and Liquidity[J]. Journal of Political Economy, 91(3): 401-419.

DINOPOULOS E, KOTTARIDI C, 2008. The Growth Effects of National Patent Policies[J]. Review of International Economics, 16(3): 499-515.

DINOPOULOS E, SYROPOULOS C, 2007. Rent Protection as a Barrier to Innovation and Growth[J]. Economic Theory, 32(2): 309-332.

DINOPOULOS E, THOMPSON P, 1998. Schumpeterian Growth Without Scale Effect[J]. Journal of Economic Growth, 3(4): 313-335.

DOEPKE M, TERTILT M, VOENA A, 2012. The Economics and Politics of Women's Rights[J]. Annual Review of Economics, 4: 339-372.

DOEPKE M, TERTILT M, 2019. Does Female Empowerment Promote Economic Development?[J]. Journal of Economic Growth, 24(4): 309-343.

DOMAR E, 1946. Capital Expansion, Rate of Growth, and Employment[J]. Econometrica: Journal of the Econometric Society, 14(2): 137-147.

DUFLO E, 2012. Women Empowerment and Economic Development[J]. Journal of Economic Literature, 50(4): 1051-1079.

EVAN T, VOZÁROVÁ P, BOLOTOV I, 2018. Some Effects of Intellectual Property Protection on National Economies: Theoretical and Econometric Study[J]. Prague Economic Papers, 27(1): 73-91.

EVENSON R, 1984. International Invention: Implications for Technology Market Analysis[M]. Chicago: University of Chicago Press.

EVENSON R, KISLEV Y, 1976. A Stochastic Model of Applied Research[J]. Journal of Political Economy, 84(2): 265-281.

FEDDERKE J W, 2006. Technology, Human Capital and Growth: Evidence from a Middle Income Country Case Study Applying Dynamic Heterogeneous Panel Analysis[J]. Proceedings of a G20 Seminar Held in Pretoria, South Africa: Bank of China, Bank of Mexico and South African Reserve Bank.

FEDDERKE J W, NAUMANN D, 2011. An Analysis of Industry Concentration in South African Manufacturing, 1972-2011[J]. Applied Economics, 43(22): 2919-2939.

FUTAGAMI K, IWAISAKO T, 2007. Dynamic Analysis of Patent Policy in an Endogenous Growth Model[J]. Journal of Economic Theory, 132(1): 306-334.

GALOR O, WEIL D N, 2000. Population, Technology and Growth: From Malthusian Stagnation to the Demographic Transition and Beyond[J]. American Economic Review, 90(4): 806-828.

GLASS A, SAGGI K, 2002. Intellectual Property Rights and Foreign Direct Investment[J]. Journal of International Economics, 56(2): 387-410.

GREENWOOD J, JOVANOVIC B, 1990. Financial Development, Growth and the Distribution of Income

[J]. Journal of Political Economy, 98(5): 1076-1107.

GREENWOOD J, SANCHEZ J M, WANG C H, 2010. Financing Development: The Role of Information Costs[J]. American Economic Review, 100(4): 1875-1891.

GREGORY P, GRIFFIN J M, 1974. Secular and Cross-Section Industrialization Patterns: Some Further Evidence on the Kuznets-Chenery Controversy[J]. The Review of Economics and Statistics, 56(3): 360-68.

GROGGER J, HANSON G H, 2015. Attracting Talent: Location Choices of Foreign-Born PhDs in the United States[J]. Journal of Labor Economics, 33(1): 5-38.

GROSSMAN G M, HELPMAN E, 1989. Product Development and International Trade[J]. Journal of Political Economy, 97: 1261-1283.

GROSSMAN G M, HELPMAN E, 1990. Trade, Innovation, and Growth[J]. American Economic Review, 80(2): 86-91.

GROSSMAN G M, HELPMAN E, 1991a. Endogenous Product Cycles[J]. Economic Journal, 101(408): 1214-1229.

GROSSMAN G M, HELPMAN E, 1991b. Quality Ladders and Product Cycles[J]. The Quarterly Journal of Economics, 106(2): 557-586.

GROSSMAN G M, HELPMAN E, 1991c. Innovation and Growth in the Global Economy[M]. Cambridge: MIT Press.

GUSTAFSSON P, SEGERSTROM P, 2010. North-South Trade with Increasing Product Variety[J]. Journal of Development Economics, 92(2): 97-106.

HA J, HOWITT P, 2007. Accounting for Trends in Productivity and R&D: A Schumpeterian Critique of Semi-Endogenous Growth Theory[J]. Journal of Money, Credit and Banking, 39(4): 733-744.

HARRISON P, SUSSMAN O, ZEIRA J, 1999. Finance and Growth: Theory and New Evidence [R]. Board of Governors of the Federal Reserve System (US), No. 1999-35.

HARROD R F, 1939. An Essay in Dynamic Theory[J]. The Economic Journal, 49(193): 14-33.

HELLWING M, IRMEN A, 2001. Endogenous Technical Change in a Competitive Economy[J]. Journal of Economic Theory, 101(1): 1-39.

HELPMAN E, 1992. Endogenous Macroeconomic Growth Theory[J]. European Economic Review, 36(2-3): 237-267.

HICKS J, 1969. A Theory of Economic History[R]. Oxford University Press.

HUGONNIER J, MALAMUD S, MORELLEC E, 2015. Capital Supply Uncertainty, Cash Holdings, and Investment[J]. Review of Financial Studies, 28(2): 391-445.

IWASISOKO T, FUTAGAMI K, 2003. Patent Policy in an Endogenous Growth Model[J]. Journal of Economics, 78(3): 239-258.

JONES C I, 1995a. Time Series Tests of Endogenous Growth Models[J]. The Quarterly Journal of Economics, 110(2): 495-525.

JONES C I, 1995b. R&D Based Models of Economic Growth[J]. Journal of Political Economy, 103(4): 759-784.

JONES C I, TONETTI C, 2020. Nonrivalry and the Economics of Data[J]. American Economic Review, 110(9): 2819-58.

JONES C I, ROMER P M, 2010. The New Kaldor Facts: Ideas, Institutions, Population, and Human Capital[J]. American Economic Journal: Macroeconomics,2(1): 224-45.

JONES L E, MANUELLI R E, 1997. The Sources of Growth[J]. Journal of Economic Dynamics and Control, 21(1): 75-114.

JU J, LIN J Y, WANG Y, 2015. Endowment Structure, Industrial Dynamics and Economic Growth [J]. Journal of Monetary Economics,76: 244-263.

JUDD K L, 1985. On the Performance of Patents[J]. Econometrica,53(3): 567-585.

KING R G, LEVINE R, 1993. Finance and Growth: Schumpter Might Be Right[J]. Quarterly Journal of Economics, 108(3): 717-737.

KLASEN S, LAMANNA F, 2009. The Impact of Gender Inequality in Education and Employment on Economic Growth: New Evidence for a Panel of Countries[J]. Feminist Econ,15(3): 91-132.

KORTUM S S, 1997. Research, Patenting, and Technological Change [J]. Econometrica, 65 (6): 1389-1420.

KRUGMAN P R, 1991. Increasing Return and Economic Geography[J]. Journal of Political Economy, 99 (3): 483-399.

KUZNETS S, 1949. National Income and Industrial Structure[J]. Econometrica: Journal of the Econometric Society,17: 205-241.

KUZNETS S, 1957. Quantitative Aspects of the Economic Growth of Nations: Ii Industrial Distribution of National Product and Labor Force[J]. Economic Development and Cultural Change,5(S4): 1-111.

KUZNETS S, 1965. Economic Growth and Structure: Selected Essays[M]. New York: Norton.

KUZNETS S, 1966. Modern Economic Growth: Rate, Structure, and Spread[M]. New Haven: Yale University Press.

KUZNETS S, 1971. Economic Growth of Nations: Total Output and Production Structure[M]. Cambridge: Press of Harvard University Press.

KUZNETS S, LILLIAN F, ELIZABETH J, 1946. National Product Since 1869[M]. New York: National Bureau of Economic Reasearch Inc.

LANZ B, DIETZ S, SWANSON T, 2017. Global Population Growth, Technology,and Malthusian Constraints: A Quantitative Growth Theoretic Perspective[J]. International Economic Review, 58(3): 973-1006.

LEVINE R, 1991. Stock Markets, Growth, and Tax Policy[J]. The Journal of Finance, 46(4): 1445-1465.

LIU Q, QIU L D, 2016. Intermediate Input Imports and Innovations: Evidence from Chinese Firms' Patent Filings[J]. Journal of International Economics, 103(C): 166-183.

LIZZERI A, PERSICO N, 2004. Why Did the Elites Extend the Suffrage? Democracy and the Scope of Government, with an Application to Britain's "Age of Reform"[J]. The Quarterly Journal of Economics, 119(2): 707-765.

LORENCZIK C, NEWIAK M, 2012. Imitation and Innovation Driven Development under Imperfect Intellectual Property Rights[J]. European Economic Review, 56(7): 1361-1375.

LUCAS JR R E, 1993. Making a Miracle[J]. Econometrica: Journal of the Econometric Society, 251-272.

LUCAS JR R E, 1988. On the Mechanics of Economic Development[J]. Journal of Monetary Economics, 22(1): 3-39.

MADSEN J B, ANG J B, BANERJEE R, 2010. Four Centuries of British Economic Growth: The Roles of Technology and Population[J]. Journal of Economic Growth,15(4): 263-290.

MALAMUD S, ZUCCHI F, 2019. Liquidity, Innovation,and Endogenous Growth[J]. Journal of Financial Economics, 132(2): 519-541.

MANKIW N G, ROMER D, WEIL N D, 1992. A Contribution to the Empirics of Economic Growth [J]. The Quarterly Journal of Economics, 107(2): 407-437.

MOHTADI H, RUEDIGER S, 2013. Intellectual Property Rights and Growth: Is There a Threshold Effect? [J]. International Economic Journal, 28(1): 121-135.

MOKYR J, 2009. Intellectual Property Rights, the Industrial Revolution, and the Beginnings of Modern Economic Growth[J]. American Economic Review,99(2): 349-355.

NICKELL S J, 1996. Competition and Corporate Performance[J]. Journal of Political Economy, 104(4): 724-746.

O'DONOGHUE, SCOTCHMER S, THISSE J F, 1998. Patent Breadth, Patent Life, and the Pace of Technological Progress[J]. Journal of Economics and Management Strategy,7(1): 1-32.

ORMAECHEA M S A, YOO M J, 2012. Tax Composition and Growth: A Broad Cross-Country Perspective[J]. IMF Working Paper, WP/12/257.

OXLEY L, GREASLEY D, 1998. Vector Autoregression, Cointegration and Causality: Testing for Causes of the British Industrial Revolution[J]. Applied Economics, 30(10): 1387-1397.

PAGANO M, 1993. Financial Markets and Growth: An Overview[J]. European Economic Review, 37 (2): 613-622.

PERETTO P F, VALENTE S, 2015. Growth on a Finite Planet: Resources, Technology and Population in the Long Run[J]. Journal of Economic Growth, 20(3): 315-331.

PRETTNER K, TRIMBORN T, 2012. Demographic Change and R&D-Based Economic Growth: Reconciling Theory and Evidence[R]. Cege Discussion Papers.

PUGA D, TREFLER D,2010. Wake Up and Smell the Ginseng: International Trade and the Rise of Incremental Innovation in Low-Wage Countries[J]. Journal of Development Economics, 91(1): 64-76.

REBELO S, 1991. Long-Run Policy Analysis and Long-Run Growth[J]. Journal of Political Economy,99 (3): 500-521.

REINGANUM J, 1985. Innovation and Industry Evolution[J]. Quarterly Journal of Economics, 100(1): 81-99.

RIDDICK L A, WHITED T M, 2009. The Corporate Propensity to Save[J]. Journal of Finance, 64(4): 1729-1766.

RIOJA F, VALEV N,2004. Does One Size Fit All? A Reexamination of the Finance and Growth Relationship[J]. Journal of Development Economics, 74(2): 429-447.

ROMER P M, 1986. Increasing Returns and Long-Run Growth[J]. Journal of Political Economy, 94(5): 1002-1037.

ROMER P M, 1987. Growth Based on Increasing Return Due to Specialization[J]. American Economic Review, 77(2): 56-62.

ROMER P M, 1990a. Endogenous Technological Change[J]. Journal of Political Economy, 98(5): 71-103.

ROMER P M, 1990b. Are Nonconvexities Important for Understanding Growth[J]. American Economic Review, 80(2): 97-103.

ROUSSEAU P L, WACHTEL P, 2011. What Is Happening to the Impact of Financial Deepening on Economic Growth? [J]. Economic Inquiry, 49(1): 276-288.

SACKS S R, 1972. Changing in Industrial Structure in Yugoslavia, 1959-1968[J]. The Journal of Political Economy, 80(3): 561-574.

SAINT-PAUL G, 1992. Technological Choice, Financial Markets and Economic Development [J]. European Economic Review, 36(4): 763-781.

SAINT-PAUL G, VERDIER T, 1993. Education, Democracy and Growth[J]. Journal of Development Economics, 42(2): 399-407.

SAITO Y, 2017. Effects of Patent Protection on Economic Growth and Welfare in a Two-R&D-Sector Economy[J]. Economic Modelling, 62(C): 124-129.

SCHMITZ J, 1987. Growth and New Product Development[J]. Madison: Univ. Wisconsin.

SCHULTZ T W, 1963. The Economic Value of Education[M]. New York: Columbia University Press.

SCHULTZ T W, 1968. Institutions and the Rising Economic Value of Man[J]. American Journal of Agricultural Economics, 50(5): 1113-1122.

SCHUMPETER J A, 1942. Capitalism, Socialism and Democracy[J]. New York: Harper and Brothers.

SCHWAB D, WERKER E, 2018. Are Economic Rents Good for Development? Evidence from the Manufacturing Sector[J]. World Development, 112(C): 33-45.

SEGERSTROM P S, 1998. Endogenous Growth without Scale Effects[J]. American Economic Review, 88(5): 1290-1310.

SEGERSTROM P S, ANANT T C, DINOPOULOS E, 1990. A Schumpeterian Model of the Product Life Cycle[J]. American Economic Review, 80(5): 1077-1092.

SHESHINSKE E, 1967. Optimal Accumulation with Learning By Doing[M]. Cambrige: MIT Press.

SKIBA A K, 1978. Optimal Growth with a Convex-Concave Production Function[J]. Econometrica, 46(3): 527-539.

SOLOW R M, 1956. A Contribution to the Theory of Economic Growth[J]. Quarterly Journal of Economics, 70(1): 65-94.

STOKEY N L, 1988. Learning by Doing and the Introduction of New Goods[J]. Journal of Political Economy, 96(4): 701-717.

STOKEY N L, 1991. Human Capital, Product Quality, and Growth[J]. Quarterly Journal of Economics, 106(2): 587-616.

STRULIK H, 2005. The Role of Human Capital and Population Growth In R&D-Based Models of Economic Growth[J]. Review of International Economics, 13: 129-145.

SUMMERS R, HESTON A, 1991. The Penn World Table (Mark 5): An Expanded Set of International Comparisons, 1950-1988[J]. The Quarterly Journal of Economics, 106(2): 327-368.

TABELLINI G, GIAVAZZI F, 2005. Economic and Political Liberalizations[J]. Journal of Monetary Economics, 52(7): 1297-1330.

TAMURA R, 1991. Income Convergence in an Endogenous Growth Model[J]. Journal of Political Economy, 99(3): 522-540.

TREFLER D, 2004. The Long and Short of the Canada-Us Free Trade Agreement[J]. American Economic Review, 94(4): 870-895.

UENO H, 1972. A Long-Term Model of Economic Growth of Japan 1906-1968[J]. International Economic Review, 13(3): 619-643.

UZAWA H, 1964. Optimal Growth in a Two-Sector Model of Capital Accumulation[J]. Review of Economic Studies, 31(1): 1-24.

UZAWA H, 1965. Optimal Technical Change in an Aggregative Model of Economic Growth[J]. Review of International Economics, 6(1): 18-31.

WEITZMAN M L, 1970. Optimal Growth with Scale Economies in the Creation of Overhead Capital [J]. The Review of Economic Studies, 37(4): 555-570.

XING J, 2012. Tax Structure and Growth: How Robust Is the Empirical Evidence? [J]. Economics Letters, 117(1): 379-382.

YILMAZ E, 2013. Competition, Taxation and Economic Growth[J]. Economic Modelling, 35(C): 134-139.

白钦先,张志文,2008. 金融发展与经济增长:中国的经验研究[J]. 南方经济(9): 17-32,16.

陈林,朱卫平,2009. 边际报酬递减规律是客观存在的吗:来自上市公司面板数据的实证检验[J]. 中国工业经济(6): 46-56.

董晓花,王欣,陈利,2008. 柯布-道格拉斯生产函数理论研究综述[J]. 生产力研究(3): 148-150.

董雪兵,朱慧,康继军,等,2012. 转型期知识产权保护制度的增长效应研究[J]. 经济研究(8): 4-17.

方福前,2017. 寻找供给侧结构性改革的理论源头[J]. 中国社会科学(7): 46-69,205.

付凌晖,2010. 我国产业结构高级化与经济增长关系的实证研究[J]. 统计研究(8): 79-81.

傅强,朱浩,2013. 中央政府主导下的地方政府竞争机制:解释中国经济增长制度视角[J]. 公共管理学报(1): 19-30,138.

傅勇,2010. 财政分权、政府治理与非经济性公共物品供给[J]. 经济研究(8): 4-15,65.

傅元海,叶祥松,王展祥,2016. 制造业结构变迁与经济增长效率提高[J]. 经济研究(8): 86-100.

黄阳华,2020. 重商主义及其当代意义[J]. 学习与探索(4): 90-98,175.

林金忠,2012. 主流话语是如何炼成的:剖析西方学者对亚当·斯密思想的选择性解读[J]. 学术月刊(10): 72-81.

刘安国,杨开忠,2008. "琼斯批评"对内生增长理论发展的影响[J]. 首都经济贸易大学学报(10): 102-108.

刘穷志,何奇,2013. 人口老龄化、经济增长与财政政策[J]. 经济学(季刊)(1): 119-134.

刘伟,范欣,2019. 现代经济增长理论的内在逻辑与实践路径[J]. 北京大学学报(哲学社会科学版)(3): 35-53.

潘士远,2005. 最优专利制度研究[J]. 经济研究(12): 113-118.

潘士远,史晋川,2002. 内生经济增长理论:一个文献综述[J]. 经济学(季刊)(3): 753-786.

彭福扬,彭民安,李丽纯,2012. 知识产权保护、技术创新与经济增长方式转变:基于我国区域面板数据的实证研究[J]. 科技进步与对策(24): 56-61.

佘时飞,2009. 经济增长理论文献综述[J]. 科技经济市场(8): 38-39.

王维国，刘丰，胡春龙，2019. 生育政策、人口年龄结构优化与经济增长[J]. 经济研究(1)：116-131.

吴易风，2002. 西方经济学家论马克思主义经济增长理论[J]. 中国人民大学学报(67)：74-78.

吴易风，2007. 马克思的经济增长理论模型[J]. 经济研究(9)：11-17，48.

吴易风，朱勇，2015. 经济增长理论：马克思经济学与西方经济学的比较[J]. 当代经济研究(4)：32-40，97.

严成樑，2020. 现代经济增长理论的发展脉络与未来展望：兼从中国经济增长看现代经济增长理论的缺陷[J]. 经济研究(7)：191-208.

杨建芳，龚六堂，张庆华，2006. 人力资本形成及其对经济增长的影响：一个包含教育和健康投入的内生增长模型及其检验[J]. 管理世界(5)：10-18，34，171.

阳立高，贺正楚，柒江艺，等，2013. 发展中国家知识产权保护、人力资本与经济增长[J]. 中国软科学(11)：123-138.

余长林，王瑞芳，2009. 发展中国家的知识产权保护与技术创新：知识线性关系吗？[J]. 当代经济学(3)：92-100，127.

赵勇，雷达，2010. 金融发展与经济增长：生产率促进抑或资本形成[J]. 世界经济(2)：37-50.

周骏，2009. 金融发展与经济增长关系研究综述[J]. 首都经济贸易大学学报(2)：98-106.

祝树金，赵玉龙，2017. 资源错配与企业的出口行为：基于中国工业企业数据的经验研究[J]. 金融研究(11)：49-64.

第四章

制度变迁与经济增长[①]

第一节　引　言

一、关于三种重要制度的简介

经济增长是经济学研究的核心命题;关于增长根源的争论一直伴随经济学发展而不断演化。早期文献强调生产要素的重要性,如物质资本、人力资本等。进入 21 世纪后,学术界开始强调正式制度(formal institution)因素的重要性(Acemoglu et al.,2001;Rodrik et al.,2004),指出它们是知识积累和技术创新的内在动力,完全有别于如物质与人力资本这样的实体性因素(Glaeser et al.,2004)。最近,一些文献开始关注一些更深层的、嵌入一国文化或历史进程中的非正式制度(informal institution)因素,如 Barro 和 McCleary(2003)、Campante 和 Drott(2015)检验了宗教对经济增长的影响;Nunn(2007)、Spolaore 和 Wacziarg(2013)考察了价值观与经济增长的关系,而作为非正式制度核心的信任更是得到了学术界的高度重视(Durlauf,Fafchamps,2005;Dearmon,Grier,2009;Capie,2016)。

根据现有研究文献,经济制度所囊括的因素众多(Ogilvie,Carus,2014),本书无法一一予以剖析。但是,就目前而言,以 Hart、Moore 等学者为代表提出的不完全契约分析框架,已经得到普遍认可,研究成果也得到了广泛的应用。所以,本章将以这个分析框架为基础,重点从三个视角来探讨正式制度和非正式制度变迁与经济增长的长期关系,即社会信任、市场化改革和金融市场发展,为广大读者提供一个较为规范的分析框架。

---

① 本章参考吕朝凤等(2019)发表于《经济研究》的《社会信任、不完全契约与经济增长》、吕朝凤和朱丹丹(2016)发表于《管理世界》的《市场化改革会如何影响长期经济增长》、吕朝凤(2017)发表于《经济学(季刊)》的《金融发展、不完全契约与经济增长》三篇论文。

首先，就社会信任而言，早在20世纪70年代，著名经济学家Arrow已经注意到信任在一个国家经济发展中的重要作用。Arrow(1974)指出："信任是每一个市场交易的前提条件，信任的缺失可能是一个国家落后的根源。"Arrow的观点极具开创性。由于在当前这一个复杂而多变的社会经济中，我们不可能将所有与交易有关的商品和非商品因素囊括在契约中，即使能囊括，也不能对契约一一执行(North，1990；Hart，Moore，1990；Algan，Cahuc，2014)。此时，就需要以信任为核心的非正式制度因素发挥起"润滑剂"(lubricant)的作用(Andreoni，2005)。如果经济中缺少信任，那么市场交易就不能完成，资源会被"错配"，经济也会停滞(Granovetter，1995；Algan，Cahuc，2014)。因此，对于世界经济而言，信任是极其重要的。

进入21世纪，Durlauf和Fafchamps(2005)在*Handbook of Economic Growth*上发表的一篇关于探讨社会资本的论文中，首次对"信任"概念进行了总结，并指出"信任通常被理解为对其他个体行为的一个最高的期望和信念"，它既根源于对于经济主体特征、激励和教养的知识积累，也根源于经济个体间不断重复的交流行为(Fafchamps，2004)。信任的重要意义在于，"它能够通过如激励主体分享收益、停止针锋相对的敌意行为等方式而提高一个国家或社会的经济运行效率"。因此，与社会资本其他范畴如社会规范、网络和合作必须由特定范围的个体所形成不同，信任扎根于广阔的人类社会之中、作用于整个国家或地区经济运行，并且能够对前面这些非制度因素的形成产生重要影响。故而，社会信任的经济模型的构建有别于其他社会资本因素的模型的建构，这就为从理论上探讨社会信任与经济增长之间的关系带来了极大困难，也提出了新的要求。

其次，针对市场化改革而言，现有理论往往侧重于对市场化改革的改善"资源配置效率"功能进行考察(Sachs，Woo，1994；Naughton，2006)，鲜有文献注意到市场化改革的"市场发展功能"(Coase，Wang，2012)。相关的经验研究则停留在对市场化与经济增长关系的检验(如Selowsky，Martin，1997；Iradian，2009；等)，忽视了前者对后者的具体作用渠道(Coase，Wang，2012)。自1978年改革开放以来，中国政府始终坚持以建立现代市场经济制度为核心的改革开放路线，到目前为止，已经初步建立起一套比较完整的社会主义市场经济体制(习近平，2013)，当然也付出了巨大的改革成本(Coase，Wang，2012)。尽管许多著名经济学家通过从不同的角度对市场化改革与中国经济增长之间的关系进行考查(如：Sachs，Woo，1994；Stiglitz，1994；Naughton，2006；Chow，2007；等)，已经认识到市场化作为一种从计划经济向市场经济过渡的、可以充分发挥一国包括市场潜力在内的市场力量的制度安排，是除物质资本与人力资本之外决定转型国家技术进步和经济增长的主要因素之一(Dollar，1990；Sachs，Woo，1994；Stiglitz，1994；Tian，2001；樊纲 等，2003，2011；孙铮 等，2005；Naughton，2006；Chow，2007)。

"市场最为关键的优势在于信息的自由流动"(Hayek，1937)，市场化改革作为一种制度安排，其重要功能是通过信息自由流动，使企业观察到价格信号机制所反映的、行业发展真正的市场潜力与机会，降低中国企业所面临的"高得可怕"的信息成本(Coase，

Wang,2012),增进市场交易、提高生产效率,促进社会生产发展。以往有关市场潜力的文献也指出在相同外部环境条件下,市场潜力提高可以降低企业交易成本、增加受到正外部性可能性(Fujita et al.,1999;Hanson,2005),进而影响企业的选址与投资(Head,Mayer,2004),扩大生产专业化与技术创新,促进该行业的增长。在从计划到市场经济制度转型过程中,市场化改革的市场发展功能得以发挥,此时拥有自主经营权的私营企业会大量涌现(Bennett et al.,2007),相比作为计划经济主体的国有企业,这些企业能够比较容易地捕捉市场需求变动趋势,"先发制人"地将生产集中在高市场潜力行业或产品上(Coase,Wang,2012),促进生产专业化,提高生产效率(Alesina et al., 2000;Clemente et al.,2009),降低其所面临的长期交易成本,增加经济利润,进一步促进其技术创新与经济增长。因此,市场化改革可以通过扩大市场潜力对经济增长率的影响效应,而作用于经济增长。深刻地厘清这一机制,对于我们了解中国市场化改革的经济绩效是至关重要的。

最后,针对金融市场发展而言,经济学家通过借鉴金融学与制度经济学的最新研究,一直试图从不同角度建立金融发展与经济增长之间的联系。例如 King 和 Levine(1993a,1993b)开创性地将金融发展引入经济增长模型,提出:由于金融发展可以缓解企业创新中的融资需求与提高对新产品价值的准确评价(Schumpeter,1912),促进技术创新与扩散(Schumpeter,1912;Tadesse,2002),进而促进经济的长期增长。一些学者注意到,良好的金融体系不仅可以成为缓解融资约束的重要工具,还可能分散企业所面临的经济风险进而提高企业效率、促进经济增长,如 Obstfeld(1994)和 Levine(1997)等。Acemoglu 和 Zilibotti(1997)从这一角度,提出由于发展中国家的金融市场发展尚不充分,金融发展能够降低金融市场中证券融资的非系统性风险,扩大企业证券融资需求,提高其生产的持续性发展能力,从而促进短期增长(Dellas,Hess,2005)。然而,观察发现自 20 世纪 50 年代以来,世界经济普遍保持了 3%左右的长期经济增长率。Acemoglu 和 Zilibotti(1997)并不能对此进行解释,进而不能解释金融发展与一国长期增长之间的内在关系。

Murinde 和 Eng(1994)、Habibullah 和 Eng(2006)以 Shaw(1973)的债券中间品模型为基础,提出金融发展可以通过影响储蓄的投资转化效率及成本进而提高信贷资金使用效率以及社会资本分配效率(Greenwood et al.,2010),提高企业生产效率、促进长期增长。在储蓄向投资转化的过程中,金融信贷及其方式是十分重要的(Bose,Pereira,2004)。在经济发展初期,应该选择信贷配给来促进经济增长;到一定阶段后,应该选择理性合同来调节信贷以促进资本积累与经济发展(Blackburn et al.,2005)。因此,金融发展对经济增长的影响与其经济发展阶段是密不可分的(Bose,Pereira,2004;Blackburn et al.,2005)。与上述文献不同,Aghion 等(2005)以约瑟夫·熊彼特经济发展模型为基础,从信贷市场不完全角度探讨金融发展对长期经济增长的影响。他们认为,金融发展可以缓解企业创新时所面临的信贷约束,促进企业创新激励以及生产率提高,而后者正是长期经济增长的一个重要原因。然而,Aghion 等(2005)并没有对这一假设进行直接的检验,其正确性还有待进一步考察。毫无疑问,以上文献对金融发展与经济增长关系的理解具有重要的贡献。可以注意到,这些文献大都以完全契约假说为基础,集中于探讨金融发展与融资约束或者信贷约束缓解之间的关系,并没有考察在契约不完全的条件下金融发展与经济增长之间的内在关系。而后者正是我们理解金融发展重要作用的一个关键(谢平 等,2002)。

二、契约不完全框架与制度研究

缘何不完全契约模型在分析上述问题时会如此重要呢?其主要原因如下:

第一,契约不完全理论本身极其重要。国外学者对契约不完全的影响早已关注,如 Williamson(1985)、Grossman 和 Hart(1986)、Hart 和 Moore(1990)等提出由于契约的不完全性,事前进行专用性投资的企业在事后再谈判过程中会面临被"敲竹杠"(hold-up)的风险;Antràs(2005)和 Seidel(2015)指出契约不完全所导致的"敲竹杠"问题,会影响跨国公司的 FDI 决策与国际先进技术的扩散;Acemoglu 等(2007)、Amaral 和 Quintin(2015)发现在不完全契约的环境中,契约宽泛而良好的实施可以降低企业交易成本,促进资本积累和新技术的使用与扩散,增强一国的比较优势;Dow 和 Han(2015)结合资产定价模型,发现契约不完全将使供应商承担更大的经济风险,提高其中间品的风险溢价和资产价格泡沫出现的可能性,提升一个国家的经济风险水平;而 Aguirre(2017)结合内生增长模型,提出契约不完全是金融市场摩擦的重要根源,它使企业面临巨大的交易成本,最终抑制一个国家的技术创新与经济增长。

第二,契约执行会受到现实经济环境的约束。因为很难相信"复杂而难以证实"的不完全契约能够完美地自行实施(Hart,Moore,1990;杨瑞龙,卢周来,2004;Baliga,Sjöström,2009),抑或契约的制定是在一个信息充分的环境实现的,抑或契约的制定是在一个金融市场完全发达的环境实现的。由于在契约不完全经济中专用性投资的不可证实性,那么这些投资所带来的未来收益均不能准确确定,R&D 创新者在成功创新后所能够获得的收益自然也不能确定。在这种环境中,契约双方彼此之间的信任就成为促使契约实施的一种"润滑剂"(Andreoni,2005)。如果一国的社会信任水平越高,契约对方就越值得信任,企业实施资产专用性投资后面临被"敲竹杠"的可能性越小、获得收益的可能性则越大,其技术创新的动力自然就越强(Guiso et al.,2004)。可见,在不完全契约的条件下,引入社会信任,不仅可以深刻考察信任对经济增长的作用,而且可以更加深刻地理清契约不完全对技术创新的影响机理。

而信息不充分则要求一国政府不断地推动市场改革,以强化市场主体的良性竞争和实现信息的自由流动。因为"市场最为关键的优势在于信息的自由流动"(Hayek,1937),市场化改革作为一种制度安排,其重要功能正是通过信息自由流动使企业观察到价格信号机制所反映的、行业发展真正的市场潜力与机会，降低中国企业所面临的“高得可怕”的信息成本(Coase，Wang，2012)，增进市场交易、提高生产效率，促进社会生产发展。以往有关市场潜力的文献也指出在相同外部环境条件下，市场潜力的提高可以降低企业交易成本、增加受到正外部性影响的可能性(Fujita et al.，1999；Hanson，2005)，进而会影响企业的选址与投资(Head，Mayer，2004)，扩大生产专业化与技术创新，促进该行业的增长。在从计划经济到市场经济的转型过程中，市场化改革的市场发展功能得以发挥，此时拥有自主经营权的私营企业会大量涌现(Bennett et al.，2007)，相比作为计划经济主体的国有企业，这些企业能够比较容易地捕捉市场需求变动趋势，“先发制人”地将生产集中在高市场潜力行业或产品上(Coase，Wang，2012)，促进生产专业化，提高生产效率(Alesina et al.，2000；Clemente et al.，2009)，降低企业所面临的长期交易成本，增加经济利润，进一步促进其技术创新与经济增长。因此，市场化改革可以通过扩大市场潜力对经济增长率的影响效应，而作用于经济增长。

而金融市场不完全的出现，则要求一国政府不断地推动金融市场改革，以降低金融活动交易成本，提高市场经济运转效率。一些学者提出，金融发展通过为企业带来更多的融资机会、缓解企业的融资约束，降低企业对资金的需求程度，使企业更多地选择外包的生产模式。Macchiavello(2012)发现在信贷过程存在摩擦的条件下，金融发展可以通过缓解融资约束而影响企业垂直一体化分工决策，并促进企业对这一生产模式的选择。Amaral 和 Quintin(2005)证明了在资本市场存在契约不完全的条件下，契约的良好实施可以降低企业交易成本，促进资本积累与采用高效率技术，从而促进先进技术的扩散。Acemoglu 等(2007)则证明在内生技术选择的条件下，契约的宽泛实施会促进新技术的使用与扩散，增强一国的比较优势。因此，一个国家或地区的金融市场发展，能够通过影响以不完全契约为基础的市场交易而作用于其经济增长。

因此，利用不完全契约模型来架构正式制度或非正式制度与经济增长的关系，不仅具有较强的现实背景，而且具有很强的理论意义。本章将尝试从这一逻辑出发，来构建制度变迁与经济增长的理论框架，为读者更进一步理解二者之间的内在关系提供一个规范性的理论框架。

第二节 社会信任与经济增长

一、研究进展

(一)理论研究

在内生增长理论和社会经济学快速发展的推动下,越来越多的学者尝试考察社会信任与经济增长之间的关系,如何对信任进行定义也成为众口不一的研究话题。Zak 和 Knack(2001)采取以下核心思想定义信任:

$$H_t = 1 - \int_0^{\infty} e_t^{i*} \, \mathrm{d}\mu \tag{4-2-1}$$

式中,e_t^{i*} 代表代理人的努力程度。式(4-2-1)意味着信任是代理人花在生产而不是调查他们经纪人上的时间。这是一种经济范围的信任度量,之后的模型验证也遵循了这一策略。

现有的文献主要沿袭了以前类似社会网络和社会规范模型的构建方法,采用类似资本运动方程的方式来探讨信任及其函数对增长的影响,如 Bartolini 和 Bonatti(2008)、Akçomak 和 Weel(2009)、Agénor 和 Dinh(2015)。例如 Akçomak 和 Weel(2009)、Agénor 和 Dinh(2015)将社会资本运动方程设置如下:

$$k_{t+1}^{s} = \lambda (k_t)^{\mu} (k_t^{s})^{1-\mu} \tag{4-2-2}$$

式中,k_t^s 表示第 t 期的社会资本,k_t 表示社会平均物质资本,λ 代表其他参数。上式暗示,社会资本会像物质资本一样不断积累、增加。

然而,根据 Paxton(1999)的研究,很难想象信任会像资本一样无限增大,因此,这种处理方式存在着明显的逻辑缺陷。与 Agénor 和 Dinh(2015)不同,Akçomak 和 Weel(2009)通过调查欧盟社会资本、创新和人均收入增长之间的相互作用,认为社会资本通过促进创新间接影响人均收入增长。Agénor 和 Dinh(2015)将创新研究者的效用设置如下:

$$U_i = U(e_i, N^J, \rho_i, k_i) \tag{4-2-3}$$

其中,$e_i = 1$ 表示研究者为将想法变成生产性产出做出的努力,$e_i = 0$ 则表示未做出努力。N^J 表示 J 区域的社会关系网络发展程度,ρ_i 表示研究者的个人准则,k_i 则是抄袭的成本。通过以上表达式,Agénor 和 Dinh(2015)将创新和社会资本的关系方程设置如下:

$$E(Y_i)=(1-\pi^J)Y_H+\pi^J Y_L \geqslant rE_i \tag{4-2-4}$$

其中，E_i 表示投资者愿意为该创新项目所投资金额，Y_H 和 Y_L 分别表示研究者努力或不努力将想法转化成生产性知识时的总产出。该式意味着，社会资本是将思想转化为新知识的决定因素。

Putnam 和 Bowling(2000)提供有力的证据证明，与过去十年美国经济飞速发展相伴随的是社会信任程度的稳定下降。随后，Jayadev 和 Bowles(2006)将此现象解释为随着现代化进程而越来越明确的规范执行(regulatory implementation)性质的征兆。

最近，少数学者尝试将信任与合作相结合，利用合作博弈模型来说明信任对收益的影响，如 Ahlerup 等(2009)、尹希果和马大来(2012)、Algan 和 Cahuc(2014)、Balor 和 Serkin(2019)。其中尹希果和马大来(2012)运用博弈论方法，建立农民与企业合作经营土地的演化合作博弈模型，并据此构建了农民经营土地的收益函数：

$$U_1=\Delta E_1+a_1\Omega_1+b_1\Omega_1-c_1\Omega_1-t_1\Omega_1-(1-f_1)\delta_1 a_1\Omega_1 \tag{4-2-5}$$

其中，U_1 表示当农民和企业都采取合作策略时，农民的合作收益；ΔE_1 表示农民和企业不采取合作时，农民的土地收益；Ω_1 表示农民投入的土地、资金、技术和劳动力等生产要素的集合；a_1 表示农民的收益系数；b_1 表示农民进一步合作的意愿系数；c_1 表示农民的合作成本系数。由此可见，农民在合作经营中所获效用与收益系数、信任系数正相关。

Balov 和 Serkin(2019)将公民合作水平(公民团结起来解决该地区自身或社会问题的意愿)纳入影响经济发展的因素范畴中，并提出社会文化等要素对于经济的重要性不可忽视。

Cortinovis 等(2017)通过研究调查 2004—2012 年欧洲 118 个地区，发现制度，尤其是社会资本，对于地区多元化和新兴产业的进入十分重要。其模型的核心思想如下：

$$d_{i,c,t}=\left(\frac{\sum_k \varphi_{i,k,t}x_{k,c,t}}{\sum_k \varphi_{i,k,t}}\right) \tag{4-2-6}$$

其中，k 代表行业，t 代表年份，$\varphi_{i,k,t}$ 代表第 t 年行业 k 和 i 之间的接近度。$x_{k,c,t}$ 是一个虚拟变量，如果区域 c 在第 t 年专门从事行业 k，则取值为 1，这样，$d_{i,c,t}$ 衡量了第 t 年区域 c 中行业 i 周围的密度。Cortinovis 等(2017)的研究表明，牢固的联系不利于培养地区适应能力和推出新产品的能力，但地区专门从事新产业的概率与该地区的信任度和社会资本呈正相关关系。

Echebarria 和 Barrutia(2013)提出，与高水平社会资本相关的社会基础设施和网络关系，更容易调动当地资源。当行为者嵌入社会关系系统中时，知识只会更容易传播，他们构建了一个倒 U 型模型，其核心思想如下：

$$P_i=\alpha+\beta_1\,\mathrm{R\&D}_i+\beta_2\,\mathrm{SC}_i+\beta_3\,(\mathrm{SC}_i)^2+\beta_4\,\mathrm{IC}_i+\beta_5\,H-T_i+$$

$$\beta_6 (SC_i^* \ IC_i) + \beta_7 \ KS_i + \varepsilon_i \tag{4-2-7}$$

其中，被解释变量 P_i 表示每 100 万居民拥有的专利；解释变量 $R\&D_i$ 代表 PPS 的研发占国内生产总值的百分比，SC_i 为社会资本，IC_i 为智力资本，$H-T_i$ 代表高科技部门的存在，KS_i 代表知识溢出。结果印证了二人的假设——社会资本一直对专利数量有显著影响。

但是，利用合作博弈模型说明信任对收益的影响这种处理方式并不能构建起信任与经济增长的直接联系，更不能借助这一框架深入探讨信任对增长的影响效应及机制。事实上，正如 Arrow(1974)所强调的，作为“润滑剂”的信任对经济的重要作用体现为信任能促进市场交易的顺利完成，复杂且不完全的契约制度环境正是信任发挥这一作用的土壤。因此，要破解信任与增长之间的内在关系，引入不完全契约就显得极其关键。

(二)实证研究

在考察社会信用与经济增长关系的检验中，学者们采用的指标不一致，例如 Upriver 和 Schmitt-Grohe(2017)提出的产权指标(property rights)，DOH(2014)选用政府治理(government governance)指标探究社会资本(social capital)与经济发展之间的关系，Jottier 和 Heyndels(2012)将社会资本视为一种监督机制(supervisory mechanisms)，探究社会资本与社会成本之间的关系。

Zak 和 Knack(2001)采用了一个增长模型进行研究，研究表明信任度低的环境会降低投资率。他们针对不同国家的横截面进行了实证检验，其实证结果如下：

$$\frac{\text{Inv}}{\text{GDP}} = \underset{(3.649)}{15.599} + \underset{(0.347)}{1.990}\text{GDP} + \underset{(0.453)}{0.544}\text{SA} - \underset{(0.024)}{0.136}\text{PIG} + \underset{(0.079)}{0.323}T \tag{4-2-8}$$

其中，$\frac{\text{Inv}}{\text{GDP}}$意味着投资占 GDP 的比例。GDP 代表一个国家的人均 GDP(GDP per capital)；SA 代表入学率(schooling attainment)；PIG 代表投资品价格(price of investment goods)；T 代表信任度(trust)。式(4-2-8)括号内是相应估计系数的稳健性标准误。这意味着，投资占国民生产总值的比例与信任之间存在显著正相关关系，即信任度低的环境会降低投资的比例。

Upriver 和 Schmitt-Grohe(2017)认为，社会资本对经济发展的影响可能是通过影响产权来实现的。他们选取了人均实际 GDP 增长、教育程度(以中学衡量为标准，15 岁及以上人口)、政府消费(占 GDP 总量百分比)和城市人口(占总人口的百分比)作为控制变量。因为这些控制变量已被证实对用产权衡量的制度质量有显著影响，因此，通过控制以上变量，可以控制遗漏变量对产权的影响，即社会资本和政治制度的估计系数将真正反映他们对产权的影响。Upriver 和 Schmitt-Grohe(2017)的实证结果如下：

$$\mathrm{pr}_{it} = 0.464 - 0.037\,\mathrm{sc}_{it-1} - 0.012\,\mathrm{pol}_{it-1} - 0.024\mathrm{EA} + 0.076\mathrm{GC} + 0.110\mathrm{UP}$$

$$\quad(4.55)\quad(0.031)\qquad(0.12)\qquad(0.038)\quad(0.069)\quad(0.076) \tag{4-2-9}$$

其中，sc_{it-1} 表示滞后一时期的社会资本变量，pol_{it-1} 表示滞后一时期的政治制度指数，EA 为教育可获得性，GC 表示政府消费，UP 表示城市人口。式(4-2-9)括号内是相应估计系数的稳健性标准误。结果显示，社会资本对经济增长可能没有直接影响，但是它通过产权渠道产生了间接影响，或者相较于直接影响，它通过产权渠道产生的间接影响大很多。

Anable(2015)选取人均 GDP、个人实物资本、公共投资、人口等作为变量，用下式表示经济增长与各影响因素之间的关系：

$$\begin{aligned}\mathrm{CGDP} = {} & 6.675 - 0.978\,\mathrm{GDP}_0 - 0.185\mathrm{NGS} + 0.125\mathrm{PRPK} - \\ & (1.438)(0.167)\qquad(0.075)\qquad(0.015) \\ & 0.106\mathrm{PLPK} + 1.019\mathrm{HKZ} + 0.029\mathrm{SK} \\ & (0.033)\qquad(0.173)\qquad(0.010)\end{aligned} \tag{4-2-10}$$

其中，经济增长速度(CGDP)用期末和期初人均实际收入的对数之差来衡量，GDP_0 为期初实际人均收入，NGS 表示人口增长，PRPK 和 PLPK 分别表示私人实物资本投资和公共实物资本投资，HKZ 表示以劳动人口受教育的平均年数来衡量的人力资本，SK 表示人均社会资本。式(4-2-10)括号内为相应估计系数的稳健性标准误。

DOH(2014)通过横截面数据研究社会资本与经济增长的关系发现，社会资本和政府治理质量之间存在交互影响。结果显示，拥有高水平社会资本和高质量经济发展的国家表现出更高的政府质量，这是由政府效率、法制、公平性、专业性和政府质量指数衡量的。其实证检验结果如下：

$$\begin{aligned}\mathrm{QOG} = {} & -4.2599 + 0.0817\mathrm{SC} + 0.3062\mathrm{ED} + 0.0188\mathrm{SC} * \mathrm{ED} - \\ & (-1.06)\quad(3.47)\qquad(0.61)\qquad(2.95) \\ & 0.0040\sum\nolimits_{k=1}^{n} E_k + 0.0246 S_L \\ & (-1.43)\qquad\qquad(0.7)\end{aligned} \tag{4-2-11}$$

其中，QOG 代表政府效率，SC 代表社会资本，ED 代表经济发展，$SC * ED$ 代表社会资本和经济发展的交互项，E_k 代表税率，S_L 代表人口。式(4-2-11)括号内是相应估计系数的稳健性标准误对应的 T 值。实证结果显示，社会资本和经济增长质量均对政府效率有正向影响。

另一方面，Jottier 和 Heyndels(2012)指出，社会资本作为投票机制的一种工具主要体现为政府问责和民众监督机制。通过社会规范，社会资本有效降低了机会主义和官员的寻租倾向，减少了社会管理与监督的成本。其实证检验结果如下：

$$V_{2006}=11.38+0.78V_{2000}+2.71QUAL+2.00SC+1.15SC*QUAL \quad (4\text{-}2\text{-}12)$$
$$(3.02)\ (11.88)\ \ (4.89)\ \ (3.37)\ \ (1.98)$$

其中，V_t代表现任政府在 t 年的得票率，QUAL 用来衡量政府表现，SC 代表社会资本，$SC*QUAL$ 为社会资本与政府表现衡量指标的交互项。式(4-2-12)括号内是相应估计系数的稳健性标准误对应的 T 值。实证结果显示，社会资本与政府绩效之间存在正向关系，社会资本通过影响选举决策来强化政府的政治责任。更具体地说，社会资本为公民提供了激励，公民通过投票使得未来政策更符合他们的偏好。

在如何衡量地区信任水平的指标问题上，Dong 等(2018)利用企业经营的诚信社会环境指数作为衡量地区信任水平的指标，利用该指标测量中国企业不当行为与社会信任水平之间的关系。其实证检验结果如下：

$$\begin{aligned} MISCDT= & 1.468-2.74STRUST-0.116MEDIA-0.357SOE-0.865SHRCR1- \\ & (1.17)\ (-0.70)\ \ (-1.69)\ \ (-3.76)\ \ (-3.05) \\ & 1.288INDEP+0.240DUAL-0.514BIG4-3.156ROA+0.501LEV+ \\ & (-1.55)\ \ (2.54)\ \ (-1.99)\ \ (-6.17)\ \ (2.95) \\ & 0.023MB-0.294SIZE \\ & (2.53)\ \ (-1.65) \end{aligned} \quad (4\text{-}2\text{-}13)$$

其中，MISCDT 为被解释变量，如果该公司被中国证监会报告有不当行为，则取值为 1，否则取值为 0；STRUST 代表该企业所在城市的社会信任水平，为该模型的核心解释变量；MEDIA 代表媒体报道；SOE 代表国有企业地位；SHRCR1 代表最大股东所有权；INDEP 代表独立董事比例；DUAL 代表董事长和 CEO 的双重性，BIG4 代表四大会计师事务所；ROA 代表资产回报率；LEV 代表杠杆率；MB 代表市盈率；SIZE 代表公司总资产规模。式(4-2-13)括号内是相应估计系数的稳健性标准误对应的 T 值。实证结果显示，更高的社会信任水平将减少企业不当行为。

此外，部分学者致力于研究社会资本如何影响创新，创新又如何影响经济发展。其中，Suseno 和 Standing(2017)认为人力资本和社会资本都对国家创新有显著影响，而创新的增加又能促进经济的发展。他们采用如下表达式表述社会资本和创新关系：

$$Y_i=0.2+0.39X_1+0.5X_2-0.227X_3 \quad (4\text{-}2\text{-}14)$$
$$(2.191)\ (3.12)\ \ (3.98)\ \ (-1.438)$$

其中，Y_i 表示国民创新表现，X_1 表示人力资本，X_2 表示社会资本，X_3 表示人力资本和社会资本的乘积。式(4-2-14)括号内是相应估计系数的稳健性标准误对应的 T 值。

本节基于不完全契约分析框架，从理论上阐述社会信任影响经济增长的微观机制。现有文献指出，社会信任有助于提高复杂契约的执行效率，降低企业的交易成本，进而促进市场交易。同时，与完全契约相比，企业间的不完全契约更为复杂，通常导致资产专用性投资收益的不确定性和实施资产专用性投资的企业面临严重的“敲竹杠”问题。

这就特别需要社会企业间建立起良好的诚信关系，对于那些较多涉及资产专用性投资的契约密集型产业（contract-intensive industry）而言更是如此。因此，社会信任可以保证契约密集型行业中的企业有效地进行关系专用性（relationship-specificity）交易，降低其交易成本，提高其经济利润，从而促进该地区的技术创新，促进其长期增长。

接下来，我们对吕朝凤（2019）构建的理论模型和实证过程进行详细介绍。

二、理论模型的构建

（一）居民

假设经济是由无限期生存、无弹性的供给单位劳动的个体组成。其代表性个体的效用函数如下：

$$U=\int_0^{\infty} e^{-\rho t}\,\frac{(c_t)^{1-\sigma}-1}{1-\sigma}\mathrm{d}t\,;0<\sigma<1,0<\rho \tag{4-2-15}$$

其中，c_t 表示第 t 期的消费，σ 是消费跨时替代弹性的倒数，ρ 是主观贴现率。

给定代表性个体的预算方程为：

$$\eta\dot{n}_t=W_t+\eta n_t(r_t-l(L_t))+\Gamma_t-c_t \tag{4-2-16}$$

其中，r_t 表示第 t 期的利率水平，η 为创新成本，n_t 为人均中间品种类数量，Γ_t 为红利，W_t 为工资，l 为人口增长率。[①] 给定 l 的变动方程如下：

$$l_t=\dot{L}_t/L_t=a-bL_t\,;a>b>0 \tag{4-2-17}$$

其中，L_t 代表这一经济的总人口。上式也被称为 Verhulst 方程，它表明人口增长率随总人口增长不断递减，总人口的变化呈倒 S 形曲线演化。由式（4-2-15）可得最优的消费增长率：

$$g_t=\frac{\dot{c}}{c}=\frac{1}{\sigma}(r_t-\rho-a+bL_t) \tag{4-2-18}$$

上式表明，利率和跨时替代弹性越高、贴现率越低，消费增长越快。总人口对经济增长率有正影响，且呈倒 S 形曲线演化，因此该模型呈现收敛趋势，可以克服传统 AK 模型中规模递增缺陷。

（二）最终产品生产

参考 Acemoglu 等（2007）的研究，给定厂商投入中间品 $x_{i,t}$ $(i\in I=[0,N_t])$ 和

---

① 通过对居民净收入与经济净产品之间、居民投资与科研花费之间均衡关系的转换，可以将居民个体的预算约束表达为资产的形式，对这一问题的详细探讨可参见 Garner（2010）。

从市场完全的劳动力市场中雇佣劳动力 L_t 用于最终产品生产。[①] 其生产函数为 C-D 形式：

$$Y_t = A L_t^{1-\alpha}\left[\int_0^{N_t} x_{it}^{\alpha} \mathrm{d}i\right]; 1 > \alpha > 0 \tag{4-2-19}$$

其中，A 为外生参数。式(4-2-19)表明 N_t 种中间品间存在彼此替代的关系。假设存在两类中间品：第一类中间品 $x_{it}(i \in (\chi_t, N_t])$ 是可观察、可证实的，可以签订完全契约，制造商可以直接在市场中购买；第二类中间品 $x_{it}(i \in [0, \chi_t])$ 是不可观察、不可证实的，只能通过事后讨价还价谈判来确定收益，它们由进行了资产专用性投资的中间品供应商提供。$\bar{\chi} = \chi_t / N_t$，表示所有中间品中属于不完全契约中间品 $x_{it}(i \in [0, \chi_t])$ 的比例。故而代表 $x_{it}(i \in [0, \chi_t])$ 投入密集度的 $\bar{\chi}$ 也就可以理解为 Y_t 的契约密集度(Acemoglu et al.，2007)。$\bar{\chi}$ 越大，表明产品 Y_t 中间品投入中不可签约部分越大。本部分参考 Hart、Moore 等学者的研究，采用 Nash-Rubinstein 讨价还价来刻画制造商与中间品供应商双方之间的谈判过程，该过程包括三个阶段。

阶段 1：双方签订契约。由于 $x_{it}(i \in [0, \chi_t])$ 为不可签约的，因此契约中只能规定劳动力 L_t、中间资本品 $x_{it}(i \in (\chi_t, N_t])$ 的投入数量以及企业对中间品供应商的一次性(事前)支付 T_t。[②]

阶段 2：企业将 $x_{it}(i \in [0, \chi_t])$、$x_{it}(i \in (\chi_t, N_t])$ 和 L_t 投入生产。

阶段 3：企业出售产品，获得总收益 Y_t。由于 $x_{it}(i \in [0, \chi_t])$ 是不可签约的，双方将通过纳什讨价还价(Nash bargaining)划分 Y_t。双方的讨价还价能力、偏好都是对称的，并且赋予供应商交易终止权。

满足上述三个阶段均衡的对称子博弈完美均衡(SSPE 均衡)求解如下：

首先，确定事后收益分配规则。由于契约的不完全性和复杂性，参考 Bloom 等(2012)的研究，假设在交易过程中，制造商必须正确地解决 $F(\varphi)$ 份额的交易问题、供应商解决 $1-F(\varphi)$ 的问题，从而使(由供应商所指定的)第三方能够以概率 φ 实证投入 $x_{it}(i \in [0, \chi_t])$；相反，如果供应商认为有交易问题未能正确解决，则立即终止交易。交易完成后，本部分参照 Acemoglu 等(2007)的研究，假设如果投入 $x_{it}(i \in [0, \chi_t])$ 被第三方证实，则供应商得到所有收益($Y_t^m = Y_t - T_t - W_t L_t - \int_{\chi_t}^{N_t} P_{it} x_{it} \mathrm{d}i$)；如果 x_{it}(i

① 实际上，在劳动力市场中也存在着契约不完全情况，但基于以下两个原因：一是，学术界普遍认为因为中间品生产过程中投资专用性而产生的"敲竹杠"问题是产生不完全契约的重要根源，如 North (1990)、Antràs(2005)和 Ottaviano 和 Turrini(2007)等；二是，从合同的角度看绝大数的劳动合同都属于事前合同，与本章讨论的因投资专用性而不能签订事前合同的契约不完全并不一致。本章参考 Antràs (2005)、Ottaviano 和 Turrini(2007)的研究，在劳动力市场完全竞争假设条件下，将研究的重点放在部分中间品生产过程中由于资产专用性投资而产生的不完全契约问题上。

② T 是指期末时中间品供应商实际得到的事前支付，可能是正的，也可能是负的。对此问题的进一步探讨，可参见 Acemoglu 等(2007)。

$\in [0,\chi_t]$）不能被第三方证实，那么双方通过 Nash 讨价还价结果来进行划分收益。由此可得中间品供应商在事后获得的预期收益 Y_t^m 和利润 π_t^m 分别为：

$$\begin{aligned} R_t^m &= [F(\varphi)\lambda + (1 - F(\varphi))]\varphi Y_t^m - C(\varphi) - \psi_t \\ &= [(F\lambda + 1 - F)\varphi - \widetilde{C}(\varphi)] \times Y_t^m - \psi_t ; \varphi = (1 + \phi)/2 \end{aligned} \tag{4-2-20}$$

$$\pi_t^m = R_t^m + T_t - \int_{\chi_t}^{N_t} P_{it} x_{it} \, di \tag{4-2-21}$$

其中，λ 为企业能够正确解决问题的概率，它反映了供应商对制造商的信任水平（Bloom et al.，2012）。即如果 $\lambda = 1$，则制造商是被信任的，能够完全正确地解决交易问题，因而交易能够顺利完成。$\widetilde{C}(\varphi)$ 为供应商的单位交易成本，给定其服从 $\widetilde{C} = F(\varphi)^2/2$。为了简化，本部分给定制造商需要解决的交易问题份额 $F(\varphi) = \varphi$。ψ_t 为中间品供应商的沉没成本。基于式（4-2-20）、式（4-2-21），中间品供应商利润最大化的一阶条件如下：

$$[(F\lambda + 1 - F)\varphi - \widetilde{C}]\alpha A L_t^{(1-\alpha)} K_{mt}^{(\alpha-1)} = P_{mt}, \varphi = \frac{\lambda}{2}\frac{1}{2-\lambda}; m \in [0,\chi_t] \tag{4-2-22}$$

式（4-2-22）表明在契约不完全的条件下，由于中间品 x_{it}（$i \in [0,\chi_t]$）是不可观察与契约不完全的，其边际价格不同于完全市场中的边际成本定价公式；而社会信任水平的上升会提高内生的概率 φ。根据 Acemoglu 等（2007）的研究，后者可以被理解为契约执行效率。

其次，制造商将劳动力 L_t、中间资本品 x_{it}（$i \in [0,\chi_t]$）和 x_{jt}（$j \in (\chi_t, N_t]$）投入生产，获得如下产出：

$$Y_t = Y_t(x_{it}, i \in \mathrm{I}, L_t) = A L_t^{1-\alpha} \left[\int_0^{N_t} x_{it}^{\alpha} \, di\right] \tag{4-2-23}$$

再次，中间品供应商的（参与）约束为：

$$R_t^m + T_t \geqslant \int_0^{\chi_t} P_{it} x_{it} \, di \tag{4-2-24}$$

最后，企业与供应商签订协议，规定 x_{it}（$i \in (\chi_t, N_t]$）、L_t 和 T_t 投入数量，以实现利润最大化，即：

$$\underset{L_t, x_{it}, i \in (\chi_t, N_t], T}{\mathrm{Max}} \ \pi_t = Y_t(x_{it}, i \in \mathrm{I}, L_t) - W_t L_t - R_t^m - T_t - \int_{\chi_t}^{N_t} P_{it} x_{it} \, di \tag{4-2-25}$$

由式（4-2-20）、（4-2-24）可得：

$$\frac{(1-\alpha)Y_t(x_{it}, i \in \mathrm{I}, L_t)}{L_t} = W_t, \alpha A L_t^{(1-\alpha)} x_{it}^{(\alpha-1)} = P_{it}, i \in (\chi_t, N_t],$$

$$\frac{16-8\lambda}{8-4\lambda-\lambda^2}\psi_t = T_t \tag{4-2-26}$$

式(4-2-26)表明由于中间品 $x_{it}(i\in(\chi_t,N_t])$ 是可观察与契约完全的，其边际价格与完全市场中标准的边际成本定价公式完全相同；T_t 由供应商在交易过程中所面临的沉没成本所决定，而地区企业间的彼此互信会提高企业的支付水平。

在给定 $\{P_{it},i\in \mathrm{I};W_t\}$ 的条件下，同时满足式(4-2-20)、式(4-2-22)～(4-2-24)的内生变量 $\{x_{it},i\in[0,\chi_t];x_{jt},j\in(\chi_t,N_t];W_t;L_t;T_t;\varphi\}$ 即是上述模型的 SSPE 均衡解。

另外，假设通过红利分配的方式，竞争性企业在均衡处将剩余利润分配给其债券持有者，即：

$$\bar{\pi}_t=\frac{1}{2}\left(1-\frac{\lambda^2}{8-4\lambda}\right)\alpha A\,L_t{}^{1-\alpha}\int_0^{\chi_t}x_{it}^{\alpha}\,\mathrm{d}i-\psi_t=\bar{\Gamma}_t T \tag{4-2-27}$$

由此可得厂商的均衡解为：SSPE 均衡解加上红利 $\{\Gamma_t=\bar{\Gamma}_t T/L_t\}$ 。

(三)中间品生产和 R&D 创新

假设中间品 i 的发明者拥有生产和销售中间品 x_i 的垄断权(Tsoukis，Miller，2008)。其生产函数是线性的，成本为边际成本 1。假设中间品在发明和生产过程中，面临着不确定性与信息不对称。

参照 Bolton 和 Dewatripont(2004)，给定其为可签约或不可签约中间品的概率密度，在 $[0,N_t]$ 上服从连续分布。可得，对于任一中间品 $x_{it}(i\in \mathrm{I})$ ，中间商发明后可获得报酬的现值期望为：

$$\max_{x_{iv},i\in \mathrm{I},v\in(t,\infty)} V_t=\int_t^{\infty}\frac{1}{N_t}\Big(\int_0^{\chi_t}P_{iv}x_{iv}-x_{iv}\,\mathrm{d}i+\int_{\chi_t}^{N_t}P_{jv}x_{jv}-x_{jv}\,\mathrm{d}j\Big)e^{-\bar{r}(v,t)\times(v-t)}\,\mathrm{d}v \tag{4-2-28}$$

其中 $\bar{r}(v,t)=[1/(v-t)]\int_t^v \bar{r}(v,t)\mathrm{d}v$ 。可得在 v 期的利润最大化条件为：

$$\alpha\alpha\ \frac{1}{2}\left(1+\frac{\lambda^2}{2-\lambda}\ \frac{1}{4}\right)A\,L_v{}^{(1-\alpha)}x_{iv}^{(\alpha-1)}=1;i\in[0,\chi_t] \tag{4-2-29}$$

$$\alpha\alpha A\,L_v{}^{(1-\alpha)}x_{jv}^{(\alpha-1)}=1;j\in(\chi_t,N_t] \tag{4-2-30}$$

式(4-2-29)表明 λ 越大或社会信任水平越高，$x_{iv}(i\in[0,\chi_t])$ 越大，即信任程度提高可以扩大中间品 $x_{iv}(i\in[0,\chi_t])$ 生产。利用式(4-2-29)、式(4-2-30)和对称性，可得最优解 $x_{iv}^*(i\in[0,N_t],v\in[t,\infty])$。发明者的期望净现值为：

$$V_t=(1-\alpha)(\alpha)^{\frac{1+\alpha}{1-\alpha}}(A)^{\frac{1}{1-\alpha}}\left[(1-\bar{\chi})+\bar{\chi}\ \frac{1}{2}\left(1+\frac{\lambda^2}{2-\lambda}\ \frac{1}{4}\right)\right]\int_t^{\infty}L_v e^{-\bar{r}(v,t)\times(v-t)}\,\mathrm{d}v \tag{4-2-31}$$

式(4-2-31)表明，社会信任水平越高，中间品供应商的创新收益越大，其技术创新激励也越大。假设发明者是自由进入的(Tsoukis,Miller,2008),个体均可支付 R&D 成本 η 而获得净期望现值——式(4-2-28)。由此,结合式(4-2-17),在均衡处可得:

$$r_t = \frac{1-\alpha}{\eta}(\alpha)^{\frac{1+\alpha}{1-\alpha}}(A)^{\frac{1}{1-\alpha}}\left[(1-\bar{\chi})+\bar{\chi}\,\frac{1}{2}\left(1+\frac{\lambda^2}{2-\lambda}\,\frac{1}{4}\right)\right]L_t \qquad (4\text{-}2\text{-}32)$$

结合式(4-2-32),对式(4-2-18)求偏导数,可得如下两个命题。

命题 1: $\partial g/\partial\lambda > 0$,即社会信任水平 λ 越高,经济增长率越高。

这一命题表明,一个国家或地区的社会信任水平越高,经济增长越快。其经济学解释是:在契约不完全的经济中,较高社会信任水平的地区能够提高中间品供应商在进行复杂的、需要第三方参与的不完全契约交易过程中契约执行的效率,从而缓解它们在进行关系专用性投资时所面临的交易成本,提高市场中的中间品交易,激励它们进行更多的 R&D 技术创新,从而促进地区的经济增长。

命题 2: $\partial^2 g/\partial\lambda\partial\bar{\chi} > 0$,即契约密集度 $\bar{\chi}$ 越高,社会信任水平对经济增长率的影响越大。

命题 2 表明,一个地区的社会信任水平越高,不但经济增长越快,而且其契约密集型的行业会拥有更大的增长优势。其基本含义是:在契约不完全存在时,一个行业的密集度越高,则在生产中必须签订不完全契约的、需要第三方参与的部分越多,该行业对地区社会信任水平的反应越敏感。因此,契约密集型行业在社会信任水平较高的地区,将具有更高的经济增长率。

三、理论检验

(一)计量模型

吕朝凤等(2019)参照 Rajan 和 Zingales(1998)、Eichengreen 等(2011)的研究,采用行业特征和地区特征的交互项作为关键解释变量。该方法在跨国契约制度与比较优势、R&D 投资、金融发展与产业增长、人力资本或劳动力保护与产业增长的研究中已获得广泛应用(如 Nunn,2007;Ciccone,Papaioannou,2009;Seitz,Watzinger,2017)。吕朝凤等(2019)的计量模型设定如下:

$$g_{ic} = \beta_i + \beta_c + \beta_1 z_i\lambda_c + \Gamma' X_{ic} + \varepsilon \qquad (4\text{-}2\text{-}33)$$

其中,i 和 c 分别代表行业和地区;g_{ic} 为地区行业的经济增长率,测度公式为 $g_{ic} = (\ln Y_{i,c}^t - \ln Y_{i,c}^0)/t$,$Y_{i,c}^t$ 为第 t 期 c 地区 i 行业的实际 GDP;$\ln Y_{i,c}^0$ 为期初的实际 GDP$Y_{i,c}^0$ 的对数;z_i 表示行业 i 的契约密集度;λ_c 为地区 c 的社会信任水平;其他控制变量则由 X_{ic} 代表;ε 为误差项;β_i、β_c 分别代表行业、地区的固定效应。模型焦点是社会信任水平与契约密集度的交互项($z_i\lambda_c$)的估计系数 β_1。若 β_1 显著为正,则表示契约密集行业在社会信任水平高的地区相对增长更快,从而通过各个行业在契约密集程度上的差异，地区间的社会信任水平差异转化为产业的增长率差异，社会信任具有“增长效应”。[①] 这就同时验证了前面的两个主要结论。

（二）变量测度

1.社会信任水平

针对社会信任水平 λ_c，吕朝凤等(2019)采用张维迎和柯荣住(2002)对中国 31 个省(市)社会信任程度的调查结果，并用他们估算出的地区社会信任指数对数来近似度量各省(市)的实际社会信任水平($R\lambda_c$)。这一结果源自张维迎和柯荣住(2002)对 15000 多家公司的详细问卷调查。在调查中，张维迎和柯荣住将有关信任的问题设计为：“根据您的经验，您认为哪五个地区的企业比较守信用(按顺序排列)?”考虑到上述指数的相对性特征，并基于 Hall 和 Jones(1999)的研究，吕朝凤等(2019)进一步构建了各省(市)社会信任水平的(横向)相对指数，即：

$$\lambda_c = R\lambda_c / \mathrm{Max}\{R\lambda_c\} \tag{4-2-34}$$

2.契约密集度

Nunn(2007)提出了一个计算一国工业行业契约密集度 z_i 的公式，具体为：$z_i = \sum_j \theta_{ij} R_j^{neither}$，其中 $\theta_{ij} = F_{ij}/F_i$，F_{ij} 表示行业 j 在行业 i 中的投入量，$F_i = \sum_j F_{ij}$ 是行业 i 总的投入量。R_j^{neither} 是行业 j 中既非“机构交易产品”(organized exchanges)也没有“参考价格”(reference price)产品所占比重，这个比重越大，表明行业 j 的市场越“薄”，涉及不完全契约的关系专用性交易越密集(Nunn，2007)。因此，该指数可以理解为行业 i 所面临的不完全契约密集程度。Nunn(2007)利用美国工业行业数据，具体估算出了美国 381 个行业的契约密集度指数。

虽然利用中国投入产出表可以计算 F_{ij} 和 F_c，但是中国当前缺少对 R_j^{neither} 的统计数据，无法测算出 z_i。因此，吕朝凤等(2019)采用 Nunn(2007)所整理的美国工业行业契约密集度，并依照中国国民工业行业分类进行了相应的调整。

（三）数据说明

吕朝凤等(2019)选取的 2000—2010 年中国各省各行业工业数据，包括总产值、增加值、企业数量、从业人口等，来自《中国工业经济统计年鉴》。[②] 基于数据可得性，吕朝

---

① 需要注意的是，该模型是“双差分法”估计的一个变形，系数 β_1 揭示的并不是地区金融发展和产业 FDI 之间的线性关系。

② 为了进一步增强计量结论的稳健性，吕朝凤等(2019)在稳健性检验中，采用 2002 年、2012 年的中国地区投入产出表公布的地区工业行业增加值数据，对采用这一数据的计量结论进行稳健性检验。值得一提的是，他们之所以没有将中国地区投入产出表公布的地区工业行业增加值数据作为主要研究对象，其原因在于这一数据只包含 21 个工业行业，并且结合契约密集度指标，可用的只有 19 个工业行业，远远小于中国工业经济统计年鉴公布的 27 个工业行业，并且有 25 个行业可用。为了进一步增强计量结论的稳健性，他们在后文的稳健性检验中，还采用 2000 年、2007 年中国地区行业增加值数据，对采用这一数据的计量结论进行稳健性检验。

凤等采用的样本为 31 个省(市)的数据,采用工业总产值替代工业产出,采用的折算指标是相应年份的《中国统计年鉴》公布的 PPI 指数。中国各省(市)的社会信任指数,来自张维迎和柯荣住(2002),参考《中国工业统计年鉴》中对于行业的划分标准来选取行业变量。为了匹配 Nunn(2007)所整理的契约密集度数据,吕朝凤等(2019)选取 2000 年《中国工业统计年鉴》公布的 25 个行业作为研究对象。[①] 表 4-2-1 为各个变量的统计特征。

表 4-2-1　各变量的描述统计

变量	变量含义	样本量	均值	最大值	最小值	标准差
g_{ic}	经济增长率	734	0.177	0.864	−0.426	0.104
z_i	契约密集度	27	0.421	0.864	0.068	0.222
λ_c	社会信任水平	31	0.551	1.000	0.184	0.208

(四)实证结果

1.初步观测

在正式计量检验前,吕朝凤等利用 2000—2010 年间各省(市)的工业增长率、工业行业增长率以及社会信任水平数据,先从总量角度大致观察社会信任与增长之间的关系(见图 4-2-1 和图 4-2-2)。显然,社会信任水平与经济增长率之间均呈现出明显的正相关关系,即一个地区的社会信任水平较高,其经济增长率也较高,并且所对应的高低契约密集度行业产出增长率的差距值也相对较高。这与理论模型的两个推论是一致的。

2.初步回归和两阶段最小二乘法回归结果

表 4-2-2(Ⅰ)中组合(1)为不考虑其他控制变量的回归结果;表 4-2-2(Ⅰ)中组合(2)是加入其他所有控制变量之后得到的回归结果。结果表明,社会信任水平和契约密集度的交互项显著为正并且在 5%水平上显著,表明对于契约密集型行业,工业企业在高社会信任水平地区进行关系型交易时所签订的不完全契约会拥有较高的执行效率,面临的交易成本较低,市场交易扩大,促进了地区长期经济增长,社会信任对省区经济具有“增长效应”。

内生性会导致上面的 OLS 估计出现严重偏倚,即回归结果的有偏性和非一致性。社会信任水平可能导致内生性问题:一方面,经济发展所带来的包括社会规范和社会网络在内的社会变迁,可能会对居民关系网络产生重要影响;另一方面,遗漏变量可能导

① 具体的行业如下:煤炭开采和洗涤业,石油和天然气开采业,黑色金属矿采选业,有色金属矿采选业,农副食品加工业,食品制造业,饮料制造业,烟草制品业,纺织业,造纸及纸制品业,石油加工、炼焦及核燃料加工业,化学原料及化学制品制造业,医药制造业,化学纤维制造业,非金属矿物制品业,黑色金属冶炼及压延加工业,有色金属冶炼及压延加工业,金属制品业,通用设备制造业,专用设备制造业,交通运输设备制造业,电气机械及器材制造业,通信设备、计算机及其他电子设备制造业,仪器仪表及文化、办公用机械制造业,以及电力、热力的生产和供应业。

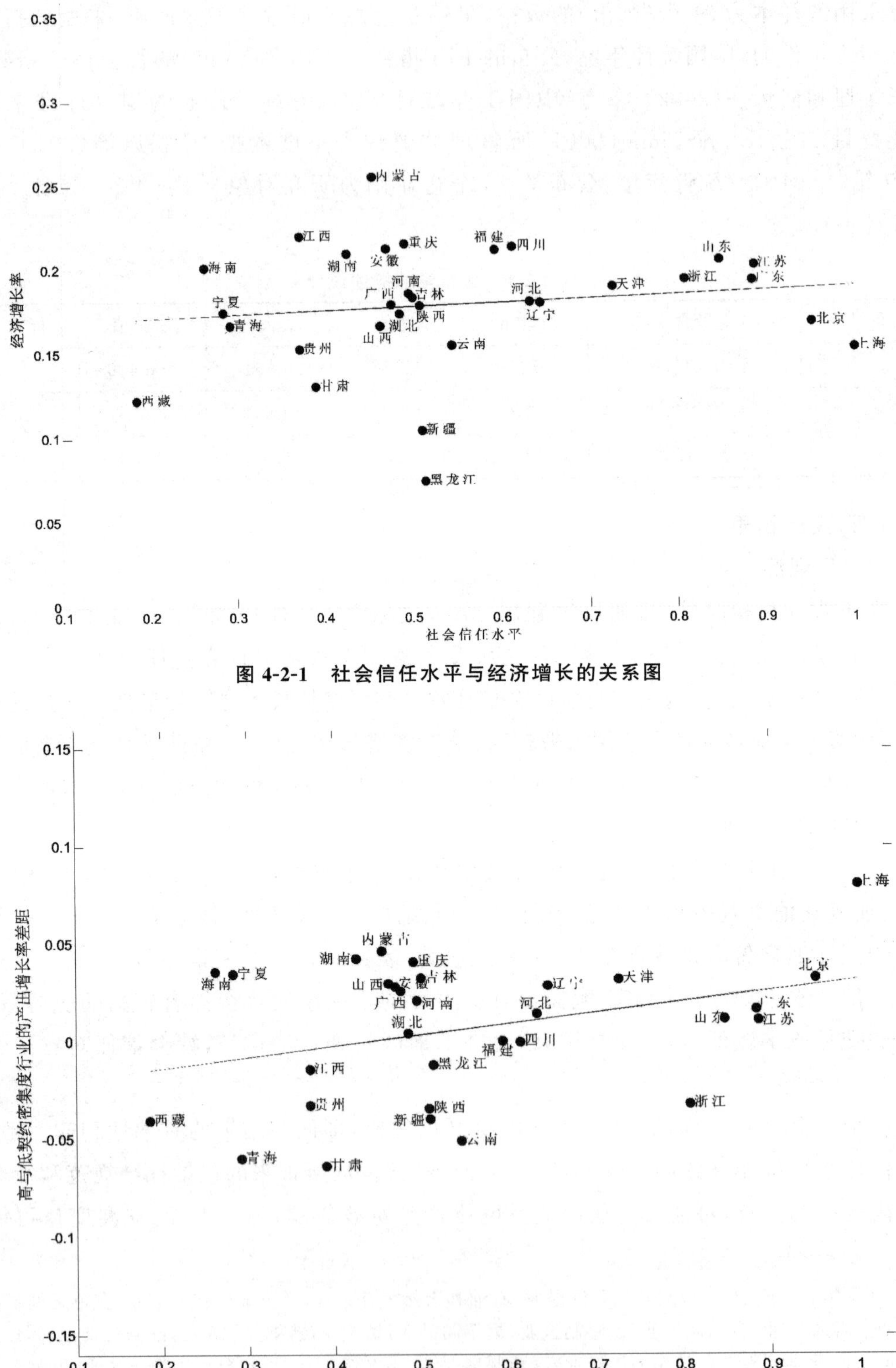

图 4-2-1　社会信任水平与经济增长的关系图

图 4-2-2　社会信任与高和低契约密集度行业增长率差距的关系图

致内生性问题。学者们通常采用工具变量法解决内生性问题。吕朝凤等(2019)采用20世纪初中国各省区基督教初级教会小学注册学生数($CLPS_c$)、各省(市)1937年公路网密度(RI_c)作为工具变量来克服社会信任的内生性问题。

对社会信任水平的Durbin-Wu-Hausman(D-W-H)检验拒绝"该变量是外生"原假设。① 当然,采用两阶段最小二乘(two stage least square,TSLS)来克服内生性问题这一方法的合理性,还需要确保工具变量满足弱识别、识别不足和过度识别检验,②它们所分别对应的Kleibergen和Paap rk LM、Kleibergen和Paap rk Wald F、Hansen J统计量的统计值及相伴概率见表4-2-2(Ⅱ)。检验结果表明,工具变量严格外生,与内生变量高度相关,是强工具变量,能够有效处理模型的内生性问题。

表4-2-2(Ⅱ)中两阶段最小二乘估计结果显示,社会信任和契约密集度交互项的估计系数是正的,并且至少通过了1%显著水平的检验,表明社会信任的确是一国或地区长期经济增长的一个重要原因;而契约密集度提高,可以放大社会信任对经济增长率的正影响。与表4-2-2(Ⅰ)的结果相比,表4-2-2(Ⅱ)中两者交互项的估计系数值和显著性大幅提高了。这表明,社会信任的内生性使得传统OLS的估计结果下偏,从而倾向于低估社会信任水平对经济增长率的影响。

表4-2-2　回归结果

变　量	第二阶段			
	(Ⅰ)初步回归		(Ⅱ)IVSLS回归	
	(1)	(2)	(1)	(2)
$Z_i\lambda_c$	0.173** (2.279)	0.249*** (3.033)	0.363*** (2.713)	0.591*** (4.283)
控制变量	无	有	无	有
D-W-H检验			8.797 (0.006)	9.021 (0.005)
识别不足检验			83.684 (0.000)	91.059 (0.000)
弱识别检验			113.657 (0.000)	98.298 (0.000)
过度识别检验			0.0001 (0.991)	0.201 (0.752)
地区固定效应	有	有	有	有
行业固定效应	有	有	有	有

① 对于存在异方差模型,传统的豪斯曼检验是失效的。

② 其中,弱识别检验的原假设是工具变量与内生变量弱相关,若拒绝原假设,则表明工具变量与内生变量具有强相关性,是强工具变量;识别不足检验和过度识别检验都是为了检验工具变量的内生性,其中若拒绝识别不足检验的原假设,并接受过度识别检验的原假设,则表明工具变量是外生的。

续表

变　量	第二阶段			
	(Ⅰ)初步回归		(Ⅱ)IVSLS 回归	
	(1)	(2)	(1)	(2)
R^2	0.414	0.554	0.408	0.538
样本量	734	734	734	734
工具变量				
Z_i CLPS$_c$			√	√
Z_i RI$_c$			√	√
第一阶段				
R^2			0.953	0.956
F			573.145	303.088

注：估计系数的括号内是估计参数的 T 值，*** 代表通过 1%显著性水平检验，** 代表通过 5%显著性水平检验，* 代表通过 10%显著性水平检验；D-W-H、识别不足、弱识别与过度识别检验统计量的括号内是统计值的相伴概率。对于社会信任水平 λ_c 工具变量的构建，吕朝凤等(2019)借鉴了 Nunn(2007)的处理方法。R^2 与 F 分别代表的是对 $Z_i\lambda_c$ 第一阶段回归的拟合优度与 F 统计量(Nunn,2007)。

四、启示

自 20 世纪 50 年代以来，世界经济保持年均 3.5%的速度长期增长。已有研究从不同的角度对长期经济增长的原因进行了理论和实证研究，如较早的研究关注诸如物质与人力资本、对外贸易、外商直接投资等表层因素对经济增长的影响，后来的研究强调以契约制度为核心的正式制度等因素，但却忽略了任何正式制度运行的背后都需要社会信任体系的支撑，制度的运行会受到社会信任的影响。然而，已有的关于制度方面的研究无视这一现实背景来探讨契约制度与经济增长的关系显然是有失偏颇的。此外，鲜有文献结合契约因素来探讨社会信任与经济增长的内在关系，更不用说通过建立理论模型来探讨两者的内在关系。

吕朝凤等(2019)以不完全契约分析框架为基础，从理论上考察了社会信任影响长期经济增长的微观机制，发现社会信任不仅能够促进经济增长，而且还能够通过行业契约密集度影响经济增长的产业结构特征。因此，社会信任水平的提高有助于推动一国或地区经济的长期增长，并且不完全契约的宽泛实施会进一步扩大社会信任对长期增长率的正影响。基于理论分析，他们采用 2000—2010 年中国 31 个省(市)的 25 个行业数据，采用当前较为先进的交互项计量模型，并运用工具变量两阶段最小二乘法对理论分析的两个主要结论进行了检验。结果显示，社会信任水平可以显著促进中国省区的经济增长，并且这一促进效应随着行业契约密集度的增大而提高。这说明较高的社会信任水平对于中国经济的长期增长具有较好的解释力，而地区在社会信任上的明显差异对我国当前面临的巨大地区发展差距问题具有较好的解释力。这些发现将为重新审视社会信任与经济增长之间的关系，提供一个全新的视角。

其政策启示是：全面推动诚信社会建设有助于中国市场经济的有效运转，提高经济增长的速度和质量，缓解当前巨大的地区发展差距问题。根据"不完全契约"理论，复杂的不完全契约是普遍存在的(North，1990)，高效实施的不完全契约可以缓解企业进行资本专用性投资所面临的"敲竹杠"问题，降低其交易成本，从而提升经济运行效率，提高企业可获得的经济利润，由此产生的经济利润将能够促使一国或地区企业进行更多的技术创新，从而带动整个经济的产业结构升级和生产率水平的提高。因此，高效地执行不完全契约能够促进长期经济增长。

五、结束语

吕朝凤等(2019)在不完全契约分析框架的基础上，构建了一个引入社会信任的经济增长模型，考察了社会信任与经济增长的内在关系。他们的理论暗示，社会信任水平的提高会促进一个国家或地区的经济增长，而不完全契约的宽泛实施会进一步扩大社会信任对经济增长的正效应。他们利用中国地区行业数据，对上述结论进行了实证检验，检验结果也支持了他们的理论预言。

然而，社会信任影响经济增长的渠道和方式众多，契约渠道很可能只是其中的一个渠道。例如，Zak 和 Knack(2001)通过建立一般均衡增长模型，验证了信任低的环境会降低投资率，因此，社会信任通过投资率影响经济增长。与之不同，Cui(2017)通过对中国 2001—2009 年跨省数据的实证调查，提出社会信任通过正式制度的完善促进经济增长，社会信任对经济增长的影响取决于制度水平。因此，对于社会信任与经济增长的关系，还需要进一步的研究，这将是经济增长研究板块的重要课题。

第三节　市场化与经济增长

一、研究进展

(一)理论研究

20 世纪 90 年代东欧剧变以来，市场化转型成为许多东欧国家政治经济制度改革的最重要目标。纵观这些国家的市场化进程不难发现，经济增长似乎与市场化改革"并不相关"(Merlevede，2003；Deliktas，Balcilar，2005；Iradian，2009)。那么，市场化改革是否会带来经济增长呢？如果市场化改革能够促进经济增长，那么其作用机制又是什么？对于这些问题，以往理论往往侧重于对市场化改革的改善“资源配置效率”功能进行考察（Sachs，Woo，1994；Naughton，2006），鲜有文献注意到市场化改革的“市场发展功能”（Coase，Wang，2012）。

相关的经验研究则停留在对市场化与经济增长关系的检验上（Selowsky，Martin，1997；Iradian，2009），忽视了其具体作用渠道（Coase，Wang，2012）。自 1978 年改革开放以来，中国政府始终坚持以建立现代市场经济制度为核心的改革开放路线，到目前为止，已经初步建立起一套比较完整的社会主义市场经济体制（习近平，2013）①，当然中国也付出了巨大的改革成本（Coase，Wang，2012）。许多著名经济学家通过从不同的角度对市场化改革与中国经济增长之间关系进行考查（如 Stiglitz，1994；Sachs，Woo，1994；Naughton，2006；Chow，2007 等），已经认识到市场化作为一种从计划经济向市场经济过渡的、可以充分发挥一国包括市场潜力在内的市场力量的制度安排，是除物质资本与人力资本之外决定转型国家技术进步和经济增长的主要因素之一。

然而，既有的文献大都以经验形式或改革历程陈述形式出现（Dollar，1990；Sachs，Woo，1994；Stiglitz，1994；Tian，2001；樊纲 等，2003，2011；孙铮 等，2005；Naughton，2006；Chow，2007），对于市场化对中国经济增长的影响机制缺乏深入的认识，尤其是缺乏对“资源配置效率”之外的作用渠道的检验。

樊纲（2003）提出的市场化指数是在 5 个方面、23 个分指标的基础上，采用主因素分析法（principal component analysis）构造而成。文章论证了只有将市场化指数化为一种“相对指数”才是可以验证的。作者的核心思想如下：

$$\text{第 } i \text{ 个指标得分} = \frac{V_i - V_{\min}}{V_{\max} - V_{\min}} \times 10, \text{第 } i \text{ 个指标得分} = \frac{V_{\max} - V_i}{V_{\max} - V_{\min}} \times 10 \tag{4-3-1}$$

其中，V_i 是某个地区第 i 个指标的原始数据，$V_{\max}$ 是与所有 30 个地区第 i 个指标相对应的原始数据中数值最大的一个，$V_{\min}$ 则是最小的一个。当指数高低与市场化程度高低正相关时，则用第一个公式计算；当负相关时，则用第二个公式计算。经过上述处理，则可得出结论：指数得分越高，则市场化程度越高。

在上述基础上，樊纲（2011）利用中国各省份市场化进程相对指数，定量考察了市场化改革对全要素生产率和经济增长的贡献，其主要思想如下：

$$A_{it} = Ae^{(\rho \mathrm{MI}_{it} + \delta \ln \mathrm{Tech}_{it} + \theta \mathrm{Tran}_{it} + \lambda_i + u_{it})} \tag{4-3-2}$$

其中，A_{it} 代表全要素生产率，MI_{it} 代表第 i 个省第 t 年的市场化进程指数，ln

① 2013 年 11 月，党中央在十八届三中全会上提出，我国还要全面深化市场化改革，进一步完善社会主义市场经济体制。

Tech_{it} 是各省由研发投入积累而成的科技资本存量(取对数),Tran_{it} 代表各省的基础设施。这暗示着,市场化进程指数和各省份的全要素生产率之间呈正向相关关系。

与樊纲(2011)不同,Hanson(2005)通过构建一个市场潜力函数,认为市场化改革最为关键的优势在于信息的自由流动,提出市场潜力的提高能降低企业所面临的高额信息成本,增进市场交易,提高生产效率。其核心思想如下:

$$\mathrm{MP}_j = \sum_{k \epsilon K} Y_k e^{-d_{jk}} \tag{4-3-3}$$

其中,MP_j 是位置 j 的市场潜力,Y_k 是位置 k 的收入,d_{jk} 是 j 和 k 之间的距离。Hanson(2005)通过以上公式将市场潜力化为可利用的中间变量,并提出提升市场化潜力是市场化改革对经济增长产生影响的重要路径。

众多经济学家认为市场化进程会通过影响资源配置进一步影响经济增长。方军雄(2006)借鉴 Wurgler(2000)的资源配置效率估算模型,研究我国市场化进程对资本配置效率的影响。其核心思想如下:

$$\frac{P_j - \mathrm{MC}_j}{\mathrm{MC}_j} = \frac{P_i - \mathrm{MC}_i}{\mathrm{MC}_i} \tag{4-3-4}$$

按照新古典经济学,资源配置的帕累托最优的充分必要条件是各个项目之间的边际成本之比处处等于相应的价格之比,因此上式满足了资源的最优配置。

Koo 和 Maeng(2005)通过研究市场化改革是否会影响企业的投资行为,提出结论:随着市场化改革的推进,大型企业和研发企业在获得信贷方面的相对优势逐渐丧失。其模型核心思想如下:

$$\begin{aligned}(\frac{I}{K})_{it} = c + \beta_1 (\frac{I}{K})_{it-1} + \beta_2 Q_{it} + \beta_3 (\frac{CF}{K})_{it} + \beta_4 (\frac{CF}{K})_{it} \times FLI_t + \\ f_i + d_t + \varepsilon_{it}\end{aligned} \tag{4-3-5}$$

其中,K 代表资本存量,I 代表 t 时期内的投资支出,Q_{it} 代表每增加一单位的资本存量所带来的企业的边际价值增量,CF 代表现金流,FLI_t 代表市场自由化指数,f_i 代表企业固定效应,d_t 代表时间固定效应。这暗示着,市场自由化会通过现金流与资本存量的比率交互项对企业的投资率产生影响。

Qiao 等(2020)认为虽然大部分学者都认为市场化改革对经济增长有积极作用,但市场化并不是中国经济增长的唯一动力。为了全面分析促进经济增长的驱动力,Shafi 和 Latif(2019)构建了包含市场化的经济增长模型。其模型的核心思想如下:

$$y = f(K, L, S, a, \mathrm{Market}) \tag{4-3-6}$$

由于文章主要研究林业市场化对中国林业经济增长的影响,Shafi 和 Latif(2019)将林业投资(K)、林业劳动力(L)、林业投入(S)、林业科技进步因素(a)以及市场化

(Market)都加入经济增长模型中。

Mei 等(2021)采用计量分析法,根据政府和市场的关系、非国有经济的发展、上游市场的发展程度、下游市场的发展程度以及市场中介组织和法律制度的发展等五个因素,构建了中国天然气市场的市场化指数。基于创建的指数,进一步量化了天然气市场化改革的现状。其模型的核心思想如下:

$$i_n = \frac{\mathrm{Max}_i - i}{\mathrm{Max}_i - \mathrm{Min}_i} \tag{4-3-7}$$

其中,i_n 为指标 i 的标准化数据,Max_i 和 Min_i 分别代表指标 i 的最大值和最小值。计算结果表明,指数越高,市场化程度越高;指数越低,市场化程度越低。

Dialga 和 Vallée(2021)为了评估政府对经济自由化的控制程度,构建了财政自由度观测指数。其核心思想如下:

$$\mathrm{Fiscal\_freedom}_{ij} = 100 - \alpha\,(F_{ij})^2 \tag{4-3-8}$$

其中,j 代表三个不同级别的税率制度,分别是对个人收入的最高边际税率,对企业收入的最高边际税率以及总税负占国内生产总值的比率,i 代表国家。该模型意味着,当没有税负时,国家可以获得最高分数,此时,市场自由化达到了最高水平。

(二)实证研究

在考察市场化与经济增长关系的检验中,学者们采用的数据类型不一,例如,Fischer 等(1996)利用来自 26 个转型经济体的数据来描述其的经济增长记录,并探究了影响经济增长的因素,其结果如下:

$$\begin{aligned}\mathrm{Growth} = {} & \underset{(0.02)}{0.10} - \underset{(-5.27)}{2.73}\mathrm{LINF} + \underset{(1.90)}{0.24}\mathrm{FISCAL} + \underset{(2.32)}{0.26}\mathrm{OFAST} + \underset{(2.86)}{12.97}\mathrm{LIP}\end{aligned} \tag{4-3-9}$$

其中,Growth 代表 GDP 增长率,LINF 代表通货膨胀率的自然对数值,FISCAL 表示财政盈余占 GDP 的百分比,OFAST 表示官方外部援助占 GDP 的百分比,LIP 是衡量银行和企业私有化进程的指标。这一结果表明企业和银行私有化进程的加快对经济增长有正向促进作用。

此外,Selowfski 和 Martin(1997)利用 Melo 等(1996)构建的经济自由化指数和 25 个转型国家的经济数据进行计量检验。具体结果如下:

$$\mathrm{growth} = \underset{(6.76)}{-10.65} + \underset{(4.17)}{11.42} \times \mathrm{lib} - \underset{(6.07)}{15.70} \times \mathrm{war} \tag{4-3-10}$$

其中,growth 代表经济增长率,lib 代表经济自由化指数,war 代表国内是否爆发冲突。式(4-3-10)括号内是相应估计系数的稳健性标准误对应的 T 值。研究结果表明以经济自由化为代表的市场化改革能够提高经济增长率。然而,这一工作没有探究市场化进程加快对经济增长的影响路径。

Tian(2001)利用1985—1997年期间的数据进行检验分析,认为民营化进展较大的省份会有较高的资本边际生产率,进而促进经济增长。Tian(2001)的研究结果如下:

$$\begin{aligned} y = {} & 0.078 + 0.041O + 0.032E + 0.604P - 0.012L - 0.106\text{IS} + 0.214\text{IPC} \\ & (1.435)\ (3.269)\quad (1.097)\quad (0.978)\ (-0.31)\ (-3.793)\quad (3.384) \end{aligned} \tag{4-3-11}$$

其中,y表示人均GDP;O表示对外贸易占GDP比率,代表经济开放度;E表示识字人口与人口的比率,代表教育水平。式(4-3-11)括号内是相应估计系数的稳健性标准误对应的T值。此外,投资对GDP的贡献包含两部分:国家投资与GDP之比(IS)、集体投资加上公开私人投资与GDP之比(IPC)。这意味着,国有资本增加对生产率提高和经济增长产生负面影响,而非国有资本增加对生产率提高和经济增长产生积极影响。

此外,部分经济学家做出了进一步研究,分析市场化对经济增长的影响路径。

孙铮等(2005)以中国上市公司1999—2003年的经验数据为样本,实证检验地区市场化程度对当地企业债务期限结构的影响。其结果如下:

$$\begin{aligned} \text{DEBTSTR} = {} & -1.063 + 0.088\text{ROE} + 0.049\text{SIZE} + 0.113\text{LEV} + \\ & (-10.09)\ (3.43)\qquad (7.35)\qquad (3.73) \\ & 0.084\text{LIQUID} + 0.012\text{ZJ} - 0.015\text{MARKET} \\ & (11.38)\qquad (5.43)\ (-5.19) \end{aligned} \tag{4-3-12}$$

其中,DEBTSTR表示企业借款比重,ROE表示盈利水平,SIZE表示企业规模,LEV表示资产负债率,LIQUID表示公司固定资产总额与总资产的比值,ZJ表示公司当年在建工程的自然对数值,MARKET表示地区市场化指数。式(4-3-12)括号内是相应估计系数的稳健性标准误差对应的T值。结果表明,市场化程度和企业借款比重负相关。

Iradian(2009)通过考察市场化改革对跨国TFP的影响,实证检验市场化改革对经济增长的影响路径。其实证结果如下:

$$\text{TFPgrowth} = -0.11\text{RLO} + 0.31\frac{\text{FB}}{\text{GDP}} - 0.22\text{GC} + 3.31\text{EBRDRI} \tag{4-3-13}$$

其中,EBRDRI是对市场化程度的衡量;RLO代表产出损失恢复率;FB代表财政均衡;GC代表政府消费。结果显示,在1%的显著性水平下,市场化指数与跨国TFP之间呈现出显著的正相关关系。因此,Iradian(2009)提出,市场化改革通过影响TFP而影响经济增长。

Faizan(2016)通过使用2001—2005年期间76个发达和发展中经济体的1300多家银行的微观面板数据,调查金融改革、市场自由化和银行监管政策对净息差的影响。其实证检验结果如下:

$$\mathrm{NIM}_{i,k,t} = \underset{(0.101)}{0.704}\,\mathrm{NIM}_{i,k,(t-1)} + \underset{(0.786)}{0.392}Y_{i,k,t} - \underset{(0.057)}{0.156}\,(\mathrm{FL}_{k,t}) + \underset{(0.034)}{0.007}(\mathrm{GS}_{i,k,t}) - \underset{(0.042)}{0.053}X_{k,t} \tag{4-3-14}$$

其中，$\mathrm{NIM}_{i,k,t}$ 代表净息差，$\mathrm{NIM}_{i,k,(t-1)}$ 代表因变量的滞后值，$Y_{i,k,t}$ 代表 i 银行在 t 时期在 k 国的银行特殊变量（包括银行信用风险、银行规模、银行成立时长等信息），$\mathrm{FL}_{k,t}$ 代表 k 国在 t 时期内市场化程度，$\mathrm{GS}_{i,k,t}$ 代表银行业中政府银行所占份额，$X_{k,t}$ 代表宏观经济因素（包括人均 GDP 增长和 GDP 平减指数等）。式（4-3-14）括号内是相应估计系数的稳健性标准误。实证结果说明，市场化改革对净息差产生了负面且显著的影响。当放松利率管制和消除进入市场的障碍时，会导致银行竞争和效率的提高，从而降低净息差。

Bilal（2019）通过对七个新兴伊斯兰国家 1989—2008 年期间样本数据进行研究，认为市场自由化大大降低了伊斯兰国家的股市资本成本，增加了交易所交易公司的数量、项目的盈利能力和总投资水平。其实证结果如下：

$$\mathrm{coc}_{it} = \underset{(0.00)}{0.012} - \underset{(0.00)}{0.001}\,\mathrm{sml}_{it} + \underset{(0.00)}{0.022}\,\mathrm{interest}_{it} + \underset{(0.00)}{0.000}\,\mathrm{forex}_{it} + \underset{(0.00)}{0.009}\,\mathrm{oil}_{it} \tag{4-3-15}$$

其中，coc_{it} 代表 i 国家在 t 年的资本成本，sml_{it} 代表股票市场的自由化水平，$\mathrm{interest}_{it}$ 代表三月期的利率，forex_{it} 代表本国汇率，oil_{it} 代表原油价格。式（4-3-15）括号内是相应估计系数的稳健性标准误。实证结果显示，sml 的估计系数在 20 世纪 90 年代及 21 世纪初都是显著为负的，表明股票市场的自由化水平持续降低了股票市场的资本成本。

本节试图从市场潜力的角度探讨市场化改革对中国经济增长的影响及其机制。主要是在参考 Acemoglu 和 Johnson（2007）的分析框架基础上，构建一个简单的、引入市场化与市场潜力的内生增长模型，从市场潜力的角度考察市场化对长期经济增长的影响，并提出待检验的主要命题。针对生产函数设定，本节参考 Antràs（2005）的研究，采用拓展的 C-D 函数，进一步参考 Ottaviano 和 Turrini（2007）的研究，在劳动力市场完全竞争假设的条件下，将研究的重点放在中间品生产过程中由于投资专用性而产生的不完全契约问题；针对总人口的变动特征，参考 Guerrini（2010）的研究，采用 Verhulst 方程来予以刻画。

二、理论模型

（一）居民

假设在一个社会中，每一个人都无弹性地提供 1 单位劳动以获得收入，最大化效用：

$$U(c_t)=\int_0^{\infty} e^{-\rho t}\ \frac{(c_t)^{1-\sigma}-1}{1-\sigma}\mathrm{d}t,0<\sigma \tag{4-3-16}$$

其中，c_t 表示消费者在 t 时期的总量消费，σ 和 ρ 分别表示跨时消费替代弹性和时间贴现率。在满足个人的预算约束和非蓬齐条件下，可得其最优消费增长率为：

$$g_t=\frac{\dot{c}}{c}=\frac{1}{\sigma}[r_t-\rho-l(L_t)] \tag{4-3-17}$$

其中，$l(L_t)$ 表示第 t 期的人口增长率，L_t 表示总人口。考虑到人口增长会受到资源、环境等方面的限制(如 Cohen，1995，2003 等)，参考 Guerrini(2010)的研究，给定总人口服从下式：

$$l_t=\dot{L}_t/L_t=\omega-bL_t \tag{4-3-18}$$

其中，ω 和 b 均是外生的常数，满足 $\omega>b>0$。式(4-3-18)是 Verhulst 方程，表明总人口增长率随着人口增加而下降。由于经济增长率与总人口正相关，后者呈倒 S 形演化，因此这一模型能够克服规模递增缺陷、呈现出收敛特征(Guerrini，2010)。

(二)最终产品生产

参考 Acemoglu 等(2007)的研究，给定在生产部门中生产函数满足下式：

$$Y_i=AN^{1-\alpha/\eta}L_i^{\ 1-\alpha}\left(\int_0^N X_{i,j}^{\ \eta}\mathrm{d}j\right)^{\frac{\alpha}{\eta}};1>\alpha>0,1>\eta>0 \tag{4-3-19}$$

其中，L_i 为第 i 个厂商的劳动力投入；A 为外生常数；$\alpha\in(0,1)$ 为资本弹性，表明资本品的边际生产率是递减的；$\eta\in(0,1)$，构成中间品之间的替代弹性系数，其替代弹性为 $1/(1-\eta)$。给定部门内部专用性投资间的可替代程度大于部门间产品的可替代程度，由此假设 $\eta>\alpha$。同时，吕朝凤和朱丹丹(2016)参考 Amcemoglu 等(2007)的研究，假定每一个中间品都是由无数的专用性投资所生产的，生产函数为：

$$X_{i,j}=\exp\left\{\int_0^1 \ln[x_i(j,s)]\mathrm{d}s\right\} \tag{4-3-20}$$

其中，$x_i(j,s)$ 是企业 i 的第 j 个设备所投入的第 s 个专用性投资，且均由中间品供应商投资。为了刻画企业在生产过程中面临的契约完善程度特征，参考 Acemoglu 等(2007)，假设专用性投资 $x_i(j,s)(s\in[0,\mu])$ 可观察与证实，因此可以签订完全契约，其投资成本为 c_x；相反，$x_i(j,s)(s\in(\mu,1])$ 不可观察与证实，在生产过程中面临着契约不完全，需要事后讨价还价来确定收益，其投资成本为 c_m。同时，采用夏普利值(Shapley value)来计算企业家和第一个供应商从讨价还价中划分的总收益。为了刻画市场化程度的影响，吕朝凤和朱丹丹(2016)借鉴 Acemoglu 等(2007)的思路，在引入市场变量的基础上，推导出参与人数量为无穷大情况下制造商和供应商的收益划分方式。夏普利值计算的基本思路是：根据第 j ($j\in[0,N]$)个参与人对总收益的贡献来划分总收益。假定供应商的数目为 Θ，则每个供应商控制 $\varepsilon = N/\Theta$ 部分的中间投入。如果某个供应商退出合同，那么企业家将会重新寻找新的供应商为其提供替代性的中间产品。在此过程中，中间投入的价值下降的比例为 $1-\varphi$，φ 为企业家成功找到新供应商的概率，其与市场化程度存在密切联系（盛丹，王永进，2011）。接下来，吕朝凤和朱丹丹（2016）探讨了制造商与供应商之间的讨价还价及求解模型均衡。

事件的过程分为四个阶段。第一阶段，厂商采用技术 N，并与中间品供应商签订契约，规定从市场中雇用的劳动力 L_i 、专用性投资 $x_i(j,s)(i \in [0,N], j \in [0,\mu])$ 的投入数量以及企业对中间品供应商的一次性支付 T（支付 T 可能是正的，也可能是负的）。由于 $x_i(j,s)(i \in [0,N], j \in (\mu,1])$ 为不可签约的，因此契约只能就 L_i、N、$x_i(j,s)(i \in [0,N], j \in [0,\mu])$ 的投入量做出规定（Acemoglu et al.，2007）。第二阶段，潜在的中间商决定是否同意这一份契约，且厂商选定 N 个中间商，每一个中间商提供一个中间品 $x_{i,j}(j \in [0,N])$。第三阶段，所有中间商 $j \in [0,N]$ 相似地选择其专用性投资 $x_i(j,s)(j \in [0,N], s \in [0,1])$，并根据契约，投入 $x_{i,c} = x_i(j,s)(i \in [0,N], j \in [0,\mu])$。第四阶段，企业将劳动力 L_i 以及 $x_i(j,s)(j \in [0,N], s \in [0,1])$ 共同投入生产，将最终产品售出，获得收入 Y_i。此时，由于 $x_i(j,s)(i \in [0,N], j \in (\mu,1])$ 的不可签约性，企业与中间品供应商将通过讨价还价谈判划分总收益，且双方的讨价还价能力、偏好都是对称的。

接下来，吕朝凤和朱丹丹（2016）探讨了满足上述四个阶段均衡的 SSPE 均衡。

首先，事后收益分配规则确定。在给定技术 N 和 $x_{i,c}$ 的条件下，对于成员数量为 v 的联盟而言，由于每个供应商控制的中间品专用性投资 $x_{i,m}$（不可证实与不可签约的部分）的数量为 ε，也就意味着剩余的（$N - v\varepsilon$）部分需要从市场上重新寻找新的供应商。于是，如果供应商 s 是该联盟的成员，企业收益为：

$$Y_i^{in} = AN^{1-\frac{\alpha}{\eta}} L_i^{1-\alpha} x_{i,c}^{\alpha\mu} [(v-1)\varepsilon x_{i,m}(-j)^{(1-\mu)\eta} + \varepsilon x_{i,m}(j)^{(1-\mu)\eta} + (N - v\varepsilon)\varphi x_{i,m}(-j)^{(1-\mu)\eta}]^{\frac{\alpha}{\eta}} \tag{4-3-21}$$

如果供应商 j 退出该联盟，则意味着（$N-(v-1)\varepsilon$）部分的中间投入需要从市场上重新寻找替代品，此时企业收益为：

$$Y_i^{out} = AN^{1-\frac{\alpha}{\eta}} L_i^{1-\alpha} x_{i,c}^{\alpha\mu} [(v-1)\varepsilon x_{i,m}(-j)^{(1-\mu)\eta} + (N - v\varepsilon + \varepsilon)\varphi x_{i,m}(j)^{(1-\mu)\eta}]^{\frac{\alpha}{\eta}} \tag{4-3-22}$$

参考 Acemoglu 等（2007）的研究，给定制造商通过购买掌握了关键生产技术，离开制造商的参与，联盟收入将为 0。因此根据式（4-3-21）、式（4-3-22）可得，第一个中间产品供应商从讨价还价中划分的收益为：

$$S_{j,t}^{*} = \chi(\varphi) \frac{[x_{i,m}(j)/x_{i,m}(-j)]^{(1-\mu)\eta} - \varphi}{1-\varphi} A L_i^{1-\alpha} x_{i,c}^{\alpha\mu}, x_{i,m}(-j)^{\alpha(1-\mu)} \tag{4-3-23}$$

其中，$\chi(\varphi)=1-\eta\frac{1-\varphi^{(\alpha+\eta)/\eta}}{(1-\varphi)(\alpha+\eta)}$。由此他们得到中间品供应商在事后获得的利润为：

$$\pi_{i,j}^{*}=S_{i,j}^{*}-(1-\mu)c_{m}x_{i,m}(j) \tag{4-3-24}$$

由式(4-3-23)、式(4-3-24)可得，中间品供应商的利润最大化的一阶条件如下：

$$\frac{\eta}{1-\mu}\frac{\chi(\varphi)\,(x_{i,,m}(j)/x_{i,m}(-j))^{(1-\mu)\eta}}{(1-\varphi)x_{i,,m}(j)}A\,L_{i}{}^{1-\alpha}x_{i,c,}^{\alpha\mu}x_{i,m}\,(-j)^{\alpha(1-\mu)}=c_{m} \tag{4-3-25}$$

由于收益的对称性，在均衡处可得：

$$S_{i}(-j)^{*}=S_{i}(j)^{*},x_{i,m}\,(-j)^{*}=x_{i,m}\,(j)^{*}=x_{i,m},\frac{\eta\chi(\varphi)}{(1-\varphi)N}\frac{\bar{Y}_{i}}{x_{i,m}(j)}=c_{m} \tag{4-3-26}$$

其中，$\bar{Y}_i$ 代表第 i 个企业的均衡产出。式(4-3-25)、式(4-3-26)表明相比标准中间品投资的边际成本公式，在契约不完全条件下，中间品投资的边际价格会因受到生产过程中“敲竹杠”问题而发生扭曲。

其次，制造商将中间投入 $x_{i,j}(j\in[0,N])$ 投入生产，获得如下的利润：

$$\pi_{t}^{*}=\bar{Y}(L_{i},N,x_{i,c},x_{i,m}(j),x_{i,m}(-j))-NS_{i}\,(j)^{*} \tag{4-3-27}$$

再次，中间品供应商的参与约束如下：

$$S_{i}\,(j)^{*}+T\geqslant\mu c_{x}x_{i,c}+(1-\mu)c_{m}x_{i,m}(j) \tag{4-3-28}$$

最后，在利润最大化条件下，制造商与中间品供应商签订协议，规定一次性的转移支付 T、$x_{i,c}$ 的投入数量，以及 c_n（表示选择技术 N 所必须负担的成本），可得其利润最大化问题的表述如下：

$$\underset{x_{i},c,L_{i},N,T}{\mathrm{Max}}\{\bar{\pi}_{i}=\pi_{i}^{*}-WL_{i}-c_{n}N-NT\} \tag{4-3-29}$$

$s.t.$ 式(4-3-24)、式(4-3-26)至(4-3-28)，可得制造商的利润最大化条件分别是：

$$\frac{\alpha}{1-\alpha(1-\mu)}\left[1-\frac{\eta(1-\mu)\chi(\varphi)}{1-\varphi}\right]\frac{\bar{Y}_{i}}{Nx_{ic}}=c_{x} \tag{4-3-30}$$

$$\frac{\alpha}{1-\alpha(1-\mu)}\left[1-\frac{\eta(1-\mu)\chi(\varphi)}{1-\varphi}\right]\frac{\bar{Y}_{i}}{L_{i}}=W \tag{4-3-31}$$

$$\frac{1-\alpha}{1-\alpha(1-\mu)}\left[1-\frac{(1-\mu)\eta\chi(\varphi)}{1-\varphi}\right]\frac{\bar{Y}_{i}}{N}=c_{n} \tag{4-3-32}$$

$$\left\{\frac{(\mu)\eta\chi(\varphi)}{1-\varphi}+\frac{\alpha}{1-\alpha(1-\mu)}\left[1-\frac{\eta(1-\mu)\chi(\varphi)}{1-\varphi}\right]-\chi(\varphi)\right\}\frac{\bar{Y}_{i}}{N}=T \tag{4-3-33}$$

式(4-3-30)表明虽然完全市场中的 x_{ic} 是可签约的，但与标准的边际成本定价公式相比，在市场不完全条件下，该产品的边际价格与完全市场中的并不相同。式(4-3-31)表明市场化程度提高将会提高技术的实际价格，厂商将选择更加复杂的生产技术，促进新的、复杂的技术推广。

对于企业 i，在给定 $\{c_x; c_m; c_n; W\}$ 条件下，同时满足式(4-3-19)至式(4-3-28)、式(4-3-30)至式(4-3-33)的内生变量 $\{x_i(j,s)=x_{i,c}, s\in[0,\mu]; x_i(j,s)=x_{i,m}, s\in(\mu,1], j\in[0,N]; L_i; N; T\}$ 即是模型讨价还价的 SSPE 均衡解。

另外，假设在市场竞争条件下，企业在均衡处将利润以红利形式平均分配给证券持有者，即：

$$\pi_i=\Psi_t\times T \tag{4-3-34}$$

以上模型的 SSPE 均衡解加上分配的红利 $\{\Psi_t\}$，则是这一模型的完整厂商均衡解。

(三)中间品生产与创新

参考 Tsoukis 和 Miller(2008)的研究，假设在均衡处，企业选择的技术等于 R&D 创新者所发明的技术 $\overline{N}$，进一步地，假设技术 $\overline{N}$ 的 R&D 创新者拥有技术方案的垄断权。从而可得，发明者对于一单位技术创新的期望净现值为：

$$V_t=\frac{1-\alpha}{1-\alpha(1-\mu)}\left[1-\frac{(1-\mu)\eta\chi(\varphi)}{1-\varphi}\right]\int_t^{\infty}\tilde{\overline{Y}}(L,c_x,c_m)\times \exp(-\bar{r}(v,t)\times(v-t))\mathrm{d}v \tag{4-3-35}$$

其中，$\tilde{\overline{Y}}(L,c_x,c_m)=\overline{Y}(L,\overline{N},c_x,c_m)/\overline{N}=\int_0^I\overline{Y}_i\mathrm{d}i/\overline{N}=\int_0^I\overline{Y}_i/\overline{N}\mathrm{d}i$，$\tilde{\overline{Y}}$ 代表该国在技术水平 $\overline{N}$ 条件下的市场潜力。式(4-3-35)表明市场化可以通过提高制造商的技术需求而扩大 R&D 创新者的收益，促进社会的技术创新。吕朝凤和朱丹丹(2016)参考 Tsoukis 和 Miller(2008)的研究，进一步假设发明者是自由进入的，所以任何人可以支付 R&D 成本 Γ 而获得式(4-3-35)的期望净现值。由此在均衡的条件下，可得：

$$r_t=\frac{1}{\Gamma}\frac{1-\alpha}{1-\alpha(1-\mu)}\left[1-\frac{(1-\mu)\eta\chi(\varphi)}{(1-\varphi)}\right]\tilde{\overline{Y}} \tag{4-3-36}$$

结合式(4-3-36)对式(4-3-18)求偏导数，不难得出如下命题：

命题 1：$\partial g/\partial\tilde{\overline{Y}}>0$，即市场潜力 $\tilde{\overline{Y}}$ 越大，经济增长率越高。

上述命题表明市场潜力较高的行业将增长越快。其基本含义是：市场潜力大的行业可以扩大 R&D 企业技术创新收益，促进该行业的技术创新与扩散，从而推动其技术进步、提高其长期增长率。

命题 2：$\partial^2 g/\partial\tilde{\overline{Y}}\partial\varphi>0$，即市场化程度 φ 越高，市场潜力对经济增长率的影响越大。

命题 2 表明市场潜力高的行业不仅经济增长率更高，而且从地区层面来看，这些行业将在市场发达地区拥有增长优势。该命题背后的经济学解释是：一个地区的市场越发达，行业技术创新后可获得的收益越大（Clemente et al.，2009），技术创新动力越强，市场潜力对该行业发展的促进效应的发挥也越充分。

三、计量模型与变量的设定

（一）计量模型的确定

吕朝凤和朱丹丹（2016）参考 Rajan 和 Zingales（1998）的研究思路，采用产业特征和地区特征的交互项（即乘积项）作为关键解释变量。由此吕朝凤和朱丹丹（2016），将计量模型设定如下：

$$g_{ic}=\beta_i+\beta_c+\beta_1 m_i M_c+\chi' X_{ic}+\varepsilon \tag{4-3-37}$$

其中，i 和 c 分别代表行业和地区，β_i 和 β_c 表示行业和地区的固定效应，以控制影响地区产业增长的其他产业或地区特征；ε 为误差项；g_{ic} 为国家行业的经济增长率，其测度公式为 $g_{ic}=(\ln Y^t_{i,c}-\ln Y^0_{i,c})/t$，$Y^t_{i,c}$ 为第 t 期 c 地区 i 行业 GDP 产出的实际值；m_i 为行业 i 的市场潜力度；M_c 是地区 c 的市场化程度；X_{ic} 为其他控制变量。

市场化程度与市场潜力度的交互项（$m_i M_c$）的估计系数 β_1 是吕朝凤和朱丹丹（2016）关注的焦点。若该系数显著为正，则表示市场发达地区在市场潜力行业上增长相对更快，并通过地区市场化程度差异，行业市场潜力度差异转化为地区产业增长率差异，市场潜力具有“增长效应”，市场化程度则通过扩大市场潜力对增长率的正影响，而作用于长期增长率。这就同时验证了上部分的两个主要结论。

针对市场化程度 M_c，吕朝凤和朱丹丹（2016）采用樊纲等（2003）的各省（市）相对市场化排名作为测度指标。建立在王小鲁等（2003）构建的相对市场化指数基础上的相对市场化排名，可以更好地克服具体市场化指数的测度偏差。针对市场潜力度 m_i，吕朝凤和朱丹丹（2016）参考 Root（1994）及新经济地理学的思路，建立如下测度公式：$m_i=\sum_c p_{ic}[\sum_{j\neq c}(Y_{j,i}/D_{c,j})+Y_{c,i}/D_{c,c}]$，其中 $D_{c,j}$ 为 c、j 两省区省会城市间的距离；$D_{c,c}$ 为 c 省区内部距离；p_{ic} 为权重指数，表示 c 省区 i 行业的实际产出 Y_{ic} 在 i 行业产出 Y_i 中的份额，即 $p_{ic}=Y_{ic}/Y_i$，其中 $Y_i=\sum_c Y_{ic}$。

（二）数据说明

在吕朝凤和朱丹丹（2016）的研究中，我国各省区的市场化程度来源于樊纲等（2003）的研究。各省区各行业 1999—2009 年间的工业总产值来自《中国工业企业数据库》。[①] 同

① 这一数据库是基于企业的微观数据，包含了中国工业总产值 95%以上的工业企业，因此，其除了与《中国工业统计年鉴》的覆盖范围一致外，相对于《中国工业统计年鉴》中行业总量统计结果，更能从企业层面准确反映中国工业行业现状与特征，也更便于对极值样本处理（Rajan，Zingales，1998）。

时，参考 Rajan 和 Zingales(1998)的方法，删除了产出的 10 分位数以下、90 分位数以上的极值样本，从而避免了生产的极值样本可能对行业整体样本产生的有偏影响。[①] 另外，根据会计原则，还删除了流动资产大于总资产以及固定资产大于总资产的样本。针对省区的选择，由于西藏存在数据缺失，该文选择除西藏以外的 30 个省(市)数据作为样本；针对行业的选择，该文根据工业行业划分标准，选取除其他采矿业之外的 38 个工业行业作为研究对象。[②]

利用 1999—2009 年各省区工业行业增长率与市场化程度的数据，先做一下初步观察，从直观上对市场化程度与经济增长的关系有一个直观了解，为接下来计量分析奠定基础。图 4-3-1 给出了地区市场潜力与行业增长率的变动关系；图 4-3-2 给出了各地区的高与低市场潜力型行业增长率之差，与市场化程度的直观关系。不难看出：市场潜力与行业增长率，地区市场化程度与高与低市场潜力行业增长率之差呈正相关趋势。表 4-3-1 报告了各个变量的描述性统计量。

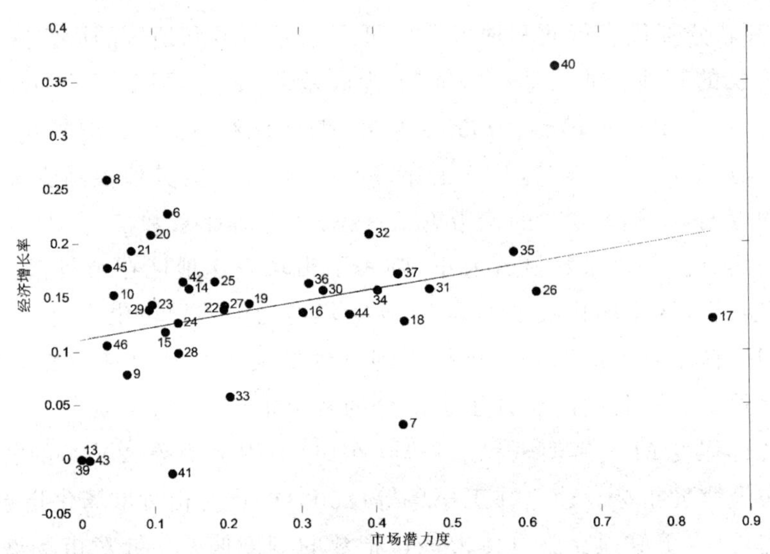

图 4-3-1 市场潜力度与行业产值增长率之间的关系图

表 4-3-1 各变量的描述统计

变量	变量含义	均值	最大值	最小值	标准差
g_{ic}	经济增长率	0.13	0.89	−0.31	0.12
m_i	市场潜力度	0.27	0.85	0.01	0.21
M_c	市场化程度	0.07	0.13	0.004	0.04

① 为了进一步提高估计结果的稳健度，该文将在稳健性检验中报告对完整样本的估计结果。

② 根据该文的计算公式，该行业缺少经济增长率的样本。

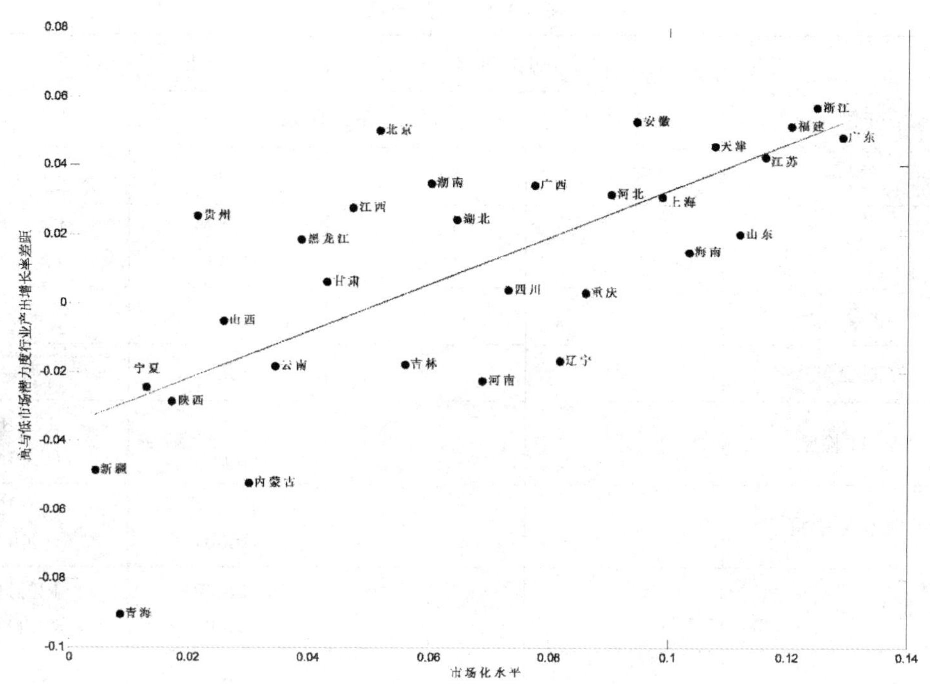

图 4-3-2　市场化程度与高、低市场潜力行业增长率差距的关系图

注：图 4-3-1 中各行业编号对应的相应行业请参见国家统计局编著的《国民经济行业分类(2011)》。同时，该文根据行业的市场潜力度进行排序，选择排名前 50%的 19 个行业作为高市场潜力度行业。

四、计量结果

(一)初步回归结果

表 4-3-2(Ⅰ)的组合(1)是在不加入其他控制变量的情况下，地区行业的经济增长率与市场潜力度和市场化程度的交互项单独进行回归的结果。结果显示市场化程度的交互项显著为正，这与理论的预期是一致的。表明给定地区的市场化水平，行业市场潜力越大，企业利润越高，R&D 研发的创新价值越大，企业创新动力和技术创新水平越高，从而促进地区的长期经济增长；给定行业的市场潜力，工业企业在高市场化程度地区由于投资的专用性而遭受到的“敲竹杠”成本较低，利润增加，R&D 创新的技术价值也会较高，企业创新动力和地区技术创新水平提高，进而促进这些地区的经济增长率，市场化程度对省区经济具有“增长效应”。由此，吕朝凤和朱丹丹(2016)发现市场化程度的差异是我国地区经济增长差异的重要原因；市场化改革通过扩大市场潜力对经济增长的正影响，而作用于经济增长。这是之前的研究所忽略的。

表 4-3-2 回归结果

变量	(Ⅰ)初步回归		(Ⅱ)IVSLS 回归	
	第二阶段			
	(1)	(2)	(1)	(2)
m_iM_c	1.61*** (3.53)	0.71*** (2.69)	2.52*** (3.46)	1.66*** (3.54)
m_iQ_c				
控制变量	无	有	无	有
D-W-H 检验			9.39 (0.00)	17.58 (0.00)
识别不足检验			104.59 (0.00)	104.72 (0.00)
弱识别检验			128.48 (0.00)	129.31 (0.00)
过度识别检验			0.54 (0.46)	0.25 (0.61)
地区固定效应	有	有	有	有
行业固定效应	有	有	有	有
R^2	0.42	0.73	0.42	0.72
样本量	1073	1073	1073	1073
工具变量				
m_iPB_c			√	√
m_iBD_c			√	√
第一阶段				
R^2			0.89	0.89
F			338.59	203.58

注:估计系数的括号内是估计参数的 T 值,*** 代表通过 1%显著性水平检验,** 代表通过 5%显著性水平检验,* 代表通过 10%显著性水平检验;D-W-H、识别不足、弱识别与过度识别检验统计量的括号内是统计值的相伴概率。对于市场化 M_c 工具变量的构建,吕朝凤和朱丹丹(2016)借鉴了 Nunn(2007)的处理方法。R^2 与 F 分别代表的是对 m_iM_c 第一阶段回归的拟合优度与 F 统计量。

(二)内生性问题及处理

跨国研究的文献广泛关注各经济体市场化程度的内生性问题:经济发展与市场化程度之间可能存在双向因果关系,即经济增长可能会进一步推动市场化改革,促进市场化程度提高，如 Berggren 和 Jordahl(2006)等。严重的内生性会导致估计偏倚(有偏与不一致性)。为了尽可能降低估计偏倚，吕朝凤和朱丹丹(2016)尝试采用各省份社会主义改造完成之前新民主主义经济时期的地区私营商业发展水平(PB_c)、2000 年我国各省区人均无偿献血量(BD_c)作为工具变量，并采用工具变量两阶段最小二乘法来估计。

对市场化程度的 D-W-H 检验拒绝该变量是外生的这一判断。表 4-3-2(Ⅱ)报告了使用选取的两个工具变量进行两阶段最小二乘估计的结果。当然，工具变量的有效性还有待于严格计量检验。为此，吕朝凤和朱丹丹(2016)也对工具变量进行了弱识别(weak identification test)、识别不足(under identification test)和过度识别检验(over identification test)，并在表 4-3-2(Ⅱ)中报告了相应的 LM、Wald F、Hansen J 统计量的统计值及其相伴概率。其中，弱识别检验的原假设是工具变量与内生变量弱相关，若拒绝原假设，则表明工具变量与内生变量具有强相关性，是强工具变量；不足识别检验和过度识别检验都是为了检验工具变量的外生性，其中若拒绝不足识别检验的原假设，并接受过度识别检验的原假设，则表明工具变量是外生的。表 4-3-2(Ⅱ)的检验结果表明，吕朝凤和朱丹丹(2016)所选用的工具变量不仅是严格外生的，而且与内生变量高度相关，是强工具变量。

与表 4-3-2(Ⅰ)的结果相比，表 4-3-2(Ⅱ)中市场化程度的交互项的系数在各回归组中都有较大幅度提高。这表明市场化程度的内生性使得最小二乘估计产生向下偏移，从而倾向于低估市场化程度对行业增长率的作用。同时，各组合中市场化程度交互项的估计系数在显著性上也有较大幅度的提高。此外，表 4-3-2(Ⅱ)中各组合的拟合优度并没有明显下降。这些都表明吕朝凤和朱丹丹(2016)选取的两个工具变量在一定程度上能够较为有效地处理回归模型中的内生性问题，提高了该文模型对中国各地区各行业的经济增长率的解释力。

同时，利用克服反向因果关系的两阶段最小二乘法回归模型[表 4-3-2(Ⅱ)组合(1)]中市场化程度和市场潜力的交互项系数的估计结果，还能更加准确地考察市场化改革的经济增长绩效。即如果新疆在市场化进程上能达到广东省的水平，那么它的“纺织业”的经济增长率将会从当前的－0.055 提高到 0.212，大约会提高 4.82 倍；其在“水的生产和供应业”的增长率则会从当前的 0.028 提高到 0.039，大约只会提高 0.40 倍，其所提高的倍数均是 OLS 回归结果的 1.57 倍。

五、启示

市场化改革是一种从计划经济向市场经济过渡的、可以充分发挥一国包括市场潜力在内的市场力量的制度安排。然而，在现有文献缺乏关于市场化改革对经济增长影响机制研究的条件下，市场化改革是否通过发挥市场潜力的经济增长绩效效应而影响经济增长我们对此知之甚少。吕朝凤和朱丹丹(2016)构建了一个引入市场化、市场潜力与不完全契约的内生增长模型,从市场潜力的角度来考察市场化对长期经济增长的影响机制,并提出了一个关于市场化改革对经济增长影响机制的理论假说,即市场潜力扩大将提高经济的长期增长率,市场化程度的提高则通过扩大市场潜力对增长率的正影响,进而提高经济增长率。以此为基础,他们使用1999—2009年中国省区的38个工业行业数据,应用当前国际上较为流行的交互作用模型,对理论假说进行了检验;通过使用新民主主义经济时期私营商业发展水平、社会公德水平的无偿献血率作为地区市场化程度的工具变量,从而有效地控制了变量的内生性问题。检验证实,市场潜力是中国省区行业增长率的一个决定因素,并且市场化程度的提高会通过扩大市场潜力对经济增长率的正影响而提高经济增长率;在控制其他变量、内生性问题以及沿海内地间的地域差异之后,这一结果依然稳健。上述结果充分表明,市场化改革是通过扩大市场潜力的经济增长绩效而作用于经济增长的。

该文的政策含义是显然的。市场化改革作为一种制度安排,是决定市场潜力经济增长绩效的重要因素。因此,要充分发挥旨在统一大市场、消除地区市场分割、扩大市场潜力方面的市场建设增长促进效应,我国政府必须进一步着力推进我国市场经济制度改革,切实提高地区的市场化水平,以此促进地区经济的快速稳定协调发展。目前,中国经济转型还在进一步进行,以市场为中心的市场经济制度也得以确立,市场在消费品、生产资料价格的确定过程中占据了决定地位。但是我们也应该看到,中国的市场转型过程还远远没有完成,许多市场经济必需的制度还没有发育成熟,如金融体制仍然由国有银行主导,中央与地方政府的财政关系仍然未能很好地明确界定,地区间市场化改革推进力度差异性较大,监督机构的独立性仍然有待提高等(Naughton,2006),进一步的市场改革和制度化仍然是非常必要的。

六、结束语

吕朝凤和朱丹丹(2016)在不完全契约分析框架的基础上,构建了一个引入市场化进程的经济增长模型,从市场潜力的角度考察了市场化进程与经济增长的内在关系。他们的理论暗示,市场化水平的提高会促进一个国家或地区的经济增长,而市场潜力提高会进一步扩大市场化进程对经济增长的正效应。他们利用中国地区行业数据,对上述结论进行了实证检验。检验结果也支持了他们的理论预言。

然而,市场化改革影响经济增长的渠道和方式众多。市场潜力渠道很可能只是其中的一个渠道。例如,王永进和盛丹(2013)通过构造中国地级城市的产业聚集指标,认为从长期来看,信贷资源配置效应是能够促进行业快速发展的原因。此外,周业安和章泉(2008)利用1999—2004年市场化指数和中国省级面板数据分析发现,市场化改革对经济增长的影响依赖于各地区的财政分权水平;对于财政分权度高的地区,市场化进程对经济增长的促进作用显著为负。同时，杜雯翠和高明华(2015)以 2010—2012 年中国大陆省级行政区的宏观经济数据和企业家能力的微观数据为研究样本，通过构建理论模型和实证检验分析提出，不同市场化进程下企业家能力对经济增长有差异化贡献。因此，杜雯翠和高明华(2015)认为，企业家人力资本是市场化改革影响经济增长的有效方式。由此可见，对于市场化改革对经济增长影响渠道和方式的研究，将是一个长远而深刻的话题。

第四节　金融与增长

一、研究进展

(一)理论研究

目前，有一些学者借鉴金融学与制度经济学的最新研究进展，试图从不同角度建立金融发展与经济增长之间的联系。如 King 和 Levine(1993a,1993b)开创性地将金融发展引入经济增长模型，探讨了金融发展与经济增长之间的内在联系。他们指出，金融发展可以缓解企业创新中的融资需求与提高对新产品价值的准确评价(Schumpeter,1912)，促进技术创新与扩散(Schumpeter,1912;Tadesse,2002)，进而促进经济的长期增长。

一些学者注意到，良好的金融体系不仅可以成为缓解融资约束的重要工具，还可能分散企业所面临的经济风险进而提高企业效率，促进经济增长，如 Obstfeld(1994)和 Levine(1997)等。Acemoglu 和 Zilibotti(1997)从这一角度出发，指出由于发展中国家金融市场发展尚不充分，金融发展能够降低金融市场中证券融资的非系统性风险，扩大企业证券融资需求，提高其生产的持续性发展能力，从而促进短期增长(Dellas,Hess,2005)。他们的理论核心是引入如下方程：

$$\underset{F_t,\varphi_t}{\mathrm{Max}}\, A_t \times \log(RF_t + r\varphi_t) + (1 - A_t) \times \log(r\varphi_t) \tag{4-4-1}$$

$$\text{s.t. } A_t F_t + \varphi_t \leqslant w_t$$

其中，A_t 代表状态未定的中间产业数量，F_t 代表风险资产数量，φ_t 代表无风险生产所带来的回报。受限于新古典增长模型框架，这一理论暗示经济存在一个具备长期特征的稳态均衡，其人均资产和产出不会出现长期增长。然而，自 20 世纪 50 年代以来，世界经济基本上保持了 3%左右的长期经济增长率。Acemoglu 和 Zilibotti(1997)并不能对此进行解释，进而不能解释金融发展与一国长期增长之间的内在关系。

Murinde 和 Eng(1994)、Habibullah 和 Eng(2006)以 Shaw(1973)的债券中间品模型为基础进行研究，发现金融发展可以通过影响储蓄的投资转化效率及成本，进而提高信贷资金使用效率以及社会资本分配效率(Greenwood et al.,2010)，提高企业生产效率，促进长期增长。Murinde 和 Eng(1994)的思想如下：

$$Y_t = AK_t \tag{4-4-2}$$
$$\text{s.t. } I_t = K_{t+1} - (1-\delta) \times K_t ; \varphi S_t = I_t$$

其中 A 代表技术水平，K_t 代表资本水平，I_t 代表投资，S_t 代表储蓄，δ 代表折旧率，$1-\varphi$ 代表储蓄通过金融中介时损失的比率。Murinde 和 Eng(1994)强调在储蓄向投资转化的过程中，金融信贷及其方式是十分重要的(Bose，Pereira，2004)。在经济发展初期，应该选择信贷配给来促进经济增长；到一定阶段后，应该选择理性合同来调节信贷以促进资本积累与经济发展(Blackburn et al.,2005)。因此，金融发展对经济增长的影响，与经济发展阶段是密不可分的(Bose，Pereira，2004；Blackburn et al.,2005)。

此外，陆静(2012)基于内生经济增长基本原理，推导了存在金融中介的情况下稳态经济增长的路径，阐述了金融发展对经济增长正向推进作用的推理依据。其核心思想如下：

$$Y = e^A K_{it}^{\alpha} L_{it}^{\beta} F_{it}^{\Upsilon} \tag{4-4-3}$$

其中，Y 表示 GDP 总量，K 是固定资产投资额，L 为就业人口总量，F 指金融发展指数，A 反映 Hicks 中性技术进步的生产率。

Demirguc-Kunt 和 Maksimovic(1998)通过利用 30 个国家 1980—1991 的数据，研究金融发展对企业融资选择的影响。其模型核心思想如下：

$$y = \alpha_i \times \sum \beta_{ij} x_{ijt} \times \sum \Upsilon_{ij} m_{ijt} \times \sum \delta_{ij} t_{ijt} \times \sum \lambda_{ij} d_{ijt} \tag{4-4-4}$$

其中，y 代表企业杠杆，x_{ijt} 代表企业性质(利润率等)，m_{ijt} 代表宏观经济因素(增长率等)，t_{ijt} 代表税率，d_{ijt} 代表时间和国家虚拟变量。

Aghion 和 Mayer-Foulkes(2005)以约瑟夫·熊彼特经济发展模型为基础，从信贷市场不完全角度探讨金融发展对长期经济增长的影响。他们认为，金融发展可以缓解企业创新时所面临的信贷约束，促进企业创新以及生产率提高，后者正是长期经济增长的一个重要原因。他们的核心思想如下：

$$g_i - g_1 = \beta_0 + \beta_f F_i + \beta_y (y_i - y_1) + \beta_{fy} F_i (y_i - y_1) + \beta_x X_i + \varepsilon_i \tag{4-4-5}$$

其中，g_i 表示国家人均 GDP 的增长速度，F_i 表示金融发展的平均水平，y_i 表示人均 GDP 的初始对数，X_i 表示一组其他回归变量，国家 1 表示技术领先者。这暗示着，金融市场发展和人均 GDP 都会对一国经济增长速度产生直接影响。然而，Aghion 和 Mayer-Foulkes(2005)并没有对这一假设作直接性的检验，其正确性还有待进一步考察。

Xu 等(2021)研究企业生产力、创新和金融发展之间的因果关系。他们认为,发达的金融市场通过对创新活动的促进,提升经济体的创新水平,而创新的企业可以提高生产力,降低生产成本。因此,他们认为金融发展水平将提高企业的生产力水平。其核心思想如下:

$$A_i = g(\tau_i, X_{ijc})\exp(u_i),\text{其中},\frac{\partial g}{\partial \tau} \geqslant 0,\frac{\partial^2 g}{\partial \tau^2} \leqslant 0 \tag{4-4-6}$$

其中,A_i 代表企业的全要素生产率,τ_i 代表企业的创新水平,X_{ijc} 代表企业公司、行业或国家解释变量的矩阵。这暗示着,金融发展可能以创新水平为中介效应,促进企业全要素生产率的提升,降低企业的生产成本。

毫无疑问,以上文献丰富了我们对金融发展与经济增长关系的理解,具有重要的贡献。然而,这些文献大都以完全契约假说为基础,集中于金融发展与融资约束或者信贷约束缓解关系之上,并没有考察在契约不完全的条件下金融发展与经济增长之间的内在关系。而后者正是我们理解金融发展的重要作用的一个关键(谢平 等,2002)。

Sanfilippo-Azofra 等(2018)以 2000—2012 年 31 个发展中国家的 693 家商业银行为样本,分析金融发展如何影响发展中国家的银行借贷渠道。作者提出假设,在金融发展水平不同的国家及地区,其银行贷款渠道的有效性将存在差异。Sanfilippo-Azofra (2018)的核心思想如下:

$$\frac{\mathrm{d}\Delta \ln(\mathrm{loans})_{i,t}}{\mathrm{d}\Delta i_{m,t}} = \beta_1 + \beta_2 \mathrm{FD}_{m,t} \tag{4-4-7}$$

其中,$\Delta i_{m,t}$ 表示货币政策的改变,$\Delta\ln(\mathrm{loans})_{i,t}$ 表示银行贷款增长,$\mathrm{FD}_{m,t}$ 表示金融发展水平。该模型暗示着货币政策的改变对银行贷款增长的边际效应取决于金融发展水平。因此,不同国家或地区不同的金融发展水平会导致不同的银行贷款效率。

Madsen 等(2018)认为不平等对经济增长的影响难以捉摸。在研究中,他们提出不平等对经济增长的影响是以金融发展阶段为条件的。他们假设在低水平和中等水平金融发展的国家及地区,不平等影响了经济增长,但在高水平金融发展的国家及地区,不平等对经济增长的影响很小。Madsen 等(2018)选取了新古典主义增长模型进行分析处理,其核心思想如下:

$$Y(t) = K(t)^{\alpha} H(t)^{\beta} (A(t)L(t))^{1-\alpha-\beta} \tag{4-4-8}$$

其中,$Y(t)$ 代表总产出,A 代表技术水平,K 代表资本存量,L 代表劳动力,H 代表人力资本存量。

(二)实证研究

在考察金融发展与经济增长关系的检验中,学者们采用了不同的金融发展指标,包括银行业相关度,金融中介发展程度、金融自由化等指标。其中 King 和 Levine(1993a,

1993b)以 lly 代表正式金融中介部门规模(size of the formal fnancial intermediary sector)与 GDP 比例的对数作为金融发展指标,利用 1960—1989 年间的经济数据进行计量检验,其结果如下:

$$\text{growth}=\underset{(0.005)}{0.042}-\underset{(0.003)}{0.014}\times \text{lyo}+\underset{(0.02)}{0.013}\times \text{lsec}+\underset{(0.007)}{0.030}\times \text{lly} \quad (4\text{-}4\text{-}9)$$

其中,growth 代表经济增长率,lyo 代表期初实际 GDP 对数,lsec 代表期初中等教育人数的对数。式(4-4-9)括号内是相应估计系数的稳健性标准误。这表明一个国家或地区金融中介规模与 GDP 的比率越高,经济增长率也越高。他们的发现极大地推动了针对金融发展与经济增长关系的实证研究。

Rajan 和 Zingales(1998)打破了之前跨国总量数据的限制,利用跨国跨行业样本来研究金融发展与产业增长之间的关系。他们认为,如果金融市场发展能够通过缓解融资约束而影响经济增长,那么,如下的计量方程应该能够通过实证检验:

$$g_{ic}=\beta_i+\beta_c+\beta_1 d_i F_c+\Gamma' X_{ic}+\varepsilon \quad (4\text{-}4\text{-}10)$$

其中,i 和 c 分别代表行业和国家;ε 为误差项;g_{ic} 为国家行业的经济增长率,其测度公式为 $g_{ic}=(\ln Y_{i,c}^{t}-\ln Y_{i,c}^{0})/t$,$Y_{i,c}^{t}$ 为第 t 期 c 国家 i 行业 GDP 产出的实际值;$\ln Y_{i,c}^{0}$ 为期初 GDP 产出实际值 $Y_{i,c}^{0}$ 的对数;d_i 为行业 i 的外部融资依赖度;F_c 是国家 c 的金融发展水平;X_{ic} 为其他控制变量;β_i 和 β_c 表示行业和国家的固定效应。其中金融发展与外部融资依赖度的交互项 $d_i F_c$ 是核心解释变量,如果显著大于 0,那么外部融资依赖度高的行业在金融发展水平高的国家相对增长更快。他们对 1980 年代 55 个国家 36 个行业经济数据进行检验,计量结果如下:

$$g=\underset{(0.023)}{0.069}d_i F_c-\underset{(0.246)}{0.912}\ln y_0 \quad (4\text{-}4\text{-}11)$$

其中他们采用一个国家金融信贷与证券市场资本总额与 GDP 的比率来测度金融发展水平。式(4-4-11)括号内是相应估计系数的稳健性标准误。$d_i F_c$ 变量统计系数显著大于 0,表明金融发展的确通过缓解融资约束的渠道影响了一个国家的产业增长。

类似地,Tadesse(2002)通过分别构建金融市场发达国家和金融市场不发达国家的经济长期增长模型,指出不同金融发展程度的经济体会有不同的经济增长路径,其实证检验结果如下:

$$\begin{aligned}\text{GVADC}&=\underset{(4.93)}{0.08}\text{BB}+\underset{(4.12)}{0.037}\text{MB}\\ \text{GVADC}&=\underset{(5.87)}{0.063}\text{BB}+\underset{(3.69)}{0.005}\text{MB}\end{aligned} \quad (4\text{-}4\text{-}12)$$

GVADC 代表发达国家经济增长值(growth in value added for developed countries);BB 代表以银行行为为基础架构的国家(bank based);MB 代表以市场为基础架构的国家(market based);GVAUC 代表发展中国家经济增长值(growth in value added for underdeveloped countries)。式(4-4-12)括号内是相应估计系数的稳健性标准误对应的 T 值。该结果意味着,在金融体系发达的国家中,以市场为基础的金融构架的经济表现明显好于以银行为基础架构的国家。相反,在金融体系欠发达的国家中,以银行为基础的体系的国家的经济表现明显好于以市场为基础的体系结构的国家。

Maskus 等(2012)研究了 1990 至 2003 年间国际金融市场对 18 个经合组织国家 22 个制造业的研发强度的影响,并考虑了外部融资需求和有形资产数量等行业特征。他们发现,金融发展是增进研发强度的重要决定因素,其中,外国直接投资(FDI)又最为重要。他们的实证检验结果如下:

$$\underset{}{\text{FDIE}} = -\underset{(0.0223)}{0.1496}\text{ISGDP} + \underset{(0.0115)}{0.0194}(\text{ED} \times \text{FDIE}) - \underset{(0.0052)}{0.0191}(T \times \text{FDIE}) \qquad (4\text{-}4\text{-}13)$$

FDIE 代表外国直接投资额度(FDI equity);ISGDP 代表行业占 GDP 的比重(industry share in GDP);ED 代表对外依存度(external dependence);T 代表有形资产(tangibility)。式(4-4-13)括号内是相应估计系数的稳健性标准误。这意味着,在控制了国家、行业和年份特定的影响之后,交互项提供了关于国家内部跨行业差异的预测。估计结果表明,FDIE 与对外依存度之间的相互作用系数非常显著,而与有形资产相互作用的系数估计准确度降低,但仍然显著。这意味着,对于有形资产比例较低的行业,更多的 FDI 存量与更多的研发投资正相关。

Dutta 和 Meierrieks(2021)对 2004 至 2017 年间 136 个国家的金融发展对创业的影响进行了实证研究。通过(1)构建新的金融发展指数,(2)使用工具变量,(3)研究经济和政治机构的质量。他们提出假设,在经济和政治机构健全的情况下,较高的金融发展水平会导致较高的创业活动水平,其实证检验结果如下:

$$\text{ENT}_{it} = \underset{(0.054)}{0.152}\text{FD}_{it} + \underset{(0.008)}{0.015}\text{GDP}p.c. + \underset{(0.005)}{0.009}\text{EG} + \underset{(0.001)}{0.001}\text{TO} - \underset{(0.001)}{0.002}\text{TB} \qquad (4\text{-}4\text{-}14)$$

其中,ENT_{it} 代表 i 国家在第 t 年的新生企业密度,FD_{it} 代表金融爱好者指数,$\text{GDP}_{p.c.}$ 代表人均国内生产总值,EG 代表经济增长水平,TO 代表贸易开放水平,TB 代表税负水平。式(4-4-14)括号内是相应估计系数的稳健性标准误。实证结果表明更高水平的金融发展会带来更高水平的企业活动,这样的影响效应来自完善的信贷事项和较小的融资约束。

Mahmoud 等(2019)对 1980—2016 年埃及金融部门的发展和经济增长之间的关系进行实证检验。他们使用计量经济学的时间序列模型,对人均实际增长和金融发展水平进行双变量回归，以评估埃及的金融发展和经济增长之间的关系。其实证检验结果如下：

$$\underset{(0.559)}{GDPP=3.21}-\underset{(0.062)}{0.353}*LRGDPPC+\underset{(0.0232)}{0.0746}*m2gdp+\underset{(0.00147)}{0.00847}*Trend \quad (4\text{-}4\text{-}15)$$

其中，GDPP 代表人均 GDP 增长水平，LRGDPPC 代表人均 GDP 取对数，m2gdp 用以衡量金融发展水平。式(4-4-15)括号内是相应估计系数的稳健性标准误。该实证结果为收入增长和金融发展之间的联系提供了强有力的支持，然而，在实际收入增长与金融发展指数之间是否存在时间序列动态关系问题上，回归结果并不具有统计学意义。

Ebubekir 和 Burçay(2019)采用面板数据分析法研究了金融发展、金融创新和经济增长之间的关系。样本涵盖了 2003 到 2016 期间的 15 个国家。在该文献中，金融发展由四个部分组成：金融准入、金融深度、金融效率和金融稳定。其实证检验结果如下：

$$\begin{aligned}Growth=&\underset{(4.06)}{9.2553}+\underset{(1.98)}{0.0213}FI+\underset{(1.99)}{0.2159}FD+\underset{(3.57)}{0.6240}FE-\\&\underset{(-2.69)}{0.0231}FA-\underset{(-5.6)}{0.1751}FS+\underset{(2.42)}{0.2051}GS\end{aligned} \quad (4\text{-}4\text{-}16)$$

其中，FI 代表金融创新支出对数，FD 代表金融深度，FE 代表金融效率，FA 代表金融准入，FS 代表金融稳定性，GS 代表净储蓄。式(4-4-16)括号内是相应估计系数的稳健性标准误对应的 T 值。结果表明，金融创新与经济增长呈现显著正向关系。Ebubekir 和 Burçay(2019)指出，金融发展和金融创新都对经济增长有重大影响。

Pham(2019)对 1990—2014 年间 22 个经合组织国家进行实证检验，提出金融发展的影响随国家的碳强度和创新增长率的变化而变化。Pham(2019)认为，金融发展对生物质与非生物质可再生技术的发展具有重要意义。其实证检验结果如下：

$$PAT_{it}=\underset{(0.146)}{0.608}FMD_{it-2}+\underset{(0.401)}{1.061}EMS+\underset{(1.140)}{1.426}LS-\underset{(0.102)}{0.127}EP-\underset{(0.055)}{0.110}EPI \quad (4\text{-}4\text{-}17)$$

其中，PAT_{it} 代表 i 国家在第 t 年的可再生专利数量，FMD_{it-2} 代表金融发展水平，在该文中选取所有可再生能源技术的创新作为其衡量指标，EMS 代表能源市场规模，LS 代表生活质量水平，EP 代表电价，EPI 代表环境政策指数。式(4-4-17)括号内是相应估计系数的稳健性标准误。结果表明，金融发展对生物质与非生物质可再生能源技术的发展有积极和显著的影响。

鉴于以下两个重要原因：一是，技术创新已被普遍认为是一个国家经济增长的重要驱动因素，如 Romer(1990)、Grossman 和 Helpman(1991)和 Aghion 等(2005)；二是，在不完全契约的条件下，金融发展是否可以通过缓解市场交易费用而促进经济增长，并没有得到正面的回答，本节将在参考 Acemoglu 等(2007)的分析框架基础上，尝试构建一个引入金融发展、技术创新与不完全契约的内生增长模型,从不完全契约的角度直接探讨金融发展对长期经济增长的影响。我们希望这个模型能够给读者带来一些新的启示。

接下来,就吕朝凤(2017)构建的理论模型和实证过程进行详细介绍。

二、理论模型的构建

(一)居民

假设在一个社会中,每一个人都无弹性地提供1单位劳动以获得收入,最大化效用:

$$U=\int_0^{\infty} e^{-\rho t}\ \frac{(c_t)^{1-\sigma}-1}{1-\sigma}\mathrm{d}t;0>\sigma>1 \tag{4-4-18}$$

其中,c_t 表示消费者在 t 时期的总量消费,σ 和 ρ 分别表示跨时消费替代弹性和时间贴现率。

假设个人的预算约束满足:

$$\eta\dot{n}_t=W_t+\eta n_t(r_t-l(L_t))+\Gamma_t-c_t \tag{4-4-19}$$

其中,η 表示创新成本,$n_t=N_t/L_t$ 表示第 t 期人均的中间品种类数目,r_t 表示第 t 期的利率水平,Γ_t 表示红利收入,W_t 表示第 t 期的工资,L_t 表示第 t 期的总人口,$l(L_t)$ 表示第 t 期的人口增长率。①

新古典经济增长理论通常根据 Malthus 的经典人口增长模型,假定总人口的增长率为一个大于零的外生常数,暗示人口会无限增长。② 然而,这似乎不太符合现实,因为人口增长会受到资源、环境等方面的限制(如 Cohen,1995,2003 等)。与 Malthus 相反,Verhulst 提出了一个比较符合现实的"有限人口假设"(Guerrini,2010),即"如果总人口存在饱和状态,那么其就应该存在一个稳态"。由此,吕朝凤(2017)参考 Guerrini(2010)的方法,给定总人口服从:

$$l_t=\dot{L}_t/L_t=a-bL_t \tag{4-4-20}$$

其中,a 和 b 均是外生的常数,满足 $a>b>0$。式(4-4-20)是 Verhulst 方程,表明

---

① 通过对居民净收入与经济净产品之间、居民投资与科研花费之间均衡关系的转换,可以将居民个体的预算约束表达为资产的形式,对这一问题的详细探讨可参见 Garner(2010)。

② 事实上,Lutz 等(2001,第 543 页)指出:"世界人口预期将会在 2070 年达到最高的 90 亿人,随后开始逐渐下降";United Nations(2003,第 6 页,2004,第 12 页)进一步指出:根据预测结果,"世界人口将会在 2075 年达到最高的 92.2 亿人,随后开始下降,再逐渐上升,2300 年再次达到 89.7 亿",后者与 2050 年的世界人口数 89.2 亿相当。这些在表明世界人口具有"有界增长"的特征之外,也表明世界人口呈现出"S"曲线变动的特征。对世界人口的预测结果的进一步分析,可参见 United Nations(2003,2004)所编著的《World Population to 2300》。

总人口增长率随着人口增加而下降，以及总人口呈倒S曲线演化。由式子(4-4-18)可以得到最优的消费增长率：

$$g_t = \frac{\dot{c}}{c} = \frac{1}{\sigma}(r_t - \rho - a + bL_t) \qquad (4\text{-}4\text{-}21)$$

式(4-4-21)表明，越高跨时替代弹性、越低时间贴现率与折旧率，消费增长率越大；反之，消费增长率越小。另外，经济增长率与总人口正相关，并由于总人口呈倒S形，因此这一模型能够克服规模递增缺陷，呈现出收敛特征(Guerrini，2010)。

(二)最终产品生产

参考 Acemoglu 等(2007)，给定在最终产品生产部门中，中间品 $K_{i,t}$($i \in \text{I} = [0, N_t]$)、劳动力 L_t 用于生产。假设劳动力市场是完全的，且生产函数满足：

$$Y_t = A\,L_t^{\,1-\alpha}\left[\int_0^{N_t} K_{it}^{\alpha}\,\mathrm{d}i\right];1 > \alpha > 0 \qquad (4\text{-}4\text{-}22)$$

式(4-4-22)表示 N_t 种中间品是可彼此替代的，并且均由中间品供应商提供。这样的生产函数不仅可以体现技术创新对企业生产的影响(Romer，1990)，还可以抓住企业生产过程中面临的契约完善程度特征。

为了刻画这一契约特征，吕朝凤(2017)假设存在两类中间品，其中第一类中间品 K_{it}($i \in [0, \chi_t]$)是可观察的与证实的，因此可以签订完全契约；相反，第二类中间品 K_{it}($i \in (\chi_t, N_t]$)是不可观察的与不可证实的，在生产过程中面临着契约不完全，只能通过事后讨价还价谈判来确定。A 为外生的参数。$\alpha < 1$，表明资本品的边际生产率是递减的。$\bar{\chi} = \chi_t / N_t$ 为一个常数，表示最终品 Y_t 所投入的中间品中属于完全契约中间品 K_{it}($i \in [0, \chi_t]$)的范围，$\bar{\chi}$ 越大表示最终品 Y_t 更加密集地签订契约来使用中间资本品。因此，$\bar{\chi}$ 作为 K_{it}($i \in [0, \chi_t]$)的投入密集度也就可以被理解为 Y_t 的契约密集度(Acemoglu et al.，2007)。接下来，吕朝凤(2017)进一步探讨制造商与供应商之间的讨价还价及求解模型均衡。

事件的过程分为三个阶段：第一阶段：制造商与中间品供应商签订契约，规定从市场中雇用的劳动力 L_t、中间资本品 K_{it}($i \in [0, \chi_t]$)的投入数量以及企业对中间品供应商的一次性支付 T。[①] 由于 K_{it}($i \in (\chi_t, N_t]$)为不可签约的，因此契约只能就 L_t、K_{it}($i \in [0, \chi_t]$)的投入量做出规定(Acemoglu et al.，2007)。第二阶段：企业将劳动力 L_t 以及中间投入 K_{it}($i \in [0, \chi_t]$)和 K_{it}($i \in (\chi_t, N_t]$)共同投入生产。第三阶段：企业将最终产品售出，获得收入 Y_t。此时，由于 K_{it}($i \in (\chi_t, N_t]$)的不可签约性，企业与中间品供应商将通过纳什讨价还价划分总收益，且双方的讨价还价能力、偏好都是对

① 需要指出的是，支付 T 是指期末时中间品供应商实际得到的转移支付，其可能是正的，也可能是负的。对此问题的进行探讨，可参见 Acemoglu 等(2007)的分析。

称的。

接下来,吕朝凤(2017)探讨了满足上述三个阶段均衡的SSPE均衡。

首先,对事后收益分配规则的刻画。吕朝凤(2017)参照Acemoglu等(2007),给定供应商进行此类中间品的专用性投资以获得事后分配利润的权利。同时,假设投入$K_{it}(i \in (\chi_t, N_t])$可以被法庭(第三方)证实的概率为$\varphi$。在事后讨价还价的过程中,如果投入$K_{it}(i \in (\chi_t, N_t])$为法庭所证实,那么中间品生产商得到所有收益($Y_t - T_F - W_t L_t$),其中$T_F$为制造商期初时所支付的转移支付;①如果投入$K_{it}(i \in (\chi_t, N_t])$不能为法庭所证实,那么双方获得的收益由Nash讨价还价的结果确定。由此吕朝凤(2017)得到中间品供应商在事后获得的预期收益Y_t^m和利润π_t^m分别为:

$$Y_t^m = \varphi(Y_t - T_F - W_t L_t);\varphi = (1+\varphi)/2 \tag{4-4-23}$$

$$\pi_t^m = Y_t^m - \int_{\chi_t}^{N_t} P_{it} K_{it} \mathrm{d}i \tag{4-4-24}$$

其中,φ代表实施资产专用性投资的中间品供应商所获得的事后收益分配比率。由式(4-4-23)、(4-4-24)可得,中间品供应商的利润最大化的一阶条件如下:

$$\varphi\alpha A\, L_t^{(1-\alpha)} K_{mt}^{(\alpha-1)} = P_{mt};m \in (\chi_t, N_t] \tag{4-4-25}$$

其次,制造商将劳动力L_t、中间资本品$K_{it}(i \in [0, \chi_t])$和$K_{it}(i \in (\chi_t, N_t])$投入生产,获得如下产出:

$$Y_t = Y_t(K_{it}, i \in \mathrm{I}, L_t) = A\, L_t^{1-\alpha}[\int_0^{N_t} K_{it}^{\alpha} \mathrm{d}i] \tag{4-4-26}$$

再次,中间品供应商的参与约束如下:

$$Y_i^m + T \geqslant \int_0^{\chi_t} P_{ft} K_{ft} \mathrm{d}f + \int_{\chi_t}^{N_t} P_{mt} K_{mt} \mathrm{d}m \tag{4-4-27}$$

最后,在利润最大化条件下,企业与中间品供应商签订协议,规定中间品$K_{it}(i \in [0, \chi_t])$的投入数量,以及一次性的转移支付$T_F$、$L_t$的投入数量。参考Acemoglu等(2007)的研究,假设金融市场存在不完全性,为了使供应商在期末时得到转移支付T,制造商在期初必须支付$T_F = (1+\gamma)T$的转移支付,γ越小金融发展水平越高,且$0 < \gamma < 1$。可得其利润最大化问题的表述如下:

$$\underset{L_t, K_{ft}, f \in [0, \chi_t], T}{\mathrm{Max}} \pi_t = Y_t(K_{it}, i \in \mathrm{I}, L_t) - WL_t - Y_t^m - T_F \tag{4-4-28}$$

s.t.式(4-4-23)、式(4-4-25)至式(4-4-27):

---

① 期初支付T_f是指制造商为了使中间品供应商在期末获得T的转移支付,以获得不可签约中间品的使用权,而在金融市场不完全的条件下期初需要支出的转移支付。对此问题的进行探讨,可参见Acemoglu等(2009)的分析。

$$T_F=(1+\gamma)T$$

由此，吕朝凤(2017)得到制造商的利润最大化条件分别是：

$$\frac{\alpha}{1+\gamma}A\,L_t^{(1-\alpha)}K_{ft}^{(\alpha-1)}=P_{ft},f\in[0,\chi_t],$$

$$\frac{(1-\alpha)Y_t(K_{it},i\in \mathrm{I},L_t)}{L_t}=W_t,\frac{\alpha}{1+\gamma}A\,L_t^{1-\alpha}(\int_0^{\chi_t}K_{it}^{\alpha}\mathrm{d}i)=T \tag{4-4-29}$$

式(4-4-29)表明，虽然中间品 $K_{i,t}(i\in[0,\chi_t])$ 是可观察与契约完全的，但由于金融市场发展不完全会导致企业在期初订立契约时的支付与供应商得到的实际支付之间存在摩擦，所以相比标准的边际成本定价公式，在契约不完全的条件下，其边际价格与完全市场中的并不相同。式(4-4-29)表明由于在转移支付的过程中会面临金融市场摩擦，企业所面临的金融市场不完全问题也会提高企业的交易成本，进而引致生产成本上升、期末的转移支付下降，中间品生产与交易量降低，即金融发展水平越高或 γ 越小，交易成本越小、转移支付越大，中间品生产与需求量增加。

在给定 $\{P_{it},i\in \mathrm{I};W_t\}$ 的条件下，同时满足式(4-4-23)、式(4-4-25)至式(4-4-29)的内生变量 $\{K_{ft},f\in[0,\chi_t];K_{mt},m\in(\chi_t,N_t];W_t;L_t;T_t\}$ 即是上述模型的 SSPE 均衡解。

(三)中间品生产

参考 Tsoukis 和 Miller(2008)的方法，假设中间品 i 的生产者拥有中间品 K_i 生产和销售的垄断权。第 i 种中间品被发明出来之后，生产成本为边际成本 1，生产函数是线性的 $K_{it}=Y_{it}$ 。给定发明者在发明该中间品时面临着不确定性与信息不对称。为了刻画这一不确定性，参考 Bolton 和 Dewatripont(2004)的研究，假定中间品有两种可能的类型：可签约和不可签约的中间品，其概率密度在 $J\in[0,N_t]$ 上连续分布。鉴于此，对于任一中间品 $K_{it}(i\in \mathrm{I})$，中间商最大化其发明该种中间品可获得报酬的现值，即：

$$\underset{K_{it},i\in \mathrm{I}}{\mathrm{Max}}V_t=\int_t^{\infty}\frac{1}{N_t}(\int_0^{\chi_t}P_{fv}K_{fv}-K_{fv}\mathrm{d}f+\int_{\chi_t}^{N_t}P_{mv}K_{mv}-K_{mv}\mathrm{d}m)e^{-\bar{r}(v,t)\times(v-t)}\mathrm{d}v \tag{4-4-30}$$

其中，$\bar{r}(v,t)=[1/(v-t)]\int_t^v \bar{r}(v,t)\mathrm{d}v$ 。由此可得中间品制造商的利润最大化条件如下：

$$\frac{\alpha\alpha}{1+\gamma}A\,L_v^{(1-\alpha)}K_{fv}^{(\alpha-1)}=1;f\in[0,\chi_t] \tag{4-4-31}$$

$$\varphi\alpha\alpha A\,L_v^{(1-\alpha)}K_{mv}^{(\alpha-1)}=1;m\in(\chi_t,N_t] \tag{4-4-32}$$

式(4-4-31)表明 γ 越小或金融发展水平越高，$K_{fv}(f\in[0,\chi_t])$ 越大，即金融发展可以扩大中间品 $K_{fv}(f\in[0,\chi_t])$ 的生产。利用式(4-4-31)、式(4-4-32)和对称性，可

得中间品的最优解 $K_{f\nu}^{*}(f \in [0,\chi_t])$ 和 $K_{m\nu}^{*}(m \in (\chi_t, N_t])$。从而可得发明者的期望净现值为：

$$V_t = (1-\alpha)(\alpha)^{\frac{1+\alpha}{1-\alpha}}(A)^{\frac{1}{1-\alpha}}[\bar{\chi}(1+\gamma)^{\frac{-1}{1-\alpha}} + (1-\bar{\chi})\varphi^{\frac{1}{1-\alpha}}]\int_t^{\infty} L_v e^{-r(v,t)\times(v-t)}\,\mathrm{d}v \tag{4-4-33}$$

式(4-4-33)表明金融发展可以通过提高制造商的中间品需求而扩大中间品厂商的创新收益,从而促进其技术创新。吕朝凤(2017)参考 Tsoukis 和 Miller(2008)的研究,进一步假设发明者是自由进入的,所以任何人可以支付 R&D 成本 η 而获得式(4-4-33)的期望净现值。由此在均衡的条件下,可得：

$$r_t = \frac{1-\alpha}{\eta}(\alpha)^{\frac{1+\alpha}{1-\alpha}}(A)^{\frac{1}{1-\alpha}}[\bar{\chi}(1+\gamma)^{\frac{-1}{1-\alpha}} + (1-\bar{\chi})\varphi^{\frac{1}{1-\alpha}}]L_t \tag{4-4-34}$$

结合式(4-4-34),对式(4-4-21)求偏导数,不难得出如下结论：

命题 1：$\partial g/\partial\gamma < 0$,即金融发展水平越高即 γ 越小,经济增长率越高。

上述命题表明,金融发展水平高的地区的经济增长更快。其基本含义是：在契约不完全的条件下,金融发展水平高的地区能够减少制造商在对中间品供应商的一次性支付过程中所面临的金融摩擦,降低其交易成本,增加制造商的中间品需求量,扩大中间品交易,提高中间品制造商的创新收益,促进其技术创新,所以金融发展水平的提高能够促进地区的经济增长。

命题 2：$\partial^2 g/\partial\gamma\partial\bar{\chi} < 0$,即契约密集度 $\bar{\chi}$ 越高,金融发展对经济增长率的影响越大。

命题 2 表明,金融发展水平高的地区不仅经济增长率更高,而且从行业层面来看,这些地区还将更多地生产高契约密集度行业的产品。该命题背后的经济学解释是：在契约不完全的条件下,一个行业的契约实施越宽泛或密集度越高($\bar{\chi}$ 越大),行业生产中签订契约的部分在总投入中所占比重越高,企业为了激励中间品供应商进行市场交易,同时获得不可签订与可签订契约部分中间品的使用权,必须支付的转移支付与交易成本越高,则该行业对地区金融发展的反应更加敏感。因此,契约密集度高的行业将更加集中在金融发展水平高的地区。

四、实证检验

(一)计量模型的确定

吕朝凤(2017)借鉴 Rajan 和 Zingales(1998)的研究思路,采用产业特征和地区特征的交互项(即乘积项)作为关键解释变量。具体计量模型设定如下：

$$g_{ic} = \beta_i + \beta_c + \beta_1 z_i F_c + \Gamma' X_{ic} + \varepsilon \tag{4-4-35}$$

其中，i 和 c 分别代表行业和地区；ε 为误差项；g_{ic} 为地区行业的经济增长率，其测度公式为 $g_{ic}=(\ln Y_{i,c}^{t}-\ln Y_{i,c}^{0})/t$，$Y_{i,c}^{t}$ 为第 t 期 c 地区 i 行业 GDP 产出的实际值；$\ln Y_{i,c}^{0}$ 为期初 GDP 产出实际值 $Y_{i,c}^{0}$ 的对数；z_i 为行业 i 的契约密集度；F_c 是地区 c 的金融发展水平；X_{ic} 为其他控制变量；β_i 和 β_c 表示行业和地区的固定效应，以控制影响地区产业增长的其他产业或地区特征。① 其中金融发展与契约密集度的交互项（z_iF_c）的估计系数 β_1 是吕朝凤(2017)关注的焦点。如果该系数显著为正，则表示契约密集行业在金融发展水平高的地区相对增长更快，从而通过各个行业在契约密集程度上的差异，地区间的金融发展水平差异转化为产业的增长率差异，金融发展具有“增长效应”。这就同时验证了吕朝凤(2017)的两个主要结论。

（二）变量测度

学者们普遍认为传统的选取 M1/GDP、M2/GDP 作为金融发展水平的替代指标方法（如 King，Levine，1993a 等），忽略了对金融发展过程中金融深化的考量，存在较大的缺陷，如 Beck 等(2000)等。Levine(1997)参考 Goldsmith(1969)的研究方法，采用金融相关度来测度各国的金融发展水平。值得一提的是，这一指标针对的是一国整体的金融发展，而非一国内部的省区，所以杨国辉和孙霞等学者指出该指标在测度中国省区金融发展水平时存在较大的偏差。由此，他们参考李林等(2011)的研究方法，采用各省区的银行业发展水平作为金融发展水平的替代指标（F_c），并用金融机构的存贷款余额的对数测度。

吕朝凤(2017)进一步地参考 Hall 和 Jones(1999)的研究，构造我国各省区金融发展水平的（横向）相对指数，即

$$F_c=RF_c/\mathrm{Max}\{RF_c\} \tag{4-4-36}$$

对于契约密集度，吕朝凤(2017)采用 Nunn(2007)的相关数据。其测度公式与本章第二节的相同。同时，由于我国当前的统计数据中缺少对 R_j^{neither} 的统计，使该文难以完成 z_i 的测算。因此，吕朝凤(2017)采用了 Nunn(2007)的行业契约密集度。②

（三）数据来源

吕朝凤(2017)选取 1999—2009 年中国各省各行业的工业企业数据，包括工业企业总

---

① 根据 Gao(2004)等人的研究，包括总人口、基础设施等因素在内的地区特定变量对产业增长有重要影响。从计量经济学的角度来看，作为行业和地区固定效应参数的 β_i 和 β_c 正好可以控制影响地区产业增长的其他产业或地区特征。

② 吕朝凤(2017)采用的是按照我国国民工业行业分类调整之后的、Nunn(2007)整理的美国工业行业契约密集度数据，因此，吕朝凤将其设定为外生变量。实际上，这一做法是参考了 Rajan 和 Zingales(1998)、Nunn(2007)的研究。后者直接将反映行业特征的契约密集度作为外生变量，采用契约执行效率与契约密集度交互项作为出口贸易对数的解释变量，来检验契约执行效率与比较优势之间的关系；而 Rajan 和 Zingales(1998)则在整理出美国工业行业的外部融资依赖度之后，用排除美国样本之后的跨国数据对金融发展与外部融资依赖度的交互项和经济增长率进行回归，并先验地认为外部融资依赖度是外生的。

产值、固定资产、工资总额、就业人口等，这些数据均来自《中国工业企业数据库》。[①] 由于西藏对于该文观察数据如金融发展水平等存在数据缺失问题，故数据样本包含了中国除西藏以外的 30 个省（自治区、直辖市）的数据。吕朝凤统一选取工业总产值作为工业产出的替代指标，统一采用 PPI 作为折算指标，以计算分省份行业的实际产出增长率。后一个数据来源于 2000—2010 年的《中国统计年鉴》。同时，他还参考 Rajan 和 Zingales（1998）的方法，删除了产出的 10 分位数以下、90 分位数以上的极值样本，从而避免了生产的极值样本可能对行业整体样本产生的有偏影响。[②] 另外，根据会计原则，吕朝凤删除了流动资产或固定资产大于总资产的样本。中国各省区金融机构存、贷款余额来源于各年的《中国金融统计年鉴》；金融市场化指数来源于樊纲等（2011）编著的《中国市场化指数》。

对于行业变量选取，吕朝凤（2017）主要参考了中国工业企业数据库对于行业的划分标准，为了与 Nunn（2007）中行业契约密集度指标数据相一致[③]，选取以下 33 个行业作为研究对象，即煤炭开采和洗选业，石油和天然气开采业，黑色金属矿采选业，有色金属矿采选业，非金属矿采选业，农副食品加工业，食品制造业，饮料制造业，烟草制品业，纺织服装、鞋、帽制造业，皮革、毛皮、羽毛（绒）及其制品业，木材加工及木、竹、藤、棕、草制品业，造纸及纸制品业，印刷业和记录媒介的复制，文教体育用品制造业，石油加工、炼焦及核燃料加工业，化学原料及化学制品制造业，医药制造业，化学纤维制造业，橡胶制品业，塑料制品业，非金属矿物制品业，黑色金属冶炼及压延加工业，有色金属冶炼及压延加工业，金属制品业，通用设备制造业，专用设备制造业，交通运输设备制造业，电气机械及器材制造业，通信设备、计算机及其他电子设备制造业，仪器仪表及文化、办公用机械制造业，工艺品及其他制造业，电力、热力的生产和供应业。表 4-4-1 报告了各个变量的描述性统计量。

表 4-4-1　各变量的描述统计

变量	单位	均值	最大值	最小值	标准差
g_{ic}	1	0.14	0.89	−0.31	0.12
z_i	1	0.44	0.89	0.05	0.21
F_c	1	0.81	1.00	0.55	0.10

① 这一数据库是基于企业的微观数据，包含了中国工业总产值 95%以上的工业企业，因此，其除了与《中国工业统计年鉴》的覆盖范围一致之外，相对于《中国工业统计年鉴》中行业总量统计结果，更能从企业层面准确反映中国工业行业的现状与特征，也更便于对极值样本的处理（Rajan，Zingales，1998）。吕朝凤（2017）能够获得数据的最新年份为 2009 年。

② 参见 Rajan 和 Zingales（1998），吕朝凤（2017）在稳健性检验中探讨了完整样本数据的统计结果，以进一步增强模型实证结果的稳健性。

③ 关于契约密集度指标详细的细分目录介绍，可参见 Nunn（2007）。

五、计量结果

(一)初步回归结果

表4-4-2(Ⅰ)中组合(1)是在不加入其他控制变量的情况下,地区行业的经济增长率与金融发展和契约密集度的交互项单独进行回归的结果。结果显示,金融发展和契约密集度的交互项显著为正并且在5%水平上显著,这与理论的预期是一致的。这表明对于契约密集度比较高的行业,工业企业在高金融发展水平地区面临的交易成本较低,市场交易扩大,企业创新收益增加,技术创新与生产率提高,进而提高了这些地区的长期经济增长率,金融发展对省区经济具有"增长效应"。由此,本研究从不完全契约的角度,发现金融发展的差异是我国地区经济增长差异的重要原因。这是之前的研究所忽略的。

在表4-4-2(Ⅰ)组合(2)中引入了控制变量,金融发展和契约密集度的交互项的乘数仍然非常显著,这表明金融发展与地区经济增长率之间的关系是相当稳健的。此外,相对于其他控制变量,金融发展交互项对地区行业增长率差异有较强的解释力,对经济增长有重要的影响,这也是之前的研究所忽略的。

表4-4-2 初步回归与两阶段最小二乘法回归结果

变量	(Ⅰ)初步回归		(Ⅱ)ITVLS	
	(1)	(2)	(3)	(4)
z_iF_c	0.58** (2.49)	0.67*** (3.13)	1.02*** (4.13)	1.20*** (5.35)
控制变量	无	有	无	有
D-W-H检验			24.05 (0.00)	22.35 (0.00)
识别不足检验			137.56 (0.00)	124.67 (0.00)
弱识别检验			108.44 (0.00)	90.58 (0.00)
过度识别检验			0.17 (0.68)	0.01 (0.92)
地区固定效应	有	有	有	有
行业固定效应	有	有	有	有
R^2	0.41	0.65	0.40	0.64
样本量	932	932	932	932
z_iCSPS_c			√	√
z_iPI_c			√	√

续表

变量	（Ⅰ）初步回归		（Ⅱ）ITVLS	
	（1）	（2）	（3）	（4）
R^2			0.994	0.994
F			3174.51	2410.59

注：估计系数的括号内是估计参数的T值，*** 代表通过1%显著性水平检验，** 代表通过5%显著性水平检验，* 代表通过10%显著性水平检验；D-W-H、识别不足、弱识别与过度识别检验统计量的括号内是统计值的相伴概率。对于金融发展水平 F_c 工具变量的构建，吕朝凤(2017)借鉴了Nunn(2007)的处理方法。R^2 与 F 分别代表的是对 z_iF_c 第一阶段回归的拟合优度与 F 统计量(Nunn,2007)。

（二）内生性问题及处理

吕朝凤(2017)提出，社会生产与金融发展之间可能存在双向因果关系，即社会生产增加可能会进一步促进地区的金融发展水平提高(Aghion et al.,2005)。为了尽可能地降低估计的偏倚，吕朝凤(2017)从一国内部地区的角度出发，采用20世纪初中国各省区基督教高级教会小学注册学生数在当地人口中的比例($CSPS_c$)、各省区新民主主义经济时期的地区私营工业发展水平(PI_c)作为工具变量来克服金融发展的内生性问题。

关于金融发展的D-W-H检验拒绝该变量是外生的这一判断，[①]表4-4-2(Ⅱ)报告了使用该文选取的两个工具变量进行两阶段最小二乘估计结果。当然，工具变量的有效性还有待于严格的计量检验。为此，吕朝凤也在表4-4-2(Ⅱ)中对工具变量进行了弱识别、识别不足检验和过度识别检验，并报告了相应的LM、Wald F、Hansen J统计量的统计值及相伴概率。其中，弱识别检验的原假设是工具变量与内生变量弱相关，若拒绝原假设，则表明工具变量与内生变量具有强相关性，是强工具变量；识别不足检验和过度识别检验都是为了检验工具变量的内生性，其中若拒绝识别不足检验的原假设，并接受过度识别检验的原假设，则表明工具变量是外生的。表4-4-2(Ⅱ)的检验结果表明，吕朝凤(2017)所选用的工具变量不仅是严格外生的，而且与内生变量高度相关，是强工具变量。

与表4-4-2(Ⅰ)的结果相比，表4-4-2(Ⅱ)中金融发展和契约密集度的交互项系数在各回归组中都有较大幅度提高。这表明，对于金融发展而言，金融发展的内生性使得最小二乘估计产生向下偏移，从而倾向于低估金融发展对经济增长率的作用；同时，各组合中金融发展水平交互项的估计系数在显著性上也有较大幅度的提高。各组合的拟合优度均保持在40%以上，各组合的拟合优度并没有明显的下降。这些表明选取的两个工具变量在一定程度上能够较为有效地处理回归模型中的内生性问题，提高了模型对中国各地区行业经济增长率的解释力。

---

① 对于存在异方差模型，传统的豪斯曼检验是失效的。

六、启示

金融发展是除物质资本与人力资本之外的决定国民经济增长绩效的重要因素。现有的金融发展文献大都以完全契约假说为基础，集中于探讨金融发展如何通过缓解外部融资约束与信贷约束而影响经济增长绩效。吕朝凤(2017)在已有文献的基础上，尝试从不完全契约的角度发展一个考虑了金融发展、技术创新与不完全契约的内生增长模型来考察金融发展对长期经济增长的影响。理论研究表明，在契约不完全的条件下，金融发展将会提高经济的长期增长率；并且契约密集度越高，其对长期增长率的正影响越大。

在理论研究的基础上，吕朝凤(2017)使用1999—2009年间中国省区的33个行业数据，应用当前国际学术界普遍采用的交互作用模型对理论分析的两个主要结论进行了检验。他使用20世纪初地区基督教高级教会小学注册学生数在当地人口中的比例、新民主主义经济时期私营工业发展水平两个变量作为地区金融发展水平的工具变量，从而有效地控制了变量的内生性问题。研究证实，金融发展是中国省区经济增长的一个重要决定因素，并且其对地区经济增长的正影响随着行业契约密集度的增大而提高；在控制变量内生性问题之后，这一结果依然稳健。

上述结论的政策启示是：金融发展是决定经济增长绩效的重要因素，虽然自改革开放以来，中国总体金融发展水平不断提高，成为推动中国经济增长的重要动力之一。然而，中国与金融制度较为成熟的发达国家相比，还存在较大的差距，更重要的是中国各省区的金融发展水平存在巨大差距，成为影响中国地区发展不平衡的重要原因。所以，必须从两个方面入手，进一步推动中国的金融发展和充分发挥金融发展的增长效应，以此促进区域经济的协调发展，缩小地区差距。首先，从宏观层面来讲，要努力促进地区的金融发展。对此，中国政府应该继续深化金融体制改革，切实推动金融市场化、自由化与国际化，提高金融机构对非国有经济的信贷支持，适度放宽企业上市的限制，提高资本市场运行的规范化，以降低企业的市场交易成本。与此同时，由于金融发展的效果会受到契约的实施宽度影响，因而要充分发挥金融发展的增长促进效应，还必须提高行业的契约密集度。为此，政府部门必须构建系统、完善的行业规范，确保更多的产品和交易纳入法律的管辖范畴，并引导企业规范经营，以逐步推动整个行业契约化、法制化运行。

七、结束语

吕朝凤(2017)在不完全契约分析框架的基础上，构建了一个引入金融市场发展的经济增长模型，从交易成本的角度考察了金融发展与经济增长的内在关系。其理论暗示，金融发展会促进一个国家或地区的经济增长，而契约密集度的提高会进一步扩大金融发展对经济增长的正效应。他利用中国企业数据，对上述结论进行了实证检验。检验结果也支持了其理论预言。

然而，金融发展影响经济增长的渠道和方式众多，缓解交易成本很可能只是其中的一个渠道。例如，李钊和王舒健(2005)以中国山西省为研究对象，通过两部门模型，揭示了金融发展通过外部性和部门要素边际生产力差异影响经济增长。此外，庄毓敏等(2020)以中国31个省份2008—2016年的面板数据进行实证检验分析，通过在一般均衡模型中引入银行部门，并考察金融发展对企业创新和经济增长的影响，提出金融发展能够有效促进经济增长，而企业研发创新在其中发挥了重要的中介作用，揭示了"金融发展—企业创新—经济增长"的内生性传导机制。因此，还需要对金融发展与经济增长的关系展开更进一步的研究。

本章小结

本章的内容围绕制度变迁对经济增长的影响而展开，分别分析了社会信任、市场化改革、金融发展对经济增长的影响渠道和路径。但是，林毅夫(2018)在分析中国经济增长变化趋势与成因时，基于新结构经济学的视角，提出了不同的观点。

1978—2016年，中国经济平均增速是9.6%，但是从2010年以后就逐年下滑。各国经济学家纷纷寻求答案，现今较为主流的观点有两种：一是认为中国的内部性、体制性和结构性的原因造成了经济增长的波动；二是认为中国经济增长速度的下滑主要是由外部性和周期性因素造成的。以林毅夫为代表的新结构经济学持后面这种看法。

当前，中国经济仍然面临着体制性、机制性、结构性的问题，但作为一个转型中的发展中国家，中国的改革在不断深化。早在20世纪八九十年代时期，中国的体制性、机制性问题就尤为严重，因此，2010年之后体制性问题严重这种说法并无道理。除此之外，从全球的视角来看，2010年之后，除了中国的经济增长速度持续下滑，俄罗斯、巴西、印度等国家的经济增长速度也在下滑，且其下滑幅度更甚于中国。新加坡、中国台湾、韩国等高收入经济体在同样的时期，也经历了经济的急剧下滑。以上各经济体的机制不尽相同，但是它们都与中国有共同的经济表现，因此，造成这种现象的原因一定是某种外部性原因，或者也可以称之为周期性原因。

分析经济增长问题，首要的任务是分析造成经济波动的原因。寻找原因的目的是更好地掌握未来的发展，这就要求我们更深刻了解何为"有效市场"与"有为政府"的紧密配合。

首先，各地方政府如何发挥出"有为政府"的作用从而促进经济发展，新结构经济学提出了“因势利导”的核心办法。“因势利导”主要针对具有比较优势的地区或者产业。若想缩小地区与发达国家或发达地区之间的差距，首先要培养人才，引进技术，购买专利。这就要求该区域或产业充分了解自身的要素禀赋和比较优势，量身定制一套自身的发展战略。

其次，“有效市场”的重要性在于，引导各地区按照自身要素禀赋来选择产业和发展路径，进而生产出的产品在国内和国际市场成本最低，竞争力最强。总的来说，较贫困地区的比较优势会从劳动或自然资源密集型产业逐步转变为资本密集型产业。因此，各区域按照要素禀赋选择比较优势产业的前提是要拥有一个“有效市场”。

在经济新常态下，我国处于大有作为的战略机遇期。因此，对中国经济增长的影响因素及影响渠道进行研究就具有了重要的经济及政策意义。在此基础上，厘清中国经济波动原因之后，发挥好“有效市场”和“有为政府”两只手的作用，立足各区域的要素禀赋发挥比较优势，推动区域间产业转型升级，将是实现中华民族伟大复兴的重要途径。

习题

4.1 人口变迁方程的重要性(Tsoularis，2001)。给定式(4-2-17)的人口变迁模型为 $l_t=\dot{L}_t/L_t=a\times(1-L_t/K)$，其中 K 代表一个国家对人口增长的环境承载力(carrying capacity)。要求：

(1)给定初始人口为 L_0，求解人口增长方程。

(2)给定初始人口和资本分别为 L_0 和 K_0，求解最优化经济增长率。

(3)若给定 $l_t=\dot{L}_t/L_t=aL_t{}^{\beta(1+\gamma)}\times(1-(L_t/K)^{\beta})^{\gamma}$，其中参数 $\gamma<1+1/\beta$。求解最优经济增长率。

4.2 社会信任与教育价值(Bjornskov，2009)。给定 l 代表教育水平、m 和 n 分别代表受到教育和未受到教育的个体。给定生产函数为 $y=n^{\delta}\times(mbl^{\alpha}(\varphi+(1-\varphi)\sigma))^{\beta}$，其中 $\alpha>0$、$b>1$ 和 $\sigma<1$；φ 代表受教育居民信任价值，服从 $\varphi=\omega+(1-\omega)\theta$，其中 $\omega>0$ 且 $\omega<1$。其利润函数为 $\pi=y-w_1m-w_0n-\theta c\times m-i$，其中 c 信任那些雇佣的受教育个体所带来的成本，i 为投资，w_1 和 w_0 分别为工资水平。b 代表生产率水平，服从 $b=b_{-1}+\mu i$，其中 $\mu>0$。

(1)请说明模型中信任的价值体现在哪些方面。

(2)求解最优产出和投资。

(3)求解均衡产出和投资增长率。

4.3 社会资本与经济增长(Akcomak，Weel，2009)。效用函数服从式(4-2-15)，给定生产函数为 $y=AK^{\alpha}L^{1-\alpha}$，其中 $\alpha>0$ 为资本产出弹性参数，K、L 分别代表物质资本和投入最终生产的劳动力；$\dot{A}=\delta L_A A^{\varphi}S^{1-\varphi}$，其中，$\dot{A}=A_{t+1}-At$，其中 t 表示期，$L_A$ 代表投入 R&D 创新部门的劳动力；S 代表包含信任在内的社会资本水平。

(1)请求解竞争经济中均衡经济增长率。

(2)请求解计划经济中均衡经济增长率。

(3)请问模型中 R&D 创新是否具有外部性？若存在外部性，体现在什么地方？

(4)请说明社会资本的价值体现在哪些方面。

4.4 社会资本与居民效用(严成樑,2012)。 同样，给定生产函数为：$y = AK^{\alpha}L^{1-\alpha}$，其中 $\alpha > 0$ 为资本产出弹性参数，K、L 分别代表物质资本和投入最终生产的劳动力；$\dot{A} = \delta L_A A^{\varphi} S^{1-\varphi}$，其中 L_A 代表投入 R&D 创新部门的劳动力；S 代表包含信任在内的社会资本水平。另外，假设居民效用函数为：$U = \int [\ln(C_t) + \ln(S_t)] \times e^{-\rho t} dt$，其中 C 代表居民消费，$\rho > 0$。要求：

(1)求解竞争经济和计划经济中的均衡经济增长率。

(2)请说明本题中均衡经济增长率与题 4.3 中的差异之处。

(3)请说明社会资本的价值体现在哪些方面。

4.5 金融与经济增长(Murinde,Eng,1994)。 同样，给定效用函数服从式(4-2-15)，给定生产函数为 $Y_t = AK_t$，其中 $A > 0$ 为技术水平，K 分别代表物质资本；给定投资服从 $I_t = K_{t+1} - (1-\delta) \times K_t$；储蓄与投资的关系为 $\varphi S_t = I_t$，I_t 代表投资，S_t 代表储蓄，δ 代表折旧率，$1-\varphi$ 代表储蓄通过金融中介时损失的比率。要求：

(1)求解均衡经济增长率。

(2)请说明模型中金融职能体现的是哪个方面。

(3)给定生产函数为 $y = AK^{\alpha}$，那么是否存在长期增长？若没有，那么请求解稳态产出和投资，并说明金融的作用。

参考文献

ACEMOGLU D, ANTRÀS P, HELPMAN E, 2007. Contracts and Technology Adoption[J]. American Economic Review, 97(3): 916-943.

ACEMOGLU D, ZILIBOTTI F, 1997. Was Prometheus Unbound by Chance? Risk, Diversification, and Growth[J]. Journal of Political Economy, 105(4): 709-751.

ACEMOGLU D, JOHNSON S, ROBINSON J, 2001. The Colonial Origins of Comparative Development: An Empirical Investigation[J]. American Economic Review, 91: 1369-1401.

ACEMOGLU D, JOHNSON S, 2007. Disease and Development: The Effect of Life Expectancy on Economic Growth[J]. Journal of Political Economy, 115(6): 925-985.

ACEMOGLU D, JOHNSON S, MILTONT, 2009. Determinants of Vertical Integration: Financial Development Contracting Cost[J]. Journal of Finance, 64(3): 1251-1290.

AGHION P, HOWITT P, MAYER-FOULKES D, 2005. The Effect of Financial Development on Convergence: Theory and Evidence[J]. The Quarterly Journal of Economics, 120(1): 173-222.

AGUIRRE A, 2017. Contracting Institutions and Economic Growth[J]. Review of Economic Dynamics,

24: 192-217.

AGÉNOR P R, DINH H T, 2015. Social Capital, Product Imitation and Growth with Learning Externalities[J]. Journal of Development Economic, 114: 41-54.

AHLERUP P, OLSSON O, YANAGIZAWA D, 2009. Social Capital vs Institutions in the Growth Process[J]. European Journal of Political Economy, 25(1): 1-14.

AHMAD M, HALL S G, 2017. Trust-Based Social Capital, Economic Growth and Property Rights: Explaining the Relationship[J]. International, Journal of Social Economics,44(1): 21-52.

AKCOMAK S, WEEL B, 2009. Social Capital, Innovation and Growth: Evidence from Europe[J]. European Economic Review, 53(5): 544-567.

ALESINA A, SPOLAORE E, WACZIRG R, 2000. Economic Integration and Political Disintegration [J]. American Economic Review, 90(5): 1276-1296.

ALGAN Y, CAHUC P, 2014. Trust, Growth, and Well-Being: New Evidence and Policy Implications [M]. Handbook of Economic Growth. Elsevier.

AMARAL P S, QUINTIN E, 2005. Finance Matters [R], Center for Latin America Working Papers:0104,

ANDREONI J, 2005. Trust, Reciprocity, and Contract Enforcement: Experiments on Satisfaction Guaranteed[M]. Madison: Social Systems Research Institute, University of Wisconsin.

ANTRÁS P, 2005. Incomplete Contracts and the Product Cycle [J]. American Economic Review, 95(4): 1054-1073.

ARROW K J, 1974. General Economic Equilibrium: Purpose, Analytic Techniques, Collective Choice [J]. American Economic Review, 64(3): 253-272.

BALIGA S, SJÖSTRÖM T, 2009. Contracting with Third Parties[J]. American Economic Journal: Microeconomics, 1(1): 75-100.

BALOV P, SERKIN V, 2017. Labor Activity and Community in Non-Professional Way of Life (on the Example of Russian Lifestyle Travelers)[J]. Organizatsionnaya Psikologiya, 7(4): 102-128.

BARROR J, MCCLEARY R, 2003. Religion and Economic Growth[R]. Harvard University Working Paper.

BARTOLINI S, BONATTI L, 2008. The Role of Social Capital in Enhancing Factor Productivity: Does Its Erosion Depress Per Capita GDP? [J]. The Journal of Socio-Economics, 37(4): 1539-1553.

BENNETT J, ESTRIN S, URGA G, 2007. Methods of Privatization and Economic Growth in Transition Economies[J]. Economics of Transition,15(4): 661-683.

BERGGREN N, JORDAHL H, 2006. Free to Trust: Economic Freedom and Social Capital[J]. Kyklos, 59(2): 141-169.

BILAL I, 2019. Stock Market Liberalization: Implications on Cost of Capital in Emerging Islamic Countries[J]. Journal of Capital Markets Studies, 3(2): 157-178.

BJORNSKOV C, 2009. Social Trust and the Growth of Schooling[J]. Economics of Education Review, 28 (2): 249-257.

BLACKBURN K, BOSE N, CAPASSO S, 2005. Financial Development, Financing Choice and Economic Growth[J]. Review of Development Economics, 9(2): 135-149.

BLOOM N, SADUN R, REENEN J V, 2012. The Organization of Firms across Countries [J]. Quarterly Journal of Economics, 127(4): 1663-1705.

BOLTON P, DEWATRIPONT M, 2004. Contract Theory[M]. MIT Press.

BOSE N, PEREIRA M, 2004. The Evolution of the Financial Contract in Economic Development[J]. The Manchester School, 72(2): 206-220.

CAMPANTE F, DROTT D Y, 2015. Does Religion Affect Economic Growth and Happiness? Evidence from Ramadan[J]. Quarterly Journal of Economics, 130(2): 615-658.

CAPIE F, 2016. Trust, Financial Regulation, and Growth[J]. Australian Economic History Review, 56 (1): 100-112.

CHOW C G, 2007. China's Economic Transformation[M]. Hoboken: Wiley-Blackwell.

CICCONE A, PAPAIOANNOU E, 2009. Human Capital, the Structure of Production, and Growth [J]. The Review of Economics and Statistics, 91(1): 66-82.

CLEMENTE J, PUEYO F, SANZ F, 2009. Market Potential, European Union and Growth[J]. Journal of Policy Modeling, 31(5): 719-730.

COASE R H, WANG N, 2012. How China Became Capitalist[M]. New York: Palgrave Macmillan.

COHEN J E, 1995. Population Growth and Earth's Human Carrying Capacity[J]. Science, 269(5222): 341-346.

COHEN J E, 2003. Human Population: The Next Half Century[J]. Science, 302(5648): 1172-1175.

CORTINOVIS N, XIAO J B, BOSCHMA R C D, et al., 2017. Quality of Government and Social Capital as Drivers of Regional Diversification in Europe [J]. Journal of Economic Geography 17 (6): 1179-1208.

CUI W, 2017. Social Trust, Institution, and Economic Growth: Evidence from China[J]. Emerging Markets Finance and Trade, 53(6): 1243-1261.

DEARMON J, GRIER K, 2009. Trust and Development[J]. Journal of Economic Behavior & Organization, 71(2): 210-220.

DELIKTAS E, BALCILAR M, 2005. A Comparative Analysis of Productivity Growth, Catch-Up, and Convergence in Transition Economies[J]. Emerging Markets Finance and Trade, 41(1): 6-28.

DELLAS H, HESS M, 2005. Financial Development and Stock Returns: A Cross-Country Analysis [J]. Journal of International Money and Finance, 24(6): 891-912.

DEMIRGÜÇ-KUNT A, MAKSIMOVIC V, 1998. Law, Finance, and Firm Growth[J]. The Journal of Finance, 53: 2107-2137.

DIALGA I, VALLÉE T, 2021. The Index of Economic Freedom: Methodological Matters[J]. Studiesin Economicsand Finance, 38(3): 529-561.

DOH S, 2014. Social Capital, Economic Development, and the Quality of Government: How Interaction between Social Capital and Economic Development Affects the Quality of Government[J]. Public Administration, 92(1): 104-124.

DOLLAR D, 1990. Economic Reform and Allocative Efficiency in China's State-Owned Industry[J]. Economic Development and Cultural Change, 39(1): 89-105.

DONG W, HAN H L, KE Y, et al., 2018. Social Trust and Corporate Misconduct: Evidence from China

[J]. Journal of Business Ethics, 151(2): 539-562.

DOW J, HAN J, 2015. Contractual Incompleteness, Limited Liability and Asset Price Bubbles[J]. Journal of Financial Economics, 116(2): 383-409.

DURLAUF S N, FAFCHAMPS M, 2005. Social Capital[M]. Handbook of Economic Growth, 1, part b (483): 459-479(21).

DUTTA N, MEIERRIEKS D, 2021. Financial Development and Entrepreneurship [J]. International Review of Economics and Finance, 73: 114-126.

EBUBEKIR M, BURCAY Y A, 2019. The Missing-Link between Financial Development and Economic Growth: Financial Innovation[J]. Procedia Computer Science, 158: 696-704.

ECHEBARRIA C, BARRUTIA J M, 2013. Limits of Social Capital as a Driver of Innovation: An Empirical Analysis in the Context of European Regions[J]. Regional Studies, 47(7): 1001-1017.

EICHENGREEN B, GULLAPALLI R, PANIZZA U, 2011. Capital Account Liberalization, Financial Development and Industry Growth: A Synthetic View[J]. Journal of International Money and Finance, 30 (6): 1090-1106.

FAIZAN I S, 2016. The Impact of Financial Reforms on Bank's Interest Margins: A Panel Data Analysis [J]. Journal of Financial Economic Policy, 8(1): 120-138.

FISCHER S, SAHAY R, VEGH C A, 1996. Economies in Transition: The Beginnings of Growth[J]. American Economic Review, 86(2): 229-233.

FUJITA M, KRUGMAN P, VENABLES A, 1999. The Spatial Economy[M]. Cambridge, MA: MIT Press.

GLAESER E L, LA PORTA R, LOPEZ-DE-SILANES F, et al., 2004. Do Institutions Cause Growth? [J]. Journal of Economic Growth, 9(3): 271-303.

GOLDSMITH R W, 1969. Financial Structure and Development [M]. New Haven: Yale University Press.

GRANOVETTER M, 1995. Coase Revisited: Business Groups in the Modern Economy[J]. Industrial and Corporate Change, 4(1): 93-130.

GREENWOOD J, SANCHEZ J M, WANG C, 2010. Financing Development: The Role of Information Costs[J]. American Economic Review, 100(4): 1875-1891.

GROSSMAN G M, HELPMAN E, 1991. Innovation and Growth in the Global Economy [M]. MIT Press.

GROSSMAN S J, HART O D, 1986. The Costs and Benefits of Ownership: A Theory of Vertical and Lateral Integration[J]. Journal of Political Economy, 94(4): 691-719.

GUERRINI L, 2010. Transitional Dynamics in the Ramsey Model with AK Technology and Logistic Population Change[J]. Economics Letters, 109(1): 17-19.

GUISO L, SAPIENZA P, ZINGALES L, 2004. The Role of Social Capital in Financial Development [J]. American Economic Review, 94(3): 526-556.

HABIBULLAH M S, ENG Y K, 2006. Does Financial Development Cause Economic Growth? A Panel Data Dynamic Analysis for the Asian Developing Countries[J]. Journal of the Asia Pacific Economy, 11 (4): 377-393.

HALL R E, JONES C I, 1999. Why Do Some Countries Produce So Much More Output Per Worker Than Others? [J]. The Quarterly Journal of Economics, 114(1): 83-116.

HANSONG G, 2005. Market Potential, Increasing Returns and Geographic Concentration[J]. Journal of International Economics, 67(1): 1-24.

HART O, MOORE J, 1990. Property Rights and Nature of the Firm[J]. Journal of Political Economy, 98 (6): 119-1158.

HEAD K, MAYER T, 2004. Market Potential and the Location of Japanese Investment in the European Union[J]. Review of Economics and Statistics, 86(4): 959-972.

IRADIAN G, 2009. What Explains the Rapid Growth in Transition Economies? [J]. IMF Staff Papers, 56 (4): 811-851.

JAYADEV A, BOWLES S, 2006. Guard Labor[J]. Journal of Development Economics, 79(2): 328-348.

JOTTIER D, HEYNDELS B, 2012. Does Social Capital Increase Political Accountability? An Empirical Test for Flemish Municipalities[J]. Public Choice,150(3 /4): 731-744.

KING R G, LEVINE R, 1993a. Finance and Growth: Schumpeter Might Be Right[J]. The Quarterly Journal of Economics, 108(3): 717-737.

KING R G, LEVINE R, 1993b. Finance, Entrepreneurship and Growth[J]. Journal of Monetary Economics, 32(3): 513-542.

KOO J, MAENG K, 2005. The Effect of Financial Liberalization on Firms' Investments in Korea[J]. Journal of Asian Economics, 16(2): 281-297.

LEVINE R, 1997. Financial Development and Economic Growth: Views and Agenda[J]. Journal of Economic Literature,35: 688-726.

MACCHIAVELLO R, 2012. Financial Development and Vertical Integration: Theory and Evidence [J]. Journal of the European Economic Association, 10(2): 255-289.

MADSEN J B, ISLAM M R, DOUCOULIAGOS H, 2018. Inequality, Financial Development and Economic Growth in the OECD[J]. European Economic Review, 101: 605-624.

MAHMOUD M, KHALED H, AHMED R, 2019. On Financial Development and Economic Growth in Egypt[J]. Journal of Humanities and Applied Social Sciences, 1(2): 70-86.

MASKUS K E, NEUMANN R, SEIDEL T, 2012. How National and International Financial Development Affect Industrial R&D[J]. European Economic Review, 56(1): 72-83.

MEI Y D, MA T, RUI S, 2021. How Marketized Is China's Natural Gas Industry? A Bibliometric Analysis[J]. Journal of Cleaner Production: 27289.

MELO M, DENIZER C, GELB A, 1996. Patterns of Transition from Plan To Market[J]. The World Bank Economic Review, 10(3): 397-424.

MERLEVEDE B, 2003. Reform Reversals and Output Growth in Transition Economies[J]. Economics of Transition, 11(4): 649-669.

MURINDE V, ENG F S H, 1994. Financial Development and Economic Growth in Singapore: Demand-Following or Supply-Leading? [J]. Applied Financial Economics, 4(6): 391-404.

NAUGHTON B J, 2006. The Chinese Economy: Transitions and Growth[M]. Cambridge, MA: The MIT Press.

NORTH D C, 1990. Institutions, Institutional Change and Economic Performance[M]. Cambridge University Press.

NUNN N, 2007. Relationship-Specificity, Incomplete Contracts, and the Pattern of Trade[J]. Quarterly Journal of Economics,122 (2): 569-600.

OBSTFELD M, 1994. Risk Taking, Global Diversification and Growth[J]. American Economic Review, 84: 1310-1329.

OGILVIE S, CARUS A W, 2014. Institutions and Economic Growth in Historical Perspective[J]. Handbook of Economic Growth, 2: 403-513.

PAXTON P, 1999. Is Social Capital Declining in the United States? A Multiple Indicator Assessment [J]. American Journal of Sociology, 105(1): 88-127.

PHAM L, 2019. Does Financial Development Matter for Innovation in Renewable Energy? [J]. Applied Economics Letters, 26(21):1756-1761.

PUTNAM R D, BOWLING A, 2000. The Collapse and Revival of American Community[M]. New York: Simon and Schuster.

QIAO D, KE S, ZHANG X, et al., 2020. Impact of Marketization Process on China's Forestry Economic Growth-Based on the Statistical Yearbook Data from 1978 to 2016[M]. Forestry Economics Review, 2 (1):43-60.

RAJAN R G, ZINGALES L, 1998. Financial Dependence and Growth[J]. American Economic Review, 88 (3): 559.

RODRIK D, SUBRAMANIAN A, TREBBI F, 2004. Institutions Rule: The Primacy of Institutions over Geography and Integration in Economic Development[J]. Journal of Economic Growth, 9(2): 131-165.

ROMER P M, 1990. Endogenous Technological Change[J]. Journal of Political Economy, 98(5): S71-S102.

ROOT F R, 1994. Entry Strategies for International Markets[M]. London: Lexington Books.

SACHS J, WOO W T, 1994. Structural Factors in the Economic Reforms of China, Eastern Europe, and the Former Soviet Union[J]. Economic Policy, 9(18): 101-145.

SANFILIPPO-AZOFRA S, TORRE-OLMO B, CANTERO-SIAZ M, et al.,2018. Financial Development and the Bank Lending Channel in Developing Countries[J]. Journal of Macroeconomics, 55: 215-234.

SCHUMPETER J A, 1912. The Theory of Economic Development: An Inquiry into Profits,Capital, Interest, and the Business Cycle[M]. MA:Harvard University Press.

SEIDEL T, 2015. Foreign Market Entry Under Incomplete Contracts[J]. The World Economy, 38(6): 899-912.

SEITZ M, WATZINGER M, 2017. Contract Enforcement and R&D Investment[J]. Research Policy, 46 (1): 182-195.

SELOWSKY M, MARTIN R, 1997. Policy Performance and Output Growth in the Transition Economies [J]. American Economic Review, 87(2): 349-353.

SHAW E S, 1973. Financial Deepening in Economic Development[M]. Oxford: Oxford University Press.

SPOLAORE E, WACZIARG R, 2013. How Deep Are the Roots of Economic Development[J]. Journal of Economic Literature, 51(2): 325-369.

STIGLITZ J,1994. The Role of the State in Financial Market. Proceedings of the World Bank Annual Bank Conference on Development Economics. Washington D C, World Bank: 19-52.

SUSENO Y, STANDING C, 2017. The Systems Perspective of National Innovation Ecosystems[J]. Systems Research and Behavioral Science, 35(3): 282-307.

TADESSE S, 2002. Financial Architecture and Economic Performance: International Evidence[J]. Journal of Financial Intermediation, 11(4): 429-454.

TIAN X W, 2001. Privatization and Economic Performance: Evidence from Chinese Provinces[J]. Economic Systems, 25: 65-77.

TSOUKIS C, MILLER N J, 2008. Learning, Scale Effects, and (Very) Long-Run Growth[J]. Economic Modelling, 25(3): 446-462.

HAYEK F A, 1937. Economics and Knowledge[J]. Economica, 4(13): 33-54.

WILLIAMSON O E, 1985. The Economic Institutions of Capitalism[M]. New York: Free Press.

WURGLER J, 2000. Financial Markets and the Allocation of Capital[J]. Journal of Financial Economics, 58(1-2): 187-214.

XU S, ASIEDU M, KYEREMEH G, 2021. Firm Productivity, Innovation, and Financial Development [J]. Cogent Economics & Finance, 9(1): 1976359.

ZAK P J, KNACK S, 2001. Trust and Growth[J]. Economic Journal, 111(470): 295-321.

杜雯翠，高明华，2015. 市场化进程、企业家能力与经济增长[J]. 经济与管理研究，36(8)：3-11.

樊纲，王小鲁，马光荣，2011. 中国市场化进程对经济增长的贡献[J]. 经济研究 46(9)：4-16.

樊纲，王小鲁，张立文，等，2003. 中国各地区市场化相对进程报告[J]. 经济研究(3)：9-18.

方军雄，2006. 市场化进程与资本配置效率的改善[J]. 经济研究(5)：50-61.

李林，丁艺，刘志华，2011. 金融集聚对区域经济增长溢出作用的空间计量分析[J]. 金融研究(5)：113-123.

李钊，王舒健，2005. 区域金融发展与经济增长[J]. 商业研究(23)：49-51.

林毅夫，2018. 中国经济增长变化趋势与成因[J]. 学习与探索(4)：1-4+174-175.

吕朝凤，2017. 全契约与经济增长[J]. 经济学(季刊)(1)：155-188.

吕朝凤，陈汉鹏，SANTOS LÓPEZ-LEYVA，2019. 社会信任、不完全契约与长期经济增长[J]. 经济研究(3):4-20.

吕朝凤，朱丹丹，2016. 市场化改革如何影响长期经济增长?:基于市场潜力视角的分析[J]. 管理世界(2):32-44.

盛丹，王永进，2011. 市场化、技术复杂度与中国省区的产业增长[J]. 世界经济(6):26-47.

孙铮，刘凤委，李增泉，2005. 市场化程度、政府干预与企业债务期限结构[J]. 经济研究(5):52-63.

盛丹，王永进，2013. 产业集聚、信贷资源配置效率与企业融资成本——来自世界银行调查数据和中国工业企业的证据[J]. 管理世界(6):85-98.

习近平，2013-11-16. 关于“中共中央关于全面深化改革若干重大问题的决定”的说明[N/OL]. 人民日报.

谢平，尹龙，李振江，等，2002. 中国金融体系运行效率研究[R].《上证联合研究计划第三期课题报告》.

严成樑，2012. 社会资本、创新与长期经济增长[J]. 经济研究 47(11)：48-60.

尹希果，马大来，2012. 农民和企业合作经营土地的演化博弈分析:基于不完全契约理论[J]. 农业技术经济(5)：50-60.

张维迎，柯荣住，2002. 信任及其解释：来自中国的跨省调查分析[J]. 经济研究(10)：59-70＋96.

庄毓敏，储青青，马勇，2020. 金融发展、企业创新与经济增长[J]. 金融研究(4)：11-30.

盛丹，王永进，2013.产业集聚、信贷资源配置效率与企业融资成本——来自世界银行调查数据和中国工业企业的证据[J].管理世界(6)：85-9.

第五章

世界经济周期:特征与事实

第一节　经济波动的测度研究综述

一、经济波动的定义

经济繁荣、经济萧条和经济周期,本质上都是总体经济的波动现象(Burns,Mitchell,1946a)。经济周期的波动特征,通常被称为特征性事实或典型事实(stylized facts),包括波动性、粘持性和协动性三个方面。

波动性是指变量波动的剧烈程度,通常用剔除趋势后的周期成分的标准差来表示。若变量在滤波前经过对数处理,则滤波结果可以理解为原始变量对其趋势偏离的百分比;否则,就只是对其趋势的偏离。黏持性是指变量在变动过程中的惯性,用周期成分的一阶自相关系数表示。最后,协动性是指变量与GDP在变动过程中的协同一致程度,可由该变量与GDP的多阶相关系数的变化模式来刻画。

在凯恩斯革命和"统计革命"以前,存在大量竞争性或者互补性的经济周期理论(Lucas,1977)。学术界对主要商品的价格指数和产量指数的经济波动分析已有长期历史,并从多层面和多视角地积累了众多的经济波动的典型事件。然而,在现代宏观经济学和国民收入统计体系形成后,学者利用理论模型、计量方法和统计数据间的交互作用,开启了经济波动理论(economic fluctuation theory)和经验研究的现代阶段(Haberler,1937)。经济波动理论逐渐成为宏观经济学研究的核心问题和理论焦点,经济波动的测度研究也引领着宏观经济计量方法和国民收入统计的发展方向。

二、测度方法

经典经济波动理论以简化事实为基础对经济波动机制模型化,强调彼此的结构差别，突出各自的理论创新，但缺少对实际经济波动的测度能力，包括凯恩斯主义及其新古典综合的“乘数加速数”原理、货币主义的自然率假说、理性预期学派的均衡经济周期理论以及新古典主义的RBC理论。即使在自然率和均衡经济周期理论假说下，通过拟合菲利普斯曲线 $\pi-\pi^E=f(u-u^*)$ 来估计非加速通货膨胀失业率(non-accelerating inflation rate of unemployment，NAIRU)(Ball，Mankiw，2002)的方法也仅是演示性质的，其实际经济波动的测度依赖于通货膨胀预期机制假设和供给随机冲击过程假设。

然而，去趋势的统计技术却是相对丰富和成熟的，从简单的指数增长趋势，到复杂的阶段平均趋势(phase-average trend)和带通滤波(band pass filter)，均适用于经济时间序列的去趋势处理。其中应用较为广泛是HP和BP滤波。HP滤波是由Hodrick和Prescott(1980)在分析美国战后的经济时首次提出的。因该方法以谱分析方法为理论基础并能够有效地分解经济时间序列的长期趋势，因而在宏观经济趋势的分析研究中被广泛应用(李国祥 等，2017)。HP滤波法的基本原理如下：

设 $\{X_t\}$ 是经过季节调整后剔除季节变动成分与不规则变动成分后的时间序列。$\{X_t\}$ 仅包含趋势成分的时间序列 $\{X_t{}^T\}$ 与波动成分的时间序列 $\{X_t{}^C\}$，则：

$$X_t=X_t{}^T+X_t{}^C,t=1,2,3,\cdots,T \tag{5-1-1}$$

HP滤波法的目标在于从不平滑的经济时间序列 $\{X_t\}$ 中以一种求解最小化问题的实现方式将平滑的时间序列即趋势成分 $\{X_t{}^T\}$ 分解出来，其中 $\{X_t{}^T\}$ 为如下最小化问题的解：

$$\min\{\sum\nolimits_{t=1}^{T}(X_t-X_t{}^T)+\lambda[c(L)X_t{}^T]^2\} \tag{5-1-2}$$

其中，$c(L)$为延迟算子多项式：

$$c(L)=(L^{-1}-1)-(1-L) \tag{5-1-3}$$

将(5-1-3)代入式(5-1-2)，得到：

$$\min\{\sum\nolimits_{t=1}^{T}(X_t-X_t{}^T)^2+\lambda\sum\nolimits_{t=2}^{T-1}[(X^T{}_{t+1}-X_t{}^T)-(X_t-X^T{}_{t-1})]^2\} \tag{5-1-4}$$

HP滤波法就是通过使得式(5-1-4)损失函数最小实现的(李国祥 等，2017)实现的。其中，λ 为平滑参数，用来调节大括号中多项式两部分的比重。HP滤波法的一个重要问题就是如何确定平滑参数 λ 的取值，不同的 λ 值决定了不同的周期方式和平滑度。Hodrick和Prescott(1980，1997)认为，美国季度产出的合理周期波动是5%，季度产出长期增长趋势波动大致为0.125%，相当于周期波动的1/40，故 $\lambda=1600$，大部分使用季度数据研究美国经济的文献均采用这一标准。

对于美国年度数据，Baxter和King(1999)建议取值 $\lambda=10$；Cooley和Ohanian(1991)建议取值 $\lambda=400$；而Backus和Kehoe(1992)则建议取值 $\lambda=100$。对于美国月

度数据,学者们也存在不同意见,Hodrick 与 Prescott(1980,1997)建议平滑参数 λ 取值 14400,Ravn 和 Uhlig(2002)则建议取 129600。事实上,Hodrick 和 Prescott(1980,1997)选取 $\lambda=1600$ 实际上暗示美国季度数据表示的经济周期长度介于 6 个季度(18 个月)至 32 个季度(8 年)之间。如果其他国家的经济周期长度与美国的不同,则平均参数 λ 就应该取与 $\lambda=1600$ 不同的值。Weinert(2007)的研究表明,HP 滤波法的稳态切断频率为 $\pi/16$ 时,平滑参数 λ 的取值约为 1635,接近 1600。

Baxter 和 King(1999)进一步发展了 BP 滤波,提出由带通滤波复合而成的 BP 滤波获取周期性数据的方法更为合理。BP 滤波是通过剔除变量时间序列中随机误差与噪声构成的高频成分以及长期趋势对应的低频成分的特性,提取变量的周期波动要素,完成对经济时间序列的去趋势处理(Christiano,Fitzgeralad,2003)。BP 滤波对时间序列循环成分的分解原理是将时间序列看作互不相关的周期(或频率)分量的叠加,从中分离出能够体现经济周期波动特性的波动成分(蒋迪娜,2010)。BP 滤波的基本原理如下:

给定时间序列 $\{x_t \mid t=1,2,3,\cdots,T\}$,其变动可以分解成不同频率波动的叠加,设频率用 λ 表示,周期用 p 表示,自然有 $\lambda \times p = 2\pi$,谱分析就是根据哪种频率的波动具有更大的贡献率来解释 $\{x_t\}$ 的周期波动成分。

功率谱集中反映了时间序列中不同频率分量对功率(方差)的贡献程度。如果随机过程 $\{x_t\}$ 的自协方差函数 $\gamma(s)$ 绝对可积,即 $\sum_{s=-\infty}^{+\infty} \mid \gamma(s) \mid \mathrm{d}s < \infty$,其中 $\gamma(s)=E(x_t, x_{t-s})$。则 $\{x_t\}$ 的自协方差函数 $\gamma(s)$ 和功率谱 $f(\lambda)$ 存在富氏变换关系:

$$f(\lambda)=(2\pi)^{-1}\left[\gamma(0)+2\sum_{s=1}^{\infty}\gamma(s)\cos\lambda s\right],\lambda \in [-\pi,\pi] \tag{5-1-5}$$

一般时间序列的功率谱如图 5-1-1 所示。其中由于功率谱关于 $\lambda=0$ 对称,在 $[0,\pi]$ 的范围内已包含了所有的信息,因此,只需要表示出 $[0,\pi]$ 范围内的功率谱。图 5-1-1(a)是低频率处的功率谱最大的随机过程,表明其以长期波动为主要特征;图 5-1-1(b)是高频率处的功率谱最大的随机过程,表明其以短期波动为主要特征。而图 5-1-1(c)的功率谱集中在某个特定的频率附近,表明其主要包含这个频率的波动成分。

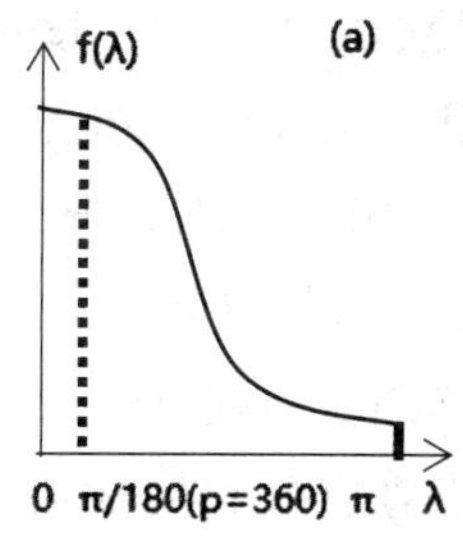

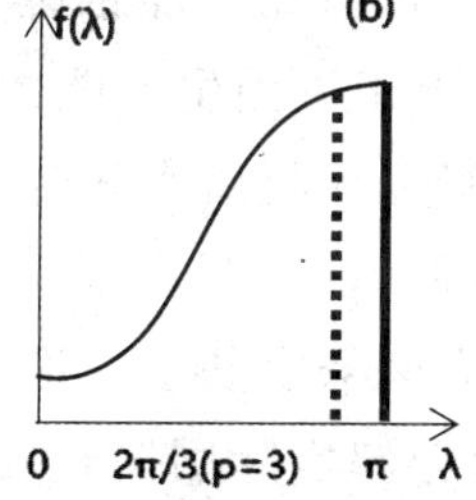

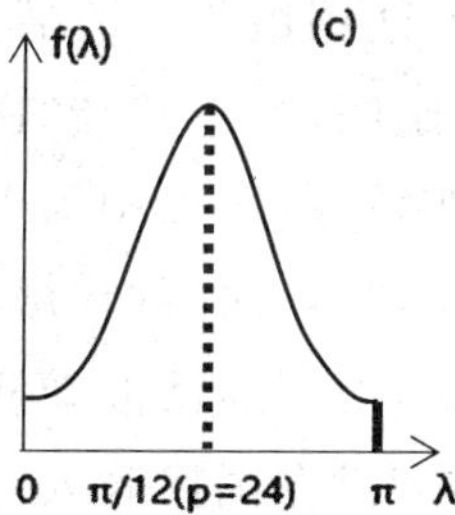

图 5-1-1　一般随机过程的功率谱图形

考虑到时间序列 $\{x_t\}$ 的线性变换

$$y_t = \sum_{j \to -\infty}^{\infty} \omega_j x_{t-j} \tag{5-1-6}$$

其中 $\{\omega_j\}$ 是确定的权重序列。利用滞后算子将上式表示为 $y_t = W(L)x_t$，其中 $W(L) = \sum_{j \to -\infty}^{\infty} \omega_j L^j$。由谱分析的知识可知，$\{y_t\}$ 和 $\{x_t\}$ 的功率谱有如下关系：

$$f_y(\lambda) = | W(e^{-i\lambda}) |^2 f_x(\lambda) \tag{5-1-7}$$

其中 $f_y(\lambda)$ 和 $f_x(\lambda)$ 分别是 $\{y_t\}$ 和 $\{x_t\}$ 的功率谱，并记为：

$$w(\lambda) = W(e^{-i\lambda}) = \sum_{j \to -\infty}^{\infty} \omega_j e^{-ij\lambda} \tag{5-1-8}$$

其中，i 为虚数单位，$w(\lambda) = W(e^{-i\lambda})$ 称为滤波的频率响应函数。通过适当设计式(5-1-6)中的权重序列，可以使 $w(\lambda)$ 某些频率区内等于或近似等于 0，这样就可以将输入信息中所有在这个频率带中的成分"过滤"掉，留下其他成分。将被保留下来位于低频处、高频处或某个中间频率带上的频率，分别称为低、高和带通滤波。

$BP_k(p,q)$ 表示不同参数的滤波，k 表示截断长度，p 和 q 分别表示最长和最短的周期，一般认为经济周期的长度约为 6～32 个季度。Baxter 和 King(1999)认为美国的经济季度数据选用 $BP_{12}(6,32)$ 最好，而国内现有研究选择 $BP_5(2,8)$（陈昆亭 等，2004；张耿，胡海鸥，2006)，也有学者选择 $BP_3(1.5,11)$ 滤波(魏杰，董进，2006)，由此来看，使用 BP 滤波法要确定三个参数的选择，且参数选择相对随意(黄赜琳，朱保华，2009)。

美国 NBER 对经济周期研究采取实用主义态度，综合基于理论的结构方法和非结构性的统计方法测度实际经济波动。其经济周期测定委员会(Business Cycle Dating Committee)向各委员提供去趋势的经济指标，经由专家委员对经济周期理论模型进行检验和评估。Mitchell(1927)归纳了早期经济周期的描述性研究工作；Burns 和 Mitchell(1946a)初步建立起了经济波动测度的分析结构；Zarnowit(1992)和 Stock 等(1993)总结了经济波动测度的发展历史和技术前沿，在各委员的共同努力下判断了实际经济波动的波峰和波谷位置，最终制定出美国经济周期年表。

中国国民经济核算体系缺乏收入法国民收入统计(许宪春，2009)，其支出法国民收入也是基于生产法国民收入事后估算的，因此只能依据生产法国民收入年度指标测度实际经济波动(纪明，刘志彪，2014)。由于中国生产能力利用率统计没有覆盖主要产业部门和重要企业单位，所以中国失业率统计脱离实际劳动力市场的供求状况，加之缺乏美国经济周期年代表这样的权威参照系，单一测度国民收入波动的统计方法是难以进行检验的。因此，中国经济波动测度应该采取基于理论的结构方法，建立可计算的经济增长模型，以测度潜在国民收入，从而分解实际国民收入的趋势成分和周期成分。

中国经济增长核算尝试依据总量生产函数，来分解资本、劳动与技术要素的经济增长贡献。依据总量生产函数预测中国潜在国民收入就成为结构方法的自然选择(郭庆旺,2004)。由于缺失初始资本存量和国民收入分配系数数据,中国经济增长核算以及相应潜在国民收入预测就只能对总量生产函数的关键参数进行事前经验设定,否则中国总量生产函数是不可识别的;同时,单期资本市场函数 $AK=I$,也不适用于描述中国资本积累的过程。因此,采取一般性的经济增长理论和总量生产函数对中国经济增长模型化,与各种似乎无理论偏向(theory bias)的纯粹统计技术相同,在去趋势过程中不适合测算分析中国潜在国民收入的特殊形成机制。

三、最近的研究进展

在经济周期波动特征的研究方面,Kydland 和 Prescott(1982)在周期性数据的 HP 滤波上开创性地分析了美国经济各宏观经济变量的波动性、粘持性以及与产出的协动性,并以此为标准提出了实际经济周期理论。此后,几乎所有的实证研究和理论分析都以这些典型事实为标杆(Kydland,Prescott,1990;Bakus,Kechoe,1992;Fiorito,Kollintzas,1994)。Stock 和 Watson(1999)在权威的宏观经济学手册第一卷中对这方面的实证研究做了系统的总结。

与这些发达经济体的典型事实不同的是,许多学者发现新兴经济体的产出波动性更大,消费波动也要高于产出波动,且净出口的逆周期性更为显著(Agénor et al.,2000;Neumeyer,Perri,2005;Aguiar,Gopinath,2007;Male,2011)。然而,Kim 和 Choi(1997)发现韩国的净出口却反常地表现为顺周期特征。范小云等(2017)则根据 Borio(2014)提出的金融周期概念,利用滤波方法系统地测算了中国 1992—2014 年间中期低频范围的金融周期,指出中国金融周期的波峰与两次金融衰退的时间点重合。邓创和徐曼(2014)通过构建不同形式的向量自回归(vetor auto regression,VAR)模型分析金融周期波动对宏观经济的影响,发现金融周期与经济周期之间存在动态关联关系。吴安兵和金春雨(2017)采用时变状态空间模型测算 G20 国家的金融状况指数,研究发现,发达国家和新兴经济体的金融市场波动均具有很强的同步性。Ahmed 等(2018)发现欧元区经济体间的金融周期与经济周期表现出明显的跨国同步现象,且在引入单一货币之后金融周期协动开始主导经济体间经济周期的同步。

此外,Martin 和 Stephanie(2016)对 120 个国家的研究发现,总需求组成部分(消费、投资、进口、出口)为顺周期,净出口和经常账户为逆周期,政府支出不具有周期波动特征。马勇和陈雨露(2017)基于 68 个国家的动态面板数据,采用系统高斯混合模型(Gaussian mixed model,GMM)估计发现,金融杠杆和经济增长之间呈倒 U 形关系,杠杆波动和经济增长存在显著负相关关系。祝梓翔和邓翔(2017)通过构建时变参数向量自回归(time varying parameter-stochastic volatility-vector auto regression,TVP-VAR)模型分析中国经济波动的时变效应,发现中国经济的持久性成分明显低于美国。

第二节　世界经济周期的特征

一、美国经济周期特征

美国 NBER 早在 1929 年就开始发布对美国经济周期的判定，最早的数据可以追溯至 1854 年。按照重大的历史事件节点，可将美国 150 余年内产生的经济周期划分为三个时期：第一个时期是 1854—1919 年，以 1854 年作为经济周期记录的起点，直至第一次世界大战爆发之前；第二个时期是 1919—1945 年，时间范围是第一次世界大战爆发到第二次世界大战结束；第三个时期是 1945—2009 年，反映的是第二次世界大战结束后的美国经济周期。因此，在 1854—2009 年间，美国经济一共经历了 33 个周期。一次完整的经济周期被定义为：从一次经济谷底到下一次经济谷底所需要的时间（月）。按照这一周期发生的频率，在全部统计时间内，美国经济平均 4.7 年经历一次完整的经济周期。不过，从三个时期内的情况来看，抑或从 150 余年的历史视角来看，美国经济周期整体呈现拉长的态势。

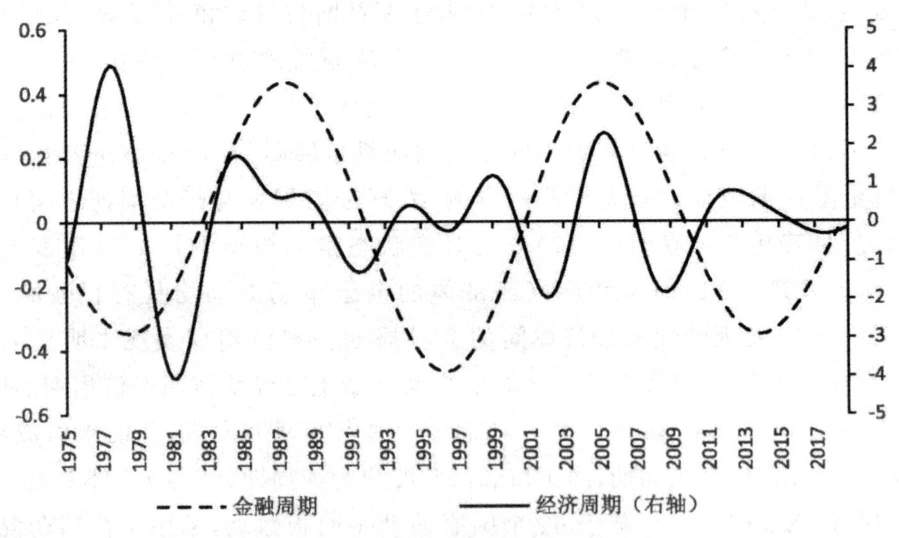

图 5-2-1　美国经济周期与金融周期

资料来源：得文 等(2019)。

在 2019 年，全球经济再度驶入“不确定水域”（张明 等，2019）。从 2019 年全球经济增长的情况来看，全球经济再度出现探底，经济增长丧失动能，脆弱性和不确定性上升，全球呈现出“低增长、低利率、低通胀”的格局。各大国际经济组织对全球经济增长普遍持较为悲观的态度(张明 等,2019)。2019 年 9 月,经济合作与发展组织预期 2019 年全球经济增速将下调 0.3 个百分点至 2.9%。2019 年 10 月,国际货币基金组织预期 2019 年全球经济增速将下调 0.3 个百分点至 3.0%,认为全球超过 90%的经济体在 2019 年的经济增长都将放缓。这两个重要国际组织均将 2019 年的全球经济增长水平调整至 2008 年国际金融危机以来的最低水平(唐宜红 等,2018)。同时,世界银行、联合国贸易和发展会议(United Nations Conference on Trade and Development)也秉持同样悲观的看法。

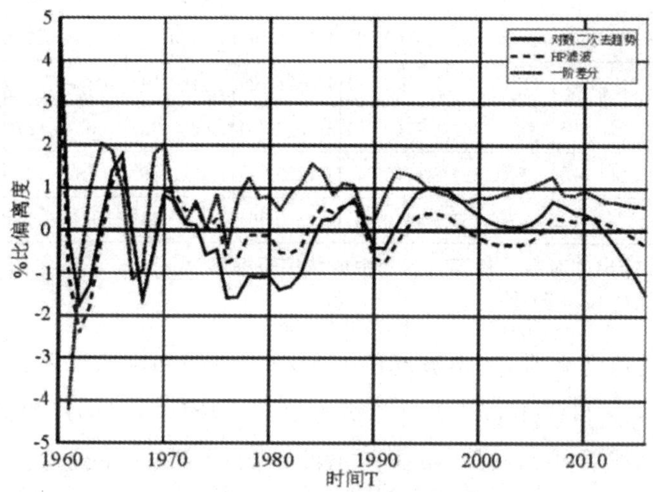

图 5-2-2 不同趋势分解方法对应的美国人均 GDP 周期波动

资料来源:田素华,谢智勇(2020)。

二、欧美主要国家的经济周期特征

Backus 和 Kehoe(1992)以第一次世界大战和第二次世界大战为时间节点,通过对各个经济变量进行 HP 滤波处理后,考察了澳大利亚、加拿大、丹麦、德国、意大利、日本、挪威、瑞典、英国和美国 10 个国家在第一次世界大战之前(战前时期)、第二次世界大战之后(战后时期)和两次世界大战之间(战中时期)的经济波动和经济周期。从表 5-2-1 中可以发现,上述 10 个国家在两次世界大战之间实际产出的波动一致大于战后时期的波动。除了日本以外,其余 9 个国家中每个国家的产出波动的标准差都要大 2~4 倍。平均增长率的变化范围从两次世界大战之间的英国的 1.22%到战后的日本的 7.03%不等。总的来说,自第二次世界大战以来,各国经历了比前两个时期更快的增长,各国之间有很大的差异。战后时期增长率的标准差一般比其他两个时期要低,在两次世界大战之间,除澳大利亚以外的所有国家的增长率都是最高的。增长率的自相关关系也发生了变化,在战后时期,每个国家的增长率为正(有时只是轻微的正),但在早期阶段通常为负。这可能反映了经济波动性质的变化,但也可能是因为测量误差的影响。

表 5-2-1　产出增长率的特征

国家	平均数/%			标准差/%			自相关系数		
	战前	战中	战后	战前	战中	战后	战前	战中	战后
澳大利亚	2.98(0.91)	1.96(1.10)	4.06(0.41)	6.65(0.70)	5.06(0.88)	2.44(0.21)	−0.10(0.19)	−.12(0.20)	0.11(0.17)
加拿大	3.64(0.77)	2.51(1.75)	4.19(0.48)	5.12(0.45)	8.03(1.00)	2.82(0.44)	−0.020.13)	0.35(0.24)	0.10(0.15)
丹麦	3.05(0.47)	2.67(0.93)	3.18(0.41)	3.83(0.32)	3.94(0.88)	2.49(0.23)	0.13(0.10)	−.10(0.18)	0.13(0.18)
德国	2.55(0.50)	4.64(2.47)	4.56(0.59)	3.99(0.35)	8.94(1.14)	3.60(0.60)	−0.29(0.13)	0.58(0.18)	0.44(0.11)
意大利	1.24(0.51)	2.21(1.04)	4.34(0.47)	3.74(0.37)	4.62(0.55)	2.82(0.41)	−0.41(0.12)	−.37(0.18)	0.37(0.15)
日本	2.55(0.68)	3.24(0.94)	7.03(0.63)	3.71(0.39)	4.33(0.56)	3.73(0.44)	−0.36(0.17)	−.11(0.30)	0.64(0.14)
挪威	2.10(0.26)	3.3(1.08)	4.17(0.27)	1.84(0.21)	4.96(1.12)	1.64(0.19)	0.28(0.11)	−.40(0.19)	0.19(0.15)
瑞典	2.69(0.37)	3.63(0.80)	3.02(0.30)	2.77(0.35)	3.67(0.83)	1.82(0.22)	0.01(0.12)	0.20(0.33)	0.44(0.13)
英国	1.86(0.32)	1.22(1.03)	2.39(0.32)	2.17(0.24)	4.32(0.81)	1.96(0.26)	0.15(0.13)	0.15(0.27)	0.05(0.22)
美国	3.83(0.80)	1.67(1.76)	3.20(0.45)	5.44(0.63)	8.07(0.96)	2.60(0.26)	−0.21(0.14)	0.35(0.21)	0.03(0.14)

注：样本矩由实际输出的对数差计算。括号中的数字是标准误。

资料来源：Backus，Kehoe(1992)。

从产出波动的角度来看，产出波动的幅度随着时间和国家的不同而有很大的变化。如表 5-2-2，在 Backus 和 Kehoe(1992)考察的 10 个国家中，美国产出波动的标准差由战前的 4.28%下降到战后的 2.26%，英国产出波动的标准差由战前的 2.12%下降到战后的 1.62%，在其余 8 个国家中，战前相对于战后的波动率为 1.6 或更少，但有 3 个国家在战前时期的波动更大(澳大利亚、加拿大和瑞典)，其原因主要为战前的经济衰退和战后经济的复苏以及测量误差。简而言之，虽然战前的波动通常比战后时期的波动大，但不同国家之间的差异程度不同，战前/战后的标准差比是 0.8～3.3。这些差异很可能是早期测量误差的结果，但仔细观察这些数据就会发现，至少在某些情况下，这些差异也反映了实际产出可调性的变化。关于随时间变化的标准差的一个不可避免的结论是，两次世界大战之间的时期经历了比其他两个时期大得多的波动，尽管这种额外波动的程度因国而异。

表 5-2-2　产出波动的特征

国家	标准差/%			相对于战后	
	战前	两次战争间	战后	战前	两次战争间
澳大利亚	30 (0.72)	4.85 (0,75)	93 (0.19)	3.3	2.5
加拿大	47 (0.43)	9.80 (1.40)	2.22 (0.23)	2.0	4.4
丹麦	3.02 (0.22)	3.41 (0.64)	1.88 (0.20)	1.6	1.8

续表

国家	标准差/%			相对于战后	
	战前	两次战争间	战后	战前	两次战争间
德国	3.35 (0.32)	10.19 (1.61)	2.30 (0.28)	1.5	4.4
意大利	2.52 (0.24)	3.59 (0.46)	2.05 (0.17)	1.2	1.8
日本	2.42 (0.24)	3.13 (0.44)	3.11 (0.32)	0.8	1.0
挪威	1.85 (0.16)	3.49 (0.65)	1.76 (0.17)	1.1	2.0
瑞典	2.43 (0.37)	3.74 (0.59)	1.45 (0.12)	1.7	2.6
英国	2.12 (0.24)	3.47 (0.37)	1.62 (0.21)	1.3	2.1
美国	4.28 (0.38)	9.33 (1.27)	2.26 (0.18)	1.9	4.1

注：样本矩由真实输出的 HP 滤波对数计算。括号中的数字是标准误。
资料来源：Backus，Kehoe(1992)。

从支出波动的角度来看，表 5-2-3 概述了 Backus 和 Kehoe(1992)考察的 10 个国家支出组成部分的波动情况。我们看到，在每个国家和时期，投资(I)相对于产出的标准差是 2～5。投资也具有很强的顺周期性。唯一的例外是战前的日本，对日本来说，经过处理的投资有点反周期。这种异常行为的一个可能原因是政府对资本形成的积极参与(Rosovsky，Ohkawa，1961)。消费(C)也是一致的顺周期的。消费和产出波动之间的相互关系从战前英国的 0.41 到战前美国的 0.91。消费的标准差与产出的标准差大致相同：在大多数情况下，其标准差与产出标准差的比值接近 1。唯一的例外是战后的挪威，它的消费比投资波动小，但比产出波动大。在美国战后的数据中，如果我们排除耐用消费品的购买，消费比产出的变动要小得多，但在早期，耐用消费品在个人消费支出中所占比例较小，因此这种调整不太相关。政府支出(G)显示出很少的规律性。相对于产出，政府支出的变化范围从两次世界大战之间的瑞典的 0.81 到两次世界大战之间的英国的 8.72，再到战前的日本的 9.49。最后一个指标部分的产生是由于日俄战争期间的军事开支。这种广泛的经验不能简单地被总结出来，这表明政府政策的至少一个方面会随着时间和国家的不同而有很大的不同。政府支出和产出之间的相互关系也是千差万别的。估计的参数中 10 个为正，8 个为负。为了确定波动，净出口(NX)被定义为当前价值净出口与名义产出的比率。这一比率波动的标准差从战后美国的 0.43%到战后挪威的 3.47%不等。大多数标准偏差在 1.0%到 1.6%之间。在这三个时期中，

表 5-2-3　国家支出构成部分波动的特征

国家	战前				战中				战后			
	消费 C	投资 I	政府购买 G	净出口 NX	消费 C	投资 I	政府购买 G	净出口 NX	消费 C	投资 I	政府购买 G	净出口 NX
A.相对于产出的标准差												
澳大利亚		2.15 (0.22)		2.58 (0.24)		4.10 (0.68)		3.32 (0.46)		2.32 (0.45)		
加拿大		3.12 (0.28)	2.26 (0.27)	1.64 (0.20)		2.75 (0.19)	1.09 (0.19)	2.61 (0.38)		3.14 (0.34)	2.009 (0.50)	0.98 (0.12)
丹麦		3.68 (0.28)				2.78 (0.64)				3.81 (0.54)		
意大利		8.64 (0.77)				5.26 (0.59)				3.06 (0.31)		
日本	1.26 (0.26)	3.67 (0.55)	9.49 (1.46)	2.45 (0.48)	1.30 (0.17)	3.21 (0.47)	3.11 (0.67)	1.19 (0.16)	1.25 (0.19)	2.01 (0.22)	1.17 (0.19)	1.03 (0.09)
挪威	1.19 (0.12)	3.66 (0.28)	2.64 (0.34)	1.51 (0.17)	0.72 (0.07)	3.35 (0.44)	2.29 (0.53)	1.56 (0.18)	2.90 (0.31)	5.50 (0.76)	3.24 (0.62)	3.47 (0.50)
瑞典	0.87 (0.07)	4.47 (0.73)	1.19 (0.19)	1.52 (0.17)	0.99 (0.07)	1.90 (0.22)	0.81 (0.21)	1.50 (0.28)	1.17 (0.24)	2.10 (0.25)	1.88 (0.25)	1.00 (0.13)
英国	0.56 (0.06)	4.29 (0.59)	4.25 (0.87)	1.13 (0.12)	0.62 (0.07)	2.27 (0.28)	8.72 (0.87)	1.13 (0.18)	1.26 (0.11)	2.64 (0.24)	2.01 (0.39)	1.30 (0.22)
美国	0.76 (0.05)	2.73 (0.38)	1.18 (0.21)	0.56 (0.10)	0.68 (0.09)	3.10 (0.13)	0.52 (0.11)	0.50 (0.07)	0.65 (0.06)	2.60 (0.22)	3.48 (0.68)	0.43 (0.05)
B.产出间的交叉相关												
澳大利亚		0.53 (0.11)		−0.33 (0.11)		0.82 (0.04)		−0.48 (0.17)		0.42 (0.10)		−0.09 (0.14)
加拿大		0.77 (0.07)	−0.68 (0.09)	−0.60 (0.08)		0.91 (0.04)	−0.01 (0.22)	−0.21 (0.17)		0.78 (0.05)	0.35 (0.09)	−0.35 (0.17)

续表

国家	战前				战中				战后			
	消费 C	投资 I	政府购买 G	净出口 NX	消费 C	投资 I	政府购买 G	净出口 NX	消费 C	投资 I	政府购买 G	净出口 NX
丹麦		0.75 (0.06)				0.69 (0.05)				0.81 (0.05)		
意大利		0.80 (0.05)				0.90 (0.03)				0.81 (0.04)		
日本	0.56 (0.10)	−0.05 (0.22)	0.33 (0.20)	0.08 (0.15)	0.71 (0.10)	0.48 (0.18)	0.11 (0.21)	0.18 (0.21)	0.65 (0.07)	0.61 (0.12)	0.32 (0.13)	0.11 (0.15)
挪威	0.78 (0.05)	0.80 (0.04)	0.13 (0.13)	−0.44 (0.12)	0.90 (0.04)	0.76 (0.09)	−0.16 (0.22)	−0.22 (0.23)	0.76 (0.07)	0.42 (0.13)	0.65 (0.07)	−0.24 (0.10)
瑞典	0.82 (0.05)	0.57 (0.09)	−0.09 (0.14)	−0.14 (0.13)	0.97 (0.01)	0.90 (0.30)	−0.27 (0.21)	−0.30 (0.25)	0.52 (0.10)	0.55 (0.10)	−0.07 (0.16)	0.04 (0.14)
英国	0.41 (0.14)	0.38 (0.10)	0.05 (0.11)	0.24 (0.10)	0.88 (0.04)	0.62 (0.16)	0.00 (0.12)	0.19 (0.17)	0.81 (0.06)	0.86 (0.05)	0.04 (0.14)	−0.43 (0.10)
美国	0.91 (0.04)	0.76 (0.07)	−0.09 (0.20)	−0.15 (0.12)	0.83 (0.07)	0.98 (0.01)	−0.25 (0.20)	−0.11 (0.13)	0.82 (0.05)	0.78 (0.07)	0.40 (0.11)	−0.20 (0.17)

注：消费(C)，投资(I)和政府采购(G)为 HP 滤波对数，净出口(NX)是滤波名义输出比率。括号中的数字是标准误。

资料来源：Backus，Kehoe(1992)。

美国是净出口变化最小的国家。研究表明，净出口往往是反周期或非周期的（Stockman，Tesar，1995）。

从价格水平波动的角度来看，如表5-2-4，在Backus和Kehoe（1992）考察的10个国家中，价格水平和产出波动之间的相关性在战后和战前有着显著的区别。在二战前和两

表5-2-4　价格水平波动的特征

国家	标准差			相关性		
	战前	战中	战后	战前	战中	战后
澳大利亚	3.89 (0.33)	6.28 (0.79)	4.80 (0.73)	0.60 (0.10)	0.59 (0.12)	−0.47 (0.11)
加拿大	3.46 (0.3)	4.63 (0.56)	2.53 (0.38)	0.41 (0.13)	0.77 (0.08)	0.12 (0.16)
丹麦	2.38 (0.2)	5.99 (0.81)	1.95 (0.18)	0.18 (0.12)	−0.26 (0.25)	−0.48 (0.11)
德国	3.91 (0.39)	5.33 (0.65)	2.08 (0.28)	−0.01 (0.15)	0.71 (0.09)	0.01 (0.16)
意大利	3.82 (0.45)	10.89 (1.28)	4.15 (0.46)	−0.02 (0.11)	0.58 (0.09)	−0.24 (0.14)
日本	5.39 (0.58)	7.62 (0.85)	4.26 (0.34)	−0.45 (0.11)	0.03 (0.22)	−0.6 (0.1)
挪威	3.99 (0.4)	7.78 (0.92)	4.54 (0.45)	0.65 (0.08)	0.16 (0.19)	−0.63 (0.08)
瑞典	4.02 (0.28)	8.6 (1.32)	3.09 (0.5)	0.15 (0.13)	0.3 (0.1)	−0.53 (0.07)
英国	2.43 (0.32)	4.94 (0.95)	4.96 (0.59)	0.26 (0.12)	0.2 (0.21)	−0.5 (0.14)
美国	3.04 (0.39)	6.25 (0.95)	1.47 (0.14)	0.22 (0.11)	0.72 (0.13)	−0.3 (0.16)

注：样本矩是根据HP滤波处理后的价格水平和实际产出的对数计算的。括号中的数字是标准误。
资料来源：Backus，Kehoe（1992）。

次世界大战期间，价格水平和产出波动之间的相关性大多是正的，德国和意大利的相关性虽然为负，但基本为零。唯一显著的异常值来自战前的日本，相关系数为−0.45。这是因为战前日本的物价水平差异很大，其物价波动和通货膨胀率的标准差位于样本中所有国家之首，这种经历是战前日本独有的，可能与19世纪缺乏金属标准有关（Rosovsky，Ohkawa，1966）。样本中的大多数其他国家在战前和两次世界大战期间的价格都是顺周期的，有时甚至具有强周期性。战后时期的情况则相反。其中8个国家

的价格波动与产出呈负相关,而在另外2个国家,这种相关性接近于零,10个国家的平均相关系数为-0.36。

从货币增长率波动的角度来看,货币增长率的自相关并没有明显的变化特征。如表5-2-5所示,在战前和战后,澳大利亚、加拿大两个国家的自相关系数至少下降了0.25,德国、瑞典、英国三个国家的自相关系数至少上升了0.25,其余国家的自相关系数变化不到0.25。在战前,德国和日本的货币增长率的相关系数为负,其余国家均为正值。战中,加拿大、丹麦、德国、日本、瑞典、美国的货币增长率的相关系数均有所增加,澳大利亚、意大利、英国的货币增长率的相关系数则有所下降,其中澳大利亚为负值(-0.38)。战后,澳大利亚、加拿大和日本三个国家的自相关系数为负值。从战前到战后,美国是唯一一个其货币增长率的自相关系数一直在增长的国家。

2007年,美国"次贷危机"的负面效应对欧洲经济产生了巨大影响。随后,欧盟各国采取了积极的反危机的财政政策。在各国政府强经济政策刺激下,2008年11月,欧洲经济正增长,价格正增长,暂时走出了经济危机。但好景不长,2010年初希腊曝出债务危机,随后爱尔兰、葡萄牙、意大利、西班牙也相继陷入危机(孙瑾,蔡彤娟,2013)。欧盟经济波动,既受到了金融危机和债务危机的影响,也受到了经济周期的波及。

针对欧洲经济体经济周期的研究表明,欧洲经济体存在同步性程度较高的核心国家集团和同步性程度较低的周边国家集团(Jason et al.,2012)。同步性程度较高的核心国家集团包括德国、法国、比利时、荷兰及奥地利。这些国家在欧洲制度变迁后形成了一个共同的欧洲周期。而希腊、葡萄牙、卢森堡和芬兰,则没有与其他国家形成一个同步的周期(Ioanna,Efthymios,2011)。

Weyerstrass等(2011)研究了欧元区经济周期的同步与收敛效应,认为欧元的形成对经济周期的同步化并没有产生强烈的影响。他们通过使用参数和非参数约定的程序评估欧洲货币联盟(European Monetary Union)成员国经济周期的同步化程度,发现每个国家的经济周期转折点是由多元重合的宏观时间序列模型确定的。他们得出的结论与内生性最优货币区(optimal currency areas)理论的观点不同:货币联盟自身会加强经济周期的同步化程度。

表 5-2-5　货币增长率波动的特征

国家	平均数/%			标准差/%			自相关			与产出增长互相关性		
	战前	战中	战后	战前	战中	战后	战前	战中	战后	战前	战中	战后
澳大利亚	4.19 (0.96)	2.36 (0.81)	5.48 (1.21)	6.45 (1.01)	3.71 (0.48)	5.56 (2.59)	0.25 (0.13)	−0.38 (0.14)	−0.29 (0.30)	0.25 (0.16)	−0.15 (0.15)	0.31 (0.17)
加拿大	6.30 (0.92)	1.88 (1.10)	7.23 (1.10)	6.19 (0.95)	5.03 (0.64)	5.59 (0.71)	0.21 (0.14)	0.51 (0.22)	−0.09 (0.24)	0.43 (0.11)	0.65 (0.16)	−0.16 (0.15)
丹麦	5.43 (0.78)	−0.02 (0.89)	8.03 (0.74)	5.26 (0.66)	3.77 (0.49)	3.72 (0.40)	0.41 (0.14)	0.52 (0.19)	0.39 (0.16)	0.15 (0.12)	0.16 (0.29)	0.32 (0.16)
德国	5.24 (0.80)	3.07 (2.77)	11.09 (0.81)	5.32 (1.00)	10.04 (1.96)	4.07 (0.50)	−0.07 (0.25)	0.59 (0.18)	0.57 (0.18)	0.18 (0.17)	0.85 (0.08)	0.23 (0.18)
意大利	3.81 (0.60)	4.54 (1.51)	13.63 (0.62)	4.00 (0.60)	6.92 (0.91)	3.16 (0.43)	0.42 (0.17)	0.03 (0.21)	0.36 (0.14)	0.06 (0.13)	0.09 (0.21)	−0.35 (0.24)
日本	7.44 (2.98)	5.48 (2.26)	12.95 (1.57)	16.32 (6.50)	10.38 (1.34)	5.24 (0.72)	−0.16 (0.05)	0.58 (0.15)	−0.01 (0.29)	−0.17 (0.14)	0.20 (0.19)	0.63 (0.21)
挪威	4.87 (0.54)	−1.83 (1.19)	7.38 (0.84)	3.60 (0.32)	5.44 (0.94)	4.19 (0.86)	0.35 (0.15)	0.35 (0.23)	0.18 (0.26)	0.45 (0.12)	0.03 (0.14)	−0.05 (0.16)
瑞典	6.09 (1.00)	0.09 (1.15)	8.90 (1.01)	6.66 (1.30)	5.26 (0.82)	5.13 (0.92)	0.12 (0.13)	0.66 (0.15)	0.48 (0.19)	0.14 (0.15)	−0.03 (0.12)	−0.19 (0.13)
英国	2.15 (0.38)	1.25 (0.76)	2.51 (0.35)	2.51 (0.35)	3.49 (0.64)	5.86 (1.20)	0.49 (0.14)	0.23 (0.21)	0.82 (0.15)	0.17 (0.12)	−0.19 (0.32)	0.14 (0.35)
美国	5.67 (0.77)	2.32 (1.69)	5.79 (0.50)	5.25 (0.63)	7.75 (1.30)	2.56 (0.30)	0.44 (0.16)	0.49 (0.19)	0.63 (0.20)	0.42 (0.13)	0.70 (0.15)	0.18 (0.17)

注：样本矩是根据货币存量和实际产出的对数差异计算的。括号中的数字是标准误。

资料来源：Backus，Kehoe(1992)。

三、新兴市场国家的经济周期特征

长期以来,新兴市场国家凭借其强劲经济增长态势而备受全球投资者关注。在最近20多年的发展历程中,新兴市场国家国内信贷总额在GDP中的占比也由1993年的57.3%骤升至2016年的138.7%。然而,由于信贷通常是金融危机的核心,信贷可得性的上升可能加剧非生产性投机活动,这不仅会影响货币政策效果,而且可能扭曲市场行为(Aikman et al.,2015;Stiglitz,2016)。不仅如此,信贷的内在顺周期性将进一步对经济波动产生放大效应,致使货币政策在熨平经济波动中收效甚微(李健斌,2014;隋建利,龚凯林,2018)。

Kose等(2012)将全球106个经济体分为三组:发达经济体、新兴市场经济体以及其他发展中经济体,并选取这些经济体的产出、消费、投资等指标,采用动态因子模型进行分析分析结果表明,在经济全球化阶段(1985—2005年),包括美国在内的发达经济体内部,以及包括中国在内的新兴市场经济体内部的经济周期波动存在趋同性;而发达经济体与新兴市场经济体之间的经济周期波动则是趋异(脱钩)的。Dooley和Hutchison(2009)指出,包括中国在内的新兴市场国家在2007—2008年夏季与美国经济周期是隔离和"脱钩"的;但之后由于信贷和国际贸易萎缩,这些新兴市场受到了美国金融和实体经济动荡的严重影响,与美国经济"重新挂钩"。

Agenor等(2000)、Uribe和Schmitt-Grohé(2017)指出,尽管新兴市场间产出的波动性差异很大,但平均来看,新兴市场有着更高的产出波动;与此同时,新兴市场的产出序列自相关系数更大,即新兴市场产出的持续性更强。Alvarez-Parra等(2013)指出,如果将消费进一步分为耐用消费品和非耐用消费品,那么消费的波动是两种不同类型消费品波动的加权。具体来看,新兴市场经济的非耐用消费品波动小于产出波动,耐用消费品的波动则大于产出波动。

黄梅波和吕朝凤(2010a)应用HP滤波法对东南亚国家的经济波动进行周期性分析发现(见图5-2-3),东南亚8国在1980—2008年均历经了三个以上的周期,其中6个国家经历了三个周期,1个国家经历了四个周期,1个国家经历了五个周期,同时东南亚各国在1980—2008年间的经济波动基本上具有同周期性质。王悦(2012)通过对东亚新兴经济体进行经济周期波动性分析和非对称性分析(见图5-2-4),发现东亚新兴经济体均存在长度为10年左右的朱格拉中周期(Jugla mid-cycle)和3年左右的基钦短周期(Kitchen short cycle),东亚新兴经济体的经济周期的波动性有逐渐减弱的趋势,且东亚新兴经济体的经济周期的波动是非对称的。田涛(2015)采用"基于典型相关的共同周期法"将东盟五国作为一个整体进行研究,发现东盟五国的经济周期在长期和短期内都具有同步性。

黄梅波和吕朝凤(2010a)通过对东南亚各国产出波动的黏性进行研究(见表5-2-6),

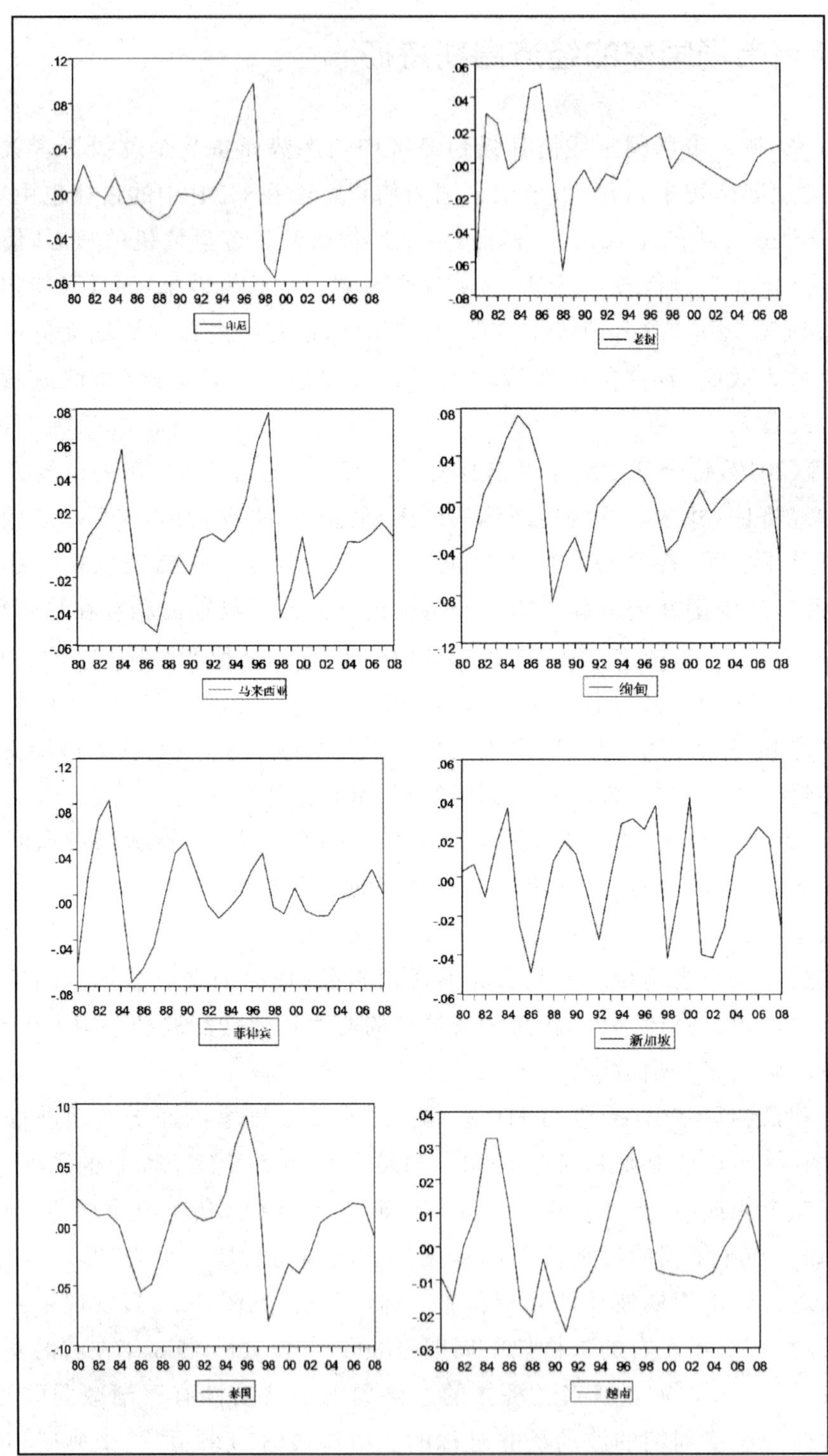

图 5-2-3　东南亚 8 国的经济波动图(1980—2008 年)

资料来源:黄梅波,吕朝凤(2010a)。

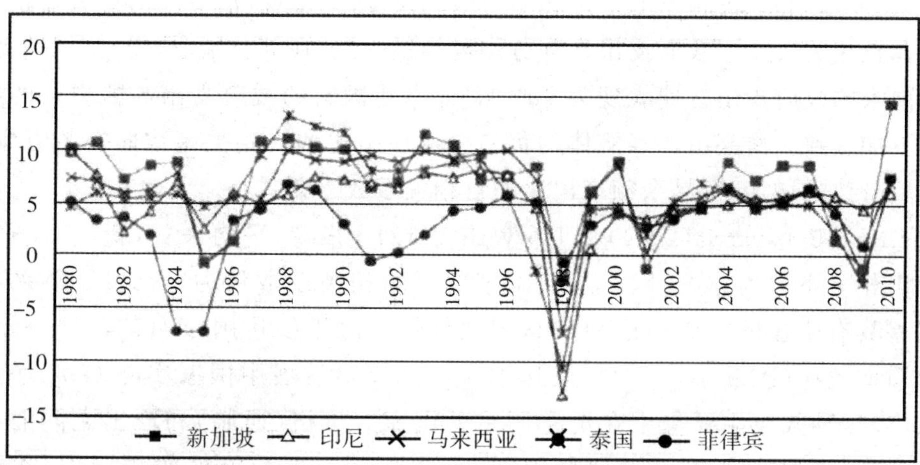

图 5-2-4 东盟五国周期性波动曲线图

资料来源:王悦(2012)。

并结合东南亚各国波动性(见表 5-2-7),发现就东南亚各国自身的黏性而言,越南的黏性最高,泰国的黏性次之,而老挝的黏性最低。这表明在东南亚各国之中,越南的可持续发展能力最强、缅甸次之,其后分别是菲律宾、印尼、马来西亚、泰国、新加坡、老挝。

表 5-2-6 东南亚国家产出的矩关系(1980—2008 年)

国家	自相关系数	标准差	同产出的横向相关关系 corr(x(t),y(t+k))										
			-5	-4	-3	-2	-1	0	1	2	3	4	5
印尼	0.451	0.034	-0.170	-0.250	-0.243	-0.110	0.451	1.000	0.448	-0.111	-0.245	-0.253	-0.172
马来西亚	0.436	0.031	-0.204	-0.256	-0.237	-0.114	0.396	0.882	0.380	0.095	0.107	-0.122	-0.301
老挝	0.203	0.021	-0.209	-0.410	-0.295	-0.197	-0.004	0.359	0.332	0.290	0.295	0.271	0.265
缅甸	0.566	0.038	-0.310	-0.234	-0.114	0.056	0.217	0.237	0.071	-0.079	-0.042	-0.007	-0.047
菲律宾	0.496	0.034	0.050	-0.102	-0.094	-0.060	0.077	0.267	0.137	0.025	0.012	-0.080	-0.134
新加坡	0.217	0.028	-0.455	-0.487	-0.102	0.166	0.472	0.604	-0.068	-0.057	0.442	0.108	-0.375
泰国	0.234	0.027	-0.120	-0.180	-0.137	0.157	0.655	0.769	0.242	-0.097	-0.214	-0.309	-0.318
越南	0.680	0.016	-0.764	-1.013	-1.050	-0.598	0.134	0.890	1.138	0.793	0.450	0.179	-0.025

表 5-2-7 东南亚各国产出波动的黏性分析表

国家	当期产出波动同前一期的相关关系 corr(y(t),y(t-1))
印尼	0.451
马来西亚	0.436
老挝	0.203
缅甸	0.566
菲律宾	0.496
新加坡	0.234
泰国	0.622
越南	0.680

资料来源:黄梅波,吕朝凤(2010a)。

Restrepo-Echavarria(2014)和 Horvath(2018)研究发现，消费产出比和非正式部门规模存在正相关关系。政府支出在部分国家为逆周期，在部分国家与经济周期无关，然而发达国家的政府支出普遍表现为逆周期，即发达国家的政府支出与凯恩斯的经济政策理论更加一致。新兴市场经济体的贸易余额产出比的自相关函数向右下方倾斜，即随着滞后阶数的增加，贸易余额产出比的自相关系数逐渐减小。

Restrepo-Echavarria(2014)和 Horvath(2018)还发现：平均来看，新兴市场的净出口和产出相关系数为－0.51，而发达国家的平均相关系数仅为－0.17。新兴市场国家的利差具有明显的逆周期性和较高的波动性。对于发达国家而言，实际利率同样具有逆周期效应(Akinci，2013)。发达国家高利率对发展中国家实际 GDP 增长具有紧缩效应，这种效应主要集中在汇率固定的国家。价格(通胀)和产出之间的关系并不确定，多数国家表现为价格的逆周期，少数国家表现为价格的顺周期(Agenor et al.，2000；聂丽 等，2021)。新兴市场经济体的整体信贷并未表现出明显的顺周期特征，而是呈现出顺周期和逆周期交替的现象。经济周期和信贷周期的协动性较低。最后，新兴市场经济体存在着更为普遍的资本骤停(sudden stop)现象。

四、中国经济周期的特征

随着改革开放政策的不断深化以及加入世界贸易组织，为了更好地融入世界经济金融体系以推动世界经济一体化进程快速发展，中国在国际贸易资本方面都获得了巨大发展，在世界范围内的贸易以及投资项目逐渐增多。这在很大程度上加强了世界各国以及地区间的经济周期性(Gruben et al.，2002；Baxter，Kouparitsas，2004；宋玉华，徐前春，2004)。在此背景下，学者们针对中国开展了相关研究，并取得了众多的成果。但由于对世界经济周期波动的重视时间相对较晚，且对其研究时间相对较短等原因，这方面的研究略显不足。当前中国应该加强对世界经济周期波动新特征的研究进而发现我国经济周期特征并提出相关政策建议。

刘树成等(2005)对比分析了中国在改革开放前后的宏观经济数据指标。研究表明，中国的经济波动已经从改革开放之前的“大起大落”逐步过渡至改革开放后的“高位—平缓”。此外，研究还指出，出现此种变动的主要原因在于中国不断推进的经济体制改革。魏杰和董进(2006)将中国 1978—2006 年的经济发展阶段划分为五个短周期。从阶段上来看，可以将 1949 年以来的这六十余年时间划分为三个阶段，划分节点主要依据改革开放政策的推进。具体划分为改革开放前、改革开放初期的飞速发展阶段、2012 年至今的经济“新常态”阶段，但“新常态”阶段面临着经济增速的放缓。例如自 2012 年起中国经济增速降至 8%，并一度呈现下行趋势(郭旭红，2016)。

习近平总书记于 2014 年 5 月在河南考察时，首次提出了经济发展“新常态”这一重大论断，并且在随后召开的亚太经合组织(Asia-Pacific Economic Cooperation)工商领导人峰会上,进一步指出经济“新常态”的主要特征包括“从高速增长转为中高速增长”、“经济结构不断优化升级”,以及“从要素驱动、投资驱动转向创新驱动”。国内学者对“新常态”的研究自此逐渐涌现。白重恩和张琼(2014)指出,经济周期因素并非这一周期内的主导因素,政府支出、投资和劳动力等才是影响现阶段生产率高低的主要因素。

刘伟和苏剑(2014)在其研究中指出,经济“新常态”的出现与现阶段生产成本的不断上涨、技术创新与改进的不断推进、投资率的降低、出口的非长期性等因素紧密相连;此外,经济“新常态”的表现形式还包括生产率的下降、失业率的下降、产业结构的调整。李扬和张晓晶(2015)在对比国内外经济周期特征时发现,结构性减速是“新常态”时期增速换挡的主要原因,其中人力资本与全要素生产率增速的降低占主导地位。

HP 滤波方法采用对称的数据及移动平均的方法原理,由 Hodrick 和 Prescott(1980,1997)首次提出,设 $\{X_t\}$ 是去掉季节因素和不规则因素的经济时间序列,$\{X_t^T\}$、$\{X_t^C\}$ 分别是其中含有的趋势、循环成分。则 $X_t=\{X_t^T\}+\{X_t^C\}$,HP 滤波的计算实质上就是从 $\{X_t\}$ 中将趋势成分 $\{X_t^T\}$ 进行分离。HP 滤波方法的一个重要问题就是平滑参数 λ 的取值,不同的 λ 值即不同的滤波器,决定了不同的周期方式和平滑度。在处理季度数据方面经济学家基本达成了共识,沿用 Hodrick 和 Prescott(1980,1997)λ=1600 这一取值。但是,在处理其他频率数据尤其是年度数据时,经济学家对 λ 的取值有较大分歧:Backus 和 Kehoe(1992)认为平滑参数 λ=100,这也正是时间序列软件 Eviews 的默认值。Cooley 和 Ohanian(1991)认为 λ 的取值应该为 400。Baxter 和 King(1999)的研究表明 λ 取 10 更合理。Ravn 和 Uhlig(2002)认为 λ 应该是观测数据频率的 4 次方,即年度数据应取 625。通过在频域上比较 HP 滤波转移方程的图像、分析 HP 滤波的转移方程以及进行蒙特卡罗实验(Monte Carlo experiment),Ravn 和 Uhlig 发现 4 次方调整最合理。

邹战勇等(2018)选取中国 1992—2016 年间的经济周期指数并利用 HP 滤波对中国经济周期进行了检测。邹战勇等(2018)认为,我国经济呈现出与一般经济理论相背离的现象并存在宏观经济陷阱,即为应对经济下行的政府投资反而抑制了经济增长。此外,我国经济的核心驱动因素在加速转变。

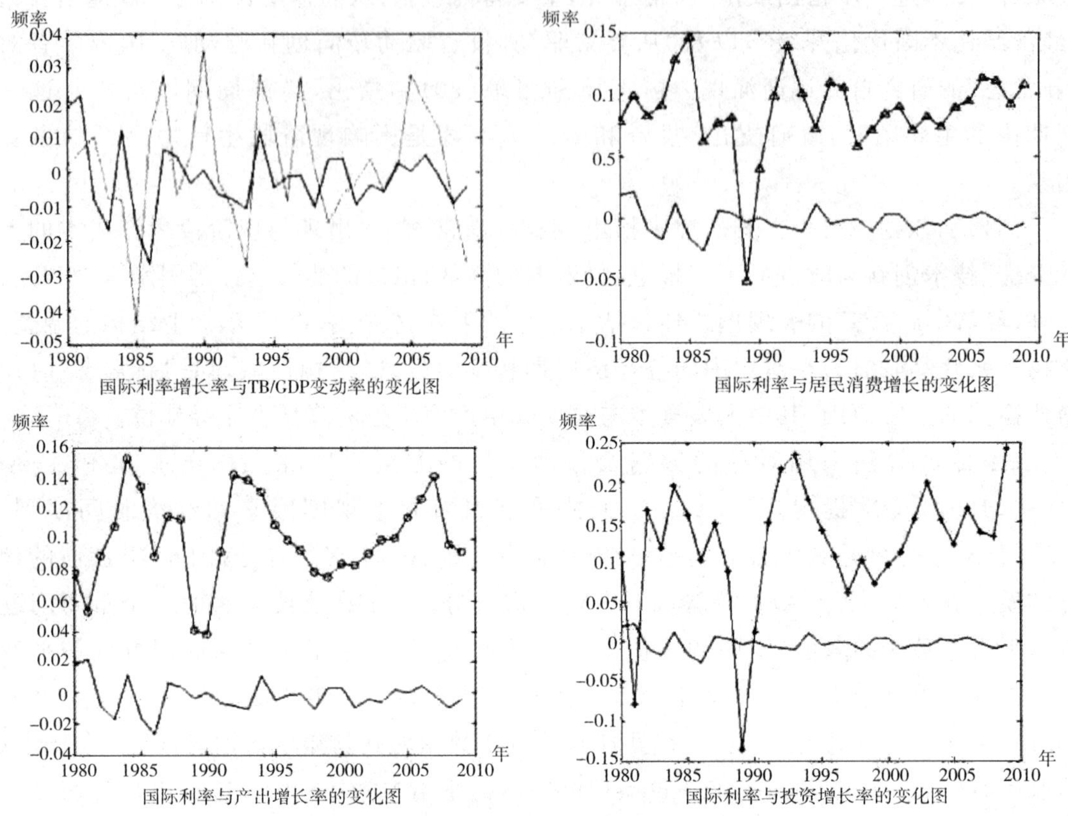

图 5-3-1 国际利率冲击对我国居民消费、GDP 产出、就业、投资的影响

资料来源：吕朝凤，黄梅波(2012)。

第三节 重要研究问题及研究进展

早在 20 世纪 40 年代就有文献对经济周期事实进行研究。例如 Burns 和 Mitchell (1946b)、Samuelson 和 Nordhaus(1998)等提出了经济周期具有扩展和收缩的两阶段特征，Dijk 和 Franses(1999)则提出了紧缩—恢复—扩张—衰退的四阶段周期特征。王成勇和艾春荣(2010)运用平滑转移自回归(smooth transition autoregression，STAR)对中国经济进行研究发现，四阶段周期特征能够更好地解释中国经济增长结构，且不同阶段的持续时间存在差异，其中扩展阶段持续的时间最长。

有许多文献比较了不同类型经济体的经济周期差异。例如 Blanchard 和 Simon (2001)研究指出，发达国家比贫穷国家具有更稳定的经济周期；Martin 和 Stephanie (2016)有类似的研究结论。Kose(2002)指出：发展中国家的经济周期与发达国家的经济周期具有较大的相似性。蔡群起和龚敏(2017)将中国经济周期特征与发达经济体相比，发现其持续时间和发达经济体相似，但波动更大，各变量同 GDP 的相关性显著偏低。

现有文献对分类经济指标的周期变化也有关注。Aguiar 和 Gopinath（2007）发现，新兴经济体的产出波动更大，且净出口贸易的逆周期性更加显著；García-Cicco 等（2010）也证实了这一结论。Martin 和 Stephanie（2016）对 120 个国家的研究发现，总需求组成部分（消费、投资、进口、出口）为顺周期，净出口和经常账户为逆周期，政府支出不具有周期波动特征。马勇和陈雨露（2017）基于 68 个国家的动态面板数据，采用系统 GMM 方法估计发现，金融杠杆和经济增长之间呈倒 U 形关系，杠杆波动和经济增长存在显著负相关关系。

此外，许多文献对经济周期波动的协同特征也进行了研究。Artis 等（1997）发现，一国区域内部的周期协动性大于国家之间的周期协动性。Ambler 等（2004）对 19 个工业国家的研究发现，即使是在金融市场一体化阶段，国家间的经济周期也没有显著协同，仅呈现出微弱的正相关关系。而 Stock 和 Watson（2005）使用 SVAR 模型对 G7 国家的经济波动进行研究，发现 G7 国家的经济周期表现出明显的协同特点。Gefang 和 Strachan（2009）使用 STAR 模型研究美国、德国、法国冲击对英国的影响，发现这些国家的经济波动具有协同特征。唐宜红等（2018）从贸易视角研究国际经济周期的联动性，发现欧盟、北美区域内价值链以及欧盟、北美和亚太相互之间的区域间价值链嵌入程度比较高，对经济周期联动的影响比较大。

2018 年以来，受中美经贸摩擦、外需疲软等因素影响，中国经济增长承压，同时叠加疫情冲击，经济增长形势更加严峻。中国在全球经贸网络中居于重要地位，是全球价值链、产业链和供应链的重要一环，疫情除了使中国受到产出下降、需求减少、金融市场波动等直接影响外，其他国家的产出、消费和金融市场波动，也会经由全球价值链、中间产品贸易、跨境资产投资组合、人员流动等渠道波及中国，进而加大对中国经济的冲击（蒋震，刘洪娇，2020；鲍勤 等，2020）。

杜婷（2007）发现，中国主要经济变量存在显著的周期波动，周期长度约为 7 年，且总需求的组成部分呈顺周期特征。彭斯达和陈继勇（2009）通过 GDP、劳动就业、居民消费等 13 个变量对中美两国经济周期的协动性进行分析，发现中美两国经济周期协动性较弱，但显示出逐渐增强的趋势，中国经济运行的稳定性不如美国。祝梓翔和邓翔（2017）通过构建 TVP-VAR 模型分析中国经济波动的时变效应，发现中国经济的持久性成分明显低于美国。韩川（2017）对中美两国经济关系的研究表明，两国经济周期不仅在时间上出现错配，且经济波动的特点也不相同，中国是“快起缓落型”，美国是“缓起快落型”。

黄玖立等（2011）对中国省区实际周期的协同变化和决定因素进行研究，发现改革前后的周期协同呈明显的“先下降、后上升”的 V 形特征，双边距离、经济规模显著地影响周期协同性。杨子晖和田磊（2013）对多个国家的研究表明，中国关键的宏观经济变量具有明显的跨国共同变动特征。欧阳志刚(2013)使用共同趋势和共同周期方法检验中国经济波动的国际协同特征,发现中国经济波动具有国际协同特征。Guo 等(2018)、黄鹏等(2018)分析了中美贸易摩擦对中美经济的影响,结果表明:中美双方经济都会因加征关税而遭受负面影响。

Bernanke 等(1996)指出,信贷市场的变化对借款人的影响在经济衰退和经济增长时期是不同的。相比经济增长时期,当经济处于衰退期时,信贷市场变化会给具有高代理成本的借款人带来更大的负面冲击。经济周期将影响信贷市场,而信贷市场状态的改变则会造成企业融资、投资以及生产等行为波动,加剧冲击的影响作用。胡利琴等(2014)则发现,不同经济周期下,国内经济增长等变量对中国外汇市场压力的影响不同。此外,黄潇雨(2019)利用马尔可夫区制转移向量自回归(Markov switching-vector error correction,MS-VAR)模型对中国经济周期进行划分,利用 TVP-VAR 模型研究产出冲击、汇率冲击、对外贸易冲击、投资冲击以及世界技术冲击对中国经济的影响。但该文献没有将各类冲击置于一个模型之下,整体性不足;MS-VAR 虽然是一个很好的划分区制模型,但经济意义不够明确。

唐晓彬和刘金全(2012)则利用马尔科夫区制转移(Markov regime switching)模型分析了我国通货膨胀、通货膨胀不确定性与货币增长不确定性之间的关系。宋涛和郑挺国(2014)则通过建立马尔科夫转移模型,研究中国区域层面的经济周期和国家层面的经济周期,发现两者都在 1993 年前后呈现出显著的结构性变化,区域层面的经济周期差异明显。仝冰(2017)指出,中国产出波动最重要的解释因素为投资波动,其次为货币政策冲击和技术冲击。王少平和杨洋(2017)基于结构误差修正模型,识别长期和短期冲击并分解长期趋势,发现 2013 年后中国经济短期成分和长期成分的下降趋势有重合。欧阳志刚和彭方平(2018)从需求侧和供给侧两方面分析了中国经济波动的驱动因素。

当前,国际主流的经济周期模型主要由 RBC 模型和 DSGE 模型组成,前者由 Kydland、Prescott 等学者创立,后者由 Blanchard、Christiano、Gali、Mankiw 等学者创立。接下来本书将对这两个模型的研究进展进行简要的介绍。

(一)RBC 模型

在经济发展过程中,扩张和收缩的交替出现即为经济周期。Stockman 和 Tesar(1995)将 RBC 理论扩展至多国模型,提出了国际经济周期理论。在经济全球化背景下,中国经济受国际冲击的频率和强度在加强,并以来自美国的冲击最为关键。美国是世界第一大经济体,是中国重要的进出口贸易对象,其经济波动对中国乃至全球都有影响。

RBC 理论形成于 20 世纪 80 年代,是宏观经济学最引人注目的理论之一。主要代表性文献有 Kydland 和 Prescott(1982)、Long 等(1983)、King 和 Plosser(1988)、Hansen(1985)、Prescott(1986)等,其中又以 Kydland 和 Prescott 的模型(K-P modle)为代表,该模型为后来 RBC 模型的发展提供了基本的模型框架。

当今世界是一个经济全球化的世界，各国间的贸易与投资联系日益密切，其影响经济的能力在于打破了产出与消费和投资间的联系（朱运法，1997；Manuchehr，2016）。这就要求改变传统封闭经济 RBC 模型不考虑国际贸易与国际资本流动的构建框架（Nason，Rogers，2003）。由此，一些学者尝试将传统 RBC 模型推广到开放经济，如 Mendoza（1991）、Backus 和 Kehoe（1992）、Guo 和 Janko（2009）等。他们试图解释一些开放经济特征，如贸易余额的逆周期性波动、各国消费的高度相关性等。小国开放经济 RBC 模型正是源于 Mendoza（1991）的开创性工作。

将政府部门引入 RBC 模型的思想源于 Christiano 和 Eichenbaum（1992）的开创性工作。他们认为传统 RBC 模型把技术冲击作为经济波动的唯一来源，"这个假设太过于极端"（Kydland，Prescott，1991）。将政府部门引入 RBC 模型，思想是政府支出的外溢性会对经济波动产生影响，做法是利用政府支出与居民消费的替代关系将政府支出引入居民的效用函数。引入了政府部门的 RBC 模型对传统 RBC 模型的改进在于，政府支出的引入打破了产出同实际工资之间的紧密关系。结论是模型预测实际工资既非强顺周期性，也非逆周期性，这与实际经济较为一致（King，Rebelo，2000）。

开放经济 RBC 模型的另一个进展是将国际利率作为外生冲击引入到模型之中。经济学家认为，有许多外部因素可以影响国际利率波动，包括国际金融摩擦（García-Cicco et al.，2010），国际贸易与投资的主要大国受到金融危机冲击等（黄梅波，吕朝凤，2010b），也包括这些国家的经济政策调整等等（黄梅波，吕朝凤，2011）。这些因素综合作用的结果是使国际利率波动呈现出自回归性质的冲击特征。

与政府支出冲击的引入类似，引入国际利率冲击打破了传统 RBC 模型只依赖于技术冲击的局限，致使模型中各变量的波动增大（Stadler，1994）。与此同时，又因为国际利率增加，引致了一国持有的国际债务的边际成本增加，由此将会引起国际债务的减少，致使 TB/GDP 与产出的偏离增大，同时致使一国居民消费、投资下降（Blankenau et al.，2001）。这些都暗示将国际利率冲击引入小国开放经济 RBC 模型是非常重要的。所以将国际利率冲击引入 Mendoza（1991）模型同样是进一步的研究方向。

（二）新凯恩斯主义经济学派

新凯恩斯主义承认产生经济总量扰动的冲击之源可能来自供给方面或需求方面。而且，他们认为资本主义经济体系自身存在的一些摩擦和缺陷将放大这些冲击，从而导致高产量和高就业的波动（Ball，Cecchetti，1988）。

最早的关于新凯恩斯主义的研究主要是针对一般不均衡问题（Barro，Grossman，1971；Malinvaud，1977）。这些理论试图把工资和价格水平作为给定条件来对待，利用一般均衡分析的工具来解释市场不能出清时的资源配置状况。其重点在于：一个市场不能实现出清将如何影响相关市场上的供求。根据这些理论，现实经济可能有多种不同的状态，具体的状态取决于哪些市场上供给过剩，哪些市场上需求过剩。

最有趣的一种状态——也是最符合经济衰退的状态——被称为"凯恩斯主义"状

态，产品市场和劳动力市场都出现供给过剩。在这种状态下，由于劳动力需求太低，无法在现行工资水平上实现充分就业，失业率就会上升。而劳动力需求少，则是因为企业在现行产品价格水平上无法售出自己期望的产品。对企业产品的需求不足，则是由于许多消费者都处在失业状态。也就是说，衰退和萧条源自需求不足的恶性循环，因此对需求进行刺激可以产生乘数效应。

还有一部分学者致力于探讨在没有市场出清的假设下如何考虑理性预期的影响。可以说，这些研究乃是回应 Sargent 和 Wallace(1975)关于货币政策无效的判断。它们指出，尽管有理性预期的影响，但系统的货币政策还是有助于稳定经济(Fischer，1977)。在一定程度上，研究旨在建立动态的通货膨胀实证模型(Taylor，1980)。但这些研究的致命缺陷在于，它所假定的劳动合同的形式尽管从实证来说是合理的，却与微观经济学的原则难以相容。

由于传统的凯恩斯主义主要建立在工资价格不能实现市场出清的假定之上，所以关于新凯恩斯主义的研究希望对此给出说明(Hairault，Portier，1993)。他们提出了不同的假设：企业在改变产品价格的时候有“菜单成本”(meun cost)(Mankiw，1985)；企业付给员工高于市场出清价格的“效率工资”(efficiency wage)(Akerlof，Yellen，1985)，以刺激员工的生产率(Weiss，2014)；工资和产品价格的制定者不具备完全理性等(Yellen，1984)。Mankiw(1985)、Akerlof 和 Yellen(1985)等学者指出，在企业拥有市场力量的时候，对价格调整的私人成本收益分析和社会成本收益分析有很大偏差，因此价格黏性(price sticky)的均衡对私人来说可以是理性的(或接近理性的)，而对社会来说则成本高昂。

Blanchard 和 Kiyotaki(1987)指出，私人和社会激励之间存在偏差，部分是因为总需求的外部效应：一家企业降低自己产品的价格，就会提高真实货币余额，刺激所有企业产品的需求。Ball 和 Romer(1990)认为，真实价格黏性和名义价格黏性之间有强烈的互补性，因此避免相对价格变动的任何举措都会加剧名义价格的黏性。

本章小结

国际经济的演化不仅暗含经济长期增长的趋势，也暗含短期的经济波动。梳理经济波动特征，为我们构建经济模型、解释经济波动、剖析影响波动的深层次因素奠定了良好的基础。由此，本章首先利用 HP 滤波法提取国际经济的波动成分，梳理出国际经济周期波动的特征事实，对美国、英国等十多个国家的经济波动事实进行了提取和总结。此外，本章对两个重要的、并在周期研究中广泛使用的波动成分提取方法进行了详细介绍，它们分别是 HP 滤波法和 BP 滤波法。

事实上,马克思在《资本论》中也谈到了经济周期的根源。马克思指出:"产品过剩归因于购买力不足,而后者又是由贫困化导致的。这是经济危机的充分条件。"虽然经济周期波动偶尔高涨,但也会出现萧条。在萧条期间,购买力不足,就会出现产品过剩。因此,我们在剥离出一个国家经济的周期成分时,还应该利用这些周期成分,进一步剖析影响周期波动的深层次原因,高度重视共同富裕、增长成果共享等。中国政府当前极其重视发展成果共享和实现共同富裕。因此,我们在考察国际经济周期时,应该坚持马克思主义,树立用马克思主义眼光来剖析国际经济周期根源的意识。

习题

5.1 简述经济波动与经济周期的关系。

5.2 简述 HP 滤波法和 BP 滤波的区别。

5.3 简述进行趋势分解时,如何在 HP 滤波和 BP 滤波中进行选择。

5.4 简述欧美主要国家经济周期的特征。

5.5 结合表 5-2-1、表 5-2-2、表 5-2-3 和 5-2-4,试分析日本为何会存在反周期现象。

5.6 简述新兴国家与发达经济体的经济周期有何不同。

5.7 如何认识和分析中国经济周期的特点?

5.8 简述 RBC 模型、新凯恩斯主义经济学派、行为周期理论各自的特点。

参考文献

AGUIAR M, GOPINATH G, 2007. Emerging Market Business Cycles: The Cycle Is the Trend[J]. Journal of Political Economy, 115(1): 69-102.

AGÉNOR P R, MCDERMOTT C J, PRASAD E S, 2000. Macroeconomic Fluctuations in Developing Countries: Some Stylized Facts[J]. The World Bank Economic Review, 14(2): 251-285.

AHMED J, CHAUDHRY S M, STRAETMANS S, 2018. Business and Financial Cycles in the Eurozone: Synchronization or Decoupling[J]. The Manchester School, 86(3): 358-389.

AIKMAN D, HALDANE A G, NELSON B D, 2015. Curbing the Credit Cycle[J]. Economic Journal, 125(4): 1072-1109.

AKERLOF G A, YELLEN J L, 1985. A Near-Rational Model of the Business Cycle with Wage and Price Inertia[J]. Quarterly Journal of Economics, 100: 823-838.

AKINCI O, 2013. Global Financial Conditions, Country Spreads and Macroeconomic Fluctuations in Emerging Countries[J]. Journal of International Economics, 91(2): 358-371.

ALVAREZ-PARRA F, BRANDAO-MARQUES L, TOLEDO M, 2013. Durable Goods, Financial Frictions, and Business Cycles in Emerging Economies[J]. Journal of Monetary Economics, 60(6): 720-736.

AMBLER S, CARDIA E, ZIMMERMANN C, 2004. International Business Cycles: What Are the Facts? [J]. Journal of Monetary Economics, 51(2): 257-276.

ARTIS M J, KONTOLEMIS Z G, OSBORN D R, 1997. Business Cycles for G7 and European Countries [J]. Journal of Business, 70(2): 249-279.

BACKUS D, KEHOE P, 1992. International Evidence on the Historical Properties of Business Cycles [J]. American Economic Review, 82(4): 864-888.

BALL L, ROMER D, 1990. Real Rigidities and the Non-Neutrality of Money[J]. Review of Economic Studies. 57(2): 183-203.

BALL L, MANKIW N G, 2002. The NAIRU in Theory and Practice[J]. Journal of Economic Perspectives, 16(4): 115-136.

BALL L, CECCHETTI S G, 1988. Imperfect Information and Staggered Price Setting[J]. American Economic Review: 78.

BARRO R J, GROSSMAN H, 1971. A General Disequilibrium Model of Income and Employment[J]. American Economic Review. March, 61(1): 82-93.

BAXTER M, MICHAEL A K, 2004. Determinants of Business Cycle Comovement: A Robust Analysis [R]. Federal Reserve Bank of Chicago Working Paper: 14.

BAXTER M, KING R, 1999. Measuring Business Cycles: Approximate Band-Pass Filters for Economic Time Series[J]. Review of Economics and Statistics, 81: 575-593.

BERNANKE B S, GERTLER M L, GILCHRIST S, 1996. The Financial Accelerator and the Flight to Quality[J]. Review of Economics and Statistics, 78(1): 1-15.

BLANCHARD O J, KIYOTAKI N, 1987. Monopolistic Competition and the Effects of Aggregate Demand [J]. American Economic Review, 77(4): 647-666.

BLANCHARD O, SIMON J, 2001. The Long and Large Decline in U. S. Output Volatility[J]. Brookings Papers on Economic Activity, 32(1): 135-164.

BORIO C, 2014. The Financial Cycle and Macroeconomics: What Have We Learnt? [J]. Journal of Banking and Finance, 45: 182-198.

BURNS A F, MITCHELL W C, 1946a. Measuring Business Cycles[J]. National Bureau of Economic Research, 590.

BURNS A F, MITCHELL W C, 1946b. The Basic Measures of Cyclical Behavior[J]. Measuring Business Cycles: 115-202.

CHRISTIANO L J, FITZGERALD T J, 2003. The Band Pass Filter[J]. International Economic Review, (2): 435-465.

CHRISTIANO L J, EICHENBAUM M, 1992. Current Real-Business-Cycle Theories and Aggregate Labor Market Fluctuations[J]. American Economic Review, 82: 430-450.

COOLEY T, F OHANIAN, 1991. The Cyclical Behavior of Price[J]. Journal of Monetary Economics, (28): 25-60.

DIJK D V, FRANSES P H, 1999. Modeling Multiple Regimes in the Business Cycle[J]. Macroeconomic Dynamics, 3(3): 311-340.

FIORITO R, KOLLINTZAS T, 1994. Stylized Facts of Business Cycles in the G7 from a Real Business Cycles Perspective[J]. European Economic Review, 38 (2): 235-269.

FISCHER S, 1977. Long-Term Contracts, Rational Expectations, and the Optimal Money Supply Rule

[J]. Journal of Political Economy. 85(1): 191-205.

GARCÍA-CICCO J, PANCRAZI R, URIBE M, 2010. Real Business Cycles in Emerging Countries[J]. American Economic Review, 100(5): 2510-2531.

GEFANG D, STRACHAN R, 2009. Nonlinear Impacts of International Business Cycles on the U.K.-A Bayesian Smooth Transition VAR Approach[J]. Studies in Nonlinear Dynamics and Econometrics, 14 (1): 1081-1826.

GRUBEN W, KOO J, MILLIS E, 2002. How Much Does International Trade Affect Business Cycle Synchronization? [J]. Federal Reserve Bank of Dallas: 02-03.

GUO J T, JANKO Z, 2009. Reexamination of Real Business Cycles in a Small Open Economy[J]. Southern Economic Journal, 76: 165-182.

GUO M X, LU L, SHENG L G, et al., 2018. The Day after Tomorrow: Evaluating the Burden of Trump's Trade War[J]. 17(1): 101-120.

HAIRAULT J O, PORTIER F, 1993. Money, New-Keynesian Macroeconomics and the Business Cycle [J]. European Economic Review. 37(8): 1533-1568.

HANSEN G D, 1985. Indivisible Labor and the Business Cycle[J]. Journal of Monetary Economics, 16 (3): 309-327.

HODRICK R J, PRESCOTT E C, 1980. Postwar US Business Cycles: An Empirical Investigation [J]. Journal of Money Credit and Banking, 29.

HORVATH J, 2018. Business Cycles, Informal Economy, and Interest Rates in Emerging Countries [J]. Journal of Macroeconomics, 55: 96-116.

IOANNA K, EFTHYMIOS T, 2011. The Business Cycle in Eurozone Economies (1960 to 2009)[J]. Applied Financial Economics, (20): 1495-1513.

JASON J, NORA C, LAUREN S, 2012. External Influences on Business Cycle Synchronization in the Euro Area[J]. International Advances in Economic Research, (2): 28-39.

KIM K, CHOI Y, 1997. Business Cycles in Korea: Is There Any Stylized Feature? [J]. Journal of Economic Studies, (5): 275-293.

KING R G, PLOSSER C I, REBELO S T, 1988. Production, Growth and Business Cycles: I. The Basic Neoclassical Model[J]. Journal of Monetary Economics, 21(2-3): 195-232.

KING R G, REBELO S T, 2000. Resuscitating Real Business Cycles[R]. NBER Working Papers 7534.

KOSE M A, OTROK C, PRASAD E, 2012. Global Business Cycles: Convergence or Decoupling? [J]. International Economic Review, 53(2): 511-38.

KYDLAND F E, PRESCOTT E C, 1990. Business Cycles: Real Facts and a Monetary Myth[J]. Quarterly Review, 14(2): 3-18.

KYDLAND F E, PRESCOTT E C, 1991. The Econometrics of the General Equilibrium Approach to Business Cycles[J]. Scandinavian Journal of Economics, 93: 161-178.

KYDLAND F, PRESCOTT E C, 1982. Time to Build and Aggregate Fluctuations[J]. Econometrical, 50 (6): 1345-1370.

LONG J B, PLOSSER C I, 1983. Real Business Cycle[J]. Journal of Political Economy, 91: 39-69.

LUCAS R E, 1997. Understanding Business Cycles[J]. Carnegie-Rochester Conference Series on Public

Policy, 5:7-29.

MALE R, 2011. Developing Country Business Cycles: Characterizing the Cycle[J]. Emerging Markets Finance and Trade, 47(0): 20-39.

MALINVAUD E, 1977. The Theory of Unemployment Reconsidered[M]. Blackwell.

MANKIW N G, 1985. Small Menu Costs and Large Business Cycles: A Macroeconomic Model of Monopoly[J]. Quarterly Journal of Economics. May, 100(2): 529-537.

MANUCHEHR I, 2016. Structural Changes, FDI, and Economic Growth: Evidence from the Baltic States [J]. Journal of Economic Structures, 5(1): 1-9.

MARTIN U, STEPHANIE S G, 2016. Is Optimal Capital-Control Policy Countercyclical in Open-Economy Models with Collateral Constraints? [M]. National Bureau of Economic Research.

MARTIN U, STEPHANIE S, 2016. Open Economy Macro-Economics: Business-Cycle around the World [M]. Princeton University.

MENDOZA E G, 1991. Real Business Cycles in a Small Open Economy[J]. American Economic Review, 8: 797-818.

MITCHELL W C. 1927. Business Cycles the Problem and Its Setting[R]. National Bureau of Economic Research, New York.

NASON J M, ROGERS J H, 2003. The Present-Value Model of the Current Account Has Been Rejected: Round Up the Usual Suspects[J]. SSRN Electronic Journal, 68(1): 159-187.

NEUMEYER P A, PERRI F, 2005. Business Cycles in Emerging Economies: The Role of Interest Rates [J]. Journal of Monetary Economics, 52(2): 345-380.

PRESCOTT E C, 1986. Theory ahead of Business Cycle Measurement[J]. Federal Reserve Bank of Minneapolis Quarterly Review, 10: 9-22.

RAVN M, UHLIG H, 2002. On Adjusting the Hodrick-Prescott Filter for the Frequency of Observations [J]. The Review of Economics and Statistics, 84: 371-376.

RESTREPO-ECHAVARRIA P, 2014. Macroeconomic Volatility: The Role of the Informal Economy [J]. European Economic Review, 70: 454-469.

ROSOVSKY H, OHKAWA K, 1961. The Indigenous Components in the Modern Japanese economy [J]. Economic Development and Cultural Change, 9(3): 476-501.

SAMUELSON P A, NORDHAUS W D, 1998. Economics 16th ed[M]. Irwin McGraw-Hill.

SARGENT T J, WALLACE N, 1975. "Rational" Expectations, the Optimal Monetary Instrument, and the Optimal Money Supply Rule[J]. Journal of Political Economy, 83(2): 241-254.

STADLER G W, 1994. Real Business Cycles[J]. Journal of Economic Literature, 32: 1750-1783.

STOCK J H, WATSON M W, 2005. Understanding Changes in International Business Cycle Dynamics [J]. Journal of the European Economic Association, 3(5): 968-1006.

STOCK J H, Watson M W, 1999. Business Cycle Fluctuations in U. S. Macroeconomic Time Series [M]. Amsterdam: North Holland.

STOCKMAN C A, TESAR L L, 1995. Tests and Technology in a Two-Country Model of the Business Cycle: Explaining International Comovement[J]. American Economic Review, 85(1): 168-185.

TAYLOR T B, 1980. Aggregate Dynamics and Staggered Contracts[J]. Journal of Political Economy, 88

(1): 1-23.

URIBE M, SCHMITT-GROHÉ S, 2017. Open Economy Macroeconomics[M]. Princeton University Press: 178-231.

WEINERT H, 2007. Efficient Computation for Whittaker Henderson Smoothing[J]. Computational Statistics and Data Analysis, (52): 959-974.

WEISS A, 2014. Efficiency Wages: Models of Unemployment, Layoffs, and Wage Dispersion[M]. Princeton University Press.

WEYERSTRASS K, VAN AARLE B, KAPPLER M, et al., 2011. Business Cycle Synchronization with (in) the Euro Area: In Search of a "Euro Effect"[J]. Open Economies Review, (7): 427-446.

YELLEN J L, 1984. Efficiency Wage Models of Unemployment[J]. American Economic Review, 74(2): 200-205.

ZARNOWITZ V, 1992. Business Cycles: Theory, History, Indicators, and Forecasting[M]. University of Chicago Press.

白重恩，张琼，2014. 中国的资本回报率及其影响因素分析[J]. 世界经济 37(10): 3-30.

鲍勤，苏丹华，汪寿阳，2020. 中美贸易摩擦对中国经济影响的系统分析[J]. 管理评论 32(7): 3-16.

蔡群起，龚敏，2017. 中国经济周期的波动特征：典型事实与国际比较[J]. 财贸研究 28(9): 1-17.

陈昆亭，周炎，龚六堂，2004. 中国经济周期波动特征分析:滤波方法的应用[J]. 世界经济 27(10): 47-56,80.

邓创，徐曼，2014. 中国的金融周期波动及其宏观经济效应的时变特征研究[J]. 数量经济技术经济研究 31(9): 75-91.

杜婷，2007. 中国经济周期波动的典型事实[J]. 世界经济(4): 3-12.

郭庆旺，贾俊雪，2004. 中国潜在产出与产出缺口的估算[J]. 经济研究 39(5): 31-39.

郭旭红，2016. 新中国 GDP 增长速度发展演变研究[J]. 中国经济史研究(4): 164-177.

韩川，2017. 中美经济周期错配原因探析[J]. 当代经济科学 39(5): 107-111.

胡利琴，彭红枫，李艳丽，2014. 中国外汇市场压力与货币政策:基于 TVP-VAR 模型的实证研究[J]. 国际金融研究(7): 87-96.

黄玖立，李坤望，黎德福，2011. 中国地区实际经济周期的协同性[J]. 世界经济(9): 19-41.

黄梅波，吕朝凤，2010a. 东南亚国家产出波动的同周期性研究:基于 1980—2008 年数据的分析[J]. 东南亚纵(10): 9-13.

黄梅波，吕朝凤，2010b. 金融危机的外部冲击对东南亚国家产出的中期影响:基于日本、美国金融危机冲击的研究[J]. 国际贸易问题(4): 49-57.

黄梅波，吕朝凤，2011. G20 经济波动的同周期性研究:G20 宏观经济政策协调的可行性及效果分析[J]. 国际贸易问题(3): 17-27.

吕朝凤，黄梅波，2012. 国际贸易、国际利率与中国实际经济周期:基于封闭经济和开放经济三部门 RBC 模型的比较分析[J]. 管理世界(3):34-39.

黄鹏，汪建新，孟雪，2018. 经济全球化再平衡与中美贸易摩擦[J]. 中国工业经济 10(19).

黄潇雨，2019. 外部经济冲击对中国经济周期的影响机制研究[M]. 吉林：吉林大学出版社.

黄赜琳，朱保华，2009. 中国经济周期特征事实的经验研究[J]. 世界经济(7): 27-40.

纪明，刘志彪，2014. 中国需求结构演进对经济增长及经济波动的影响[J]. 经济科学(1): 10-22.

蒋迪娜，2010. 基于 BP 滤波的 BDI 周期性问题研究[J]. 技术经济与管理研究 172(5)：23-26.

蒋震，刘洪娇，2020. 新冠疫情对我国宏观经济形势的影响与分析[J]. 经济研究参考(6)：86-90.

李国祥，李永清，马天骄，2017. 基于 HP 滤波法的我国 CPI 波动规律研究[J]. 经济问题(10)：60-65,125.

李健斌，2014. 中国信贷投放顺周期性效应的产生与应对[J]. 青海金融(3)：8-12.

刘树成，张平，张晓晶，2005. 中国的经济增长与周期波动[J]. 宏观经济研究(12)：15-20.

刘伟，苏剑，2014."新常态"下的中国宏观调控[J]. 经济科学(4)：5-13.

马勇，陈雨露，2017. 金融杠杆,杠杆波动与经济增长[J]. 经济研究 52(6)：31-45.

聂丽，颜蒙，安真，2021. 新兴市场经济周期:特征事实,影响因素与研究展望[J]. 东北师大学报(哲学社会科学版)(1)：132-141.

欧阳志刚，2013. 中国经济增长的趋势与周期波动的国际协同[J]. 经济研究 48(7)：35-48.

欧阳志刚，彭方平，2018. 双轮驱动下中国经济增长的共同趋势与相依周期[J]. 经济研究 53(4)：32-46.

彭斯达，陈继勇，2009. 中美经济周期的协动性研究:基于多宏观经济指标的综合考察[J]. 世界经济(2)：37-45.

宋涛，郑挺国，2014. 区域经济周期协同性及其与国家经济周期的关系研究[J]. 财贸经济(3)：112-123.

宋玉华，徐前春，2004. 世界经济周期理论的文献述评[J]. 世界经济(6)：66-76.

隋建利，龚凯林，2018. 新兴市场国家存在信贷顺周期还是逆周期? 结构转变视阈下的阶段性识别与协同性测度[J]. 经济管理 40(9)：18-40.

孙瑾，蔡彤娟，2013. 欧盟主要国家经济形态变化的对比分析：基于经济周期的研究视角[J]. 北京工商大学学报 28(3)：20-26.

唐晓彬，刘金全，2012. 通货膨胀、通货膨胀不确定性与货币增长不确定性之间的关联分析[J]. 系统工程 5：17-23.

唐宜红，张鹏杨，梅冬州，2018. 全球价值链嵌入与国际经济周期联动:基于增加值贸易视角[J]. 世界经济 41(11)：49-73

田涛，2015. 东盟国家经济周期同步性分析[J]. 商业研究(10)：39-45.

仝冰，2017. 混频数据、投资冲击与中国宏观经济波动[J]. 经济研究 52(6)：60-76.

王少平，杨洋，2017. 中国经济增长的长期趋势与经济新常态的数量描述[J]. 经济研究 52(6)：46-59.

王悦，2012. 东亚新兴经济体经济周期特征分析[J]. 亚太经济(5)：25-31.

魏杰，董进，2006. 改革开放后中国经济波动背后的政府因素分析[J]. 中央财经大学学报(6):52-57.

吴安兵，金春雨，2019. 货币政策,产出冲击对人民币实际汇率波动的影响效应[J]. 国际金融研究 12：23-32.

许宪春，2009. 中国国民经济核算体系的建立、改革和发展[J]. 中国社会科学(6)：41-59,205.

杨子晖，田磊，2013. 中国经济与世界经济协同性研究[J]. 世界经济 36(1)：81-10.

张明，程实，张岸元，等，2019. 如何渡过中美贸易摩擦的不确定水域? [J]. 国际经济评论(89)：145-152.

朱运法，1997. 生产率、投资及经济增长之间的长期关系[J]. 数量经济技术经济研究(8)：3-8.

祝梓翔，邓翔，2017. 时变视角下中国经济波动的再审视[J]. 世界经济 40(7)：3-27.

邹战勇，杨焕波，李星，2018.中国经济周期特征分析[J]. 统计与决策 34(17)：146-148,11.

第六章

实际经济周期理论

第一节　引　言

现实经济的繁荣和衰退犹如潮起潮落，并且大部分的宏观经济指标（如 GDP、消费、投资、价格、工资等）的上下变动存在一定程度的规律（高阳，2015）。关于经济周期理论的问题，一直被学者们高度重视。例如，如何解决一个国家各地区不同的经济波动和不对称的冲击可能造成的严重政策扭曲（Duran，2013）？经济周期之间是否存在相互影响，在这期间，资本投资是否起着关键性作用（Shaffie et al.，2016）？当前经济社会面临的危机是独立的还是相互关联的，当前社会所面临的跨国移民危机原因是什么（Obeng-Odoom，2019）？如何利用经济体预算行为及宏观经济因素波动确定最优环境质量水平（George et al.，2019）？经济周期理论的目标，正是要去揭示或挖掘这些规律，探索引起这些重要经济变量变动的根本原因，并对它们的未来变化趋势进行预测。经过几代经济学家的努力，经济周期理论已经非常丰富，包括传统凯恩斯主义、现代货币主义、理性预期学派、RBC 理论、新凯恩斯主义五大学派。上述学派的区别在于探索上述问题的角度不同。

RBC 理论的迅速形成，要归功于 Kydland 和 Prescott（1982）的重要贡献。他们在 Lucas（1972）研究的基础上，试图用技术冲击去解释经济波动。他们的观点是：技术进步给总量生产函数带来正向冲击，影响劳动和资本等变量的相对价格变动，而理性预期的居民将对消费和闲暇做相应的调整，从而导致产出和就业等变量波动，进而引起宏观经济整体波动。Rebelo（2005）总结 Kydland 和 Prescott（1982）的贡献如下：（1）提出用动态一般均衡模型来探讨经济周期；（2）将增长和周期纳入一个共同的研究框架，经济增长和周期不再是经济的长期和短期问题，而是同一过程的两种不同维度的表现；（3）提出了一套对理论模型进行评判的方法，即经济波动特征事实比较法。这些都为后来的研究提供了重要参考（高阳，2015）。

与 Kydland 和 Prescott（1982）利用模拟技术冲击不同，Prescott（1986）通过采用索

洛全要素生产率(total factor productivity,TFP)作为技术冲击,研究发现,RBC 模型的模拟结果能够很好地解释二战后美国经济波动的许多重要特征。从此,利用 TFP 短期变动作为技术冲击的替代指标,开始在学术研究中流行起来(如 Wald,2002;黄赜琳,2005;Letendre,Luo,2007 等)。由于侧重于强调实际冲击(技术冲击)在经济波动中的重要作用,以 Kydland 和 Prescott(1982)为代表的经济周期模型也被冠名为实际经济周期理论或真实周期理论。King 等(1988)在 *Journal of Monetary Economics* 发表的 "Produciton,Growth and Business Cycles: I. The Basic Neoclassical Model"一文中,详细介绍了 RBC 模型的构建和求解,为以后 RBC 模型的研究提供了一个比较标准的模型框架。他们的模型,明确将经济增长和波动纳入同一个框架。

随后大量学者从不同的角度,对 Kydland 和 Prescott(1982)、King 等(1988)等提出的 RBC 模型进行了拓展,以便能够更完美地模拟现实经济。包括采用劳动的不可分性,引入投资专有性技术冲击、货币供给冲击、财政支出冲击、能源价格冲击、开放经济周期、异质性分析框架等。接下来,本书将对这方面的工作做简要的介绍。

(1)引入不可分劳动(indivisible labor)

对 RBC 模型的一个重要批评是劳动的可分性设定问题。Kydland 和 Prescott(1982)将劳动设为可分的,经济个体可以选择任一个时段的工作时间来最大化其一生的效用。在这一模型中,显然是不存在失业的。可分劳动(divisible labor)与不可分劳动的主要区别是后者引入了劳动的非凸性(黄赜琳,2006),前者与微观市场中存在着众多的失业相悖。而且通过微观面板数据的研究,经济个体劳动时间的跨期替代并不一定能够解释总量劳动时间波动(Ashenfelter,1984)。为此,Hansen(1985)提出了一个不可分劳动的 RBC 模型,提出实际劳动波动很大程度上取决于经济中的就业人数变动,而与就业者工作的时间无关(陈昆亭,龚六堂,2006)。

Christiano 和 Eichenbaum(1992)、黄赜琳(2005)在探讨政府支出冲击对经济波动的影响时,也探讨了类似的设定。Hall(2005)通过将名义工资刚性引入 RBC 模型,解释了劳动力市场对不利冲击的定性反应,为以前针对波动的黏性工资模型提出的基本批评提供了答案。黄赜琳(2006)基于可分劳动 RBC 模型实证检验了中国经济波动的原因。Madeira(2013)描述并估计了一个标准的 DSGE 模型,该模型具有黏性价格和工资,在该模型中,劳动摩擦被证明对商业周期的动态和经济政策的制定有重要影响。Keane 和 Rogerson(2015)认为早期文献没有理解总的劳动力供给调整可以沿着每个工人的工时和就业的边际发生,导致经济学家误解了偏好参数对总劳动力供给的影响。Vasilev(2016)研究了劳动力市场中搜索和匹配摩擦的数量重要性。Dey(2017)通过贝叶斯方法估计了灵活的偏好规格,提出在一个封闭经济体中,劳动力供给和消费的额外替代效应放大了冲击的传播,而在一个开放经济框架中,还会产生产出、劳动力和投资的正向流动。Madeira(2018)通过描述一个 DSGE 模型,其中增加了劳动不可分性,改善了数据的拟合。然而,依据 Kydland 和 Prescott(1991)的观点,相比可分劳动假说,

Hansen(1985)提出的不可分劳动这一极端假设,可能会夸大索洛剩余对就业总量波动的影响。无论如何,不可分劳动假说的引入,打破了传统 RBC 模型对劳动时间的设定,推动了 RBC 模型的研究。

(2)引入投资专用性技术冲击

Gordon(1990)通过对美国数据进行研究,发现在过去 40 年中投资品与消费品的相对价格存在快速下降趋势;Greenwood 等(1997)采用增长核心方法对上述结论进行检验,发现的确如此,二战后人均产出增长的 60%部分都应归功于投资专用性技术进步(高阳,2015)。由此,Greenwood 等(2000)借鉴凯恩斯主义关于投资边际效率对于总量波动极其重要的观点,将其和内生的资本利用效率(endogenous capital utilization)引入 RBC 模型,来解释总量经济波动。这一工作极其重要,它不仅丰富了 RBC 模型,而且是将 RBC 模型和凯恩斯思想相结合的一个尝试。实际上,可变的资本利用被一些研究认为是理解经济周期的第一要素(Basu,Kimball,1997;King,Rebelo,2000)。Fisher(2006)利用 VAR 模型和长期识别技术(long-run identification techniques);Justiniano(2010)则用结构模型,揭示总量经济波动的主要原因正是投资专用性技术冲击。

Schmitt-Grohé 和 Uribe(2011)记录了美国战后季度数据中全要素生产率和投资的相对价格是协整的。Araújo(2012)考虑了中性技术冲击和投资专用性技术冲击的作用,通过贝叶斯技术将模型与数据机型拟合,研究表明投资专用性技术冲击是估计模型中波动的重要来源。Chen 和 Wemy(2015)认为资本生产部门的技术创新可能会溢出到经济的其他部门。他们利用美国战后数据,通过构建一个两部门商业周期模型,评估了特定投资的技术变化在全要素生产率的长期变化中的重要性。Savchenko(2015)通过对 2000—2010 年欧盟成员国宏观经济指标进行分析,提出对宏观经济波动性影响最大的是投资专用性技术冲击。Deli(2016)通过折旧率研究了资本维持对关键总量的动态影响,并发现资本维持边际效率及其与利用率的关系,以及资本维持的时际效应和替代效应之间的相互作用,都对投资专用性冲击对宏观经济的短期影响至关重要。陈银忠和易小丽(2016)将投资专用性技术冲击引入 RBC 模型,来解释中国经济波动。他们发现,该模型能够很好地模拟中国经济波动特征。Dogan(2019)探讨了投资专用性冲击在新兴市场商业周期波动中发挥的作用,认为投资部门技术的冲击解释了大约 60%的投资、44%的消费和 52%的产出变化。

(3)引入货币供给冲击

Cooley 和 Hansen(1989)将现金先行约束(cash-in-advance constraint)引入经典 RBC 模型,以考察货币供给冲击对 GDP 产出的影响机理;Cooley 和 Prescott(1995)在"Frontiers of Business Cycle Research"一文中,再次考察了货币供给冲击在经济波动中扮演的重要作用。他们提出了三种可以引入货币冲击的方法:一是将货币与其他商品共同引入效用函数;二是货币被视作用储蓄购买商品时的交易成本;三是通过现金先行约束(Cooley,Prescott,1995)。Cooley 和 Prescott(1995)无疑采用的是第三种设定方法。然而,在卢卡斯模型中,名义价格黏性在货币供给冲击的传导过程中扮演了重要角色。为此,一些 RBC 文献如 Cho(1993)、Cho 和 Cooley(1995)等,都检验了名义工资和价格合同的引入对总量经济的影响。Yun(1996)通过在一个标准的实际商业周期模型中引入垄断竞争和名义价格刚性,并允许货币供应内生化,构建了一个动态一般均衡模型,提出黏性价格模型可以比灵活价格模型更好地解释观察到的通胀和产出运动之间的联系(Deng,2009)。

事实上,Altig 等(2005),Galí 等(2003)发现,选择适当的货币政策相配合,能够提高技术冲击对总量经济波动的解释力(Deng,2009)。刘方(2011)在真实经济周期理论框架内分析了外生货币冲击对中国经济波动产生的影响。其研究表明,货币发行冲击主要影响消费、投资和通胀率的波动,而其他主要经济变量(产出、就业等)的波幅基本不变。Lei 和 Liu(2015)通过采用一个包含 26 个经济体的全球 VAR 模型,研究美国货币供给量冲击对全球商业周期的影响。Goyal 和 Kumar(2018)发现与美国和欧元区(发达经济体)相比,印度(新兴经济体)的货币作用存在着明显不对称性。Ellington 和 Milas(2021)基于货币总量的视角,对总体流动性冲击的经济影响进行了实证调查,结果表明,总的流动性冲击分别平均解释了大衰退期间实际 GDP 和通货膨胀在商业周期频率上的 32%和 47%的变异。Hollander 和 Christensen(2018)证明了货币当局对货币和利率政策的选择对商业周期的作用有重大影响,他们利用动态一般均衡得出结论:一个更灵活的利率目标制度会导致美国货币的大幅扩张和更快速的经济复苏。

(4)引入财政冲击

将政府支出冲击引入 RBC 模型的工作,始于 Christiano 和 Eichenbaum(1992)的研究。他们将政府消费支出同居民消费一起引入效用,结合总量需求冲击和技术冲击来解释宏观经济波动。Christiano 和 Eichenbaum(1992)发现,在传统 RBC 模型中,劳动生产率与就业波动的相关系数超过 0.9,这是一个与现实经济接近于 0 完全不同的情况。因此,传统 RBC 模型不能解释就业与劳动生产率之间弱相关性现象。Christiano 和 Eichenbaum(1992)指出,这个问题可能源自模型中只有技术冲击这一单一冲击。利用他们构建的三部门 RBC 模型,拟合出的就业与劳动生产率之间的相关系数约为 0.575,更为接近实际值 0.16。自 Christiano 和 Eichenbaum(1992)之后,就业与劳动生产率的弱相关性问题就成为 RBC 模型的重要命题。

Ambler 和 Paquet(1996)通过构建真实商业周期模型,提取了政府支出各组成部分相对波动的定性特征,并预测政府支出各组成部分与产出之间的相关性很高。Linnemann 和 Schabert(2012)提出劳动力市场的摩擦会提高政府支出和私人消费的最佳稳定状态比率。Nuru(2019)通过实证检验发现,在 1 或 2 个标准差内,扩张性或收缩性的政府支出对产出的影响在长期内都是非常小的,在经济下滑时影响稍大,在经济扩张时影响非常有限。这一结果支持了近期文献中的观念,即发展中国家的财政政策大多是顺周期的。Olaoye 等(2020)通过考察经济增长对政府冲击的反应发现,经济增长对政府支出冲击的反应因冲击的性质不同而不同，并认为财政政策的稳定效果取决于商业周期的状态。Shaheen 和 Turner(2020)使用一个将国内生产总值、政府支出和税收收入联系起来的非线性 TVAR 模型，研究了财政冲击对英国经济的影响。研究发现经济状况至关重要，财政政策在繁荣时期具有非常不同的乘数效应。

二是税收冲击。在 Christiano 和 Eichenbaum(1992)强调总量需求冲击的重要性的同时，McGrattan(1994)、Braun(1994)等开始尝试探讨税率冲击对经济波动的重要影响。他们将扭曲性税收引入 RBC 模型，构建了一个包含税率的、另一个版本的三部门 RBC 模型。与政府消费支出冲击类似，税率冲击也能够通过影响劳动供给，从而为就业与劳动报酬的关系提供另一个版本的说明。他们发现，在众多冲击中，税率冲击对许多总量变量都有巨大影响，几乎能够很好地解释就业与劳动生产率的弱协动性问题。

Barseghyan 等(2013)探讨了 Battaglini 和 Coate(2008)的政治经济学模型对商业周期中财政政策行为的影响。该模型预测，财政政策是逆周期的，税率在繁荣期减少，在衰退期增加。黄赜琳和朱保华(2015)构建了财政税收的实际经济周期模型，实证研究了中国宏观经济波动的周期特征及税收政策的经济效应。Asimakopoulos 等(2014)对商业周期模型中最优税收平滑的数量属性进行了规范性研究，发现在相对技能由外生决定的情况下，熟练和非熟练劳动力的税收平滑性在数量上保持不变。Fernandez-Villaverde 等(2015)在前人的基础上进一步研究财政政策的不确定性如何影响经济活动，用时间变化波动率估计美国的税收过程，并将税收过程输入一个标准的新凯恩斯主义模型，发现税收的意外冲击会对经济活动产生不利影响。Biolsi(2017)以税收支出乘数衡量财政政策在经济疲软时是否比经济强劲时更有效，并得出结论：在世界经济疲软的状态下，提高失业率阈值会逐渐导致税收乘数增加。Sims 和 Wolff(2018)通过研究税率冲击对国家的影响，提出在产出相对较高的时期，削减税率对产出的刺激作用最大。

(5)引入能源价格冲击

由于受到 McCallum(1989)的技术冲击批判的影响，许多学者开始从供给端，寻找新的冲击来源，如 Kim 和 Loungani(1992)、Rotemberg 和 Woodford(1996)、Finn(2000)、Barsky 和 Killian(2004)。其中 Kim 和 Loungani(1992)创造性地将能源价格冲击引入 Hansen(1985)的不可分劳动 RBC 模型，以解释宏观经济波动。研究发现，能源价格与产出之间呈现出显著的负相关性，即相关系数为 -0.44。在他们的模型中，采用的是半 CES 生产函数为：

$$y_t = A\,{h_t}^{1-\alpha}\left[(1-\theta)k_t^{-\nu} + \theta e_t^{-\nu}\right]^{\frac{\alpha}{-\nu}} \tag{6-1-1}$$

式中，y_t 为第 t 期的人均产出，h_t 为劳动时间，k_t 为人均资本，e_t 为能源投入；α 为一个大于 0 的常数，$1-\alpha$ 代表劳动的产出弹性；$\nu = (1-s)/s$ 代表资本与能源之间的替代弹性；θ 代表资本投入与能源投入的比例。由于能源投入的引进，经济约束则为：

$$c_t + i_t + p_t e_t \leqslant y_t \tag{6-1-2}$$

式中，c_t 为消费；i_t 为投资；p_t 为能源价格其是一个冲击变量。随后，Loungani(1992)、Rotemberg 和 Woodford(1996)、Finn(2000)也都将能源价格冲击引入 RBC 模型中，研究发现虽然能源价格具备高波动性特征，但由于能源投入在 GNP 中的份额非常低，所以并不会对总量经济产生巨大的冲击。因而，能源价格冲击并不是引起宏观经济波动的一个重要原因。在最近的研究中，Chang 和 Lai(2013)通过建立一个综合模型来预测能源价格与经济活动周期之间的关系，结果表明，油价周期和经济活动在短期内具有双向因果关系。Aminu 等(2018)通过在 RBC 模型中研究英国能源和非能源密集部门公司的行为，提出大衰退期间的产出收缩主要是由能源价格和特定部门的生产力冲击造成的。

(6)推广到开放经济

在 RBC 模型建立之初，就有许多学者尝试将这一模型推广到开放经济，如 Dellas(1986)、Stockman 和 Svensson(1987)、Cantor 和 Mark(1988)、Backus 和 Kehoe(1992)等。其中，Dellas(1986)、Stockman 和 Svensson(1987)、Cantor 和 Mark(1988)最先做出了这方面的尝试。而 Backus 和 Kehoe(1992)则是这一方面工作的集大成者，其影响也更为深远(Deng，2009)。Backus 和 Kehoe(1992)利用劳动不可流动(immobile labor)假说，采用同质产品下的世界竞争 RBC 模型，来研究技术冲击对国际经济周期的影响。其理论模型包括两个国家，它们拥有相同的结构和参数，仅在劳动力禀赋和技术冲击上存在差异。Backus 和 Kehoe(1992)发现，经济开放打破了封闭经济下经济变量的协动性特征；相比封闭经济，开放经济的消费波动更为平滑，而投资波动则更加剧烈。

在 Backus 和 Kehoe(1992)研究的基础上，Ahmed 等(1993)发展了一个多变量和结构的两国两产品 RBC 模型，用以研究包括供给冲击、财政冲击、货币供给冲击和偏好冲击等冲击对国际经济波动的影响。Mendoza(1995)则侧重于将贸易冲击引入 RBC 模型，来探讨贸易冲击对国际经济周期的影响，结果显示汇率对生产率和贸易冲击的反应存在明显的差异。Bruno 和 Portier(1995)将 RBC 的两个扩展(开放经济、在生产函数中引入进口投入)结合起来，建立了一个理论模型以复制经济周期。吕朝凤和黄梅波(2012)则将国际金融冲击和政府支出冲击引入 Mendoza 创立的小国开放 RBC 模型之中，揭示国际金融冲击和政府支出冲击在开放经济中的重要作用。González-Uribe(2021)以 Kollintzas 和 Vassilatos(2000)的研究为参考，建立了一个内生交易成本的简单 RBC 模型，结果显示，金融发展和金融开放的改善会影响个人最优决策，并间接影响包括劳动力在内的生产要素的报酬。

(7)引入异质性 RBC 模型

如果追根溯源，那么经济学家对异质性经济的研究，实质上是与 RBC 模型的发展比较一致的。Imrohoroglu(1989)构建了一个流动性约束下的不可分劳动异质性 RBC 模型，来解释经济波动的福利成本，以补充 Lucas(1987)的同质性个体假说。受到这个研究的启发,Aiyagari(1994)进一步考察了经济个体的非系统性冲击对宏观储蓄的影响,研究揭示了融资约束变动会对总量经济如储蓄、消费等产生严重影响。然而,由于异质性个体的引入,导致RBC模型在模拟实际经济时出现了巨大困难,急需一套比较规范的异质性模拟方法。此时,在Imrohoroglu(1989)和Aiyagari(1994)的基础上,Krusell和Smith(1998)在*Journal of Political Economy*杂志上发表的"Income and Wealth Heterogeneity in the Macroeconomy"的一文中,提出了一种利用马尔科夫链(Markov chain)模拟的K-S求解方法;并对30000个个体进行了模拟,探讨消费与产出的协动性,以及产出的自回归特征。研究发现,引入偏好冲击的异质性RBC模型,能够较好地解释美国实际的财富分布特征及其基尼系数。故而,它成为异质性RBC模型诞生的标志。

然而,Krusell和Smith(1998)并没有对Kydland和Prescott(1982)提出的所有经济周期特征事实进行解释。这一工作直到Chang和Kim(2007)才得以完成。Chang和Kim(2007)采用Krusell和Smith(1998)的求解方法,构建了一个成熟而完整的异质性RBC模型,以解释美国宏观经济波动特征。他们发现,异质性RBC模型是能够解释Christiano和Eichenbaum(1992)发现的就业与劳动生产率之间的弱协动性问题的。不仅如此,他们还发现,这个模型还具有如下的两个优势:一是,能够合理解释大多数宏观变量的波动幅度特征,这是一个非常令人惊讶的成就;二是,能够解释模型中闲暇与消费的跨期替代,以及劳动市场边界(labor-market wedge)波动特征。

Chang和Kim(2007)的论文发表之后,立即受到了国际学术界的广泛关注。学者们不断丰富异质性RBC模型的求解方法,并对Chang和Kim(2007)的方法进行了补充。Chang和Kim(2014)在吸引一些学者如Takahashi(2014)的批评之后,再次对Chang和Kim(2007)模型的求解方法进行了完善。他们利用这一个比较完善而成熟的求解方法,模拟显示Chang和Kim(2007)对宏观变量波动特征的模拟结果的确受到求解方法的影响,尤其是就业与劳动生产率的协动性。更正之后的模型似乎并不能够合理解释后者的弱协动性特征。但是,无论如何,Chang和Kim(2007,2014)在异质性RBC模型中的创造性贡献,为21世纪宏观经济学的发展奠定了重要基础。

第二节　基准RBC模型

在Kydland、Prescott等学者创立RBC模型之后,RBC模型不断演化和发展。本节在众多的模型中,利用King等(1988)在*Journal of Monetary Economics*发表的"Production,Growth and Business Cycles: I. The Basic Neoclassical Model"一文中梳理的带增长趋势的RBC模型为基础,对RBC模型的构建、求解、校准和应用进行了

详细梳理。King 等(1988)尝试通过此文将 RBC 模型的构建和求解过程展示给学术界，以提高 RBC 模型研究的规范性。King 等(1988)依据 Kydland 和 Prescott(1982)的研究，将 RBC 模型研究划分为如下两个阶段：一是模型构建与求解；二是参数校准与数值模拟。

一、模型构建与求解

(一)经济环境设定

家庭：King 等(1988)假设在一个无限生存的同质性经济中，代表性个体的效用由第 t 期的消费 c_t 和闲暇 $1-l_t$(其中 l_t 代表劳动时间)构成：

$$U=\sum_{t=0}^{\infty}\beta^t u(c_t,1-l_t),\beta<1 \tag{6-2-1}$$

其中，β 为代表性个体的主观时间贴现率。参考 King 等(1988)的研究，假设其具体效用数为：

$$U=\sum_{t=0}^{\infty}\beta^t\left[\frac{(c_t)^{1-\eta}-1}{1-\eta}+\theta\times(\chi_t)^{1-\eta}\times\ln(1-l_t)\right] \tag{6-2-2}$$

其中 χ_t 是确定性增长趋势，η 是跨期消费替代弹性。

生产函数：假设社会生产单一产品，需投入劳动和资本 K_t 来生产产品。参考 Phelps(1966)的研究，将生产函数设定为：

$$Y_t=A_tK_t^{\alpha}(X_tL_t)^{1-\alpha} \tag{6-2-3}$$

其中，A_t 代表全要素生产率，X_t 代表劳动生产率，L_t 代表劳动投入。同时，假设 A_t 服从：

$$\ln(A_t)=(1-p)\ln(\bar{A})+p\ln(A_{t-1})+\varepsilon_{A_t},\varepsilon_{A_t}\sim i.i.d.N(0,\sigma_A^2) \tag{6-2-4}$$

式(6-2-4)表明技术服从一阶自回归过程(first order autoregressive process，AR(1))。其中，$p\in(0,1]$，代表技术冲击的自回归系数。ε_{A_t} 是非序列相关的、服从均值为 0、方差为 σ_A^2 的正态分布的随机变量。

资本积累：假设所生产的产品既可以用作消费，也可以用作投资 I_t。其资本运动方程如下：

$$K_{t+1}=K_t+I_t-\delta\times K_t \tag{6-2-5}$$

其中 δ 为折旧率。

资源约束：在同质性经济中，有两个资源约束：劳动和产品。即：

$$L_t+(1-l_t)\times N\leqslant N \tag{6-2-6}$$

$$C_t + I_t \leqslant Y_t \tag{6-2-7}$$

其中，N 为一个常数，表示总人口，$C_t = c_t N$ 。

(二)稳定状态增长

King 等(1988)指出，人类社会进入工业经济时代的一个重要特征，就是人均产出和人均消费等变量都呈现出明显的持续性增长趋势。因此，需要在传统 RBC 模型中去除掉这一个增长趋势。由于 A_t 被假设为短暂性冲击，所以 X_t 可以在一定程度上被视为是导致产出呈现长期性增长趋势的成分。给定 $\chi_t = X_t$ ，在稳定增长趋势下，如下变量的趋势相同：

$$\gamma_c = \gamma_y = \gamma_k = \gamma_i = \gamma_X = \gamma_\chi \tag{6-2-8}$$

其中，$\gamma_Z = Z_{t+1}/Z_t$，$y_t = Y_t/N$，$k_t = K_t/N$ 和 $i_t = I_t/N$ 。在此给定 $\tilde{c}_t = c_t/X_t$，$\tilde{y}_t = y_t/X_t$，$\tilde{k}_t = k_t/X_t$，$\tilde{i}_t = i_t/X_t$ ，以删除这些变量的稳定增长趋势。劳动时间的稳态增长率为：

$$\gamma_l = 1 \tag{6-2-9}$$

式(6-2-9)表明经济中劳动力禀赋是固定的，不能随时间而增加。

(三)最优均衡

利用稳态增长假设，可以将效用函数转化为：

$$U = (X_0^{1-\eta}) \sum_{t=0}^{\infty} [\beta(\gamma_X^{1-\eta})]^t \left[\frac{(\tilde{c}_t)^{1-\eta} - 1}{1-\eta} + \theta \times \ln(1 - l_t)\right] \tag{6-2-10}$$

其中 X_0 代表期初的劳动生产率。参考 King 等(1988)的研究，构建包括资源约束的拉格朗日函数：

$$L = \sum_{t=0}^{\infty} [\beta(\gamma_X^{1-\eta})]^t \left[\frac{(\tilde{c}_t)^{1-\eta} - 1}{1-\eta} + \theta \times \ln(1 - l_t)\right] + \\ \sum_{t=0}^{\infty} \lambda_t [A_t \tilde{k}_t^\alpha (l_t)^{1-\alpha} - \tilde{c}_t - \gamma_X \tilde{k}_{t+1} - (1-\delta)\tilde{k}_t] \tag{6-2-11}$$

求解可得如下的最优化条件：

$$[\beta(\gamma_X^{1-\eta})]^t \times (\tilde{c}_t)^{-\eta} = \lambda_t \tag{6-2-12}$$

$$[\beta(\gamma_X^{1-\eta})]^t \times \frac{\theta}{1 - l_t} = \lambda_t (1-\alpha) A_t \tilde{k}_t^\alpha (l_t)^{-\alpha} \tag{6-2-13}$$

$$\beta(\gamma_X^{1-\eta}) \lambda_{t+1} [\alpha A_t \tilde{k}_t^{\alpha-1} (l_t)^{1-\alpha} - (1-\delta)] = \lambda_t \gamma_X \tag{6-2-14}$$

$$A_t \tilde{k}_t^\alpha (l_t)^{1-\alpha} - \tilde{c}_t - \gamma_X \tilde{k}_{t+1} - (1-\delta)\tilde{k}_t = 0 \tag{6-2-15}$$

式(6-2-14)是欧拉方程；式(6-2-13)表达了就业与消费之间的关系，即就业的边际效用水平应该等于消费的边际效用水平。为了保证方程有解，我们还需要增加一个边界条件，即：

$$\lim_{t\to\infty}[\beta(\gamma_X^{1-\eta})]^t\lambda_t\tilde{k}_{t+1}=0 \tag{6-2-16}$$

式(6-2-16)是横截性条件，以保证模型的解存在。

(四)模型求解

King 等(1988)利用新古典增长模型中各变量在稳定状态处会收敛的特点，提出利用一阶或两阶非线性近似来求解上述模型。其中应用较为普遍的是一阶近似法。假设 $\hat{\tilde{c}}_t=\log(\tilde{c}_t/\tilde{c})$，$\hat{\tilde{k}}_t=\log(\tilde{k}_t/\tilde{k})$，$\hat{\tilde{y}}_t=\log(\tilde{y}_t/\tilde{y})$，$\hat{\tilde{i}}_t=\log(\tilde{i}_t/\tilde{i})$，其中 $\tilde{c}$、$\tilde{k}$、$\tilde{y}$、$\tilde{i}$ 正是对应变量的稳态均衡点。对式(6-2-12)至式(6-2-15)进行一阶近似，可得：

$$\Gamma_{cc}\hat{\tilde{c}}_t=\hat{\lambda}_t \tag{6-2-17}$$

$$\Gamma_{ll}\frac{l}{1-l}\hat{l}_t=\hat{\lambda}_t+\hat{A}_t+\alpha\hat{\tilde{k}}_t-\alpha\hat{l}_t \tag{6-2-18}$$

$$\hat{\lambda}_{t+1}+\Lambda_A\hat{A}_{t+1}+\Lambda_k\widehat{\tilde{k}}_{t+1}+\Lambda_l\hat{l}_{t+1}=\lambda_t\gamma_X \tag{6-2-19}$$

$$\hat{\tilde{y}}=\hat{A}_t+\alpha\hat{\tilde{k}}_t+(1-\alpha)\hat{l}_t=S_c\hat{\tilde{c}}_t-S_i\varphi\times\hat{\tilde{k}}_{t+1}-S_i(\varphi-1)\hat{\tilde{k}}_t \tag{6-2-20}$$

Λ_A 代表 A 在稳态处的资本边际产出弹性；S_c 和 S_i 是消费与投资在产出中所占的份额，而参数 $\varphi=K_{t+1}/I_t=\gamma_X/(\gamma_X-1+\delta)>1$。由此，可以构建一个以 $\hat{\lambda}_t\hat{\tilde{k}}_t$ 为状态变量的一阶动态系统，即：

$$\begin{bmatrix}\hat{\tilde{k}}_{t+1}\\ \hat{\lambda}_{t+1}\end{bmatrix}=W\begin{bmatrix}\hat{\tilde{k}}_t\\ \hat{\lambda}_t\end{bmatrix}+R\hat{A}_{t+1}+Q\hat{A}_t \tag{6-2-21}$$

其中，W 是一个 2×2 的矩阵，R 和 Q 是一个 2×1 的矩阵。结合式(6-2-17)至式(6-2-21)就可以求解出整个 RBC 模型各内生变量的数值解。

二、参数校准与数值模拟

(一)参数校准

King 等(1988)假设劳动报酬占产出的份额为 0.58，季度的稳态经济增长率为 0.004；η 为 1，以将消费效用转化为对数形式。另外，他们还根据 1948—1986 年美国经济事实，给定单位劳动时间为 0.20；并且选择主观贴现率以保证在稳态增长状态下实际年利率为 0.065。

在此，假设固定资本年折旧率为 0.1，即季度为 0.025。参考 Hansen(1985)，给定技术冲击的一阶自回归系数为 0.9，标准差为 0.0229。后者与 Kydland 和 Prescott(1982)的设定一致，见表 6-2-1。

表 6-2-1　校准后的参数

变量	a	σ	p	ρ_A	$\overline{L}$	δ	σ_A
参数值	0.503	0.87	0.727	0.90	0.20	0.025	0.0229

King 等(1988)利用美国 1948 年第一季度至 1986 年第四季度的经济数据，对美国宏观经济波动的特征事实进行了归纳。具体结果请见表 6-2-2。

表 6-2-2　美国的季度数据(1948 年第一季度至 1986 年第四季度)

变量	标准差		自相关系数			与 y_{t-j} 的相关系数										
			1	2	3	12	8	4	2	1	0	−1	−2	−4	−8	−12
$\hat{y}$	5.62	1.00	0.96	0.91	0.85	0.35	0.53	0.79	0.91	0.96	1.0	0.96	0.91	0.79	0.53	0.35
$\hat{c}$	3.86	0.69	0.98	0.95	0.93	0.59	0.68	0.78	0.83	0.84	0.85	0.82	0.78	0.69	0.43	0.26
$\hat{i}$	7.61	1.35	0.93	0.78	0.62	0.18	0.20	0.38	0.51	0.57	0.60	0.59	0.55	0.43	0.22	0.08
$\hat{N}$	2.97	0.52	0.94	0.85	0.74	−0.44	−0.31	−0.07	0.03	0.06	0.07	0.07	0.05	−0.01	0.01	0.08
$\hat{w}$	6.49	1.14	0.97	0.93	0.89	0.60	0.63	0.68	0.72	0.74	0.76	0.72	0.69	0.02	0.42	0.25

(二)数值模拟

接下来，利用上面模型对美国经济波动进行模拟。分析的目的在于回答，与美国实际经济进行比较，模型是否较好地预测了实际经济？为此，给出实际经济变量的波动特征和上面模型的预测结果(见表 6-2-3)。

从表 6-2-3 可得，RBC 模型预测的消费、就业、投资、产出和劳动生产率波动幅度分别为 0.0273、0.0204、0.0982、0.0426 和 0.0292，这表明除投资波动之外，模型所预测的变量波动幅度要小于实际值，大约可以预测 71%、69%、76%和 45%的消费、就业、产出和工资波动。可见，RBC 模型对美国现实经济是具有一定解释力的。

从各变量的自相关关系来看，RBC 模型预测的结果是，消费、就业、投资、产出和工资波动的自相关系数分别为 0.98、0.86、0.88、0.93 和 0.98，与实际值也非常接近。可见，RBC 模型能够较好地模拟实际变量的自回归系数。从各变量与产出的同期相关关系来看，RBC 模型预测的结果是，消费、投资波动与产出波动的相关系数分别为 0.82、0.92，这与实际值也较为接近；相反，就业波动、劳动生产率波动与产出波动的相关系数分别为 0.79、0.43，前者要远远大于实际值 0.07，后者要远远小于实际值 0.76(见表 6-2-3)。由此可见，在协动性上，RBC 模型成功地解释消费波动、投资波动与产出波动的协动性，而对于工资波动、就业波动与产出波动的协动性问题，解释力相对较弱。这也正是 RBC 模型招致大量批评的重要原因。

表 6-2-3 模拟经济的周期性特征

变量	实际经济			模拟经济		
	标准差	自相关系数	与产出的相关系数	标准差	自相关系数	与产出的相关系数
消费	3.86	0.96	0.85	2.73	0.98	0.82
就业	2.97	0.94	0.07	2.04	0.86	0.79
投资	7.61	0.93	0.60	9.82	0.88	0.92
产出	5.62	0.96	1.00	4.26	0.93	1.00
工资	6.49	0.97	0.76	2.92	0.98	0.43

第三节 不可分劳动 RBC 模型

正如上节所揭示的，标准 RBC 模型对于劳动力市场变量如就业和工资波动的特征解释力相对较弱。Hansen(1985)提出了一个猜想，认为其中原因可能与 Kydland 和 Prescott(1982)、King 等(1988)等文献中的“劳动可分性”假说相关。这种假说与微观市场中存在着大量失业的现象相悖(Hansen，1985)。并且，关于微观面板数据的研究结果显示，经济个体劳动时间的跨期替代并不一定能够解释总量劳动时间波动(Ashenfelter，1984)。

由此，Hansen(1985)提出了一个从“劳动保险市场完美”为基础的不可分劳动 RBC 模型。当然，这个模型极具争议。一方面，它受到了 Kydland 和 Prescott(1991)的批评，因为相比可分劳动假说，Hansen(1985)提出的不可分劳动这一极端假设，可能会夸大索洛剩余对总量就业波动的影响。另一方面，它却被广泛应用于世界经济周期研究之中，如 Christiano 和 Eichenbaum(1992)、黄赜琳(2005)。接下来，我们将以 Hansen(1985)的研究为基础，向读者详细介绍这种旨在将实际劳动波动解释为就业人数变动的模型。

一、模型构建与求解

(一)经济环境设定

生产函数：假设社会生产单一产品，需投入劳动和资本 K_t 来生产产品。给定生产函数为 C-D 函数，具体如下：

$$Y_t = A_t K_t^{\alpha} (L_t)^{1-\alpha} \tag{6-3-1}$$

其中，A_t 代表全要素生产率，代表技术冲击；L_t 代表劳动投入。同时，假设 A_t 服从：

$$\ln(A_t)=(1-p)\ln(\overline{A})+p\ln(A_{t-1})+\varepsilon_{At},\varepsilon_{At}\sim i.i.d.N(0,\sigma_A^2) \quad (6\text{-}3\text{-}2)$$

式(6-3-2)表明技术服从一阶自回归过程 AR(1)。其中，$p\in(0,1]$，代表技术冲击的自回归系数。ε_{At} 是非序列相关的、服从均值为 0、方差为 σ_A^2 的正态分布的随机变量。

资本积累：假设所生产的产品既可以用作消费，也可以用作投资 I_t 。其资本运动方程如下：

$$K_{t+1}=K_t+I_t-\delta\times K_t \quad (6\text{-}3\text{-}3)$$

其中 δ 为折旧率。

资源约束：在同质性经济中，有两个资源约束：劳动和产品。即：

$$C_t+I_t\leqslant Y_t \quad (6\text{-}3\text{-}4)$$

$$L_t=\mu_t h_0 N \quad (6\text{-}3\text{-}5)$$

其中，N 为一个常数，表示总人口；$C_t=c_t N$；μ_t 表示从业人员的比例。

不可分劳动假说要求，经济个体要么处于以 h_0 时间工作的就业状态，要么处于失业状态。根据 Debreu(1954)提出的定理 2，代表性个体的最优问题可以用竞争性均衡来表示。此时，消费效用是凸函数，而闲暇效用则是非凸的。此时，Hansen(1985)指出：代表性个体可以通过选择劳动保险而不是工作时间来实现最优。由此，Hansen(1985)参考 Rogerson(1984)的研究，给定在每个时期代表性个体可以选择工作的可能性 μ_t，以最大化效用。效用函数则表示如下：

$$U=\sum_{t=0}^{\infty}\beta^t[\log(c_t)+\theta\times\mu_t\times\ln(1-h_0)] \quad (6\text{-}3\text{-}6)$$

(二)最优均衡

参考 King 等(1988)的研究，构建包括资源约束的拉格朗日函数如下：

$$L=\sum_{t=0}^{\infty}\beta^t[\log(c_t)+\theta\times\mu_t\times\ln(1-h_0)]+$$
$$\sum_{t=0}^{\infty}\lambda_t[A_t k_t^{\alpha}(h_0\mu_t)^{1-\alpha}-c_t-k_{t+1}-(1-\delta)k_t] \quad (6\text{-}3\text{-}7)$$

求解可得如下的最优化条件：

$$\beta^t\times(c_t)^{-\eta}=\lambda_t \quad (6\text{-}3\text{-}8)$$

$$-\beta^t\times B=\lambda_t(1-\alpha)h_0 A_t k_t^{\alpha}(\mu_t h_0)^{-\alpha} \quad (6\text{-}3\text{-}9)$$

$$\beta\lambda_{t+1}[\alpha A_t k_t^{\alpha-1}(\mu_t h_0)^{1-\alpha}-(1-\delta)]=\lambda_t \quad (6\text{-}3\text{-}10)$$

$$A_t k_t^{\alpha}(\mu_t h_0)^{1-\alpha}-c_t-k_{t+1}-(1-\delta)k_t=0 \quad (6\text{-}3\text{-}11)$$

式(6-3-10)是欧拉方程；式(6-3-9)表达了就业与消费之间的关系，即就业的边际效用水平应该等于消费的边际效用水平。为了保证方程有解，我们还需要增加一个边界条件，即：

$$\lim_{t \to \infty} \beta^t \lambda_t k_{t+1} = 0 \tag{6-3-12}$$

式(6-3-12)是横截性条件，以保证模型的解存在。

二、参数校准

Hansen(1985)参考 Kydland 和 Prescott(1982)的研究，给定劳动报酬占产出的份额为 0.64；假设固定资本年折旧率为 0.1，即季度为 0.025；主要贴现率为 0.99，暗示资本的年实际收益率为 4%；与可分劳动给定单位劳动时间为 1/3 不同，在不可分劳动中 h_0 的确定，需要依据主观贴现率等参数的设定，在 Hansen(1985)的模型中，其被设定为 0.53。

另外，Hansen(1985)给定技术冲击的一阶自回归系数为 0.95，标准差为 0.00712。后者与 Kydland 和 Prescott(1982)的设定相一致(见表 6-3-1)。

表 6-3-1　校准后的参数

变量	α	β	ρ_A	h_0	δ	σ_A
参数值	0.36	0.99	0.95	0.53	0.025	0.00712

三、数值模拟

接下来，利用上面模型对美国经济波动进行模拟。分析的目的在于回答如下两个问题：一是，与美国实际经济进行比较，该模型是否较好地预测了实际经济？二是，与标准可分劳动 RBC 模型的模拟结果进行比较，该模型是否能更好解释实际经济？为此，给出实际经济变量的波动特征、可分劳动与上面不可分劳动 RBC 模型的预测结果(见表 6-3-2)。

表 6-3-2 显示，RBC 模型预测的消费、就业、投资、产出和劳动生产率波动幅度分别为 0.0051、0.0135、0.0571、0.0176、0.0050，这表明除产出之外，模型所预测的变量波动幅度要小于实际值，大约可以预测 40%、81%、66%和 42%的消费、就业、产出和劳动生产率波动。可见，RBC 模型对美国现实经济具有一定解释力。

从各变量与产出的同期相关关系来看，RBC 模型预测的结果是，消费、投资波动与产出波动的相关系数分别为 0.87、0.99，这与实际值也较为接近；相反，就业波动、劳动生产率波动与产出波动的相关系数分别为 0.98、0.87，前者要远远大于实际值 0.76、后者要远远大于实际值 0.42。由此可见，在协动性上，RBC 模型成功地解释了消费波动、投资波动与产出波动的协动性,而对于工资波动、就业波动与产出波动的协动性问题,解释力同样相对较弱。

与可分劳动 RBC 模型相比,不可分劳动 RBC 模型明显改善了对劳动力市场变量的模拟结果。其中模拟的就业波动幅度为 0.0135,要远远大于可分劳动 RBC 模型的 0.0070,更接近于实际经济 0.0166;模拟的劳动生产率与产出波动的协相关系数为 0.87,也明显小于可分劳动 RBC 模型的 0.98,更接近于实际经济 0.42(见表 6-3-2)。不过,这一预测结果明显也不符合实际值。因此,不可分劳动 RBC 模型在改善对就业波动预测结果的同时,并不能完全解决劳动生产率波动与产出波动的协动性问题。

表 6-3-2 模拟经济的周期性特征

变量	美国季度数据[①] (55.3—84.1)		可分劳动经济[②]		不可分劳动经济	
	(a)	(b)	(a)	(b)	(a)	(b)
产出	1.76	1.00	1.35(0.16)	1.00(0.00)	1.76(0.21)	1.00(0.00)
消费	1.29	0.85	0.42(0.06)	0.89(0.03)	0.51(0.08)	0.87(0.04)
投资	8.60	0.92	4.24(0.51)	0.99(0.00)	5.71(0.770)	0.99(0.00)
资本存量	0.63	0.04	0.36(0.07)	0.06(0.07)	0.47(0.10)	0.99(0.07)
就业	1.66	0.76	0.70(0.08)	0.98(0.01)	1.35(0.16)	0.98(0.01)
劳动生产率	1.18	0.42	0.68(0.08)	0.98(0.01)	0.50(0.07)	0.87(0.03)

数据来源:Hansen(1985)。

第四节 K-P 模型与 RBC 模型拓展

Kydland 和 Prescott(1982)、Hansen(1985)、King 等(1988)等建立了一套比较规范的 RBC 模型分析框架。这套框架既能够以“可分劳动”假说为基础来解释宏观经济波动,也能够以“不可分劳动”假说为基础来剖析一国的总量经济波动。然而,无论是 Kydland 和 Prescott(1982),还是 Hansen(1985)、King 等(1988),都没有完全解决 RBC 模型固有的一些问题,例如关于劳动生产率与产出波动的协动性问题,资本存量和投资

① 使用的美国时间序列是实际国民生产总值、总消费支出和私人国内投资总额(均为 1972 年美元),资本存量系列包括非住宅设备和结构。小时数序列包括从当前人口调查中得出的非农业行业工作人员的总时间,生产力是产出除以小时数。所有系列都经过季节性调整、对数和去趋势化处理。

② 标准差和与产出的相关性是 100 次模拟中每次计算的统计数字的样本平均值。每个模拟由 115 个时期组成,这与美国样本的时期数相同。括号里的数字是这些统计数据的样本标准差。在计算任何统计数据之前,每个模拟的时间序列都被记录下来,并使用用于美国时间序列的相同程序进行去趋势化处理。

的波动幅度问题等。

面对如此众多的批判，经济学家们一直在尝试通过对传统 RBC 模型的不断改进，来予以回应。许多不同框架的 RBC 模型由此诞生。这些模型在一定程度上丰富了人类对经济周期现象的理解，为世界应对经济危机，提供了重要的理论基础。接下来，本节将对 Kydland 和 Prescott(1982)模型中几类重要的拓展进行简要介绍。

一、Kydland 和 Prescott 引入时间和创新

现在，再次回到 Kydland 和 Prescott(1982)的论文，他们的模型也可以视为是对标准 RBC 模型的一个拓展，即引入积累时间和疲劳这两个概念，从而实现了正如他们指出的"不是一天就能创造出波动"这一思想。

Kydland 和 Prescott(1982)假设资本运动方程服从如下：

$$K_{t+1}=(1-\delta)\times K_t+s_{1t} \tag{6-4-1}$$

$$s_{j,t+1}=s_{j+1,t},(j=1,\cdots,J-1) \tag{6-4-2}$$

其中，δ 为折旧率，s_{jt} 是第 t 期的决策变量。最终资本有两个组成部分：一是，继承于上一期的创新资本；二是，在 $j=1,\cdots,J-1$ 期完成的生产性投资。后者要求将 φ_j 份额的资源配置到资本积累上。因此，所有生产性资本积累为 $\sum_{j=1}^{J}\varphi_j s_{jt}$，整个投资为：

$$i_t=\sum_{j=1}^{J}\varphi_j s_{jt}+y_{t+1}-y_t \tag{6-4-3}$$

代表性个体的预算约束为：

$$c_t+i_t\leqslant f(A_t,K_t,L_t,y_t)=A_t L_t^{1-\alpha}\left[(1-\sigma)K_t^{-\nu}+\sigma y_t^{-\nu}\right]^{-(1-\alpha)/\nu},$$
$$0<\alpha<1,0<\sigma<1 \text{ 和 } 0<\nu<\infty$$

其中，L_t 是劳动投入，f 是规模不变的生产函数。上式表明发明资本和生产性资本之间的替代弹性系数为 $1/(1+\nu)$。

不仅储蓄转化为生产性资本需要时间，Kydland 和 Prescott(1982)还假设以前时期的疲劳也会影响居民效用，即：

$$\begin{aligned}U&=\sum\nolimits_{t=0}^{\infty}\beta^t u[c_t,a(l)\times(1-L_t)]\\&=\sum\nolimits_{t=0}^{\infty}\beta^t u\left[c_t^{1/3}(a(l)\times(1-L_t))^{2/3}\right]^{\gamma}/\gamma\end{aligned} \tag{6-4-4}$$

其中，$a(l)\times(1-L_t)=1-a(l)\times L_t=1-a_0\times L_t-(1-a_0)\eta\sum_{i=1}^{\infty}(1-\eta)^{i-1}L_{t-i}$，$a_i=(1-\eta)^{i-1}a_1,0<\eta\leqslant 1$。

Kydland 和 Prescott(1982)发现，这个模型能够解释 GDP 产出波动的自相关特征、

投资波动幅度及与产出波动的协动性特征等。然而,对于消费波动幅度的解释,却不尽如人意。这表明,时间性质的引入在改善标准 RBC 模型的同时,依旧不能完全解决标准 RBC 模型的许多缺陷。这就为后面的研究工作提出了新的要求。

二、引入投资专用性技术冲击

Greenwood 等(2000)借鉴凯恩斯主义关于投资边际效率对于总量波动极其重要的观点,将其和内生的资本利用效率引入 RBC 模型,来解释总量经济波动。他们工作的重要目标是,揭示哪些因素才是导致经济周期的根本原因。因为根据凯恩斯主义的观点,可变的资本利用被认为是理解经济周期的第一要素(如 Basu,Kimball,1997;King,Rebelo,2000)。

Greenwood 等(2000)模型的核心工作是,引入一个被他们称为可变资本利用效率的变量 μ_t ,并且指出固定资本折旧率会受到该变量的影响。从而将生产函数和资本运动方程修改为:

$$Y_t = A_t\ (\mu_t K_t)^{\alpha}\ (L_t)^{1-\alpha} \tag{6-4-5}$$

其中,A_t 代表全要素生产率;μ_t 代表技术冲击;L_t 代表劳动投入。假设所生产的产品既可以用作消费,也可以用作投资。其资本运动方程如下:

$$K_{t+1} = K_t + Q_t I_t - \delta(\mu_t) \times K_t, \delta' > 0 \text{ 和 } \delta'' > 0 \tag{6-4-6}$$

其中,δ 为折旧率,其函数形式意味着资本利用率越高,折旧率越大。$Q_t = \gamma_q^t \exp(q_t)$,决定了将投资转化为资本的效率,用于衡量投资专用性技术变迁。式(6-4-6)表明,减少一单位消费意味着增加 Q_t 单位的资本存量。q_t 即是投资专用性技术冲击。Greenwood 等(2000)将其变动方程设定为:

$$\ln(q_t) = (1-\vartheta)\ln(\bar{q}) + \vartheta\ln(q_{t-1}) + \varepsilon_{qt},\ \varepsilon_{qt} \sim i.i.d.N(0,\sigma_q^2) \tag{6-4-7}$$

Greenwood 等(2000)发现,当引入技术专用性技术冲击之后,RBC 模型基本能够模拟投资的大幅度波动特征。更重要的是,他们还发现,在引入投资专用性技术冲击后,RBC 模型对消费波动幅度的解释力得到了提升。这是一个非常重大的学术贡献。可以说,Greenwood 等(2000)的研究掀起了为 RBC 模型寻找冲击源的热潮。随后,涌现出了大量的 RBC 模型。

然而,与众多 RBC 模型一样,Greenwood 等(2000)的 RBC 模型在成功解释投资和消费波动幅度的同时,也带来了一些重大难题。即他们的模型模拟的就业波动、劳动生产率波动与产业波动之间的相关系数接近于 1。这是一个很难令人信服的结论。因为实际值分别为 0.81 和 0.82。因此,这个模型对劳动力市场波动特征的解释力,有待进一步提高。

三、引入货币供给冲击

在以 Kydland 和 Prescott(1982)、Hansen(1985)、King 等(1988)为代表的标准 RBC 模型中,缺少对货币因素的考量,或者说,货币是中性的。事实上,在著名经济学家 Lucas 的理论中,居民的消费往往会受到现金流的约束。此时货币应该能也应该会发挥重要作用。因此,Cooley 和 Hansen(1989)将现金先行约束引入经典 RBC 模型,以考察货币供给冲击对 GDP 产出的影响机理;Cooley 和 Prescott(1995)在"Frontiers of Business Cycle Research"一文中,再次考察了货币供给冲击在经济波动所扮演的重要作用。

Cooley 和 Hansen(1989)开创性地利用现金流的约束,将货币引入标准的不可分劳动 RBC 模型之中。具体如下:

$$\begin{aligned} p_t c_t &\leqslant m_{t-1} + M_t - M_{t-1} \\ M_t &= g_t M_{t-1} \end{aligned} \tag{6-4-8}$$

其中,p_t 代表第 t 期的价格水平,m_{t-1} 为上一期代表性个体的名义预算平衡,M_t 代表货币供给。Cooley 和 Hansen(1989)假设 g_t 为一个随机冲击,即服从

$$\ln(g_t) = \vartheta \ln(g_{t-1}) + \varepsilon_{gt}, \varepsilon_{gt} \sim i.i.d.N(0, \sigma_g^2) \tag{6-4-9}$$

其中,ϑ 为一个正常数,且 $\vartheta < 1$。

Cooley 和 Hansen(1989)发现,引入现金流约束的不可分劳动 RBC 模型,在给定 $\bar{g}$ 为 1.015 的条件下,基本可以解释 CPI 波动与产出波动的负协动性特征以及 CPI 的波动幅度。这是一个惊人的发现,它为货币政策的探讨提供了一个全新的框架和思想。

然而,Cooley 和 Hansen(1989)同 Hansen(1985)的模型一样,并未能改善 Hansen(1985)模型对劳动力市场中劳动生产率波动的预测结果,同时还会高估就业波动与产出波动的协动性。这些都表明,这一模型存在一定的偏差。

四、发展开放 RBC 模型

在 King 等(1988)、Cooley 和 Hansen(1989)等不断发展标准 RBC 模型的同时,Mendoza(1991)发现,现实经济往往都是开放经济,而传统 RBC 模型都是建立在封闭经济环境中的,由此提出应建立一套旨在解释小型开放经济宏观波动的 RBC 模型。

Mendoza(1991)开创性地将资本调整成本引入生产函数。具体如下:

$$Y_t = A_t (K_t)^{\alpha} (L_t)^{1-\alpha} - \left(\frac{\varphi}{2}\right)(K_{t+1} - K_t)^2, \varphi > 0 \tag{6-4-10}$$

其中，$(\varphi/2)(K_{t+1}-K_t)^2$ 正是资本调整成本。国际债券变动服从如下的方程：

$$B_{t+1}=Nx_t+B_t[1+r^*\exp(n_t)] \tag{6-4-11}$$

其中 Nx_t 表示净出口，n_t 是一个影响世界真实利率的随机扰动。此时，代表性个体的预算约束就变成开放经济下的预算约束，即：

$$C_t+I_t+Nx_t\leqslant Y_t-\left(\frac{\varphi}{2}\right)(K_{t+1}-K_t)^2 \tag{6-4-12}$$

利用式(6-4-12)，就可以探讨投资和消费的相对价格波动（$q_t=1+\varphi(I_t-\delta K_t)$）对宏观经济波动的影响。

事实上，Mendoza(1991)的开放经济 RBC 模型属于小型开放经济 RBC 模型。因为经济中的世界市场利率为外生的。Mendoza 利用这个模型对加拿大在 1946—1985 年间的宏观经济波动特征进行解释，发现此模型能够很好地解释居民消费的剧烈波动、净出口余额与 GDP 比例变动和产出波动的负相关特征。当然，这个模型也没有解决就业波动与产出波动近乎完全一致变动的缺陷，同时还会夸大投资波动幅度。但是，无论如何，Mendoza(1991)构建的 RBC 模型获得了巨大成功，引起了学术界的广泛关注。

吕朝凤和黄梅波(2012)将资本利用和政府消费支出引入 Mendoza(1991)模型，构建了一个引入政府部门和资本利用的小型开放经济三部门 RBC 模型，以解释中国经济波动。这个模型通过资本利用效率的内生选择来平滑 Mendoza(1991)模型中的投资剧烈波动问题，通过引入政府消费支出冲击来打破就业波动和产出波动的强相关性特征。预测结果表明，该模型在一定程度上改善了 Mendoza(1991)的预测结果，提高了小型开放经济 RBC 模型对现实经济的解释力。

五、三部门 RBC 模型

要论政府消费支出引入标准 RBC 模型的研究工作，就必须提及 Christiano 和 Eichenbaum(1992)。无论怎样强调 Christiano 和 Eichenbaum(1992)研究的重要性，都不为过。他们不仅丰富了标准 RBC 模型，而且提出了一个直到现在仍推动着 RBC 模型研究的命题，即“就业与劳动生产率之间的弱协动性问题”。

Christiano 和 Eichenbaum(1992)开创性地将消费支出 c_t 划分为居民消费支出 c_t^p 和政府消费支出 g_t。具体如下：

$$c_t=c_t^p+\varphi\times g_t,\varphi>0 \tag{6-4-13}$$

其中，φ 为一个参数，代表在均衡时居民消费与政府消费之间的边际效用比例。Christiano 和 Eichenbaum(1992)假设 g_t 是一个不受个体行为影响的随机冲击，其服从：

$$\ln(g_t)=\vartheta\ln(g_{t-1})+\varepsilon_{g\,t},\ \varepsilon_{g\,t}\sim i.i.d.N(0,\sigma_g^2) \tag{6-4-14}$$

其中，ϑ 为一个正常数，且 $\vartheta<1$。相应的，居民预算约束就演化为：

$$c_t^p+g_t+I_t\leqslant Y_t \tag{6-4-15}$$

Christiano 和 Eichenbaum(1992)利用引入政府消费支出冲击的三部门不可分劳动 RBC 模型，模拟发现：一是，该模型所模拟的就业波动幅度更接近于实际经济；二是，该模型所模拟的劳动生产率与就业波动之间的相关系数为 0.73，优于传统的不可分劳动 RBC 模型中的 0.92，更接近于实际经济值－0.20。而劳动生产率与就业波动之间的弱协动性特征，正是美国宏观经济所特体现出的重要周期特征。Baxter 和 King(1993)，以及 Ho(2001)，也都采用了 Christiano 和 Eichenbaum(1992)提出的三部门 RBC 模型来研究宏观经济波动。可见，三部门 RBC 模型得到了国际学术界的广泛认同。

黄赜琳(2005)在 Christiano 和 Eichenbaum(1992)模型的基础上，提出了一个关于政府消费支出如何引入效用函数的命题，发现 Christiano 和 Eichenbaum(1992)、Baxter 和 King(1993)、Ho(2001)关于线性有效消费函数的假设：

$$c_t=c_t^p+\varphi\times g_t \tag{6-4-16}$$

上述形式的效用函数表明居民消费和政府消费支出之间具有完全的替代关系。黄赜琳(2005)提出了一个居民消费和政府消费支出之间具有不完全替代性质的有效消费函数，即：

$$c_t=c_t^p\,g_t{}^{\varphi},\varphi>0 \tag{6-4-17}$$

其中 φ 表示居民消费与政府支出的关系系数。她发现，这种形式的效用函数可能更适合于描述中国的实际消费情况。

六、引入习惯形成[①]

将居民消费的习惯形成(habit formation)引入 RBC 模型。这方面的研究是在 20 世纪末才逐渐展开的。基于 Naik 和 Moore(1996)、Guariglia 和 Rossi(2002)通过美国收入动态面板调查(panel study of income dynamics)数据和英国家庭追踪调查(British household panel survey)数据为习惯形成找到的实证基础，Lettau 和 Uhlig(2000)、Letendre(2004)、Schmitt-Grohé 和 Uribe(2010)分别将居民消费的习惯形成引入真实周期模型，以讨论习惯形成引入后各宏观经济变量的波动情况。

① 参见：吕朝凤和黄梅波，2011.借贷约束、习惯形成与中国经济周期特征[J].金融研究(6).

Lettau 和 Uhlig(2000)发现,居民消费习惯形成的引入改变了传统 RBC 模型中消费、就业对技术冲击的反应,使消费更加平滑。他们认为,原因在于"习惯形成的引入降低了消费跨期替代的弹性。当技术冲击发生时,个体倾向于选择更多的闲暇",于是不会对消费调整太大。这个研究工作立即引起了许多学者的注意,其中一个学者就是 Letendre(2004)。Letendre(2004)不同意引入习惯形成,他根据 Fuhrer(2000)的研究,用一定比例的滞后一期消费来定义习惯形成的影响。理由是如果消费习惯可积,那么在滞后一期的消费行为中就包括了以前消费所累积的习惯。研究表明"引入居民消费的习惯形成的 RBC 模型"可以很好地模拟加拿大经济波动的周期特征。

Letendre 的成功促使更多的经济学家展开这方面的研究。Schmitt-Grohé 和 Uribe(2010)将习惯形成引入 RBC 模型讨论美国经济波动的周期特征。他们发现,引入习惯形成的 RBC 模型能更有效地解释现实经济的波动特征。吕朝凤和黄梅波(2011)也将习惯形成引入 RBC 模型来讨论中国宏观经济波动的周期特征。他们发现,引入习惯形成和借贷约束的 RBC 模型,也是可以在一定程度上解释现实经济波动的。

Grohé 和 Uribe(2010)、吕朝凤和黄梅波(2011)等假设一个经济中的行为是同质的,单个行为人可以代表整个经济;代表性个体的效用是由一个关于消费流 $\{c_t\}_{t=0}^{\infty}$、劳动流 $\{L_t\}_{t=0}^{\infty}$ 和政府购买流 $\{g_t\}_{t=0}^{\infty}$ 的具有习惯形成的效用函数构成,即

$$U_0 = E_0\left\{\sum\nolimits_{t=0}^{\infty}\beta^t\left[\frac{(c_t/X_t)^{1-\sigma}}{1-\sigma} + \theta\ln(1-L_t)\right]\right\} \tag{6-4-18}$$

其中,X_t 为内生的代表性个体消费的习惯形成;σ 代表个体的相对风险规避弹性;$\beta < 1$,代表消费贴现率;$L_t \in [0,1)$,代表个体在第 t 期的劳动时间;θ 代表劳动与消费的相对权值。根据 Abara(2006)和 Fuhrer(2000)的研究,假定个体消费的习惯形成的形式为:

$$X_t = (c_{t-1})^{\varphi} \tag{6-4-19}$$

其中,参数 $\varphi \in [0,1)$,度量了内在的习惯形成的程度。习惯形成的引入打破了传统的消费边际效用,也改变了传统的欧拉方程,从而起到了平滑消费波动的作用。

第五节　异质性 RBC 模型

正如前文所指出的,如果追根溯源,那么经济学家对异质性经济的研究,实质上是与 RBC 模型的发展比较一致的。早在 20 世纪 80 年代,就有许多学者尝试在异质性模型上取得突破。其中,最杰出的是 Imrohoroglu(1989)。他构建了一个流动性约束下的不可分劳动异质性 RBC 模型,来解释经济波动的福利成本,以补充 Lucas(1987)的同质性

个体假说。在这个模型中，Imrohoroglu 就已经提出了利用马尔科夫链来模拟技术冲击的思想，并探讨技术冲击对经济的影响。

受到此研究的启发，Krusell 和 Smith(1998)在 *Journal of Political Economy* 杂志上发表的"Income and Wealth Heterogeneity in the Macroeconomy"一文中，提出了著名的 K-S 求解方法；而 Chang 和 Kim(2014)则进一步完善了 K-S 求解方法，并用以解释美国宏观经济波动。在本节，我们将尝试对 Krusell 和 Smith(1998)的研究做简要的梳理和概括。

一、基本模型构建

Krusell 和 Smith(1998)假设在一个无限生存的异质性经济中，代表性个体的效用由第 t 期的消费 c_t 构成：

$$U = E_0 \sum_{t=0}^{\infty} \beta^t u(c_t) = E_0 \sum_{t=0}^{\infty} \beta^t \frac{(c_t)^{1-\eta} - 1}{1-\eta}, 0 < \beta < 1 \tag{6-5-1}$$

其中，β 为代表性个体的主观时间贴现率。假设生产函数为 C-D 函数，具体为：

$$y = Ak^{\alpha} l^{1-\alpha}, 0 < \alpha < 1 \tag{6-5-2}$$

其中，α 为资本的产出弹性，代表它的报酬在 GDP 产出所占的份额；A 代表技术水平，是一个随机冲击，它具有两种状态，A^g 和 A^b。居民消费的预算约束为：

$$c + k' - (1-\delta) \times k = y, 0 \leqslant \delta \leqslant 1 \tag{6-5-3}$$

其中 δ 为折旧率。给定居民都拥有单位时间的劳动禀赋，其投入为一个 $\varepsilon\bar{l}$ 单位，其中 ε 是一个非系统性的随机冲击，为 1 或 0；而经济中的总量劳动则为 $\bar{l}$。由此，可得在给定总量资本为 $\bar{k}$ 的条件下，工资和利率分别为：

$$r(\bar{k}, \bar{l}, A) = \alpha A \bar{k}^{\alpha-1} \bar{l}^{1-\alpha}, w(\bar{k}, \bar{l}, A) = (1-\alpha) A \bar{k}^{\alpha} \bar{l}^{-\alpha} \tag{6-5-4}$$

其中，左式表示资本的相对价格，右式表示劳动的相对价格。由于不同居民所掌握的技术存在非系统性冲击，因此，拥有资本和就业的消费者在各期中的分布也会发生变化。Krusell 和 Smith(1998)给定其分布为 Γ。由此可得，加总的状态为 (Γ, A)，后者的演化方程为：$\Gamma' = H(\Gamma, A, A')$。

Krusell 和 Smith(1998)模型的代表性居民最优选择可以表述为：

$$V(k, \varepsilon; \Gamma, A) = \max_{c, k'} \{u(c) + \beta E[V(k', \varepsilon'; \Gamma', A') \mid A, \varepsilon]\} \tag{6-5-5}$$

$$s.t. \quad c + k' = r(\bar{k}, \bar{l}, A)k + w(\bar{k}, \bar{l}, A)\bar{l}\varepsilon + (1-\delta)k \tag{6-5-6}$$

$$\Gamma' = H(\Gamma, A, A') \tag{6-5-7}$$

$$k' \geqslant 0 \tag{6-5-8}$$

其模型的递归均衡是指：状态演化规律 H，值函数 V 和储蓄积累 $f:k'=f(k,\varepsilon;\Gamma,A)$，以及总量价格 (r,w)，满足如下的条件：(1) (V,f) 是消费者最优问题的解；(2) 价格 (r,w) 是竞争性均衡解；(3) H 是由 f 生成的，是来自消费者在给定当前状态下的最优资本选择行为。

二、模型求解

众所周知，异质性模型会涉及大量的经济个体，其求解非常复杂。Krusell 和 Smith(1998)提出了一套规范的代表性个体异质性模型求解方法。他们提出了该模型的六个计算步骤：第一步，选择一个时期 I；第二步，猜测一个 H，并确定为 H_I；第三步，给定 H_I，求解居民最优的消费选择；第四步，使用消费者的行为决定规则，模拟 N 个居民 T 个时期的决策结果；第五步，利用模拟数据来估计上面假设的参数；第六步，若参数足够接近，那么模型获得收敛解，相反，如果参数不够接近，那模型对参数进行迭代，重复上述过程。

在求解时，Krusell 和 Smith(1998)假设在不同的技术状态下有两种不同的资本运动方程：

$$A=A^g:\quad \log(\bar{k}')=\zeta_{g,0}+\zeta_{g,1}\log(\bar{k}) \tag{6-5-9}$$

$$A=A^b:\quad \log(\bar{k}')=\zeta_{b,0}+\zeta_{b,1}\log(\bar{k}) \tag{6-5-10}$$

利用上面的假设方程，Krusell 和 Smith(1998)将代表性个体的决策行为描述如下：

$$V(k,\varepsilon;\Gamma,A)=\max_{c,k'}\{u(c)+\beta E[V(k',\varepsilon';\Gamma',A')\mid A,\varepsilon]\} \tag{6-5-11}$$

$$s.t.\quad c+k'=r(\bar{k},\bar{l},A)k+w(\bar{k},\bar{l},A)\bar{l}\varepsilon+(1-\delta)k \tag{6-5-12}$$

$$\log(\bar{k}')=\zeta_{g,0}+\zeta_{g,1}\log(\bar{k})\quad if\quad A=A^g \tag{6-5-13}$$

$$\log(\bar{k}')=\zeta_{b,0}+\zeta_{b,1}\log(\bar{k})\quad if\quad A=A^b \tag{6-5-14}$$

$$k'\geqslant 0 \tag{6-5-15}$$

三、参数校准与数值模拟

(一)参数校准

Krusell 和 Smith(1998)假设劳动报酬占产出的份额为 0.64，资本报酬的份额为 0.36；η 为 1，以将消费效用转化为对数形式。他们还将 A^g 和 A^b 分别设置为 1.01 和 0.99；二者对应的失业率分别为 0.04 和 0.01，失业持续时间分别为 1.5 个和 2.5 个季度。

他们选择5000个经济个体和11000个时期作为模拟对象。在“好”和“坏”状态下，分别模拟的资本运动规律为：

$$\log(\bar{k}') = 0.095 + 0.962 \times \log(\bar{k}); \quad R^2 = 0.99998 \quad \hat{\sigma} = 0.0028\%$$
$$\log(\bar{k}') = 0.085 + 0.965 \times \log(\bar{k}); \quad R^2 = 0.99998 \quad \hat{\sigma} = 0.0036\%$$

利用上面两个方程，可以绘制出两种状态下的资本运动方程。具体请见图6-5-1。其中，上面的线是“好”状态下的资本运动方程，而下面的则是“坏”状态下的资本运动方程。中间的是45度直线。观察可见，两种状态下的资本运动规律存在明显的差异。这表明，不同技术环境中，经济个体的最优储蓄（或消费）行为存在着明显的不同，而代表性个体模型也是可以刻画异质性经济的。

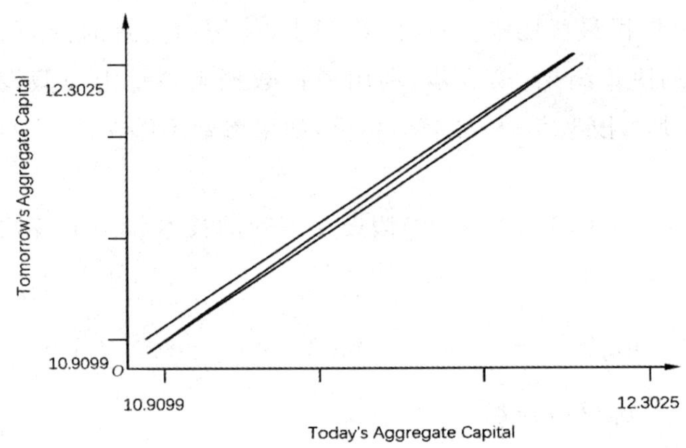

图6-5-1 明天与今天的总资本（基准模型）的对比

资料来源：Krusell和Smith(1998)。

（二）模拟结果

可以说，Krusell和Smith(1998)最成功的是利用异质性模型模拟出了美国居民财富分布。具体请见表6-5-1。观察可见，在假设主观贴现率为随机冲击的条件下，他们的模型可以成功模拟美国居民财富的基尼系数，能够模拟出财富为负的比例为11%。后者是传统模型所不能解释的。

表6-5-1 财富的分配：数据的模型

模型	从高到低不同百分位个体持有财富的比例					财富<0所占比例	基尼系数
	1%	5%	10%	20%	30%		
基准模型	3	11	19	35	46	0	0.25
随机模型	24	55	73	88	92	11	0.82
数据	30	51	64	79	88	11	0.79

注：随机β模型是指给定β为随机冲击，其取值分别为0.9858、0.9894和0.9930。

Krusell和Smith(1998)在对美国居民财富分布进行成功模拟的基础上，利用该模型对居民消费与产出之间的协动性，以及产出的自相关性进行了观察。他们有两个发现：一是，异质性模型与标准的完全市场 RBC 模型，在居民行为的结构上存在着显著差异；二是，异质性模型的模拟结果可能会更加接近于现实经济，因为模拟的产出自相关系数可能更低一些，其更接近于实际经济，而模拟产出与消费的相关系数可能更接于美国经济 0.85 左右(Kydland，Prescott，1982)。

表 6-5-2　汇总的时间序列

模型	(k_t) 的均值	c_t 与 y_t 的相关系数	i_t 的标准差	y_t，y_{t-4} 的相关系数
基准：				
完全市场	11.54	0.691	0.031	0.486
不完全市场	11.61	0.701	0.030	0.481
$\sigma=5$：				
完全市场	11.55	0.725	0.034	0.551
不完全市场	12.32	0.741	0.033	0.524
真实商业周期：				
完全市场	11.56	0.639	0.027	0.342
不完全市场 s	11.58	0.669	0.027	0.339
随性 β				
不完全市场	11.78	0.825	0.027	0.459

数据来源：Krusell 和 Smith(1998)。

四、小结

Krusell 和 Smith(1998)模型的成功，使得 RBC 模型的研究焕发出了新的生机。大量学者开始投入这一领域的研究之中，取得了丰硕的研究成果。然而，他们的模型只能假设居民就业完全随机。这假设很难让人信服。为此，一些学者如 Chang 和 Kim(2007)等，试图完成他们的研究工作。其中最为著名的是两位中国学者(Chang，Kim，2007，2014)。这两位中国学者在一系列论文中尝试利用 Rogerson(1988)的不可分劳动假说，来拓展 Krusell 和 Smith(1998)模型。

Chang 和 Kim(2007)采用 Krusell 和 Smith(1998)的求解方法，构建了一个成熟而完整的异质性 RBC 模型，以解释美国宏观经济波动特征；之后 Chang 和 Kim(2014)进一步完善了之前的研究工作，进而标志着完整的异质性 RBC 模型分析框架迈入成熟阶段。由于篇幅限制，本章并不展开讨论他们的一系列成果。

不过，正如前文所指出的，异质性 RBC 模型对现实经济的解释力，还有待提升。异质性 RBC 似乎并没有改善标准 RBC 模型在劳动力市场波动特征上的缺陷。这一结果可能受到很多因素的影响，有待以后进一步研究。但是，本书要指出的是，在众多因素中，其中有一个因素是明确的，那就是对于RBC模型的理解还有待深入。直到现在，学术界对于异质性RBC模型的构建，仍争论不断；对于该模型的分析框架，几乎已经达到汗牛充栋的地步。正如Lucas所说的，经济应该是简单的，过于复杂的模型框架，可能对于我们理解实际经济的帮助并不一定巨大。

第六节　经验检验与RBC模型的贡献

一、RBC模型的经验基础

从本质上讲，由Kydland、Prescott等学者所创立的RBC理论，强调以TFP为代表的技术冲击在宏观经济波动中所扮演的重要作用，甚至认为，技术冲击是驱动经济周期波动的唯一原因。这一理论有一个重要的先验假设，即技术冲击是暂时性的，不具有永久性特征。一些批评者指出，技术冲击可能虽然不会改变未来的创新行为，不会改变人们对未来技术的预期行为，但会持久地提高预期的技术水平路径。与此同时，在RBC模型中，模型假定价格和工资最终会进行调整，总需求变动并不具有长期影响。接下来，本书介绍RBC模型的两个著名经验性检验(Nelson, Plosser, 1982; Campbell, Mankiw, 1987)。

(一)Nelson和Plosser检验

Nelson和Plosser(1982)首先研究了经济波动的持久性，他们关注的问题是，波动是否具有一个持久的部分。他们所做的检验在计量方法上相对复杂，但运用的思想却相对简单：如果产出是围绕一条确定趋势发生波动的，那么当产出高于其趋势时，产出增长趋势小于正常水平；当产出低于正常趋势时，产出增长趋势大于正常水平。

Nelson和Plosser(1982)研究了美国真实GNP、每资本真实GNP、工业生产以及就业的方程。他们的经验研究发现，b 的OLS估计值在 $-0.1 \sim -0.2$ 之间，t 统计值在 $-2.5 \sim -3.0$ 之间。以上数值均明显小于显著性水平为5%下的正确临界值 -3.45。正是基于以上结论，Nelson和Plosser(1982)得出结论：不能拒绝波动具有一个持久部分的零假设。

(二)Campbell和Mankiw检验

仅仅检验波动中是否存在一个持久性部分的做法存在明显的局限性，它并不能提供关于持久性部分究竟是多少的准确判断。此后的大量文献开始关注确定产出变动的持久程度。Campbell和Mankiw(1987)提出了关于持久性部分的自然度量方法，重点考虑产出对数变化的具体过程，他们重点考虑了三阶段自回归过程的情形。

利用战后美国季度数据，通过考察产出水平对单位随机扰动冲击的反应，Campbell 和 Mankiw(1987)对产量波动代表着暂时偏离的传统观点产生了质疑。研究发现，实际国民生产总值的 1%的意外变化，从长远来看，应该会改变一个人的预测 1%以上。Campbell 和 Mankiw(1987)的研究结果发现，这种持久性的度量值一般都超过 1，即产出冲击一般跟随同方向的进一步产出变动。他们虽然考虑了产出对数变化的其他许多过程，但在大多数情形下，持久性度量值都是类似的。

二、RBC 模型的贡献

标准的 RBC 模型虽然简单，但是在很多 RBC 理论家们的眼里，它能够很好地反映宏观经济的波动特征。按照 Prescott(1986)的总结，“理论和实际吻合得很好，尽管距离完美尚远”。事实上，许多 RBC 的理论家都认为，RBC 研究至少已经通过了初步检验。作为现代新古典宏观经济学的核心，该理论从产生到发展已有数十年。在过去的数十年间，它无疑是西方主流经济学最为热点的研究方向之一。实际上，RBC 模型在学术上取得了巨大的成功，它对于现代宏观经济学的发展也具有深远影响。具体可以表现为以下几点：

第一，实际经济周期理论为现代宏观经济学带来了方法上的突破。在理论方法上，以代表性个体为基本分析单位的动态一般均衡模型已经成为宏观经济学的主要研究模式。DSGE 模型的基础是新古典增长模型。一般而言，波动和增长是经济问题研究中的两个独立领域，但是 DSGE 模型为经济学家提供了将二者同时探讨的实验地。在基本的模型框架内，经济学家可以对模型的局部设置进行改动，然后与现实现象进行对比，从而判断该模型对经济波动的解释力度。目前，随机最优规划得到了极为广泛的应用，并为宏观经济学理论奠定了坚实的微观基础。

第二，实际经济周期理论是第一个严格从供给角度考察经济波动的现代宏观经济理论，并深入探讨了技术进步等真实因素的变动对宏观经济波动的影响。在实际经济周期理论的影响下，随着经验证据的积累，经济周期是需求冲击和供给冲击的共同产物这一观点得到越来越多学者的认可。RBC 模型将原本割裂开的凯恩斯主义和索洛模型中的宏观经济变量进行了综合的考虑，论证了技术进步才是影响实际经济波动的原因，它不仅会对短期经济波动产生影响，也会作用于长期经济发展。

第三，根据传统的宏观经济学研究思路，在长期，经济发展趋势是一条保持稳定增长的平滑曲线，我们在每一个短期讨论经济波动的问题。因此，我们可以认为经济增长是一个长期问题，经济波动是一个短期问题，二者被割裂开来。但是在 RBC 模型中，研究经济增长问题就是在研究经济周期问题。因此，RBC 模型在传统宏观经济学理论上取得了巨大突破，以微观基础解决宏观经济问题，实现了宏观经济学理论演进的巨大进步。

第四,RBC 模型以拉姆齐模型为代表的典型微观主体为基本分析单位的动态一般均衡模型来研究宏观经济问题的方式,开启了崭新的研究思路和途径。虽然要想对经济波动做出令人信服的解释还需对拉姆齐模型进行扩展,而对于模型的扩展则包含了太多的因素,例如效用函数、劳动供给、资本利用率、货币内生性、家庭生产以及劳动力市场搜寻等。但是我们应该注意到,一个性质良好的模型不可能,也不应该包含上述所有的因素,至于如何对以上因素进行取舍,我们却知之甚少。但是,实际经济周期理论只是对于经济周期的局部解释,而 RBC 模型允许我们尽量逼真地模拟实际经济行为。由于费用庞大耗时太长而无法在现实生活中进行检验,政策可以在模型中低成本地得到模拟,这无疑给经济学家和政策制定者提供了有利的工具。根据 RBC 模型,经济波动是行为人对于经济真实冲击所做出的理性反应的结果,模型中的竞争性均衡就是帕累托最优解,出现经济衰退不应该被认为是一种福利损失,因此政府也不应当采取所谓的稳定政策以平滑经济波动,政府干预经济的行为失去了存在的理由。这种看法的正确与否姑且不论,但实际经济周期理论的出现确实迫使经济学家更加谨慎地分析经济波动的来源和原因,而非一味地运用逆周期调节提出政策建议。

到目前为止,虽然尚不清楚实际经济周期理论究竟可以对现实世界中的经济周期做出多大程度的解释,但是实际经济周期理论对于宏观经济学的发展无疑具有深远的影响。由于实际经济周期模型可以生成丰富多彩的模拟结果,许多宏观经济学的初学者将重心放在了数学推导过程,因而可能会将经济学研究简单地看作是一种数学分析。同时,由于求解实际经济周期模型时常常涉及复杂的数值运算,也有不少的经济学家认为实际经济周期理论偏离了经济学的研究方向。然而,数学工具并非实际经济周期理论的基石,在诸多数学公式推导背后,这一理论的根本机理是简单而清晰的。真实冲击、消费和闲暇的跨期替代弹性构成了实际经济周期理论的基本要素,运用数学工具仅仅是为了严格地展示受到冲击的虚拟经济如何通过消费和闲暇的跨期替代来影响产出、消费、投资、就业、工资和利率等其他宏观经济变量的,因此对于实际经济周期理论和与之相关的数学推导不应过分推崇,但也不应简单地否定。

本章小结

本章从 RBC 模型的角度来揭示一个国家经济波动的周期性规律。以 Kydland、Prescott、Hansen 等学者为代表的西方宏观经济学家所创建的 RBC 模型为基础,着重强调以 TFP 为代表的技术冲击在经济波动中所扮演的重要作用。在经典的 RBC 模型中,货币政策是中性的,只会改变名义变量,对实际变量不会产生影响。然而,最近以 Wright 为代表的一些经济学家提出,货币可能存在非中性的论断,并发展了一套名为新货币主义的经济模型来诠释这种影响。这些都表明，RBC 模型仍有待进一步研究。这一套模型对实际经济的解释，还有很多问题值得继续探索。

需要指出的是，《资本论》详细地陈述了资本主义经济周期爆发的根源在于资本主义经济制度本身。这是马克思在一百多年前就得出的结论（徐生钰，葛扬，2017）。马克思在《资本论》中还指出："产品过剩归因于购买力不足，而后者又是由贫困化导致的。这是经济危机的充分条件。"因此，马克思的论断触及了经济危机的根本，这是 RBC 模型所未能涉及的。批判性地借鉴 RBC 模型框架，吸收其先进成分，发展和完善马克思主义经济周期理论，这将是时代赋予经济学子的伟大使命。

习题

6.1 假设一个人存活两期，其效用函数为 $\ln C_1 + \ln C_2$。

（1）假设这个人在人生的第一个时期的劳动收入为 I_1，第二个时期的收入为 0。因此，第二阶段的消费是 $(1+r)(I_1 - C_1)$；r 代表随机的回报率。要求：

① 找出这个人选择 C_1 的一阶条件。

②假设 r 从确定变为不确定，$E[r]$ 没有变化。C_1 会如何变化？

（2）假设这个人在第一个时期的劳动收入为 0，第二个时期是 I_2，因此，第二阶段的消费是 $I_2 - (1+r)C_1$。I_2 是确定的，r 同样是随机的回报率。要求：

①找出这个人选 C_1 的一阶条件。

②假设 r 从确定变为不确定，$E[r]$ 没有变化。C_1 会如何变化？

6.2 附有技术冲击的简化真实经济周期模型（Blanchard，Fischer，1989）。考虑一个由长生不老个体组成的经济体，具有代表性的个体期望效用最大值为 $\sum_{t=0}^{\infty} u(C_t)/(1+\rho)^t$，$\rho > 0$，瞬时效用函数为 $u(C_t)$，其中 $u(C_t) = C_t - \theta C_t^2$，$\theta > 0$。假设 C 总处在使 $u'(C)$ 为正的区间里。产出是资本的线性函数再加上一个可扰动，即 $Y_t = AK_t + e_t$，没有折旧。所以 $K_{t+1} = K_t + Y_t - C_t$，利率为 A。假设 $A = \rho$。最后，该扰动项服从一个一阶自回归过程：$e_t = \gamma e_{t-1} + \varepsilon_t$，其中 $-1 < \varphi < 1$，ε_t 为均值为 0、独立同分布的冲击。要求：

（1）求将 C_t 和 C_{t+1} 的期望联系起来的一阶条件（欧拉方程）。

（2）假设消费具有以下形式：$C_t = \alpha + \beta K_t + \eta e_t$。请根据这个假设，把 K_{t+1} 表示为 K_t 和 e_t 的函数。

（3）参数 α、β 和 r 必须取何值才能使（1）部分中的一阶条件对 K_t 和 e_t 的所有值都成立？

（4）一次性的 ε 冲击对 Y、K 和 C 的路径有何影响？

6.3 假设第 t 期的效用函数 $u_t = \ln c_t + a(1-l_t)^{1-\gamma}/(1-\gamma)$，$a > 0$，$\gamma > 0$。问：

（1）劳动力如何取决于工资？

(2)两期中闲暇的相对需求如何取决于相对工资？如何取决于利率？请从直观上解释 γ 为什么会影响劳动供给对工资和利率的反映程度。

6.4 偏向性技术变迁、习惯形成(吕朝凤，黄梅波，2012)。 假设一个代表性的厂商选择雇用工人的数量和使用资本的数量，以使其利润最大化。可得厂商的规划为：$\underset{K_t,N_t}{\mathrm{Max}}(Y_t - Cost_t)$，s.t. $Cost_t = N_t w_t + R_t K_t$，其中实际利率 $r_t = R_t - \sigma$。R_t 代表未扣除折旧的利率；$\sigma \in (0,1]$，代表折旧率。Y_t 为 C-D 生产函数 $A_t K_t^{1-a_t} N_t^{a_t}$，代表第 t 期产出；a_t 为劳动弹性，代表偏向性技术变迁；K_t 代表第 t 期的资本存量；N_t 代表第 t 期的劳动投入；A_t 为全要素生产率，是一个随机变量，代表第 t 期的中性技术水平。行为人可以观测到过去和现期的全要素生产率，但却不知道未来的生产率。假设全要素生产率(中性技术)、偏向性技术变迁冲击分别满足：

$$\ln(A_t) = (1-\rho_A)\ln(\overline{A}) + \rho_A \ln(A_{t-1}) + \varepsilon_{A_t};\ \varepsilon_{A_t} \sim i.i.d.N(0,\sigma_A^2) \tag{1}$$

$$\ln(a_t) = (1-\rho_a)\ln(\overline{a}) + \rho_a \ln(a_{t-1}) + \varepsilon_{a_t};\ \varepsilon_{a_t} \sim i.i.d.N(0,\sigma_a^2) \tag{2}$$

其中，$\overline{A}$、$\overline{a}$ 代表 A_t、a_t 的稳态值。式(1)是中性技术冲击的过程，它表明中性技术服从 AR(1)。式(2)是偏向性技术变迁冲击的过程，它表明偏向性技术变迁冲击服从 AR(1)。ε_{A_t}、ε_{a_t} 为非序列相关的白噪声扰动，彼此独立不相关。要求：

(1)根据上述假设，求均衡利率和工资。

(2)(1)式中的结果有什么重要含义？

6.5 能源价格冲击。 现考虑一个小型开放的生产者—消费者经济体，其经济结构描述如下：

$$\underset{\{C_t,L_t\}}{\max} E_0 \sum_{t=0}^{\infty} \beta^t [\ln C_t + \chi(1-L_t)]$$
$$\text{s.t. } K_{t+1} = K_t^{\alpha_1} L_t^{\alpha_2} M_t^{1-\alpha_1-\alpha_2} + (1-\delta)K_t - C_t - P_t M_t$$
$$P_t = P_{t-1}^{\gamma} e^{\varepsilon_t}$$

K_0、P_0 已知，$K_t \geqslant 0$，$\lim_{t\to\infty}\beta^t E_0(\mu_t K_t) = 0$，$M_t$ 是原油，P_t 是外在因素决定的石油价格，$0 < \gamma < 1$，$\varepsilon_t \sim \mathrm{N}(0, \delta_\varepsilon)$，$\alpha_1$、$\alpha_2 \in (0,1)$，$\alpha_1 + \alpha_2 < 1$。要求：

推导一阶条件并从经济角度给予解释。

6.6 财政政策冲击。 现考虑财政政策冲击，其形式是外生且随机的税率。

$$\underset{\{C_t,L_t\}}{\max} E_0 \sum_{t=0}^{\infty} \beta^t [\ln C_t + \chi(1-L_t)]$$
$$\text{s.t. } K_{t+1} = (1-\tau_t)K_t^{\alpha} L_t^{1-\alpha} + (1-\delta)K_t - C_t + T_t$$
$$(1+\tau_t-\bar{\tau}) = (1+\tau_{t-1}-\bar{\tau})^{\gamma} e^{\varepsilon_t}$$

K_0 是已知的，$K_t \geqslant 0$，$\lim_{t\to\infty}\beta^t E_0(\mu_t K_t) = 0$，$\tau_t$ 是线性所得税税率，$T_t = \tau_t K_t^{\alpha} L_t^{1-\alpha}$ 视为基于个人代理角度的一次性转移，创新项 ε_t 服从 $\mathrm{N}(0, \delta)$ 分布。假设创新项的实现始终充分的接近 0 以至于我们认为 $0 \leqslant \tau_t \leqslant 1$。经验证，稳态税率等于模型参数。$0 \leqslant$

$\bar{\tau} \leqslant 1$。要求：

推导一阶条件并从经济角度解释。

6.7 基准 RBC 模型。考虑具有以下形式的 RBC 模型：

$$\text{家庭：} E\sum_{t=0}^{\infty}(\eta^t u(c_t, l_t))\text{，效用 } u(c_t, l_t) = c_t^{\gamma}(1-l_t)^{1-\gamma}$$

$$\text{企业：} y_t = A_t f(k_t, l_t) = A_t k_t^{\alpha} l_t^{1-\alpha}\text{，技术 } \ln A_t = \ln A_{t-1} + \varepsilon_t$$

在每一时期，家庭从工资和资本利率中获得收入，且收入用于消费支出和投资支出。假设在该经济体中没有政府，即家庭预算约为总资源约束。要求：

求模型满足对数线性化均衡条件的所有集合。（提示：当不能取方程对数时，请使用近似值 $e^{\hat{x}_t} \approx 1 + \hat{x}_t$）

6.8 在以下描述 RBC 模型的方程中，没有长期经济增长，即 $n = g = 0$，人口正态化使得 $N = 1$，且模型中也没有政府。

$$Y_t = C_t + I_t \tag{1}$$

$$Y_t = K_t^{\alpha}(A_t L_t)^{1-\alpha} \tag{2}$$

$$K_{t+1} = K_t + I_t - \delta K_t \tag{3}$$

$$\ln A_t = \rho_A \ln A_{t-1} + (1-\rho_A)\ln\bar{A} + \varepsilon_{A,t} \tag{4}$$

$$r_t = \alpha(A_t L_t / K_t)^{1-\alpha} - \delta \tag{5}$$

$$w_t = (1-\alpha)(K_t / A_t L_t)^{\alpha} A_t \tag{6}$$

$$\frac{1}{C_t} = e^{-\rho} E_t\left[\frac{1}{C_{t+1}}(1 + r_{t+1})\right] \tag{7}$$

$$\frac{C_t}{1-L_t} = \frac{w_t}{b} \tag{8}$$

在这里，我们考虑 $\delta = 0.5$ 的特殊情况。要求：

请根据 $\alpha = 0.2$，$\bar{r} = 0.024$，$\bar{A} = 1$，$\rho_A = 0.4$ 的校准条件，找到该经济体的稳态。

注意：求解时需要求出与稳态一致的其余参数值 b 和 ρ，并确定内生变量 $\bar{Y}$、$\bar{C}$、$\bar{I}$、$\bar{K}$ 和 $\bar{w}$。

提示：首先用(7)解出 ρ，然后用(5)解出 $\bar{K}$，用(3)解出 $\bar{I}$，用(6)解出 $\bar{w}$，用(2)解出 $\bar{Y}$，用(1)解出 $\bar{C}$，然后用(8)解出 b。

6.9 基准 RBC 模型。给定偏好如下：

$$E_0\sum_{t=0}^{\infty}\beta^t\left[bc_t^{1-\mu} + (1-b)l_t^{1-\mu}\right]^{\frac{1}{1-\mu}}, 1 > \beta > 0,$$

闲暇 $l = 1 - n$，生产函数 $Y_t = e^{z_t} k_t^{\alpha} n_t^{1-\alpha}$，$z_t$ 为随机变量，资源约束为 $Y_t = K_{t+1} + c_t - (1-\delta) \times K_t$。要求：

(1)为该经济建立一个社会计划者问题，并推导出其一阶条件。

(2)假设家庭实现效用最大化,企业实现利润最大化,而不是社会计划者,且家庭和公司在竞争激烈的市场中相互影响。请建立汉密尔顿函数并求解(表达当前与未来消费决策的欧拉方程,消费与劳动决策的劳动供给曲线,以及提出公司的问题并解决)。

(3)在一个给定的工资和消费水平下,参数 b 的增加会如何影响劳动需求曲线?

6.10 给出如下 RBC 模型, $\max\limits_{(C_t,L_t,K_{t+1})} E_0\left[\sum_{t=0}^{\infty}\beta^t(\ln C_t - RL_t + \theta\ln K_t)\right]$,以资本存量度量代表个体从消费、闲暇和社会地位中获得的效用。模型满足下列条件:

$$Y_t = A_t K_t^{\alpha} L_t^{1-\alpha} = C_t + I_t \tag{1}$$

$$K_{t+1} = \left(1 - \frac{\delta}{2}\right) K_t + I_t \tag{2}$$

$$\ln A_{t+1} = \rho \ln A_t + (1-\rho)\ln \bar{A}_t + \varepsilon_{t+1} \tag{3}$$

$$R_{t+1} = (1-\delta)\times\alpha\frac{Y_{t+1}}{K_{t+1}} \tag{4}$$

给定 K_0,$K>0$ 和 $\theta>0$ 分别代表闲暇以及社会地位在个体效用中的重要性,$\bar{A}=0.5$,$\rho\in(0,1)$,ε_{t+1} 满足均值为 0、方差为 ω^2 的独立同分布的正态分布。其他假设与 Hansen 的 RBC 模型相同。要求:

(1)推导一阶条件下 C_t、L_t 和 K_{t+1} 的最优问题并得出消费欧拉方程。

(2)在稳定状态中,假设 $\frac{\bar{Y}}{\bar{K}}=\frac{1}{2}$,$\bar{L}=0.4$,$\bar{R}=1$,$\alpha=0.4$,$\beta=0.9$。运用以上长期证据和稳定状态一阶条件以及资源约束来估计 θ、δ 和 R 。

(3)对从(1)中获得的一阶条件和资源约束进行对数线性化处理,并在 (k_t,λ_t) 中找出一个线性组。其中,$k_t=\ln K_t-\ln\bar{K}$,$\lambda_t=\ln\Lambda_t-\ln\bar{\Lambda}$,$\Lambda_t$ 是与原来资源约束式(2)相关的拉格朗日乘子。

参考文献

ABARA R, 2006. Estimation and Evaluation of Asset Pricing Models with Habit Formation Using Philippine Data[J]. Applied Economics Letters, 13(8): 493-497.

AHMED S, ICKES B W, WANG P, et al., 1993. International Business Cycles[J]. American Economic Review, 83(3): 335-359.

AIYAGARI S R, 1994. Uninsured Idiosyncratic Risk and Aggregate Saving[J]. The Quarterly Journal of Economics, 109(3): 659-684.

ALTIG D, CHRISTIANO L J, EICHENBAUM M, et al., 2005. Firm-Specific Capital, Nominal Rigidities and the Business Cycle[R]. NBER Working Paper: 11034.

AMBLER S, PAQUET A, 1996. Fiscal Spending Shocks, Endogenous Government Spending, and Real Business Cycles[J]. Journal of Economic Dynamics and Control, 20(1-3): 237-256.

AMINU N, MEENAGH D, MINFORD P, 2018. The Role of Energy Prices in the Great Recession—A Two-Sector Model with Unfiltered Data[J]. Energy Economics, 71: 14-34.

ARAÚJO E, 2012. Investment-Specific Shocks and Real Business Cycles in Emerging Economies: Evidence from Brazil[J]. Economic Modelling, 29(3): 671-678.

ASHENFELTER O, 1984. Macroeconomic Analyses and Microeconomic Analyses of Labor Supply [C]. Carnegie-Rochester Conference Series on Public Policy. 21(1): 117-156.

ASIMAKOPOULOS S, MALLEY J, ANGELOPOULOS K, 2014. Tax Smoothing in a Business Cycle Model with Capital-Skill Complementarity[R]. Discussion Papers 2014/11, University of Nottingham, Centre for Finance, Credit and Macroeconomics (CFCM).

BACKUS D K, KEHOE P J,1992. International Evidence on the Historical Properties of Business Cycles [J]. American Economic Review, 82(4): 864-888.

BARSEGHYAN L, BATTAGLINI M, COATE S, 2013. Fiscal Policy over the Real Business Cycle: A Positive Theory[J]. Journal of Economic Theory, 148(6): 2223-2265.

BARSKY R B, KILIAN L, 2004. Oil and the Macroeconomy Since the 1970s[J]. Journal of Economic Perspectives, 18(4): 115-134.

BASU S, KIMBALL M S, 1997. Cyclical Productivity with Unobserved Input Variation[R]. NBER Working Paper: W5915.

BATTAGLINI M, COATE S, 2008. A Dynamic Theory of Public Spending, Taxation, and Debt[J]. American Economic Review, 98(1): 201-236.

BAXTER M, KING R G, 1993. Fiscal Policy in General Equilibrium[J]. American Economic Review, 83: 315-334.

BIOLSI C, 2017. Nonlinear Effects of Fiscal Policy over the Business Cycle[J]. Journal of Economic Dynamics and Control, 78: 54-87.

BLANCHARD O, FISCHER S, 1989. Lectures on Macroeconomics[M]. Cambridge: MIT Press.

BRAUN R A, 1994. Tax Disturbances and Real Economic Activity in the Postwar United States[J]. Journal of Monetary Economics, 33(3): 441-462.

BRUNO C, PORTIER F, 1995. A Small Open Economy RBC Model: The French Economy Case [M]. Advances in Business Cycle Research. Berlin: Springer.

CAMPBELL J Y, MANKIW N G, 1987. Are Output Fluctuations Transitory? [J]. The Quarterly Journal of Economics, 102(4): 857-880.

CANTOR R, MARK N C, 1988. The International Transmission of Real Business Cycles[J]. International Economic Review, 29(3): 493-507.

CHANG C C, LAI T C, 2013. The Oil Energy Price Cycle in Economic Activities: A Stochastic Model [J]. Energy Sources, Part B: Economics, Planning, and Policy, 8(4): 369-381.

CHANG Y, KIM S B, 2007. Heterogeneity and Aggregation: Implications for Labor-Market Fluctuations [J]. American Economic Review, 97(5): 1939-1956.

CHANG Y, KIM S B, 2014. Heterogeneity and Aggregation: Implications for Labor-Market Fluctuations: Reply[J]. American Economic Review, 104(4): 1461-1466.

CHEN K, WEMY E, 2015. Investment-Specific Technological Changes: The Source of Long-Run TFP

Fluctuations[J]. European Economic Review, 80: 230-252.

CHO J O, 1993. Money and Business Cycle with One-Period Nominal Contracts[J]. Canadian Journal of Economics, 26(3): 638-59.

CHO J O, COOLEY T F, 1995. The Business Cycle with Nominal Contracts[J]. Economic Theory, 6 (1): 13-33.

CHRISTIANO L J, EICHENBAUM M, 1992. Current Real-Business-Cycle Theories and Aggregate Labor-Market Fluctuations[J]. American Economic Review, 82(3): 430-450.

COOLEY T F, PRESCOTT E C, 1995. Frontiers of Business Cycle Research[M]. New Jersey: Princeton University Press.

COOLEY T F, HANSEN G D, 1989. The Inflation Tax in a Real Business Cycle Model[J]. American Economic Review, 79(4): 733-748.

DEBREU G, 1954. Valuation Equilibrium and Pareto Optimum[J]. Proceedings of the National Academy of Sciences, 40(7): 588-592.

DELI Y D, 2016. Endogenous Capital Depreciation and Technology Shocks[J]. Journal of International Money and Finance, 100(69): 318-338.

DELLAS H, 1986. A Real Model of the World Business Cycle[J]. Journal of International Money and Finance, 5(3): 381-394.

DENG B, 2009. Real Business Cycle Theory-A Systematic Review[R]. MPRA Paper 17932.

DEY J, 2017. The Role of Investment-Specific Technology Shocks in Driving International Business Cycles: A Bayesian Approach[J]. Macroeconomic Dynamics, 21(3): 555-598.

DOGAN A, 2019. Investment Specific Technology Shocks and Emerging Market Business Cycle Dynamics [J]. Review of Economic Dynamics, 34: 202-220.

ELLINGTON M, MILAS C, 2021. On the Economic Impact of Aggregate Liquidity Shocks: The Case of the UK[J]. The Quarterly Review of Economics and Finance, 80: 737-752.

FERNÁNDEZ-VILLAVERDE J, GUERRÓN-QUINTANA P, KUESTER K, et al., 2015. Fiscal Volatility Shocks and Economic Activity[J]. American Economic Review, 105(11): 3352-84.

FINN M G, 2000. Perfect Competition and the Effects of Energy Price Increases on Economic Activity [J]. Journal of Money, Credit and Banking, 32(3): 400-416.

FISHER J D M, 2006. The Dynamic Effects of Neutral and Investment-Specific Technology Shocks [J].Journal of Political Economy, 114(3): 413-451.

FUHRER J C, 2000. Habit Formation in Consumption and Its Implications for Monetary-Policy Models [J]. American Economic Review, 90(3): 367-390.

GALÍ J, LÓPEZ-SALIDO J D, VALLÉS J, 2003. Technology Shocks and Monetary Policy: Assessing the Fed's Performance[J]. Journal of Monetary Economics, 50(4): 723-743.

GEORGE H E, GEORGE P J, EMMANUEL H G, et al., 2019. Environmental Regulation and Economic Cycles[J]. Economic Analysis and Policy, 64: 172-177.

GONZÁLEZ-URIBE G J, 2021. Financial Development, Foreign Capital Accumulation and Poverty: A Theoretical RBC Model for a Small Open Economy[J]. Revista CEA, 1(1): 11-21.

GORDON R J, 1990. The Measurement of Durable Goods Prices[M]. Cambridge: National Bureau of Economic Research, Inc.

GOYAL A, KUMAR A, 2018. Money and Business Cycle: Evidence from India[J]. The Journal of Economic Asymmetries, 18: E00105.

GREENWOOD J, HERCOWITZ Z, KRUSELL P, 1997. Long-Run Implications of Investment-Specific Technological Change[J]. American Economic Review, 87(3): 342-362.

GREENWOOD J, HERCOWITZ Z, KRUSELL P, 2000. The Role of Investment-Specific Technological Change in the Business Cycle[J]. European Economic Review, 44(1): 91-115.

GUARIGLIA A, ROSSI M, 2002. Consumption, Habit Formation, and Precautionary Saving: Evidence from the British Household Panel Survey[J]. Oxford Economic Papers, 54(1): 1-19.

HALL R E, 2005. Employment Fluctuations with Equilibrium Wage Stickiness[J]. American Economic Review, 95(1): 50-65.

HANSEN G D, 1985. Indivisible Labor and the Business Cycle[J]. Journal of Monetary Economics, 16 (3): 309-327.

HO T W, 2001. The Government Spending and Private Consumption: A Panel Cointegration Analysis [J]. International Review of Economics & Finance, 10(1): 95-108.

HOLLANDER H, CHRISTENSEN L, 2018. Monetary Regimes, Money Supply, and the US Business Cycle Since 1959: Implications for Monetary Policy Today[C]. London: The 49th Money, Macro and Finance (MMF) Annual Conference.

KEANE M, ROGERSON R, 2015. Reconciling Micro and Macro Labor Supply Elasticities: A Structural Perspective[J]. Annual Review of Economics, 7: 89-117.

KIM I M, LOUNGANI P, 1992. The Role of Energy in Real Business Cycle Models[J]. Journal of Monetary Economics, 29(2): 173-189.

KING R G, PLOSSER C I, REBELO S T, 1988. Production, Growth and Business Cycles: I. The Basic Neoclassical Model[J]. Journal of Monetary Economics, 21(2-3): 195-232.

KOLLINTZAS T, VASSILATOS V, 2000. A Small Open Economy Model with Transaction Costs in Foreign Capital[J]. European Economic Review, 44(8): 1515-1541.

KRUSELL P, SMITH JR A A, 1998. Income and Wealth Heterogeneity in the Macroeconomy[J]. Journal of Political Economy, 106(5): 867-896.

KYDLAND F E, PRESCOTT E C, 1982. Time to Build and Aggregate Fluctuations[J]. Econometrica, 50 (6): 1345-1370.

KYDLAND F E, PRESCOTT E C, 1991. Hours and Employment Variation in Business Cycle Theory [J]. Economic Theory, 1(1): 63-81.

LEI J, LIU K, 2015. US Money Supply and Global Business Cycles: 1979—2009[J]. Applied Economics, 47(52): 5689-5705.

LETENDRE M A, 2004. Capital Utilization and Habit Formation in a Small Open Economy Model[J]. Canadian Journal of Economics/Revue canadienne d'Economique, 37(3): 721-741.

LETENDRE M A, LUO D, 2007. Investment-Specific Shocks and External Balances in a Small Open Economy Model[J]. Canadian Journal of Economics/Revue canadienne d'économique, 40(2): 650-678.

LETTAU M, UHLIG H, 2000. Can Habit Formation Be Reconciled With Business Cycle Facts? [J]. Review of Economic Dynamics, 3(1): 79-99.

LINNEMANN L, SCHABERT A, 2012. Optimal Government Spending with Labor Market Frictions [J]. Journal of Economic Dynamics and Control, 36(5): 795-811.

LUCAS JR R E, 1972. Expectations and the Neutrality of Money[J]. Journal of Economic Theory, 4(2): 103-124.

LUCAS JR R E, 1987. Models of Business Cycles[M]. Oxford: Basil Blackwell.

MADEIRA J, 2013. Assessing the Empirical Relevance of Walrasian Labor Frictions to Business Cycle Fluctuations[R]. University of Exeter, Department of Economics.

MADEIRA J, 2018. Assessing the Empirical Relevance of Labour Frictions to Business Cycle Fluctuations [J]. Oxford Bulletin of Economics and Statistics, 80(3): 554-574.

MCCALLUM B T, 1989. Real Business Cycle Models, in Modern Business Cycle Theory[M]. Cambridge: Harvard University Press.

MCGRATTAN E R, 1994. The Macroeconomic Effects of Distortionary Taxation[J]. Journal of Monetary Economics, 33(3): 573-601.

MENDOZA E G, 1991. Real Business Cycles in a Small Open Economy[J]. American Economic Review, 8: 797-818.

MENDOZA E G, 1995. The Terms of Trade, the Real Exchange Rate, and Economic Fluctuations[J]. International Economic Review, 36(1): 101-138.

NAIK N Y, MOORE M J, 1996. Habit Formation and Intertemporal Substitution in Individual Food Consumption[J]. The Review of Economics and Statistics, 78(2): 321-328.

NELSON C R, PLOSSER C R, 1982. Trends and Random Walks in Macroeconmic Time Series: Some Evidence and Implications[J]. Journal of Monetary Economics, 10(2): 139-162.

OBENG-ODOOM F, 2019. Economic Cycles, Economic Crises, Resource Grabs, and Expulsions[J]. International Critical Thought, 9(1): 64-84.

OLAOYE O O, OKORIE U U, ELUWOLE O O, et al., 2020. Government Spending Shocks and Economic Growth: Additional Evidence from Cyclical Behavior of Fiscal Policy[J]. Journal of Economic and Administrative Sciences, 37(4): 419-437.

PHELPS E S, 1966. Models of Technical Progress and the Golden Rule of Research[J]. The Review of Economic Studies, 33(2): 133-145.

PRESCOTT E C, 1986. Theory Ahead of Business-cycle Measurement[C]. Carnegie-Rochester Conference Series on Public Policy. North-Holland, 25: 11-44.

REBELO S, 2005. Real Business Cycle Models: Past, Present and Future[J]. The Scandinavian. Journal of Economics, 107(2): 217-238.

ROGERSON R, 1984. Indivisible Labour, Lotteries and Equilibrium[R]. Working Paper. Rochester, New York: University of Rochester, Department of Economics.

ROGERSON R, 1988. Indivisible Labor, Lotteries and Equilibrium[J]. Journal of Monetary Economics, 21(1): 3-16.

ROTEMBERG J J, WOODFORD M, 1996. Imperfect Competition and the Effects of Energy Price Increases on Economic Activity[J]. Journal of Money, 28(4): 549-577.

SAVCHENKO S O, 2015. The Impact of Macroeconomic Factors on the Fluctuation of Economic Processes[J]. Marketing and Management of Innovations, 6(2): 193-200.

SCHMITT-GROHÉ S, URIBE M, 2010. Business Cycles with a Common Trend in Neutral and Investment-Specific Productivity[R]. NBER Working Paper: 16071.

SCHMITT-GROHÉ S, URIBE M, 2011. Business Cycles with a Common Trend in Neutral and Investment-Specific Productivity[J]. Review of Economic Dynamics, 14(1): 122-135.

SHAFFIE S S, JAAMAN S H, MOHAMAD D, 2016. Review of Capital Investment in Economic Growth Cycle[C]. AIP Conference Proceedings 1784, 050012.

SHAHEEN R, TURNER P, 2020. Fiscal Multipliers and the Level of Economic Activity: A Structural Threshold VAR Model for the UK[J]. Applied Economics, 52(17): 1857-1865.

SIMS E, WOLFF J, 2018. The State-Dependent Effects of Tax Shocks[J]. European Economic Review, 100(107): 57-85.

STOCKMAN A C, SVENSSON L E O, 1987. Capital Flows, Investment, and Exchange Rates[J]. Journal of Monetary Economics, 19(2): 171-201.

TAKAHASHI S, 2014. Heterogeneity and Aggregation: Implications for Labor-Market Fluctuations: Comment[J]. American Economic Review, 104(4): 1446-1460.

VASILEV A, 2016. Search and Matching Frictions and Business Cycle Fluctuations in Bulgaria[J]. Bulgarian Economic Papers, (3): 2-41.

陈昆亭，龚六堂，2006. 粘滞价格模型以及对中国经济的数值模拟：对基本 RBC 模型的改进[J]. 数量经济技术经济研究，23(8)：106-117.

陈银忠，易小丽，2016. 投资专有技术变迁与中国经济波动特征：基于小国开放经济 RBC 模型的分析[J]. 经济问题探索(3)：59-65.

高阳，2015. 现代经济周期理论述评与批判[J]. 南开经济研究(1)：51-70.

黄赜琳，2005. 中国经济周期特征与财政政策效应[J]. 经济研究(6)：27-39.

黄赜琳，2006. 技术进步与就业波动变化的影响分析：基于可分劳动 RBC 模型的实证检验[J]. 统计研究(6)：34-38.

黄赜琳，朱保华，2015. 中国的实际经济周期与税收政策效应[J]. 经济研究，50(3)：4-17.

刘方，2011. 随机货币冲击下的中国经济波动研究：基于 RBC 模型[J]. 经济经纬(2)：20-24.

吕朝凤，黄梅波，2012. 国际贸易、国际利率与中国实际经济周期：基于封闭经济和开放经济三部门 RBC 模型的比较分析[J]. 管理世界(3)：34-49.

吕朝凤，黄梅波，2011. 习惯形成、借贷约束与中国经济周期特征：基于 RBC 模型的实证分析[J]. 金融研究(9)：1-13.

徐生钰，葛扬，2017. 马克思主义与凯恩斯主义经济周期理论比较[J]. 经济学家(3)：5-10.

第七章

新凯恩斯主义模型

第一节 引言

本章的主要目的是向读者介绍新凯恩斯主义模型及其主要应用。新凯恩斯主义模型近年来得到了长足的发展，目前已成为宏观经济研究，尤其是货币政策分析的重要工具，并被美联储、欧洲中央银行、国际货币基金组织等主要政策机构所采纳（Gali，2015）。不仅如此，新凯恩斯主义模型也是 20 世纪 90 年代以来全球多数国家中央银行所推行的通货膨胀目标制（inflation targeting）的理论基础（Svensson，2010）。自 2008 年金融危机爆发以来，国际上对于新凯恩斯主义模型的质疑日趋增多，新凯恩斯主义模型在批判中不断发展，但新凯恩斯主义主流宏观经济分析模型的地位依然没有被撼动（Christiano et al.，2018）。

前一章介绍的实际经济周期 RBC 模型虽然在学术界引起了广泛的共鸣，但它对包含央行在内的决策机构的影响却十分有限。原因主要包括：第一，RBC 模型认为经济周期的波动是有效的，因此大多数试图平滑经济波动的稳定政策都是非建设性的，这与经济波动可能意味着社会资源的低效利用的传统观点相矛盾；第二，RBC 理论认为技术冲击是导致经济波动的最主要原因，但传统观点认为技术进步主要决定经济的长期增长，而非短期的周期波动；第三，RBC 理论不太关注货币因素，认为货币不是经济周期波动的主要决定因素，而这一点与基于向量自回归模型研究所提供的实证结果，如 Christiano 等（1999），以及各国央行普遍认为的货币政策短期非中性的观点相矛盾。由于理论模型与经验证据存在明显的冲突，有学者尝试对 RBC 理论进行拓展，如 Cooley 和 Hansen（1989）在 RBC 模型基础上引入了货币部门，但此类古典货币模型所得到的结果仍然不能令人满意。

为了厘清货币政策与经济周期之间的关系，经济学家们在根据 RBC 理论所建立的 DSGE 框架的基础上添加了一些不同于古典货币模型的假设，主要包括：第一，垄断竞争假设，即商品价格是由私人部门通过最优化原则确定的，这与匿名的瓦尔拉斯拍卖者令所有市场同时出清的设定不同;第二,价格黏性假设,即名义价格在调整时会面临一定的成本或约束,因而无法进行完全灵活的价格调整;第三,货币政策短期非中性、长期中性假设,在价格黏性的假设条件下,央行政策利率的调整不会导致预期通胀一比一地发生变动,这使得实际利率、总需求至少在短期内会产生相应的变化。当然在长期,在名义价格充分调整以后,经济仍将回到它原先的均衡增长路径上,所以货币政策在长期是中性的。

显然,价格黏性和货币政策非中性是新凯恩斯主义模型与 RBC 模型的两个重要区别,而在实际应用中,通常需要具体的实证证据来判断何种模型适用于当下的经济分析。对于价格黏性,大多数证据都来源于对微观商品和服务价格的分析。例如 Kashyap(1995)通过对 12 种特定零售商品长时期价格变化的规模、频率和同步性进行分析后发现:第一,名义价格固定时间通常维持在一年以上,但两次变化所间隔的时间并不规则;第二,在高通货膨胀时期价格变化更加频繁;第三,价格变化的规模是十分发散的,并且变化规模与总体通胀之间没有必然的联系。Taylor(1999)对名义价格和工资黏性做了很好的总结,并发现关于价格和工资的平均调整频率大约在一年左右。

一旦确认了经济中存在名义价格和工资黏性,货币政策非中性的结论就成了一个不言自明的推论。然而由于货币政策本身的识别存在一定的困难,因此,要给出具体的实证证据并不容易。例如,当经济中货币或利率发生变化时,它既可能是央行主动采取的政策干预,也可能是央行根据经济环境的变化而被动做出的配合,又或者是这些变量本身随行就市的结果。因此利率或货币与其他实际变量之间的相关关系并不能作为货币非中性的实证证据。

目前已有大量旨在克服该问题的研究出现,学者们通过各种方法对货币政策的影响进行评估。其中 Christiano 等(1999)所采用的结构向量自回归模型是其中的代表性成果。作者以联邦基金利率作为货币政策工具,并用联邦基金利率关于自身滞后项、当期和滞后实际 GDP、价格指数、货币供应量滞后项的线性函数表示货币政策规则。在假设货币政策存在滞后性,即实际 GDP 和价格都不会对同期货币政策冲击做出反应的条件下,对货币政策规则进行估计得到的残差项可以被视为外生的货币政策冲击。Christiano 等(1999)得到的价格指数和实际产出对于货币政策冲击的脉冲响应图可以作为支持名义价格黏性和货币政策非中性存在的证据。

第二节　古典货币模型

虽然新凯恩斯主义模型与 RBC 模型存在竞争关系,但新凯恩斯主义模型与 RBC 模型有很强的相似性。例如二者都十分重视个体最优化的微观基础,都采纳理性预期假设，都强调外生冲击和预期对于内生经济变量的影响等。因此为了凸显新凯恩斯主义模型与RBC模型的区别，本节借鉴Cooley和Hansen(1989)的研究，介绍一个标准的古典货币模型作为下文新凯恩斯主义模型的参照。与RBC模型类似，古典货币模型由于同样假设市场完全竞争且价格是弹性的，因此通常会得到货币政策中性的结论。

一、家庭

假设经济中存在大量、同质、无限期界的家庭，其中的代表性家庭追求终生效用的最大化：

$$E_0\sum_{t=0}^{\infty}\beta^t U(C_t, N_t, M_t/P_t) \tag{7-2-1}$$

其中，E 表示期望；β 表示主观贴现因子；C_t、N_t 和 M_t/P_t 分别表示家庭在 t 期的实际消费、工作时间以及持有的实际货币余额。效用函数被假定是二次可微的，且满足：[①]

$$U_c>0, U_{cc}<0, U_n<0, U_{nn}<0, U_m>0, U_{mm}<0$$

即消费对于家庭而言是多多益善的($U_c>0$)，但消费边际效用随着消费的增加持续下降($U_{cc}<0$)；劳动对于家庭的边际效用为负($U_n<0$)，且边际负效用随着劳动的增加会不断地加剧($U_{nn}<0$)；货币对于家庭的效用为正($U_m>0$)，但随着实际货币余额的累积，额外1单位货币所带来的边际效用递减($U_{mm}<0$)。

家庭在各期受到的流量预算约束条件为：

$$P_tC_t+Q_tB_t+M_t\leqslant B_{t-1}+W_tN_t+M_{t-1}+T_t \tag{7-2-2}$$

其中，P_t 表示 t 期的总体物价水平；B_t 表示在 t 期以价格 Q_t 购买，于 $t+1$ 期可获得1单位货币回报的零息债券；W_t 表示 t 期的名义工资；T_t 表示家庭在 t 期获得的一次性收入(如税收、转移支付、企业分红等)。

为避免家庭实施庞氏骗局，家庭在各期除了要遵循预算约束条件外，还需遵循如下偿付约束的限制：

$$\lim_{T\to\infty}E_t\{B_T\}\geqslant 0 \tag{7-2-3}$$

对家庭效用最大化问题求解可以得到如下最优化条件：

$$-U_{n,t}/U_{c,t}=W_t/P_t \tag{7-2-4}$$

$$Q_t=\beta E_t\left\{\frac{U_{c,t+1}}{U_{c,t}}\frac{P_t}{P_{t+1}}\right\} \tag{7-2-5}$$

---

① 这里 $U_x\equiv\frac{\partial U}{\partial x}, U_{xy}\equiv\frac{\partial^2 U}{\partial x\partial y}$。

$$U_{m,t}/U_{c,t}=1-Q_t \tag{7-2-6}$$

其中 $U_{m,t}\equiv\partial U(C_t,M_t/P_t,N_t)/\partial(M_t/P_t)$ 表示家庭在 t 期对于“实际”货币余额的边际效用。式(7-2-4)表示家庭对于劳动供给的最优决策，即家庭选择闲暇所带来的劳动负效用的下降应等于其放弃工资所带来的消费效用的下降。式(7-2-5)表示家庭的最优跨期消费决策，它表示家庭放弃当期消费所带来的效用下降，应等于将这部分支出购买债券导致下一期消费增加所带来效用的现值。式(7-2-6)表示家庭的最优持币决策，它反映了家庭对于持有实际货币所能获得的效用与持币成本所带来的效用损失之间的权衡。

关于效用函数的设定没有固定的形式。根据上述对于效用函数的限定条件，不失一般地，我们假设其服从如下具体形式：

$$U(C_t,N_t,M_t/P_t)=\frac{C_t^{1-\sigma}}{1-\sigma}+\frac{(M_t/P_t)^{1-v}}{1-v}-\frac{N_t^{1+\varphi}}{1+\varphi}$$

根据该设定，家庭最优条件式(7-2-4)至式(7-2-6)相应地转化为：

$$W_t/P_t=C_t^{\sigma}N_t^{\varphi} \tag{7-2-7}$$

$$Q_t=\beta E_t\left\{\left(\frac{C_{t+1}}{C_t}\right)^{-\sigma}\frac{P_t}{P_{t+1}}\right\} \tag{7-2-8}$$

$$M_t/P_t=C_t^{\sigma/v}\ (1-Q_t)^{-\frac{1}{v}} \tag{7-2-9}$$

对等式两边同时取自然对数，式(7-2-7)至式(7-2-9)可以进一步转化为：[①]

$$w_t-p_t=\sigma c_t+\varphi n_t \tag{7-2-10}$$

$$c_t=E_t\{c_{t+1}\}-\frac{1}{\sigma}(i_t-E_t\{\pi_{t+1}\}-\rho) \tag{7-2-11}$$

$$m_t-p_t=\frac{\sigma}{v}c_t-\eta i_t \tag{7-2-12}$$

其中，$i_t\equiv-\ln Q_t$ 表示债券的名义利率；$\rho\equiv-\ln\beta$ 表示家庭的贴现率；$\pi_{t+1}\equiv p_{t+1}-p_t$ 表示从 t 到 $t+1$ 期的通货膨胀率；$\eta\equiv[v\cdot(\exp\{i\}-1)]^{-1}$ 表示货币需求的半利率弹性，i 表示稳态名义利率。式(7-2-10)、式(7-2-11)和式(7-2-12)可以分别被视为家庭的劳动供给曲线、债券需求曲线和货币需求曲线。

二、厂商

假设经济中仅存在一种单一的消费品，且存在大量的厂商对其进行生产。代表性

① 本章小写字母表示对应变量的自然对数，如 $x_t\equiv\ln X_t$ 。

厂商的技术可以由如下生产函数表示：

$$Y_t = A_t N_t^{1-\alpha} \tag{7-2-13}$$

其中，A_t 表示所有厂商共同面临的技术水平。

假设市场是完全竞争的，因此所有厂商都是价格的接受者。在各期，代表性厂商在给定价格、工资以及生产技术条件式(7-2-13)的约束下追求利润的最大化：

$$\text{Max}\,(P_t Y_t - W_t N_t)$$

由此可得厂商的最优化条件：

$$W_t / P_t = (1-\alpha) A_t N_t^{-\alpha} \tag{7-2-14}$$

式(7-2-14)反映了厂商的最优劳动雇佣决策(因而也是生产决策)，它表示实际工资等于劳动边际产出，或者将式(7-2-14)移项，也可以得到商品价格 P_t 等于生产额外 1 单位商品的边际成本 $\dfrac{W_t}{(1-\alpha)A_t N_t^{-\alpha}}$。式(7-2-14)两侧同时取自然对数可得：

$$w_t - p_t = a_t - \alpha n_t + \ln(1-\alpha) \tag{7-2-15}$$

式(7-2-15)可被视为劳动需求曲线，该曲线阐述了在给定技术水平 a_t 的条件下，劳动需求与实际工资之间的关系。

三、均衡

由于本节给出的模型未考虑投资、政府购买、净出口等需求要素，因此全社会商品市场的出清条件为：

$$y_t = c_t \tag{7-2-16}$$

即所有的商品都将被消费掉。

由式(7-2-10)和式(7-2-15)可得劳动市场的出清条件为：

$$\sigma c_t + \varphi n_t = a_t - \alpha n_t + \ln(1-\alpha) \tag{7-2-17}$$

由式(7-2-11)和式(7-2-16)可得债券市场的出清条件为：

$$y_t = E_t\{y_{t+1}\} - \frac{1}{\sigma}(i_t - E_t\{\pi_{t+1}\} - \rho) \tag{7-2-18}$$

生产函数的对数线性化形式为：

$$y_t = a_t + (1-\alpha) n_t \tag{7-2-19}$$

根据上述条件可得：

$$n_t = \psi_{na} a_t + \vartheta_n \tag{7-2-20}$$

$$y_t = \psi_{ya} a_t + (1-\alpha)\vartheta_n \tag{7-2-21}$$

$$r_t = \rho + \sigma\psi_{ya} E_t\{\Delta a_{t+1}\} \tag{7-2-22}$$

$$\omega_t = w_t - p_t = \psi_{\omega a} a_t - \alpha\vartheta_n + \ln(1-\alpha) \tag{7-2-23}$$

其中，$\psi_{na} \equiv \dfrac{1-\sigma}{\sigma+\varphi+\alpha(1-\sigma)}$；$\vartheta_n \equiv \dfrac{\ln(1-\alpha)}{\sigma+\varphi+\alpha(1-\sigma)}$；$\psi_{ya} \equiv \dfrac{1+\varphi}{\sigma+\varphi+\alpha(1-\sigma)}$；$\psi_{\omega a} \equiv \dfrac{\sigma+\varphi}{\sigma+\varphi+\alpha(1-\sigma)}$。

由式(7-2-20)至式(7-2-23)可知，模型中的劳动、实际产出、实际利率和实际工资均与货币或名义利率无关，即模型关于货币(政策)是中性的。如果我们只关心实际变量，则式(7-2-12)表示的货币需求方程是多余的，在效用函数中引入货币也是完全没有必要的。由于本节给出的模型仅有技术水平 a_t 这个唯一的外生驱动变量，因此实际变量的变化完全由 a_t 这个单一变量所决定。具体地，由 ψ_{ya} 和 $\psi_{\omega a}$ 的定义可知，二者总是为正，因此技术进步必然导致实际产出和实际工资的增加。

但相对地，技术进步对于劳动的影响是不确定的。根据 ψ_{na} 的表达式，σ 与 1 的相对关系将决定 a_t 对于 n_t 的影响。一方面，技术进步会提高劳动的边际产出，根据式(7-2-15)，企业在给定实际工资的条件下会增加劳动的需求，我们将其称为替代效应；但另一方面，技术进步导致产出以及相应的消费增加，根据式(7-2-10)，在给定实际工资的条件下，家庭会减少劳动的供给，我们将其称为收入效应。由于参数 σ 主要控制家庭的收入效应，当 $\sigma > 1$、$\psi_{na} < 0$，技术进步导致的收入效应强于替代效应，经济中总的劳动工作时间将不升反降。反之，当 $\sigma < 1$、$\psi_{na} > 0$，技术进步导致的收入效应弱于替代效应，经济中总的劳动工作时间会增加。当 $\sigma = 1$、$\psi_{na} = 0$ 时，技术进步所带来的收入效应和替代效应正好相互抵消，经济中的总体劳动时间保持不变。实际利率取决于技术冲击的持续性。如果认为当期的技术进步只是一次性的，即 $E_t\{a_{t+1}\} < a_t$，则实际利率将下降；反之，如果预期技术会持续性地得到改良，即 $E_t\{a_{t+1}\} > a_t$，则实际利率将升高。

由于古典货币模型中的实际变量不依赖于名义货币和利率，因此通过古典货币模型无法对不同的货币政策行为进行比较。换言之，如果以经济中家庭的福利(取决于实际变量)最大化为目标，则即便货币政策能够对价格、通货膨胀等名义变量产生影响，这都不能改变居民的福利，因而也无法对不同的货币政策做出比较和评估。显然，RBC理论或古典货币模型所假设的弹性价格以及货币中性结论与我们现实观察到的经济现象不符，众多学者也对此进行了严格的论证，如 Taylor(1999)、Christiano 等(1999)。为此，在下一节，本书将放弃完全竞争的弹性价格设定，介绍一个标准的含垄断竞争和价格黏性的新凯恩斯主义模型。

第三节 新凯恩斯主义模型

本节参考 Clarida 等(1999)、Gali(2015)的研究,介绍一个标准的新凯恩斯主义模型。与古典货币模型相比,本节介绍的模型主要做两点修正:第一,垄断竞争假设,即经济中存在大量不完全替代的差异化商品,每种商品由不同的厂商进行生产,因此各家厂商均拥有一定的垄断势力;第二,价格黏性假设,即厂商在价格调整时受到一定的约束,无法灵活地调整价格,因此厂商在进行定价决策时会考虑当期设定价格对未来利润可能产生的影响。

一、家庭

与第二节类似地,假设经济中存在大量、同质、无限期界的家庭,其中代表性家庭追求终生效用的最大化:[①]

$$E_0\sum_{t=0}^{\infty}\beta^t U(C_t,N_t,M_t/P_t)$$

与古典货币模型类似,新凯恩斯主义模型中,各期效用函数仍由消费、劳动和实际货币余额决定。但与古典货币模型不同的是,这里的消费 C_t 是指由各种不同商品消费 $C_t(i)(i\in[0,1])$ 构成的总体消费指数。其具体形式如下:

$$C_t\equiv\left(\int_0^1 C_t(i)^{1-\frac{1}{\varepsilon}}\mathrm{d}i\right)^{\frac{\varepsilon}{\varepsilon-1}} \tag{7-3-1}$$

很显然,根据总体消费指数的设定,$\varepsilon>1$ 表示不同消费品 i 之间是不完全替代的。完全弹性设定是式(7-3-1)的极端特殊情形,即 $C_t=\lim\limits_{\varepsilon\to\infty}\left(\int_0^1 C_t(i)^{1-\frac{1}{\varepsilon}}\mathrm{d}i\right)^{\frac{\varepsilon}{\varepsilon-1}}=\int_0^1 C_t(i)\mathrm{d}i$ 。

由于存在不同的消费品,家庭在各期的流量预算约束条件为:

$$\int_0^1 P_t(i)C_t(i)\mathrm{d}i+M_t+Q_tB_t\leqslant M_{t-1}+B_{t-1}+W_tN_t+T_t \tag{7-3-2}$$

其中,$P_t(i)$ 表示商品 i 在 t 期的价格。同样,为避免家庭实施庞氏骗局,家庭拥有的债券数量 B_t 须服从如下偿付约束限制:

$$\lim_{T\to\infty}E_t\{B_t\}\geqslant 0 \tag{7-3-3}$$

---

① 如果没有特别强调,本节模型所采用的变量符号与第二节相同,因此不再赘述。

此时关于家庭的最优化决策求解可以分两步进行。第一步，在给定各期家庭的消费支出 $\int_0^1 P_t(i)C_t(i)\mathrm{d}i$ 条件下，家庭选择最优的消费品组合 $C_t(i)(i \in [0,1])$ 以追求总体消费指数 C_t 的最大化；当然也可以是给定总体消费指数 C_t，家庭选择最优消费组合 $C_t(i)(i \in [0,1])$ 以追求总体消费支出 $\int_0^1 P_t(i)C_t(i)\mathrm{d}i$ 最小化。二者是等价的。第二步，给定第一步求解得到的最优消费组合，家庭进行消费、劳动、债券和实际货币余额的决策以追求终生效用的最大化。

这里我们首先确认家庭的最优消费组合。假设 Z_t 表示家庭在 t 期的总体消费支出，家庭的最优化消费决策问题可以描述为：

$$\max_{C_t(i)} C_t = \left(\int_0^1 C_t(i)^{1-\frac{1}{\epsilon}}\mathrm{d}i\right)^{\frac{\epsilon}{\epsilon-1}}$$

上式受约束于：

$$\int_0^1 P_t(i)C_t(i)\mathrm{d}i \leqslant Z_t \tag{7-3-4}$$

该问题求解可得如下最优化条件：

$$C_t(i) = (P_t(i)/P_t)^{-\epsilon}C_t \tag{7-3-5}$$

其中，式(7-3-5)表示家庭对于各种商品 $i \in [0,1]$ 的消费数量，$P_t(i)$ 和 P_t 分别表示商品 i 的价格以及总体物价指数。将式(7-3-5)代入总体消费指数定义式(7-3-1)可得：

$$\int_0^1 P_t(i)C_t(i)\mathrm{d}i = P_tC_t \tag{7-3-6}$$

在确定了家庭关于各种消费品的最优消费组合后，家庭的最优化问题可以描述为：

$$\max_{C_t,N_t,B_t,M_t/P_t} E_0\sum_{t=0}^{\infty}\beta^t U(C_t,N_t,M_t/P_t)$$

上式受约束于：

$$P_tC_t + M_t + Q_tB_t \leqslant M_{t-1} + B_{t-1} + W_tN_t + T_t \tag{7-3-7}$$

这里的预算约束条件式(7-3-7)是结合式(7-3-2)和式(7-3-6)得到，显然该家庭效用最大化问题与第二节的设定完全相同。假设家庭效用函数采用与第二节相同的形式，即：

$$U(C_t,N_t,M_t/P_t) = \frac{C_t^{1-\sigma}}{1-\sigma} + \frac{(M_t/P_t)^{1-v}}{1-v} - \frac{N_t^{1+\varphi}}{1+\varphi}$$

由此可以得到与第二节相同的家庭最优化线性条件：

$$w_t - p_t = \sigma c_t + \varphi n_t \tag{7-3-8}$$

$$c_t = E_t\{c_{t+1}\} - \frac{1}{\sigma}(i_t - E_t\{\pi_{t+1}\} - \rho) \tag{7-3-9}$$

$$m_t - p_t = \frac{\sigma}{v}c_t - \eta i_t \tag{7-3-10}$$

二、厂商

由于经济中存在大量不完全替代的异质性商品，因此不妨设每种商品 $i \in [0,1]$ 都是由不同的厂商生产的。此时各种商品生产厂商也可以由 $i \in [0,1]$ 表示。假设每家厂商使用相同的生产技术：

$$Y_t(i) = A_t N_t(i)^{1-\alpha} \tag{7-3-11}$$

其中，$Y_t(i)$ 和 $N_t(i)$ 分别表示厂商 i 在 t 期的产出和雇佣的劳动，A_t 表示经济范围内所有厂商共同面对的技术水平。

所有厂商在进行定价时都将总体物价水平 P_t 和总体消费指数 C_t 视为给定条件，并根据式(7-3-5)对各自商品的需求曲线进行定价。为了引入价格黏性，借鉴 Calvo(1983)，假设每家厂商各期都有 $1-\theta$ 的概率重新调整价格，否则将维持前一期价格不变。因此参数 θ 反映了经济中价格的黏性程度，这也是每一期经济中无法调价厂商所占的比例。令 P_t^* 表示 t 期能够重新定价厂商所选择的最优价格[①]，可以证明其满足：

$$\Pi_t^{1-\epsilon} = \theta + (1-\theta)(P_t^*/P_{t-1})^{1-\epsilon} \tag{7-3-12}$$

其中，$\Pi_t \equiv P_t/P_{t-1}$ 表示总体通货膨胀。假设经济稳态时价格不变，即 $\Pi=1$，则式(7-3-12)在稳态附近一阶近似泰勒展开可得：

$$\pi_t = (1-\theta)(p_t^* - p_{t-1}) \tag{7-3-13}$$

式(7-3-13)表明通货膨胀的变动主要是由于各期重新定价厂商选择有别于前一期总体物价水平的价格。因此要了解经济中总体物价水平的变动，我们必须进一步分析厂商定价背后的决定因素。

由于价格黏性假设，厂商在各期所选择的价格可能会持续多期都无法进行调整。因此厂商在 t 期的最优定价策略是选择价格 P_t^*，使得在该价格仍然有效的条件下实现未来获得利润现值最大化。价格连续维持 k 期不变的概率为 θ^k，因此在 t 期能够重

---

① 由于各期能够调价厂商所面临的问题相同，因此这里直接用 P_t^* 而非 $P_t^*(i)$ 表示厂商在各期选择的最优价格。

新定价的厂商所面临的最优定价问题可以描述为：①

$$\max_{P_t^*} E_t \{ \sum_{k=0}^{\infty} \theta^k Q_{t,t+k} (P_t^* Y_{t+k|t} - C_{t+k|t}^n) \}$$

上式受约束于：

$$Y_{t+k|t} = \left(\frac{P_t^*}{P_{t+k}}\right)^{-\varepsilon} C_{t+k} \tag{7-3-14}$$

其中，$Q_{t,t+k} \equiv \beta^k (C_{t+k}/C_t)^{-\sigma}(P_t/P_{t+k})$ 表示家庭在 $t+k$ 期获得 1 单位名义货币的随机贴现因子，它可以由家庭消费欧拉方程推导得到；$Y_{t+k|t}$ 和 $C_{t+k|t}^n$ 分别表示在 t 期最后一次调整价格的厂商在 $t+k$ 期的实际产出和名义成本。约束条件式(7-3-14)是由商品需求条件式(7-3-5)和 $t+k$ 期的商品市场出清条件获得的。

对该问题求解可得如下最优化条件：

$$\sum_{k=0}^{\infty} \theta^k E_t \left\{ Q_{t,t+k} Y_{t+k|t} \left(P_t^* - \frac{\varepsilon}{\varepsilon-1} MC_{t+k|t}^n \right) \right\} = 0 \tag{7-3-15}$$

其中，$MC_{t+k|t}^n \equiv \dfrac{\partial C_{t+k|t}^n}{\partial Y_{t+k|t}}$ 表示在 t 期最后一次调整价格的厂商在 $t+k$ 期的名义边际成本。注意到在弹性价格条件下，$\theta=0$，式(7-3-15)将退化为 $P_t^* = \dfrac{\varepsilon}{\varepsilon-1} MC_{t|t}^n$，因此 $\dfrac{\varepsilon}{\varepsilon-1}$ 也可以称为合意或无摩擦条件下的定价加成。

接着我们需要对最优定价条件做线性化处理。令 $\Pi_{t,t+k} \equiv \dfrac{P_{t+k}}{P_t}$，式(7-3-15)可以转化为：

$$\sum_{k=0}^{\infty} \theta^k E_t \left\{ Q_{t,t+k} Y_{t+k|t} \left(\frac{P_t^*}{P_{t-1}} - \frac{\varepsilon}{\varepsilon-1} MC_{t+k|t}^r \, \Pi_{t-1,t+k} \right) \right\} = 0 \tag{7-3-16}$$

其中，$MC_{t+k|t}^r \equiv \dfrac{MC_{t+k|t}^n}{P_{t+k}}$ 表示，在 t 期最后一次调整价格的厂商在 $t+k$ 期的实际边际成本。由于稳态时 $\dfrac{P_t^*}{P_{t-1}} = \Pi_{t-1,t+k} = 1, Y_{t+k|t} = Y, MC_{t+k|t}^r = MC^r = \dfrac{\varepsilon-1}{\varepsilon}, Q_{t,t+k} = \beta^k$，式(7-3-16)在稳态附近一阶近似泰勒展开可得：

$$p_t^* = \mu + (1-\theta\beta) E_t \sum_{k=0}^{\infty} (\theta\beta)^k (mc_{t+k|t}^r + p_{t+k}) \tag{7-3-17}$$

---

① 由于各期能够重新定价的厂商所面临的问题相同，因此这里的产出和成本都没有单独标识出厂商符号 i。

其中，$\mu = -mc^r$ 表示实际边际成本自然对数的稳态值。

式(7-3-17)表明当经济中存在价格黏性 ($\theta > 0$) 时，厂商的定价将具有前瞻性，具体将由当期和预期未来名义边际成本的加权均值决定。

三、均衡

商品市场出清条件要求，在各期所有的商品 $i \in [0,1]$ 都应满足下式：

$$Y_t(i) = C_t(i) \tag{7-3-18}$$

与式(7-3-1)类似，这里我们将总产出 Y_t 定义为：

$$Y_t \equiv \left(\int_0^1 Y_t(i)^{1-\frac{1}{\varepsilon}} \mathrm{d}i\right)^{\frac{\varepsilon}{\varepsilon-1}} \tag{7-3-19}$$

将式(7-3-18)和消费品需求曲线式(7-3-5)代入式(7-3-19)，可得商品市场出清条件：

$$Y_t = C_t$$

上式两边取对数可得：

$$y_t = c_t \tag{7-3-20}$$

将商品市场出清条件式(7-3-20)代入式(7-3-9)可得：

$$y_t = E_t\{y_{t+1}\} - \frac{1}{\sigma}(i_t - E_t\{\pi_{t+1}\} - \rho) \tag{7-3-21}$$

劳动市场出清条件要求家庭供给的劳动 N_t 与厂商雇佣的劳动总量相等：

$$N_t = \int_0^1 N_t(i)\mathrm{d}i \tag{7-3-22}$$

将厂商的生产函数式(7-3-11)、商品市场出清条件式(7-3-20)和消费品需求曲线式(7-3-5)代入式(7-3-22)可得：

$$N_t = \left(\frac{Y_t}{A_t}\right)^{\frac{1}{1-\alpha}} \int_0^1 \left(\frac{P_t(i)}{P_t}\right)^{-\frac{\varepsilon}{1-\alpha}} \mathrm{d}i$$

两边取对数可得：

$$y_t = a_t + (1-\alpha)n_t - d_t \tag{7-3-23}$$

其中，$d_t \equiv (1-\alpha)\ln\int_0^1 \left(\frac{P_t(i)}{P_t}\right)^{-\frac{\varepsilon}{1-\alpha}} \mathrm{d}i$ 衡量各个厂商定价的发散程度。可以证明在

零通胀稳态附近 $d_t \approx 0$，式(7-3-23)可以近似地记为：

$$n_t = \frac{1}{1-\alpha}(y_t - a_t) \tag{7-3-24}$$

对于在 t 期最后一次调整价格的厂商，其在 $t+k$ 期的实际边际成本对数值可以记为：

$$\begin{aligned} \mathrm{mc}^r_{t+k|t} &= w_{t+k} - p_{t+k} - \mathrm{mpn}_{t+k|t} \\ &= w_{t+k} - p_{t+k} - \ln(1-\alpha) + \frac{\alpha y_{t+k|t} - a_{t+k}}{1-\alpha} \end{aligned} \tag{7-3-25}$$

其中，$\mathrm{mpn}_{t+k|t} = a_{t+k} + \ln(1-\alpha) - \alpha n_{t+k|t} = a_{t+k} + \ln(1-\alpha) - \frac{\alpha}{1-\alpha}(y_{t+k|t} - a_{t+k})$ 表示在 t 期最后一次调整价格的厂商在 $t+k$ 期的实际边际产出。

令 mc^r_t 表示 t 期经济的总体平均边际成本的对数值，它等于各个不同时期定价厂商实际边际成本的加权均值：

$$\mathrm{mc}^r_t = (1-\theta)\sum_{k=0}^{\infty}\theta^k\ \mathrm{mc}^r_{t|t-k} = w_t - p_t - \ln(1-\alpha) + \frac{\alpha y_t - a_t}{1-\alpha} \tag{7-3-26}$$

其中第二个等式用到了式(7-3-25)以及 $y_t = (1-\theta)\sum_{k=0}^{\infty}\theta^k y_{t|t-k}$ 。

由市场出清条件和商品需求曲线式可得：

$$Y_{t+k|t} = (P_{t+k|t}/P_{t+k})^{-\varepsilon} Y_{t+k} \tag{7-3-27}$$

上式两边取自然对数后可得：

$$y_{t+k|t} = -\varepsilon(p_{t+k|t} - p_{t+k}) + y_{t+k} \tag{7-3-28}$$

由式(7-3-25)、式(7-3-26)和式(7-3-28)可得：

$$\mathrm{mc}^r_{t+k|t} = \mathrm{mc}^r_{t+k} - \frac{\alpha\varepsilon}{1-\alpha}(p_{t+k|t} - p_{t+k}) = \mathrm{mc}^r_{t+k} - \frac{\alpha\varepsilon}{1-\alpha}(p^*_t - p_{t+k}) \tag{7-3-29}$$

由式(7-3-29)可知，如果生产函数是规模报酬不变的，即 $\alpha = 0$，则 $\mathrm{mc}^r_{t+k|t} = \mathrm{mc}^r_{t+k}$ ，则实际边际成本与产出水平无关，因而所有企业的实际边际成本都是相同的。

将式(7-3-29)代入式(7-3-17)可得：

$$p^*_t - p_{t-1} = \theta\beta E_t(p^*_{t+1} - p_t) + \frac{(1-\alpha)(1-\theta\beta)}{1-\alpha+\alpha\varepsilon}\widehat{\mathrm{mc}}^r_t + \pi_t \tag{7-3-30}$$

其中，$\widehat{\mathrm{mc}}^r_t \equiv \mathrm{mc}^r_t - \mathrm{mc}^r$ 表示实际边际成本关于其稳态的对数偏离。结合式(7-3-13)和(7-3-30)可得通货膨胀与实际边际成本的关系式：

$$\pi_t = \beta E_t\{\pi_{t+1}\} + \lambda\ \widehat{\mathrm{mc}}^r_t \tag{7-3-31}$$

其中 $\lambda \equiv \frac{(1-\theta)(1-\theta\beta)(1-\alpha)}{\theta(1-\alpha+\alpha\varepsilon)}$。容易证明，通货膨胀与实际边际成本缺口的相关系数 λ 关于 θ、α 和 ε 都是严格递减的。

将式(7-3-31)向前迭代可得：

$$\pi_t = \lambda \sum_{k=0}^{\infty} \beta^k E_t \widehat{mc}_{t+k}^r \tag{7-3-32}$$

由于实际边际成本 $mc_t^r \equiv mc_t^n - p_t = -(p_t - mc_t^n)$，因此 mc_t^r 也可以解读为经济中平均定价加成的相反数。显然，当厂商预期未来实际边际成本缺口为正，即经济中的平均定价加成低于稳态或合意的水平 $-mc^r$ 时，则有机会重新定价的厂商会选择高于经济平均水平的价格，从而使得总体价格更加趋近合意水平。因此在新凯恩斯模型中，通货膨胀是各个厂商基于当前和预期未来成本条件所做出定价决策的加总结果。

通常我们习惯用实际产出缺口而非实际边际成本缺口来度量通货膨胀，因此需要进一步推导实际边际成本缺口与产出缺口之间的关系。由式(7-3-26)、式(7-3-8)、式(7-3-20)和式(7-3-24)可得：

$$mc_t^r = \left(\sigma + \frac{\varphi+\alpha}{1-\alpha}\right) y_t - \frac{1+\varphi}{1-\alpha} a_t - \ln(1-\alpha) \tag{7-3-33}$$

由前文的分析可知，在弹性价格条件下 $(\theta = 0)$，平均定价加成将固定在合意水平 $\mu = -mc^r$ 上。定义自然产出水平 y_t^n 为弹性价格条件下的均衡产出水平，其满足：

$$mc^r = \left(\sigma + \frac{\varphi+\alpha}{1-\alpha}\right) y_t^n - \frac{1+\varphi}{1-\alpha} a_t - \ln(1-\alpha) \tag{7-3-34}$$

通过式(7-3-34)，我们可以进一步求得自然实际产出的表达式：

$$y_t^n = \psi_{ya}^n a_t + \vartheta_y^n \tag{7-3-35}$$

其中，$\psi_{ya}^n \equiv \frac{1+\varphi}{\sigma(1-\alpha)+\varphi+\alpha}$、$\vartheta_y^n \equiv \frac{(1-\alpha)[mc^r + \ln(1-\alpha)]}{(1-\alpha)\sigma+\varphi+\alpha}$。将式(7-3-33)减去式(7-3-34)后可得：

$$\widehat{mc}_t^r = \left(\sigma + \frac{\varphi+\alpha}{1-\alpha}\right) \tilde{y}_t \tag{7-3-36}$$

其中，$\tilde{y}_t \equiv y_t - y_t^n$ 表示实际产出缺口。

将式(7-3-36)代入式(7-3-31)可得通货膨胀与实际产出缺口之间的关系式：

$$\pi_t = \beta E_t\{\pi_{t+1}\} + \kappa \tilde{y}_t \tag{7-3-37}$$

其中，$\kappa \equiv \frac{(1-\theta)(1-\theta\beta)(\varphi+\alpha+\sigma-\sigma\alpha)}{\theta(1-\alpha+\alpha\varepsilon)} > 0$。式(7-3-37)被称为新凯恩斯菲利普斯曲线，它是新凯恩斯主义模型的核心方程之一。

接着我们推导新凯恩斯主义模型的另一个核心方程——动态 IS 曲线。根据实际利率的定义，$r_t \equiv i_t - E_t\{\pi_{t+1}\}$，式(7-3-21)可相应地转化为：

$$y_t = E_t\{y_{t+1}\} - \frac{1}{\sigma}(r_t - \rho)$$

该方程对应的自然产出和自然实际利率关系式为：

$$y_t^n = E_t\{y_{t+1}^n\} - \frac{1}{\sigma}(r_t^n - \rho) \tag{7-3-38}$$

其中，r_t^n 为弹性价格条件下的均衡实际利率。将式(7-3-21)减去式(7-3-38)可得：

$$\tilde{y}_t = E_t\{\tilde{y}_{t+1}\} - \frac{1}{\sigma}(i_t - E_t\{\pi_{t+1}\} - r_t^n) \tag{7-3-39}$$

其中，$\tilde{y}_t \equiv y_t - y_t^n$ 表示产出缺口。式(7-3-39)即为动态 IS 曲线。

对于自然实际利率 r_t^n，联立式(7-3-21)、式(7-3-34)和式(7-3-39)可得：

$$r_t^n = \rho + \sigma\psi_{ya}^n E_t\{\Delta a_{t+1}\} \tag{7-3-40}$$

因此，r_t^n 的变动外生地取决于技术冲击 a_t，与货币因素无关。

综上，式(7-3-37)、式(7-3-39)与描述自然实际利率变动的式(7-3-40)共同构成了基础新凯恩斯主义模型的非政策部分。根据式(7-3-40)，一旦给定外生的技术变化过程 $\{a_t\}$，自然实际利率的路径就被确定；根据式(7-3-39)，一旦给定实际利率和自然实际利率的变化路径，就能够确定实际产出缺口；根据式(7-3-37)，一旦给定实际产出缺口的变化路径，就能够确定通货膨胀。其中对于实际产出缺口，假设名义黏性的影响在长期将逐渐消失，即 $\lim\limits_{T\to\infty} E_t\{\tilde{y}_{t+T}\} = 0$。将式(7-3-39)向前迭代可得：

$$\tilde{y}_t = -\frac{1}{\sigma}\sum_{k=0}^{\infty} E_t\{r_{t+k} - r_{t+k}^n\} \tag{7-3-41}$$

该式表明各期的产出缺口与当期和预期未来实际利率缺口的加总正相关。

式(7-3-41)还意味着模型中的实际变量无法独立于实际利率被单独决定，而实际利率又会受到中央银行货币政策(名义利率 i_t)的影响。为了使模型闭合，我们必须向模型中引入描述名义利率如何变化的货币政策规则。因此新凯恩斯主义模型是货币政策非中性的，这一点是其与前一节介绍的古典货币模型最显著的区别。

四、货币政策

不失一般地，我们假设中央银行遵循如下形式的货币政策规则：

$$i_t = \rho + \varphi_\pi \pi_t + \varphi_y \tilde{y}_t + v_t \tag{7-3-42}$$

式(7-3-42)表明央行的名义利率会针对通货膨胀和产出缺口进行调整,通常情况下,政策利率对于通货膨胀和产出缺口的反应系数均为正,即 $\varphi_\pi,\varphi_y>0$。v_t 表示货币政策冲击。

此时式(7-3-37)、式(7-3-39)和式(7-3-42)就构成了一个闭合的模型均衡系统。具体来说,将式(7-3-42)和式(7-3-37)代入式(7-3-39)可得:

$$\tilde{y}_t=\frac{1}{\sigma+\varphi_y+\kappa\varphi_\pi}[\sigma E_t\{\tilde{y}_{t+1}\}+(1-\beta\varphi_\pi)E_t\{\pi_{t+1}\}+(\hat{r}_t^n-v_t)] \tag{7-3-43}$$

其中,$\hat{r}_t^n\equiv r_t^n-\rho$。类似地,将式(7-3-43)代入式(7-3-37)可得:

$$\pi_t=\frac{1}{\sigma+\varphi_y+\kappa\varphi_\pi}\{\sigma\kappa E_t\{\tilde{y}_{t+1}\}+[\kappa+\beta(\sigma+\varphi_y)]E_t\{\pi_{t+1}\}+\kappa(\hat{r}_t^n-v_t)\} \tag{7-3-44}$$

显然,式(7-3-43)和式(7-3-44)可以构成如下差分方程系统:

$$\begin{bmatrix}\tilde{y}_t\\ \pi_t\end{bmatrix}=A\begin{bmatrix}E_t\{\tilde{y}_{t+1}\}\\ E_t\{\pi_{t+1}\}\end{bmatrix}+B(\hat{r}_t^n-v_t) \tag{7-3-45}$$

其中,$A\equiv\frac{1}{\sigma+\varphi_y+\kappa\varphi_\pi}\begin{bmatrix}\sigma & 1-\beta\varphi_\pi\\ \sigma\kappa & \kappa+\beta(\sigma+\varphi_y)\end{bmatrix}$、$B\equiv\frac{1}{\sigma+\varphi_y+\kappa\varphi_\pi}\begin{bmatrix}1\\ \kappa\end{bmatrix}$。当且仅当矩阵 A 在单位圆内特征值个数等于非前定变量的个数时,式(7-3-45)才有唯一解。由于 $\tilde{y}_t$ 和 π_t 都是非前定变量,因此 2×2 矩阵 A 的两个特征值都必须在单位圆内。可以证明式(7-3-45)有唯一解的充分条件为:

$$\varphi_\pi+\varphi_y\frac{1-\beta}{\kappa}>1 \tag{7-3-46}$$

由式(7-3-46)可知,只要 φ_π 或 φ_y 足够大(货币政策规则默认二者均为正值),即货币当局对于通货膨胀或产出缺口波动的反应足够强烈,就能确保模型有唯一均衡的解。为了对式(7-3-46)有更加直观的感受,不妨设想一下如下场景:假设通货膨胀将永久性地提高 $\Delta\pi$,根据式(7-3-37),产出缺口也会相应地变动,$\Delta\tilde{y}=\frac{1-\beta}{\kappa}\Delta\pi$。然而根据货币政策规则式(7-3-42),此时名义利率的反应为:

$$\Delta i=\varphi_\pi\Delta\pi+\varphi_y\Delta\tilde{y}=(\varphi_\pi+\varphi_y\frac{1-\beta}{\kappa})\Delta\pi \tag{7-3-47}$$

很显然,如果式(7-3-46)成立,则式(7-3-47)意味着名义利率的变动幅度会超过通货膨胀的变动幅度,这样能够确保实际利率的变动方向与名义利率一致,而上升的实际利率会抑制通货膨胀和实际产出的上涨,从而起到稳定经济的效果。

五、外生冲击

(一)货币政策冲击

假设货币政策规则中的外生货币政策冲击 v_t 服从如下一阶自回归过程[first order autoregressive process, AR(1)]：

$$v_t = \rho_v v_{t-1} + \varepsilon_t^v \tag{7-3-48}$$

其中，$\rho_v \in [0,1)$ 表示货币政策冲击的自回归系数，ε_t^v 表示随机扰动项。

为了识别货币政策冲击对于其余变量的影响，我们采用待定系数法。具体地，假设 $\tilde{y}_t$ 和 π_t 服从：

$$\tilde{y}_t = \psi_{yv} v_t \tag{7-3-49}$$

$$\pi_t = \psi_{\pi v} v_t \tag{7-3-50}$$

将式(7-3-50)、式(7-3-49)和式(7-3-48)代入式(7-3-37)可得：

$$\psi_{yv} = \frac{1-\beta\rho_v}{\kappa}\psi_{\pi v} \tag{7-3-51}$$

暂时不考虑技术冲击 a_t 的变化，因此根据式(7-3-40)，$r_t^n = \rho$ 。这时将式(7-3-42)代入式(7-3-39)，并结合式(7-3-48)至式(7-3-51)以及 $r_t^n = \rho$ 可得：

$$\psi_{\pi v} = -\frac{\kappa}{(1-\beta\rho_v)[\sigma(1-\rho_v)+\varphi_y]+\kappa(\varphi_\pi-\rho_v)} \tag{7-3-52}$$

很显然，由于 $\rho_v < 1$，$\psi_{\pi v}$ 的分母项：

$$\begin{aligned}&(1-\beta\rho_v)[\sigma(1-\rho_v)+\varphi_y]+\kappa(\varphi_\pi-\rho_v)>(1-\beta)[\sigma(1-\rho_v)+\varphi_y]+\\&\kappa(\varphi_\pi-1)>(1-\beta)\sigma(1-\rho_v)>0\end{aligned} \tag{7-3-53}$$

其中第二个不等式利用了式(7-3-46)。因此，根据式(7-3-52)和式(7-3-51)，有 $\psi_{\pi v} < 0$、$\psi_{yv} < 0$，即紧缩性货币政策冲击会压低通胀和产出缺口。由式(7-3-35)可知自然产出不受货币政策冲击的影响，因此产出和产出缺口对于货币政策冲击的反应是一致的。

结合式(7-3-39)、式(7-3-48)和式(7-3-49)可得：

$$\hat{r}_t = \sigma(E_t\{\tilde{y}_{t+1}\}-\tilde{y}_t) = -\sigma\psi_{yv}(1-\rho_v)v_t \tag{7-3-54}$$

由于 $-\sigma\psi_{yv}(1-\rho_v) > 0$，因此，实际利率(缺口)将随着名义利率的外生变化同向波动。

值得注意的是，名义利率 i_t 的变化未必与货币政策冲击的方向一致。根据实际利率的定义以及式(7-3-50)、式(7-3-51)和式(7-3-54)可得：

$$i_t = \hat{r}_t + E_t\{\pi_{t+1}\} + r_t^n = \left[\rho_v - \sigma\frac{(1-\beta\rho_v)(1-\rho_v)}{\kappa}\right]\psi_{\pi v}v_t + \rho \tag{7-3-55}$$

其中，v_t 前的系数符号是不确定的。其背后的原因在于，虽然 v_t 的变动会直接影响名义利率，但它同时会根据货币政策规则式(7-3-42)借由产出缺口和通胀[式(7-3-49)和式(7-3-50)]间接作用于名义利率。通常 ρ_v 越接近于 1，货币政策冲击的持续性越强，其对于产出缺口和通货膨胀的影响越大，名义利率与货币政策冲击的方向越可能发生反向变化，即 $\frac{di_t}{dv_t} < 0$。但即便如此，根据式(7-3-49)和(7-3-50)，产出缺口和通货膨胀对于货币政策冲击的反应仍是固定的，即产出和通胀不会因为名义利率与货币政策冲击发生反向波动而改变各自的响应方向。而由于名义利率对于货币政策冲击的反应方向不确定，相应地，根据货币需求函数，均衡时的货币供给对于货币政策冲击的反应也是不确定的。

(二)技术冲击

假设厂商生产的技术参数 a_t 服从如下的 AR(1)过程：

$$a_t = \rho_a a_{t-1} + \varepsilon_t^a \tag{7-3-56}$$

其中 $\rho_a \in [0,1)$ 表示技术冲击的自回归系数，ε_t^a 表示随机扰动项。由式(7-3-40)和式(7-3-56)可得：

$$r_t^n = \rho - \sigma\psi_{ya}^n(1-\rho_a)a_t \tag{7-3-57}$$

由于 $\psi_{ya}^n > 0$，因此技术进步将导致自然实际利率下降。

同样采用待定系数法，假设 $\tilde{y}_t$ 和 π_t 服从：

$$\tilde{y}_t = \psi_{ya}a_t \tag{7-3-58}$$

$$\pi_t = \psi_{\pi a}a_t \tag{7-3-59}$$

与货币政策冲击部分的推导过程类似，结合式(7-3-56)至式(7-3-59)以及式(7-3-37)和式(7-3-38)可得：

$$\psi_{ya} = \frac{1-\beta\rho_a}{\kappa}\psi_{\pi a} \tag{7-3-60}$$

$$\psi_{\pi a} = -\frac{\kappa\sigma(1-\rho_a)\psi_{ya}^n}{(1-\beta\rho_a)[\sigma(1-\rho_a)+\varphi_y]+\kappa(\varphi_\pi-\rho_a)} \tag{7-3-61}$$

与式(7-3-53)类似，$\psi_{\pi a}$ 的分母项也大于 0，因此 $\psi_{\pi a}$ 和 ψ_{ya} 均小于 0，即正的技术冲击会导致产出缺口和通货膨胀下降。由于 $y_t \equiv \tilde{y}_t + y_t^n$，由式(7-3-35)、式(7-3-58)、式(7-3-60)和式(7-3-61)可得：

$$y_t = \left[1 - \frac{\sigma(1-\rho_a)}{\sigma(1-\rho_a)+\varphi_y+\kappa(\varphi_\pi-\rho_a)}\right]\psi^n_{ya}a_t + \vartheta^n_y \tag{7-3-62}$$

此时技术冲击对于实际产出的作用方向是不确定的。但是通常情况下，$\varphi_\pi > \rho_a$，此时产出关于技术冲击 a_t 的系数为正，即技术进步会提高实际产出(但增长幅度要低于自然产出的增长)。

第四节　危机后新凯恩斯主义模型的发展

2008 年国际金融危机的爆发使许多著名经济学都对已有的宏观经济分析框架提出了质疑，如 Krugman(2009)。在此背景下，当时主流的宏观经济分析工具——新凯恩斯 DSGE 模型自然无法幸免地遭到了猛烈的抨击，如 Romer(2016)、Stiglitz(2018)。但面对如此严厉的批判，新凯恩斯主义模型的根基似乎并未动摇，这也从侧面展示出该模型强大的生命力。事实上，好的理论和模型正是随着研究人员对于各种质疑的不断回应和处理而变得更好。本部分本书简要地说明为何原先的新凯恩斯主义模型未能预见到 2008 年金融危机，以及针对这场危机所引发的大衰退，新凯恩斯主义模型主要做了哪些修正和改良。

一、新凯恩斯主义模型未能预测到金融危机

2008 年国际金融危机可以概括地描述为：不受美联储严格监管的金融衍生品部门过度扩张，因而在房价下跌的冲击下爆发了展期危机(rollover crisis)，并进一步传递到全国乃至全球经济。事后看来，当时的新凯恩斯 DSGE 模型确实没有对美国不断累积的金融风险提出警示，从而导致使用该模型的主流经济学家和中央银行在面对危机时显得猝不及防。在此背景下，对 DSGE 模型的批判主要集中在该模型对于金融部门以及金融摩擦的疏忽。

一般认为造成这一结果的原因主要有两个。第一，主流经济理论和模型通常会随着实际经济环境的变化而不断地做出修正，但自 20 世纪 80 年代以来，欧美等工业化国家金融市场的动荡[例如美国 1987 年的股市崩盘(黑色星期一)和 2001 年科技股泡沫的破裂]并未对国家经济造成实质性的伤害，因此各国政府尤其是央行，通常将金融市场的波动视为一种正常的市场调节机制，而不倾向于将金融稳定作为它们所追求的主要目标。第二，危机前主流的含金融摩擦的新凯恩斯主义模型在实证上对于经济波动没有太大的影响。例如 Bernanke 等(1999)提出的金融加速器模型应该是危机前最有影响力的关于金融摩擦的新凯恩斯 DSGE 模型，但之后的许多实证研究都发现该机制

尽管在理论逻辑上成立，但实际影响有限[如 Brzoza-Brzezina 和 Kolasa(2013)、Linde 等(2016)的研究]。

二、危机后新凯恩斯模型的发展

危机后，金融部门和金融摩擦在新凯恩斯主义模型的研究中重要性日益突出。从大体上讲，我们可以将文献分为两类。一类文献将金融摩擦设定在金融机构内部。例如 Gertler 和 Kiyotaki(2015)、Gertler 等(2016)就构建了可能发生银行危机的新凯恩斯模型，其中银行部门会在危机来临时大量抛售资产，由此导致的资产价值下降会收紧其他金融部门乃至整个经济体的资产负债表约束。另一类文献则是延续了金融加速器的建模思路，假设金融机构借款者可能面临相应的摩擦。例如 Christiano 等(2015)认为在经济衰退时，企业等私人部门要面临更高的风险溢价，在这种情况下，对企业风险的扰动(本书将其称为“风险冲击”)就构成了美国经济周波动的最主要来源。

除了对金融危机本身的研究，针对金融危机爆发后所出现的新的现象及其应对也推动了新凯恩斯主义模型研究的进展，其中一个典型的问题就是欧美等许多发达国家所面临的名义利率零下限问题。例如 Christiano 等(2015)、Gust 等(2017)均将名义利率零下限引入新凯恩斯主义模型，对危机后美国的经济现象进行分析，二者均认为名义利率零下限加剧了美国经济的衰退，同时也拖累了危机之后经济的复苏。

最后，除了针对金融危机，近年来新凯恩斯主义模型的另一个主要研究方向是在模型中引入异质性代理人假设。因为在标准的新凯恩斯主义模型中，货币政策影响需求的渠道主要是通过利率使代表性代理人对消费进行跨期配置，但近年来大量的微观证据却开始质疑这种同质性代理人假设。例如 McKay 等(2016)、Kaplan 等(2016)都在模型中引入异质性代理人假设，即家庭不仅面临无法完全分散的收入风险，部分家庭还面临借贷约束。这时若经济受到冲击，只有部分家庭会做出积极的跨期调整，其他家庭和企业则主要是针对这部分家庭需求的变化做出调整。除了针对家庭异质性，也有学者专注于企业异质性研究，如 Ottonello 和 Winberry(2020)的研究。

本章小结

本章侧重于详细介绍新凯恩斯主义经济周期模型，该模型为传统的凯恩斯主义宏观经济理论提供了一套系统的微观基础。新凯恩斯主义模型吸收了一些诸如理性预期、自然率假说、RBC 模型技术冲击的新古典思想，以垄断竞争和黏性价格为基础，构建了一套解释一个国家经济波动的 DSGE 模型。与 RBC 模型不同的是，新凯恩斯主义模型认为经济波动会导致效率损失，并且货币政策干预至少在短期内是有效的，因而它支持政府干预经济的政策主张。新凯恩斯主义模型诞生了许多经典理论，如菜单成本、效率工资、异质性代理人等。这些理论为剖析实际经济的周期演化提供了重要的思想基础。

需要指出的是，马克思主义和凯恩斯主义都认为危机是资本主义的必然产物，都把需求不足看作危机爆发的直接原因之一。但是，徐生钰和葛扬(2017)指出，二者其实存在很大的差异：(1)马克思主义强调消费需求不足，但凯恩斯强调投资需求不足；(2)凯恩斯把生产过剩只看作是需求不足的结果，但马克思把生产过剩危机看作是供给和需求共同作用的结果；(3)凯恩斯主义认为危机与资本主义根本制度没有必然的联系，而马克思主义认为经济危机的最终根源正是资本主义根本制度。可见，相比新凯恩斯主义，马克思主义对于经济危机的论断更为深刻，更具历史性。因此，读者学习新凯恩斯DSGE模型时，要坚持马克思主义，采用辩证唯物主义观点来理解当前的DSGE理论，批判性地借鉴新凯恩斯主义模型框架，吸收其先进成分，发展和完善马克思主义经济周期理论。这也是时代赋予经济学子的伟大使命。

习题

7.1 不可分效用函数的设定(Gali,2015)。根据正文第二节的模型设定，家庭效用函数关于货币偏好的设定是可分的，现假设各期家庭效用函数服从如下形式：

$$U(X_t, N_t) = \frac{X_t^{1-\sigma} - 1}{1-\sigma} + \frac{(M_t/P_t)^{1-v}}{1-v} - \frac{N_t^{1+\varphi}}{1+\varphi}$$

其中 X_t 表示由消费和实际货币余额构成的复合指数：

$$X_t = C_t^{1-\vartheta} (M_t/P_t)^{\vartheta}$$

要求：

(1)计算家庭效用最大化问题的最优解。

(2)假设央行维持固定的货币增速 γ_m，推导该条件下模型的稳态。

(3)讨论货币增速 γ_m 对于产出和通货膨胀的长期影响。

7.2 古典货币模型的最优货币政策(Cooley, Hansen, 1989)。在正文第二节的模型设定条件下，假设经济中存在一个仁慈的社会计划者(benevolent social planner)，其追求代表性家庭效用的最大化。由于社会计划者将经济视为一个整体，因此无法像个体家庭那样进行消费的跨期配置。要求：

(1)给出社会计划者所面临的最优化问题的表达式。

(2)计算社会计划者所面临问题的最优解。

(3)满足上述最优化条件的货币政策是什么？

7.3 混合型新凯恩斯菲利普斯曲线(Christiano et al.,2015)。正文第三节所设定的新凯恩斯模型假设价格的动态调整完全是前瞻性的,如式(7-3-31),因此缺乏通胀惯性。为了引入通胀惯性,假设在两次厂商重新调价期间的价格遵循指数化规则。具体地,假设在 t 期重新定价的厂商(发生概率为 θ)选择最优价格 P_t^*,并且在之后各期(在下一次重新定价之前)的价格遵循:

$$P_{t+k|t}=P_{t+k-1|t}\ \Pi_{t+k-1}$$

对于 $k=1,2,3,\cdots$、$P_{t|t}=P_t^*$,其中 $P_{t+k|t}$ 表示在 t 期最后一次调价厂商在 $t+k$ 期的价格。其余设定与正文第三节一致。要求:

(1)推导通货膨胀 π_t 关于最优定价 p_t^* 的表达式。

(2)计算厂商最优定价问题的最优解。

(3)推导指数化定价条件下的混合型新凯恩斯菲利普斯曲线。

7.4 前瞻性货币政策规则(Clarida et al.,2000)。正文第三节给出的货币政策规则即式(7-3-42)假设名义利率针对当期通胀和产出缺口进行反应。假设将货币政策规则改为前瞻性的,即:

$$i_t=\rho+\varphi_\pi E_t\{\pi_{t+1}\}+\varphi_y E_t\{\tilde{y}_{t+1}\}+v_t$$

(1)将新的货币政策规则与式(7-3-37)和式(7-3-39)结合组成新的均衡系统。

(2)求解新模型均衡系统存在唯一解的充分条件。

(3)分析在新的货币政策规则设定下,产出和通胀对于外生冲击的反应会发生何种变化。

参考文献

BERNANKE B, GERTLER M, GILCHRIST S, 1999. The Financial Accelerator in a Quantitative Business Cycle Framework[M].Handbook of Macroeconomics, Amsterdam: Elsevier.

BRZOZA-BRZEZINA M, KOLASA M, 2013. Bayesian Evaluation of DSGE Models with Financial Frictions[J]. Journal of Money Credit and Banking, 45(8): 1451-1476.

CHRISTIANO L J, EICHENBAUM M, EVANS C L, 1999. Monetary Policy Shocks: What Have We Learned and to What End? [M]. Handbook of Macroeconomics, Amsterdam: Elsevier.

CALVO G A, 1983. Staggered Prices in a Utility-Maximizing Framework[J]. Journal of Monetary Economics, 12(3): 383-398

CHRISTIANO L J, EICHENBAUM M, TRABANDT M, 2015. Understanding the Great Recession [J]. American Economic Journal: Macroeconomics, 7(1): 110-167.

CHRISTIANO L J, EICHENBAUM M, TRABANDT M, 2018. On DSGE Models[J]. Journal of Economic Perspectives, 32(3): 113-140.

CLARIDA R, GALI J, GERTLER M, 1999. The Science of Monetary Policy: A New Keynesian Perspective[J]. Journal of Economic Literature, 37(4): 1661-1707.

CLARIDA R, GALI J, GERTLER M, 2000. Monetary Policy Rules and Macroeconomic Stability: Evidence and Some Theory[J]. Quarterly Journal of Economics, 115: 147-180.

COOLEY T F, HANSEN G D, 1989. Inflation Tax in a Real Business Cycle Model[J]. American Economic Review, 79(4): 733-748.

GALÍ J, 2015. Monetary Policy, Inflation, and the Business Cycle: An Introduction to the New Keynesian Framework and Its Applications Second Edition[J]. Economics Books, 85(4): 493-493.

GERTLER M, KIYOTAKI N, PRESTIPINO A, 2016. Wholesale Banking and Bank Runs in Macroeconomic Modeling of Financial Crises[M]. Handbook of Macroeconomics, Amsterdam: Elsevier.

GERTLER M, KIYOTAKI N, 2015. Banking, Liquidity, and Bank Runs in an Infinite Horizon Economy [J]. American Economic Review, 105(7): 2011-2043.

GUST C, HERBST E, LÓPEZ-SALIDO D, et al., 2017. The Empirical Implications of the Interest-Rate Lower Bound[J]. American Economic Review, 107(7): 1971-2006.

KAPLAN G, MOLL B, VIOLANTE G L, 2016. Monetary Policy According to Hank[J]. American Economic Review, 108(3): 697-743.

KASHYAP A K, 1995. Sticky Prices: New Evidence from Retail Catalogues[J]. Quarterly Journal of Economics, 110(1): 245-274.

LINDE J, SMETS F, WOUTERS R, 2016. Challenges for Central Bank Models[M]. Handbook of Macroeconomics, Amsterdam: Elsevier.

MCKAY A, NAKAMURA E, STEINSSON J, 2016. The Power of Forward Guidance Revisited[J]. American Economic Review, 106(10): 3133-3158.

OTTONELLO P, WINBERRY T, 2020. Financial Heterogeneity and the Investment Channel of Monetary Policy[J]. Econometrica, 88(6): 2473-2502.

ROMER P, 2016. The Trouble with Macroeconomics[J]. The American Economist, 20: 1-20.

STIGLITZ J E, 2018. Where Modern Macroeconomics Went Wrong[J]. Oxford Review of Economic Policy, 34(1-2): 70-106.

SVENSSON L, 2010. Inflation Targeting[M]. Handbook of Monetary Economics, Amsterdam: Elsevier.

TAYLOR J B, 1999. Staggered Price and Wage Setting in Macroeconomics [R]. NBER Working Paper: W6754.

KRUGMAN P, 2009. How Did Economists Get It So Wrong? [J]. 国际经济合作(10): 1.

徐生钰，葛扬，2017. 马克思主义与凯恩斯主义经济周期理论比较[J]. 经济学家(3): 5-10.

第八章

消 费

第一节 引 言

消费理论可以分为传统消费理论和现代消费理论。传统消费理论包括 Keynes 在《通论》一书中提出的消费的绝对收入假说(absolute income hypothesis)、Modigliani 的生命周期假说(life cycle hypothesis)和 Friedman 的永久收入假说(permanent-income hypothesis)。现代消费理论包括 Hall 的随机游走假说(random-walk hypothesis)以及在该假说基础上提出的预防性储蓄(precautionary savings)假说(Zeldes,1989;Guiso et al,1992;Dynan,1993;Carroll et al.,1997)和流动性约束(liquidity constraint)假说(Tobin,1956;Flavin,1981;Deaton,1991;Ludvigson,1999)。

学者们从多方面对以上理论加以运用。例如 Shea(1995)以 647 个家庭样本为观测对象,使用微观家庭数据来考察消费行为。Parker(1999)发现一旦工人的年度工资收入超过一定水平,他们就不再支付社会保障税。Souleles(1999)考察了所得税的退税问题。Shapiro 和 Slemrod(2003)以及 Johnson 等(2006)考察了 2001 年退税的分布情况,识别了会导致收入出现可预测变动的政策特征。Paxson(1993)、Shea(2000)以及 Browning 和 Collado(2001)考察了家庭年收入约 10%或更多的可预测收入变动的原因。Abel(1990)和 Galí(1994)认为理性人的消费效用方程取决于自身在同一群体中的相对消费水平,即当同一组群的整体消费水平提高时,个体会倾向于提高自身消费,且这种变化是不断动态调整的。Ravina(2019)发现同一组群的平均消费对个体消费有显著的示范效应(demonstration effect)。Maurer 和 Meier(2008)也发现个人消费和同一组群的消费存在同步性。

Alvarez-Cuadrado 等(2016)利用地理趋近识别个体所属组群,发现同属组群的示范效应可以解释近 1/3 的消费变化。同组群成员之间也存在信息互补和风险分担,即对于共同需要的商品,成员们通过在社会交往中进行信息共享以获得更高的消费效用水平,或通过社会网络成员之间的互助机制降低收入波动风险对消费效用的影响(De

Giorgi et al.,2020)。同群示范对居民消费有两个方面的作用。其一,推动居民消费增长(Chao,Schor,1998;Boneva,2013)。其中,Lewbel 等(2017)使用印度 National Sample Survey(NSS)的家庭数据发现,同群平均消费上升 100 卢比将引致同群个体消费增长 50 卢比。其二,会对消费产生负面影响。具有炫耀性的商品(visible goods)在交往中会更容易被观察到(Veblen,Mills,2017),所以追求社会地位的个体在配置消费时更多地倾向于带有"炫耀性"的商品和服务,比如首饰和豪车等(Arrow,Dasgupta,2009;Charles et al.,2009)。示范效应的影响程度取决于消费的可见性,Heffetz(2011,2018)对主要消费品的可见性进行了排序,汽车、香烟和衣着的可见性程度高于其他消费品和服务。

除了同群效应之外,学术界还侧重于寻找消费的影响因素。

一、收入对消费的影响

收入对消费的影响,主要文献有 Jappelli 和 Pistaferri(2010)、Alan 等(2018)、Bricker 等(2021)。其中,Stanley(1998)、De Castro 和 Fernández(2013)指出李嘉图等价并不完全成立。事实上,财政政策确实会影响消费(Fatás,Mihov,2001;Tagkalakis,2008),减税对支出的刺激作用远远小于传统的凯恩斯边际消费倾向(当前可支配收入为总收入 0.75 倍),但远高于李嘉图等价预测的零,或无约束理性跨期优化消费者行为预期的 0.05(Michael,1988)。在不确定和异质收入的无限期界家庭条件下,Kimball 和 Mankiw(1989)研究政府债务和所得税对消费的影响,发现政府债务的影响是巨大的,税收的预期变化会导致消费的预期变化。Pischke(1995)认为综合信息对个人消费决策和生命周期消费研究模型并不是非常重要:一是由于个人收入的持续性不及总收入,消费者对总收入变化的反应就会很小,消费总量将过于平滑;二是由于总信息被慢慢地纳入消费,总消费将是自相关的,并与滞后收入相关。Demery 和 Duck(2000)通过利用 1959—1996 年期间的美国季度数据,研究发现忽视总劳动收入本身不能解释总消费动态,需要对标准人口健康指数的假设做一些其他的放宽。

Banks 等(2001)将收入过程的时间序列创新分解为共同和群体特定的组成部分,同时将基于这些部分计算出的条件方差,在消费增长方程中作为单独的风险项使用。Bank 等(2001)研究发现,在考虑了人口和劳动力市场状况后,收入风险在解释消费增长方面有一个独立的作用。Browning 和 Crossley(2001)讨论了一系列有关家庭如何在不同阶段(从一年内到一生)平滑消费的问题,研究发现:在生命周期框架内,平滑并不意味着保持消费或支出不变;相反,平滑意味着代理人试图保持货币的边际效用随时间变化,这可能涉及相当可变的支出。Feigenbaum 和 Li(2015)使用一种新方法来研究家庭收入不确定性的趋势,发现自 20 世纪 70 年代初以来家庭收入不确定性呈现出普遍提高的现象,如 1971 至 2002 年间家庭非资本收入总额近期不确定性上升了约 40%,

这种不断上升的不确定性可能是由于持续和短暂的收入冲击的方差均有所增大引起的。

二、投资对消费的影响

Dammon 等(2001)描述了存在资本利得税和卖空限制条件下的最优动态消费和投资组合决策。Somerville(2004)阐述了非寿险需求与消费之间的互动关系,发现:当保险精算公平时,保险决策和消费决策是可分离的;在有保险或没有保险的情况下,最优消费与损失概率的增长率动态相关,损失概率的增长产生预防性储蓄。Chacko 和 Viceira(2005)研究了具有固定收益的无风险资产,和具有固定预期收益和时变精度(波动性的反比)的风险资产(股票)的长期投资者的最优消费和投资组合选择问题。Liu(2004)考虑了在交易多种风险资产时,面对固定和成比例的交易成本的恒定绝对风险规避(constant absolute rise aversion,CARA)投资者的最优跨期消费和投资策略。

Epstein 和 Ji(2013)建立了一个连续时间框架的效用模型,捕获了决策者对波动性和漂移模糊性的关注,对资产定价理论中一些基本结果做了相应的推广。Lin 和 Riedel(2021)研究了存在奈特不确定性情况下的最优消费和投资组合选择的问题。Guasoni 和 Wang(2019)研究了在连续时间金融市场中,面对部分可对冲的利率风险,最大化消费期望效用的代理人的最优投资与消费问题,揭示了不同风险规避环境中,利率提高所带来的不同效应问题。Hata 和 Sheu(2017)则侧重于探讨信息不完全(即投资者不能观察风险资产的因素变化,而只能使用风险资产的过去的信息)情形下,如何求解有限时间内的最优消费问题。Guasoni 和 Wang(2020)给出了一类具有等弹性偏好和无穷视界的消费投资问题的近似解及其求解精度的方法,从而在方法上进一步推动消费理论的发展。

三、不确定性冲击对消费的影响

Ghosh 和 Ostry(1997)以传统跨期经常账户模型的拓展模型和美国、日本、英国的战后季度数据为对象,研究发现,国家现金流的不确定性越大(即产出少、投资少、政府消费少),预防性储蓄的激励作用就越大,经常账户盈余越大。Bloom(2009)、Gourio 等(2013)指出,不确定性的突然跃升,会导致驱动商业周期的实际宏观经济变量的快速下降和复苏。Carrière-Swallow 和 Céspedes(2013)以澳大利亚等 20 个发达经济体以及智利等 20 个新兴经济体为样本,研究发现各国对这些冲击的反应存在显著的异质性:与美国及其他发达国家相比,新兴经济体在外源性不确定性冲击之后,投资和私人消费的下滑要严重得多,复苏需要更长的时间;投资和消费的动态与金融市场的深度相关。

Popp 和 Zhang(2016)通过使用平滑过渡因子增广向量自回归模型(smootn-transition factor-augmented vector-autoregression model, ST-FAVAR),以美国的月度面板数据为样本,进一步研究发现:不确定性冲击会对实体经济和金融市场产生不利影响,并且金融渠道在传递不确定性冲击方面很重要。从政治冲击角度,Giavazzi 和 Mcmahon(2012)基于德国的微观数据研究发现,政治冲击确实导致了德国家庭储蓄的显著增加。基于中国的月度微观面板数据,Aaberge 等(2017)也得出了类似的结论,且发现政治不确定性对年龄较大、较富裕和社会地位较高家庭的影响更为明显。

四、宏观经济形势对消费的影响

Mody 等(2012)以 27 个发达经济体的非平衡面板数据为对象,研究发现:自大衰退以来,不确定性加剧,储蓄率大幅上升,导致消费和 GDP 增长放缓,这与不确定性预防性储蓄模型的预言结果相一致(Dynan, 1993)。基于一个简单的永久收入模型,De Nardi 等(2011)证明了大衰退时期消费的下降可以归因于观察到的财富和收入预期的下降。Ipek(2019)以土耳其 2003—2015 年间的 Household Budget Survey(HBS)数据为对象,分析了土耳其家庭的收入和消费不平等现象。研究发现:土耳其家庭更有可能在经济危机等严重的收入波动时期采取消费平滑行为;此时,收入不平等比消费不平等更为严重。Najarzadeh 等(2021)则创造性地从户主教育程度和消费家庭分类的角度,基于伊朗 The Urban Households Income and Expenditure Survey(HIES)数据探讨了宏观经济波动对消费分布动态变化的影响,研究发现:正的石油收入冲击只对消费分布的左侧或教育水平低的家庭消费有积极影响,冲击也减少了消费者之间的消费不平等。Boug 等(2021)利用一般的协整向量自回归(cointegrated vector autoregressive, CVAR)模型,研究发现:一旦金融危机前后出现结构性变动,消费、收入和财富就会出现协整演化,且消费均衡会对收入和财富的变化进行修正。

Carvalho 等(2020)、Darougheh(2021)从部门层面对 COVID-19 大流行在消费等方面的经济影响进行探讨。其中,Darougheh(2021)发现,行业层面的消费反应高度分散,所有行业都在遭受产出损失,但中间产品的部门受疫情影响相对较小。Nam 等(2021)以美国消费支出调查(Consumer Expenditure Survey, CES)数据为对象,研究发现:金融和宏观经济不确定性指数的正冲击以及标普 500 隐含波动率都显著抑制了美国家庭的消费。

五、其他因素对消费的影响

Dynan 等(2009)以美国 CES 家庭层面数据为对象,研究表明:人口结构可能是导致总消费对收入变化反应变小的重要原因。生命周期模型指出,消费增长随着死亡率的上升而下降(Modigliani, Brumberg, 1954; Yaari, 1965)。Salm(2010)以美国 The

Health and Retirement Study(HRS)为对象，研究发现：主观死亡率每增加1%，非耐用品消费每年减少约1.8%。

Choung等(2021)以韩国老龄化纵向研究数据为对象，研究发现：休闲消费与生活满意度呈正相关，这种关联主要是由不常见和不频繁的休闲活动（如旅游和娱乐）驱动的；同时，关于物质购买或地位提升购买是否与生活满意度正相关的证据是混合的，表明物质消费的提升并非一定会提高居民的生活满意度。Wang等(2021)创造性地利用农转非制度来研究其对中国家庭消费的影响，研究发现：农转非家庭总体支出与本地城市家庭支出无显著差异，但农转非家庭更注重炫耀性消费而非实用性消费。关键和马超(2020)、Hou等(2021)研究了数字金融发展对家庭消费的影响。其中，Hou等(2021)以2017年中国家庭金融调查数据(China Household Finance Survey，CHFS)为对象，考察数字支付对家庭消费的刺激效应，研究发现：使用数字支付的家庭比使用其他支付方式的家庭多支出20.63%，使用数字支付增加了消费者的交易效用，并导致更多的非计划消费；同时，综合金融服务提供了流动性，有助于促进消费。关键和马超(2020)则基于中国健康与养老追踪调查(China Health and Retirement Longitudinal Study，CHARLS)数据进行研究发现：数字支付对家庭消费的促进作用最大，数字保险次之，而数字投资和数字货币基金的作用则不明显。

在传统消费理论和现代消费理论的理论指导下，国内外学者就收入、投资、不确定性冲击、宏观经济形势等因素对消费的影响展开了广泛的实证研究，这对消费理论的发展具有重要的意义。因此，本章介绍传统和不确定性消费模型，以20世纪末和21世纪的消费理论发展为主，以相关实证应用为辅，以期为读者提供一个规范性的理论框架，助力消费理论发展。

第二节　传统和不确定性消费模型

一、传统凯恩斯消费模型

影响消费的因素很多，如可支配收入水平、商品价格水平、利率水平、收入分配状况、消费者偏好、家庭财产状况、消费信贷状况、消费者年龄构成、制度、风俗、文化、习惯形成等(Musgrove，1980；Attanasio，Brugiavini，2003；Attanasio，Rohwedder，2003；Cohen，2007；Engelhardt，Kumar，2011；Teimourpour，Hanzaee，2011；Kwon，2013；Zakaria et al.，2021；Das，Jebarajakirthy，2020；Li et al.，2021)。传统的凯恩斯理论假设消费与收入存在稳定的函数关系(Grullón，2012)。Keynes(1936)在《通论》中提出：对消费有

决定意义的影响因素是家庭可支配收入，且随着可支配收入增加，消费也会增加，但消费增加不及可支配收入增加的多。见图 8-2-1。

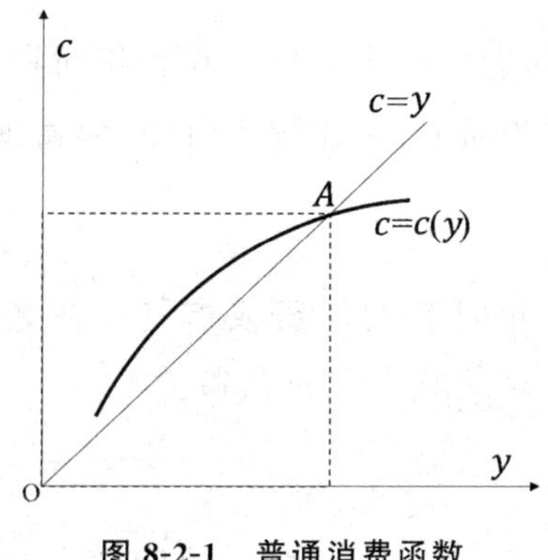

图 8-2-1　普通消费函数

凯恩斯消费函数 $c=c(y)$ 满足如下条件：

$$\frac{\mathrm{d}c}{\mathrm{d}y}>0 \tag{8-2-1}$$

平均消费倾向(average propensity to consume，APC)：平均每单位收入中消费所占的比例(Fan，2006；Wendner，2010)。

$$\mathrm{APC}=\frac{c}{y} \tag{8-2-2}$$

APC＜1，消费总量＜收入总量；APC＝1，消费总量＝收入总量；APC＞1，消费总量＞收入总量。

边际消费倾向(marginal propensity to consume，MPC)：每增减 1 单位收入所引起的消费变化(Engelhardt，1996；Fanti，Gori，2012)。

$$\mathrm{MPC}=\frac{\Delta c}{\Delta y} \tag{8-2-3}$$

当消费增量 Δc 与收入增量 Δy 趋于无穷小时，$\mathrm{MPC}=\frac{\mathrm{d}c}{\mathrm{d}y}$，$0<\mathrm{MPC}<1$。

根据凯恩斯的消费函数，随着收入的增加，消费占收入的比例越来越小(Hodne，1978；Boug et al.，2021)。因此，低消费将引起物品与劳务需求不足，经济将陷入长期停滞。

二、确定性条件下的跨期最优模型

Fisher(1930)提出消费取决于消费者预期一生中所得到的资源。他构建了一个跨期最优模型(intertemporal choice model),来分析理性向前看的消费者在面临预算限制的时候如何在不同时期做出最优决策。下面介绍一下模型具体设置。

(一)预算约束的构建

假设消费者会经历青年和老年两个时期。在青年时期,消费者收入 Y_1 并消费 C_1;在老年时期消费者收入 Y_2 并消费 C_2。在青年时期,储蓄或借贷为:

$$S = Y_1 - C_1 \tag{8-2-4}$$

其中,S 表示消费者在青年时期的储蓄或借贷。在老年时期,消费等于积累的储蓄、储蓄所得的利息和第二个时期的收入的总和:

$$C_2 = (1+r)S + Y_2 \tag{8-2-5}$$

其中,r 是实际利率。由于只有两个时期,消费者在老年时期不储蓄。

将式(8-2-4)代入式(8-2-5),整理可得:

$$C_1 + \frac{C_2}{1+r} = Y_1 + \frac{Y_2}{1+r} \tag{8-2-6}$$

上式表明,如果利率是零,则两个时期的总消费等于两个时期的总收入。贴现因子 $\frac{1}{1+r}$ 是用第一期消费衡量第二期消费的价格(St-Amant,Perrault,2019)。

(二)消费者偏好假设

涉及两个时期的消费者偏好可用经典的无差异曲线来表示(Gollier,2012)。该曲线任何一点上的斜率表示为了补偿第一期消费减少的 1 单位,消费者要求得到第二期消费的增加值。其斜率的绝对值是第一期消费与第二期消费之间的边际替代率(Jung,2017):

$$\text{MRS} = -\frac{\Delta C_2}{\Delta C_1} = -1 \times \text{无差异曲线的斜率} \tag{8-2-7}$$

(三)最优决策

消费者会在最高可能的无差异曲线上选择两期消费的组合点,在满足预算约束的条件下,最优的选择是无差异曲线与预算约束线的切点(Hunt,1997;Negishi,2001)。此时:

$$\text{MRS} = 1 + r \tag{8-2-8}$$

综上,无论收入增加发生在第一期还是第二期,消费者会把其分摊在两个时期的消费上,即消费平稳化(Brady,2008;Hayakawa,2020);实际利率上升增加了第二期消费,但收入效应(利率上升引起收入增加,消费增加)和替代效应(两个时期消费的相对价格变化对消费的影响,利率上升使第一期消费变贵,C_1 减少)对第一期有相反影响,因此利率上升既可能降低也可能增加第一期的消费。

三、永久收入模型

（一）生命周期假说

Modigliani(1986)认为，人的一生中收入变动的一个重要原因是退休，退休后收入会减少(Zhang，2007；Fisher，Marchand，2014)。为保持退休后的消费，人们将在工作年份中储蓄，把一生中收入高时的资源转移到收入低时，使消费保持平稳(Simo-Kengne，Eit，2017)。

假设一个生命周期为 T 、初始财富为 W 的经济个体，预期从现在到退休时的 R 年中，每年收入为 Y 。

T 年总收入为 $W+RY$ ，经济个体将总收入平均分到 T 年中，每年消费为：

$$C=\frac{W}{T}+\frac{RY}{T}=\alpha W+\beta Y \tag{8-2-9}$$

上式表明消费由一生的劳动收入与财产提供资金(Torrey，Teauber，1986；Shefrin，Thaler，1988)。假设经济个体第一期获得的意外收入为 Z ，意外收入使得当期收入提高了 Z ，但永久收入提高了 $\frac{Z}{T}$ 。因此，当 T 较大时，当期收入对当期消费的影响很小，但生命周期会影响一生中各年的消费与储蓄(Paxson，1996；Simo-Kengne，Eit，2017)。

（二）永久收入假说

Friedman(1957)提出，将现期收入分为永久收入(permanent income) Y_p 和暂时收入(temporary income) Y_t 两部分，总收入为 $Y=Y_p+Y_t$ 。永久收入是长期收入或平均收入，暂时收入是与平均量的背离(Laumas，Lanmas，1972；Bowden，1973)。消费主要取决于永久收入，消费者对收入暂时变动的反应是用借贷和储蓄来稳定消费。

$$C=\alpha Y_p \tag{8-2-10}$$

永久收入假说和生命周期假说共同构成了现代消费函数理论的基础(Hannsgen，2007)。

假设经济个体的终生效用为：

$$U=\sum_{t=1}^{T}u(C_t),u'(\cdot)>0,u''(\cdot)<0 \tag{8-2-11}$$

其中，$u(\cdot)$ 为瞬时效用，C_t 为 t 期的消费。经济个体的初始财富为 A_0，并且在其一生的 T 个时期中，各期的劳动收入分别为 $Y_1,Y_2,\cdots,Y_T$ ，劳动收入外生。经济个体的预算约束为：

$$\sum_{t=1}^{T}C_t\leqslant A_0+\sum_{t=1}^{T}Y_t \tag{8-2-12}$$

构造拉格朗日函数：

$$L=\sum_{t=1}^{T}u(C_t)+\lambda(A_0+\sum_{t=1}^{T}Y_t-\sum_{t=1}^{T}C_t) \tag{8-2-13}$$

C_t 的一阶条件为：

$$u'(C_t)=\lambda \tag{8-2-14}$$

由式(8-2-14)可知，消费的边际效用固定，且消费水平是边际效用的唯一决定因素，因此消费固定不变，即 $C_1=C_2=\cdots=C_T$ 。代入式(8-2-12)得：

$$C_t=\frac{1}{T}(A_0+\sum_{\tau=1}^{T}Y_\tau) \tag{8-2-15}$$

式(8-2-15)表明经济个体将其终生可得的财富平均分配给一生中的每个时期。

根据 Friedman 的永久收入假说，当期收入包括永久收入和暂时收入，式(8-2-15)右边为永久收入，而消费取决于永久收入(Gerlach-Kristen，2014)。

经济个体的储蓄为收入与消费之差：

$$S_t=Y_t-C_t=(Y_t-\frac{1}{T}\sum_{\tau=1}^{T}Y_\tau)-\frac{1}{T}A_0 \tag{8-2-16}$$

当收入高于其平均水平，即当暂时收入较高时，储蓄也较高。在当期收入低于永久收入时，储蓄为负，此时经济个体会利用储蓄和借债来平滑消费路径(Meissner，2016)。

四、不确定性下跨期最优

在有限理性的条件下，主观不确定或客观不确定性会使得能力有限的决策者不能肯定其选择的结果是不是最优的(Dobbs，2004；Yeung，2014)。在具有最优化决策的能力和方法的前提下，消费者如何在不确定性下实现最优化决策呢？

假设消费者只面临两个时期，即时期 1(现在)和时期 2(未来)。其中，可将时期 1 视为工作时期，时期 2 视为退休时期。时期 1 的收入为工资收入 m_1，时期 2 的收入为一笔固定的养老金收入 m_2。时期 1 和时期 2 的消费水平分别计为 c_1 和 c_2。消费者可在时期 1 和时期 2 之间进行借贷和储蓄，但在时期 2 结束时刚好用完其全部收入。

此时，消费者面临的跨期预算约束为：

$$c_2=m_2+(m_1-c_1)(1+r) \tag{8-2-17}$$

式(8-2-17)可进一步转化为：

$$c_1+\frac{c_2}{1+r}=m_1+\frac{m_2}{1+r} \tag{8-2-18}$$

根据式(8-2-18)绘制预算约束线,如图 8-2-2 所示。

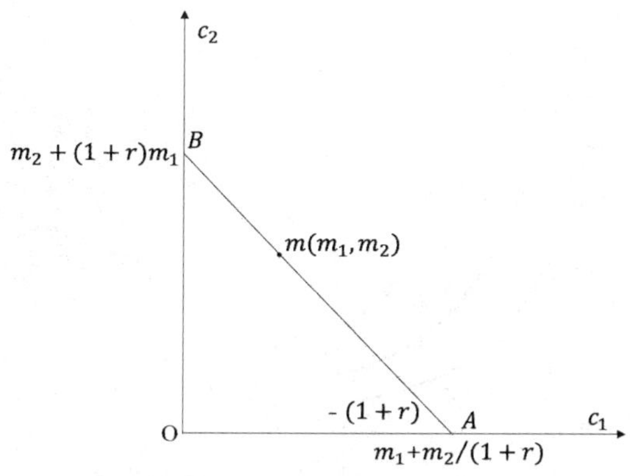

图 8-2-2 跨期预算约束线

与确定性条件下的跨期最优模型类似(Colonna,2016),消费者的最优决策为在最高可能的无差异曲线上选择两期消费的组合点。不违背预算约束限制而能达到的最高的无差异曲线正好与预算约束线相切。

$$\max u = f(c_1, c_2) \tag{8-2-19}$$

约束条件:

$$c_2 = m_2 + (m_1 - c_1)(1+r) \tag{8-2-20}$$

$$1+r = \frac{\partial u(\cdot)/\partial c_1}{\partial u(\cdot)/\partial c_2} \tag{8-2-21}$$

如图(8-2-3)所示,点 E 即最优决策点。

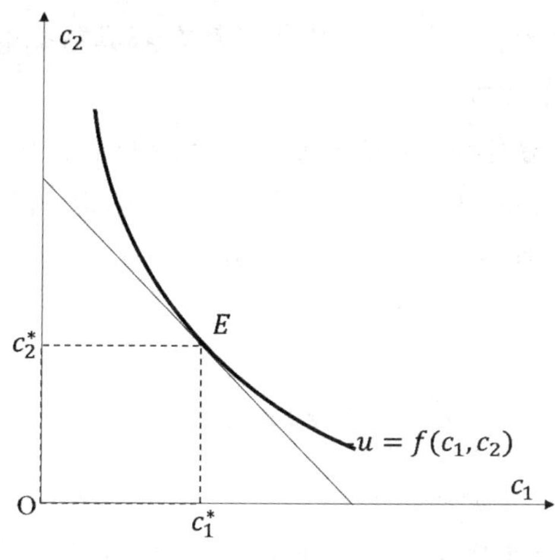

图 8-2-3 最优消费决策

进一步,考察利率变动对消费者跨期决策的影响。当利率上升后,时期 1 存在储蓄行为的消费者仍在时期 1 进行储蓄(见图 8-2-4)。类似地,时期 1 存在借贷行为的消费者仍在时期 1 进行借贷。

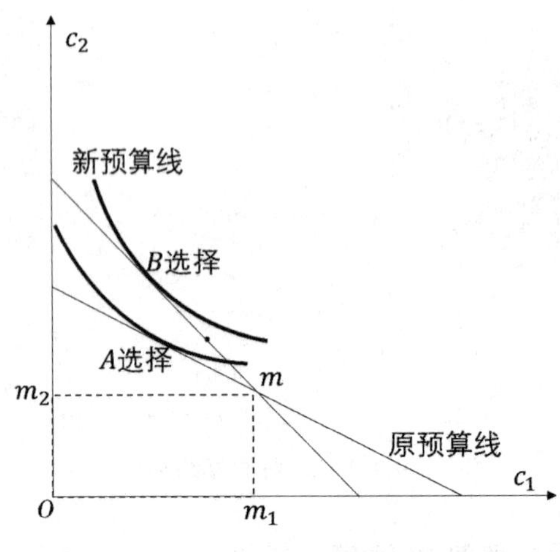

图 8-2-4　利率上升与最优消费决策

五、相关应用与前沿问题

根据传统凯恩斯消费模型，随着收入的增加，收入中用于消费的比例越来越小，因此平均消费倾向不是固定不变的；根据生命周期和永久收入假说，平均消费倾向并非固定不变。由于消费函数对凯恩斯波动分析具有重要意义，许多研究者都对消费和收入之间的关系进行了估计，但这些研究并没有在两者之间找到一致和稳定的关系。

基于传统凯恩斯消费模型，Kuznets(1942)研究了 1869 年以来的消费数据发现，尽管收入增加，但从一个 10 年到另一个 10 年期间，消费与收入的比例是稳定的，表明长期中平均消费倾向是稳定的。即凯恩斯消费函数在家庭数据和短期时间序列研究中成立，但在长期序列研究中不成立。

除区分长短期外，部分学者研究了平均消费倾向在不同国家之间的差异。以 OECD 国家为例，基于 1955—1994 年 20 个 OECD 国家的数据，Sarantis 和 Stewart (1999)以自然对数计量的消费－收入比（x_{it}）的 augmented dickey-faller(ADF)回归表示为：

$$\Delta x_{it}=\alpha_i+\beta_i x_{i,t-1}+\delta_i t+\sum_{j=1}^{p_i}\gamma_{ij}\Delta x_{i,t-j}+\varepsilon_{it} \tag{8-2-22}$$

其中，p_i 是 ADF 回归的阶数，误差 ε_{it}（$i=1,2,\cdots,N;t=1,2,\cdots,T$）独立分布在 i 和 t 上，具有零均值和有限非均匀方差。研究发现，OECD 国家的平均消费倾向是由一个非稳定的随机过程产生的，消费和收入间不存在一个长期的均衡关系。

与此类似，Fallahi(2012)基于 Hansen(1999)提出的一种网格自举方法来建立具有正确一阶渐近覆盖的 α 的置信区间，即以 ADF 形式构造 AR 模型(autoregressive model)参

数 α 的 γ% 置信区间：

$$y_t = \mu_0 + \alpha y_{t-1} + \sum_{j=1}^{k} \beta_j \Delta y_{t-j} + e_t \tag{8-2-23}$$

利用 23 个 OECD 国家 1950—2007 年的数据进行研究，Fallahi(2012)发现，绝大多数 OECD 国家，如澳大利亚、加拿大、丹麦、爱尔兰、卢森堡、荷兰、新西兰、西班牙、瑞典、土耳其、英国和美国等的平均消费倾向并非固定不变，这与传统凯恩斯消费模型的相关结论一致。

与前述结论相反，根据 Friedman(1957)的论证，对一个国家而言，长期中总消费与总收入基本是成正比的。同样以 OECD 国家为例，部分学者发现 OECD 国家的平均消费倾向是固定不变的。其中基于 1955—1994 年 20 个 OECD 国家的数据，Cook(2005)按照 Lee 和 Strazicich(2003)的表示法，从回归中获得拉格朗日乘子(Lagrange multiplizer，LM)单位根检验：

$$\Delta y_t = d' \Delta Z_t + \emptyset \widetilde{S}_{t-i} + \sum_{i=1}^{p} \gamma_i \Delta \widetilde{S}_{t-i} + \eta_t, t = 1, \cdots, T \tag{8-2-24}$$

其中，去趋势序列 $\widetilde{S}_t$ 被定义为 $\widetilde{S}_t = y_t - \widetilde{\psi}_x - Z_t \widetilde{\delta}$，$\widetilde{\psi}_x = y_1 - Z_1 \widetilde{\delta}$，$\widetilde{\delta}$ 是 ΔZ_t 上 Δy_t 回归的系数向量。滞后项 $\Delta \widetilde{S}_{t-i}$ 的引入，用以校正序列相关性。研究发现，所有 20 个 OECD 国家的平均消费倾向都是固定不变的。

类似地，使用 1960—2005 年 23 个 OECD 国家的数据，Romero-Ávila(2009)基于 Bunzel 和 Vogelsang(2005)的研究将其回归设计如下：

$$y_t = \alpha + \beta t + \sum_{i=1}^{8} \beta_{i+1} t^i + u_t \tag{8-2-25}$$

研究发现：平均消费倾向是固定不变的，这与生命周期和永久收入假说的相关结论一致。

此后，支持平均消费倾向固定不变的新证据不断涌现，但其中也伴随着混合的结论。基于 16 个 OECD 国家 1960—2009 年的数据，Elmi 和 Ranjbar(2013)发现，绝大多数国家(如奥地利、加拿大、丹麦、法国、希腊、卢森堡、荷兰、葡萄牙、西班牙、瑞典、英国和美国 12 个国家)的平均消费倾向是固定不变的，而其余 4 个国家的平均消费倾向则并非固定不变。利用 Becker 等(2006)开发的标准静态测试(使用傅里叶函数，允许回归中的确定性项为时间相关函数)对其结果进行了稳健性检验，其中，方程具体形式设置如下：

$$y_t = \hat{\gamma} Z_t + \zeta_t + o_t, \zeta_t = \zeta_{t-1} + e_t \tag{8-2-26}$$

第三节　20 世纪末 21 世纪初的消费理论

一、随机游走假说和发展

在生命周期假说和永久收入假说的基础上，Hall(1978)引入理性预期理论，提出了随机游走假说(random-walk hypothesis，RW)。RW 将消费理论从确定性条件下的研究推进到不确定条件下的研究。为规避生命周期假说中测量财富市场价格时的实际性资料问题以及 Friedman(1957)中适应性预期的永久性收入估算问题，Hall(1978)尝试把消费的变化类比为通过“新信息”(news)来确定。他认为，如果财富(或永久性收入的估计)和今后的消费都以理性预期为基础，那么消费会对当前收入中的“创新”(innovation)所预示的永久收入的变化，以及当前收入本身的变化作出反应。

继 Hall(1978)之后，Flavin(1981)、Kimball 等(1989)、Zeldes(1989)、Caballero(1990)、Deaton(1991)、Carroll(1994)等众多学者对不确定性与消费的关系展开了进一步的探索。其中，Flavin(1981)通过设定一个消费的结构模型，在 Hall(1978)模型的基础上进行了拓展，Hall(1978)模型可视为该模型的简化版本。Carroll(1994)则明确指出，面临更大收入不确定性的消费者将进行更少的消费。鉴于 Hall(1978)对消费理论的研究具有里程碑意义，本节以该文中的模型对随机游走假说做一个简单的介绍。

假定利率和贴现率均为 0，即期效用函数为二次型，$u=C_t-\frac{a}{2}C_t^2$。在不确定情况下，消费者的目标是最大化一生效用的期望值，即：

$$\max E[U]=E[\sum(C_t-\frac{a}{2}C_t^2)] \tag{8-3-1}$$

约束条件：

$$\sum C_t=A+\sum Y_t \tag{8-3-2}$$

若 1 期减少消费 dC，未来 t 期会增加消费 dC。为使期望总效用不变，这两期效用变化的期望值应该相等，即：

$$(1-aC_1)\mathrm{d}C=E_1[(1-aC_t)\mathrm{d}C] \tag{8-3-3}$$

式(8-3-3)化简可得：

$$C_1=E_1(C_t) \tag{8-3-4}$$

由约束条件式(8-3-4)可得：

$$\sum E_1(C_t)=A+\sum E_1(Y_t)=TC_1 \tag{8-3-5}$$

式(8-3-5)化简可得：

$$C_1=E_1(C_t)=\frac{A+\sum E_1(Y_t)}{T} \tag{8-3-6}$$

因此，每期消费的期望值应该等于其预期的一生收入的平均值。此结论是在永久收入假说的基础上加入了预期(Khalid，1994)。

在此基础上，RW 还做了进一步的推论：由 $C_1=E_1(C_t)$，可知 $C_1=E_1(C_2)$。更一般地，在任何一期，下一期消费的期望值都等于当期消费，即：$C_{t-1}=E_{t-1}(C_t)$。

由于消费的变化是不可预测的(Bilgili，Baglitas，2016)，则有：

$$C_t=E_{t-1}(C_t)+\varepsilon_t \tag{8-3-7}$$

其中，ε_t 是一个随机变量。

以 C_{t-1} 替换式(8-3-7)中的 $E_{t-1}(C_t)$，可得：

$$C_t=C_{t-1}+\varepsilon_t \tag{8-3-8}$$

因此，如果消费者最优地利用所有可获得的信息，那么他们应该只对那些完全未预期到的事件感到意外(Hanousek，Tůma，2002)。消费的变动是对一生收入"意外变动"的反应(Khalid，1994；Hanousek，Tůma，2002)，消费的变动是无法预期的。

二、预防性储蓄假说和发展

预防性储蓄理论认为，消费者面临的收入的不确定性越大，他越不可能按照随机游走来消费，这时他更多的是依据当期收入来进行消费(Lugilde et al.，2018，2019)。同时，未来的风险越大，他越会进行预防性储蓄。在不确定性情况下，预期未来消费的边际效用要大于确定性情况下的消费的边际效用。未来风险越大，预期未来消费的边际效用越大，越能吸引消费者进行预防性储蓄，把更多的财富转移到未来进行消费(Cerito，2013)。所以，在不确定性情况下，收入下降，预防性储蓄增加，从而降低当前消费支出；相反，当收入增加时，预防性储蓄减少，从而增加当前消费支出。当期消费和当期收入存在着一个正的相关关系，且这种相关关系随不确定性的增加而增加。因此，按照预防性储蓄理论，消费具有敏感性。这一结论与凯恩斯绝对收入假设相吻合。

本部分以 Dynan(1993)中的模型对预防性储蓄假说做一个简单的介绍。Dynan(1993)的主要贡献在于：其一，它使用消费变化的方差而不是收入波动作为对不确定性的度量；其二，对相对谨慎系数进行了估计。此研究结果表明预防性储蓄不是消费者行为中的一个重要部分(Michler, Balagtas,2017)。

消费者 i 在时期 t :

$$\max_{C_{i,t+j}} E\left[\sum_{j=0}^{T-t}(1+\delta)^{-j}U(C_{i,t+j})\right] \tag{8-3-9}$$

约束条件:

$$A_{i,t+j+1}=(1+r_i)A_{i,t+j}+A_{i,t+j}-C_{i,t+j} \tag{8-3-10}$$

$A_{i,t+j}$ 是给定的, $A_{i,T+1}=0$。

其中, A_{it} 是 t 期的非人力财富, δ 表示时间偏好率,它被假定在时间上和不同家庭之间都是恒定的, r_i 表示税后真实利率,随家庭而变动, Y_{it} 是 t 期的劳动收入, C_{it} 是 t 期的消费, E_t 是基于 t 期信息条件下的期望, T 是非随机的死亡日期。

对上述最优化问题处理的结果表明,较大的不确定性与较高的储蓄相联系(Yin,2021)。当效用的三阶倒数为正时,不确定性的上升会提高预期的消费变动,它意味着 t 期的消费下降而储蓄上升。

Dynan(1993)以 1985 年的消费者支出调查数据 CES 为对象,采用两阶段最小二乘法对假设进行检验。结果表明:有较大风险的家庭储蓄较多,这正是预防性储蓄理论所预言的;但是暗含的相对谨慎系数非常小,标准误差也非常小,因此无法拒绝相对谨慎系数是零的假设,估计的结果低于许多研究强调的预防性储蓄的潜在显著性。Dynan(1993)认为这一问题的产生可能源于家庭自己对风险环境的选择,厌恶风险型的家庭相对那些风险无所谓型的家庭更可能选择收入可预测的职业。如果选择效应比谨慎效应更强,则面临较少风险的家庭储蓄更多(Jappelli et al.,2021)。导致模型中相对谨慎系数较小的原因可能是家庭之间不同的谨慎系数,而这与估计结果所用的工具有关。

除 Dynan(1993)的预防性储蓄模型外,Zeldes(1989)的预防性储蓄模型、Guiso 等(1992)的预防性储蓄模型、Carroll 等(1997)的缓冲存货储蓄模型等也推动了预防性储蓄假说的发展。

三、流动性约束假说和发展

流动性约束又称"信贷约束",是指居民从金融机构以及非金融机构和个人取得贷款以满足消费时所受的限制。最早提出流动性约束问题的是 Tobin(1956)以及 Flavin(1981)。在他们之后,相继有大量研究者关注这一问题,并运用不同方法进一步分析了流动性约束影响储蓄的原因、程度和效果等问题,主要代表人物有 Deaton(1991)、Ludvigson(1999)等。

(一)流动性约束假说

流动性约束理论认为,流动性约束可能导致消费者的当期消费对可预测收入变化产生过度敏感性。如果消费者面临消费信贷的高利率，则其可能在当期收入资源较少时，选择放弃消费信贷以平滑消费；在不存在消费信贷的情形下，只能依照现有的收入资源进行低消费。流动性约束的存在，使当期收入对现期消费的影响大于生命周期假说或永久收入假说的预言。

假定个人把一生的全部收入消费掉，不留遗产，存款和贷款利率为零。消费者一生的收入和消费分为三个时期，效用函数为二次型，即 $u=C_t-\frac{1}{2}aC_t^2$。从考虑消费者第二期中的行为开始，设 A_t 表示消费者第 t 期末的资产，有 $C_3=A_2+Y_3$。因为 $A_2=A_1+Y_2-C_2$，故个人在第二期对第三期的预期效用是 C_2 的函数，其形式为：

$$U=C_2-\frac{1}{2}aC_2^2+E_2[(-\frac{1}{2}a)(A_1+Y_2+Y_3-C_2)^2+(A_1+Y_2+Y_3-C_2)] \tag{8-3-11}$$

对 C_2 的偏导数为：

$$\begin{aligned}\frac{\partial U}{\partial C_2}&=1-aC_2-(1-aE_2[(A_1+Y_2+Y_3-C_2)])\\&=a(A_1+Y_2+E_2[Y_3]-2C_2)\end{aligned} \tag{8-3-12}$$

当 $C_2<(A_1+Y_2+E_2[Y_3])/2$ 时，对 C_2 的偏导数即式(8-3-12)为正值，否则为负。如果不存在流动性约束的情形，个人将选择 $C_2=(A_1+A_2+E_2[Y_3])/2$ 以实现效用最大化；如果有流动性约束，个人则会把消费设为可达到的最高水平 A_1+Y_2，因此：

$$C_2=\min[(A_1+Y_2+E_2[Y_3])/2,A_1+Y_2] \tag{8-3-13}$$

显然，流动性约束减少了当期消费。现在考虑第一期。如果不存在流动性约束，个人可通过减少 C_2 而使 C_1 提高。在一般性即期效用函数下，将第一期和第二期联系起来的欧拉方程 $u'(C_1)=E_1[u'(C_2)]$ 成立。在上述具体假设下，意味着：

$$C_1=E_1[C_2] \tag{8-3-14}$$

由此可知，如果满足 C_1 的值大于个人在第一期的资源，即个人在当期面临流动性约束，则个人在第一期的最高消费为 A_0+Y_1。

如果第二期流动性约束的概率为正，则第一期对 C_2 的期望严格小于 $(A_1+Y_2+E_2[Y_3])/2$ 的期望。因为 $A_1=A_0+Y_1-C_1$，且 $E_1(E_2[Y_3])=E_1[Y_3]$，因此：

$$C_1<(A_0+Y_1+E_1[Y_3]+E_1[Y_2]-C_1)/2 \tag{8-3-15}$$

其中，$E_1(Y_3)=E_1[E_2(Y_3)]$。移项整理可得：

$$C_1<(A_0+Y_1+E_1[Y_3]+E_1[Y_2])/3 \tag{8-3-16}$$

综上，流动性约束假说的主要结论是：第一，存在流动性约束的消费通常低于没有流动性约束时的消费。一般来说，在流动性约束下的消费与当期收入正相关，这是消费“过度敏感性”的重要原因。正是由于未来的收入对当期消费的作用有限，为“消费平滑性”提供了一种解释。第二，即使当期不存在流动性约束，如果消费者预期到未来面临流动性约束，当期的消费也会下降。因此，流动性约束的存在将促使个人储蓄，以防止未来收入对消费的冲击。第三，如果消费者在第 t 期面临流动性约束，则以后各期消费都将受其影响。

（二）流动性约束假说的新发展

1. 融合不确定性与流动性的模型

基于预防性储蓄假说与流动性约束假说，Lee 和 Sawada（2010）尝试将不确定性与流动性约束纳入同一个模型，既研究了不确定性、流动性对消费的影响，还研究了不确定性与流动性约束之间的关系。

其中，预防性储蓄可用如下等式表示：

$$E_t[(c_{t+1}-c_t)]=a+b\,Var_t[c_{t+1}-c_t] \tag{8-3-17}$$

其中，a 和 b 均为常数；c_t 代表 t 期的消费；$Var_t[c_{t+1}-c_t]$ 度量未来的不确定性。式(8-3-17)意味着当面临不确定性时家庭会通过减少消费来为未来积累财富。

假定消费函数是凹函数且连续可导，函数类型无特殊限制。将流动性约束 $A+y-C+Z\geqslant 0$ 引入，其中，A、y、Z 分别代表该时期开始的家庭资产、外源给定收入和信贷上限。则相应的欧拉方程为：

$$U'(C_t)=\left(\frac{1+r}{1+\delta}\right)E_t[U'(C_{t+1})]+\lambda_t \tag{8-3-18}$$

其中，r 是利率，δ 是贴现率，E_t 是条件期望算子。

式(8-3-18)中，λ_t 是与流动性约束相关的拉格朗日乘子。因此，当面临流动性约束时，流动性约束的影子成本 λ_t 为正，当期消费下降。

将式(8-3-18)在点 C_t 附近进行二阶泰勒展开，相应的改进欧拉方程为：

$$E_t\left[\frac{C_{i,t+1}-C_{i,t}}{C_{i,t}}\right]=\frac{1}{\sigma}\left(\frac{r-\delta}{1+r}\right)+\frac{\rho}{2}E_t\left[\left(\frac{C_{i,t+1}-C_{i,t}}{C_{i,t}}\right)^2\right]+\widetilde{\lambda_{i,t}} \tag{8-3-19}$$

其中，σ 是 $-\dfrac{U''C_{i,t}}{U'}$ 的系数，ρ 是 $-\dfrac{U'''C_{i,t}}{U''}$ 的系数，$\widetilde{\lambda_t}$ 是 $-\left(\dfrac{1+r}{1+\sigma}\right)\dfrac{\lambda_{i,t}}{C_{i,t}U''}$。

式(8-3-19)中，$E_t\left[\left(\dfrac{C_{i,t+1}-C_{i,t}}{C_{i,t}}\right)^2\right]$ 度量的是不确定性。因此，在没有不确定性的情况下，将不存在预防性储蓄。

2. 基于二次型效用函数的模型

基于二次型效用函数，Nishiyama 和 Kato（2012）尝试构建模型探讨流动性约束对无限期界下消费的影响。

除流动性约束外，消费者在净财富的收益率和劳动收入方面均不存在不确定性，且净财富不能为负。在此条件下，消费者面临的动态优化问题即为：

$$V_t(w_t)=\max_{c_{t+i}}\sum_{i=0}^{\infty}\beta^i U(c_{t+i}) \tag{8-3-20}$$

约束条件：

$$w_{t+i+1}=R\times(w_{t+i}-c_{t+i})+y \tag{8-3-21}$$

$$w_{t+i+1}\geqslant 0 \tag{8-3-22}$$

其中，c_t 表示消费，w_t 表示净财富，β 为贴现率，R 为实际利率，y 为劳动收入。效用函数为二次型，即 $U(c_t)=ac_t-(b/2)c_t^2$，其中，a、b 均为正常数。

消费者的最优决策可通过贝尔曼方程得到，即：

$$c(w)=\frac{a}{b}-\frac{\beta}{b}RV'(w) \tag{8-3-23}$$

其中，$V(\cdot)$ 为价值函数。

Nishiyama 和 Kato(2012)基于二次型效用函数的模型得到的主要结论是：在流动性约束下，二次型的无限期界消费函数是凹函数，且该结论与价值函数的 3-凸函数(3-convexity)的性质密切相关。

3.基于 HARA 效用函数的模型

在 Nishiyama 和 Kato(2012)二次型效用函数的基础上，Holm(2018)将流动性约束引入更为一般化的双曲线绝对风险厌恶效用函数(hyperbolic absolute risk aversion，HARA)，首次为流动性约束下的消费函数提供了一个解析解。

假设消费者的消费是无限期界的，且追求消费的生命周期(贴现值)效用最大化，即

$$\int_t^{\infty}e^{-\rho s}u(c(w_s))\mathrm{d}s \tag{8-3-24}$$

其中，$u(c)$ 代表 HARA 类的一个效用函数。

财富以无风险债券形式出现，且其变化遵循以下等式：

$$\mathrm{d}w_t=(rw_t+y-c(w_t))\mathrm{d}t \tag{8-3-25}$$

其中，r 表示实际利率，y 表示固定收入。

消费者面临的外生流动性约束为：

$$w_t\geqslant \underline{w} \tag{8-3-26}$$

其中，$\underline{w}$ 是一个满足 $\underline{w}>-\dfrac{y}{r}$(自然，债务上限)的标量。

消费者的最优决策可通过汉密斯顿-雅可比-贝尔曼(Hamilton-Jacobi-Bellman，

HJB)方程得到,即:

$$c(w)=rw+y+\frac{ac(w)+b}{c'(w)}(\rho-r) \tag{8-3-27}$$

通过对比引入流动性约束和未引入流动性约束两种情况,Holm(2018)发现:第一,在流动性约束下,消费者会降低消费,且信贷约束会使得消费者对财富变动更为敏感,消费是财富的严格凹函数;第二,当面临更紧的流动性约束时,消费者会降低消费,同时对财富变动变得更加敏感,消费函数也将变得“更”凹。

第四节　相关应用与前沿问题

一、随机游走假说的检验

随机游走假说意味着消费的变化是无法预测的,因此在 $t-1$ 期并没有信息可以用来预测 $t-1$ 期到 t 期之间的消费变化。Hall(1978)在其研究中用消费的变动系数对 $t-1$ 期已知的变量进行回归,若随机游走假说是正确的,那么变量的系数就不会显著不为零。具体计量模型设计如下:

$$E(c_t \mid c_{t-1}, y_{t-1}, y_{t-2})=\lambda c_{t-1}+\mu(\rho_1-\lambda)y_{t-1}+\mu\rho_2 y_{t-2} \tag{8-4-1}$$

其中,c_t 表示 t 期消费,y_t 表示劳动收入。这种方法的优点是使用实证方法来验证其假说。但这种方法的缺陷是其结论难以解释,如滞后收入对消费没有很强的预测能力,其原因可能是收入的滞后值不能预测消费的变动。因此 Campbell 和 Mankiw(1989)使用了一种工具变量方法来检验随机游走假说。其考虑备择假设:一定比例的消费者按其当期收入消费,而其他消费者的行为则符合 Hall(1978)的理论。该假设说明,对于第一组消费者,第 $t-1$ 期到第 t 期的消费变化等于同期的收入变化;而对于第二组消费者,第 $t-1$ 期到第 t 期的消费变化等于同期永久收入估计值的变化。因此,令 λ 表示第一组消费者的消费在总消费中所占的比例,那么总消费的变化就可以表示为:

$$C_t-C_{t-1}=\lambda(Y_t-Y_{t-1})+(1-\lambda)e_t \equiv \lambda Z_t+\nu_t \tag{8-4-2}$$

其中,e_t 是消费者对其永久收入的估计值在第 $t-1$ 期到第 t 期的变化。Z_t 和 ν_t 几乎肯定是相关的,其原因在于当收入大幅度增加时,家庭通常也会获得其终生收入的利好信息。使用 OLS 估计则会导致 λ 的估计有偏。因此,需要采用工具变量的方法而不是 OLS。其具体的计量模型如下:

$$
\begin{aligned}
\Delta C_t &= \beta_0 + \beta_1 X_{1t} + \cdots + \beta_K X_{Kt} + \eta_{Ct} = X_t \beta + \eta_{Ct} \\
\Delta Y_t &= \gamma_0 + \gamma_1 X_{1t} + \cdots + \gamma_K X_{Kt} + \eta_{Yt} = X_t \gamma + \eta_{Yt}
\end{aligned} \tag{8-4-3}
$$

Campbell 和 Mankiw(1989)用非耐用消费品和服务的人均实际购买值来测算消费,用人均实际可支配收入来测算收入,采用季度数据,样本区间为 1953—1986 年。使用多组工具变量,结果发现:收入变动的滞后值可以用于预测消费,这并不能成为推翻传统消费观点的有力证据。于是,在基准情形中,Campell 和 Mankiw(1989)将消费变动的滞后值用作工具变量发现:在滞后三期时,λ 的估计值为 0.42,标准差为 0.16;滞后五期时,λ 的估计值为 0.52,标准差为 0.13;在其他设定下的结果与此类似。可见,与随机游走模型的预测相比,Campbell 和 Mankiw(1989)的估计结果存在数量上和统计上的较大差异,也表明永久收入假说对于理解消费具有重要意义。

然而使用总量数据来检验随机游走假说的一个重要缺点是观测样本少,且难以找到对收入变化有很好预测能力的变量,从而难以检验随机游走假说的关键预测结论。且随机游走假说关注的是个人消费,若要使其预测适用于总量数据,需要对个体做出更多的假设。基于以上考虑,以 Shea(1995)为代表的学者开始使用微观家庭数据来考察消费行为。其具体实证模型如下:

$$
\log(C_t) - \log(C_{t-1}) = \alpha + \varphi X_{t-1} + \beta Z_{t-1} + \varepsilon_t \tag{8-4-4}
$$

其中,C_t 代表 t 时刻的实际消费;X_{t-1} 代表控制变量向量;Z_{t-1} 代表 $t-1$ 时刻的信息集。Shea(1995)以 647 个家庭样本为观测对象,考察了收入动态面板调查中劳动者有长期工会合同的家庭,合同中的加薪和生活费用补贴条款构成了收入增长中的一个重要的可预测部分。Shea(1995)用工会合同和一些控制变量构造了一个估计值,用工资的实际增长对其进行回归,结果表明该构造值的估计系数为 0.86,标准差为 0.20。可见,工会合同对收入变化具有重要的预测能力。Shea(1995)使用消费增长对预期工资增长的构造指标进行回归,其估计系数为 0.89,标准差为 0.46。可见,Shea(1995)所发现的结果也与随机游走预测存在数量上的较大差异。

许多其他的研究者也发现了与 Campbell 和 Mankiw(1989)以及 Shea(1995)相似的结论。如 Parker(1999)利用如下模型对工人年度工资水平和社会保障税之间的关系进行了探究:

$$
y_t - \omega_t = -n_t + E_t \sum_{j=1}^{x} \rho^j (r_{t+j} - \Delta y_{t+j}) + \rho k/(1-\rho) \tag{8-4-5}
$$

结果发现一旦工人的年度工资收入超过一定水平,他们就不再支付社会保障税。

Souleles(1999)考察了所得税的退税问题;Shapiro 和 Slemrod(2003)以及 Johnson 等(2006)考察了 2001 年退税的分布情况,识别了会导致收入出现可预测变动的政策特征。这些学者均发现,由政策所导致的可预测消费变化与消费中大量可以预测的变化有关。

然而，当收入中可预测的变动数量较大且比较规律时，上述现象就不再成立。其中 Paxson(1993)、Browning 和 Collado(2001)以及 Shea(2000)考察了家庭年收入约 10%或更多的可预测收入变动的原因。在 Paxson(1993)、Browning 和 Collado(2001)的研究中，收入变动来源于劳动收入的季节性波动。

Shea(2000)利用一个简单、机械的代际传递模型，探讨了父母的收入是否对儿童能力有积极影响：

$$Y_i = H_i + L_i \tag{8-4-6}$$

$$H_i = \rho H_{i-1} + \gamma Y_{i-1} + \varepsilon_i \tag{8-4-7}$$

其中，H_i 表示人力资本，例如先天智力、教育、野心的等因素；L_i 表示幸运度；Y_i 表示孩子的收入。

将式(8-4-7)代入式(8-4-6)得：

$$Y_i = \gamma Y_{i-1} + \rho H_{i-1} + L_i + \varepsilon_i \tag{8-4-8}$$

研究发现，尽管对于父亲受教育程度较低的家庭来说，父母的收入确实很重要，对于大多数家庭来说，运气导致的父母收入变化对儿童人力资本的影响微乎其微。上述情形中，永久收入假说都能够很好地刻画消费行为。

二、消费的同群效应

Abel(1990)和 Galí(1994)认为理性人的消费效用方程取决于其自身在同一群体中的相对消费水平，即当同一组群的整体消费水平提高时，个体会倾向于提高自身消费水平，且这种变化是不断动态调整的。宋泽和邹红(2021)基于相对收入消费理论假说，利用 2010—2014 年城镇住户调查数据，分析城镇家庭消费波动与分化的同群效应及其影响机制，研究发现：同群效应可以解释家庭消费性支出 19.8%的变化，对衣着、食品、居住、教育支出变化的影响分别为 37.7%、32.2%、25.1%、21.7%。

Maurer 和 Meier(2008)也发现个人消费和同一组群的消费存在同步性。Maurer 和 Meier(2008)假设消费者具有冯·诺依曼·摩根斯坦偏好，并从消费 C^h 中获得效用，期间幸福度函数为 u 。进一步假设消费者的时间偏好率为 β ，可以将最大化问题写成：

$$\max E_t\left[\sum_{j=0}^{T-t}\beta^j u(C_{t+j}^h)\right] \tag{8-4-9}$$

式(8-4-9)受到跨期预算限制。其中，E_t 表示时间，β 为折现因子，式中的条件期望运算符 $T-t$ 代表消费者的剩余寿命。研究发现，同龄人群体内的家庭消费具有很强的可预测性。

Alvarez-Cuadrado 等(2016)考虑由一个连续的无限期限的家庭分布在单位区间的养老经济。在 t 时，第 i 个家庭选择当前消费支出 C_{it} ，以最大化效用：

$$E_t[\sum_{s=0}^{\infty}\beta_i^s u(\widetilde{C}_{it+s};\psi_{it+s})] \tag{8-4-10}$$

其中，β_i 是消费者的主观贴现因子，$\widetilde{C}_{it}$ 是消费服务，ψ_{it+s} 是移动边际效用的变量向量，即“口味转移者”。Alvarez-Cuadrado 等(2016)利用地理趋近识别个体所属组群，发现同属组群的示范效应可以解释 1/3 的消费变化，而前期消费可解释其余部分。同群组成员之间也存在信息互补和风险分担，即对于共同需要的商品，消费局通过在社会交往中信息共享以获得更高的消费效用水平，或通过社会网络成员之间的互助机制降低收入波动风险对消费效用的影响(De Giorgi et al.,2020)。

同群示范对促进居民消费增长有显著的作用，Lewbel 等(2017)使用印度家庭数据发现同群平均消费上升 100 卢比将导致同群个体消费增长 50 卢比。示范效应同样会对消费产生负面的影响。具有炫耀性的商品在交往中会更容易被观察到，导致追求社会地位的个体在配置消费时更多地倾向于带有“炫耀性”的商品和服务，比如首饰和豪车等(Arrow,Dasgupta,2009,Charles et al.,2009)。示范效应的影响程度取决于消费的可见性，Heffetz(2011,2018)对主要消费品的可视性进行了排序(汽车、香烟和衣着的可见性程度高于其他消费品和服务)，并利用如下效用模型进行分析：

$$f(v,w)=\beta_v\ln(v)+\beta_w\ln(w),v+w=y \tag{8-4-11}$$

其中，y 表示外生收入，将两种商品的 C-D 效用函数最大化，可以证明在带有 C-D 效用的消费者模型中加入消费动机信号可以内生性地增加有形商品的收入弹性，降低无形商品的收入弹性。

Ravina(2019)利用如下模型提供了家庭消费选择中习惯持续性的证据：

$$\begin{aligned}\Delta\ln c_{i,t} = &k_1+\alpha_0\Delta\ln C_{i,t}+\alpha_{-1}\Delta\ln c_{i,t-1}+\zeta\Delta\ln c_{i,t-1}+\\ &\gamma\ln(1+(R_{i,t}^f-1)\Pr[Y_{i,t}^H])+\eta\ln(1+(R_{i,t-1}^C-1)1[B])+\\ &\theta_1\Delta age_{i,t}+\theta_2\Delta age_{i,t}^2+Seas.Dummies+\varepsilon_{i,t}\end{aligned} \tag{8-4-12}$$

其中，$R_{i,t}^f$ 表示无风险利率；ζ 表示内部习惯系数；$[Y_{i,t}^H]$ 表示一个高收入的实现(将允许在下个时期全额借还信用卡)。Ravina(2019)研究发现：外部习惯的强度，由进入效用函数的参考组的消费分数所捕获，是 0.290；而内部习惯的强度，由家庭过去的消费表示，是0.503。同时，这些结果对于控制各种经济活动指标、测试是否存在总冲击、流动性约束、预防性储蓄动机和学习来说都是可靠的。

本章小结

从 17 世纪古典经济学开始到 20 世纪中期凯恩斯时代为止，消费理论经历了从古典经济学到近代消费理论的产生、发展和演进。各种消费理论都与当时的时代背景、经济环境密切相关。不同时期的西方经济学家从不同的角度，就当时经济运行中出现的不同问题提出了不同的消费理论。

消费理论可以分为传统消费理论和现代消费理论。本章借鉴以往学者的研究，从多方面阐述了消费理论的演化过程及其运用。马克思的消费理论体现出马克思对消费问题的深入思考，是马克思主义经济理论的重要组成部分。马克思批判地继承了西方古典经济学的相关理论，从消费与生产的辩证统一关系中论证了消费在社会生产中的地位和作用：第一，消费是需要的满足，没有需要就没有生产；第二，消费是生产的实现；第三，消费创造新的生产的需要；第四，生产与消费平衡。马克思把消费放在一个社会生产活动的联合体系中，由生产和消费的相互作用来揭示消费的性质、特征和作用。

习题

8.1 考虑一个生活在 $0\sim T$ 期的经济个体，其终生效用函数为 $U=\int_0^T u(C(t))\mathrm{d}t$ ，其中，$u'(\cdot)>0$，$u''(\cdot)<0$。该个体在区间 $0\leqslant t<R$ 的收入为 Y_0+gt ，在区间 $R\leqslant t\leqslant T$ 的收入为 0。退休年龄 R 满足 $0<R<T$ 。利率为零，没有初始财富，并且没有不确定性。请问：

(1)该个体的终生预算约束是什么？

(2)该个体效用最大化的消费路径 $C(t)$ 是什么？

(3)作为 t 的函数，该个体的财富路径是什么？

8.2 同群效应与消费(Alvarez-Cuadrado et al.,2016)。给定消费是无限期界的，在 t 时第 i 个家庭选择当前消费支出 C_{it}，以使效用最大化，即 $E_t[\sum_{s=0}^{\infty}\beta_i^s u(\widetilde{C}_{it+s};\psi_{it+s})]$，其中，$\beta_i$ 是主观贴现因子，$\widetilde{C}_{it}$ 是消费服务，ψ_{it+s} 是移动边际效用的变量向量，即“口味转移者”。给定预算约束为 $A_{it+1}=R_{it+1}(A_{it}+Y_{it}-C_{it})$，其中 A_{it+1} 为下一期财富，Y_{it} 为当期非利息收入，R_{it+1} 为资产总收益。

(1)模型中同群消费的示范效应及习惯是如何体现的？

(2)求解对数化线性欧拉方程。

(3)给定消费服务 $\widetilde{C}_{it}=C_{it}/(C_{it}^{-\gamma}\cdot C_{it-1}^{\theta})=(C_{it})^{1-\gamma-\theta}\left(\dfrac{C_{it}}{\overline{C}_{it}}\right)^{\gamma}\cdot\left(\dfrac{C_{it}}{C_{it-1}}\right)^{\theta}$，对数化线性欧拉方程是否改变？

8.3 考虑一个生存三期的经济个体。在第一期，他的目标函数为 $\ln c_1+\delta\ \ln c_2$ $\ln c_3$，其中 $0<\delta<1$。在第二期，目标函数为 $\ln c_2+\delta\ \ln c_3$(由于该个体在第三期的选择是显而易见的，所以第三期的目标函数无关紧要)。该个体的财富为 W，实际利率为零。请根据以下关于消费如何确定的假设，求 c_1、c_2 和 c_3。

(1)承诺:该个体在第一期选择 c_1、c_2 和 c_3。

(2)不承诺、幼稚:在第一期,该个体通过选择 c_1 来最大化第一期的目标函数,并且认为自己也将会通过选择 c_2 来最大化这个目标函数。但事实上,该个体将会通过选择 c_2 来最大化第二期的目标函数。

(3)不承诺、老练:在第一期,该个体通过选择 c_1 来最大化第一期的目标函数,并且知道他将会通过选择 c_2 来最大化第二期的目标函数。

8.4 不确定性、流动性约束与消费(Lee,Sawada,2010)。给定预防性储蓄为 $E_t[(c_{t+1}-c_t)]=a+b\mathrm{Var}_t[c_{t+1}-c_t]$,其中 a 和 b 均为常数。给定流动性约束为 $A+y-C+Z\geqslant 0$,其中 A、y、Z 分别表示期初的家庭资产、外生收入和信贷上限。假定消费函数是凹函数且连续可导,函数类型无特殊限制。

(1)预防性储蓄等式的含义是什么?

(2)求解消费欧拉方程式(8-3-18)。

(3)求解改进欧拉方程式(8-3-19)。

8.5 流动性约束与消费(Holm,2018)。给定消费者的消费是无限期界的,且追求消费的生命周期(贴现值)效用最大化,即 $\int_t^{\infty}\mathrm{e}^{-\rho s}u[c(w_s)]\mathrm{d}s$,其中 $u(c)$ 代表 HARA 的一个效用函数。财富以无风险债券形式出现,且其变化遵循 $\mathrm{d}w_t=[rw_t+y-c(w_t)]\mathrm{d}t$,其中 r 表示实际利率,y 表示固定收入。给定消费者面临的外生流动性约束为 $w_t\geqslant \underline{w}$,其中,$\underline{w}$ 是一个满足 $\underline{w}>-\dfrac{y}{r}$ 的标量。

(1) 从流动性约束角度而言,$\underline{w}>-\dfrac{y}{r}$ 意味着什么?

(2)求解消费者的最优决策式(8-3-27)。

(3)当面临更紧的流动性约束时,消费将会如何变化?请证明。

参考文献

AABERGE R, LIU K, ZHU Y, 2017. Political Uncertainty and Household Savings[J]. Journal of Comparative Economics, 45(1): 154-170.

ABEL A B, 1990. Asset Prices under Habit Formation and Catching Up with the Joneses[J]. American Economic Review, 80(2): 38-42.

ALAN S, BROWNING M, EJRNÆS M, 2018. Income and Consumption: A Micro Semistructural Analysis with Pervasive Heterogeneity[J]. Journal of Political Economy, 126(5): 1827-1864.

ALVAREZ-CUADRADO F, CASADO J M, LABEAGA J M, 2016. Envy and Habits: Panel Data Estimates of Interdependent Preferences[J]. Oxford Bulletin of Economics and Statistics, 78(4): 443-469.

ARROW K J, DASGUPTA P S, 2009. Conspicuous Consumption, Inconspicuous Leisure[J]. The Economic Journal, 119(541): F497-F516.

ATTANASIO O P, BRUGIAVINI A, 2003. Social Security and Households' Saving[J]. The Quarterly Journal of Economics, 118(3): 1075-1119.

ATTANASIO O P, ROHWEDDER S, 2003. Pension Wealth and Household Saving: Evidence from Pension Reforms in the United Kingdom[J]. American Economic Review, 93(5): 1499-1521.

BANKS J, BLUNDELL R, BRUGIAVINI A, 2001. Risk Pooling, Precautionary Saving and Consumption Growth[J]. The Review of Economic Studies, 68(4): 757-779.

BECKER R, ENDERS W, LEE J, 2006. A Stationarity Test in the Presence of an Unknown Number of Smooth Breaks[J]. Journal of Time Series Analysis, 27(3): 381-409.

BILGILI F, BAGLITAS H H, 2016. Testing the Permanent Income and Random Walk Hypotheses for Turkey[J]. International Journal of Economics and Financial Issues, 6(4): 1371-1378.

BLOOM N, 2009. The Impact of Uncertainty Shocks[J]. Econometrica, 77(3): 623-685.

BONEVA T, 2013. Neighbourhood Effects in Consumption: Evidence from Disaggregated Consumption Data[R]. Faculty of Economics, University of Cambridge.

ST-AMANT P B, PERRAULT L, 2019. Poverty and Savings: Optimal Taxes with Endogenous Discount Factors[J]. Public Finance Review, 47(5): 828-863.

BOUG P, CAPPELEN A, JANSENE S, et al., 2021. The Consumption Euler Equation or the Keynesian Consumption Function? [J]. Oxford Bulletin of Economics and Statistics, 83(1): 252-272.

BOWDEN R J, 1973. Some Implications of the Permanent-Income Hypothesis [J]. The Review of Economic Studies, 40(1): 33-37.

BRADY R R, 2008. Structural Breaks and Consumer Credit: Is Consumption Smoothing Finally a Reality? [J]. Journal of Macroeconomics, 30(3): 1246-1268.

BRICKER J, KRIMMEL J, RAMCHARAN R, 2021. Signaling Status: The Impact of Relative Income on Household Consumption and Financial Decisions[J]. Management Science, 67(4): 1993-2009.

BROWNING M, COLLADO M D, 2001. The Response of Expenditures to Anticipated Income Changes: Panel Data Estimates[J]. American Economic Review, 91(3): 681-692.

BROWNING M, CROSSLEY T F, 2001. The Life-Cycle Model of Consumption and Saving[J]. Journal of Economic Perspectives, 15(3): 3-22.

BUNZEL H, VOGELSANG T J, 2005. Powerful Trend Function Tests That are Robust to Strong Serial Correlation, with an Application to the Prebisch-Singer Hypothesis[J]. Journal of Business & Economic Statistics, 23(4): 381-394.

CABALLERO R J, 1990. Consumption Puzzles and Precautionary Savings[J]. Journal of Monetary Economics, 25(1): 113-136.

CAMPBELL J Y, MANKIW N G, 1989. Consumption, Income, and Interest Rates: Reinterpreting the Time Series Evidence[J]. NBER Macroeconomics Annual, 4: 185-216.

CARRIÈRE-SWALLOW Y, CÉSPEDES L F, 2013. The Impact of Uncertainty Shocks in Emerging Economies[J]. Journal of International Economics, 90(2): 316-325.

CARROLL C D, 1994. How Does Future Income Affect Current Consumption? [J]. The Quarterly Journal of Economics, 109(1): 111-147.

CARROLL C D, OVERLAND J, WEIL D N, 1997. Comparison Utility in a Growth Model[J]. Journal of

Economic Growth, 2(4): 339-367.

CARVALHO V M, GARCIA J R, HANSEN S, et al., 2020. Tracking the Covid-19 Crisis with High-Resolution Transaction Data[J]. Royal Society Open Science, 8: 210-218.

CHACKO G, VICEIRA L M, 2005. Dynamic Consumption and Portfolio Choice with Stochastic Volatility in Incomplete Markets[J]. The Review of Financial Studies, 18(4): 1369-1402.

CHAO A, SCHOR J B, 1998. Empirical Tests of Status Consumption: Evidence from Women's Cosmetics[J]. Journal of Economic Psychology, 19(1): 107-131.

CHARLES K K, HURST E, ROUSSANOV N, 2009. Conspicuous Consumption and Race[J]. The Quarterly Journal of Economics, 124(2): 425-467.

CHOUNG Y, PAK T Y, CHATTERJEE S, 2021. Consumption and Life Satisfaction: The Korean Evidence[J]. International Journal of Consumer Studies, 45(5): 1007-1019.

COLONNA G, 2016. Boltzmann and Vlasov Equations in Plasma Physics[J]. Plasma Modeling, 1: 1-23.

COOK S, 2005. The Stationarity of Consumption-Income Ratios: Evidence from Minimum LM Unit Root Testing[J]. Economics Letters, 89(1): 55-60.

DAMMON R M, SPATT C S, ZHANG H H, 2001. Optimal Consumption and Investment with Capital Gains Taxes[J]. The Review of Financial Studies, 14(3): 583-616.

DAROUGHEH S, 2021. Dispersed Consumption Versus Compressed Output: Assessing the Sectoral Effects of a Pandemic[J]. Journal of Macroeconomics, 68: 103302.

DAS M, JEBARAJAKIRTHY D C, 2020. Impact of Acculturation to Western Culture (AWC) On Western Fashion Luxury Consumption among Gen-Y Consumers in the Asia-Pacific Region[J]. Journal of Retailing and Consumer Services, 56: 102179.

DE CASTRO F, FERNÁNDEZ J L, 2013. Does Ricardian Equivalence Hold? The Relationship between Public and Private Saving in Spain[J]. Journal of Applied Economics, 16(2): 251-274.

DE GIORGI G, FREDERIKSEN A, PISTAFERRI L, 2020. Consumption Network Effects[J]. The Review of Economic Studies, 87(1): 130-163.

DE NARDI M, FRENCH E, BENSON D, 2011. Consumption and the Great Recession[R]. NBER Working Paper: 17688.

DEATON A, 1991. Saving and Liquidity Constraints[J]. Ecomometrica, 59(5): 1221-1248.

DEMERY D, DUCK N W, 2000. Incomplete Information and the Time Series Behaviour of Consumption [J]. Journal of Applied Econometrics, 15(4): 355-366.

DOBBS I M, 2004. Intertemporal Price Cap Regulation under Uncertainty[J]. The Economic Journal, 114 (495): 421-440.

DYNAN K E, 1993. How Prudent are Consumers? [J]. Journal of Political Economy, 101 (6): 1104-1113.

DYNAN K E, EDELBERG W, PALUMBO M G, 2009. The Effects of Population Aging on the Relationship among Aggregate Consumption, Saving, and Income[J]. American Economic Review, 99(2): 380-386.

IPEK E, 2019. Consumption and Income Inequality in Turkey[J]. Journal of Yaşar University, 14(53): 13-20.

ELMI Z M, RANJBAR O, 2013. Nonlinear Adjustment to the Mean Reversion of Consumption-Income

Ratio[J]. Economic Modelling, 35: 477-480.

ENGELHARDT G V, 1996. House Prices and Home Owner Saving Behavior[J]. Regional Science and Urban Economics, 26(3-4): 313-336.

ENGELHARDT G V, KUMAR A, 2011. Pensions and Household Wealth Accumulation[J]. Journal of Human Resources, 46(1): 203-236.

EPSTEIN L G, JI S, 2013. Ambiguous Volatility and Asset Pricing in Continuous Time[J]. The Review of Financial Studies, 26(7): 1740-1786.

FALLAHI F, 2012. The Stationarity of Consumption-Income Ratios: Evidence from Bootstrapping Confidence Intervals[J]. Economics Letters, 115(1): 137-140.

FAN C S, 2006. Do the Rich Save More? A New View Based on Intergenerational Transfers[J]. Southern Economic Journal, 73(2): 362-373.

FANTI L, GORI L, 2012. Endogenous Lifetime in an Overlapping-Generations Small Open Economy [J]. Finanz Archiv: Public Finance Analysis, 68(2): 121-152.

FATÁS A, MIHOV I, 2001. The Effects of Fiscal Policy on Consumption and Employment: Theory and Evidence[R]. Available at SSRN 267281.

FEIGENBAUM J, LI G, 2015. Household Income Uncertainties over Three Decades[J]. Oxford Economic Papers, 67(4): 963-986.

FISHER I, 1930. Theory of Interest: As Determined by Impatience to Spend Income and Opportunity to Invest It[M]. Clifton: Augustus M. Kelly Publishers.

FISHER J D, MARCHAND J T, 2014. Does the Retirement Consumption Puzzle Differ across the Distribution? [J]. The Journal of Economic Inequality, 12(2): 279-296.

FLAVIN M A, 1981. The Adjustment of Consumption to Changing Expectations about Future Income [J]. Journal of Political Economy, 89(5): 974-1009.

FRIEDMAN M, 1957. A Theory of the Consumption Function[M]. Princeton: Princeton University Press.

GALÍ J, 1994. Keeping Up with the Joneses: Consumption Externalities, Portfolio Choice, and Asset Prices[J]. Journal of Money, Credit and Banking, 26(1): 1-8.

GERLACH-KRISTEN P, 2014. Testing the Permanent Income Hypothesis for Irish Households, 1994 to 2005[J]. The Economic and Social Review, 45(4, Winter): 511-535.

GHOSH A R, OSTRY J D, 1997. Macroeconomic Uncertainty, Precautionary Saving, and the Current Account[J]. Journal of Monetary Economics, 40(1): 121-139.

GIAVAZZI F, MCMAHON M, 2012. Policy Uncertainty and Household Savings [J]. Review of Economics and Statistics, 94(2): 517-531.

GOLLIER C, 2012. Pricing the Planet's Future: The Economics of Discounting in an Uncertain World [M]. Princeton: Princeton University Press.

GOURIO F, SIEMER M, VERDELHAN A, 2013. International Risk Cycles[J]. Journal of International Economics, 89(2): 471-484.

GRULLÓN S, 2012. National Income and Government Spending: Co-Integration and Causality Results for the Dominican Republic[J]. Developing Country Studies, 2(3): 89-98.

GUASONI P, WANG G, 2019. Consumption and Investment with Interest Rate Risk[J]. Journal of Mathematical Analysis and Applications, 476(1): 215-239.

GUASONI P, WANG G, 2020. Consumption in Incomplete Markets[J]. Finance and Stochastics, 24(2): 383-422.

GUISO L, JAPPELLI T, TERLIZZESE D, 1992. Earnings Uncertainty and Precautionary Saving[J]. Journal of Monetary Economics, 30(2): 307-337.

HALL R E, 1978. Stochastic Implications of the Life Cycle-Permanent Income Hypothesis: Theory and Evidence[J]. Journal of Political Economy, 86(6): 971-987.

HANNSGEN G, 2007. A Random Walk down Maple Lane? A Critique of Neoclassical Consumption Theory with Reference to Housing Wealth[J]. Review of Political Economy, 19(1): 1-20.

HANOUSEK J, T ŮMA Z, 2002. A Test of the Permanent Income Hypothesis on Czech Voucher Privatization[J]. Economics of Transition, 10(2): 235-254.

HANSEN B E, 1999. The Grid Bootstrap and the Autoregressive Model[J]. Review of Economics and Statistics, 81(4): 594-607.

HATA H, SHEU S J, 2017. An Optimal Consumption and Investment Problem with Partial Information [J]. Advances in Applied Probability, 50(1): 131-153.

HAYAKAWA H, 2020. Consumer Behavior in a Monetary Economy and Smoothing of Composite Consumption[J]. Eurasian Economic Review, 10(1): 89-122.

HEFFETZ O, 2011. A Test of Conspicuous Consumption: Visibility and Income Elasticities[J]. Review of Economics and Statistics, 93(4): 1101-1117.

HEFFETZ O, 2018. Expenditure Visibility and Consumer Behavior: New Evidence[R]. NBER Working Paper: 25161.

HODNE F, 1978. New Evidence on the History of Tobacco Consumption in Norway 1665-1970[J]. Economy and History, 21(2): 114-125.

HOLM M, 2018. Consumption with Liquidity Constraints: An Analytical Characterization[J]. Economics Letters, 167: 40-42.

HOU L, HSUEH S C, ZHANG S, 2021. Digital Payments and Households' Consumption: A Mental Accounting Interpretation[J]. Emerging Markets Finance and Trade, 57(7): 2079-2093.

HUNT W B, 1997. Getting to War: Predicting International Conflict with Mass Media Indicators [M]. Ann Arbor: University of Michigan Press.

JAPPELLI T, PISTAFERRI L, 2010. The Consumption Response to Income Changes[J]. Annual Review of Economics, 2: 479-506.

JAPPELLI T, MARINO I, PADULA M, 2021. Social Security Uncertainty and Demand for Retirement Saving[J]. Review of Income and Wealth, 67(4): 810-834.

JOHNSON D S, PARKER J A, SOULELES N S, 2006. Household Expenditure and the Income Tax Rebates of 2001[J]. American Economic Review, 96(5): 1589-1610.

JUNG Y, 2017. Understanding the Real Exchange Rate and Consumption: Limited Asset Market Participation[J]. Korean Economic Review, 33(1): 127-152.

KEYNES J M, 1936. The General Theory of Employment Interest and Money[M]. London: Macmillan.

KHALID A M, 1994. Empirical Tests of the Rational Expectations-Permanent Income Hypothesis: Evidence from Pakistan[J]. The Pakistan Development Review, 33(4): 1043-1053.

KUZNETS S, 1942. Uses of National Income in Peace and War[R]. NBER Occasional Paper 6.

KIMBALL M S, MANKIW N G, 1989. Precautionary Saving and the Timing of Taxes[J]. Journal of Political Economy, 97(4): 863-879.

KWON W J, 2013. The Significance of Regulatory Orientation, Political Stability and Culture on Consumption and Price Adequacy in Insurance Markets[J]. Journal of Risk Finance, 14(4): 320-343.

LAUMAS P S, LAUMAS G S, 1972. On How to Calculate Permanent Income[J]. Review of Income and Wealth, 18(4): 435-438.

LEE J J, SAWADA Y, 2010. Precautionary Saving under Liquidity Constraints: Evidence from Rural Pakistan[J]. Journal of Development Economics, 91(1): 77-86.

LEE J, STRAZICICH M, 2003. Minimum LM Unit Root Test with Two Structural Breaks[J]. Review of Economics and Statistics (85):1082-1089.

LEWBEL A, NORRIS S, PENDAKUR K, 2017. Keeping Up with Peers in India: A New Social Interactions Model of Perceived Needs[R]. Working Paper.

LI T, WANG S, YANG J, 2021. Robust Consumption and Portfolio Choices with Habit Formation[J]. Economic Modelling, 98: 227-246.

LIN Q, RIEDEL F, 2021. Optimal Consumption and Portfolio Choice with Ambiguous Interest Rates and Volatility[J]. Economic Theory, 71(3): 1189-1202.

LIU H, 2004. Optimal Consumption and Investment with Transaction Costs and Multiple Risky Assets [J]. The Journal of Finance, 59(1): 289-338.

LUDVIGSON S, 1999. Consumption and Credit: A Model of Time-Varying Liquidity Constraints[J]. Review of Economics and Statistics, 81(3): 434-447.

LUGILDE A, BANDE R, RIVEIRO D, 2018. Precautionary Saving in Spain during the Great Recession: Evidence from a Panel of Uncertainty Indicators[J]. Review of Economics of the Household, 16(4): 1151-1179.

LUGILDE A, BANDE R, RIVEIRO D, 2019. Precautionary Saving: A Review of the Empirical Literature [J]. Journal of Economic Surveys, 33(2): 481-515.

MAURER J, MEIER A, 2008. Smooth it Like the 'Joneses'? Estimating Peer-Group Effects in Intertemporal Consumption Choice[J]. The Economic Journal, 118(527): 454-476.

MEISSNER T, 2016. Intertemporal Consumption and Debt Aversion: An Experimental Study[J]. Experimental Economics, 19(2): 281-298.

MICHAEL J B, 1988. Consumption, Saving, and Fiscal Policy[J]. American Economic Review, 78(2): 401-407.

MICHLER J D, BALAGTAS J V, 2017. The Importance of the Savings Device in Precautionary Savings: Empirical Evidence from Rural Bangladesh[J]. Agricultural Economics, 48(2): 129-141.

MODIGLIANI F, 1986. Life Cycle, Individual Thrift, and the Wealth of Nations[J]. Science, 234(4777): 704-712.

MODIGLIANI F, BRUMBERG R, 1954. Utility Analysis and the Consumption Function: An Interpretation of Cross-Section Data[M]. Post Keynesian Economics, New Brunswick: Rutgers University Press.

MODY A, OHNSORGE F, SANDRI D, 2012. Precautionary Savings in the Great Recession[J]. IMF Economic Review, 60(1): 114-138.

MUSGROVE P, 1980. Income Distribution and the Aggregate Consumption Function[J]. Journal of Political Economy, 88(3): 504-525.

NAJARZADEH R, KEIKHA A, HEYDARI H, 2021. Dynamics of Consumption Distribution and Economic Fluctuations[J]. Economic Change and Restructuring, 54(3): 847-876.

NAM E, LEE K, JEON Y, 2021. Macroeconomic Uncertainty Shocks and Households' Consumption Choice[J]. Journal of Macroeconomics, 68: 103306.

NEGISHI T, 2001. Developments of International Trade Theory[M]. Boston: Springer.

NISHIYAMA S I, KATO R, 2012. On the Concavity of the Consumption Function with a Quadratic Utility Under Liquidity Constraints[J]. Theoretical Economics Letter, 2: 566-569.

PARKER J A, 1999. The Reaction of Household Consumption to Predictable Changes in Social Security Taxes[J]. American Economic Review, 89(4): 959-973.

PAXSON C H, 1993. Consumption and Income Seasonality in Thailand[J]. Journal of Political Economy, 101(1): 39-72.

PAXSON C, 1996. Saving and Growth: Evidence from Micro Data[J]. European Economic Review, 40(2): 255-288.

PISCHKE J S, 1995. Individual Income, Incomplete Information, and Aggregate Consumption[J]. Econometrica, 63(4): 805-840.

POPP A, ZHANG F, 2016. The Macroeconomic Effects of Uncertainty Shocks: The Role of the Financial Channel[J]. Journal of Economic Dynamics and Control, 100(69): 319-349.

RAVINA E, 2019. Habit Formation and Keeping Up with The Joneses: Evidence from Micro Data[R]. Available at SSRN 928248.

ROMERO-ÁVILA D, 2009. Are OECD Consumption-Income Ratios Stationary after All? [J]. Economic Modelling, 26(1): 107-117.

SALM M, 2010. Subjective Mortality Expectations and Consumption and Saving Behaviours among the Elderly[J]. Canadian Journal of Economics, 43(3): 1040-1057.

SARANTIS N, STEWART C, 1999. Is The Consumption-Income Ratio Stationary? Evidence from Panel Unit Root Tests[J]. Economics Letters, 64(3): 309-314.

SHAPIRO M D, SLEMROD J, 2003. Consumer Response to Tax Rebates[J]. American Economic Review, 93(1): 381-396.

SHEA J, 1995. Union Contracts and the Life-Cycle/Permanent-Income Hypothesis [J]. American Economic Review, 85(1): 186-200.

SHEA J, 2000. Does Parents' Money Matter? [J]. Journal of Public Economics, 77(2): 155-184.

SHEFRIN H M, THALER R H, 1988. The Behavioral Life-Cycle Hypothesis[J]. Economic Inquiry, 26(4): 609-643.

SIMO-KENGNE B D, EIT J H, 2017. Consumption Response to Stock Prices Shocks in South Africa: Does Life Cycle Hypothesis Hold? [J]. Advanced Science Letters, 23(9): 8623-8627.

SOMERVILLE R A, 2004. Insurance, Consumption, and Saving: A Dynamic Analysis in Continuous

Time[J]. American Economic Review, 94(4): 1130-1140.

SOULELES N S, 1999. The Response of Household Consumption to Income Tax Refunds[J]. American Economic Review, 89(4): 947-958.

STANLEY T D, 1998. New Wine in Old Bottles: A Meta-Analysis of Ricardian Equivalence[J]. Southern Economic Journal, 64(3): 713-727.

TAGKALAKIS A, 2008. The Effects of Fiscal Policy on Consumption in Recessions and Expansions [J]. Journal of Public Economics, 92(5-6): 1486-1508.

TEIMOURPOUR B, HANZAEE K H, 2011. The Impact of Culture on Luxury Consumption Behaviour among Iranian Consumers[J]. Journal of Islamic Marketing, 2(3): 309-328.

TOBIN J, 1956. The Interest-Elasticity of Transactions Demand for Cash[J]. The Review of Economics and Statistics, 38(3): 241-247.

TORREY B B, TEAUBER C M, 1986. The Importance of Asset Income among the Elderly[J]. Review of Income and Wealth, 32(4): 443-449.

VEBLEN T, MILLS C W, 2017. The Theory of the Leisure Class[M]. New York: Routledge.

WANG J, AI S, HUANG M, 2021. Migration History, Hukou Status, and Urban Household Consumption[J]. Economic Modelling, 97(1): 437-448.

WENDNER R, 2010. Conspicuous Consumption and Generation Replacement in a Model of Perpetual Youth[J]. Journal of Public Economics, 94(11-12): 1093-1107.

YAARI M E, 1965. Uncertain Lifetime, Life Insurance, and the Theory of the Consumer[J]. The Review of Economic Studies, 32(2): 137-150.

YEUNG D W K, 2014. Optimal Consumption under Uncertainties: Random Horizon Stochastic Dynamic Roy's Identity and Slutsky Equation[J]. Applied Mathematics, 5(2): 263-284.

YIN P, 2021. Optimal Attention and Heterogeneous Precautionary Saving Behavior[J]. Journal of Economic Dynamics and Control, 131:104230.

ZAKARIA N, WAN-ISMAIL W N A, ABDUL-TALIB A N, 2021. Seriously, Conspicuous Consumption? The Impact of Culture, Materialism and Religiosity on Malaysian Generation Y Consumers' Purchasing of Foreign Brands[J]. Asia Pacific Journal of Marketing and Logistics, 33(2): 526.

ZELDES S P, 1989. Optimal Consumption with Stochastic Income: Deviations from Certainty Equivalence [J]. The Quarterly Journal of Economics, 104(2): 275-298.

ZHANG R, 2007. Economic Model of Official Crime Based on Life Cycle Hypothesis[J]. Systems Engineering-Theory & Practice, 27(8): 39-48.

关键，马超，2020. 数字金融发展与家庭消费异质性：来自 CHARLS 的经验证据[J]. 金融经济学研究，35(6)：127-142.

宋泽，邹红，2021. 增长中的分化：同群效应对家庭消费的影响研究[J]. 经济研究，56(1)：74-89.

第九章

失 业

第一节 引 言

一、传统理论

宏观经济学的研究对象是国民经济总过程,主要包括经济社会中的国民收入、就业(失业)水平、国家经济增长以及通货膨胀(紧缩)等主要内容。失业现象是当今发达市场经济国家和向市场经济转轨国家普遍存在的问题(Falkinger,2002;Manning,2013)。与通货膨胀一样,失业不仅关系着每个家庭的福利水平,更关乎着一国政治、经济与社会的平稳运行与良好发展。

失业是指那些未受雇,以及正在调往新工作岗位或未能按照当时通行的实际工资率找到工作的人。在经济学范畴中,凡在一定年龄范围内一个人愿意并有能力为获取报酬而工作,但尚未找到工作的情况,即认为是失业(Acharya,2002;Janeba,2009)。失业率指的是劳动人口里符合"失业条件"的人占总人口的比例(Ramirez,1998;Fallahi et al.,2012)。但也有一些经济学家对此种失业定义提出质疑(Thirlwall,1974;Diamond,2013)。在成熟的市场经济国家,就业压力表现为三种类型的失业,即总量失业、结构性失业和摩擦性失业(Ramón,Sorolla,2017)。

古典经济学将失业问题类比于其他商品的"供过于求"的情况,即价格没有处于使供求双方达成均衡的水平。Pigou(1914)将失业分为自愿失业(voluntary unemployment)和摩擦失业(frictional unemployment)两类。Pigou(1914)认为有劳动能力的人口要不要劳动、能不能就业取决于劳动力的需求方与供给方。从劳动力的需求方看,只有当劳动者在生产中能给企业家带来的利益至少等于他的实际工资时,企业家才雇佣劳动;从劳动力的供给方看,只有当劳动者得到的实际工资能够补偿劳动者劳动的负效应时,劳动者才肯从事劳动(Pigou,1914)。Keynes 认为 Pigou(1914)的失业理论建立在两个基本假设上:"工资等于劳动的边际产品"和"当数量为既定时,工资的效用等于该就业数量时的边际负效用"(Keynes,1936)。但是,Pigou(1914)的第一个假设"工资等于劳动的边际产品"会由于竞争和市场具有不完全性而受到破坏;至于第二个假设不仅会因竞争和市场具有不完全性而受到限制,还会由于劳动者联合成为工会组织而遭受破坏。基于对 Pigou 失业理论的评析,Keynes 认为劳动力市场是存在"非自愿失业(involuntary unemployment)"的(Keynes,1936)。

关于失业的成因,Keynes 认为引起失业的根本原因在于周期性的经济萧条,而不是劳动力的实际工资高于劳动力市场出清时的均衡水平(Keynes,1936)。但 Friedman(1968)指出,失业不能简单地归结于经济萧条,即便是经济繁荣时期,经济系统中仍然存在一定数量的失业,即"自然失业(natural unemployment)",从而产生了自然失业率假说(Friedman,1968;Phelps,1968)。20 世纪 70 年代,西方国家经济中出现了"滞涨",即高失业率与高通胀率并存,这使得传统失业理论的预测失效,但也由此产生了一些新的失业理论,主要包括效率工资理论(efficiency wage theory)(Solow,1979; Shapiro,Stiglitz,1984)、职业搜寻理论(job search theory)(McCall,1970; Pissarides,1985; Burdett,Mortensen,1998)、结构性失业论(structural unemployment theory)(Hansen,1947)等。

上述主流西方经济学中提出的失业概念及成因至今仍然是资本主义经济宏观调控的理论基础。后来的经济学家或经济学派,不论是凯恩斯主义者,还是货币主义者都没有彻底否定过上述理论,只是指出其在应用上存在不同的适用范围,例如长期与短期,整体或局部。

二、20 世纪中后期的发展

关于失业问题,最有名的发现当属"菲利普斯曲线"。Phillips(1958)根据 90 多年的资料分析(1861—1957 年),发现货币工资变动率与失业率之间呈负相关关系。这一发现将就业与通胀联系起来,指出失业与通胀是可以并存的,而且二者之间存在此消彼长的替代关系。这与 20 世纪 70 年代前西方国家的经济现实基本相符。但 70 年代西方国家经济普遍出现的"滞胀"现象导致菲利普斯曲线失效。针对这种情况,Friedman 指出,在考察通胀与失业的关系时要区分"自愿失业"与"非自愿失业"。"自愿失业"属于经济中存在的"自然失业",在总量层面考察经济体是否充分就业时要剔除"自然失业"。进一步地,Friedman 将"心理预期"引入就业与通胀问题的研究中,发现在资本主义自由竞争的状态下实现充分就业是一种长期的趋势,通货膨胀与失业间的替代关系在短期内存在,长期内不存在。

Grossman(1973)对求职与就业摩擦进行了批判性评价,提出了求职理论以解释总需求和就业之间的实际因果关系,并建议对市场出清过程中的摩擦进行分析。尽管求职理论似乎为总需求和就业之间的关系提供了理论基础，但其预测的总需求和就业之间的关系并不被主流宏观经济学家所接受。因此，为了更好地推演经济均衡与劳动力市场之间的关系，Fanizza(1996)提出了一个劳动力市场的随机动态模型，利用就业的非最优均衡波动(一种弱收敛逼近技术)来描述经济均衡的演化过程。

在失业问题中，公共就业服务的作用也值得深究。Fougère 等(2009)制定了一个具有固定和可变搜索成本的结构性搜索模型，在该模型中，给定来自公共就业机构的工作接触的外生到达率，失业工人选择他们的最优搜索强度。研究结果表明：失业退出率随着从公共就业服务获得的工作机会的到来而增加，这对于低教育和低技能工人的效果尤为显著；对于低教育水平的女性和低技能的成年失业工人来说，搜寻工作的成本更高；匹配搜索者和雇主的公共就业机构是有益的，因为该机构节省了搜索者本来要承担的搜索成本。

年龄是劳动力市场中影响失业的关键因素之一。Fujimoto(2013)详细分析了获得工作而失去工作的年龄动态过程，结果表明，如果没有特别匹配生产率的持续性，求职率和离职率就会表现出单调的年龄分布。Brouwer 等(2015)考察了影响失业者在失业再就业过程中的个人因素和情境因素，为制定有效的干预政策以缩短失业时间、促使再就业提供了重要参考。基于工作寻找模型，Vansteenkiste 等(2015)识别了影响再就业机会差异的变量，并进一步分解出每个变量解释了多少差异。研究发现，约 30%的再就业差距可以用求职模型中提出的年龄差异、教育水平和保留工资等变量来解释，剩下的约 70%可以归因于其他因素，如雇主对 18～49 岁员工的偏好。

除了求职者的个体因素外，企业在劳动力市场中也承担着重要角色。基于 1980 年雇主机会试点项目(EOPP)中搜集的招聘数据，Barron 等(1985)以招聘前面试的申请人数量和雇主招聘、筛选和面试每个面试申请人的平均小时数作为衡量雇主搜索的指标，为雇主寻找填补职位理论提供了新证据。Alvarez 和 Veracierto(2012)建立了一个关于企业动态失业的理论模型。该模型考虑了两种等价的分散：一是具有现货劳动力市场的分散；二是具有长期雇佣关系的分散。为了分析技术的特性如何影响卖方的分配，Cai 等(2017)设立了一个卖方通过张贴机制来竞争异质性买家的市场。实验结果表明，当且仅当会议技术(代理人之间的管理会议)是双边的时候，一个单独的子市场是有效的。相反，当且仅当会议技术满足一个新的条件时，具有所有代理的单一市场是最优的。Dinlersoz 等(2019)指出部门之间生产技术、金融约束和劳动力市场摩擦等方面的差异导致了部门特定的工资，且特定行业的劳动力市场摩擦对工人分类和匹配部门的关键特征至关重要。与更成熟的公司相比，年轻的公司倾向于雇佣更年轻的员工，因为更年轻的员工在一定程度上意味着更低的工资。Herbold 和 Schumacher(2020)通过建立一个委托—代理模型，研究了员工在职寻找工作对组织的最优激励的影响。该模型中代理人在为委托人工作和寻找其他工作机会之间进行多重选择，代理人也部分地利用在职寻找来改善他在现有关系中的讨价还价地位，这两种措施都降低了代理人的搜索动机，表明在职求职会产生中介成本。

企业的雇佣成本很大程度上决定着企业的劳动力需求，Muehlemann 和 Strupler(2018)研究了填补技术工人空缺时企业雇用成本的大小和决定因素。招聘成本的主要组成部分是最初的低生产率和新员工所需正式培训导致的匹配后招聘成本(53%)，以及由新员工非正式指导导致的中断成本(26%)。面试前招聘成本即搜索成本仅占公司招聘成本的 21%。此外，劳动供给弹性对企业的雇佣成本有着很大影响，Kudoh 等(2019)构建了一个大企业可变工时搜索匹配模型，探讨企业如何利用周期内密集和广泛的劳动力来调整劳动供给边际弹性。

从一种独特的可能性出发，Boman(2012)将失业个人声明的迁移意愿与行政数据联系起来，研究结果表明，那些拥有广阔的求职地理区域的人找到工作的可能性更高，这意味着单纯地扩大地理范围并不会增加失业者摆脱失业的可能性，真正带来就业增加的是使用扩大搜索区域的人和不使用扩大搜索区域的人在不可观察的特征上的不同所带来的求职范围的差异。Cockx 和 Dejemeppe(2012)将求职通知改革作为准自然实验，构建双重差分模型(DID)来评估在核实求职前至少 8 个月发出的通知的效果。实证结果表明，与没有改革的反事实相比，在发出通知的 8 个月后，由失业转为就业的人群增加了近 9 个百分点。戴蒙德-莫滕森-皮萨里德斯(Diamond-Mortensen-Pissarides)的搜索匹配模型是一个被广泛接受的均衡失业模型。Shimer(2005)认为，该模型在数量级上关键劳动力市场变量的周期性变化：空缺和失业；Andolfatto(1996)和 Merz(1995)也发现了类似的结果。而 Gomme 和 Lkhagvasuren(2015)基于 Pissarides(2000)的研究，认为内生求职努力的引入降低了周期性失业波动和就业租金规模之间协调的强度，而忽视员工搜索努力会导致空缺匹配弹性的大幅上升。

求职计划的制定和求职信息的获取对于求职者的求职过程与结果至关重要。Goussé 等(2017)将非实验因果经验模型与 Lasso-type 估计相结合，系统地研究了失业人员求职计划的异质性效应，并基于瑞士社会保障记录丰富的行政数据进行了实证分析，结论显示异质性只存在于培训开始后的前 6 个月。Fu 等(2019)利用差分法研究了社会比较如何影响求职者的搜索行为。在对照组中，受试者单独搜索，而在其他两个处理组中，受试者获得关于合作伙伴的搜索决定和结果的反馈。在不同的组别中，工资的平均水平和下降速度是相似的。研究结果表明，社会信息的提供可以改变求职者的搜索行为。Tayyar(2020)通过构建一个搜索和学习模型研究了劳动者自身求职过程和最适合自己的职业信息不完全对劳动力市场的影响。在该模型中，搜索传递了工人的求职能力和适合他们的职业的信息，工人利用这些信息推断适合自己的工作类型。其理论解释了失业期间的搜索结果如何改变工人对自己就业能力的看法以及职业选择。

求职者的人际网络与再求职成功率之间有着密切的关系。Glitz(2017)基于同事网络研究了人际关系对个体劳动力市场结果的影响，分析了前同事提供的劳动力市场相关信息是如何影响就业概率的。实证分析显示前同事网络中较高的就业率对员工离职后再就业概率具有显著且积极的影响:网络中的普遍就业率每增加10个百分点,再就业概率就会增加7.5个百分点。Saygin等(2021)考察了社会网络影响失业工人劳动力市场结果的机制。研究结果表明,如果有高比例的前同事目前在扩张的公司工作,会提高求职成功率,这在一定程度上说明了有关工作机会和需求方面的信息是在工人和企业之间的工作网络中传播的。

除个人关系网络之外,个人能力对再就业成功率的影响同样不可忽视。Ronald(2006)认为专业资格、"软"语言技能和向雇主提交求职申请与求职成功显著相关。失业时间、年龄和是否曾从事过手工工作与就业成功率呈负相关,这表明许多求职者在"转换"职业时遇到了困难。Millimet(2005)提出一个新的理论:在大型雇主中成功申请职位的人拥有更强的求职技能,因此能够获得接近其最大潜在工资的工资。实证结果证实,不同的求职能力可以解释大雇主和小雇主所提供的平均观察工资大约20%的差异。

除了专业技能、求职技能、工作实践经验等个人能力外,求职者的心理状态和自我认知在其求职过程中的作用也不容忽视。Hillman和Knill(2018)对49名参加美国中东部地区为期约一年的就业技能培训项目的失业者进行了调查。研究结果表明,教师干预与求职自信之间存在正相关关系。Anton和Eugene(2021)量化了积极求职对再就业概率的重要性,估计了年长求职者气馁的比例,并探讨了可能导致气馁的因素。结果发现,年龄较大的求职者的就业转换率较低:只有11%左右的人在一年内找到了工作。参与就业调查是就业过渡的一个重要因素,但不是决定性因素,教育水平和健康状况等其他变量对就业过渡的可能性也同样重要。此外,超过29.4%的未找到工作的个人放弃了工作搜索,这些失业人群中有很大一部分可以归为气馁人群。

考虑贸易摩擦的搜索均衡模型为研究许多有前景的波动特征的问题提供了一个框架。Pissarides(1988)认为在失业理论中,私人从贸易中获得的收益被充分利用。每个工作都享有地方垄断权力,所以工资的决定可以从讨价还价的角度来分析,这为非竞争性工资行为提供了许多可能性。Pissarides(1988)的研究结果表明,冲击对就业的影响关系如下:经历一个正的非中性冲击之后,工作岗位的数量会上升,就业机会也会逐渐增加。Rosén(2003)将歧视系数引入分析框架中,分析了搜索和工资谈判环境下的雇主歧视理论,得出歧视性企业付给受到歧视的工人更少的工资,并对这些工人实施更严格的招聘标准,歧视系数为正的企业实现的利润最高。Postel-Vinay和Robin(2006)以雇主—雇员匹配数据结合经验工资方程,通过研究工资离散、个人工资动态、生产率等和工资之间的关系,强调并量化了匹配摩擦在解释"剩余"工资差距中所起的作用,该结果可以解释个人工资的动态持久性。Rodrigue和Tsuyuhara(2018)建立了开放经济下的动态一般均衡模型,该模型允许同质的工人在贸易自由化前后经历不同的工资增长。在开放经济环境中,贸易自由化影响生产者的内生均衡集和工资结构。Rodrigue和Tsuyuhara(2018)研究发现,通过在职寻找,贸易自由化对工资分散的影响增加了4%。

在关于失业保障与求职的研究中，Faberman 和 Ismail(2020)使用 2013—2019 年的数据来研究失业保险和求职之间的关系。研究表明那些已经用尽了失业救济金的人找工作的强度降低了，但也愿意接受报酬远低于之前工作的工作。Cottier 等(2018)在一项随机的初步研究中，研究了工作搜索帮助(JSA)如何影响就业。结果显示，分配任务后的第一年就业增加，第二年，就业机会的增加消失了，在第三年甚至变成了就业机会的减少。被分配到 JSA 的求职者找到工作的速度更快，但一旦找到工作，失去工作的速度也更快，尤其是一旦有资格获得新的失业救济。Marinescu 和 Skandalis(2021)在一个主要的在线搜索平台跟踪了 50 万有资格享受各种潜在福利的法国失业工人的申请，提出了具有参考依赖偏好的行为搜索模型，比标准搜索模型更好地预测了搜索行为的动态。研究发现，失业救济为工人提供了失业保险，并因道德风险影响其行为。

Blau 和 Kahn(1983)考察了求职和获得工会工作之间的关系。研究发现，在其他条件相同的情况下，找到一份工会工作的可能性与找工作的时间呈负相关，而与求职者的其他家庭收入呈正相关。基于工资由垄断联盟设定的传统匹配模型框架，Stähler(2008)发现收紧对冗余和解雇的限制可能增加解雇的可能性，并证明了就业保护会增加失业率。Garín 和 Lester(2019)通过让失业工人在家庭生产和找工作之间做出选择，分析了失业流动效用在劳动力市场搜索匹配模型中的作用。Albercht 等(2019)将戴蒙德均衡失业模型扩展到公共部门，分析了公共部门的工资和就业政策对失业率、私营部门和公共部门之间的就业分工以及这两个部门之间工资分配的影响。

Andrews 等(2008)将持续时间引入劳动力市场搜索匹配模型，以英国为例对雇主搜索持续时间的决定因素进行了初步估计。结果表明，其填补和退出的危害分别表现为负向和正向的持续时间依赖性，这意味着成功寻找雇主的条件概率随持续时间的增加而降低。Carlos-Tndela(2009)对均衡搜索模型进行了拓展，提供了可以产生工资离散量的新预测的搜索模型，相对于标准均衡搜索模型来说，此模型提供的法定最低工资存在时工资的分布更具代表性。为了将招聘成本纳入模型中，Vera(2010)对美国和斯洛文尼亚职位空缺数据集进行分析，结果表明，当招聘成本较高时，寻找职位空缺的雇主更有可能雇佣不合格的员工来填补空缺；在开始寻找时，以低成本寻找，接下来的一周，搜索成本增加。Potter(2021)认为在大萧条期间，搜索成本随着失业时间的延长而下降，这种事实与标准的搜索模型不一致。由此，他提出了一种连续搜索模型，该模型中员工对获得工作机会过程不确定，通过搜索进行学习，信念衍化(evolving beliefs)通过两个相互竞争的渠道影响搜索——休闲的机会成本和失业的选择价值。该估计结果表明，求职者通过搜索进行学习是大衰退期间动态求职现象的一个强有力的解释。

诸如种族、性别等社会化选择也会对就业产生一定的影响。单凭统计数据不能同时解释观察到的黑人和白人工人之间的剩余工资和每月失业概率的差异。Bruno 和 Linas(2016)利用一个具有负面刻板印象、更大的失业估值和更快了解黑人工人匹配质量的模型对此展开了研究。研究发现，美国黑人工人失业时间更长，失业速度更快，工资也比白人工人低。Hong和Zhang(2021)开发了一个模型来研究个体如何在种族隔离的劳动力市场上做出最佳的群体间或群体内社会化决策,以改善求职前景。研究发现,广泛性边际的社会化选择通过影响企业对外资的竞争,对广泛性边际的社会化决策产生溢出效应。因此,个体在粗放型和集约型边缘的社会化策略可能不会朝着同一个方向发展。在许多非洲城市的劳动力市场,尽管自营职业者的性别收入差距大于有工资受雇者,但是自营职业者的妇女人数超过男子。

Lain(2019)将性别因素纳入搜索匹配模型中。其研究表明,即使女性和男性的潜在能力分布是相同的,在工资、就业方面的性别歧视也可以在所有经济部门产生性别收入差距。出现这种结果是因为歧视给女性带来的额外摩擦使她们更难根据自己的比较优势选择职业。Barbanchon等(2021)将通勤意愿(willingness to commute)的性别差异与性别工资差距联系起来,利用法国的求职标准管理数据研究发现,与男性相比,失业女性的保留工资更低,并且最大可接受的通勤时间更短。联合分布确定的工资和通勤之间的无差异曲线表明,女性的无差异曲线更为陡峭,她们对通勤的重视程度比男性高出约20%。尤其是对比之前的工作,失业后新雇佣的女性每小时的工资比男性低4%,通勤时间比男性短12%。

近些年来,学界对个人和社会福利与失业之间关系的关注度不断提高(Basakha, Hossein,2018)。Riccardo和Joan(2006)在现有雇主搜索模型的基础上建立了一个新的模型,基于1999年荷兰的公司调查对公司的无谓损失进行了探究。研究结果表明,经历低筛选成本的公司(大公司),由于职位空缺而放弃大量生产的公司(全职工作的空缺)以及在劳动力市场疲软的情况下运营的公司,造成的无谓损失要相对大得多。

在不完全市场的一般均衡框架中,Mukoyama(2013)采用戴蒙德风格的搜索和匹配模型构建了劳动力市场模型,模型中消费者面临不可避免的失业风险,他们可以储蓄一个有息资产,但受制于借款限制。Mukoyama(2013)通过开发并估计一个具有自主创业的生命周期在职求职模型,捕捉中等收入发展中经济体典型的劳动力市场特征,并将个体的总福利效应分解为不同因素分别带来的福利效应,分析了失业保险改革的福利效应,揭示了每个因素如何促进不同消费者的福利效应的异质性。Ge(2015)指出由挖人引起的岗位间的人员流动导致了外部性,因此在进行人员规划时,应当减少对成本高昂岗位人员的搜寻成本,此外,这类搜索雇用也增加了雇主之间的竞争。Albrecht等(2018)构建了一个均衡的在职寻找模型,研究表明,在一个标准的Burdett/Mortensen模型中,工人的偏好高于福利的分布,工人流动性不一定意味着均衡的工资分散。在工资税对总体福利的影响方面,Narita(2020)认为按比例减少工资税可以提高正规部门的工资和利润,并可以更好地分配受过高等教育的工人,从而改善总体福利。而累进工资税制度的自发减税机制相当于一种单调的削减,会导致整体福利的下降。

第二节 贝弗里奇曲线与经典搜索匹配模型

一、贝弗里奇曲线及其应用

在一个商业周期中，失业率和空置率之间的负相关关系是宏观经济学中最确定的事实之一(Beveridge，1944)。贝弗里奇在《一个自由社会中的充分就业》一书中首先注意到了失业与空岗(vacancies)之间存在着稳定的相互关系，并用一条曲线来描述它们之间的这种稳定关系。这条曲线就被称为贝弗里奇曲线(Beveridge curve)，有时也称UV 曲线。下面简单介绍一下贝弗里奇曲线的推导：

设定匹配函数：

$$M = M(U, V) \quad M_U > 0, \quad M_V > 0 \tag{9-2-1}$$

其中，M 表示雇用或工作匹配的数量，U 表示失业工人的数量，V 表示空岗的数量。该匹配函数包含了使正在寻找工作的工人与正在搜寻所需工人的雇主之间相互匹配的技术有效性的全部内容。

将上述匹配关系用规模报酬不变的 C-D 匹配函数来描述，则式(9-2-1)就可表示为：

$$M = AU^{\gamma}V^{1-\gamma} \tag{9-2-2}$$

在均衡情况下，工作的分离数量(S)将等于工作匹配的数量(M)。将这一情况应用到以上等式并在等式两边同除以劳动力总量(L)则有：

$$\frac{S}{L} = A\left(\frac{U}{L}\right)^{\gamma}\left(\frac{V}{L}\right)^{1-\gamma} \tag{9-2-3}$$

上式以对数形式重新表述如下：

$$\ln(s) = A + \gamma\ln(u) + (1-\gamma)\ln(v) \tag{9-2-4}$$

其中，s 为工作分离率(S/L)；u 为失业率(U/L)；v 为空岗率(V/L)；A 表示截距。在分离率和截距确定的情况下，式(9-2-4)就是用于描述失业率与空岗率之间负相关关系的贝弗里奇曲线。

如图 9-2-1 所示，象限Ⅰ和Ⅱ表示失业和空岗依赖于超额劳动力需求。失业反映的是过多的劳动力供给，而空岗则表示不能满足劳动力需求的状态。失业与超额劳动力需求之间的负相关关系是非线性的，这是因为劳动力市场始终存在着一部分摩擦性失业。象限Ⅱ直观地描述了超额劳动力需求与空岗之间的正向线性关系。当超额劳动力需求处于 E_1 时[这里 E 表示 $(D-S)/S$ ，即超额的劳动力需求比率]，失业为 U_1，空岗则为 V_1；随着超额的劳动力需求接近于 E_2 时，失业下降到 U_2，空岗上升为 V_2。我们利用象限Ⅲ的一条 45°线将空岗与失业负的非线性关系表示出来，即象限Ⅳ中的 UV 曲线。超额劳动力需求的变化可通过沿着该曲线的移动来反映。如果失业函数或空岗函数移动，则 UV 函数也相应移动。

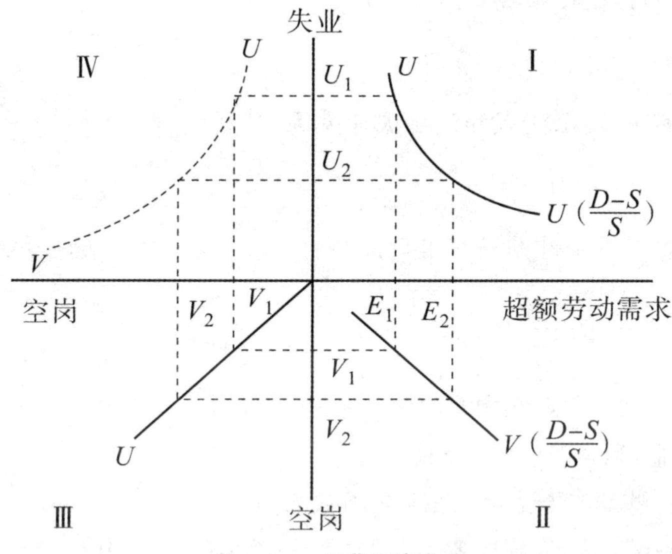

图 9-2-1　贝弗里奇曲线

贝弗里奇曲线的用途广泛，其中最重要的用途是作为一种实用的工具将失业分解为不同类型。通常，之前和未来的充分就业点之间的差异可以被认为是结构性的，未来的充分就业率和目前观察到的失业率之间的差异可以被认为是周期性的(Beveridge，1944)。

使用贝弗里奇曲线进行分析时，通常假设曲线向上的移动反映的是周期性效应，而曲线向下的移动反映的是结构性效应，预期这种效应将足够持久，从而限制刺激政策的潜在效应(Diamond，2013)。贝弗里奇曲线可以用来帮助区别摩擦性失业、结构性失业和周期性失业。曲线横轴测量的是经济中职位空缺的数目，纵轴测量的是失业人数，45 度线表示职位空缺数目与寻找工作的数目相等的线。

在 20 世纪的中叶，贝弗里奇曲线得到过广泛的关注，并出现过许多重要的研究成果(Dow，Dicks-Mireaux，1958)。但是在过去的三四十年间，贝弗里奇曲线并没有得到足够的重视。许多经济学家主要将注意力集中在失业问题的总量分析上，然而总量分析并不能替代结构分析。自 20 世纪 80 年代以来，为了弥补这种总量分析的缺陷并对新古典失业理论进行必要的补充和修正，贝弗里奇曲线再次成为人们关注的热点(Blanchard，Diamond，1989)。

Woirol(1996)利用 JOLTS 数据对失业与空岗之间的关系进行了研究,发现这种负相关关系非常稳定。这一转变引起了广泛的关注,并引发了一场关于美国失业性质的辩论。在空缺率相同的情况下,贝弗里奇曲线的变化表明失业率比以前更高,经济中匹配/招聘过程在恶化。

假设空缺率、分离率和 C-D 匹配函数给定,Barlevy(2011)将贝弗里奇曲线与 2000 年 12 月至 2008 年 8 月的数据进行拟合,发现经济中的劳动力市场可能处于稳定状态。以 A 为系数的 C-D 匹配函数 m 可以写为:

$$m[u,v]=Au^{\alpha}v^{1-\alpha} \tag{9-2-5}$$

以 s 作为分离率,均衡流入和流出失业率为:

$$(1-u)s=Au^{\alpha}v^{1-\alpha} \tag{9-2-6}$$

求解得到满足以下条件的贝弗里奇曲线:

$$u=\frac{s}{s+A(v/u)^{1-\alpha}} \tag{9-2-7}$$

Diamond(2013)通过对 2012 年 10 月的 BLS 报告进行分析,探索 UE(从一个月失业到下一个月就业)和 NE(从一个月未参加工作到下一个月就业)这两个可供工人来源的作用。假设一些非参与者 $\widetilde{N}$ 是匹配函数 $\widetilde{H}[U,\widetilde{N},V]$ 的一部分。最初,假设相关的非参与者是失业者的完美替代者,直到达到一个反映其可用性的常数。该常数可能反映出工人搜索强度、群体人口构成以及雇主对适合性看法等方面的差异。假设此雇用函数为 C-D 形式,代理函数为 $H[U,V]$,并且两个函数具有相同的 C-D 指数,则有:

$$\widetilde{H}[U,\widetilde{N},V]=\widetilde{A}(U+\beta\widetilde{N})^{\alpha}V^{1-\alpha} \tag{9-2-8}$$

$$H[U,V]=AU^{\alpha}V^{1-\alpha} \tag{9-2-9}$$

假设函数的参数不变。然后,标准雇用函数的测量效率参数满足:

$$AU^{\alpha}V^{1-\alpha}=\widetilde{A}(U+\beta\widetilde{N})^{\alpha}V^{1-\alpha} \tag{9-2-10}$$

$$A=\widetilde{A}\left(\frac{U+\beta\widetilde{N}}{U}\right)^{\alpha}=\widetilde{A}\left(1+\frac{\beta\widetilde{N}}{U}\right)^{\alpha} \tag{9-2-11}$$

在完全替代假设下,可用有效求职者存量的比率 $\beta\widetilde{N}/U$ 等于雇员比率 NE/UE 的方程来求解。需要注意的是,对于给定的 N,失业人数越多,A 的水平越低,这将在贝弗里奇曲线周围形成更广泛的动态循环,衰退也越严重。当然,非参与者的相关部分也可能发生变化,相对重要性参数 β 也可能发生变化。没有明显的证据表明一旦经济复苏,匹配函数的这部分下降将是长期持续的。因此,没有理由认为由于匹配函数的影响带来的额外失业是结构性的。

Blanchard 和 Diamond(1989)利用固定弹性和唯一的冲击乘数矩阵来进行识别,对符号识别限制较少(例如,它不依赖于就业弹性的特定假设等)。Schiman(2021)基于 Blanchard 和 Diamond(1989)的研究设置了下列简易模型:

$$y_t = C + \sum_{i=1}^{l} A_i y_{t-i} + u_t \tag{9-2-12}$$

其中,y_t 是内生变量的向量,C 是确定性项的矩阵,A_i 是简化形式参数矩阵,$u_t \sim N(0,u)$ 是简化形式残差的向量,y_t 包括总就业、失业和空缺。

利用上述简化模型,Schiman(2021)讨论了劳动力供给冲击对贝弗里奇曲线产生的重大影响。具有符号限制的 VAR 结果表明,与东欧的工人自由运动相关的冲击暂时增加了奥地利的失业率。与此同时,家庭佣工的就业人数暂时下降,受这种影响最大的是与移徙工人原籍国接壤的地区。

二、效率工资理论

(一)Shapiro 和 Stiglitz 偷懒模型

非自愿失业是许多劳动力市场的持续性特征。这种失业现象的存在引发了这样一个问题:为什么工资没有下降到劳动力市场出清的水平? Salop(1979)认为企业在提高工资时降低了流动成本。Shapiro 和 Stiglitz(1984)展示了雇主和雇员的信息结构,特别是雇主无法无成本地观察工人在职努力的情况。通过建立一个偷懒模型,Shapiro 和 Stiglitz(1984)分析了效率工资水平与工人付出的努力水平、偷懒被发现的频率、失业的可能性以及失业期间所获得的失业救济水平等变量之间的关系。

该模型的主要思想是,为了诱使工人不要偷懒,公司试图支付高于"先行工资"的工资。如果工人偷懒被发现并被解雇,他将失去该激励,所以工人会选择不偷懒。但如果所有企业都选择提高工资以防止工人偷懒的话,随着所有企业提高工资,他们对劳动力的需求就会减少,从而导致失业。在失业率高的情况下,即使所有公司支付相同的工资,工人也有不偷懒的动机。这是因为如果被解雇,工人并不能立即找到下一份工作。下面将介绍偷懒模型的主要决策过程。

1. 职工努力水平的决策问题

假定有数量为 N 的同质职工,其个人的效用函数可以写作 $U(W,e)$。其中,W 为职工所得工资,e 代表努力水平。劳动及其付出的努力给职工带来负效用,而劳动获得的工资意味着可以购买消费品,从而带来正效用。为简便起见,假定效用函数是可分的,且职工是风险中性的,则效用函数可以重新写作 $U=W-e$。进一步假定职工或者提供最小努力($e=0$),或者提供一个正值的努力水平($e>0$)。另外,当一个职工被解雇时,他将获得数量为 $\overline{W}$ 的失业救济金,此时 $e=0$。

每一个职工在任一个时点存在两种可能性:被雇用或者失业。假定每单位时间内

都有比率为 b 的职工因为偷懒之外的原因离开企业，b 作为外生变量，被定义为离职人数与企业雇用人数之比。

根据以上假设，如果工人以当前的努力水平工作且不偷懒的话，他将保持工作，直到由于外生因素导致他离职。假定工人偷懒被发现的概率为 q 。如果被发现偷懒，工人将被解雇，并能获得失业救济 $\overline{W}$ 。因此在一定考察期内，在职工人在偷懒和不偷懒的效用期望中做出比较，追求较大的效用期望。假定折现率 $r>0$。定义 V_E^S 为雇用期间偷懒者的效用期望，V_E^N 为不偷懒者的效用期望，V_U 为相同期间失业者的效用期望，则有：

$$rV_E^S = W + (b+q)(V_U - V_E^S) \tag{9-2-13}$$

$$rV_E^N = W - e + b(V_U - V_E^N) \tag{9-2-14}$$

利率乘以资产价值等于收益流量（红利）加上预期的资产所得（或所失），上述两个方程采取的形式与此类似。根据式（9-2-13）与式（9-2-14）可以求出 V_E^S 与 V_E^N ：

$$V_E^S = \frac{W + (b+q)V_U}{r+b+q} \tag{9-2-15}$$

$$V_E^N = \frac{(W-e) + bV_U}{r+b} \tag{9-2-16}$$

只有当 $V_E^N \geqslant V_E^S$ 时，职工才会选择不偷懒。该条件被定义为无偷懒条件（NSC 条件）。将上述两个方程代入这一条件，则可得：

$$W \geqslant rV_U + (r+b+q)\frac{e}{q} \equiv \hat{W} \tag{9-2-17}$$

通过变换，无偷懒条件也可写作 $q(V_E^N - V_U) \geqslant e$ ，（NSC 条件）表明，如果被解雇不会有任何的处罚，每个人都会偷懒。也就是说，当失业不存在或被解雇者可以立即找到新工作时，$V_U = V_E^N$ ，则 NSC 永远得不到满足。

由条件方程（9-2-17）可知，如果企业支付足够高的工资时，工人们将不会偷懒。NSC 条件隐含着这样几组关系：要求的努力水平越高，临界工资 $\hat{W}$ 越高；失业的效用期望越高，临界工资 $\hat{W}$ 越高；偷懒被发现概率 q 越低，临界工资 $\hat{W}$ 越高；折现率 r 越高，临界工资 $\hat{W}$ 越高；外生的离职率 b 越高，临界工资 $\hat{W}$ 越高。

2.雇主的决策问题

假定有 M 个企业，每个企业的生产函数为 $Q_i = f(L_i)$ ，全社会总生产函数为 $Q = F(L)$ 。其中，L_i 是企业 i 的有效率劳动量。假设工人如果不偷懒，他将贡献 1 单位有效劳动，否则贡献为 0。因此，公司的工资方案受到工人不偷懒的约束。令 $F'(N) > e$ ，即充分就业是有效率的。

监督管理方面的技术（q）是外生的，假定其他的因素的存在使得企业不可能以产出来衡量努力程度。企业的支付包括工资（ W ）和失业救济金（ $\overline{W}$ ）。每个企业在发现偷懒者时，最优的选择是解雇他。因为如果采取降低工资的惩罚方法，将会使那些守纪律的职工也寻求偷懒。W 的上升会增加 V_U，于是便需要有一个更高的 W 来满足 NSC 条件。由于在均衡水平上企业对劳动力的需求没有数量约束，因而所有企业都会一致地把 $\overline{W}$ 置于尽可能低的水平。在仅提供法律允许的最低失业救济的情况下，企业支付水平为 $\overline{W}$ 的工资来满足 NSC 条件，企业的劳动力需求在新雇劳动力的边际生产力和边际成本相等时被决定。其成本包括工资和未来的失业救济。当 $\overline{W}=0$ 时，$f(L_i)=\hat{W}$，$F'(L)=\hat{W}$。

3.市场均衡

当工资很高时，工人将从两个因素评价他们的工作：(1)高工资；(2)相应的低就业水平(由高工资引起的低水平的劳动力需求)。高工资意味着当工人失去工作时，将经历很长的失业期。在这种情况下，雇主将发现，他们即使降低工资也不会引起职工偷懒。相反，当工资很低时，将会引起偷懒，因为：(1)低工资意味着工作与失业之间并无太大区别；(2)高就业水平(由低工资引起的高水平的劳动力需求)意味着即使被解雇，失业期间也不会长。这种情况下，企业会提高工资水平以满足 NSC 条件。

决定企业行为的关键变量是 V_U，即职工失业时的效用期望。当每个企业都采取与其他企业相同的工资和就业水平时，便达到了均衡。

设重新就业率为 a，V_E 为受雇职工效用期望，在均衡时等于 V_E^N。

$$rV_U=\overline{W}+a(V_E-V_U) \tag{9-2-18}$$

将求解出的 rV_E、rV_U 代入前面的 NSC 条件方程可得：

$$W\geqslant\overline{W}+e+\frac{e(a+b+q)}{q}\equiv\hat{W} \tag{9-2-19}$$

上式表明：偷懒被发现的可能性 q 越低，临界工资 $\hat{W}$ 越高；努力水平 e 越高，临界工资 $\hat{W}$ 越高；离职率 b 越高，临界工资 $\hat{W}$ 越高；折现率 r 越高，临界工资 $\hat{W}$ 越高；失业救济水平越高，临界工资 $\hat{W}$ 越高；重新就业率 a 越高，临界工资 $\hat{W}$ 越高。

在稳定的状态下，经济中失业的流入量与流出量应相等，即：

$$a=\frac{bL}{N-L} \tag{9-2-20}$$

将式(9-2-20)代入新的条件方程式(9-2-19)，得：

$$W\geqslant e+\overline{W}+\frac{e}{q}\left(\frac{bN}{N-L}+r\right)=e+\overline{W}+\frac{e}{q}\left(\frac{b}{u}+r\right)\equiv\hat{W} \tag{9-2-21}$$

其中，$u=\dfrac{N-L}{N}$，即失业率。由上式表示的总的 NSC 条件可由图 9-2-2 表示。当

$L=0$ 时，$\hat{W}=\overline{W}+e+\frac{e}{q}(b+r)$；当社会充分就业，即 $L=N$ 时，$a=+\infty$，此时每一个偷懒职工随时可以找到新工作，所以每个职工都将会寻求偷懒。

均衡就业水平由劳动力总需求曲线和总的 NSC 曲线的交点决定。出于简便，我们假定 $\overline{W}=0$，此时 $F'(L)=\hat{W}$，该均衡如图 9-2-3 表示。对企业方来说，企业在 W^* 下无须提高工资就可以得到所需劳动力，而降低工资则会引起职工偷懒。对职工方来说，失业是非自愿的，那些失业的人愿意在 W^* 或更低的工资水平下工作，但却无法使人确信他在这样的工资水平下不会偷懒。

$$F'(L)=e+(\frac{e}{q})[\frac{bN}{N-L}+r] \tag{9-2-22}$$

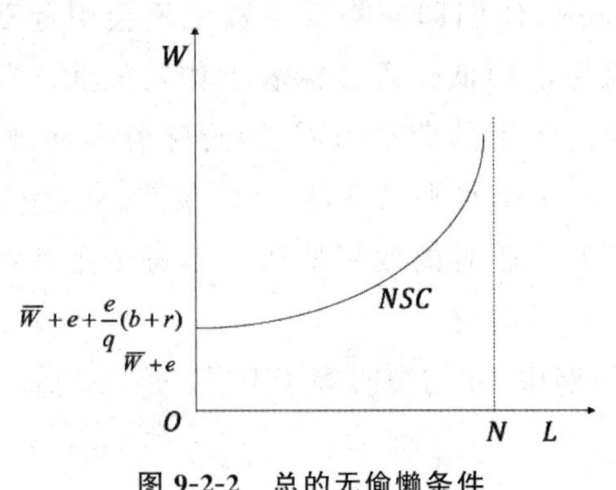

图 9-2-2 总的无偷懒条件

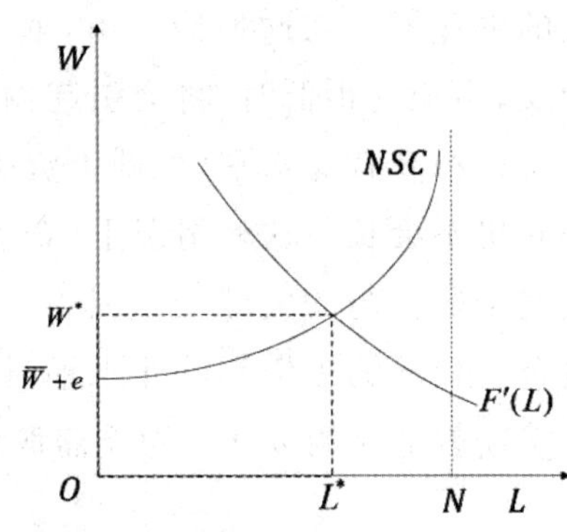

图 9-2-3 均衡失业

一方面，当离职率 b 提高，或监督力度 q 降低时，工人因偷懒而被解雇的概率也将降低，其付出努力的激励也相应下降。因此，这些变化需要在任一就业水平上增加工资，这样就引起了 NSC 曲线上移。另一方面，劳动力的需求曲线保持不变，于是均衡的失业水平和均衡的工资水平都增加了。失业救济金的增加，也会使 NSC 曲线上移，但也会因为劳动力变得更贵，使得劳动力需求水平下降。因此，失业在这两个因素的作用下会上升。

(二)偷懒模型拓展

Bulow 和 Summers(1986)基于雇主激励员工的需求，建立了一个二元劳动力市场模型。为了激发员工的努力，雇主可能会发现支付比现行工资更高的工资是最理想的。这从根本上改变了劳动力市场的特征。该模型被广泛地应用于劳动力市场现象的分析中。下面介绍二元劳动力市场模型的核心思想。

模型假定工人必须失业才能接受初级部门的就业，因此有了均衡的条件：

$$w_1=\overline{w}g_1(E_1/E_2) \tag{9-2-23}$$

$$\alpha=\frac{(p_1-1)\overline{w}(d_2-d_1)}{d_1+q+r} \tag{9-2-24}$$

$$\varpi=\frac{(d_1+q)E_1}{N-E_1-E_2}*\frac{(p_1-1)\varpi}{d_1+q+r} \tag{9-2-25}$$

其中，被雇佣的工人 E_i 在部门之中生产了 ϖE_i 的产出，d_1 表示没有偷懒的工人被误认为偷懒的可能性，d_2 表示偷懒的工人被发现偷懒的可能性。在这个工作部门中，由于没有不对称信息，工作不会产生剩余收入，也不用进行工作分配。在合理的假设下，没有剩余收入会导致较高的人员流动率。那些不能进行完全监督的工作仍然会支付高于市场出清水平的工资。

早期的理论不仅难以解释就业歧视的持续存在，也难以解释职业隔离的现象。通过对性别歧视的研究发现，很多歧视表现为同工同酬但工作内容不平等(Lloyd，Niemi，1979)。上述关于工资水平、人员流动率以及职业分割的预期符合 Doeringer 和 Piore(1971)在其二元劳动市场理论中所确认的主要工作与次要工作的特点。

此外，Alexopoulos(2004)探讨了一般均衡偷懒效率工资模型中增长和失业之间的关系。与以往的研究不同，偷懒被发现的工人不会被解雇，而是会受到金钱上的惩罚。修改后的模型可以解释当经济有正的人口增长和/或技术增长时仍存在的稳定失业率。此外，限制企业惩罚偷懒被发现的工人的能力或限制他们使用酌情奖金的制度和政策会增加失业率并降低经济的长期增长率。其模型核心思想如下：

工人决策优化：

$$\max_{\{c_t^f,K_{t+1}\}_{t=0}^{\infty}} E_0\sum\nolimits_{t=0}^{\infty}\begin{matrix}\beta^t\{(N_t-dN_t^s)\ln(c_t)+(1-N_t)\ln(c_t^u)+dN_t^s\ln(c_t^s)+\\(N_t-N_t^s)\theta\ln(T-f\widetilde{e_t}-\xi)+(1-N_t+N_t^s)\theta\ln(T)\}\end{matrix} \tag{9-2-26}$$

其中，$\widetilde{e_t}$ 表示工人努力水平；f 代表工人必须工作的时间；$f\widetilde{e_t}$ 代表在努力水平为 $\widetilde{e_t}$ 时候的变动成本；希腊字母代表固定成本；d 代表工人偷懒被发现的概率；c_t、c_t^s、c_t^u 分别代表不偷懒工人、偷懒工人、未就业工人的家庭购买消费水平；N_t 与 N_t^s 分别代表时期 t 被雇佣的总工人及偷懒工人数量。

企业决策优化：

$$\max_{\{w_t,N_t,K_t,e_t\}} A_tk_t^{\alpha}(he_tN_t)^{\alpha}-w_thN_t-r_tk_t \tag{9-2-27}$$

给定工人偷懒被发现的概率 d 小于 1，那么对于企业来说，雇佣偷懒工人是不利的。因此，企业利润最大化条件下的工资水平应当是工人不会偷懒的工资水平。

Brecher 等(2010)将私人储蓄和公共债务引入 Shapiro 和 Stiglitz(1984)的偷懒模型，同时放松了对稳态的关注。在放松不偷懒约束以适应资产积累，并证明由此产生的经济均衡是鞍点稳定之后，利用动态模型获得了与传统偷懒模型最优政策不同的结论。该模型的核心思想如下：

工人决策优化(偷懒或者不偷懒)：

$$L^h = C/(1-\theta) - \delta z(1-S) + \mu(\tilde{r}X + \tilde{w}Z - C) + m[a(1-Z) - (b+qS)Z] + \lambda S(1-S) \quad (9\text{-}2\text{-}28)$$

其中，$L^h - \lambda S(1-S)$ 表示当前的汉密尔顿量；μ 和 m 分别表示财富和就业的影子价格；X 代表家庭财富；$\tilde{w} \equiv w(1-\tau_w)$、$\tilde{r} \equiv r(1-\tau_r)$ 分别为实收工资和利率；S 代表员工的偷懒行为；C 代表时期 t 时的消费；z_i 代表个体的工作状态；$z(1-S)$ 代表工人的努力水平。

政府决策优化：

$$L^g = (\mu^{-1/\theta})^{1-\theta}/(1-\theta) - \delta Z + \eta[F(K,Z) - \mu^{-1/\theta}] + v[(\tilde{w}\mu q/\delta - \rho - b - q)(1-Z) - bZ] + \pi[\tilde{r}(D+K) + \tilde{w}Z - F(K,Z) + \gamma\mu(\rho - \tilde{r}) + \psi\tilde{r}] \quad (9\text{-}2\text{-}29)$$

其中，D 代表政府债务存量；K 代表资本存量；Z 代表总就业水平。该模型暗示着，如果劳动力市场被充分扭曲，工资收入在长期内应该被征税（而不是补贴）。此外，就在像 Chamley（1986）的充分就业模型中那样，利息收入应该只在最初的时间间隔内被（完全）征税。

还有一些直接证据表明，工资差距代表了一种真实的租金。Krueger 和 Summers（1988）、Akerlof 等（1988）发现，在工资水平较高的行业中，工人辞职的情况要少得多。Krueger 和 Summers（1988）还发现，从一个行业流向另一个行业的工人，其工资变化接近于两个行业间工资溢价的差距。Gibbons 和 Katz（1992）构建了一个简单的计量模型来表明如果匹配是重要的，那么内生的工作转换决定会产生重大的自我选择偏差。其模型如下：

$$\ln w_{it} = X_{it}\delta + \sum \alpha_j D_{ijt} + u_{it} \quad (9\text{-}2\text{-}30)$$

其中，$\ln w_{it}$ 表示个体每周工资的对数；X_{it} 表示个体特征向量；D_{ijt} 为个体虚拟变量。若个体 i 在 t 时刻于 j 行业处于就业状态，则该变量取值为 1，否则为 0。实证结果表明，由于工厂倒闭而失业的工人如果以前在高薪行业工作，那么当接受新工作时，工人愿意接受的工资削减就会大得多。

除了上述对于效率工资如何影响产业间工资的研究之外，近期的众多学者（如 Shim，Yang，2014；Kumar，Ranjan，2015；Bailly et al.，2017；Papapetrou，Tsalaporta，2017）也通过实证检验探寻效率工资对产业间工资的影响机制。Shim 和 Yang（2014）利用美国人口普查和欧盟 KLEMS 数据构建以下实证模型：

$$\log w_{hit} = X_{hit}\beta_t + w_{it} + \varepsilon_{hit} \quad (9\text{-}2\text{-}31)$$

其中，w_{hit} 代表行业工资率；X_{hit} 代表工人的年龄、教育程度、种族等个人特征；w_{it} 用以衡量行业工资溢价。在 1980—2009 年期间，与低工资行业的企业相比，那些被限制支付相对较高工资溢价的企业在雇用常规工人方面的增长速度较慢，这导致了不同行业就业的异质性。同时，拥有高工资溢价的企业通过信息、通信和技术(ICT)资本取代从事常规工作工人的方法寻求削减生产成本。这些因素都会影响产业间工资差异。

Papapetrou 和 Tsalaporta(2017)采用两阶段的随机抽样方法，对企业内的雇员进行分组。结果表明，即使在控制了个人和工作场所的特征之后，在条件工资分布平均值上的各行业工资分散度也很高。因此，在解释行业间工资差异时，效率工资或租金分享理论还可以继续拓展，这意味着在工资决定过程中，公司支付能力的异质性比雇员不可观察的属性更重要。

三、Pissarides 搜寻匹配模型

介绍 Pissarides(1985)搜寻匹配模型之前，我们首先引入 McCall(1970)模型和匹配模型。后者的核心思想如下：

假设：(1)在劳动力市场上，存在工人与厂商两个主体，双方都根据效用最大化做出决策：工人追求一生期望总收入最大化，厂商追求利润最大化。

(2)动态均衡假设：在均衡状态下，就业工人总数 L 、失业工人总数 U 、工资 w 等均为常数，工人在不同状态之间的流动达到动态平衡，即单位时间内新增就业人数等于新增失业人数。

代表性工人最优决策的目标：

$$V(\cdot)=\max E_0\sum_{t=0}^{\infty}\beta^t y_t \tag{9-2-32}$$

其中，β^t 是折现因子；y_t 是工人的动态收入。

在工人的决策函数中，若 $t=0$ 时工人就业，且工资为 w ，记为 $V_E(w)$ ；若 $t=0$ 时工人失业，面对厂商提供 w 的工资，记为 $V_U(w)$ 。在保留工资 w_0 处，失业者对于接受与拒绝 w_0 工作无差别，即：$V_E(w_0)=V_U(w_0)$ 。

$$V_U(w)=\begin{cases}V_E(w), w\geqslant w_0\\ V_E(w_0), w<w_0\end{cases} \tag{9-2-33}$$

令 $Q=\int_c^{w_H}V_U(w)\mathrm{d}F(w)$ 表示工人在失业状态下跨期收入的期望。其中，厂商为求职者提供的工资为连续随机变量，分布函数为 $F(\cdot)$。

由贝尔曼方程，有：

$$V_S(w)=\begin{cases}w+\beta[b'V_E(w)+bQ], S=E\\ \max\{V_E(w), c+\beta Q\}, S=U\end{cases} \tag{9-2-34}$$

其中，S 表示工作的工作状态；b 表示在职工人任一期内失业的概率，$b'=1-b$ 。

最终，我们可以得到均衡失业率：

$$u=\frac{U}{L+U}=\frac{b}{1+b-F(w_0)} \tag{9-2-35}$$

Pissarides(1985)在成功地引入匹配函数等概念基础上，首次系统地建立了劳动力市场基准模型——DMP 基准模型，通过微观搜寻模式，对众多影响失业持续时间的决定因素进行实证模拟。

令 L、U 分别表示就业与失业总数，V 表示空缺的职位数，则 $L+V$ 表示职位总数。假定累计的就业人数、失业人数与补缺人数服从参数为 a、b 与 q 的泊松过程。

在单位时间内，一个职位产生的利润为：

$$\pi=\begin{cases}B-w-\delta,\text{空缺}\\ -\delta,\text{不空缺}\end{cases} \tag{9-2-36}$$

其中，B 表示雇佣工人的产出；δ 表示单位时间内维持一个职位的成本，反映了职位闲置的成本。

定义匹配函数为：

$$M=AU^{\alpha}V^{\beta} \tag{9-2-37}$$

其中，M 为单位时间内的匹配数。

工人最优化决策：

$$\max E_0\int_0^{\infty}e^{-\rho t}y(t)\mathrm{d}t \tag{9-2-38}$$

在 $t=0$ 时，就业状态的值函数为 V_E，失业状态的值函数为 V_U。

就业时目标函数的贝尔曼方程为：

$$V_E=\int_0^t e^{-(\rho+b)s}w\,\mathrm{d}s+o(t)+e^{-\rho t}[e^{-bt}V_E+(1-e^{-bt})V_U] \tag{9-2-39}$$

失业时目标函数的贝尔曼方程为：

$$V_U=\int_0^t e^{-(\rho+a)s}c\,\mathrm{d}s+o(t)+e^{-\rho t}[e^{-at}V_U+(1-e^{-at})V_E] \tag{9-2-40}$$

联立 V_E 和 V_U，可以得到

$$\begin{cases}\rho V_E=\dfrac{(a+\rho)w+bc}{a+b+\rho}\\ \rho V_U=\dfrac{aw+c(b+\rho)}{a+b+\rho}\end{cases} \tag{9-2-41}$$

厂商最优化决策：

$$\max E_0\int_0^{\infty}e^{-\rho t}\pi(t)\mathrm{d}t \tag{9-2-42}$$

设代表性厂商只提供一个职位，当 $t=0$ 该职位被占据时，厂商收益值函数记为 V_F；职位空缺时，值函数记为 V_V。

均衡状态下，就业人数、空岗数、单位时间内匹配数都为常数且相等，由此可得：

$$M=bL=aU=qV \tag{9-2-43}$$

同时，进一步假定工人与厂商具有相同谈判能力，于是一个职位给工人带来的净收入与带给厂商的净收入平衡，并假定职位可以无成本地增加，则有：

$$V_E-V_U=V_F-V_V=V_F \tag{9-2-44}$$

上式隐含，$V_V=0$，代入厂商决策计算 V_F 和 V_V。

岗位被占据时的贝尔曼方程为：

$$V_F=\int_0^t e^{-(\rho+b)s}\mathrm{d}s+o(t)+e^{-\rho t}[e^{-bt}V_F+(1-e^{-bt})V_V] \tag{9-2-45}$$

空缺岗位时的贝尔曼方程为：

$$V_V=\int_0^t e^{-(\rho+q)s}(-\delta)\mathrm{d}s+o(t)+e^{-\rho t}[e^{-qt}V_V+(1-e^{-qt})V_F] \tag{9-2-46}$$

令 $t\to 0$，均衡时则有：

$$\frac{\delta\rho}{q}=\rho V_F=\rho V_E-\rho V_U=\frac{\rho(w-c)}{a+b+\rho} \tag{9-2-47}$$

联立上式，则有：

$$\begin{cases} w=\dfrac{\delta}{q}(a+b+\rho)+c \\ \delta(a+2b+2\rho+q)=q(B-c) \end{cases} \tag{9-2-48}$$

由 $bL=aU$ 得：

$$V=\left(\frac{M}{AU^{\alpha}}\right)^{\frac{1}{\beta}} \tag{9-2-49}$$

联立均衡状态条件和式(9-2-49)，可以解得：

$$q=\frac{M}{V}=M^{1-\frac{1}{\beta}}A^{\frac{1}{\beta}}U^{\frac{\alpha}{\beta}}=(bL)^{1-\frac{1}{\beta}}A^{\frac{1}{\beta}}(N-L)^{\frac{\alpha}{\beta}} \tag{9-2-50}$$

上式代入联立方程(9-2-48)，可得：

$$\begin{aligned} q(B-c-\delta)-a\delta&=(bL)^{1-\frac{1}{\beta}}A^{\frac{1}{\beta}}(N-L)^{\frac{\alpha}{\beta}}(B-c-\delta)-a\delta \\ &=2\delta(b+\rho)\xrightarrow{\text{定义}}\varphi(L) \end{aligned} \tag{9-2-51}$$

由式(9-2-51)可以解出 $L=L^{*}=\varphi^{-1}[2\delta(b+\rho)]$，由 L^{*} 进而可得到：

$$\begin{cases} U^{*}=N-L^{*};V^{*}=\dfrac{bL^{*}}{q} \\ w^{*}=\dfrac{\delta}{q}(a+b+\rho)+c \end{cases} \tag{9-2-52}$$

Pissarides(1994)、Mortensen 和 Pissarides(1994)引入随机生产率冲击分析企业和职工应对这些冲击的反应，由此发展了 DMP 模型。该模型表明，总体冲击会引起工作创造和毁灭之间的负相关关系，而分散冲击会引起二者的正相关关系。就业毁灭过程被证明比就业创造过程具有更不稳定的动态。我们将在第三节中详细阐述关于搜寻匹配模型的拓展。

第三节　均衡搜寻模型拓展

在没有摩擦的劳动力市场中，厂商并不担心工人流失，因为他可以按照同样的工资雇用到完全相同的工人而不必付出额外的成本。同理，工人也并不担心失去工作。但上述情况显然并不能准确地刻画现实中的劳动力市场。当工人与工作具有高度异质性时，劳动力市场会与瓦尔拉斯市场大不相同。工人和厂商其实并不是在劳动力市场中进行集中交易。相反，工人和厂商是在分散化的市场上以一对一的方式进行交易，双方在一个高成本的搜寻过程中尽力使特殊的偏好、技能与需求相互匹配。由于这个过程并不是瞬间完成的，因此会导致一定的失业。此外，这一过程还会影响工资与就业对冲击的反应。

近年来，已有大量研究将人力资本等因素引入到搜寻匹配模型中。Carrillo-Tudela(2012)通过假设公司生产力的异质性，认为工人获得工作机会的概率与其雇佣状态有关，进一步扩展了已有搜索模型。Rubinstein 和 Weiss(2006)在不分析均衡状态的情况下引入了人力资本累积和在职搜寻。Moen 和 Rosén(2013)分析了跨时激励合同和在职搜索有关的搜索摩擦之间的互动情况。不同于上节中经典的搜寻匹配模型，在本节中，我们会介绍几个关于厂商与工人异质性以及匹配过程的拓展模型。

一、Carrillo-Tudela 人力资本积累模型

长期以来，工人生产力的差异被认为是工资不平等的一个重要来源。自从 Becker(1964)和 Mincer(1974)的开创性工作以来，人力资本理论一直被用来分析工人在生命周期中的工资增长和横向工资分布的标准。然而，经验证据表明，除了工人的生产力差

异之外，工资分散的很大一部分也是由于劳动力市场的摩擦性质造成的。这些证据发现，同样生产力的工人的工资是不同的，而且这些工资呈现出持续性的较大差异(Abowd et al,1999;Hornstein et al.,2011)。Mortensen(2003)指出，搜索理论为这种现象提供了一个有力的解释。Carrillo-Tudela(2012)构建了一个包含在职搜索和一般人力资本积累的均衡搜索模型，并对模型进行定量评价。该模型创建了一个简单的工资方差分解，用来衡量企业和工人生产力差异的重要性。结果表明低技术工人的工资不平等主要是由于他们生产力的差异。在中等技术工人中，摩擦性的工资分散和分类动态与工人的生产力差异一样重要。公司的生产力差异也是这两个技能组中工资不平等的重要来源，并占摩擦性工资分散的很大一部分。Carrillo-Tudela(2012)使用一个统一的平衡框架来研究工资不平等问题，在这个框架中，工人积累人力资本并寻找工作。该框架的主要目标是定量评估工人的生产力差异和搜索摩擦对观察到的工资分布的解释程度。其模型的构建步骤如下：

对于一个给定的报价分布 F，考虑最佳工人行为。$W^U(y)$ 表示一个具有生产力 y 的失业工人在使用最优搜索策略时的预期终身回报；$W^E(y,z)$ 表示一个生产力为 y 的工人在使用最优搜索策略时，目前受雇于提供工资 z 的公司的预期终身报酬。由于 $W^E(y,z)$ 是严格递增的，那么当且仅当 $z' > z$ 时，一个就业工人将辞职选择外部提供的 z'。因此，就业工人的贝尔曼方程意味着：

$$(r+\varphi)W^E(y,z) = zy + \rho y\frac{\partial W^E}{\partial y} + \lambda_e\int_z^{\bar{z}}[W^E(y,z') - W^E(y,z)]\mathrm{d}F(z') + \delta[W^U(y) - W^E(y,z)] \tag{9-3-1}$$

由于失业时没有人力资本积累(也没有折旧)，$W^U(y)$ 的贝尔曼方程如下：

$$(r+\varphi)W^U(y) = z_b y + \lambda_u\int_{\underline{z}}^{\bar{z}}\max[W^E(y,z') - W^U(y),0]\mathrm{d}F(z') \tag{9-3-2}$$

无论是失业还是就业，一个工人的收入总是与 y 成比例的。由于在职学习和工人的收入与 y 是成比例的，而且工人是风险中立的，上述贝尔曼方程意味着存在一个数字 α^U 和一个公式 $\alpha^E()$：

$$W^U(y) = \alpha^U y, W^E(y,z) = \alpha^E(z)y \tag{9-3-3}$$

描述 W^U 的贝尔曼方程暗示，失业工人的最优策略是接受任何满足 $W^E(y,z') \geqslant W^U(y)$ 的 z'。由于 $W^E(y,z)$ 是严格递增的，工人接受任何报价 $z' > z_R$，此处 z_R 由 $\alpha^E(z_R) = \alpha^U$ 给出。这里的关键是所有失业的工人都有相同的保留价值 z_R。

现在考虑企业行为：(1)给定 z_R 和 Γ，存在一组企业的生产率 $p \in [\underline{p}, z_R)$，如果他们提供工作，就会获得负利润；(2)如果不提供工作机会的利润为零，这些公司将不会在劳动力市场上活跃。Γ_0 表示活跃企业的生产率分布，则：

$$\Gamma_0(p)=\frac{\Gamma(p)-\Gamma(p_0)}{1-\Gamma(p_0)} \tag{9-3-4}$$

式(9-3-4)描述一个活跃的公司拥有生产力 $p'\leqslant p$ 的概率，其中 $p_0=\max\{z_R,p\}$ 表示活跃企业的最低生产率，$1-\Gamma(p_0)$ 表示活跃企业的度量。

接下来考虑生产率为 $z\geqslant z_R$ 的公司。由于企业的贴现率为零，因此稳态利润流等于企业的招聘率乘以每次招聘的预期利润。该公司的稳态利润流由下式决定：

$$\Omega(z;p)=\frac{p-z}{q(z)-p}\int_{\underline{\varepsilon}}^{\bar{\varepsilon}}[\lambda_u U_\varepsilon\int_{y'=\varepsilon}^{\infty}y'dN_\varepsilon(y')+\lambda_e(1-U_\varepsilon)$$
$$\int_{z'=\underline{z}}^{z}\int_{y'=\varepsilon}^{\infty}y'\mathrm{d}H_\varepsilon(y',z')]\mathrm{d}A(\varepsilon) \tag{9-3-5}$$

每个企业都会选择最大化利润 z，因为 $\theta=z/p$，一旦选择了 z 就会给出相应的 θ。对每一个 $p\geqslant p_0$，使得 $\bar{\Omega}(p)=\max\Omega(z;P)$。

现在考虑市场均衡，给定最优工人搜索策略 z_R：

(1)活跃企业的生产率分布由式(9-3-4)给出，其中 $p_0=\max\{z_R,p\}$。

(2)给定 Γ_0，对所有的 $p\in[p_0,\bar{p}]$，所有活跃的公司都满足恒定的利润条件：

$$\begin{aligned}&\Omega(z;p)=\bar{\Omega}(p)\text{，对所有满足 }\mathrm{d}F(z\mid p)>0\text{ 的 }Z;\\&\Omega(z;p)\leqslant\bar{\Omega}(p)\text{，对所有满足 }\mathrm{d}F(z\mid p)=0\text{ 的 }Z;\end{aligned} \tag{9-3-6}$$

(3)给定 Γ_0 和 $F(\cdot\mid P)$，$F(\cdot)$ 分布满足：

$$F(z)=\int_{p_0}^{\bar{p}}F(z\mid p)\mathrm{d}\Gamma_0(p) \tag{9-3-7}$$

(4) $U\varepsilon$、$N_\varepsilon(\cdot)$ 和 $H_\varepsilon(.)$ 都符合给定的稳态营业额 $F(\cdot)$。

在求解市场均衡之前，要考虑一些初步条件。由于活跃企业的生产率 $p\geqslant z_R$，任何活跃企业的类型都不会选择 $z>p$(因此 $\theta>1$)，因为这样做会产生负利润，因此，在所有 $p>p_0$ 的情况下，均衡稳态利润流 $\Omega(p)>0$，在 $p=p_0$ 时，$\Omega(p)\geqslant 0$。同样地，$z<z_R$ 也不是最优的，因为这个 z 不会吸引任何失业工人，这意味着零利润。当最不慷慨的企业的生产率 $p=z_R$ 时，提供 $z>z_R$ 意味着负利润。然而，这些企业在提供 $z\leqslant z_R$ 之间是无差异的。在这种情况下，在 $z=z_R$ 处达到均衡。

二、Moen 和 Rosén 道德风险与搜寻模型

Moen 和 Rosén(2013)分析了在职搜索有关的跨时期激励契约与搜索摩擦之间的交互作用。在他们的模型中，代理问题要求签订带有递延报酬的工资合同。同时，工人也在进行在职搜索。递延报酬改善了工人的努力动机，但扭曲了他们的在职搜索决定。

在一个普通企业中，可以分为四个阶段：签约阶段、生产阶段、报酬阶段和搜寻阶段。在签约阶段，普通公司向年轻工人提供一个工资水平 $w=\{w_1,w_2(e)\}$，其中 $w_1 \in R$ 表示第一期的工资，$w_2(e):\{0,\bar{e}\}\rightarrow R$，是第二期的工资，并假定工人仍然受雇于普通公司。在生产阶段，年轻工人选择努力程度 e 和 y_1+e 单位产出，其中 $e\in\{0,\bar{e}\}$ 是努力程度。努力的成本是 $ec, c\in(0,1)$。此处引入了一个可能需要延迟补偿的道德风险问题，并尽可能简单地假设工人的努力水平只能在第二期观察到。在报酬阶段，年轻工人们按合同规定获得工资 w_1。在寻找阶段，年轻工人寻找专门的工作。如果求职成功，该员工就会离职。如果在第二期继续留在普通公司，在此期间没有任何道德风险问题，工人生产 y_2，并获得合同工资 $w_2(e)$。

工人在专业公司找工作的费用很高。搜索强度 s 意味着努力成本 $\gamma s^2/2$。专业公司进入搜索市场有代价 K。每个工人在专业公司中生产 $y_p>y_2$，工资 w_p 是通过讨价还价而定的。

匹配在各期之间进行。寻找工人和专业公司之间的匹配数量是由一个恒定的规模回报匹配函数 $x(sn,v)$ 决定的，其中 n 用来衡量搜寻工人的数量；s 是平均搜寻强度；v 是由专业公司公布的职位空缺的衡量标准。假设搜寻函数为 C-D 形式，即 $x(sn,v)=A(sn)^{\beta}v^{1-\beta}$。$p$ 代表单位搜索强度下找到工作的概率；q 代表每个公司的申请人数，则：

$$p(\theta)=A\theta^{1-\beta} \tag{9-3-8}$$

$$q(\theta)=A\theta^{-\beta} \tag{9-3-9}$$

其中，$\theta=v/sn$。工人在搜索强度 s 下找到工作的概率是 sp。

由于普通公司的市场竞争激烈，老员工总能得到与之相等的工资 y_2，为了留住没有在专业公司获得工作机会的老职工，工资合同必须明确规定工资 $w_2(e)\geqslant y_2$。我们将此称为工人的临时参与约束。如果工人付出努力，临时参与约束将不受约束；如果工人不努力，在工资水平 $w_2=y_2$ 下，企业对留住工人或放走工人是无差异的。因此，工人的预期效用是：

$$u(w,e,s)=w_1-ec-\gamma s^2/2+spw_p+(1-sp)w_2(e) \tag{9-3-10}$$

普通公司的利润是：

$$\pi(w,e,s)=y_1+e-w_1+(1-sp)(y_2-w_2(e)) \tag{9-3-11}$$

专业公司的工资是由纳什谈判决定的。工人的威胁点是普通公司的第二周期工资。为了避免无趣的技术性问题，我们假设个体工资对专业化公司来说是不可观察的，它们只知道经济体系中的工资分布。由于我们只考虑纯战略均衡，因此均衡中的所有工人都有相同的后备工资 $w_2(e^*)$，其中 e^* 是均衡的努力水平，其构成了工人的分歧点。专业公司的工资由下式给出：

$$w_p = \beta y_p + (1-\beta) w_2(e^*) \tag{9-3-12}$$

一个专业公司的预期收入是：

$$V = q(y_p - w_p) = K \tag{9-3-13}$$

为了确保专业公司的市场在有递延报酬和没有递延报酬的情况下都在运作，我们必须对专业公司和普通公司之间空缺出职位的相对生产力差异做出假设。

更具体地，模型做出假设 1：

$$y_p - y_2 - \bar{e}c > 0 \tag{9-3-14}$$

此外，还应做出参数假设，以确保均衡状态下找到工作的概率 SP 小于 1。假设 2：

$$\gamma > A^{\frac{2}{\beta}}\left[\frac{(1-\beta)(y_p - y_2)}{K}\right]^{\frac{2(1-\beta)}{\beta}} \beta (y_p - y_2) \tag{9-3-15}$$

令 $\bar{u}$ 表示进入市场的年轻工人的期望效用。所需要解决的问题是：

$$\max \pi(w, e, s) \tag{9-3-16}$$

约束条件为：

$$\begin{aligned} &\text{激励相容条件}: u(\tilde{w}, \tilde{e}, \tilde{s}) = \max_{e,s} u(\tilde{w}, e) \\ &\text{临时参与条件}: \tilde{w}_2(e) \geqslant y_2, e \in \{0, \bar{e}\} \\ &\text{参与条件}: u(\tilde{w}, \tilde{e}, \tilde{s}) \geqslant \bar{u} \end{aligned} \tag{9-3-17}$$

则均衡合同为 (w^*, e^*, s^*)，普通企业所获利润为 0，即 $\pi(w^*, e^*, s^*)=0$。结果表明，当在职搜索对工人和公司的价值很高时，递延补偿的吸引力就会降低。

由于参与约束 $u \geqslant \bar{u}$ 是具有约束力的，根据式(9-3-10)和式(9-3-11)得到下式：

$$\begin{aligned} \pi &= y_1 + y_2 + e(1-c) + sp(w-y) - \gamma s^2/2 - \bar{u} \\ &= y_1 + y_2 + e(1-c) + \Omega(s) - \bar{u} \end{aligned} \tag{9-3-18}$$

其中：

$$\Omega(s) = sp(w_p - y_2) - \gamma s^2/2 \tag{9-3-19}$$

其中，$\Omega(s)$ 代表搜寻的价值。定义 $\Omega^{\max} = \max_s \Omega(s)$，$s^{\max}$ 代表 s 的相应值。于是：

$$s^{\max = \frac{p(w_p - y_2)}{\gamma}} \tag{9-3-20}$$

$$\Omega^{\max = \frac{p^2(w_p - y_2)^2}{2\gamma}} \tag{9-3-21}$$

考虑到工人的搜寻活动，激励相容性要求 $\tilde{s}$ 最大化 $u(\tilde{w}, \tilde{e}, s)$，由式(9-3-10)可知，这个最大化问题的一阶条件为：

$$\tilde{s}=\frac{p(w_p - w_2(\tilde{e}))}{\gamma} \tag{9-3-22}$$

通过比较方程(9-3-20)和方程(9-3-22),可以看出,当且仅当 $w_2(\tilde{e})=y_2$ 时,工人才会使搜索价值 Ω 最大化,在这种情况下,工人的搜索行为对企业没有外部性。定义:

$$L=\Omega^{\max}-\Omega(\tilde{s}) \tag{9-3-23}$$

我们把 L 称为当 $w_2(\tilde{e})\neq y_2$ 时与低效搜索强度有关的损失。现在,利润函数式(9-3-18)可以写为:

$$\pi=y_1+y_2+e(1-c)+\Omega^{\max}-L-\bar{u} \tag{9-3-24}$$

令 $D\equiv w_2(\tilde{e})-y_2$ 表示工人收到的递延补偿金额。如果公司实施了努力,$D>0$。

此外,搜索摩擦和工资合同之间的相互作用产生了反馈效应。如果企业在均衡状态下使用递延补偿合同,那么进入在职搜索市场的空缺企业就会减少,这反过来又会减少递延补偿所造成的扭曲。所使用的激励合同和搜索市场的活动水平之间的这些反馈效应可以导致多种均衡:企业使用递延补偿的低周转均衡,以及不使用递延补偿的高周转均衡。此外,当搜索摩擦较高和在职搜索的收益较小时,企业更有可能使用递延补偿。

三、Julien 和 Mangin 考虑工作创造效率的搜寻匹配模型

在一个搜索匹配模型中,工人在生产力方面事先是异质的,并且有劳动力参与。Albrecht 等(2010)的研究表明,这种假设违反了著名的荷氏规则,该规则指出,当空缺职位或企业的剩余份额等于其在匹配函数中的弹性时,创造就业是受限制的。Albrecht 等(2010)认为,在他们的环境中,应用荷氏规则会导致过度的空缺创造。一些论文对这一基本假设进行了扩展,包括 Gavrel(2011)、Charlot 等(2013)和 Masters(2015)。Julien 和 Mangin(2017)的研究表明,有效的空缺创造需要一个修正版的荷氏条件,它不仅可以捕捉到标准的搜索外部性,还可以捕捉到产出外部性和参与外部性。

在 Albrecht 等(2010)的研究中,有一个由事先异质的潜在工人组成的测度,他们的生产力 y 是根据一个具有 $F(\cdot)$ 累积分布函数的二次可微分分布。其中,$F(0)=0$,以及对所有 $y\in[0,1]$ 都有 $f(y)>0$。工人们了解自己的类型,并通过寻找工作来决定是否参加劳动大军。市场密集度为 θ,工人和企业的匹配概率分别为 $m(\theta)$ 和 $m(\theta)/\theta$。工资由广义纳什议价与工人议价能力 β 决定,模型中存在一个生产力下限 y^*,当且仅当 $y\geqslant y^*$ 时工人会参与其中,否则,工人不参与其中。其中,y^* 由下式给出:

$$y^*\equiv\frac{z}{\beta m(\theta)} \tag{9-3-25}$$

其中，y^* 是市场密集度的减函数。给定 $m'(\theta)>0$，随着θ的增加，找到工作的可能性更高，因此生产率较低的工人更有可能参与。每次匹配的预期产出（平均劳动生产率）由下式给出：

$$p(\theta)\equiv E(y\mid y\geqslant y*)=\int_{y*}^{1}\frac{yf(y)}{1-F(y*)}\mathrm{d}y \tag{9-3-26}$$

式（9-3-26）说明存在负的输出外部性，因为更大的空缺创造会降低平均劳动生产率，这不是内部化公司的进入决策。

关于工作创造效率，计划者直接选择空缺值 V 来最大化社会净盈余：

$$\Omega(V)=z(1-R(\theta))+R(\theta)m(\theta)p(\theta)-cV \tag{9-3-27}$$

其中，y^* 和 $p(\theta)$ 在前文已经定义，计划者将工人的劳动参与决策作为给定的，依赖于议价参数 β，也就是说，计划者同时受到匹配摩擦和工人参与决策的“约束”。

定义 $\tilde{x}(\theta)\equiv x(\theta)-z$ 为每个参加劳动的工人的预期共同剩余总额（减去不参加劳动的价值），则有：

$$\Omega(V)=z+R(\theta)(\tilde{x}(\theta)-c\theta) \tag{9-3-28}$$

最优化的一阶必要条件为：

$$\Omega'(V)=(R'(\theta)(\tilde{x}(\theta)-c\theta)+R(\theta)(\tilde{x}'(\theta)-c))\frac{\mathrm{d}\theta}{\mathrm{d}V}=0 \tag{9-3-29}$$

由于 $V=\theta R(\theta)$，

$$\frac{\mathrm{d}\theta}{\mathrm{d}V}=\frac{1}{R(\theta)+\theta R'(\theta)}>0 \tag{9-3-30}$$

因此，内部最优必须满足：

$$R'(\theta)(\tilde{x}(\theta)-c\theta)+R(\theta)(\tilde{x}'-c)=0 \tag{9-3-31}$$

令参与弹性 $\eta_R(\theta)\equiv R'(\theta)\theta/R(\theta)$，则有：

$$\frac{1}{1+\eta_R(\theta)}(\underbrace{\eta_m(\theta)}_{matching\ elasticity}+\underbrace{\eta_s(\theta)}_{\text{surplus } elasticity}+\underbrace{\eta_R(\theta)}_{\text{participation } elasticity}(\frac{x(\theta)-z}{x(\theta)}))=\frac{c\theta}{x(\theta)} \tag{9-3-32}$$

其中，$\eta_m(\theta)\equiv m'(\theta)\theta/m(\theta)$ 为匹配弹性，$\eta_s(\theta)\equiv s'(\theta)\theta/s(\theta)$ 为剩余弹性。

将上述效率条件应用于分散市场，则 θ^* 需要满足以下条件：

$$\underbrace{\eta_m(\theta)}_{matching\ elasticity}+\underbrace{\eta_s(\theta)}_{\text{surplus } elasticity}+\underbrace{\eta_R(\theta)}_{\text{participation } elasticity}(\beta-\frac{z}{x(\theta)})=\underbrace{1-\beta}_{firms'b\ arg\ aining power} \tag{9-3-33}$$

由于 $\mathrm{d}\theta/\mathrm{d}V>0$ 和 $R'(\theta)>0$，就业机会的创造导致了更多工人的参与，因此产生了参与的外部性。因此：（1）有更多的工人可供匹配；（2）平均匹配产出降低。由于

$\eta_R(\theta) > 0$，以及 $\beta - \frac{z}{x(\theta)} = \frac{\beta}{p(\theta)}(p(\theta) - y^*) > 0$，第一种影响占主导地位，参与的外部性总体上是正的。

由于产出的外部性是负的，但参与的外部性是正的，所以从式(9-3-33)来看，标准荷氏条件是导致空缺的进入不足还是过度进入并不明显。因此，在标准荷氏条件下有过度的就业创造。条件如下式：

$$\eta_s(\theta) + \eta_R(\theta)\left(\beta - \frac{z}{x(\theta)}\right) < 0 \tag{9-3-34}$$

当处于分散均衡 θ^* 时，不等式(9-3-34)成立。因此，如果标准的荷氏条件成立，即 $\eta_m(\theta^*) = 1 - \beta$，则存在过度的空缺，或过度的就业。

本章小结

本章首先回顾了宏观经济学中关于失业问题的研究成果，重点介绍了经典搜索匹配模型及其最新扩展。新自由主义主张只要政府放开对最低工资的限制，弱化政府对劳动者利益的保护，就可以通过市场配置资源，让市场自发调节就业解决工人的充分就业问题。其代表人物 Friedman 认为，在自由竞争的市场经济中，工资是有弹性的，劳动力可以自由流动，劳动者很容易获取市场供求信息。在这种情况下，一切有工作技能并愿意工作的人迟早都会就业，然而事实并非如此(李文豪，吴鹏华，2021)。新自由主义在孤立、静态、局部的均衡分析基础上，把市场设想为绝对理想的"市场乌托邦"。从表面上看，福利制度既增加工人工资和福利，解决了劳动者的生存问题，又扩大了劳动者的消费需求。但实质上，福利制度的最终目的是未来扩大投资，通过增加劳动者的消费需求来带动投资，以需求带动供给，以消费拉动投资，以便实现资本的增值运动。可见，福利主义治标不治本，也无法解决工人的失业问题。马克思《资本论》认为，解决失业问题的正确途径是将剩余价值返还给劳动者，实现劳动者创造的剩余价值向劳动者复归，劳动成果由劳动者共享。

习题

9.1 贝弗里奇曲线(Beveridge，1944)。给定匹配函数 $M = M(U, V)$，$M_U > 0$，$M_V > 0$。其中，M 表示雇用或工作匹配的数量，U 表示失业工人的数量，V 表示空岗的数量。

(1)将上述匹配关系用规模报酬不变的 C-D 匹配函数来描述。

(2)请求解均衡状况下的工作分离率与失业率。

(3)请求解贝弗里奇曲线。

9.2 贝弗里奇曲线求解(Barlevy,2011)。假设 C-D 匹配函数服从式(9-2-5),m 作为匹配函数,A 为比例常数。

(1)试求均衡时刻的分离率和失业率。

(2)请推导出满足匹配条件的贝弗里奇曲线。

9.3 偷懒模型和福利(Stiglitz,1984)。假定有数量为 N 的同质职工,个人的效用函数可以写作 $U(W,e)$,其中,W 为职工所得工资,e 代表努力水平。如果工人以当前的努力水平工作且不偷懒的话,他将保持工作。假定他偷懒被发现的概率为 q。员工效用模型满足式(9-2-13)和式(9-2-14)。

(1)请求解满足何种情况下,员工选择不偷懒。

(2)试述(1)的结果说明什么。

(3)试证明,当信息成本被明确考虑时,该均衡在一般情况下不是帕累托最优。

9.4 偷懒模型(Alexopoulos,2004)。在时期 t,由大量使用同种技术的完全竞争公司生产总产量 y 服从 $Y_t=A_tK_t^{\alpha}[(N_t-N_t^s)he_t]^{(1-\alpha)}$,其中,$0<\alpha<1$,$e_t$ 为不偷懒工人不可观测的努力,N_t、N_t^s 和 K_t^{α} 分别代表被雇佣的工人、被雇佣的偷懒工人和时期 t 企业租用的资本存量,给定企业的决策优化条件满足式(9-2-27)。

(1)试写出企业层面决策优化条件。

(2)试写出 t 时期个人决策的激励相容条件(IR 和 IC 条件)。

9.5 搜寻匹配模型与工人资产价值(Pissarides,1985)。假定工资是由公司和工人之间的纳什均衡所决定的,并且是完全灵活的。即工作匹配的剩余是根据一个固定的参数 B 在企业和工人之间分配的,$0\leqslant B\leqslant 1$。当产量为 y 时企业所享受的剩余为 $J(y)-V$。

(1)假设工人生产 y 产出时获得 $W(y)$ 的资产价值,b 为工人不生产时的回报率,试写出工人资产价值 U 与期望工资 $W_e=E(W(y)\mid y\geqslant x)$ 的关系式。

(2)试写出工人剩余与企业剩余的关系式(提示:工人剩余为 $W(y)-U$)。

(3)当空缺职位的预期利润为零时,试求稳态时均衡工资表达式。

参考文献

ACHARYA D, 2002. Money and the Natural Rate of Unemployment[J].Kyklos, 55(3) :441-442.

ALBRECHT J, CARRILLO-TUDELA C, VROMAN S, 2018. On-The-Job Search with Match-Specific Amenities[J]. Economics Letters, 162(C): 15-17.

ALBRECHT J, NAVARRO L, VROMAN S, 2010. Efficiency in a Search and Matching Model with Endogenous Participation[J]. Economics Letter. 106 (1): 48-50.

ALEXOPOULOS M, 2004. Unemployment and the Business Cycle[J]. Journal of Monetary Economics, 51(2): 277-298.

ALVAREZ F, VERACIERTO M, 2012. Fixed-Term Employment Contracts in an Equilibrium Search

Model[J]. Journal of Economic Theory, 147(5): 1725-1753.

ANDOLFATTO D, 1996. Business Cycles and Labor Market Search[J]. American Economic Review, 86 (1): 112-132.

ANDREWS M J, BRADLEY S, STOTT D, et al., 2008. Successful Employer Search? An Empirical Analysis of Vacancy Duration Using Micro Data[J]. Economica, 75(299): 455-480.

ANTON N, EUGENE N, 2021. Job Search, Transition to Employment and Discouragement among Older Unemployed Welfare Recipients in Germany[J]. Social Policy and Administration, 55(4): 747-765.

BAILLY F, CHAPELLE K, PROUTEAU L, 2017. Wage Differentials between Conventional Firms and Non-Worker Cooperatives: Analysis of Evidence from France[J]. Competition & Change, 21(4): 321-341.

BARBANCHON T L, RATHELOT R, ROULET A,2021.Gender Differences in Job Search: Trading off Commute against Wage[J].The Quarterly Journal of Economics,136(1):381-426.

BARLEVY G, 2011. Evaluating the Role of Labor Market Mismatch in Rising Unemployment[J]. Economic Perspectives, 35(3): 82-97.

BARRON J M, BISHOP J, DUNKELBERG W C, 1985. Employer Search: The Interviewing and Hiring of New Employees[J]. The Review of Economics and Statistics, 67(1): 43-52.

BASAKHA M, HOSSEIN MOHAQEQI KAMAL S, 2019. Industrial Development and Social Welfare: A Case Study of Iran[J]. Socio-Economic Planning Sciences, 68: 100661.

BECKER G S, 1964. Human Capital: A Theoretical and Empirical Analysis with Special Reference to Education (3rd Edition)[M]. Chicago: The University of Chicago Press.

BEVERIDGE W H, 1944. Full Employment in a Free Society[M]. London: Allen and Unwin.

BLANCHARD O, DIAMOND P, 1989. The Beveridge Curve[R]. Brookings Papers.

BLAU F D, KAHN L M, 1983. Job Search and Unionized Employment[J]. Economic Inquiry, 21 (3): 412-43.

BOMAN A, 2012. Employment Effects of Extended Geographic Scope in Job Search[J]. Labour Economics, 19(5): 643-652.

BRECHER R A, CHEN Z, CHOUDHRI E U, 2010. A Dynamic Model of Shirking and Unemployment: Private Saving, Public Debt, and Optimal Taxation[J]. Journal of Economic Dynamics and Control, 34 (8): 1392-1402.

BRUNO D, LINAS T, 2016. Statistical Discrimination in a Search Equilibrium Model: Racial Wage and Employment Disparities in the US[R]. Amse Working Papers.

BROUWER S, BAKKER R H, SCHELLEKENS J M H, 2015. Predictors for Re-Employment Success in Newly Unemployed: A Prospective Cohort Study[J]. Journal of Vocational Behavior, 89: 32-38.

BULOW J I, SUMMERS L H, 1986. A Theory of Dual Labor Markets with Application to Industrial Policy, Discrimination, and Keynesian Unemployment[J]. Journal of Labor Economics, 4(3): 376-414.

CAI X, GAUTIER P A, WOLTHOFF R P, 2017. Search Frictions, Competing Mechanisms and Optimal Market Segmentation[J]. Journal of Economic Theory, 100(169): 453-473.

CARLOS-TUDELA C,2009. An Equilibrium Search Model When Firms Observe Workers' Employment Status[J]. International Economic Review, 50(2): 485-506.

CARRILLO-TUDELA C, 2012. Job Search, Human Capital and Wage Inequality[R]. ISER Working Paper Series 2012-23, Institute for Social and Economic Research.

CHAMLEY C, 1986. Optimal Taxation of Capital Income in General Equilibrium with Infinite Lives [J]. Econometrica, 54(3): 607-622.

CHARLOT O, MALHERBET F, ULUS M, 2013. Efficiency in a Search and Matching Economy with a Competitive Informal Sector[J]. Economics Letters, 118(1): 192-194.

COCKX B, DEJEMEPPE M, 2012. Monitoring Job Search Effort: An Evaluation Based on a Regression Discontinuity Design[J]. Labour Economics,19(5): 729-737.

COTTIER L, FLUCKIGER Y, KEMPENEERS P, et al., 2018. Does Job Search Assistance Really Raise Employment? [J].Available at Ssrn3249880.

DIAMOND P,2013. Cyclical Unemployment, Structural Unemployment[J]. IMF Economic Review, 61 (3): 410-455.

DINLERSOZ E M, HYATT H R, JANICKI H P, 2019. Who Works for Whom? Worker Sorting in a Model of Entrepreneurship with Heterogeneous Labor Markets[J]. Review of Economic Dynamics, 34: 244-266.

DOERINGER P B, PIORE M J, 1971. Internal Labour Markets and Manpower Analysis[M]. New York: Armonk.

FABERMAN R J, ISMAIL A H, 2020. How Do Unemployment Benefits Relate to Job Search Behavior? [J]. Chicago Fed Letter (441): 1-6.

FALKINGER J,2002. Unemployability and Involuntary Unemployment[J]. A Theory of Employment in Firms, 35-55.

FALLAHI F, POURTAGHI H, RODRÍGUEZ G,2012. The Unemployment Rate, Unemployment Volatility, and Crime[J]. International Journal of Social Economics, 39(6): 440-448.

FANIZZA D, 1996. Employment Cycles in Search Equilibrium[J]. Journal of Economic Dynamics and Control, 20(5): 879-904.

FOUGÈRE D, PRADEL J, ROGER M, 2009. Does the Public Employment Service Affect Search Effort and Outcomes? [J]. European Economic Review, 53(7): 846-869.

FRIEDMAN M, 1968. The Role of Monetary Policy[J]. The American Economic Review, 58(1): 1-17

FU J, SEFTON M, UPWARD R, 2019. Social Comparisons in Job Search[J]. Journal of Economic Behavior & Organization, 168(C): 338-361.

FUJIMOTO J, 2013. A Note on the Life-Cycle Search and Matching Model with Segmented Labor Markets[J]. Economics Letters, 121(1): 48-52.

GARÍN J, LESTER R,2019. The Opportunity Cost (s) of Employment and Search Intensity[J]. Macroeconomic Dynamics, 23(1): 216-239.

GAVREL F, 2011. On the Efficiency of Participation with Vertically Differentiated Workers [J]. Economics Letters, 112(1): 100-102.

GE T, 2015. Does Search Boost Efficiency? [J]. Economics Letters, 130(5):72-74.

GIBBONS R, KATZ L F, 1992. Does Unmeasured Ability Explain Inter-Industry Wage Differences [J]. Review of Economic Studies, 59(3): 515-35.

GLITZ A, 2017. Coworker Networks in the Labour Market[J]. Labour Economics, 44(C): 218-230.

GOMME P, LKHAGVASUREN D, 2015. Worker Search Effort as an Amplification Mechanism [J]. Journal of Monetary Economics, 75(C): 106-122.

GOUSSÉ M, JACQUEMET N, ROBIN J M, 2017. Marriage, Labor Supply, and Home Production [J]. Econometrica, 85(6): 1873-1919.

GROSSMAN H I, 1973. Aggregate Demand, Job Search, and Employment[J]. Journal of Political Economy, 81(6): 1353-1369.

HANSEN A H, 1947. Economic Policy and Full Employment[M]. New York: McGraw-Hill Book Company.

HERBOLD D, SCHUMACHER H, 2020. The Agency Costs of On-The-Job Search[J]. Games and Economic Behavior, 121(C): 435-452.

HILLMAN D R, KNILL C, 2018. Rapidly Increasing Employment Search Self-Confidence in Unemployed Clientele[J]. International Journal of Training Research, 16(3): 232-248.

HONG J, ZHANG R, 2021. Socialization, Job Search and Integration[J]. Economic Modelling, 101 (C):105535.

HORNSTEIN A, KRUSELL P, VIOLANTE G L, 2011. Frictional Wage Dispersion in Search Models: A Quantitative Assessment[J]. American Economic Review, 101(7): 2873-98.

JANEBA E, 2009. Exports, Unemployment, and the Welfare State[J]. Canadian Journal of Economics, 42(3): 930-955.

JULIEN B, MANGIN S, 2017. Efficiency of Job Creation in a Search and Matching Model with Labor Force Participation[J]. Economics Letters, 150(C): 149-151.

KEYNES J M. 1936. The General Theory of Employment[M]. London: Macmillan.

KRUEGER A B, SUMMERS L H, 1988. Efficiency Wages and the Inter-Industry Wage Structure [J]. Econometrica, 56(2): 259-293.

KUDOH N, MIYAMOTO H, SASAKI M, 2019. Employment and Hours over the Business Cycle in a Model with Search Frictions[J]. Review of Economic Dynamics, 31: 436-461.

KUMAR M, RANJAN R, 2015. Wage Differential Between Informal and Formal Wage Worker in India [J]. Academic Journal of Economic Studies, 1(4): 9-19.

LAIN J, 2019. Discrimination in a Search and Matching Model wth Self-Employment[J]. IZA Journal of Development and Migration, 9(1): 1-35.

LLOYD C B, NIEMI B T, 1979. The Economics of Sex Differentials [M]. New York: Columbia University Press.

MANNING A, 2013. Monopsony in Motion[M]. Princeton University Press.

MARINESCU I, SKANDALIS D, 2021. Unemployment Insurance and Job Search Behavior[J]. The Quarterly Journal of Economics, 136(2): 887-931.

MASTERS A, 2015. Efficiency in a Search and Matching Model with Participation Policy[J]. Economics Letters, 134(C): 111-113.

MCCALL J J, 1970. Economics of Information and Job Search[J]. The Quarterly Journal of Economics, 84(1): 113-126.

MERZ M, 1995. Search in the Labor Market and the Real Business Cycle[J]. Journal of Monetary Economics, 36(2): 269-300.

MILLIMET D L, 2005. Job Search Skills, Employer Size and Wages[J]. Applied Economics Letters, 12(2): 95-100.

MINCER J A, 1974. Schooling, Experience, and Earnings[M].Cambridge: National Bureau of Economic Research.

MOEN E R, ROSÉN Å, 2013. On-The-Job Search and Moral Hazard[J]. Journal of The European Economic Association, 11(6): 1404-1431.

MORTENSEN D T, PISSARIDES C A, 1994. Job Creation and Job Destruction inthe Theory of Unemployment[J]. The Review of Economic Studies, 61(3): 397-415.

MORTENSEN D, 2003. Wage Dispersion: Why Are Similar Workers Paid Differently? [M]. Cambridge: MIT Press.

MUEHLEMANN S, STRUPLER LEISER M, 2018. Hiring Costs and Labor Market Tightness[J]. Labour Economics, 52(C): 122-131.

MUKOYAMA T, 2013. Understanding the Welfare Effects of Unemployment Insurance Policy in General Equilibrium[J]. Journal of Macroeconomics, 38: 347-368.

NARITA R, 2020. Self-Employment in Developing Countries: A Search-Equilibrium Approach[J]. Review of Economic Dynamics, 35: 1-34.

PAPAPETROU E, TSALAPORTA P, 2017. Inter-Industry Wage Differentials in Greece: Evidence from Quantile Regression Analysis[J]. International Economic Journal, 31(1): 51-67.

PHELPS E S, 1968. Money-Wage Dynamics and Labor-Market Equilibrium[J]. Journal of Political Economy, 76(4): 678-711.

PHILLIPS A W, 1958. The Relationship between Unemployment and the Rate of Change of Money Wage Rates in the United Kingdom[J]. Economica, 25: 283-299.

PIGOU A C, 1914. Unemployment[M]. London: Williams and Norgate LTD.

PISSARIDES C A, 1985. Short-Run Equilibrium Dynamics of Unemployment, Vacancies, and Real Wages[J]. American Economic Review, 75(4): 676-690.

PISSARIDES C A, 1988. The Search Equilibrium Approach to Fluctuations in Employment[J]. American Economic Review, 78(2): 363-368.

PISSARIDES C A, 1994. Search Unemployment with On-The-Job Search[J]. Review of Economics Studies, 61: 457-475.

PISSARIDES C A, 2000. Equilibrium Unemployment Theory[M]. MIT Press.

POSTEL-VINAY F, ROBIN J, 2006. Microeconometric Search-Matching Models and Matched Employer-Employee Data[J]. Advances in Economics and Econometrics: Theory and Applications, 2: 279-310.

POTTER T, 2021. Learning and Job Search dynamics During the Great Recession[J]. Journal of Monetary Economics, 117: 706-722.

RAMIREZ J V, 1998. Unemployment Rate and Working-Hour Constraints: Empirical Evidence from the Swiss Labour Force[J]. International Journal of Manpower, 19(6): 449-460.

RAMÓN GARCÍA J, SOROLLA V, 2017. Frictional and Non-Frictional Unemployment In a Labor Market with Matching Frictions[J]. The Manchester School, 85(4): 450-465.

RICCARDO W, JOAN M, 2006. Employer Search and Employment Subsidies[J]. Applied Economics, 38(12): 1435-1448.

RODRIGUE J, TSUYUHARA K, 2018. On-The-Job-Search, Wage Dispersion and Trade Liberalization [J]. Canadian Journal of Economics/Revue Canadienne D'économique, 51(2): 452-482.

RONALD W M, 2006. Job Search Success and Employability in Local Labor Markets[J]. Annals of Regional Science, 40(2): 407-421.

SALOP S C, 1979. A Model of the Natural Rate of Unemployment[J]. The American Economic Review, 69: 117-125.

SAYGIN P O, WEBER A, WEYNANDT M A, 2021. Coworkers, Networks, and Job Search Outcomes among Displaced Workers[J]. Ilr Review, 74(1): 95-130.

SCHIMAN S, 2021. Labor Supply Shocks and the Beveridge Curve: Empirical Evidence from EU Enlargement[M]. Review of Economic Dynamics, Amsterdam: Elsevier.

SHAPIRO C, STIGLITZ J E, 1984. Equilibrium Unemployment asa Worker Discipline Device[J]. American Economic Review, 74(3): 433-444.

SHIM M, YANG H S, 2014. Interindustry Wage Differentials, Technology Adoption, and Job Polarization[J]. Journal of Economic Behavior & Organization, 146(2):141-160.

SHIMER R, 2005. The Cyclical Behavior of Equilibrium Unemployment and Vacancies[J]. American Economic Review, 95(1): 25-49.

SOLOW R M, 1979. Another Possible Source of Wage Stickiness[J]. Journal of Macroeconomics, 1(1): 79-82.

STÄHLER N, 2008. Unemployment and Employment Protection ina Unionized Economy with Search Frictions[J]. Labour, 22(2): 271-289.

TAYYAR B, 2020. Job Search, Occupational Choice and Learning [J]. Central Bank Review, 20 (3): 85-97.

THIRLWALL A P, 1974. Types of Unemployment in the Regions of Great Britain[J]. The Manchester School, 42(4) :325-339.

VANSTEENKISTE S, DESCHACHT N, SELS L, 2015. Why Are Unemployed Aged Fifty and Over Less Likely to Find a Job? A Decomposition Analysis[J]. Journal of Vocational Behavior, 90(10): 55-65.

VERA B, 2010. Do Employers Respond to the Costs of Continued Search [J]. Oxford Bulletin of Economics and Statistics, 72(2): 221-245.

WOIROL G R, 1996. The Technological Unemployment and Structural Unemployment Debates [J]. Greenwood Press.

李文豪，吴鹏华，2021. 新自由主义思维的生成及其批判[J]. 前沿(1)：33-38.

第十章 货币和通胀

第一节 引 言

一、理论研究回顾

宏观金融专题以经典的货币模型为切入点，包括 MIU 模型和 CIA 模型等，并进一步放开假设，研究了货币利率、价格黏性等因素（如 Ljungqvist，Sargent，2004）。

（一）MIU 模型

效用函数中的货币模型是由 Sidrauski（1967）首先提出的。他假定持有货币和物品消费都能带来效用，主要原因是使用货币能在“需求双向不吻合”（no double coincidence of wants）交易中减少购物时间，降低时间成本，后者能够影响个体效用。然而，由于货币持有与消费或债券之间存在替代关系，因此，追求效用最大化的经济个体需要在货币持有与消费或债券之间进行权衡。只要经济稳态模型中货币能带来效用，那么它就具有正价值。此模型是首次在均衡分析中使用货币真正具有正价值的模型。它提出在均衡状态下货币需求为正的结论。

在 Sidrauski（1967）的基础上，Lucas 和 Rapping（1969）将劳动供给引入货币效用模型，来解释居民就业行为。研究发现：居民跨期替代行为会对自身的劳动供给产生显著影响。自此，大量学者尝试对这一框架的可靠性和适用性进行更为深入的研究。以 Hall（1980）、Andrews 和 Nickell（1982）等为代表的研究文献揭示：内嵌劳动供给的货币效用模型可以很好地解释跨期替代行为与居民劳动供给的关系；相反，以 Dutkowsky 和 Foote（1992）、Dutkowsky 和 Dunsky（1996）、瓦什（2004）等为代表的研究文献，对该模型的可靠性和适用性提出了质疑。例如 Dutkowsky 和 Foote（1992）运用美国的数据对模型结论进行实证检验，结果发现，居民的消费和货币需求对自身劳动供给的跨期替代影响均较小。

事实上,该模型有两个假设前提:一是货币使用能减少购物时间,但没有解释缺乏货币时交换缘何出现困难;二是隐含假定货币是唯一交换媒介,但没有明确限制条件来达到此假设(景睿,付代军,2007)。事实上,货币回报率是个体持有货币的机会成本(Paul,Motlaleng,2006; Kim,Lee, 2012;Bradbury,Triest,2016)。前者很低时,个体持有货币的机会成本很高,将更多地以非货币形式持有财富,此时只有交换需要才会将一部分非金融资产换成货币。因此,经济对货币的需求就成为瞬间需求,其他时候均为零。故而,似乎假设个体的最优决策是将所有储蓄投入生产资本或债券更为恰当。

(二)CIA 模型

CIA 模型是当代西方经济学中另一广泛使用的货币先行模型。该模型由 Clower(1967)首先提出,其前提是消费必须用货币来购买。从技术上讲,这相当于给模型增加了一个现金约束。在 Clower(1967)之后,Stockman(1981)发展了投资品也要用货币来购买的模型,Lucas 和 Stokey(1987)此后又将消费品分为必须用现金购买(现金物品)和可用信贷购买(信贷物品)的两部分。CIA 模型的优点在于它在保持动态最优分析的同时可以很容易推导出货币需求。该模型前提是消费必须使用货币来购买。为了达到这一目的,在模型中假设了一个货币在先约束,即物品购买量受先前换取的货币量的约束。这是人们预算约束之外的另一约束。该模型隐含着两种限制:其一,货币是购买物品的唯一媒介;其二,货币必须在物品交换之前取得。

CIA 模型表明,如果货币供给为一常量,那么该模型能减少货币在先这一约束的影子成本。CIA 模型的优点在于保持动态最优分析的同时可以很容易推导出货币需求。CIA 模型与 MIU 模型一样,并不专门讨论为什么货币具有如此特别的功能。但与 MIU 模型不一样的是,CIA 模型中货币的真正价值并不依赖于任何关于消费和真实货币量在效用函数中的可分离性,这就让模型摆脱了一个不必要的束缚。CIA 模型也说明了稳态的货币值为整合货币的超中性等问题。由于存在货币先行限制,实际消费等于实际货币余额,稳态通胀率等于实际货币余额。然而,基本的 CIA 模型不能说明通胀的福利成本和最优货币通胀率问题。根据这一模型,预期通胀不会影响货币需求,这一结论显然不太现实。Cooley 和 Hansen(1989)将消费品进一步区分为现金物品和信贷物品,从而得到消费与所持货币量之比随预期通胀变动的结论。

(三)新货币主义

在传统的 CIA 和 MIU 框架中,价格对买卖双方来说都是外生的。家户根据价格和收入,沿着自己的预算约束线进行交易(Stockman,1981)。但是,这些文献无法刻画交易细节,如家户和谁交易、如何交易、拿什么媒介进行交易,只能告诉我们交易的结果(Lagos et al.,2017)。进入 21 世纪后,经济学家们开始利用搜寻模型(search model),来突破这一巨大缺陷(Lagos et al.,2017),从而建立起了一套名为"新货币主义"(new monetarist)的分析框架。搜寻模型的引入具有两个重要作用:一是能够刻画交易过程;二是考察是否能够得到货币、银行和信用等制度安排应该改进福利的研究结论(Williamson,

Wright,2010)。在 CIA 和 MIU 框架下,货币引入通常会降低社会福利。这是一个与事实明显不符的研究结论。

到目前为止,这类模型已经演化出三代模型。第一代模型,以 Kiyotaki 和 Wright (1989, 1991)、Kocherlakota(1998)为代表,该模型是对 Diamond(1982)模型的拓展。它们利用 Jevons(1875)提出的单重巧合和双重巧合概念,来刻画交易过程。研究发现,在监督机制不够好时,货币能改进福利(Kocherlakota,1998)。第二代模型,以 Shi (1995)、Trejos 和 Wright(1995)、Julien 等(2008)、Burdett 等(2017)等为代表,该模型的特点是利用不同的双边议价方式,放宽了商品不可分的假设。研究表明,货币导致均衡结果非常丰富,出现了资产泡沫、市场崩溃等多种有趣现象。第三代模型,以 Molico (2006)、Molico 和 Zhang(2006)、Chiu 和 Molico(2010, 2011,2021)、Jin 和 Zhu(2019)等为代表,该模型的特点是放宽了人们最多持有 1 单位货币的上限。他们的研究极具贡献,例如在 Lucas(1987)的福利成本模型中,通胀福利损失是不大的,但在引入搜寻匹配摩擦的 Lagos 和 Wright(2005)的研究中,人们愿意为降低 10%的通胀放弃 5%的消费。通胀损失扩大了 10 倍。这无疑是相对比较符合现实经济的(黄梅波,吕朝凤,2011)。

近年来,新货币主义已经得到了国际经济学家的广泛关注。他们对基本模型不断做出拓展(如 Geromichalos et al.,2007;Lagos,Rocheteau,2008;Lagos et al.,2017;Rocheteau,Nosal, 2017;Gu et al.,2019)。相关研究十分丰富,我们在这里重点介绍以下三方面的研究。具体如下:

第一,旨在打破传统只有法定货币作为交易媒介的假说(如 Geromichalos et al.,2007; Lagos,Rocheteau,2008; He et al.,2015; Rocheteau et al.,2018)。Geromichalos 等(2007)利用卢卡斯树(Lucas tree)作为交易媒介,并设定卢卡斯树的供给固定,流动性需求导致卢卡斯树的价格高于基础价格;而 Lagos 和 Rocheteau(2008)利用资本作为交易媒介发现,在资本供给完全弹性的条件下,流动性需求会使资本过度积累。He 等(2015)利用房产的流动性作为媒介,给定房产供给既不是固定的,也不是完全弹性的,那么房产供给会随价格的上升而增加。另外,Williamson(2012)和 Rocheteau 等(2018)利用债券作为媒介,发现债券供给会和房产一样随着价格的增加而上升。

第二,旨在打破传统模型中买卖双方身份固定的假说和探索市场多样性的影响(如 Lagos,Wright,2005;Rocheteau,Wright,2005)。Lagos 和 Wright(2005)首次打破买方卖方身份固定这一假说,给定双方身份由随机搜寻结果来决定,并且定价机制为议价。Rocheteau 和 Wright(2005)则给定买卖双方身份固定,搜寻方式设定为定向搜寻,将价格公布和议价均引入模型,丰富了传统模型中的议价机制。更重要的是,他们参考 Pissarides(2000)的双边市场方法,拓展了前者单边市场的假说,引入的是双边市场,以讨论市场紧张程度(market tightness)对交易概率的影响。

第三,旨在探讨货币与信用的共存性问题(如 Lotz,Zhang,2013;Gu, Wright,

2016)。Lotz 和 Zhang(2013)、Gu 等(2019)采用声誉作为信用支撑,来考察货币与信用共存经济中的模型均衡。而在 Lagos(2011)的研究中,则利用资产作为支撑,来考察货币与信用共存时的经济特征。研究发现,利用资产作为抵押品的清泷信宏-摩尔(Kiyotaki-Moore)模型,与将资产作为支付手段的清泷信宏-摩尔模型,在数学上是基本等价的。

这些研究为我们理解货币的重要作用提供了全新的思路,他们共同创立了新货币主义模型框架,具有重要的理论贡献。

二、政策研究回顾

货币政策同样是经济学家的重要研究命题。早期研究比较注重利用金融加速器机制探讨货币政策对实际经济的影响效应,如 Kiyotaki 和 Moore(1997)、Bernanke 等(1999)等。进入 21 世纪后,经济学家不断尝试通过不同方式,将金融部门引入动态一般均衡分析框架来考察金融摩擦对实际经济的影响,如 Cúrdia 和 Woodford(2008)、Gertler 和 Kiyotaki(2010)、Gertler 和 Karadi(2011)等。众所周知,一个国家或地区的货币政策是能够影响其金融市场摩擦的。因而,这些框架都从不同角度,在不同的程度上对货币政策的作用机理进行了解释(Apostolakis,Papadopoulos,2015)。

一些文献利用上面的框架,探讨金融稳定性和经济增长的内在联系,如 Hakkio 和 Keeton(2009)、Hatzius 等(2010)、Cevik 等(2013)、Mallick 和 Sousa(2013)等。Hatzius 等(2010)在控制经济增长和通胀的基础上,利用金融完善程度指标(financial soundness indicator),检验了金融条件对实际经济的预测能力。Mittnik 和 Semmler(2013)提出,金融约束的缓解会对实际经济产生正影响;Afonso 等(2018)也提出,金融压力的提高会对实际经济产生负冲击,恶化财政环境。

一些经济学家利用上面框架,考察金融稳定性和货币稳定性的关系,例如 Schwartz(1995)、Lowe 和 Borio(2002)、De Graeve 等(2008)等。Schwartz(1995)发现,价格若能够在中长期保持稳定,那么是可以在一定程度上抑制金融危机爆发的。Lowe 和 Borio(2002)指出,在供给冲击和资产价格泡沫的经济环境中,即使出现低通胀和经济增长,仍然可能出现金融不稳定性。De Graeve 等(2008)则为货币稳定性和金融稳定性之间的内在联系提供了证据,指出未预期的紧缩性货币政策将会使一个国家经济更容易出现经济崩溃。因而,他们提出,中央银行的核心工作是维持货币稳定和金融稳定之间的长期均衡。然而,在 Blot 等(2015)的研究中,他们并未发现支持二者之间存在着上述关系的证据。因此,货币稳定与金融稳定之间的内在关系,仍有待进一步的研究。

大量学者研究发现,在广大发展中国家中,扩张性货币政策能够通过金融市场发展影响一国的 GDP 产出,如 Abradu-otoo 等(2003)、Kovanen(2011)、Adu 等(2013)、

Quartey 和 Afful-Mensah(2014)、Ofori-Abebrese 等(2017)等。在这些研究中,一个不可回避的问题是:一国所采用的、细微的金融部门改革能否对其经济增长产生货币政策冲击。Sena 等(2021)利用 Ghana 经济数据和重要政策事件研究法,检验了金融发展和货币政策在影响 GDP 时的联系,以及货币政策和金融发展对经济增长的影响效应。结果表明,金融发展能够强化货币政策对经济增长的正影响效应。因此,货币政策应该具有真实效应(Sena et al.,2021)。这是一个不同于经典 RBC 文献论断的研究结论。

在国内,针对货币政策,张强和韩俊萤(2016)通过从货币政策冲击的内涵与类别、衡量指标和识别策略、冲击影响的实证方法与改进,对宏观经济的影响四个方面归纳和建议。郭豫媚等(2016)在金融加速器模型的基础上通过引入企业异质性,构建了一个具有利率双轨制特征的新凯恩斯动态随机一般均衡模型,研究了利率双轨制下中国最优货币政策对产出和通货膨胀的关注度,并提出在利率双轨制下,货币政策冲击对民营企业贷款利率和产出的影响大于国有企业。同时福利损失分析结果表明,相比经典泰勒规制中货币政策反应系数的设定,货币政策更加关注产出时福利损失会达到最小。在利率双轨制下,通货膨胀目标制尚不适合中国,中国的货币政策应更加关注产出波动。

吴立元和龚六堂(2018)总结并详细阐述了异质性条件下货币政策四个新的传导机制:实际利率变动的收入效应机制、再分配机制、谨慎性储蓄机制与流动性保险机制。文章在详细分析这些新机制产生的理论原因的同时,还讨论了前瞻性指引、“直升机撒钱”、货币政策效应的非对称性、货币政策是否应关注金融稳定和不平等、最优通货膨胀率等政策问题。何德旭和余晶晶(2019)认为信用供给与需求的不平衡使中国当前的企业融资面临巨大的困境,货币政策传导渠道不畅加深了流动性在信用供给端的淤积,进一步增加了企业融资的困难。疏通货币政策传导渠道成为充分发挥货币政策调节作用、支持实体经济融资的关键前提。并通过分析货币政策传导渠道的现状,对比国内外货币政策传导机制的异同,来寻找货币政策传导受阻的原因。

潘敏和刘姗(2019)研究认为常备借贷便利工具较好地发挥了引导货币市场利率走势、平抑市场利率波动和利率走廊的功能;而短期流动性调节工具不仅未能有效引导市场利率走势和熨平货币市场利率的波动,反而加剧了货币市场利率的波动;中期借贷便利并未有效地引导市场利率下降,但有助于减小市场利率的波动,且不同期限的中期借贷便利对货币市场利率及其波动率的影响也存在着明显的差异。为更好地提升借贷便利货币政策工具的有效性,中央银行应充分发挥常备借贷便利作为市场利率走廊上限的作用,加快构建利率走廊机制;进一步扩大短期流动性调节工具的作用范围,增强其资金的可得性和流动性,并提高其信息披露的及时性和透明度;更多采用中期借贷便利平抑市场利率波动,并适当增加相对短期的中期借贷便利操作。

王立勇和王申令(2020)认为货币政策的不确定性不仅对本国的宏观和微观各主体行为存在重要影响,对其他国家也会产生溢出效应,是一国货币政策调控的潜在成本,将日益受到理论界和各国政策当局的密切关注。通过测度货币政策不确定性，找出货币政策不确定性的主要决定因素，随后总结货币政策不确定性对本国经济的影响以及对他国经济的溢出效应。陆磊和刘学(2020)探讨了应对由流动性冲击导致的金融危机时货币政策和财政政策的协调作用。当流动性冲击影响资产价格并导致经济衰退时，减税政策通过增加政府债券发行提高了名义利率，从而为盯住资产价格的利率规则的货币政策稳定经济提供更大的操作空间。因此，在财政政策的支持下，传统的货币政策工具仍然可以应对由流动性冲击导致的金融危机，而并不需要采用量化宽松政策。

以上文献对国际金融与货币进行了简要说明，下一节将货币经典模型等内容进行详细介绍。

第二节　几个经典的货币模型

一、效用函数中的货币——MIU 模型

Sidrauski(1967)将货币引入效用函数，构建了一个效用函数中的货币(money in the utility function)模型即 MIU 模型。Sidrauski(1967)假设货币和实际消费一样，都能为经济个体带来效用。其理由是：持有货币将在需求双向不吻合交易中减少购物时间，降低其时间成本。由此提出，“行为人要使其效用极大化，需要在货币持有量与其消费量或债券拥有量之间进行权衡”(Sidrauski，1967)。只要经济稳态模型中货币能带来效用，那么它就具有正价值。此模型是首次在均衡分析中使用货币真正具有正价值的模型。它提出在均衡状态下货币需求为正的结论。

然而，该模型有两个假设前提：一是货币使用能减少购物时间，但没有解释缺乏货币时交换缘何出现困难；二是隐含假定货币是唯一交换媒介，但没有明确限制条件来达到此假设(景睿，付代军，2007)。事实上，货币回报率是个体持有货币的机会成本(Paul，Motlaleng，2006；Kim，Lee，2012)。前者很低时，个体持有货币的机会成本很高，将更多地以非货币形式持有财富，此时只有交换需要才会将一部分非金融资产换成货币。因此，经济对货币的需求就成为瞬间需求，其他时候均为零。故而，似乎假设个体的最优决策是将所有储蓄投入生产资本或债券更为恰当。

将货币引入经济模型通常有三种方法：(1)假设货币直接产生效用，并进入模型中的效用函数(Sidrauski，1967)；(2)强调货币节约交易成本的功能，从而产生对货币的需求(如 Clower，1967)；(3)把货币看成是一种资产，与其他资产的作用相类似，家庭能够利用货币进行资源和财富的代际转移(如黄静，崔光灿，2020)。这些模型都

只抓住了货币某一方面的特征,而忽略了其他方面。

在本章,我们主要关注第一种方法即 MIU 模型,将货币引入新古典模型,家庭的效用直接取决于消费和持有的实际货币余额。对效用函数做出某些限制后,这种方法保证均衡中家庭能够持有一个正的实际货币余额。此模型来自 Sidrauski(1967)的创造性贡献,已被广泛用于检验货币经济学中的主要问题,如货币与物价水平的关系,通货膨胀对经济均衡的影响,以及最优的通货膨胀率等(Faria,2001; Gokan,2003)。

为了更好地理解货币的作用,本节将简单介绍 Clower(1967)、Sidrauski(1967)、Stockman(1981)等的经典模型,并使用线性近似化和参数校准的方法,以计算出模型所隐含的、宏观经济变量的时间序列特征。通过本节对这些经典模型的介绍,也会为读者理解后面新模型打下基础。

(一)基本的 MIU 模型

Sidrauski(1967)提出的 MIU 模型有两个特征:(1)效用函数中暂时忽略了家庭的劳动一闲暇选择,效用函数只包括家庭的消费和实际货币余额,而家庭对货币的需求取决于持有货币的价值(或效用)和成本(主要是通货膨胀带来的成本);(2)基本的 MIU 模型暂时忽略货币冲击和技术变化中的不确定性。

1.家庭的效用函数和预算约束

Sidrauski(1967)假设个体效用函数的基本形式为 $u=u(c,m)$,即家庭持有的实际货币余额能够直接产生效用,而没有解释缘何实际货币余额能够带来效用[①]。后一个问题是 CIA 模型和采购时间模型所要关注的,它们会进一步讨论货币的价值基础(value-based)。但是,以 Sidrauski(1967)、Lucas 和 Rapping(1969)、Hall(1980)、Dutkowsky 和 Foote(1992)等为代表提出的 MIU 模型只要求"家庭持有货币能产生效用"这一假设成立。

需要注意的是,货币学家如 Frenkel(1971)、Samreth(2010)认为对家庭产生效用的不是实际货币余额本身,而是持有货币带来的流动性服务(liquidity services)。实际货币余额是存量,而流动性服务是流量(Sinai,Stokes, 1972; Roley et al., 1985; Dreger et al., 2016)。所谓流动性服务可以看成是 Keynes 所说的、货币具有的流动性属性,这是货币区别于其他金融资产的根本特征。用 z 表示实际货币量产生的流动性服务,则代表性家庭的效用函数可表示为:

$$U_t=u(c_t,z_t) \tag{10-2-1}$$

其中,z_t 为持有货币为家庭带来的服务流量(flow of services)(Sidrauski,1967);c_t 为家庭消费量。家庭的效用函数为新古典效用函数,并满足稻田条件:$u_t=\partial u(c,z)/\partial z$,对所有的 c,有 $\lim\limits_{z\to 0}u_z(c,z)=\infty$,$\lim\limits_{z\to\infty}u_z(c,z)=0$。即持有货币所带来的流动性

① 比如是因为货币具有交易媒介功能还是因为使用货币能够节省家庭的交易时间。

服务总是具有正效用(Sidrauski,1967)。

Sidrauski(1967)假设货币产生的交易服务流量与家庭实际货币余额成比例,那么货币产生的流动服务就等于人均实际货币余额:$z_t = m_t$。由此可以将家庭效用函数转化为$U_t = u(c_t, m_t)$。为保证货币均衡存在,通常假设对所有的c,都有$\bar{m} > 0$。对所有$m > \bar{m}$,$u_m(c,m) \leqslant 0$,表示持有过多的货币将导致货币的边际效用为负。

由上述分析,我们得到家庭生命周期总效用的现值为:

$$U = \sum_{t=0}^{\infty} \beta^t u(c_t, m_t) \tag{10-2-2}$$

其中,β^t为折现因子。下面讨论家庭的预算约束,在离散时间模型中,通常使用跨期预算约束:

$$Y_t + \tau_t N_t + (1-\delta)K_{t-1} + \frac{(1+i_{t-1})B_{t-1}}{P_t} + \frac{M_{t-1}}{P_t} = C_t + K_t + \frac{M_t}{P_t} + \frac{B_t}{P_t} \tag{10-2-3}$$

其中,Y_t为产出,由生产函数给出;τ为政府向家庭发放的转移支付;K为资本量;P为一般物价水平;B和M分别表示家庭持有的债券和货币的名义价值。为简化起见,假设债券的名义收益率为i,持有货币则没有收益。关于家庭的跨期预算约束,还需要注意以下几个方面:

第一,家庭持有的债券和货币数量来自上一期,这体现跨期约束的特征(Sidrauski,1967)。

第二,家庭的总产出取决于上一期资本存量和本期就业。假设劳动增长率为一常数n,在规模收益不变的假设下,可以得到人均形式的产出:

$$y_t = f\left(\frac{k_{t-1}}{1+n}\right) = \frac{f(k_{t-1})}{1+n} \tag{10-2-4}$$

第三,人均形式的变量定义为$b_t = \frac{B_t}{P_t N_t}$,其他变量以此类推。定义通货膨胀率为$\pi$,相似定义人口增长率为$n$。

在上述条件下,预算约束变为:

$$\begin{aligned}\omega_t &= f\left(\frac{k_{t-1}}{1+n}\right) + \tau_t + \left(\frac{1-\delta}{1+n}\right)k_{t-1} + \frac{(1+i_{t-1})b_{t-1} + m_{t-1}}{(1+\pi_t)(1+n)} \\ &= c_t + k_t + m_t + b_t\end{aligned} \tag{10-2-5}$$

(二)价值函数与一阶条件

利用在离散时间动态优化求解问题上具有优势的贝尔曼方程来求解上述模型,可以定义价值函数为:

$$V(\omega_t)=\max\{u(c_t,m_t)+\beta V(\omega_{t+1})\} \tag{10-2-6}$$

$$\omega_t=\max\left\{u(c,m)+\beta V\left(\frac{f(\omega_t-c_t-m_t-b_t)}{1+n}+\tau_{t+1}+\frac{(1-\delta)}{(1+n)}(\omega_t-c_t-m_t-b_t)+\frac{(1+i_i)b_t+m_t}{(1+\pi_{t+1})(1+n)}\right)\right\}$$

其一阶最优条件如下：

$$u_c(c_t,m_t)-\frac{\beta}{1+n}[f_k(k_t)+1-\delta]V_\omega(\omega_{t+1})=0 \tag{10-2-7}$$

$$\beta V_\omega(\omega_{t+1})\frac{1+i_t}{(1+\pi_{t+1})(1+n)}-\beta V_\omega(\omega_{t+1})\left[\frac{f_k(k_t)+1-\delta}{1+n}\right]=0 \tag{10-2-8}$$

$$u_m(c_t,m_t)-\beta\left[\frac{f_k(k_i)+1-\delta}{1+n}\right]V_\omega(\omega_{t+1})+\frac{\beta V_\omega(\omega_{t+1})}{(1+\pi_{t+1})(1+n)}=0 \tag{10-2-9}$$

上述一阶条件具有丰富经济学含义，即家庭最优资源配置条件是边际收益相等(Sidrauski，1967)。满足这些条件就表明：均衡时，家庭财富在每一种用途上的边际收益相等。

(三)持有货币的机会成本

家庭持有的货币余额要取决于持有货币的收益和成本(Sidrauski，1967)。上文中，本书讨论了家庭持有货币的收益，包括持有货币带来的直接和间接效用。在Sidrauski(1967)构建的MIU模型中，持有货币机会成本可以用持有货币与消费的边际效用比来衡量，如下式：

$$\begin{aligned}\frac{u_m(c_t,m_t)}{u_c(c_t,m_t)}&=\frac{\beta\left[\frac{f_k(k_t)+1-\delta}{1+n}\right]V_\omega(\omega_{t+1})-\frac{\beta V_\omega(\omega_{t+1})}{(1+\pi_{t+1})(1+n)}}{\frac{\beta}{1+n}[f_k(k_t)+1-\delta]V(\omega_{t+1})}\\&=1-\frac{1}{(1+r_t)(1+\pi_{t+1})}\\&=\frac{i_t}{1+i_t}\end{aligned} \tag{10-2-10}$$

其中，实际利率 $r=f_k-\delta$，即为资本的净边际报酬。

(四)稳定状态均衡

宏观经济学中的稳态，指除参数之外的实际经济变量不再随时间的变化而变化，家庭的消费、实际货币余额、家庭财富、资本存量等均保持不变(Sidrauski，1967)。为简化分析，设人口增长率 $n=0$，名义货币供给增长率为常数 θ。家庭的资源配置处于稳态均衡时，所有变量均应满足模型中的一阶条件，由于稳态中产出水平不变，因此 $\pi=0$。重写一阶条件为：

$$u_c(c^*, m^*) - \beta[f_k(k^*) + 1 - \delta] \cdot V_\omega(\omega^*) = 0 \tag{10-2-11}$$

$$\frac{1 + i^*}{1 + \theta} - [f_k(k^*) + 1 - \delta] = 0 \tag{10-2-12}$$

$$u_m(c^*, m^*) - \beta[f_k(k^*) + 1 - \delta] \cdot V_\omega(\omega^*) + \frac{\beta \cdot V_\omega(\omega^*)}{1 + \theta} = 0 \tag{10-2-13}$$

$$f(k^*) + \tau^* + (1 - \delta)k^* + \frac{m^*}{1 + \theta} = c^* + k^* + m^* \tag{10-2-14}$$

需要注意的是，由于家庭之间相互持有债券，因此 $b^* = 0$（Sidrauski，1967）。家庭财富为：

$$\omega^* = f(k^*) + \tau^* + (1 - \delta)k^* + \frac{m^*}{(1 + \pi^*)} \tag{10-2-15}$$

在稳态中实际货币余额和人均产出不变，因此名义货币增长率全部转化为通货膨胀率。这些一阶条件表明，在 Sidrauski（1967）提出的 MIU 模型中，货币是中性的，对实际经济没有影响，即货币量不影响家庭的消费和资本存量。

（五）货币利率

在前面讨论中，假设家庭持有货币没有利息。在此放松这个假设，即假设政府为家庭持有货币余额支付 i^m 的名义利率，并由一次性总税收 s 融资，家庭预算约束变为（为简化，假设 $n = 0$）：

$$\begin{aligned} & f(k_{t-1}) - s_t + \tau_t + (1 - \delta)k_{t-1} + (1 + r_{t-1})b_{t-1} + \frac{1 + i_t^m}{1 + \pi_t} m_{t-1} \\ & = c_t + k_t + m_t + \end{aligned} \tag{10-2-16}$$

结合前面假设的效用函数，并构建贝尔曼方程求解一阶最优条件，可得：

$$\begin{aligned} & -u_c(c_t, m_t) + u_m(c_t, m_t) + \frac{\beta(1 + i_t^m) \cdot V_\omega(\omega_{t+1})}{(1 + \pi_{t+1})} \\ & = 0 \Rightarrow \frac{u_m(c_t, m_t)}{u_c(c_t, m_t)} = \frac{i_t - i_t^m}{1 + i_t} \end{aligned} \tag{10-2-17}$$

持有货币的机会成本是利率缺口，为债券利率 i 和货币回报率 i^m 之差。当 $\theta = 0$，稳态中的通货膨胀率也为 0。

二、CIA 模型

由 Clower（1967）首先提出的 CIA（cash in advance）模型，也是一个被学术界广泛使用的宏观货币模型。CIA 模型的核心是增加了一个现金约束，即假设消费必须用货币来购买。该模型一般认为货币流通速度独立于货币增长率（赵留彦，2006）。自

Clower(1967)以后，Stockman(1981)等将“投资品货币购买假说”引入CIA模型，Lucas和Stokey(1987)则利用消费品购买方式差异来发展CIA模型，而Kam和Mohsi(2006)则将内生时间偏好引入CIA模型。CIA模型的优点在于：很容易推导出货币需求函数。其前提是：消费必须使用货币来购买(Clower，1967；Kam，Mohsi，2006)。为此，Clower(1967)在模型中假设了一个货币先行约束，即物品购买量受先前换取的货币量。该模型暗示：(1)货币是购买物品的唯一媒介；(2)货币必须在物品交换之前取得(Lucas，Stokey，1987；Kam，Mohsi，2006)。

以Clower(1967)、Stockman(1981)、Lucas等(1987)等为代表的CIA模型的创新在于：在该模型中货币价值可以摆脱效用函数约束(Bosi et al.，2010)。然而，相比MIU模型，CIA模型既不能揭示货币功能，也不能说明通胀的福利成本和最优货币通胀率问题。为此，一些学者也对该模型进行了发展，如Cooley和Alven-Hansen(1989)引入消费品划分，Gail(2007)利用类似Greenwood等(2007)所采用的GHH效用函数等。经典CIA模型还未考虑技术冲击等因素。一旦引入此冲击，CIA模型就可以利用DSGE的方法来研究货币作用，从而考察生产率冲击和货币增长率冲击对经济波动的作用机理。而DSEG是目前宏观经济学最为流行的方法之一。①

(一)基本的CIA模型

与MIU模型有所不同，Clower(1967)假设：家庭效用只来自消费，效用函数未包括实际货币余额。具体假设家庭的效用函数为：

$$\sum_{t=0}^{\infty}\beta^t u(c_t),1>\beta>0 \tag{10-2-18}$$

其中，β^t 表示折现因子；c_t 表示消费。家庭所面临的CIA约束为：$P_tC_t \leqslant M_{t-1}+T_t$。具体可以表述为：

$$c_t \leqslant \frac{M_{t-1}}{P_t}+\frac{T_t}{P_t}=\frac{m_{t-1}}{\Pi_t}+\tau_t \tag{10-2-19}$$

其中，T 为名义总转移支付；P_t 为价格水平；Π_t 为通胀水平。$m_{t-1}=M_{t-1}/P_{t-1}$，$\Pi_t=P_t/P_{t-1}=1+\pi$，$\tau_t=T_t/P_t$。分别可以利用名义和实际值来构建家庭的预算约束(如Clower，1967；Gail，2007)。前者可以表述为：

$$\begin{aligned}P_t\omega_t &\equiv P_tF(k_{t-1})+P(1-\delta)k_{t-1}+T_t+M_{t-1}+I_{t-1}B_{t-1}\\ &\geqslant P_tc_t+P_tk_t+M_t+B_t\end{aligned}$$

其中，ω_t 为实际财富；$I_t=1+i_{t-1}$ 为名义总利率。

而以实际值重写预算约束可得：

---

① 具体请见本书第七章的讨论。

$$\omega_t \equiv f(k_{t-1}) + (1-\delta)k_{t-1} + \tau_t + \frac{m_{t-1} + I_{t-1}b_{t-1}}{\Pi_t}$$
$$\geqslant c_t + m_t + b_t + k_t \tag{10-2-20}$$

$$\omega_{t-1} = f(k_t) + (1-\delta)k_t + \tau_{t+1} + \frac{m_t + I_t b_t}{\Pi_{t+1}} \tag{10-2-21}$$

定义总的实际回报率为 $R_t = \frac{I_t}{\Pi_{t+1}}$，金融资产 $a_t = m_t + b_t$，得到：

$$\omega_{t+1} = f(k_t) + (1-\delta)k_t + \tau_{t+1} + R_t a_t - \left(\frac{i_t}{\Pi_{t+1}}\right) m_t \tag{10-2-22}$$

CIA 模型的重要特征是：在通常的家庭预算约束之外，需要另外增加一个关于支付手段的约束条件，即 CIA 约束，如赵留彦(2006)等。一般情况下，CIA 约束只针对消费品而不包括投资品，即：

$$c_t \leqslant \frac{m_{t-1}}{\Pi_t} + \tau_t \tag{10-2-23}$$

利用上式和前面的效用函数，可以构建家庭最优化方程，即：

$$V(\omega_t, m_{t-1}) = \max\{u(c_t) + \beta V(\omega_{t+1}, m_t)\} \tag{10-2-24}$$
$$\omega_t \geqslant c_t + m_t + b_t + k_t \tag{10-2-25}$$

对于离散时间的家庭最优化问题，通常构建时间价值函数、利用贝尔曼方程来求解。接下来简要介绍一下该模型的求解过程。

(二)贝尔曼方程与求解

首先，建立带约束条件的贝尔曼方程：

$$V(\omega_t, m_{t-1}) = \max_{\{c,k,m,b\}} \{u(c_t) + \beta V(\omega_{t+1}, m_t)\} + \lambda(\omega_t - c_t - m_t - b_t - k_t) +$$
$$\mu\left(\frac{m_{t-1}}{\Pi_t} + \tau_t - c_t\right) \tag{10-2-26}$$

其次，分别求解关于消费、资本存量、债券和货币的最优一阶条件：

$$c: u_c(c_t) - \lambda_t - \mu_t = 0 \tag{10-2-27}$$
$$k: \beta[f_k(k_t) + 1 - \delta]V_\omega(\omega_{t+1}, m_t) - \lambda_t = 0 \tag{10-2-28}$$
$$b: \beta R_t V_\omega(\omega_{t+1}, m_t) - \lambda_t = 0 \tag{10-2-29}$$
$$m: \beta\left[R_t - \frac{i_t}{\Pi_{t+1}}\right]V(\omega_{t+1}, m_t) + \beta V_m(\omega_{t+1}, m_t) - \lambda_t = 0 \tag{10-2-30}$$

在经济学上，拉格朗日乘子 λ 为影子价格，代表实际资本未来回报的贴现值。上述一阶条件的经济学含义与 MIU 模型基本一致。

三、随后的发展

货币模型是西方汇率决定理论中资产市场分析法的一个重要的分支。自Stockman(1981)在新古典经济增长模型中探讨了CIA和通胀对投资的影响效应之后，大量学者对CIA产生了兴趣，例如Svensson(1985)、Englund和Svensson(1988)、Marquis和Reffett(1994)等。其中，Svensson(1985)将不确定性引入卢卡斯模型的分析框架，假设消费者在知道实际经济的真实状态之前，必须选择持有现金的数量。这为分析预防性储蓄行为(precautionary saving)提供了一个天然框架。Englund和Svensson(1988)则将银行部门引入Svensson(1985)提出的CIA模型，探讨了金融创新对实际经济的影响。

Hodrick等(1991)在Svensson(1985)等提出的CIA模型基础上，进一步探讨了该模型对现实经济变量如货币、实际和名义利率的周期波动特征，通过利用美国时间序列数据来校准模型。他们对现实经济的解释如下：

$$E_t = \sum_{\tau=t}^{\infty}\beta^{\tau-t}U(c_{1t}, c_{2t}) \tag{10-2-31}$$

上式表示代理人在t时对现金商品c_{1t}和信用商品c_{2t}当前和未来的消费偏好，在基本案例分析中，Hodrick等(1991)使用了周期效用函数：

$$U(c_{1t}, c_{2t}) = \frac{(c_{1t}^{\psi}c_{2t}^{1-\psi})^{1-\alpha}-1}{1-\alpha} \tag{10-2-32}$$

研究表明，虽然该模型能够体现一些变量之间的共动性，但是总体上并不能对现实经济做非常完美的解释(Hodrick et al.,1991)，尤其是对货币波动方差的解释非常差。Giovannini和Labadie(1991)将随机货币供给假说引入Hodrick等(1991)模型中，并给定货币需求源自CIA约束。他们研究发现，该模型能够解释事后报酬的高波动性特征，这与美国实际经济比较相符。

与美国经济相反，贵斌威和甄苓(2008)利用中国经济数据对CIA的适用性进行了检验。他们将模拟模型设定如下：

$$g = \frac{\beta^2 A}{\theta} + \beta(1-\delta); \theta = g\pi \tag{10-2-33}$$

其中，g代表经济增长率；β代表主观贴现率(设定为0.93)；A代表技术水平(设定为0.33)；δ代表折旧率(设定为0.1)；θ代表货币增长率；π代表通胀率。他们对中国1990—2006年间货币供给与经济增长数据进行模拟，其模拟结果如图10-2-1所示。

由图10-2-1可见，贵斌威和甄苓(2008)基本能够准确模拟出1995年以后中国实际通胀率和经济增长率的变动。可见，对于以中国为代表的许多国家，CIA模型仍然是有

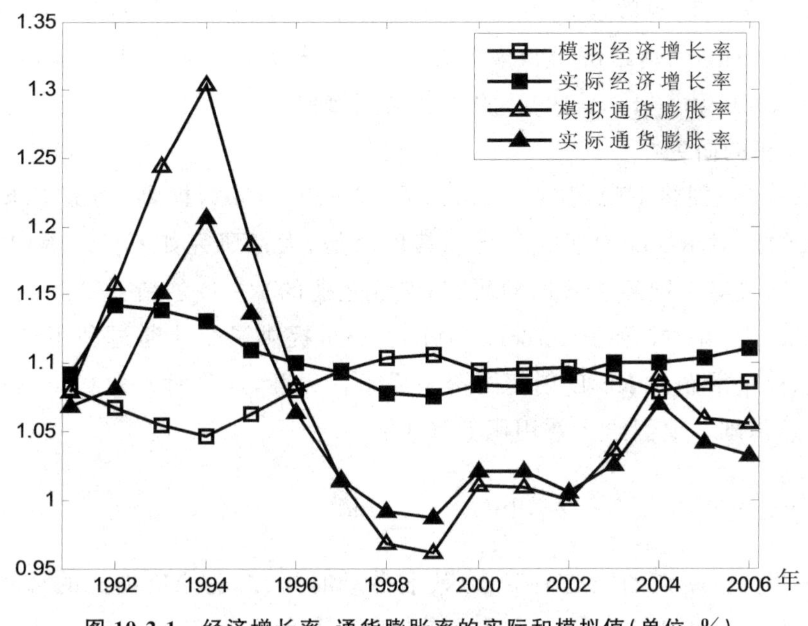

图 10-2-1 经济增长率、通货膨胀率的实际和模拟值(单位:%)

效的。虽然,它也许存在着诸多的缺陷。

事实上,大量政策研究也证实,货币(供给)政策会对一个国家或地区 GDP 产出产生真实效应,例如 Abradu-otoo 等(2003)、Kovanen(2011)、Adu 等(2013)、Quartey 和 Afful-Mensah(2014)、Ofori-Abebrese 等(2017)、Sena 等(2021)等的研究。Sena 等(2021)利用加纳的经济数据,考察了货币政策对经济增长的影响及其渠道。他们参考 Seth 和 Kalyanaraman(2017)的研究,将计量模型设定如下:

$$\begin{aligned}\ln Y_t = & \underset{(0.3241)}{6.2353} + \underset{(0.1243)}{0.3620} \times FD_t + \underset{(0.0053)}{0.0168} \times MP_t + \underset{(0.0053)}{0.0173} \times FDMP_t + \\ & \underset{(0.0011)}{0.0140} \times FDI_t + \underset{(0.0023)}{0.0215} \times RI_t - \underset{(0.000086)}{0.0005} \times INF_t + \underset{(0.0011)}{0.0036} \times K_t + \\ & \underset{(0.0056)}{0.0655} \times L_t\end{aligned} \tag{10-2-34}$$

其中,FD_t 代表金融发展水平;MP_t 代表货币政策;$FDMP_t$ 是二者的交互项;FDI_t 代表 FDI 对数;RI_t 代表私人汇款;INF_t 代表通胀率;K_t、L_t 代表资本和劳动力水平。其中货币政策利用中央银行基准利率作为替代指标。上面的估计结果表明,在加纳,货币政策对实际产出是具有真实效应的。

当一些学者在不断揭示 CIA 模型对现实经济解释力的同时,也有一些学者不断发展 CIA 模型,如 Marquis 和 Reffett(1994)、Chu 等(2021)等。例如,与 Svensson 不同,Marquis 和 Reffett(1994)将 CIA 引入 Romer(1990)的新经济增长模型,考察了 CIA 和通胀对居民消费的影响效应。相比于 Solow 等学者创立的新古典经济增长模型，Romer(1990)等创立的新经济增长模型在 20 世纪末被认为能够更合理地刻画现实经济。因此，Marquis 和 Reffett(1994)的贡献极其重要。

(一)Chu 等的研究

Chu 等(2021)则将 CIA 引入 Aghion 和 Howitt(1992)模型，考察 Schumpeterian 经济中 CIA 约束对 R&D 创新的影响。其理由是，大量研究如 Opler 等(1999)、Bates 等(2009)等，通过对美国经济数据的研究，实证企业的 R&D 创新会受到现金流或现金资产比的约束；而 Brown 和 Petersen(2011)进一步提供了企业通过利用现金储蓄来维持其流动性，以平滑企业 R&D 创新的资金需求。无疑，这些研究为 Chu 等(2021)的研究提供了思想基础。他们给定效用函数如下：

$$U=\int_0^{\infty} e^{-\rho t}[\ln(c_t)+\gamma\times\ln(L-l_t)]\mathrm{d}t \tag{10-2-35}$$

其中，c_t 代表第 t 期的家庭消费；l_t 代表劳动时间；L 为家庭拥有的总时间；ρ、γ 分别代表主观贴现率和闲暇偏好。家庭的资产积累方程为：$\dot{a}+\dot{m}=r_t a_t-\pi_t m_t+i_t d_t+I_t-\tau_t-c_t$，其中 m_t、a_t、r_t、π_t、i_t、d_t、I_t、τ_t 分别代表实际货币、资产、实际利率、通胀率、名义利率、借贷(出去)货币、工资收入、总量税。家庭消费满足 $d_t+\xi c_t\leqslant m_t$，即 CIA 约束。而 $I_t\equiv w_t x_t+\omega_t R_t+b_t u_t$，其中 w_t、x_t、ω_t、R_t、b_t、τ_t 分别代表从事最终品生产的工资和时间、从事 R&D 创新的工资和时间、失业时得到的补贴和失业搜寻工作的时间。由此可得 $l_t\equiv x_t+R_t+u_t$。家庭最优行为的欧拉方程为：$\dot{c}_t/c_t=r_t-\rho$。

Chu 等(2021)给定最终品生产函数为：$y_t=\exp\left\{\int_0^1 In[A_t(j)x_t(j)]d_j\right\}$，其中 $A_t(j)=q^{n_t(j)}$ 代表中间品 $x_t(j)$ 质量水平。他们参考 Mortensen(2005)，给定单位中间品需要单位劳动的投入，工资的决定由纳什讨价还价确定，即 $w_t(j)=\operatorname{argmax}[w_t(j)-b_t]^{\beta}[p_t(j)-w_t(j)]^{1-\beta}$。他们参考 Evans 等(2003)的研究，给定存在价格管制，即不能超过加成率 $z>1$。均衡价格为：$p_t(j)=z\times w_t(j)=z\times b_t\times(1-\beta)/(1-\beta z)$。

对于 R&D 创新，他们给定 R&D 创新的企业需要投入 $\widetilde{R}_t$ 单位劳动投入的沉没成本，其创新概率为：$\widetilde{\delta}_t=h_t\widetilde{R}_t/A_t$，其中 h_t 代表研究生产率提升 g 的外生过程；$A_t\equiv\exp\left(\int_0^1 InA_t(j)d_j\right)$。Chu 等(2021)参考 Segerstrom(1988)的研究，利用半内生增长假说来求解上面的模型。同时，给定 $\sigma=[0,1]$ 份额的 R&D 创新资金需要从家户进行借贷，因此，其创新自由进入方程如下：$V_t\widetilde{\delta}_t\mathrm{d}t=(1+\sigma i_t)\omega_t\widetilde{R}_t\mathrm{d}t\Leftrightarrow V_t=(1+\sigma i_t)\omega_t A_t/h_t$。同时，对于劳动力市场，他们采用标准 Search-match 模型来刻画。他们采用如下计量方程对模型预测进行估计：

$$u_{it} = 0.389 \times \text{BF}_{it} \times Inflation - 0.504 \times \text{BC}_{it} \times Inflation$$
$$(0.096) \qquad\qquad\qquad (0.104)$$
$$R^2 = 0.341, N = 252 \tag{10-2-36}$$

因此，通胀通过对消费者资金约束 BC 和对企业资金约束 BF 而影响失业率，并且这种影响存在不同的效应。由此，他们研究发现，若经济个体的消费行为受到 CIA 的约束，那么较高的通胀率不但会降低一个国家或地区的技术创新，也会降低其失业率。

（二）Chodorow-Reich 等的研究

Chodorow-Reich 等（2018）则将分权经济引入 CIA 模型，诠释了现金在润滑印度市场经济活动上的重要作用。根据他们的观点，一些文献如 Krishnan 和 Siegel（2017）、Aggarwal 等（2017）等，均提出印度经济具有典型的分权经济特征。因此，他们参考 Schmitt-Grohé 和 Uribe（2016）的研究，将家庭的最优问题设定如下：

$$\max_{C^T_{i,t}, C^N_{i,t}, D_{i,t}, M_{i,t}, f_{i,t}} \sum_{t=0}^{\infty} \beta^t U(C_{i,t}) \tag{10-2-37}$$

$$\text{s.t.} P_{i,t}C_{i,t} + D_{i,t} + M_{i,t} \leqslant R_{i,t-1}D_{i,t-1} + M_{i,t-1} + (1-\tau(\eta_{i,t}))W_{i,t}N_{i,t} + T_{i,t} \tag{10-2-38}$$

$$\kappa(f_{i,t})P_{i,t}C_{i,t} \leqslant M_{i,t-1} + T^M_{i,t};$$
$$C_{i,t} \leqslant (C^T_{i,t})^{\alpha}(C^N_{i,t})^{1-\alpha} \tag{10-2-39}$$

其中，$C^T_{i,t}$、$C^N_{i,t}$ 代表交换消费品和非交换消费品；$M_{i,t}$、$D_{i,t}$ 代表现金和银行存款；τ 代表工资税率；$\eta_{i,t} = M_{i,t}/W_{i,t}N_{i,t}$ 表示现金与劳动收入的比率；$W_{i,t}$ 代表工资；$N_{i,t}$ 代表劳动时间；$f_{i,t}$ 代表金融服务。银行是完全竞争的，以 $R_{i,t}$ 利率贷款给公司和政府。其市场出清要求为：$\int_i A^f_{i,t}\mathrm{d}i + A^g_t = \int_i D_{i,t}\mathrm{d}i$，其中 $A^f_{i,t}$、$A^g_{i,t}$ 表示借贷给厂商和政府的资金。

厂商从金融部门借贷 φ 额的工资，即 $B^f_{i,t} = \varphi W_{i,t}N_{i,t}$；其生产函数为 $Y_t = N_t$。由此，可得在完全竞争经济中，其市场价格与边际成本相等：$P^T_t(\omega) = P^N_{i,t} = (1+\varphi(R_t - 1))W_{i,t}$，其中工资变动具有黏性特征，即 $W_{i,t} \geqslant \gamma W_{i,t-1}$，$0 < \gamma \leqslant 1$。政府预算约束如下：

$$\int_0^1 (M^s_{i,t} + B^g_{i,t} + \tau(\eta_{i,t})W_{i,t}N_{i,t})\mathrm{d}i = \int_0^1 (T^M_{i,t} + T^g_{i,t} + M^s_{i,t-1} + R_{t-1}B^g_{i,t})\mathrm{d}i \tag{10-2-40}$$

$$T^M_{i,t} = M^s_{i,t} - M^s_{i,t-1}; \forall i \in [0,1] \tag{10-2-41}$$

其中，$B^g_{i,t}$ 表示政府发行的债券。市场出清条件包括：$\int_0^1 C^T_{i,t}(\omega)\mathrm{d}i = Y^T_t(\omega)$，$C^N_{i,t}$ $=$，$A^f_{i,t} = B^f_{i,t}$，$A^g_t =$ 和 $M^s_{i,t} = M_{i,t}$。Chodorow-Reich 将一致性分权经济定义为：$Z = M^s_0/M^s_{-1} = M_0/M_{-1}$，其中 $0 < Z < 1$；$\kappa P_0 C_0 = M_0$，$W_0 = \gamma W_{-1}$；将非一致性分权经济定

义为：$\kappa P_{i,0}C_{i,0}=M_{i,0}, W_{i,0}=\gamma W_{-1}, \forall i$ 。由此，可得不同经济中实际和名义变量的变动特征。利用这个模型，他们解释了 CIA 模型在分权经济中与在非分权经济中的演化特征。

第三节　新货币主义模型

在 Lagos 和 Wright(2005)模型中，给定经济个体在$[0,1]$上服从连续分布，折现率为β。市场包含分散和集中两种市场。前一个市场有不完全承诺和搜寻匹配等摩擦，需要货币充当交易媒介，其商品为q。而集中市场的商品为x，单位商品的生产需要单位集中市场劳动力(l)。消费者的效用函数为$U(x)-l+u(q)$，卖者的效用函数为$U(x)-l-c(q)$。其中，$U(x)$和$c(q)$函数满足$U'>0$、$U''<0$和$c'>0$、$c''>0$。

假设集中市场的价值函数$W(a)$，下一期分散市场的价值函数为$V_{+1}(a)$。则$W(a)$满足：

$$W(a)=\max_{x,l,\hat{a}}\{U(x)-l+\beta V_{+1}(\hat{a})\} \tag{10-3-1}$$

$$\text{s.t. } x+\varphi\hat{a}=(\varphi+\rho)a+l+T \tag{10-3-2}$$

其中，a和$\hat{a}$是集中市场开始和关闭时的货币持有量；φ是以x计价的货币价格；ρ是持有货币所带来的效用(对于法定货币$\rho=0$)；T是转移支付。政府通过转移支付注入货币。将预算约束式代入$W(a)$并消去l，则有：

$$W(a)=(\varphi+\rho)a+T+\max_{x}\{U(x)-x\}+\max_{\hat{a}}\{-\varphi\hat{a}+\beta V_{+1}(\hat{a})\} \tag{10-3-3}$$

其中最优条件如下：

$$U'(x)=1;\beta V'_{+1}(\hat{a})=\varphi \tag{10-3-4}$$

式(10-3-4)表明$W(a)$是a的线性函数。a和$\hat{a}$无关，货币分布因此被消去了。

在探讨 Lagos 和 Wright(2005)模型均衡前，需要社会经济中的货币供给。在此，假设经济中有无穷多个不可分货币，货币供给的总测度为$A<1$。而 Lagos 和 Wright(2005)模型的均衡结果，与参数ρA相关。(1)当$\rho>0$且ρA足够大时，所有的流动性需求会被满足。此时，资产价格为基础价格：$\varphi=\beta\rho/(1-\beta)$。(2)当$\rho A$不够大时，则流动性具有稀缺性特征。此时，分散市场的定价机制由支出函数$\upsilon(q)$决定。那么，下一期的消费量满足$\upsilon(q_{+1})=(\varphi_{+1}+\rho)\hat{a}$，分散市场的价值函数为：

$$V_{+1}(\hat{a})=W_{+1}(\hat{a})+a\sigma\times[u(q_{+1})-\upsilon(q_{+1})]+a\sigma\times[\upsilon(Q_{+1})-c(Q_{+1})] \tag{10-3-5}$$

其中，Q_{+1} 代表商户卖出的商品数量；概率 σ 代表 i 喜欢 j 的商品但 j 不喜欢 i 的商品，这种情况称为单重巧合。单重巧合和双重巧合的概念由 Jevons(1875)引入经济学，但其思想早就存在于人类社会了。其一阶最优条件如下：

$$V'_{+1}(\hat{a})=W'_{+1}(\hat{a})+a\sigma\times[u'(q_{+1})-\upsilon'(q_{+1})]\times\frac{\partial q_{+1}}{\partial\hat{a}} \tag{10-3-6}$$

代入 $\beta V'_{+1}(\hat{a})=\varphi$，则上面的欧拉方程可以转化为：

$$\begin{aligned}\varphi&=\beta\times W'_{+1}(\hat{a})+\beta a\sigma\times[u'(q_{+1})-\upsilon'(q_{+1})]\times\frac{\partial q_{+1}}{\partial\hat{a}} \\ &=\beta(\varphi_{+1}+\rho)\times\left\{1+a\sigma\times\left[\frac{u'(q_{+1})}{\upsilon'(q_{+1})}-1\right]\right\}\end{aligned} \tag{10-3-7}$$

其中，$\lambda(q)=\dfrac{u'(q)}{\upsilon'(q)}-1$ 是货币流动性溢价，也是货币支付量 $d\leqslant\hat{a}$ 的拉格朗日乘子。上式可以简化为：

$$\varphi=\beta(\varphi_{+1}+\rho)\times[1+a\sigma\times\lambda(q_{+1})] \tag{10-3-8}$$

对于法定货币 $\rho=0$，定义 $z=\varphi A$ 为真实货币量。将式(10-3-8)两侧乘以 A，则有：

$$z=\beta\frac{z_{+1}}{1+\pi}\times[1+a\sigma\times\lambda(q_{+1})] \tag{10-3-9}$$

式(10-3-9)为真实货币的动态方程。利用 Gu 和 Wright(2016)单一稳态均衡假说，给定稳态均衡中 $z_{+1}=z$，定义真实利率 r 满足 $1+r=1/\beta$，根据费雪恒等式，真实利率 i 满足 $1+i=(1+r)/(1+\pi)$。则上式可以转化为：

$$i=a\sigma\times\lambda(q) \tag{10-3-10}$$

观察可见，名义利率或通货膨胀率和交易量 q 相关。式(10-3-10)也可称之为 Gu 和 Wright(2016)方程，该方程被用来描述上述二者之间呈现出一一对应关系。此外，该模型还暗示，交易量 q 与交易概率 $a\sigma$ 相关，而流动性溢价 $\lambda(q)$ 取决于支付函数 $\upsilon(q)$ 代表的定价机制。

这一模型还能够描述福利情况。另某一定价机制采用 Kalai(1977)提出的按比例议价机制，那么所谓的弗里德曼法则即名义利率 $i=0$ 可以保证福利最大化：$q=q^*$。但如果定价机制是 Nash 议价，那么弗里德曼法则并不能保证 $q=q^*$，必须加上 Hosios(1990)中的买方议价参数 $\theta=0$ 这一条件。如果定价机制是 Hu 等(2009)的机制设计，则 $q=q^*$ 会在 $i>0$ 但 i 不太大时实现。在引入搜寻匹配摩擦的 Lagos 和 Wright(2005)模型中，人们愿意为降低 10%的通胀放弃 5%的消费，这远远大于 Lucas 和 Stokey(1987)模型的研究结论。

二、最新发展

(一)内生产品种类

Silva(2017)通过将内生产品种类和垄断竞争引入 Lagos 和 Wright(2005)、Rocheteau 和 Wright(2005)、Lagos 等(2017)等提出的新货币主义模型,从而进行了理论拓展。他们研究发现,在 Rocheteau 和 Wright(2005)研究中已经对多种市场结构进行了讨论,却忽略了对产品种类的内生决定和垄断竞争市场进行系统研究。以此为切入点,Silva(2017)利用 Dixit 和 Stiglitz(1977)提出的 CES 生产函数,在 Laing 等(2007)所采用的垄断竞争市场结构基础上进一步引入产品种类的内生决定机制,从而进一步考察了通胀对集约边际和不同产品种类市场规模的影响机理。

此研究有两个关键假设:一是,居民效用将由一系列可以相互替代的产品和闲暇共同决定;二是,产品种类由在垄断竞争环境中的厂商决定。由此,Silva(2017)将作为买方和卖方个体的效用函数分别设置为:

$$U^b(x,h,q_j)=\psi u\left[\left(\int_{j\in[0,1]}q_j^{\frac{\eta-1}{\eta}}\mathrm{d}j\right)^{\frac{\eta}{\eta-1}}\right]+U(x)-h;U^s(x,h,q_j)$$
$$=-c(q_j)+U(x)-h \tag{10-3-11}$$

其中,$u(\cdot)$ 满足经济的古典假设;ψ 代表伯努利偏好冲击,其中 $Prob(\psi=1)=\sigma,0<\sigma<1,Prob(\psi=0)=1-\sigma$。观察可见,Dixit 和 Stiglitz(1977)等提出的 CES 偏好是当 $\alpha'(0)=\sigma=1$ 时的特例,其中 $\alpha(\cdot)$ 代表买方能够匹配的卖方集合;而在竞争价格和固定卖方条件下的 Rocheteau 和 Wright(2005)模型是当 $\sigma<1$ 且 $\eta=\infty$ 时的特例。与 Rocheteau 和 Wright(2005)不同,Silva(2017)通过如下的进入与退出条件,利用不动点 $\Gamma(q_s)=[k+c(q_s)]/q_sc'(q_s)$ 来求解内生的产品种类:

$$k=pq_s-c(q_s) \tag{10-3-12}$$

Silva(2017)的重要创新在于:通过引入内生种类决定机制,考察通货膨胀对居民偏好集约或扩展边际的影响效应。由此,他发现,在这种经济环境中,通货膨胀给居民造成的福利损失,可能远远大于 Rocheteau 和 Wright(2009)模型的预测结果。

(二)引入国有与民营企业差异

潘士远和章耀(2017)发现,中国近年来出现的货币超发和通货紧缩共存现象,即货币发行的速度超过了国内生产总值的增长速度。由图 10-3-1 可以清晰地看到,2011—2015 年,货币大量发行使得广义货币供应量(M2)几乎是同期 GDP 的两倍。按照传统货币主义的观点,中国理应发生严重的通货膨胀。然而,由图 10-3-2 可知,同一时期,中国反而出现了通货紧缩,生产者物价指数(PPI)持续走低。为了解释这一奇怪的货币现象,潘士远和章耀(2017)将国有企业和民营企业差异引入新货币主义模型,利用该模型研究发现:相较于民营企业,国有企业容易得到更多的贷款。生产效率较低的国有企业成为流动性的持有者,吸收了超发的货币,进而导致通货紧缩。

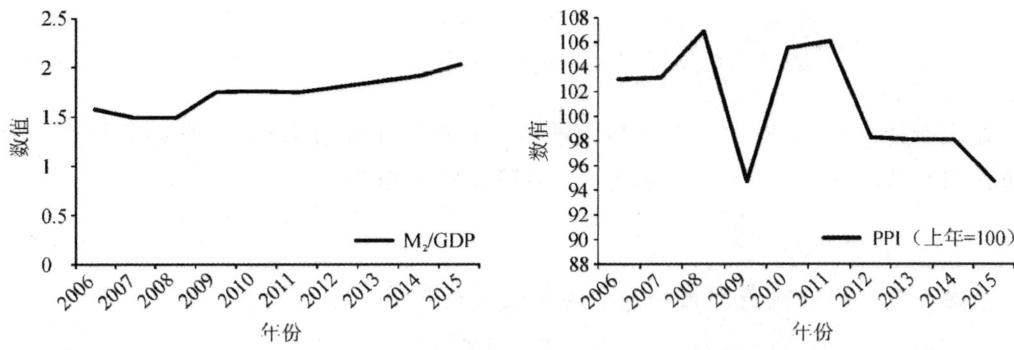

图 10-3-1　2006—2015 年中国 M2 与 GDP 的比值　　**图 10-3-2 2006—2015 年中国 PPI 走势**

资料来源:潘士远和章耀(2017)。

潘士远和章耀(2017)的创新在于,对金融中介部门,他们采用"调查假说",即金融中介在对企业进行调查之后,将企业利润剥夺过来。由此,金融中介投资国有企业和民营企业的利润函数,分别假设为:

$$\begin{aligned}\pi(R_1,\gamma_1)&=R_1-\gamma_1F(R_1)-\int_0^{R_1}F(\omega_1)\times\mathrm{d}\omega_1\pi(R_1,\gamma_1)\\&=R_1-\gamma_1F(R_1)-\int_0^{R_1}F(\omega_1)\times\mathrm{d}\omega_1\pi(R_1,\gamma_1)\\&=R_1-\gamma_1F(R_1)-\int_0^{R_1}F(\omega_1)\times\mathrm{d}\omega_1;\\\pi(R_2,\gamma_2)&=R_2-\gamma_2F(R_2)-\int_0^{R_2}F(\omega_2)\times\mathrm{d}\omega_2\pi(R_2,\gamma_2)\\&=R_2-\gamma_2F(R_2)-\int_0^{R_2}F(\omega_2)\times\mathrm{d}\omega_2\pi(R_2,\gamma_2)\\&=R_2-\gamma_2F(R_2)-\int_0^{R_2}F(\omega_2)\times\mathrm{d}\omega_2\end{aligned}\tag{10-3-13}$$

其中,R_1、R_2 代表金融中介借贷给国有企业和民营企业的贷款利率;γ_1、γ_2 代表金融中介对无法偿还贷款的国有企业和民营企业进行调查的费用;给定调查费用的分布函数为 $G(\cdot)$。潘士远和章耀(2017)通过对中国国有企业和民营企业的特征研究指出:国有企业通常规模较大,信用评级高且与政府有政治关联,因此容易得到贷款;而民营企业的规模通常较小,所在的产业也没有规模优势。在争取银行贷款上,民营企业破产的风险显然高于国有企业,因此很难得到贷款。而且,即使民营企业得到银行贷款,其破产而还不上银行贷款的概率也远远高于国有企业。在破产发生之后,银行对其进行调查的成本也比国有企业高得多。在这种情况下,我们认为其调查费用 γ 接近无穷大。因此,给定参数 $R_1<R_2$;$\gamma_1<\gamma_2$。

在经济处于稳态时，可以得到金融中介投资国有和民营企业所得到的无风险利率如下：

$$r_1 = R_1 - \gamma_1^* F(R_1^*) - \int_0^{R_1^*} F(\omega_1) \times \mathrm{d}\omega_1$$

$$r_2 = R_2 - \gamma_2^* F(R_2^*) - \int_0^{R_2^*} F(\omega_2) \times \mathrm{d}\omega_2 \tag{10-3-14}$$

在均衡情况下，金融中介对无风险的国有和民营企业没有偏好，则它们的无风险收益应该相等，即：$r_1 = r_2$。均衡情况下无风险投资回报为：

$$r_t = (r_1 + r_2)/2 \tag{10-3-15}$$

金融中介获得的投资回报和企业支付的投资收益相等，即：

$$L_t = \alpha(G(\gamma_1) + G(\gamma_2))/2 \tag{10-3-16}$$

其中，α 代表经济中随机成为企业家的个体比例。$\frac{\partial L_t}{\partial r_t} < 0$ 说明，当无风险收益率上升时，储户更愿意将货币存入银行而不愿意进行跨期消费，经济中的贷款下降。上述假设进一步拓展了 Lagos 和 Wright（2005）、Rocheteau 和 Wright（2005）、Lagos 等（2017）等为代表的新货币主义模型框架。在一些发展中国家，货币超发现象频繁出现。潘士远和章耀（2017）的模型表明，只要国有企业更容易从银行获得贷款，国有企业就有动力将多余的贷款交给民营企业用于套利。这时，中国人民银行只有不断投放货币来应对企业不断上涨的货币需求，但国有企业的低生产率，又会导致通货紧缩。

潘士远和章耀（2017）这一研究的重要意义在于他们指出，如果货币超发水平过高，甚至越来越严重，那么在这种通货紧缩和货币超发共存的情况下，民营企业就会大量倒闭，这将不利于发展中国家社会稳定和经济增长。可见，潘士远和章耀（2017）实质上是对新货币主义模型的进一步完善。

（三）时间连续性

Choi 和 Rocheteau（2021）发现，最近以 Lagos 和 Wright（2005）、Rocheteau 和 Wright（2005）、Lagos 等（2017）等为代表的新货币主义模型都是建立在离散时间维度上的，而更为早期的模型如 Shi（1995）、Trejos 和 Wright（1995）等则都是建立在连续时间维度上的。后者在解释金融交易成本上具有天然的优势。究其原因，主要有以下两个方面：一是，金融市场交易的连续性假设更符合实际经济（Obstfeld，1992；Brunnermeier，Sannikov，2016）；二是，连续性假设可以使模型形成一系列的金融市场均衡（Choi，Rocheteau，2021）。

为此，他们假设作为买方及卖方时的居民效用函数如下：

$$U^b(x, h, q_j) = E\{\sum_{n=1}^{\infty} e^{-\rho T_n} u(yT_n) + \int_0^{\infty} e^{-\rho t} \mathrm{d}C_t\} \tag{10-3-17}$$

$$U^b(x, h, q_j) = E\{-\sum_{n=1}^{\infty} e^{-\rho T_n} yT_n + \int_0^{\infty} e^{-\rho t} \mathrm{d}C_t\} \tag{10-3-18}$$

其中，C_t 是居民第 t 期的消费；ρ 是主观贴现率；$u(\cdot)$ 满足经济的古典假设[①]。由此，假设利率 r_t 和 ψ_t 连续，当满足 $t \geqslant 0$、$r_t < \rho$ 和 $\lim_{t \to +\infty} e^{-\rho t}\psi_t = 0$ 的条件时，可得买方居民的递归最优化问题如下：

$$
\begin{aligned}
& W^b(a_0) = \max_{a_t, h_t, \Delta H_0} \{-\Delta H_0 - E\int_0^{T_1} e^{-\rho t} h_t \mathrm{d}t + e^{-\rho T_1} V^b(a_{T_1^-})\} \\
& s.t. \quad \dot{a} = r_t a_t + h_t + \psi_t \quad \text{对所有的} \quad t > 0 \\
& \Delta H_0 = a_{0^+} - a_{0^-} \\
& a_{0^-} = a_0 \qquad (10\text{-}3\text{-}19)
\end{aligned}
$$

其中，T_1 代表买卖双方在市场上达成交易的随机时间变量，a_t 表示实际余额。Choi 和 Rocheteau(2021)的创新性发现在于，这一模型非常符合以 Diamond(1982)代表的经典搜寻模型的相关假设，从而能够很好地呈现出核心市场开放频率对市场均衡集合的作用机理。该模型在金融政策预期、金融政策和总量需求管理等方面的研究上，具有较高的应用价值。

第四节　通货膨胀与货币政策

货币影响实际经济有两种方式。一是货币增长率影响通货膨胀率，而预期通胀的变化影响持有货币的机会成本，进而对劳动—闲暇的选择以及现金和信用产品的选择产生影响。但经验证据显示，这种替代效应在数量上很小。二是将货币放在家庭的预算约束、CIA 约束以及效用函数中。然而，当价格具有完全伸缩性时，名义货币供给的变化并不一定会影响实际货币供给。但是，若价格黏性，那么名义货币供给的变化将会影响实际经济的均衡。短期的价格刚性和工资刚性，意味着货币扰动在短期中对实际经济具有重要影响。

一、卢卡斯模型与产量—通胀交替

为了探寻货币短期影响的经验证据，模型中价格应具有伸缩性，以便找出货币影响实际经济均衡的新渠道(Lucas，Rapping，1969)。同时，为解决货币长期中性和短期实际影响之间的冲突，首先要关注对总量条件的信息错觉，其次要关注金融市场的交易限制。

---

① 关于效用函数的具体假设，请参见 Choi 和 Rocheteau(2021)。

(一)不完全信息

20 世纪 60 年代,货币的长期中性与明显的短期非中性问题还没有成为宏观经济研究的主题。政策分析使用的模型如菲利普斯曲线,展示了工资(或物价)上涨与失业之间的关系。Friedman(1977)通过区分真实的实际工资与预期的实际工资,在货币中性的条件下得到了失业与通货膨胀之间短期的交替关系(trade-off)。前者与厂商的雇佣决策有关,后者与工人的劳动供给有关,长期均衡中这二者是一致的,实际工资调整到劳动市场出清。由于经济决策取决于实际工资,劳动市场均衡可以在任何名义工资或价格水平下实现。

非预期的通货膨胀将扰乱实际均衡。如果名义工资和价格上涨快于以前的预期,工人发现名义工资上涨了但没有认识到所有产品和服务的价格都以更快的速度上涨,劳动供给将增加,劳动市场将在更高的就业和更低的实际工资水平上达到均衡。但当这种价格错觉消除后,劳动供给曲线回移。

上述观察的一个重要结论是非预期的工资和价格变化将产生关于相对价格的错觉。经济主体只根据已经觉察到的相对价格变化改变决策,从而改变经济的实际均衡。然而一旦预期调整,市场将重建经济的均衡。经济主体借以决策的预期和信息,成为货币影响实际经济的主要问题。

(二)卢卡斯供给曲线

Lucas(1973)提出了具有深远影响的理论总供给曲线。这一结果的重要性使其在发表后的几年里成为广泛的实证评估的主题。卢卡斯模型是诠释短期内货币与产出关系的典型代表。卢卡斯模型的核心假设是单个厂商相对价格的变化才影响产出,物价总水平变化不影响厂商的生产决策。但问题在于厂商由于信息不完全,不能区分自己产品价格的变化是来自相对需求冲击还是来自总量冲击。因此,厂商需要利用自己的价格去估计一般物价水平,从而判断相对价格变化的幅度,并做出关于产出的决策。

假设经济由多个竞争性市场构成,每个市场受两种冲击的影响:(1)总量冲击,即名义货币量冲击;(2)部门特有冲击,即相对需求冲击或偏好的冲击。厂商只对第二种冲击做出调整产量的决策,但由于没有足够的信息将这两类冲击进行准确的区分,因此,这两种冲击对产出均有影响。

在这里,我们参考 Romer(1996)、Ljungqvist 和 Sargent(2004)等的研究,通过简单引入微观基础,来诠释 Lucas、Philps 等学者的主要思想。

1.微观基础

给定模型经济中 i 产品 Y_i 的生产函数如下:

$$Y_i = L_i \tag{10-4-1}$$

其中,L_i 代表个体劳动时间;Y_i 代表 i 产品的总产出。借鉴 Romer(1996)的研究,给定个体 j 全部实际收入($I_i = \sum_{i=1}^{n} P_i C_{ij}$)都用于消费 C_i,P 为综合价格指数。

参考 Blanchard 和 Kiyotaki(1987)的研究,给定个体 i 的效用函数如下:

$$u_i=\left[\frac{1}{n}\sum\nolimits_{i=1}^{n}\frac{C_{ij}^{\frac{\theta-1}{\theta}}}{\theta}\right]^{\frac{\theta}{\theta-1}}-\frac{L_i^{\gamma}}{\gamma},\theta>\gamma>1 \tag{10-4-2}$$

式(10-4-2)表明,消费和闲暇都能给代表性个体带来正效用。由式(10-4-1)、式(10-4-2)和预算约束,可得满足代表性个体的一阶最优条件如下:

$$C_{ij}=(P_i/P)^{-\theta}\left(\frac{I_j}{nP}\right) \tag{10-4-3}$$

$$L_j=(P_i/P)^{\eta} \tag{10-4-4}$$

其中,I_j 代表第 j 个家庭的总财富;$P=\left[\frac{1}{n}\sum\nolimits_{i=1}^{n}P_i^{1-\theta}\right]^{\frac{1}{1-\theta}}$ 代表总价格水平;$\eta=-1/\gamma$ 。利用式(10-4-1)至式(10-4-4),可得:

$$C_i=(P_i/P)^{-\theta}\left(\frac{Y}{n}\right) \tag{10-4-5}$$

对上式对数化,即可得:

$$y_i=l_i=\eta(p_i-p) \tag{10-4-6}$$

$$c_i=y-\theta(p_i-p) \tag{10-4-7}$$

其中,$Y=\frac{1}{P}\sum_{i=1}^{n}I_i$,表示全体个体的实际收入总和即总产出。式(10-4-6)正是经典的卢卡斯供给曲线。

2.附加预期的卢卡斯供给曲线

单个厂商的供给曲线为:

$$y_t^i=b(p_t^i-E(p_t\mid I_t^i)) \tag{10-4-8}$$

即厂商根据产品的相对价格来决定其产出。其中 p_t^i 为单个厂商的价格,p_t 为平均价格或一般物价水平,I_t^i 为市场 i 在时刻 t 得到的信息。

由于生产者只知道 p_t^i ,不知道 p_t ,只能通过 p_t^i 去预测或估计 p_t 的值。

假设 p_t^i 遵循下式:

$$p_t^i=p_t+z_t^i \tag{10-4-9}$$

其中,z_t^i 代表特有市场内出现了 i 的冲击或相对扰动。该相对扰动是独立于 p_t 的白噪声,服从均值为 0、方差为 σ_z^2 的正态分布。

p_t^i 可以看成是均值为 p_t 的分布的一个实现。根据贝叶斯法则,生产者形成关于 p_t 的一个后验均值:

$$E(p_t \mid I_t^i)=(1-\theta)E(p_t \mid I_t)+\theta \cdot p_t^i ; \quad \theta=\frac{\sigma_p^2}{\sigma_p^2+\sigma_z^2} \tag{10-4-10}$$

σ_p^2 为 p_t 的方差。后验均值是先验均值和观察到的价格 p_t^i 的加权平均值。所谓先验均值，是指厂商虽然不知道 p_t，但可以将其取无条件期望，即不包括 p_t^i 的信息。后验均值中权数取决于先验分布和 z 的相对方差。如果 σ_z^2 的值很小，p_t^i 的增加被当作一个信号，即 p_t 已经增加，导致相对价格估计的微小增加。

将后验均值代入厂商的供给曲线，得到：

$$\begin{aligned} y_t^i &= b(p_t^i - E(p_t^i \mid I_t^i)) = b\{p_t^i - [(1-\theta)E(p_t \mid I_t)+\theta \cdot p_t^i]\} \\ &= b(1-\theta)(p_t^i - E(p_t \mid I_t)) = \beta(p_t^i - E(p_t \mid I_t)) \end{aligned} \tag{10-4-11}$$

其中，令 $\beta = b(1-\theta) = b(\frac{\sigma_z^2}{\sigma_p^2+\sigma_z^2})$。假设所有厂商的行为相同(即代表性厂商假说)，那么，总产出可以定义为：

$$y_t = \sum_{i \to 0}^{n} y_t^i \tag{10-4-12}$$

得到卢卡斯供给曲线：

$$y_t = \beta(p_t - E(p_t \mid I_t)) \tag{10-4-13}$$

式(10-4-13)表明产出是价格非预期变化的递增函数，已经预期到的价格变化对产出没有影响。这也是卢卡斯对菲利普斯曲线的解释。

3.货币对产出的影响

根据货币数量方程 $MV = PQ$，对该方程取对数。在新古典假设下，货币流动速度为常数(即 $v=0$)，均衡时总产出不变(即令 $Y=1$)，可得：

$$\begin{aligned} & m_t + v_t = p_t + y_t \\ & \Rightarrow m_t = p_t \end{aligned} \tag{10-4-14}$$

对上式两边同时取期望，得到：

$$E(p_t \mid I_t) = E(m_t \mid I_t) \tag{10-4-15}$$

其中，I_t 表示市场在时刻 t 得到的信息。将上式代入卢卡斯供给曲线，得：

$$\begin{aligned} & y_t = \beta(p_t - E(p_t \mid I_t)) = \beta(m_t - y_t) - \beta E_t m_t \\ & \Rightarrow y_t = \frac{\beta}{1+\beta}(m_t - E(m_t)) = \frac{1}{1+\beta}(\beta \cdot E_t(m_t) + m_t) \end{aligned} \tag{10-4-16}$$

根据式(10-4-16)可知，在卢卡斯模型中，由于信息不完全，只有非预期的货币变化(总量冲击)才影响实际产出，而已经预期到的货币量只影响价格水平，不影响实际产出。由此，可看出卢卡斯供给曲线与宏观理性预期假说之间存在着一个重大区别，即前者中的货币供给规则变化往往具有真实效应(Azariadis, 1981;袁志刚,宋铮,2000)。

二、实证研究

Lucas(1973)所建立的模型的一般结构可以非常简单地予以描述。首先,总的价格与数量均衡被看作是总需求和总供给曲线的交点。总需求是在货币市场清算的假设下制定的,代表了标准 *IS-LM* 模型中隐含的产出—价格水平关系。它被看作是由通常的需求转移变量——货币和财政政策以及出口需求的变化来转移的。供给线是在劳动力市场清算的假设下绘制的,因此其斜率反映了劳动力和产品市场的"刚性"。Lucas(1973)根据上面的推导,将计量模型设计为:

$$y_{ct} = -\pi \times \delta + \pi \times \Delta x_t + \lambda \times y_{ct-1} \tag{10-4-17}$$

$$\Delta p_t = -\beta + (1-\pi) \times \Delta x_t + \pi \times \Delta x_{t-1} - \lambda \times y_{ct-1} \tag{10-4-18}$$

其中,π、δ、λ 和 β 是待估参数;x_t 代表第 t 期观测到的名义 GNP 对数。Lucas(1973)利用美国、英国等 18 个国家 1952—1967 年的宏观经济数据,对上面的方程进行了实证分析。其结果见表 10-4-1。

表 10-4-1　回归结果

国家	π	λ	R_y^2	$R_{\Delta p}^2$	R_ω^2
阿根廷	0.011 (0.070)	−0.126 (0.258)	0.018	0.929	0.914
奥地利	0.319 (0.179)	0.703 (0.209)	0.507	0.518	—
比利时	0.502 (0.100)	0.741 (0.093)	0.875	0.772	0.661
加拿大	0.759 (0.064)	0.736 (0.075)	0.936	0.418	—
丹麦	0.571 (0.118)	0.679 (0.110)	0.812	0.498	0.282
西德	0.820 (0.136)	0.784 (0.110)	0.881	0.130	—
危地马拉	0.674 (0.301)	0.695 (0.274)	0.356	0.016	—
洪都拉斯	0.287 (0.152)	0.414 (0.250)	0.274	0.521	0.358
爱尔兰	0.430 (0.121)	0.858 (0.111)	0.847	0.499	0.192
意大利	0.622 (0.134)	0.042 (0.183)	0.746	0.934	0.914
荷兰	0.531 (0.111)	0.571 (0.149)	0.711	0.627	0.580

续表

国家	π	λ	R_y^2	$R_{\Delta p}^2$	R_ω^2
挪威	0.530 (0.088)	0.841 (0.096)	0.893	0.633	0.427
巴拉圭	0.022 (0.079)	0.742 (0.201)	0.568	0.941	0.751
波多黎各	0.689 (0.121)	1.029 (0.072)	0.939	0.419	—
瑞典	0.287 (0.166)	0.584 (0.186)	0.525	0.648	0.405
英国	0.665 (0.290)	0.178 (0.209)	0.394	0.266	0.115
美国	0.910 (0.086)	0.887 (0.070)	0.945	0.571	0.464
委内瑞拉	0.514 (0.183)	0.937 (0.148)	0.755	0.425	—

自来来源：Lucas(1973)。

针对美国数据的估计结果如下：

$$y_{ct} = -0.049 + (0.910)\Delta x_t + (0.887)y_{c,t-1}$$
$$\Delta P_t = -0.028 + (0.119)\Delta x_t + (0.758)\Delta x_{t-1} - (0.637)y_{c,t-1}$$

而针对阿根廷数据的估计结果如下：

$$y_{ct} = -0.006 + (0.011)\Delta x_t + (0.126)y_{c,t-1}$$
$$\Delta P_t = -0.047 + (0.140)\Delta x_t + (0.083)\Delta x_{t-1} - (0.102)y_{c,t-1}$$

相较而言，美国滞后期的 GDP 会对当前期的 GDP 产生较大的影响，而阿根廷滞后期的 GDP 对当前期 GDP 的影响就要小得多；美国外生 GNP 冲击对 GDP 的影响较大，而阿根廷的影响则较小。对于通胀性而言，外生 GNP 冲击对美国通胀率的影响较小，而阿根廷的影响则非常大。通过对 18 个国家数据的整理结果，可得图 10-4-1 的结果。观察可见，$Var(\Delta x)$ 和 $\hat{\pi}$ 之间存在着显著的负相关关系。这就为 Lucas 和 Rapping(1969)、Lucas(1973)等的研究提供了支撑。

Alberro(1981)进一步扩大了 Lucas(1973)的国家样本，利用 49 个国家的跨国数据，对上述方程进行了估计。检验结果表明，在样本扩大之后，$Var(\Delta x)$ 和 $\hat{\pi}$ 之间的负相关关系得到了强化。这一发现再次为 Lucas 和 Rapping(1969)、Lucas(1973)等的研究提供了实证支撑。

Gregory 和 Kwanho(1999)进一步推导出卢卡斯模型的单个市场层面的均衡关系，即分解的供给曲线。模型利用美国国内各州和行业数据估计了总的名义需求冲击和实际产出关系的关键参数。结果发现，Lucas(1973)遗漏了数据中重要的新凯恩斯主义特征。其模型的核心方程如式(10-4-19)：

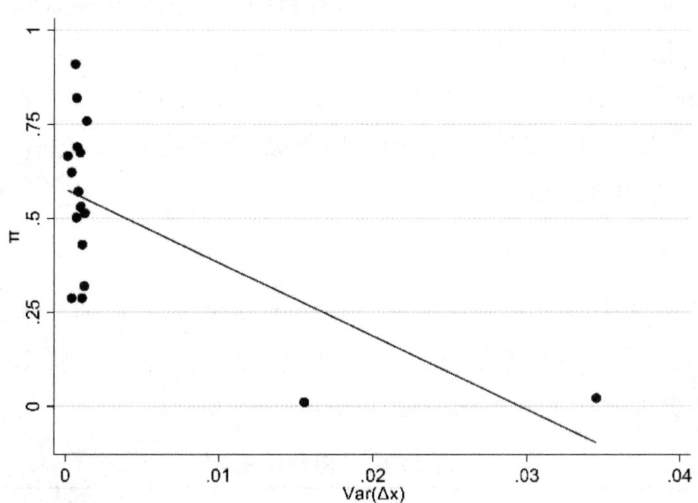

图 10-4-1 外生 GNP 冲击与通胀率(18 个国家)

数据来源:Lucas(1973)。

$$y_{ct}(z)=c+\pi[x_t(z)-x_t]+\lambda(1-\pi)y_{ct-1}(z) \tag{10-4-19}$$

其中,常数项 c 捕捉到了该式的剩余部分,$-\pi\delta+\pi\Delta x_t+\lambda\pi y_{ct-1}$,其中包括在某一时间点上所有国家共有的聚合变量。模型结果显示,实际产出对名义冲击的反应应该随着相对价格方差的增加而减少,因为更多的市场意味着支付菜单成本,并由于更高的不确定性而更频繁地调整价格而不是产出。

Abbott 和 Martínez(2007)认为在以前研究中的虚假回归并没有产生误导性的结果。虽然估计的边际效应稍弱,但系数估计对于使用静止数据的第一阶段模型是稳健的。虽然结果没有任何大的改变,但未来的这类研究原则上应该使用静止数据的第一阶段回归。其模型核心方程如下:

$$\Delta y_{i,t}=\alpha_i+\eta_i\Delta y_{i,t-1}+\tau_i\Delta x_{i,t}+v_{i,t} \tag{10-4-20}$$

其中,$y_{i,t-1}$ 表示滞后期的 GDP;$x_{i,t}$ 表示名义 GNP 的对数。式(10-4-20)中 τ_i 的解释与以前研究中的解释相当。在分析的第二阶段,对两个回归进行了拟合,第一个是 τ_i 对 $\sigma_{\Delta x_{i,t}}$ 的回归,第二个包括 $\sigma^2_{\Delta x_{i,t}}$ 作为额外的回归因子。

Fendel 和 Rülke(2012)根据 19 个工业经济体的实际非预期性通胀,提供了关于卢卡斯供给函数的实证证据。结果显示,非预期性通胀与产出缺口正相关,这种关系与通胀变异性负相关。其模型的主要方程如下:

$$y_t-y_t^{trend}=\alpha+\beta(\pi_t-E_{t-4}\pi_t)+\varepsilon_t \tag{10-4-21}$$

其中,$y_t(y_t^{trend})$ 为现在的 GDP(趋势 GDP),$\pi_t(E_{t-4}\pi_t)$ 代表实际(前一年预测的)通胀水平。因此,$\pi_t-E_{t-4}\pi_t$ 代表通胀预期误差,其中 ε_t 代表残差项。斜率 β 衡量通胀

预测误差与产出缺口的关系。该模型发现强有力的证据来证明通货膨胀预测误差和实际产出趋势的变化之间存在相关关系。

Badinger(2009)同样通过进一步扩大 Lucas(1973)、Alberro(1981)研究中的数据样本，利用 91 个国家 1985—2004 年间的跨国数据，并借鉴 Lucas(1973)、Ball 等(1988)的研究，采用如下方程进行估计：

$$y_{ct}=-\pi\times\delta+\pi\times\Delta x_{t}+\lambda\times y_{ct-1} \tag{10-4-22}$$

其中各变量和参数的界定与 Lucas(1973)的研究是一致的。他借鉴 Frankel 和 Rose(2002)、Guerin(2006)的研究，利用国家距离加总及是否开放资本账户作为工具变量。其利用范围更大的样本所得到的估计结果见表 10-4-2。

表 10-4-2　回归结果

被解释变量为 θ							
	LS	2SLS	LS	IV	LS	IV	2SLS
常数	−0.206 (0.358)	−0.102 (0.547)	0.002 (0.246)	−0.116 (0.355)	0.177 (0.492)	−0.118 (0.640)	−0.628 (0.740)
OPENTrade	0.062 (0.101)	−0.274 (0.334)	0.079*** (0.018)	0.094*** (0.035)	0.060*** (0.025)	0.085* (0.043)	0.128** (0.053)
OPENFin	0.110*** (0.025)	0.246** (0.096)	Restr.	Restr.	Restr.	Restr.	Restr.
lnPop	0.036 (0.027)	0.027 (0.029)	0.019 (0.026)	0.021 (0.025)	−0.016 (0.025)	−0.014 (0.025)	−0.012 (0.028)
lnArea	−0.004 (0.025)	−0.004 (0.042)	0.008 (0.021)	0.012 (0.026)	0.032 (0.030)	0.047 (0.042)	0.074 (0.046)
π			−0.463 (0.326)	−0.440 (0.347)	−1.438** (0.599)	−1.340** (0.565)	−1.171** (0.573)
σ_{AD}			−1.200* (0.674)	−1.177* (0.676)	−0.931 (0.676)	−0.852 (0.662)	−0.717 (0.652)
CBI					0.008 (0.220)	0.017 (0.230)	0.033 (0.260)
Hausman(p-value)		(0.097)		(0.546)		(0.458)	(0.057)
OID(p-value)		(0.806)					(0.163)
IQual(F-Test)		10.792，16.915		33.455		14.938	8.030
R^2	0.163		0.340		0.404	0.392	
SEE	0.3	0.347	0.267	0.268	0.261	0.264	0.279
样本量	91	73	91			47	

资料来源：Badinger(2009)。

观察可见，表中 σ_{AD} 的系数显著为负。此结果与 Lucas(1973)的研究结果是一致的，均表明 $Var(\Delta x)$ 和 $\bar{\pi}$ 之间存在负相关关系。故 Badinger(2009)的研究结论同样为 Lucas 和 Rapping(1969)、Lucas(1973)等的研究提供了实证支撑。

与 Badinger(2009)侧重于样本拓展不同，Sun(2014)侧重于计量模型的拓展。Lucas(1973)、Ball 等(1988)等都假设 $Var(\Delta x)$ 和 $\bar{\pi}$ 之间存在线性关系。Sun(2014)打破了这一假设，利用非线性模型进行估计。其具体的计量方程如下：

$$\pi = c_i + \alpha_i / \Delta p + \beta_i / \sigma_{xi} + u \tag{10-4-23}$$

其中，i 表示国家，π 表示样本期内平均通胀率，σ_x 表示名义 GDP 增长率的标准差。Sun(2014)指出，在 Lucas(1973)、Ball 等(1988)等的研究中，同一国家的通胀与产出的交替关系是固定的，不随时间而变动；相反，根据新凯恩斯主义假说，此关系是随时间而发生改变的，通胀趋势在同一个国家并不稳定。因而，Sun(2014)在 Lucas(1973)、Ball 等(1988)等提出的经典方程中，还引入了时间变量 Time。即将上式转化为：

$$y_{ct} = \mu + \pi \times \Delta x_t + \lambda \times y_{ct-1} + \gamma \times \text{Time} + \varepsilon_i \tag{10-4-24}$$

Sun(2014)通过利用美国、英国等 37 个国家 1949—2007 年间的宏观经济数据，结合上面两个方程进行估计。其结果见表 10-4-3。如表所示，各国通胀与产出的交替系数 β_i 大不相同，甚至出现了符号相反的情况。这些结果支持新凯恩斯主义假说。可见，关于通胀与产出之间的交替关系，仍然存在着争论，有待进一步的研究。

表 10-4-3　回归结果

国家	样本量	α	标准误	β	标准误	调整可决系数
澳大利亚	46	0.0023[b]	0.001	0.00027	0.0002	0.999
奥地利	41	−0.002	0.001	−0.00019	0.0004	0.998
比利时	51	0.001	0.001	0.00005	0.0003	0.999
加拿大	57	0.0048[a]	0.001	0.00117	0.0006	0.9996
哥伦比亚	37	0.029[a]	0.010	0.00118	0.0006	0.998
哥斯达黎加	45	0.001	0.003	0.00042	0.0007	0.997
丹麦	39	0.0078[a]	0.003	0.00031	0.0003	0.996
多米尼加共和国	43	0.0063[a]	0.002	0.0033	0.0031	0.995
厄瓜多尔	40	−0.0035[a]	0.001	0.0011	0.0012	0.995
萨尔瓦多共和国	53	0.0001	0.000	−0.00035	0.0011	0.99
芬兰	45	0.0003	0.000	0.00056	0.0003	0.998
法国	55	0.0054[a]	0.002	0.00004	0.0003	0.999
德国	45	0.001	0.000	−0.0001	0.0003	0.999

续表

国家	样本量	α	标准误	β	标准误	调整可决系数
希腊	57	0.011[a]	0.003	0.0002	0.0003	0.998
危地马拉	54	0.0005	0.000	0.0026[b]	0.0011	0.999
冰岛	45	0.014[b]	0.006	0.0016[b]	0.0007	0.997
伊朗	39	0.01	0.008	0.011[b]	0.0052	0.94
爱尔兰	57	0.012[a]	0.002	0.0007	0.0003	0.999
以色列	37	−0.0006	0.002	0.0036	0.0031	0.98
意大利	35	0.019[a]	0.005	0.0010	0.0007	0.997
牙买加	45	0.02[a]	0.005	0.0004	0.0008	0.98
日本	50	0.0006	0.001	0.0005	0.0003	0.998
墨西哥	57	0.011[a]	0.004	−0.00001	0.0009	0.999
荷兰	59	0.003[a]	0.001	0.0003	0.0003	0.999
挪威	39	0.002	0.001	0.0015[a]	0.0005	0.999
巴拿马	55	0.0005	0.001	0.0015	0.0010	0.999
菲律宾	45	0.03[a]	0.009	−0.0005	0.0005	0.997
葡萄牙	28	0.019[b]	0.009	0.0001	0.0003	0.99
新加坡	45	0.0002	0.000	0.0013[b]	0.0006	0.9996
南非	55	0.006[a]	0.002	−0.0003	0.0005	0.998
西班牙	51	0.01[a]	0.003	0.0004	0.0005	0.997
瑞典	55	0.0076[a]	0.002	0.0004	0.0003	0.999
瑞士	57	0.0009	0.001	0.00078[b]	0.0004	0.999
突尼斯	44	0.015[a]	0.005	0.000005	0.0008	0.999
英国	57	0.016[a]	0.003	0.0002	0.0004	0.999
美国	57	0.007[a]	0.001	0.0003	0.0005	0.9996
委内瑞拉	48	0.002	0.003	−0.0007	0.0027	0.98
所有国家的值						
均值		0.0015	0.0033	0.0005	0.0009	0.99
标准差		0.0029	0.0033	0.0010	0.0010	0.011

本章小结

本章以经典 MIU 模型和 CIA 模型为切入点，探讨了货币与利率、货币与价格黏性的关系。在经典模型的基础上，梳理了货币价值问题。

然而，必须注意到，马克思对货币的重要性也进行了论述。他指出，“对货币的需求是国民经济学所产生的真正的需要”，“货币是把我同人的生活，把我同社会，把我同自然界和人们联结起来的纽带，难道货币不是一切纽带的纽带吗？”“每个人行使支配他人的活动或支配社会财富的权力，就在于他是交换价值或货币的持有者，他在口袋里装着自己的社会权力和自己同社会的联系”，“信用货币属于社会生产过程的较高阶段，它受完全不同的规律支配”。进一步地，马克思以劳动价值论为基础，研究了生产价格、货币价格与价格水平之间的内在关系，提出，“资本对劳动的需求，不是由总资本的大小决定的，而是由总资本可变组成部分的大小决定的，所以它随着总资本的增长而递减，而不像以前假定的那样，随着总资本的增长而按比例增加。劳动的需求同总资本量相比，相对地减少，并且随着总资本量的增长以递增的速度减少”（详见《马克思和恩格斯全集》第三卷，人民出版社 1991 年版）。

综上所述，马克思主义对于货币的经济社会作用已经做过深刻的论断，其观点仍然具有鲜活的生命力。因此，读者学习西方货币模型时，要坚持马克思主义，采用辩证唯物主义观点来理解当前的货币理论，批判性借鉴、吸收先进成分，进而为新时代中国社会主义现代化建设贡献绵薄之力。

习题

10.1 MIU 一阶条件求解（Carlstrom，Fuerst，2001）。假设典型家庭的效用取决于消费和用于消费支出的实际货币余额的数量。令 A_t/P_t 为进入效用函数的实际货币存量。如果资本忽略不计，家庭的目标为 $\sum \beta^i U(C_{t+1}, M_{t+1}/P_{t+1})$ 最大化，限制条件为下列预算约束：$Y_t+\dfrac{M_{t-1}}{P_t}+\tau_t+\dfrac{(1+i_{t-1})B_{t-1}}{P_t}=C_t+\dfrac{M_t}{P_t}+\dfrac{B_t}{P_t}$。其中，收入 Y_t 作外生变量处理。假设产生效用的货币存量是指在购买债券之后但在得到收入或者购买消费品之前的货币持有额的实际价值：$\dfrac{A_t}{P_t}=\dfrac{M_{t-1}}{P_t}+\tau_t+\dfrac{(1+i_{t-1})B_t}{P_t}-\dfrac{B_t}{P_t}$。

（1）请推导出关于 B_t 和 A_t 的一阶条件。

（2）这些条件与文中的一阶条件对比，有何不同？

10.2 MIU和货币利率(Sidrauski,1967)。假定对货币余额按名义利率 i_m 支付利息,这些支付部分靠一次性税赋、部分靠印钞票来融资。令 a 为一次性税赋占融资额的比例。政府的预算等式为 $\tau_t + v_t = i_m m_t$,其中, $\tau_t = a i_m m_t$,而 $v_t = \theta m_t$ 。请利用西德罗斯基模型:

(1)推导出货币和消费的边际效用之比并解释原因。

(2)说明 $i - i_m$ 如何受对货币付息而融资的方式的影响,并解释这一结果的经济原因。

10.3 CIA现金约束(Stockman,1981)。将CIA模型扩展到包括投资品。假设购买消费品和投资品都需要货币,那么CIA约束就会变为 $c_t + x_t \leqslant \frac{m_{t-1}}{\Pi_t} + \tau_t$,其中 x 为投资。假设总生产函数为 $y_t = e^{z_t} k_{t-1}^{\alpha} n_t^{1-\alpha}$ 。

(1)求解稳态时,资本劳动比与通货膨胀关系式。

(2)稳态时,通货膨胀将会如何影响资本劳动比?并解释原因。

10.4 MIU和CIA模型比较。MIU和CIA模型是构建货币在均衡中具有正价值的模型的替代方法。

(1)你认为这两种方法的优缺点是什么?

(2)假设你想研究信用卡增长对货币需求的影响,你会采用哪种方法?为什么?

10.5 新货币主义与内生产品种类(Silva,2017)。假设买方和卖方个体的效用函数分别满足式(10-3-11)所示,首先考虑买家持有 z 余额时进入集中(CM)市场的问题。买方接受一次性转移 $T = \varphi(M_{t+1} - M_t)$ 。为了在下一阶段保持 z' 不变,买方必须累积 $\gamma z'$,其中 γ 表示总通货膨胀率。消费者分配实际余额,并将其转换为在去中心化(DM)市场的一般商品支出和储蓄。

(1)试求出CM市场的价值函数 $W(z)$ 表达式。

(2)试写出CM市场的价值函数约束方程及价值函数拓展式。

参考文献

ABBOTT B, MARTÍNEZ C, 2007. An Updated Assessment of the Lucas Supply Curve[R]. Department of Economics, University of Victoria.

ABRADU-OTOO P, AMOAH B, BAWUMIA M, 2003. An Investigation of the Transmission Mechanisms of Monetary Policy in Ghana: A Structural Vector Error Correction Analysis[R]. Bank of Ghana, Working Paper, 2.

ADU G, MARBUAH G, MENSAH J T, 2013. Financial Development and Economic Growth in Ghana: Does the Measure of Financial Development Matter? [J]. Review of Development Finance, 3(4): 192-203.

AFONSO A, BAXA J, SLAVÍK M S, 2018. Fiscal Developments and Financial Stress: A Threshold

VAR Analysis[J]. Empirical Economic, 54(2): 395-423.

AGGARWAL N, JAIN S, NARAYANAN S, 2017. The Long Road to Transformation of Agricultural Markets in India: Lessons from Karnataka[J]. Economic and Political Weekly, 52(41): 47-55.

AGHION P, HOWITT P, 1992. A Model of Growth through Creative Destruction[J]. Econometrica, 60(2): 323.

ALBERRO J, 1981. The Lucas Hypothesis on the Phillips Curve: Further International Evidence[J]. Journal of Monetary Economics, 7(2): 239-250.

ANDREWS M, NICKELL S, 1982. Unemployment in the United Kingdom Since the War[J]. The Review of Economic Studies, 49(5): 731-759.

APOSTOLAKIS G, PAPADOPOULOS A P, 2015. Financial Stress Spillovers across the Banking, Securities and Foreign Exchange Markets[J]. Journal of Financial Stability, 19: 1-21.

AZARIADIS C, 1981. Self-Fulfilling Prophecies[J]. Journal of Economic Theory, 25(3): 380-396.

BADINGER H, 2009. Globalization, the Output-Inflation Tradeoff and Inflation[J]. European Economic Review, 53(8): 888-907.

BALL L, MANKIW N G, ROMER D, et al., 1988. The New Keynesian Economics and the Output-Inflation Trade-off[J]. Brookings Papers on Economic Activity, 1: 1-82.

BATES T W, KAHLE K M, STULZ R M, 2009. Why Do US Firms Hold So Much More Cash than They Used to[J]. The Journal of Finance, 64(5): 1985-2021.

BERNANKE B S, GERTLER M, GILCHRIST S, 1999. The Financial Accelerator in a Quantitative Business Cycle Framework[J]. Handbook of Macroeconomics, 1: 1341-1393.

BLANCHARD Q J, KIYOTAKI N, 1987. Monopolistic Competition and the Effects of Aggregate Demand[J]. American Economic Review, 77(4): 647-666.

BLOT C, CREEL J, HUBERT P, et al., 2015. Assessing the Link between Price and Financial Stability[J]. Journal of Financial Stability, 16: 71-88.

BOSI S, NISHIMURA K, VENDITTI A, 2010. Multiple Equilibria in Two-Sector Monetary Economies: An Interplay between Preferences and the Timing for Money[J]. Journal of Mathematical Economics, 46(6): 997-1014.

BRADBURY K, TRIEST R K, 2016. Introduction: Inequality of Economic Opportunity[J]. RSF: The Russell Sage Foundation Journal of the Social Sciences, 2(2): 1-43.

BROWN J R, PETERSEN B C, 2011. Cash Holdings and R&D Smoothing[J]. Journal of Corporate Finance, 17(3): 694-709.

BRUNNERMEIER M K, SANNIKOV Y, 2016. Macro, Money, and Finance: A Continuous-Time Approach[M]. Handbook of Macroeconomics. Elsevier, 2: 1497-1545.

BURDETT K, TREJOS A, WRIGHT R, 2017. A New Suggestion for Simplifying the Theory of Money[J]. Journal of Economic Theory, 172(C): 423-450.

CARLSTROM C T, FUERST T S, 2001. Timing and Real Indeterminacy in Monetary Models[J]. Journal of Monetary Economics, 47(2): 285-298.

CEVIK E I, DIBOOGLU S, KUTAN A M, 2013. Measuring Financial Stress in Transition Economies[J]. Journal of Financial Stability, 9(4): 597-611.

CHIU J, MOLICO M, 2010. Endogenously Segmented Markets in a Search Theoretic Model of Monetary Exchange[J]. Journal of Monetary Economics, 57: 428-438.

CHIU J, MOLICO M, 2011. Uncertainty, Inflation, and Welfare[J]. Journal of Money, Credit and Banking, 43(s2): 487-512.

CHIU J, MOLICO M, 2021. Short-Run Dynamics in a Search-Theoretic Model of Monetary Exchange [J]. Review of Economic Dynamics, 441(C): 133-155.

CHODOROW-REICH G, GOPINATH G, MISHRA P, et al., 2018. Cash and the Economy: Evidence From India's Demonetization[R]. NBER Working Papers, 25370.

CHOI M, ROCHETEAU G, 2021. New Monetarism in Continuous Time: Methods and Applications [J]. The Economic Journal, 131(634): 658-696.

CHU A C, COZZI G, FAN H, et al., 2021. Inflation, Unemployment, and Economic Growth in a Schumpeterian Economy[J]. The Scandinavian Journal of Economics, 123(3): 874-909.

CLOWER R, 1967. A Reconsideration of the Microfoundations of Monetary Theory[J]. Economic Inquiry, 6(1): 1-8.

COOLEY T F, HANSEN G D, 1989. The Inflation Tax in a Real Business Cycle Model[J]. American Economic Review, 79(4): 733-748.

CÚRDIA V, WOODFORD M, 2008. Credit Frictions and Optimal Monetary Policy[J]. National Bank of Belgium Working Paper, 146.

DE GRAEVE F, KICK T, KOETTER M, 2008. Monetary Policy and Financial (in) Stability: An Integrated Micro-Macro Approach[J]. Journal of Financial Stability, 4(3): 205-231.

DIAMOND P A, 1982. Aggregate Demand Management in Search Equilibrium[J]. Journal of Political Economy, 90(5): 881-894.

DIXIT A K, STIGLITZ J E, 1977. Monopolistic Competition and Optimum Product Diversity[J]. American Economic Review, 67(3): 297-308.

DREGER C, GERDESMEIER D, ROFFIA B, 2016. Re-vitalizing Money Demand in the Euro Area: Still Valid at the Zero Lower Bound[R]. DIW Discussion Papers.

DUTKOWSKY D H, DUNSKY R M, 1996. Intertemporal Substitution, Money, and Aggregate Labor Supply[J]. Journal of Money, Credit and Banking, 28(2): 216-232.

DUTKOWSKY H D, FOOTE G W,1992. Intertemporal Substitution in Macroeconomics: Consumption, Labor Supply and Money Demand[J]. The Review of Economics and Statistics, 74(2): 333-38.

ENGLUND P, SVENSSON L E O, 1988. Money and Banking in a Cash-In-Advance Economy[J]. International Economic Review, 29(4): 681-705.

FARIA J R, 2001. Habit Formation in a Monetary Growth Model[J]. Economics Letters, 73(1): 51-55.

FENDEL R, RÜLKE J C, 2012. Some International Evidence on the Lucas Supply Function [J]. Economics Letters, 114(2): 157-160.

FRANKEL J, ROSE A, 2002. An Estimate of the Effect of Common Currencies on Trade and Income [J]. The Quarterly Journal of Economics, 117(2): 437-466.

FRENKEL J A, 1971. A Theory of Money Trade and the Balance of Payments in a Model of Accumulation [J]. Journal of International Economics, 1(2): 159-187.

FRIEDMAN M, 1977. Nobel Lecture: Inflation and Unemployment[J]. Journal of Political Economy, 85 (3): 451-472.

GAIL M, 2007. Does Money Demand Matter for Business Cycle Persistence? [J]. Journal of Quantitative Economics, 5(2):66-82.

GEROMICHALOS A, LICARI J M, SUÁREZ-LLEDÓ J, 2007. Monetary Policy and Asset Prices [J]. Review of Economic Dynamics, 10(4): 761-779.

GERTLER M, KIYOTAKI N, 2010. Financial Intermediation and Credit Policy in Business Cycle Analysis [M]. Handbook of Monetary Economics. Elsevier, 3: 547-599.

GERTLER M, KARADI P, 2011. A Model of Unconventional Monetary Policy[J]. Journal of Monetary Economics, 58(1): 17-34.

GIOVANNINI A, LABADIE P, 1991. Asset Prices and Interest Rates in Cash-In-Advance Models [J]. Journal of Political Economy, 99(6): 1215-1251.

GOKAN Y, 2003. The Speed of Convergence and Alternative Government Financing[J]. Journal of Economic Dynamics and Control, 27(9): 1517-1531.

GREENWOOD P M, 2007. Functional Plasticity in Cognitive Aging: Review and Hypothesis[J]. Neuropsychology, 21(6): 657.

GU C, HAN H, WRIGHT R, 2019. New Monetarist Economics[M]. Oxford Research Encyclopedia of Economics and Finance.

GU C, WRIGHT R, 2016. Monetary Mechanisms[J]. Journal of Economic Theory, 163: 644-657.

GUERIN S S, 2006. The Role of Geography in Financial and Economic Integration: A Comparative Analysis of Foreign Direct Investment, Trade and Portfolio Investment Flows[J]. World Economy, 29(2): 189-209.

HAKKIO C S, KEETON W R, 2009. Financial Stress: What Is It, How Can It Be Measured, and Why Does It Matter[J]. Economic Review, 94(2): 5-50.

HALL R E,1980. Labor Supply and Aggregate Fluctuations[J]. Carnegie-Rochester Conference Series on Public Policy,12:7-33.

HATZIUS J, HOOPER P, MISHKIN F S, et al., 2010. Financial Conditions Indexes: A Fresh Look after the Financial Crisis[R]. National Bureau of Economic Research.

HE C, WRIGHT R, ZHU Y, 2015. Housing and Liquidity[J]. Review of Economic Dynamics, 18(3): 435-455.

HODRICK R J, KOCHERLAKOTA N, LUCAS D, 1991. The Variability of Velocity in Cash-In-Advance Models[J]. Journal of Political Economy, 99(2): 358-384.

HOSIOS A J, 1990. On the Efficiency of Matching and Related Models of Search and Unemployment [J]. The Review of Economic Studies, 57(2): 279-298.

HU T, KENNAN J, WALLACE N, 2009. Coalition-Proof Trade and the Friedman Rule in the Lagos-Wright Model[J]. Journal of Political Economy, 117(1): 116-137.

JEVONS W S, 1875. Money and the Mechanism of Exchange [M]. New York: Appleton.

JIN G, ZHU T, 2019. Nonneutrality of Money in Dispersion: Hume Revisited[J]. International Economic Review, 60(3): 1329-1353.

JULIEN B, KENNES J, KING I, 2008. Bidding for Money[J]. Journal of Economic Theory, 142(1): 196-217.

KALAI E, 1977. Proportional Solutions to Bargaining Situations: Interpersonal Utility Comparisons [J]. Econometrica: Journal of the Econometric Society, 45(7): 1623-1630.

KAM E A, MOHSIN M B,2006. Monetary Policy and Endogenous Time Preference[J]. Journal of Economic Studies,33(1): 52-67.

KIM Y S, LEE M, 2012. Intermediary Cost and Coexistence Puzzle[J]. Economics Letters, 117(1): 142-145.

KIYOTAKI N, MOORE J, 1997. Credit Cycles [J]. Journal of Political Economy, 105(2): 211-248.

KIYOTAKI N, WRIGHT R, 1989. On Money as a Medium of Exchange[J]. Journal of Political Economy, 97(4): 927-954.

KIYOTAKI N, WRIGHT R, 1991. A Contribution to the Pure Theory of Money[J]. Journal of Economic Theory, 53(2): 215-235.

KOCHERLAKOTA N R, 1998. Money Is Memory[J]. Journal of Economic Theory, 81(2): 232-251.

KOVANEN A, 2011. Monetary Policy Transmission in Ghana[J]. Monetary Policy Transmission in Ghana (275): 1-32.

KRISHNAN D, SIEGEL S, 2017. Effects of Demonetization: Evidence from 28 Slum Neighborhoods in Mumbai[J]. Available at SSRN 2896026.

LAGOS R, 2011. Asset Prices, Liquidity, and Monetary Policy in an Exchange Economy[J]. Journal of Money, Credit and Banking, 43: 521-552.

LAGOS R, ROCHETEAU G, 2008. Money and Capital as Competing Media of Exchange[J]. Journal of Economic Theory, 142(1): 247-258.

LAGOS R, ROCHETEAU G, WRIGHT R, 2017. Liquidity: A New Monetarist Perspective[J]. Journal of Economic Literature, 55(2): 371-440.

LAGOS RICARDO, WRIGHT R, 2005, A Unified Framework for Monetary Theory and Policy Analysis [J]. Journal of Political Economy, 113(3):463-484.

LAING D, LI V E, WANG P, 2007. Inflation and Productive Activity in a Multiple-Matching Model of Money[J]. Journal of Monetary Economics, 54(7): 1949-1961.

LJUNGQVIST L, Sargent T J, 2004. Recursive Macroeconomic Theory, 2nd Edition[M]. Cambridge: MIT Press.

LOTZ S, ZHANG C, 2013. The Coexistence of Money and Credit as Means of Payment[J]. Journal of Economic Theory, 164: 68-100.

LOWE P, BORIO C, 2002. Asset Prices, Financial and Monetary Stability: Exploring the Nexus[R]. BIS Working Papers.

LUCAS JR R E, RAPPING L A, 1969. Real Wages, Employment, and Inflation[J]. Journal of Political Economy, 77(5): 721-754.

LUCAS JR R E, STOKEY N L, 1987. Money and Interest in a Cash-In-Advance Economy[R]. National Bureau of Economic Research.

LUCAS JR R E, 1973. Some International Evidence on Output-Inflation Tradeoffs[J]. American Economic

Review, 63(3): 326-334.

MALLICK S K, SOUSA R M, 2013. The Real Effects of Financial Stress in the Eurozone [J]. International Review of Financial Analysis, 30: 1-17.

MARQUIS M H, REFFETT K L, 1994. New Technology Spillovers into the Payment System[J]. The Economic Journal, 104(426): 1123-1138.

MITTNIK S, SEMMLER W, 2013. The Real Consequences of Financial Stress[J]. Journal of Economic Dynamics and Control, 37(8): 1479-1499.

MOLICO M, 2006. The Distribution of Money and Prices in Search Equilibrium [J]. International Economic Review, 47(3): 701-722.

MOLICO M, ZHANG Y, 2006. Monetary Policy and the Distribution of Money and Capital[C]. Computing in Economics and Finance, 136: 1-31.

OBSTFELD M, 1992. Dynamic Optimization in Continuous-Time Economic Models (A Guide for The Perplexed) [J]. Manuscript, University of California at Berkeley.

OFORI-ABEBRESE G, PICKSON R B, DIABAH B T, 2017. Financial Development and Economic Growth: Additional Evidence from Ghana[J]. Modern Economy, 8(2): 282-297.

OPLER T, PINKOWITZ L, STULZ R, et al., 1999. The Determinants and Implications of Corporate Cash Holdings[J]. Journal of Financial Economics, 52(1): 3-46.

PAUL M T, MOTLALENG G R, 2006. Money Demand and Purchasing Power Parity (PPP), in the Republic of South Africa[J]. Journal of Quantitative Economics, 4(1): 77-96.

PISSARIDES C, 2000. Equilibrium Unemployment Theory [M]. Cambridge, MA: MIT Press.

QUARTEY P, AFFUL-MENSAH G, 2014. Financial and Monetary Policies in Ghana: A Review of Recent Trends[J]. Review of Development Finance, 4(2): 115-125.

ROCHETEAU G, NOSAL E, 2017. Money, Payment, and Liquidity [M]. Cambridge, MA: MIT Press.

ROCHETEAU G, WRIGHT R, 2005. Money in Search Equilibrium, in Competitive Equilibrium, and in Competitive Search Equilibrium[J]. Econometrica, 73(1): 175-202.

ROCHETEAU G, WRIGHT R, 2009. With Trading Frictions[J]. Monetary Policy in Low-Inflation Economies, 89.

ROCHETEAU G, WRIGHT R, XIAO S X, 2018. Open Market Operations[J]. Journal of Monetary Economics, 98: 114-128.

ROLEY V V, HAFER R W, LAIDLER D, 1985. Money Demand Predictability/Comments/Discussion [J]. Journal of Money, Credit, and Banking,17(4): 611-654.

ROMER D, 1996. Advanced Macroeconomics [M]. New York: Mcgraw-Hill.

ROMER P M, 1990. Capital, Labor, and Productivity[J]. Brookings Papers On Economic Activity, 21 (1990): 337-367.

SAMRETH S, 2010. Currency Substitution and Seigniorage-Maximizing Inflation: The Case of Cambodia [J]. Applied Economics, 42(15): 1907-1916.

SCHMITT-GROHÉ S, URIBE M, 2016. Downward Nominal Wage Rigidity, Currency Pegs, and Involuntary Unemployment[J]. Journal of Political Economy, 124(5): 1466-1514.

SCHWARTZ A J, 1995. Why Financial Stability Depends on Price Stability[J]. Economic Affairs, 15(4): 21-25.

SEGERSTROM P S, 1988. Demons and Rpentance[J]. Journal of Economic Theory, 45(1): 32-52.

SENA P M, ASANTE G N, BRAFU-INSAIDOO W G, 2021. Monetary Policy and Economic Growth in Ghana: Does Financial Development Matter? [J]. Cogent Economics & Finance, 9(1): 1966918.

SETH R, KALYANARAMAN V, 2017. Effect of Financial Development on the Transmission of Monetary Policy[J]. Theoretical Economics Letters, 7(04): 795.

SHI S, 1995. Money and Prices: A Model of Search and Bargaining[J]. Journal of Economic Theory, 67(2): 467-496.

SIDRAUSKI M, 1967. Rational Choice and Patterns of Growth in a Monetary Economy[J]. The American Economic Review, 57(2): 534-544.

SILVA M, 2017. New Monetarism with Endogenous Product Variety and Monopolistic Competition [J]. Journal of Economic Dynamics and Control, 75(C): 158-181.

SINAI A, STOKES H, 1972. Real Money Balances: An Omitted Variable from the Production Functions? [J]. The Review of Economics and Statistics, 54(3): 290-96.

STOCKMAN A C, 1981. Anticipated Inflation and the Capital Stock in a Cash-In-Advance Economy [J]. Journal of Monetary Economics, 8(3): 387-393.

SUN R, 2014. Nominal Rigidity and Some New Evidence on the New Keynesian Theory of the Output-Inflation Tradeoff[J]. International Economics and Economic Policy, 11(4): 575-597.

SVENSSON L E O, 1985. Money and Asset Prices in a Cash-In-Advance Economy[J]. Journal of Political Economy, 93(5): 919-944.

TREJOS A, WRIGHT R, 1995. Search, Bargaining, Money, and Prices [J]. Journal of Political Economy, 103(1): 118-141.

WILLIAMSON S D, 2012. Liquidity, Monetary Policy, and the Financial Crisis: A New Monetarist Approach[J]. American Economic Review, 102(6): 2570-2605.

WILLIAMSON S, WRIGHT R, 2010. New Monetarist Economics: Models[M]. Handbook of Monetary Economics. Elsevier, 3: 25-96.

郭豫媚，郭俊杰，肖争艳，2016. 利率双轨制下中国最优货币政策研究[J]. 经济学动态(3)：31-42.

贵斌威，甄苓，2008. 货币供给，经济增长与通货膨胀：CIA 模型与中国经验[J]. 生产力研究(7)：44-45.

何德旭，余晶晶，2019. 中国货币政策传导的现实难题与解决路径研究[J]. 经济学动态(8)：23-41.

黄静，崔光灿，2020. 住房财富视角下的代际资源传递效应研究：来自 CFPS 的经验证据[J]. 中国软科学，12(6)：65-76.

景睿，付代军，2007. 通货膨胀福利成本的研究脉络与启迪[J].西南金融(7)：16-17.

陆磊，刘学，2020. 流动性冲击，金融危机与货币财政政策协调[J]. 经济学动态(4)：33-48.

潘敏，刘姗，2018. 中央银行借贷便利货币政策工具操作与货币市场利率[J]. 经济学动态(3)：48-62.

潘士远，章耀，2017. 货币超发下的通货紧缩：基于新货币主义的视角[J]. 浙江大学学报（人文社会科学版），3(5)：213-225.

瓦什，2004. 货币理论与政策[M]. 上海：上海财经大学出版社.

王立勇，王申令，2020. 货币政策不确定性研究进展[J]. 经济学动态(6)：109-122.

吴立元，龚六堂，2018. 异质性与货币政策传导机制研究进展[J]. 经济学动态(11)：103-119.

袁志刚，宋铮，2000. 人口年龄结构、养老保险制度与最优储蓄率[J].经济研究(11)：24-32+79.

张强，韩俊莹，2016. 货币政策冲击影响研究最新进展[J]. 经济学动态(3)：118-133.

赵留彦，2006. 货币化，货币流通速度与产出:扩展的 CIA 约束与中国经验[J]. 经济研究，41(9)：17-26.

第十一章

投资

第一节 引言

投资学的起源可以追溯到古典经济学派关于资本问题的研究。16世纪初期,重商主义学者关注如何利用国家资源,借助国际贸易或政府管制等手段,使本国积累财富。18世纪初,重农学派把研究重心从流通领域转向生产领域,第一次将资本与生产过程联系起来考察。关于资本在生产中的作用的古典看法是 Adam Smith 的创见。古典学派对投资理论的贡献在于:按照统一的效率标准,根据"经济人"的假设,将大量的个人和组织设定为投资主体;提出的绝对成本和比较成本原理奠定了投资选择原则;认为自由放任的制度环境是最适宜的投资制度环境;认识到资本积累是推动经济增长的主要动力,而且在资本主义条件下,主要采取了利润再投资的形式;利润率与积累密切相关,利润率的变动趋势决定了投资的持续性和极限,从而比较粗略地回答了谁为投资主体、究竟投资于何业、投资多少、怎样做出投资选择以及最适宜的投资体制为何等基本问题。

19世纪70年代以后,西方经济学界出现了一场"边际主义革命",新古典主义经济学取代古典经济学成为经济学的主流学派。新古典经济学以边际效用价值论为理论依据,以边际分析方法为基本方法,一方面继承了古典学派关于资本是一种生产要素的思想并加以体系化,并运用边际思想使之形式化,另一方面对古典资本理论没能说明的投资问题加以补充和完善,进而深化了古典学派的投资思想。在古典投资思想的基础上,边际主义方法论上的革命开始将投资转化为实证的研究对象,使投资理论研究重心发生了转移,即从动态的累积转向静态的资源配置,从供给的成本转向了需求和效用。边际分析方法的运用为投资从规范和定性走向实证和定量提供了基本的分析逻辑,效用和边际概念为投资分析设置了统一的出发点,数理分析为投资提供了科学、精致的工具,机会成本和边际成本收益分析奠定了投资分析的整体框架。

一、凯恩斯理论

20 世纪 30 年代，世界范围的经济危机爆发，西方经济学家对主流的新古典主义投资理论进行检讨和修正。Keynes(1936)开宏观经济学之先河，一反古典学派关于“经济人”个量类推方式，改变了投资主体利润最大化的简单假设，建立了总量分析投资活动的方法论，开始以有效需求理论解释总量投资，将投资置于其理论分析的核心地位，极大地促进了投资理论的发展，并使之成为经济学研究的焦点问题。Keynes 的贡献不仅在于将投资分析从微观领域转向宏观领域，建立了总量投资的框架，而且分析了总量投资不足的原因在于经济人的三大心理法则，即“边际消费倾向递减”、“资本边际效率递减”及“流动偏好”。在《通论》一书中，Keynes 在以 Clark 为代表的朴素加速器理论基础上形成了宏观投资乘数效应理论。同时，Keynes 以新古典主义资本理论和新古典主义厂商理论作为其理论基础，完整地形成了有关宏观、微观的“西方投资理论体系”。自此，西方对投资的研究上升到了理论的高度。

20 世纪 30 年代以来，凯恩斯思想体系下的西方投资理论快速发展，并于 60 年代达到了顶峰。凯恩斯革命以后，投资理论开始作为一个相对完整的体系，出现在西方经济学中。在这一时期，后凯恩斯学派、新凯恩斯学派、新古典综合学派等对凯恩斯投资理论的发展都做出了卓有成效的贡献，并形成了后凯恩斯投资理论、新凯恩斯投资理论和新古典投资理论等投资理论。

后凯恩斯投资理论一改“利率决定投资水平”的传统观点，认为产出(或利润)才是决定投资水平的关键因素。该理论包括加速理论和利润理论。加速理论的代表人物是英国经济学家 Harrold。他于 1939 年提出了著名的简单加速理论模型——哈罗德模型(Harrold model)。哈罗德模型至今仍有着十分深远的影响，但它在构造投资函数时忽略了投资时滞问题。1954 年 Koyck 对这一缺陷进行改进，提出了伸缩型加速投资理论。后凯恩斯投资理论在西方投资理论中占有十分重要的地位。其主要贡献在于它提出了产出(或利润)是决定投资水平的关键因素，并对投资时滞进行了比较深入的研究，得出公式化的宏观投资函数，较凯恩斯学派的投资边际效率(marginal efficiency of investment，MEI)曲线是一个很大的飞跃。其不足之处在于过于注重产出(或利润)的作用，而忽视其他经济因素对投资的影响。另外，企业追求成本最小化的假设是加速理论和利润理论成立的前提之一，这一假设后来也受到了许多经济学家的质疑。

新凯恩斯投资理论主要侧重于对投资时滞的研究，代表人物是美国经济学家 Eisner。新凯恩斯投资函数同伸缩加速理论投资函数颇为相似，但二者在对投资滞后的解释上有所不同。新凯恩斯投资理论对投资时滞的研究独辟蹊径，通过引入调整成本概念和边际分析方法，根据企业边际调整成本和边际调整收入的交点来确定各期投资水平，为宏观投资函数的导出提供了必要的微观基础。

二、新古典投资理论

新古典投资理论是由美国著名经济学家 Jorgenson 在 20 世纪 60 年代初发展起来的。Jorgenson(1963)建立了新古典投资理论的初期模型。该理论具有很多新古典特征:边际分析方法、市场完全竞争、生产要素相互替代可能等。把生产要素的相互替代与现值最大化的思想相结合,引进资本的使用者成本可以说是乔根森投资理论的一大特色。Jorgenson 力图克服以往投资理论注重宏观分析而忽视微观基础的缺陷,把投资分析的基点放在企业的优化行为上,以企业实现价值最大化的目标来说明企业的投资决策行为。但他对投资时滞的研究则比较粗糙。Jorgenson 的相关研究在逻辑性和严密性上都存在着较大的漏洞,难以与后凯恩斯学派、新凯恩斯学派的投资时滞分析相媲美。

国内外众多学者使用新古典理论就资本成本对企业投资的影响进行了验证。Jefferson 和 Singh(1998)发现中国国有企业、集体企业和乡镇企业三类企业的投资行为没有太大的差别,基本上符合利润最大化企业的投资行为特征。Mokenzie 和 Thompson (1997)发现加拿大和美国使用者资本成本对企业固定资产投资具有显著的影响。Chirinko 等(1999)研究发现,企业固定资产投资对资本成本的弹性为－0.25。Duhautois(2001)研究了 1985—1996 年间法国企业资本成本变动对投资的影响,发现在 1985—1990 年和 1991—1996 年这两个时期,企业资本成本对企业固定资产投资的弹性分别为－0.38 和－0.27;而 Mojon 等(2002)的研究发现,企业资本成本对固定资产投资的弹性高达－0.75。

三、托宾 q 理论

而正值凯恩斯思想体系下的西方投资理论发展达到了顶峰之际,凯恩斯主义经济学家 Tobin(1969)于 20 世纪 60 年代末提出了著名的 q 理论。该理论模型的关键假定是:厂商在调整资本存量时是有成本的。所以,该模型避免了基本模型中不合理的含义,并提供了一个有用的框架以分析预期当期条件对投资的影响。q 理论在当时被普遍当作一种凯恩斯式的投资理论。然而,经过 Abel(1979)和 Hayashi(1982)等的努力,q 理论成为 20 世纪 70 年代至 80 年代投资理论的主流。应该提出的是,q 理论中的投资决定不是依赖于过去的变量,而是依赖于对未来的预期。

大量学者在托宾 q 理论的基础上进行了扩展性研究。Fazzari 等(1988)开始使用大型实证文献,利用企业层面的数据探讨了投资与 q 之间的关系。这篇文献的典型发现是一个关于 q 的小系数和一个关于现金流的正显著系数。Fazzari 等(1988)、Gilchrist 和 Himmelberg(1995)以及随后的大多数文献将该发现解释为金融摩擦的作用。Gomes(2001)与 Cooper 和 Ejarque(2003)的研究对这种解释提出了质疑。在他们模拟的有金融摩擦的经济体中,q 仍然解释了投资的大部分可变性,而现金流并不能提供额外的解释力。Lin 等(2018)通过将广泛使用的无套利利率期限结构模型纳入标准 q 理论框架,研究了随机利率和资本非流动性对投资和企业价值的影响。研究发现,信用利差和债券 q 在微观层面和总投资上具有显著的预测能力,证实了 Gilchrist 和 Zakrajšek(2012)的实证工作。Cao 等(2019)利用一个具有财务约束的投资模型,对投资与托宾 q 的关系展开研究,研究发现:在一个有金融摩擦的模型中,投资和 q 对未来盈利能力的反应仍然是正确的,但这两个变量在不同的视野中对信息的反应不同。投资对决定内部融资的当前盈利能力和决定抵押品价值的短期财务盈利能力特别敏感。另一方面,q 对未来的盈利能力相对更敏感,这将决定未来的增长,从而决定未来准租金的规模。

为了克服乔根森模型(Jorgensen model)没有考虑资本存量调整费用的缺陷,Lucas(1967)、Gould(1968)等人在新古典投资模型中引入资本存量的调整机制,特别是引入投资成本函数,形成了新古典学派投资理论的后期模型——投资的调整费用模型。调整费用理论综合考虑了投资过程中的调整费用,并将其纳入企业价值优化行为中,即由投资的调整费用出发,求得投资水平与投资品供应曲线的均衡点。他们的研究发现,改进了的新古典投资模型与托宾 q 假说是近乎等价的,这为人们具体化托宾 q 假说提供了途径。

四、不确定性下的不可逆投资模型

此外,Lucas 和 Prescott(1971)把不确定性引入新古典投资理论,从而掀起了一股关于投资和不确定性的研究热潮。在放弃了简单的确定性等价以后,Abel(1983)利用一个随机最优模型,弥补了卢卡斯理论中的不足,证明了投资与不确定性之间存在正相关性。但是,这个结论遭到了经验研究的拒绝。Pindyck 和 Solimano(1993)、Caballero 和 Pindyck(1996)依据实物期权理论(real option theory),在研究行业和总体投资行为的均衡模型中讨论了不确定性冲击的影响,发现负向作用在短期内依然存在。Bloom 等(2007)也发现在实物期权效应下,投资的动态性在短期内受不确定性的影响较大,但长期来看效果不太显著。谭小芬和张文婧(2017)的研究发现,不确定性通过实物期权和金融摩擦两种渠道抑制了中国企业投资。

在不确定性投资模型的基础之上,Arrow 和 Kurz(1970)提出了不可逆投资理论(theory of irreversible investment),后 Bernanke(1983)、McDonald 和 Siegel(1985)、Pindyck(1991)展开了进一步发展。他们发现,如果投资存在不可逆性(即资本品只能买入而不能卖出),等待可能是厂商的最优选择。因为投资选择实际上已经变为了一种买入期权,这时,不确定性的上升会增加等待的价值,从而降低厂商投资的可能性。在一些附加假设的作用下，引入投资的不可逆性可以使得投资与不确定性之间出现负相关性。在 McDonald 和 Siegel(1985)之后，出现了大批关于不可逆投资理论的研究文献。如 Bloom 等(2007)、Magud(2008)等强调了资本不可逆性和不确定性的交互作用增加了期权价值，因而企业会主动推迟投资直至不确定性缓解。Canes-Wrone 和 Park(2014)认为，选举产生的政策不确定性鼓励私人行为者推迟投资，从而导致逆转成本高昂，导致相关部门的投资在选举前出现下滑。

五、质疑与最新研究

当然也有研究对不可逆性假说提出了质疑，如 Caballero(1991)。在他构建的模型中，不完全竞争假设而非不可逆性才是得出投资与不确定程度负相关结论的必要条件。Pindyck 和 Solimano(1993)不久后对 Caballero(1991)的质疑做出了回答。Pindyck 和 Solimano(1993)指出，只要厂商面临的风险属于整个行业的共同风险，那么即使在不完全竞争假设下，投资与不确定程度负相关的结论依然成立。Ghosal 和 Loungani(1996)的研究表明，如果用前 4 名份额集中度指标来划分市场结构的话，利用完全竞争型行业(而非垄断竞争型行业)的数据更容易支持不可逆性假说，这就从侧面为 Pindyck 的判断提供了依据。虽然关于投资与不确定性的争论还远远没有结束，但到目前为止，大多数经济学家相信不确定程度的增加至少会减低厂商的投资积极性。

在宏观层面上，20 世纪 50 年代末期世界范围内兴起的"增长热"、随之而来的"滞胀"以及投资环境质量的日益恶化，都推动了"宏观投资理论"的发展。为寻求长期投资的最佳路径，经济学家们尝试创造了多样化的投资模型。Harrod 与 Domar 各自以凯恩斯有效需求理论为基础，将凯恩斯投资理论动态化和长期化。他们所建立的哈罗德-多马模型发现了凯恩斯投资理论的基本缺陷，弥补了其中的若干不足，并为凯恩斯理论动态化和长期化做出了一次开创性的探索。它说明了投资引起波动的机制和实现经济长期均衡的条件，并将复杂的经济增长理论模型化，为研究发达国家的投资理论提供了简便的方法和工具。

之后，大量学者从经济发展水平、要素禀赋、基础设施和市场规模等非制度因素角度对投资的影响展开研究。肖政和维克特(2001)对中国沿海与西部地区影响外商直接投资的因素进行了对比分析，发现较低的人均 GDP、贫乏的基础设施、缺乏熟练劳动力和官僚主义现象是制约西部地区吸引大量外商直接投资的重要因素。Buckley 等(2007)研究了影响中国对外直接投资的决定因素，以及跨国公司一般理论中需要嵌套的三种特殊解释(资本市场缺陷、特殊所有权优势和制度因素)的程度，发现：中国的对外直接投资与整个东道国的高水平政治风险和文化接近度、东道国市场规模和地理接近度以及东道国自然资源禀赋有关。颜银根(2014)对 FDI 区位选择展开研究，发现市场潜能、地理集聚、同源国效应、地区工资水平等因素是影响我国 FDI 区位选择的重要因素。Chan 等(2014)发现,从短期和长期来看,国内生产总值的增长直接影响外国直接投资,而地方基础设施和地方投资的增长导致了间接而非直接的影响。龙小宁和黄小勇(2016)发现,官员清廉度不高和地方政府管理制度化的缺失是阻碍我国地级市固定资产投资增长的重要因素。

然而,这些非制度因素并不能对国际工业投资做出充分且合理的解释(祁春凌,邹超,2013)。因此,一些学者注意到,相比非制度变量,制度因素更能合理地解释国家或地区之间的经济绩效差异(Acemoglu et al.,2004;李方静,2016)。而制度影响经济绩效的一个重要渠道是企业的投资决策渠道(Acemoglu et al.,2007,2009)。这一发现为国家或地区投资问题的进一步研究提供了新的研究思路。同时,大量的经验研究也证实了制度因素会对国家或地区间的投资产生影响。Cull 和 Xu(2005)利用世界银行中国企业调查数据发现,产权保护、正式契约的签订和执行程度对企业的再投资有显著的正效应。Du 等(2008)采用《中国私营企业调查 1995—2002》的数据发现:那些知识产权保护更好的地区更有利于吸引外商投资; 相反,那些腐败严重或商业纠纷需要较多求助政府干预的地方对外资的吸引力较弱。Kolstad 和 Villanger(2008)使用 57 个国家 1989—2000 年 FDI 行业数据对东道国主要服务行业 FDI 的决定因素进行检验,发现与一般性的投资风险或政治稳定性相比,制度质量和民主对投资的影响作用更大。付文林和耿强(2011)通过一个纳入经济集聚(economic agglomeration)因素的新古典投资决策计量模型,考察了税收激励对投资地域选择的影响。研究发现目前在中东部地区的经济集聚可以为这些地区的投资带来积极的影响。Tintin(2013)从政治经济学的角度对制度与投资之间的关系进行研究,他采用了 6 个中东欧国家 1999—2009 年间的数据,研究发现经济自由化、国家脆弱性、政治权利和公民自由等指数测度的制度因素对投资的流入产生了显著的影响。Delgado 等(2014)建立半参数模型进行研究,发现腐败对投资增长有非线性的负向影响,从而证实了制度环境会影响投资。Tanaka 和 Iwaisako(2014)则建立了一个包含研发投入和 FDI 的技术外生性模仿和补贴政策的南北质量阶梯模型,研究知识产权对创新、投资和福利的影响,结果表明,加强知识产权保护有利于促进创新和投资。吕朝凤和支宏娟(2017)从制度视角出发,借助 Antràs(2005)、Acemoglu 等(2009)的方法对不完全契约与工业投资之间的关系从理论上进行简要分析,并对中国不完全契约制度与地区工业投资之间的关系进行检验,发现契约执行效率是中国地区工业投资的一个决定性因素,其对地区工业投资的正影响随着行业契约密集度的增大而提高。杨继东和杨其静(2020)针对制度环境与投资结构之间关系的研究也有类似发现。

通过考察投资理论发展和演变的历史进程,可以发现现有投资理论经过各学派经济学家的研究已经发展成了一整套相对完整的理论体系,相关理论也得到了大量研究的证实。但理论的发展是无止境的,学者们还需要对已有的投资理论进行不断深化和完善,使得理论能更进一步解释和指导投资现实。

第二节　几个经典模型

一、弹性加速模型

在古典投资理论中，作为资本需求的投资和作为资本供给的储蓄在资本市场上通过利率的调节达到平衡；并且，投资被认为是利率的减函数，在资本市场上，利率变化引起投资水平变化。加速原理(acceleration principle)率先对古典投资理论发起了挑战。加速原理是 Aftalion 和 Clark 分别于 1913 年和 1917 年提出的；后经 Samuelson(1939)等加以发展。与古典投资理论不同，加速原理认为投资主要由产出的变化决定。

Chenery(1952)和 Koyck(1954)在加速原理基础上提出了弹性加速模型(flexible accelerator model)，并被广泛应用于经验研究。弹性加速模型比加速原理更加注重投资的形成过程。用 K_t^* 和 K_t 分别表示第 t 期厂商的意愿资本存量和实际资本存量。根据弹性加速模型，当期实际资本存量的变化量取决于当期意愿资本存量和上一期实际资本存量之差的比例：

$$K_t - K_{t-1} = \lambda(K_t^* - K_{t-1}) \tag{11-2-1}$$

其中，λ 是一个常数，介于 0 和 1 之间。式(11-2-1)意味着实际资本存量只对意愿资本存量的变化进行部分的调整。式(11-2-1)可以被改写为：

$$K_t = \lambda \sum_{i=0}^{\infty} (1-\lambda)^i K_{t-i}^* \tag{11-2-2}$$

式(11-2-2)表明实际资本存量取决于过去的意愿资本存量。再结合 $K_{t+1} = I_t + (1-\delta)K_t$，各期的投资水平为：

$$I_t = \lambda \sum_{i=0}^{\infty} (1-\lambda)^i [K_{t-i-1}^* - (1-\delta)K_{t-i}^*] \tag{11-2-3}$$

其中，I_t 表示 t 期的投资水平；δ 表示资本折旧率。进一步假设意愿资本存量由 $K_t = \theta Y_t$ 决定，则式(11-2-3)就可以被改写为：

$$I_t = \theta\lambda \sum_{i=0}^{\infty} (1-\lambda)^i [Y_{t+1+i}^* - (1-\delta)Y_{t+i}] \tag{11-2-4}$$

式(11-2-4)即为根据弹性加速模型推导出来的投资函数。为简便起见，假设资本折旧率 $\delta = 0$，则式(11-2-4)可以被进一步改写为：

$$I_t = \theta\lambda \sum_{i=0}^{\infty} (1-\lambda)^i \Delta Y_{t+1+i} \tag{11-2-5}$$

其中，$\Delta Y_{t+1+i}=Y_{t+1+i}-Y_{t+i}$，表示各期产出水平的变化量。

$$I_t=b_0+b_1\Delta Y_t+b_2\Delta Y_{t-1}+e_t \tag{11-2-6}$$

当 b_1 显著大于 0 而 $b_2=0$ 的假设不能被拒绝时，加速原理将获得经验研究的支持。当 b_1 和 b_2 均显著大于 0 时，经验研究将为弹性加速模型提供证据。后一种情况已经被建立在美国产生和行业样本基础上的大量经验研究所证实。这就说明，弹性加速模型可以较好地解释厂商的投资行为。

二、新古典投资理论

（一）模型

加速原理和弹性加速模型均建立在一定的微观基础上，也能较好地解释经验数据。所以在长达半个世纪的时间里，加速原理一直是投资理论领域的主导理论。但是，上述理论也存在一定的缺陷。其一，加速原理中的资本价格是资本租赁价格，而现实中厂商大多是资本的拥有者而非租赁者。其二，加速原理并不考虑厂商的长期利润，所以并不涉及厂商的跨期最优选择行为，这是加速原理最大的缺陷。20 世纪 60 年代，也就是在新古典经济学取代古典经济学成为经济学主流学派的 90 年后，经济学界掀起了一股根据新古典经济学的要义研究投资理论的热潮。其中，美国著名经济学者 Jorgenson (1963)认为应从企业这一微观经济主体出发，研究以长期利润最大化为目标的厂商的最优投资行为。下面，我们将通过模型对新古典投资理论展开介绍。

在新古典投资理论中，厂商追求的是各期利润现值总和最大的目标，故将厂商的目标函数表示为：

$$\max\sum_{t=0}^{\infty}\frac{Y_t-W_tL_t-P_tI_t}{(1+r)^t} \tag{11-2-7}$$

其中，W_t、P_t 分别表示 t 期的劳动力成本与资本使用价格。假设产出和投资分别服从 $Y=F(K,L)$，$F_1>0$，$F_2>0$，$F_{11}<0$，$F_{22}<0$ 和 $K_{t+1}=I_t+(1-\delta)K_t$，式(11-2-7)可以改写为如下拉格朗日函数形式：

$$\bar{\lambda}\sum_{t=0}^{\infty}\left\{\frac{F(K_t,L_t)-W_tL_t-P_tI_t}{(1+r)^i}+\lambda_t[I_t-K_{t+1}+(1-\delta)]K_t\right\} \tag{11-2-8}$$

其中 λ_t 为拉格朗日乘子，表示第 t 期资本影子价格的现值(present value)。分别对式(11-2-8)中的 I_t 和 K_t 求导，得到：

$$P_t=\mu_t \tag{11-2-9}$$

$$F_1(K_t,L_t)=r\mu_{t-1}+\delta\mu_t-\Delta\mu_t \tag{11-2-10}$$

$$\lim_{t\to\infty}\lambda_tK_{t+1}=0 \tag{11-2-11}$$

其中，$\mu_t = \lambda_t / (1+r)^t$，代表资本影子价格的当前值(current value)；$\Delta\mu_t = \mu_t - \mu_{t-1}$，表示各期资本影子价格现值的变化量。式(11-2-9)表明资本影子价格的现值应当等于投资品的价格。式(11-2-11)为横截性条件。

将式(11-2-9)代入式(11-2-10)，得到：

$$F_1(K_t, L_t) = rP_{t-1} + \delta P_t - \Delta P_t \tag{11-2-12}$$

式(11-2-12)即为新古典投资理论的关键等式。其中 $\Delta P = P_t - P_{t-1}$，代表第 t 期价格的变化量。首先，要清楚的一点是，式(11-2-12)的经济含义为：厂商应当进行投资，直至资本边际收益等于资本边际成本。应当如何理解呢？很显然，式(11-2-12)的左式代表资本的边际收益。那么，如何将式(11-2-12)的右式理解为资本的边际成本？事实上，资本使用价格是用以衡量资本边际成本的常用指标，它包含三部分：第一部分是资本的机会成本，即如果厂商在第 $t-1$ 期出售1单位的资本品后，将所得投资于金融资产，在第 t 期可以获得 r 的收益，式(11-2-12)右式第一项 rP_{t-1} 可以表示为这一部分成本；第二部分是资本使用过程中所产生的折旧，式(11-2-12)右式第二项 δP_t 可以表示为这一部分成本；此外，资本使用价格会受到投资品价格变动的影响，式(11-2-12)右式第三项 ΔP_t 可以表示为第三部分资本使用价格。

再来看 $\lim\limits_{t\to\infty}\mu_t K_{t+1}$ 的取值。由于资本受到非负约束，$\lim\limits_{t\to\infty}\mu_t K_{t+1}$ 只可能大于或等于0。但是，当 $\lim\limits_{t\to\infty}\mu_t K_{t+1} > 0$ 时，则意味着厂商可以通过出售在无限期内依然具有一定价值的资本来提高利润，显然这并不符合厂商利润最大化这一目标。因此，$\lim\limits_{t\to\infty}\mu_t K_{t+1}$ 的取值必须为零，即式(11-2-11)。

式(11-2-10)和式(11-2-12)构成了一个关于 I_t 和 K_t 的差分方程组。在已知初始时刻厂商拥有资本存量 K_0 和横截性条件的情况下，I_t 和 K_t 的路径就可以被确定下来。

事实上，我们可以通过设定一些假定对新古典投资理论和加速理论进行比较。具体地，我们假设投资品价格是常数 P，资本的产出弹性 $F_k K/Y$ 为常数 α。将这两个条件代入式(11-2-12)，则厂商在第 t 期的最优资本存量为：

$$K_t = \frac{\alpha}{(r+\delta)P} Y_t \tag{11-2-13}$$

其中，$(r+\delta)P$ 表示资本的边际成本。于是，我们可以进一步得到 $I_t = \theta[Y_{t-1} - (1-\delta)Y_t]$，即加速原理中的投资函数。此外，如果再满足实际资本存量只能对意愿资本存量的变化进行部分调整这一条件，也即满足式(11-2-1)，投资函数就将变为式(11-2-4)。可见，虽然加速原理并不考虑厂商的跨期最优选择行为，但只要投资品价格保持不变(这时资本租赁价格等于资本使用价格)，新加速原理与古典投资理论得出的结论就完全一致。

(二)模型检验、相关应用与前沿问题

付文林和耿强(2011)通过一个纳入经济集聚因素的新古典投资决策模型，考察了税收激励对投资的影响。他们的具体分析框架如下：

根据 Jorgenson(1963)的投资决策理论模型，企业的总投资 I 可分为新增投资和重置投资：

$$I_t = I_t^N + I_t^R \tag{11-2-14}$$

上式中的 I_t^N 表示 t 期的新增投资水平，I_t^R 表示 t 期的重置投资水平。重置投资是为了补偿固定资产的折旧进行的投资，等于折旧率 δ 乘以上一期的资本存量 K_{t-1}，即：

$$I_t^R = \delta K_{t-1} \tag{11-2-15}$$

假设生产技术为 C-D 生产函数 $Y_t = K_t^{\alpha} L_t^{\beta}$。在一个完全竞争要素市场条件下，均衡时，企业的投资决策条件应当是投资的期望边际收益等于边际成本，则企业意愿的最优资本存量水平由以下等式决定：

$$K_t^* = \alpha \frac{Y_t}{C_t} \tag{11-2-16}$$

其中，α 是资本产出比；Y_t 是 t 期产出水平；C_t 表示 t 期资本的边际使用成本。在新古典投资框架中，资本使用成本通常只取决于利息率、折旧率、资本品价格和企业所得税优惠政策等因素的影响(Jorgenson，1963；Gale，Orszag，2005)。不过，现实经济中，经济集聚因素对企业投资同样会起到重要作用，经济集聚不仅可以降低企业的生产成本，而且也会提高企业的生产效率，也就是说经济集聚在资本使用成本的计算中可以处理成扣减因素。考虑到模型研究的主题之一是经济集聚租金问题，因而在分析框架构建中，将经济集聚从资本使用成本因素中分离出来，纳入集聚因素的资本使用成本可表示为 $C_t - A_t$，其中的 A_t 代表经济集聚因素的正外部性。

新增投资的数量会受到现实经济运行状况的影响，因为宏微观环境的变化都可能会导致企业意愿资本存量发生改变。而企业意愿资本的存量调整往往需要多个阶段，因此在一个特定时期 t，企业部门的新增投资额就可以看做之前若干阶段的意愿资本改变量的加权和，其中每个阶段的权重是各期意愿资本改变量中有多大比例形成了 t 期的新增投资支出。这样，付文林和耿强(2011)利用一个分布滞后函数表示代表性经济部门在时期 t 对新投资的需求水平：

$$I_t^N = \sum_{j=0}^{J} B_j \Delta K_{t-j}^* \tag{11-2-17}$$

其中，I_t^N 表示 t 期的企业部门意愿的新投资；j 表示时期；B 代表滞后算子；ΔK_{t-j}^* 代表之前的 j 期中每期企业的意愿资本存量的变化量。由于求一个多阶分布滞后函数的显示解往往会非常困难，为便于处理，付文林和耿强(2011)遵循 Hall 和 Jorgenson(1967)的方法，只取分布滞后序列的第一阶，而省略其他 4 阶。这样，新增投资方程为：

$$I_t^N = \gamma \Delta K_t^* - \omega I_{t-1}^N \tag{11-2-18}$$

上式中，I_t^N 表示 t 期企业部门意愿的新投资；γ 表示滞后参数；ω 是上期投资对本期投资的影响系数；ΔK_t^* 代表 t 期企业部门意愿资本存量的变化量。可得下列固定资产投资的决定方程：

$$I_t = \alpha \gamma_0 \Delta \frac{Y_t}{C_t - A_t} - \omega I_{t-1}^N + \delta K_{t-1} \tag{11-2-19}$$

方程(11-2-19)表明税收优惠对地区投资的激励效应主要是通过降低资本使用者成本，吸引企业增加在本地区的投资需求。

付文林和耿强(2011)在上述方程(11-2-19)的基础上，采用中国的数据进行实证检验，发现经济集聚水平与固定资产投资正相关。在经济集聚水平高的地区，地方政府所能分享的集聚租金也越高。

三、确定性下的托宾 q 模型

(一)模型

Tobin(1969)以调整成本的观点为基础建立了一个重要的投资模型，即托宾 q 理论。该理论认为，如果资本是完全耐用的(即资本折旧率为 0)，新增资本的市场价值与企业重置成本之间的比值决定厂商的投资水平。Tobin 用 q 来表示这个比值。q 理论的经济含义是：如果 $q > 1$，资本的市场价值大于获得资本的成本，厂商应当进行投资；如果 q 较低，则厂商应当出售资本。

在分析当中，与投资相对的是边际 q，即边际的 1 单位资本的市场价值与其重置成本的比率。但是，边际 q 是一个无法观测的变量，我们无法根据边际 q 进行经验研究。最接近边际 q 的定义同时又可以被观测到的变量就是企业的市场价值与重置成本之间的比例，被称为平均 q。那么，边际 q 与平均 q 二者的大小关系是怎样的呢？在什么样的条件下，边际 q 等于平均 q 呢？①

(二)新发展

刘仁和等(2018)从关于投资的 q 理论出发，借鉴金融经济学中基于生产的资产定价模型，构造出包含实物资本调整成本的资本回报率模型，再结合中国的宏观总量数据测算国内的资本回报率。刘仁和等(2018)建立理论模型的过程如下：

假设代表性企业的生命是无限期的且都是理性的，企业投入实物资本和劳动力资本进行生产，则代表性企业每期的现金流为：

① 边际 q 与平均 q 之间关系的探讨可参阅袁志刚和宋铮(2010)所著的《高级宏观经济学》、孔爱国(2002)所著的《高级宏观经济学教程》。

$$\mathrm{CF}_{t+j}=\{P_{t+j}[f(z_{t+j},k_{t+j},n_{t+j})-g(i_{t+j},k_{t+j})]-P_{t+j}^{w}n_{t+j}\}-P_{t+j}^{k}i_{t+j} \tag{11-2-20}$$

其中，P_{t+j} 是名义产出品价格；z_{t+j} 代表外生技术冲击；k_{t+j} 和 n_{t+j} 分别为实物资本存量和劳动力资本存量；i_{t+j} 是新增投资量；P_{t+j}^{w} 为名义工资；$P_{t+j}^{k}i_{t+j}$ 是投资品的名义价格。假设生产函数为标准的 C-D 形式：$f(z_{t+j},k_{t+j},n_{t+j})=e^{z_{t+j}}k_{t+j}^{\alpha}n_{t+j}^{1-\alpha}$，其中 $0<\alpha<1$。假设调整成本的函数形式为标准的二次函数：$g(i_{t+j},k_{t+j})=\frac{\xi}{2}\left(\frac{i_{t+j}}{k_{t+j}}\right)^{2}k_{t+j}$，其中 $\xi>0$，此函数形式可以确保调整成本是线性齐次的。在投资的 q 理论中，当生产函数规模报酬不变、调整成本函数线性齐次时，平均 q 和边际 q 相等。

企业包含当期现金流的最大化价值为：

$$\max_{\{i+j\}}E_t\sum\nolimits_{i=0}^{\infty}\{M_{t+j}\{P_{t+j}[f(z_{t+j},k_{t+j},n_{t+j})-g(i_{t+j},k_{t+j})]-P_{t+j}^{w}n_{t+j}-P_{t+j}^{k}i_{t+j}\}\} \tag{11-2-21}$$

其中，M_{t+j} 为随机贴现因子。

实物资本积累方程为：$k_{t+1}=(1-\delta_t)k_t+i_t$。其中，$\delta_t$ 代表折旧率，$\delta_t\in[0,1]$。

构造拉格朗日方程如下：

$$E_t\{\sum\nolimits_{j=0}^{\infty}M_{t+j}\,CF_{t+j}+\sum\nolimits_{j=0}^{\infty}\lambda_{t+j}^{k}[(1-\delta_{t+j})k_{t+j}+i_{t+j}-k_{t+j+1}]\} \tag{11-2-22}$$

令 $Q_{t+j}^{k}=\frac{\lambda_{t+j}^{k}}{M_{t+j}}$，$Q_t^k$ 是资本的影子价格，表示单位资本所创造的价值，代入上式得：

$$E_t\{\sum\nolimits_{j=0}^{\infty}M_{t+j}\{CF_{t+j}+Q_{t+j}^{k}[(1-\delta_{t+j})k_{t+j}+i_{t+j}-k_{t+j+1}]\}\} \tag{11-2-23}$$

分别对 k_{t+1} 和 i_t 求一阶条件，可以得到：

$$Q_t^k=E_t\{M_{t+1}[P_{t+1}(f_{k,t+1}-g_{k,t+1})+(1-\delta_{t+1})Q_{t+1}^{k}]\} \tag{11-2-24}$$

$$Q_t^k=P_t^k+P_tg_{i,t} \tag{11-2-25}$$

式(11-2-24)等号左边为本期资本的边际价值；等号右边是对下一期名义的边际产出与资本折旧后的边际价值之和进行贴现的期望值，等于本期资本的边际价值。式(11-2-25)表示资本的边际价值等于其购买价格与边际调整成本之和，即等于资本的边际成本。

根据 Hayashi(1982)对边际 q 的构造方法，对式(11-2-24)和式(11-2-25)中的边际价值进行单位化得：

$$\frac{Q_t^k}{P_t^k}=\frac{E_t\{M_{t+1}[P_{t+1}(f_{k,t+1},g_{k,t+1})+(1-\delta_{t+1})Q_{t+1}^{k}]\}}{P_t^k} \tag{11-2-26}$$

$$\frac{Q_t^k}{P_t^k}=\frac{P_t^k+P_tg_{i.t}}{P_t^k}=1+\frac{P_t}{P_t^k}g_{i,t} \tag{11-2-27}$$

式(11-2-27)表示了 Hayashi(1982)所定义的边际 q，其第二个等号右边第一项表示购买单位资本的价格为 1，第二项表示该资本的边际调整成本，两者相加表示安装好的资本的总成本。将式(11-2-26)和式(11-2-27)两边分别相除，得：

$$1=E_t\left\{M_{t+1}\frac{\dfrac{P_{t+1}}{P_t^k}(f_{k,t+1},g_{k,t+1})+(1-\delta_{t+1})\left(\dfrac{P_{t+1}^k}{P_t^k}+\dfrac{P_{t+1}}{P_t^k}g_{i,t+1}\right)}{1+\dfrac{P_t}{P_t^k}g_{i,t}}\right\}$$

其中，该等式应用了基于式(11-2-25)得到的 $Q_{t+1}^k=P_{t+1}^k+P_{t+1}g_{i,t+1}$。又由于 $E_t[M_{t+1}i_{t+1}^i]=1$，因此实物资本的名义回报率 i_{t+1}^i 可以表示为：

$$i_{t+1}^i=\frac{\dfrac{P_{t+1}}{P_t^k}(f_{k,t+1}-g_{k,t+1})+(1-\delta_{t+1})\left(\dfrac{P_{t+1}^k}{P_t^k}+\dfrac{P_{t+1}}{P_t^k}g_{i,t+1}\right)}{1+\dfrac{P_t}{P_t^k}g_{i,t}} \tag{11-2-28}$$

将具体的生产函数和调整成本函数代入上式，并剔除通货膨胀的影响，得到实际回报率：

$$r_{t+1}^i=\frac{\dfrac{P_{t+1}}{P_t^k}\left(\alpha\dfrac{f_{t+1}}{k_{t+1}}+\dfrac{\xi}{2}\left(\dfrac{i_{t+1}}{k_{t+1}}\right)^2\right)+(1-\delta_{t+1})\left(\dfrac{P_{t+1}^k}{P_t^k}+\dfrac{P_{t+1}}{P_t^k}\xi\dfrac{i_{t+1}}{k_{t+1}}\right)}{1+\dfrac{P_t}{P_t^k}\xi\dfrac{i_t}{k_t}}\frac{1}{\dfrac{P_{t+1}}{P_t}} \tag{11-2-29}$$

上式即为含有实物资本调整成本的最大化企业价值基本模型。刘仁和等(2018)在上述基本模型的基础上扣除生产税和企业所得税，得到了符合中国的资本回报率模型，再结合中国的宏观总量数据测算国内的资本回报率。研究得出：在剔除生产税和企业所得税的情形下，考虑调整成本的中国资本回报率从 2008 年的 9.82%逐年下降到 2014 年的 3.02%

Cao 等(2019)利用一个有财务约束的投资模型，研究了投资与托宾 q 的关系。他们的研究表明：金融摩擦的存在可以使模型更接近数据，但模型的影响在很大程度上取决于冲击结构。在一个有金融摩擦的模型中，投资和 q 对未来盈利能力的反应仍然是正确的，但这两个变量现在在不同的视野中对信息的反应不同。一方面，投资对决定当前内部融资的盈利能力和决定抵押品价值的短期财务盈利能力特别敏感。另一方面，q 对未来的盈利能力相对更敏感，这将决定未来的增长，从而决定未来准租金的规模。因此，要打破投资与 q 之间的联系，就需要同时存在短期冲击，短期冲击往往会推动投资，对 q 的影响相对较小，而长期冲击则相反。

四、不确定性下的不可逆投资模型

(一)不可逆性与等待价值

Keynes 的《通论》早就告诉人们不确定性对于投资的重要作用。然而，在相当长的一段时间内学者们并未涉足有关风险投资的理论研究，关键在于难以得出不确定情况下最优投资的解析式。Lucas 和 Prescott(1971)提出的线性二次型模型打破了这方面的研究僵局，通过在模型中利用确定性等价原理轻松地获得最优投资的解析式。

线性二次型模型虽然简化了不确定情况下厂商的最优投资行为，但确定性等价原理终究只是一个特例而已，只要生产函数是凹的，确定性等价原理就不成立。Hartman(1972)率先发现，当生产函数具有比较一般的性质时，完全竞争型厂商的最优投资水平与未来的不确定程度正相关。在 Hartman 的基础上，Abel(1983,1985)利用随机动态规划得出了厂商在未来价格不确定情况下的最优投资水平，证实了最优投资水平与不确定程度之间的正相关性。①

然而，Hartman 和 Abel 得到的投资与不确定程度正相关的结论并不符合实际情况。事实上，Carruth 等(2000)大量经验研究都表明投资与风险程度之间是显著的负相关性。因此，经济学家必须找到得出 Hartman 和 Abel 之结论的关键因素。事实上，就理论层面而言，厂商在面临不确定性时可能会出于储蓄的目的增加投资；而在现实中，厂商在面临不确定性时增加投资往往需要承担大于选择储蓄面临的风险。那么，为什么模型中的投资会与现实世界中的投资存在如此巨大的差异呢？其中的原因很可能就是导致投资与不确定程度正相关的关键所在。

Arrow(1968)很早就注意到了不可逆性对于厂商的投资行为的影响。所谓不可逆性是指厂商不能出售资本(或不存在资本品的二手市场)。不可逆性是投资调整成本不对称的一种极端表现。分别用 K_t 和 K_t^* 表示 t 期厂商的实际资本存量和意愿资本存量，如果资本折旧率为 0，在不可逆的约束下，实际资本存量必须服从下式：

$$K_{t+1}=\max(K_{t+1}^*,K_t) \tag{11-2-30}$$

式(11-2-30)意味着当期资本存量至少不会低于前期的水平。投资具有不可逆性的主要原因有以下三点：

(1)许多用于特定生产的投资一旦形成或部分形成，很难转换成生产其他产业或产品。

(2)当某个厂商选择出售资本品时，同样的行为很可能也是同行业其他厂商的理性选择。因此即使在同行业内部也很难有对于二手资本品的需求。

---

① 关于 Hartman 和 Abel 最优投资水平与不确定程度之间正相关的基本思想，请参阅袁志刚和宋铮(2010)编著的《高级宏观经济学》中第七章的论述。

(3)二手市场所固有的信息不对称问题阻碍了资本的出售。

我们先来回顾一下有关投资之不可逆性的经验研究。Caballero(1999)等人针对美国厂商的意愿投资水平与实际投资水平之间的关系展开研究，研究表明资本过剩的厂商并不愿意出售他们的资本。① 此外，Bertola 和 Caballero(1994)也提供了投资具有不可逆性的证据。根据式(11-2-30)可知，即使资本出现了过剩，受到不可逆性约束的厂商也无法对资本存量进行调整。因此，在不可逆性假说成立的情况下，实际投资的波动幅度应当小于意愿投资的波动幅度，如图 11-2-1 所示。Bertola 和 Caballero(1994)对 20 世纪 50—60 年代美国意愿投资水平的研究，再一次证实了投资之不可逆性的存在。如果投资确实具有不可逆性，厂商的投资就变成了一种沉淀成本。这样，就可以对投资和储蓄之间的差异做出解释，即忽视了投资的不可逆性很可能是导致投资与不确定程度正相关的主要原因。事实上，经过 Bernanke(1983)、McDonald 和 Siegel(1985)等的努力，对于不可逆性的研究已经成 20 世纪 90 年代以来投资理论的前沿课题。下面将通过一个简单的例子帮助大家理解投资的不可逆性。

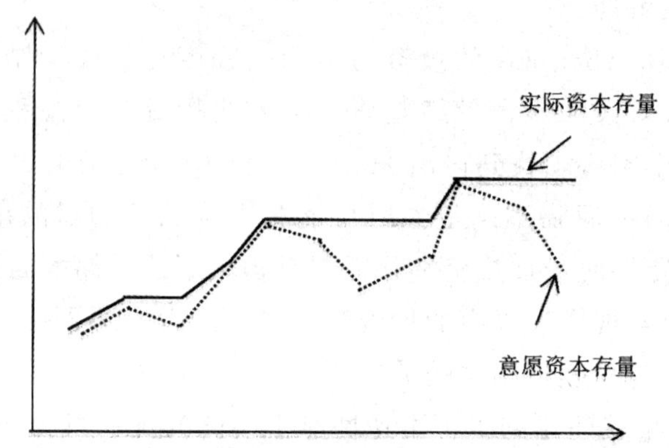

图 11-2-1　不可逆情况下实际资本存量与意愿资本存量

假设存在一个不可逆的投资项目，厂商需要投入的投资成本为 500 元，获得的收益情况如下：第一年获得 100 元的收益；第二年的收益存在两种可能，一是以 50%的概率获得 150 元的收益，二是以 50%的概率获得 50 元的收益；从第三年开始，以后各年获得的收益将维持在第二年的水平。如果厂商决定在第一年投资，则这个投资项目的预期净现值 NPV_1 为：

$$NPV_1 = \sum_{t=0}^{\infty} \frac{100}{(1+r)^t} - 500 = \frac{100}{r} - 500 \tag{11-2-31}$$

其中，r 表示厂商的贴现率，且 $0<r<1$。只要 $NPV_1>0$，则 $r<0.2$，根据传统的

① Caballero(1999)的研究发现，资本短缺比较严重(即意愿投资水平比较高)的厂商，其实际投资比例明显大于其他资本短缺的厂商。

投资理论,进行投资的决定就是合理的。但是,厂商选择在第一年投资还存在着容易被人忽视的机会成本。如果厂商第一年未投资,在第二年决定投资,而投资当年出现收益为 50 元的情况,则这个项目的预期净现值 NPV_2 为:

$$NPV_2=\left[\sum_{t=1}^{\infty}\frac{50}{(1+r)^t}-\frac{500}{(1+r)}\right]=\frac{1}{1+r}\left(\frac{50}{r}-500\right) \tag{11-2-32}$$

只要 $r>0.1$,厂商就将放弃这个投资项目。但是,如果投资当年获得的收益为 150 元,他完全可能选择进行投资。因此,如果厂商选择在第二年做出投资决策,在 $r\in(0.1,0.2)$ 的情况下,这个项目的预期净现值 NPV_2 将变为:

$$NPV_3=0.5\left[\sum_{t=1}^{\infty}\frac{150}{(1+r)^t}-\frac{500}{(1+r)}\right]=\frac{0.5}{1+r}\left(\frac{150}{r}-500\right) \tag{11-2-33}$$

NPV_3 就是厂商选择在第一年进行投资的预期机会成本。只要 $r\geqslant 0.12$,NPV_3 就大于 NPV_1,即这项投资的预期机会成本大于预期净现值,意味着选择等待将是厂商的最优选择,因而传统投资理论的结论也是错误的。进一步,我们还可以得到投资项目的等待价值 V_w:

$$V_w=NPV_3-NPV_1 \tag{11-2-34}$$

投资的不可逆性是生成等待价值和导致传统投资理论失效的关键。如果投资可逆,第二年的收益一旦变为 50 的话,厂商就可以出售资本。因此,在第一年投资的预期净收益 NPV_4 应当变为:

$$\begin{aligned}NPV_4&=100-500+0.5\sum_{t=1}^{\infty}\frac{150}{(1+r)^t}+0.5\left(\frac{500}{1+r}\right)\\&=100-\frac{r}{1+r}500+NPV_3\end{aligned} \tag{11-2-35}$$

当 $r\in(0.1,0.2)$ 时,NPV_4 始终大于 NPV_3,意味着在第一年投资总是厂商的最优选择,投资不具有等待价值。

(二)维纳过程

在介绍在不确定性和不可逆性并存情况下的经典模型之前,我们先来了解一种被广泛应用于金融学中的随机过程,即维纳过程(Wiener process)。

维纳过程,也称作布朗运动过程或者布朗运动。Samuelson(1948)在《经济分析基础》增订版中这样来描述维纳过程的历史和含义:"在 Bachelier 和 Einstein(他们对布朗运动作过初步的定义——作者注)工作的 20 年后,MIT 的神童 Nobert Wiener 为维纳空间给出了严格的数学处理:维纳空间的结构描述了随机变量的路径,它在时间上的增量服从正态分布,这个分布独立于变量在任何其他的时间间隔中的增量。"

维纳过程的基本性质包括:独立并且服从正态分布的时间增量、时间增量的方差随时间区间的长度呈线性增加。如果用 $\{Z(t),t \geqslant 0\}$ 表示一个维纳过程，并且设 $Z(t)$ 在时间跨度 Δt 中的增量为 ΔZ，则 ΔZ 应当服从：

$$\Delta Z = \varepsilon_t \sqrt{\Delta t} \tag{11-2-36}$$

其中，ε_t 为一个随机变量，服从均值为 0 和方差为 1 的正态分布，并且具有序列不相关的性质，即有 $E(\varepsilon_t,\varepsilon_s)=0$，其中 $t \neq s$。由于 $\sqrt{\Delta t}$ 是一个给定的常数时间增量，ΔZ 具有独立并且服从正态分布的性质。此外，由于 ΔZ 的方差是 Δt 的线性函数，即时间增量的方差随时间区间的长度呈线性增加。如果 $Z(0)=0$，那么对于每一个 t，$Z(t)$ 都将服从均值为 0 和方差为 t 的正态分布。图 11-2-2 给出了 $Z(t)$ 的一个可能路径。当 Δt 趋向于无穷小时，式(11-2-36)应当被改写为：

$$dZ = \varepsilon_t \sqrt{dt} \tag{11-2-37}$$

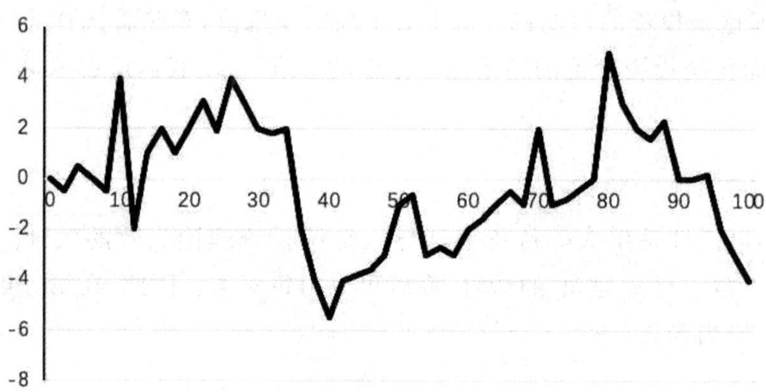

图 11-2-2　$Z(t)$ 的一个可能路径

式(11-2-37)就是连续时间中维纳过程之增量的表达形式。在实际应用中，我们经常会遇到如下所示的随机过程：

$$dX = \nu X dX + \sigma X dZ \tag{11-2-38}$$

其中 dZ 是维纳过程的增量。服从式(11-2-36)的随机过程称为带漂移的几何布朗运动(geometric Brownian motion with drift)。从式(11-2-38)中可以看出，带漂移的几何布朗运动的增长率 dX/X 服从均值为 νdt 和方差为 $\sigma^2 dt$ 的正态分布。图 11-2-3 给出了当 $\nu=0.05$ 和 $\sigma=0.1$ 时 X 的一个可能路径。从图中可以看出，带漂移的几何布朗运动与我们熟悉的带漂移的单位过程非常相似。

如式(11-2-38)所示的带漂移的几何布朗运动还可以被扩展为如下所示的广义布朗运动(generalized Brownian motion)：

$$dX = \nu(X,t)X dt + \sigma(X,t)X dZ \tag{11-2-39}$$

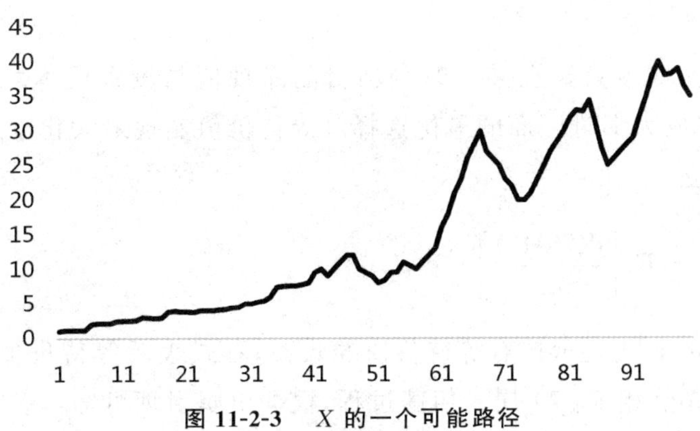

图 11-2-3 X 的一个可能路径

其中 $\mathrm{d}Z$ 是维纳过程的增量。如式(11-2-39)所示的布朗运动又被称为伊藤过程(Ito process)。如果服从伊藤过程的随机变量 X 是一个函数 $F(\cdot)$ 的自变量,并且该函数二阶可微,我们可以得到:

$$\mathrm{d}F = F'\mathrm{d}X + \frac{F''}{2}(\mathrm{d}X)^2 \tag{11-2-40}$$

式(11-2-40)就是著名的伊藤引理(Ito's lemma)的一种形式。如果假设随机变量服从带漂移的几何布朗运动,把式(11-2-38)代入式(11-2-40),并结合式(11-2-37)和 $(\mathrm{d}t)^{3/2} = (\mathrm{d}t)^2 = 0$ 可知:

$$\mathrm{d}F = \left(F'\nu X + \frac{F''}{2}\sigma^2 X^2\right)\mathrm{d}t + F'\nu X\mathrm{d}Z \tag{11-2-41}$$

(三)不确定性和不可逆性并存的投资模型

接下来将介绍一个刻画不确定性和不可逆性并存时的投资行为的经典模型。假设存在一个投资成本为 I 的不可逆的投资项目。这个项目的净现值为 M,并且 M 服从如下所示的带漂移的几何布朗运动:

$$\mathrm{d}M = \nu M\mathrm{d}t + \sigma M\mathrm{d}Z \tag{11-2-42}$$

其中 $\mathrm{d}Z$ 是维纳过程的增量。根据传统的投资理论,只要 $M > I$,厂商就应当选择投资。而在不确定性和不可逆性并存时,厂商需要做出两个决策:一是是否进行投资,二是何时进行投资。为此,我们建立如下所示的最优规划来确定这个项目的等待价值(即投资的机会成本):

$$C(M_t) = \max E_t[e^{-rT}(M_T - I)] \tag{11-2-43}$$

其中,r 为贴现率;T 为厂商进行投资的时刻;$C(M)$ 代表这个投资项目的等待价值。

$$M_t - I \geqslant C(M_t) \tag{11-2-44}$$

式(11-2-44)意味着只要在某一时刻项目的净现值与投资成本之差大于项目的等待价值，投资就将成为那时厂商的最优选择。等待价值实现最大化以后，如下所示的非套利条件必然成立：

$$rC(M_t) = E_t\left[\frac{\mathrm{d}C(M_t)}{\mathrm{d}t}\right] \tag{11-2-45}$$

式(11-2-45)的左式表示持有等待价值的收益；右式表示等待价值的预期变化。在均衡状态中两者必然相等。M 属于伊藤过程，根据伊藤引理可知：

$$E_t\left[\frac{\mathrm{d}C(M_t)}{\mathrm{d}t}\right] = C'\nu M + \frac{C''}{2}\sigma^2 M^2 \tag{11-2-46}$$

把式(11-2-46)代入式(11-2-45)可知：

$$rC = \nu MC' + \frac{\sigma^2 M^2 C''}{2} \tag{11-2-47}$$

式(11-2-47)是一个二阶非线性常微分方程。这种微分方程具有如下所示的通解形式：

$$C(M) = \alpha_1 M^{\beta_1} + \alpha_2 M^{\beta_2} \tag{11-2-48}$$

其中，α_1、α_2、β_1 和 β_2 是 4 个待定系数。确定上述 4 个待定系数还需要一些边界条件。以下两个边界条件显然成立：

$$C(0) = 0 \tag{11-2-49}$$

$$C(M_T) = M_T - I \tag{11-2-50}$$

式(11-2-49)表明一个净现值为 0 的投资项目不存在任何等待价值。式(11-2-50)刻画的是厂商进行投资的临界条件，即 $C(M)$ 与 $M-I$ 一定在临界条件 M_T 处相交。同时，“平滑封闭条件”(smooth pasting condition)这一边界条件也成立：

$$\frac{\mathrm{d}C(M_T)}{\mathrm{d}M} = \frac{\mathrm{d}C(M_T - I)}{\mathrm{d}M} = 1 \tag{11-2-50}$$

把式(11-2-48)代入式(11-2-47)，可知 β_1 和 β_2 其中必有一个小于 0。令 $\beta_2 < 0$，利用式(11-2-48)可得：

$$\beta = \frac{1}{2} - \frac{\nu}{\sigma^2} + \sqrt{\left(\frac{\nu}{\sigma^2} - \frac{1}{2}\right)^2 + \frac{2r}{\sigma^2}} \tag{11-2-51}$$

再利用式(11-2-49)和式(11-2-50)可知：

$$\alpha = \frac{M_T - I}{M_T^{\beta}} \tag{11-2-52}$$

$$M_T = \frac{\beta}{\beta - 1} I \tag{11-2-53}$$

得到 $C(M)$ 的具体形式为：

$$C(M) = \frac{M_{T-I}}{M_T^{\beta}} M^{\beta} \tag{11-2-54}$$

再结合式(11-2-44)和式(11-2-53)，就得到决定厂商是否投资项目净现值的临界条件。当某个时刻的项目净现值 M 到达这个临界条件，投资就将成为厂商的最优选择。

根据式(11-2-51)和式(11-2-53)可知，M_T 与 ν 正相关，与 r 负相关。如何来理解这两个结论呢？第一个结论是因为项目净现值的预期增长率越高，推迟投资的收益可能越大，临界条件 M_T 越大。第二个结论则是可以从利率变化带来的替代效应和收入效应两方面来理解。利率的替代效应即利率的上升会增加投资的机会成本(即等待价值)，利率的收入效应即利率的上升降低了当期投资价值。显然，M_T 与 r 负相关表明利率的收入效应大于替代效应。虽然根据式(11-2-51)和式(11-2-53)可知，投资与不确定程度之间并不存在确定的关系。但是，我们可以对参数 I、ν、r 和 σ 进行取值，利用数值模拟的方法来分析不确定程度的变化对投资的临界状态产生的影响。首先，将 I 正规化为 1，令 $\nu=0$ 和 $r=0.05$。从表 11-2-1 中可以看出，M_T 随着 σ 的上升而上升。再令 $\nu=0.003$，此时 M_T 仍与 σ 正相关。再接着令 $\nu=0$ 和 $r=0.03$ 时，前面的结果依然保持不变。投资与不确定程度之间呈负相关性的原因是：上升的不确定性可能会引起未来某个时刻投资项目的净现值达到一个较高水平，进而降低厂商投资的积极性。

表 11-2-1 利用数值模拟的方法来分析不确定程度的变化对投资临界状态的影响

$\nu = 0$ 和 $r = 0.05$					
σ	0.2	0.4	0.6	0.8	1
M_T	1.86	3.30	5.42	8.28	11.92
$\nu = 0.03$ 和 $r = 0.05$					
σ	0.2	0.4	0.6	0.8	1
M_T	3.85	7.15	12.30	19.37	28.41
$\nu = 0$ 和 $r = 0.03$					
σ	0.2	0.4	0.6	0.8	1
M_T	2.22	4.44	7.87	12.59	18.61

第三节　纳入契约制度与不确定性的投资

一、契约制度与投资决策模型①

(一)理论模型

不完全契约理论指出,由于契约的不完全性,进行专用性资产投资的一方存在事后被"敲竹杠"的风险(Grossman,Hart,1986;Hart,Moore,1990),即签订契约的企业可能会"事后"违约。而专用性资产投资的企业将遭受损失(Hart,Moore,1990),致使其无法获得全部的收益。学者吕朝凤和支宏娟(2017)基于不完全契约理论,借助 Antràs(2005)、Acemoglu 等(2009)的方法对不完全契约与工业投资之间的关系从理论上进行了简要分析。

具体地,在参考 Antràs(2005)、Acemoglu 等(2009)的方法的基础上,吕朝凤和支宏娟(2017)假设在生产部门中,资本 $K_i(i \in [0,1])$、劳动力 L 用于生产。进一步,假定劳动力市场是完全的②,且生产函数为:

$$Y = AL^{1-\alpha}\left(\int_0^1 K_i \mathrm{d}i\right)^{\alpha}, 0 > \alpha > 1 \tag{11-3-1}$$

为了刻画生产过程的契约特征,吕朝凤和支宏娟(2017)假设存在两类不同的中间品:$K_f(f \in (\eta,1])$ 和 $K_m(m \in [0,\eta])$③。其中第一类中间品 $K_f(f \in (\eta,1])$ 是可观察与可证实的,由制造商自己提供。相反,第二类资本品 $K_m(m \in [0,\eta])$ 是由中间品供应商提供的,其不可观察且不可证实,在生产过程中面临着契约不完全,只能通过

① 本部分参见吕朝凤和支宏娟发表于《当代财经》2017 年第 12 期上的《契约执行效率与地区工业投资差异》一文。

② 吕朝凤和支宏娟(2017)指出,在劳动力市场中也存在着契约不完全情况,但该论文仅将因中间品生产过程中的投资专用性而产生的契约不完全作为研究重点,而假定劳动力市场是契约完全市场。采取这一假定主要是出于以下两方面的考虑:一是,理论界普遍认为因为中间品生产过程中投资专用性而出现的"敲竹杠"问题是产生不完全契约的重要根源,如 Hart 和 Moore(1999)、Antràs(2005)等;二是,从合同的角度看,绝大多数的劳动合同都属于事前合同,与文章讨论的因投资专用性而不能签订事前合同产生的契约不完全并不相同。

③ 事实上,吕朝凤和支宏娟(2017)将资本中间品设定为不可观察和可观察的两类产品,并且这两类中间品各自内部的不同种类中间品之间相互替代这一做法,是对 Antràs(2005)、Acemoglu 等(2009)模型的进一步扩展。而这种设定可以合理地捕捉中间资本品的性质不同所导致的契约实施差异对实际经济的影响(Acemoglu et al., 2007)。

讨价还价的谈判来确定。A 表示外生参数，取决于诸如人力资本不平等因素的影响。$\alpha < 1$，表明资本品的边际生产率递减。$\eta < 1$，表明面临可以签订不完全契约的资本品 K_m 所占的范围，反映了不完全契约资本品投入密集产业的特征。η 越大，表示最终品 Y 将更加密集地签订契约来使用资本品 $K_m(m \in [0,\eta])$。因此，η 作为 $K_m(m \in [0,\eta])$ 的投入密集度也就可以理解为 Y 的契约密集度。η 越大，表明 Y 的中间投入中可签约的部分所占比重越大(Acemoglu et al.,2007)。

事件的过程分为三个阶段。

第一阶段：制造商与中间品供应商签订契约，规定从市场中雇用的劳动力 L、中间资本品 $K_f(f \in (\eta,1])$ 的投入数量以及企业对中间品供应商的一次性支付 T（支付 T 可能是正的，也可能是负的）。由于 $K_m(m \in [0,\eta])$ 为不可签约的，因此契约只能就 L、$K_f(f \in (\eta,1])$ 的投入量做出规定。

第二阶段：企业将劳动力 L 和资本品 $K_i(i \in [0,1])$ 共同投入生产。

第三阶段：企业将最终产品售出，获得收入 Y。此时，由于 $K_m(m \in [0,\eta])$ 的不可签约性，企业与供应商将通过纳什讨价还价划分(事后)总收益，且双方的讨价还价能力、偏好都是对称的。

接下来，吕朝凤和支宏娟(2017)探讨了满足上述三个阶段均衡的 SSPE 均衡。

(1)对不完全契约进行刻画。鉴于第二类资本品的不可签约性，参照 Acemoglu 等(2009)的研究，给定供应商进行此类中间品的专用性投资以获得事后分配利润的权利。同时，假设投入 $K_m(m \in [0,\eta])$ 可以被法庭(第三方)证实的概率为 φ。值得一提的是，供应商作为第二类中间品专用性投资的一方，将面临事后被敲竹杠的风险，此时，双方将不得不通过法律手段(第三方强制执行)进行解决。

在事后讨价还价的过程中，如果投入 $K_m(m \in [0,\eta])$ 为法庭所证实，那么中间品供应商得到所有的收益为：$Y - T - wL - \int_0^\eta I_m \mathrm{d}m - \frac{\beta}{2}(\int_0^\eta I_m \mathrm{d}m)^2 + PY' + r\int_\eta^1 K_f \mathrm{d}f + \int_\eta^1 K_f \mathrm{d}f$，其中 P 代表外生的下一期价格水平，Y' 表示下一期收入，r 表示利息率。如果投入 $K_m(m \in [0,\eta])$ 不能为法庭所证实，那么双方获得的收益由纳什讨价还价的结果确定(Acemoglu et al.,2009)。由此，中间品供应商在事后获得的预期收益和利润分别为：

$$R^m = \varphi\left(Y - T - wL - \int_\eta^N I_f \mathrm{d}f - \frac{\beta}{2}(\int_\eta^N I_f \mathrm{d}f)^2 + PY' + r\int_\eta^1 K_f \mathrm{d}f + \int_\eta^1 K_f \mathrm{d}f\right) \tag{11-3-2}$$

$$I_f = K'_f - K_f$$

$$\varphi = (1+\varphi)/2$$

$$\pi^m = R^m + T - \int_0^\eta I_m \mathrm{d}m - \frac{\beta}{2}(\int_0^\eta I_m \mathrm{d}m)^2 + PY' + r\int_0^\eta K_m \mathrm{d}m + \int_0^\eta K_m \mathrm{d}m$$

$$I_m = K'_m - K_m$$

其中，K'_f、K'_m 分别表示两类中间品的下一期资本量；$I_f(f \in (\eta,1])$ 和 $I_m(m \in [0,\eta])$ 分别表示制造商和资本品供应商所投入的专用性投资。R^m 是 φ 的增函数，因此投入被法庭证实的概率越高，则供应商获得的预期收益越大、利润越高。可得，资本品供应商的利润最大化的一阶条件如下：

$$I_m = \frac{1}{\beta}\left(P\varphi \times \frac{\partial Y'}{\partial K'_m} - r\right) \tag{11-3-3}$$
$$m \in [0,\eta]$$

(2)最终品厂商将劳动力 L 和资本品 $K_i(i \in [0,1])$ 共同投入生产，获得如下的利润：

$$\begin{aligned}\pi = & Y(K_i, i \in [0,1], L) - R^m(K_i, i \in [0,1], L) - T - wL - \\ & \int_0^\eta I_f \mathrm{d}f - \frac{\beta}{2}\left(\int_0^\eta I_f \mathrm{d}f\right)^2 + PY' + r\int_\eta^1 K_f \mathrm{d}f + \int_\eta^1 K_f \mathrm{d}f\end{aligned} \tag{11-3-4}$$

(3)中间品供应商的参与约束如下：

$$R^m(K_i, i \in [0,1], L) + T \geqslant \int_\eta^1 I_f \mathrm{d}f + \frac{\beta}{2}\left(\int_\eta^1 I_f \mathrm{d}f\right)^2 - r\int_0^\eta K_m \mathrm{d}m - \int_0^\eta K_m \mathrm{d}m \tag{11-3-5}$$

(4)在利润最大化条件下，企业与中间品供应商签订协议，规定中间品 K_f 的投入数量、一次性的转移支付 T 以及 L 的投入数量。可得其利润最大化问题的表述如下：

$$\max_{T,L,L',K_f[f\in(\eta,1)]}\left\{\begin{aligned}\tilde{\pi}_t = Y - T - wL - \int_0^\eta I_f \mathrm{d}f - \frac{\beta}{2}\left(\int_0^\eta I_f \mathrm{d}f\right)^2 + PY' + \\ r\int_\eta^1 K_f \mathrm{d}f + \int_\eta^1 K_f \mathrm{d}f - T - R^m\end{aligned}\right\} \tag{11-3-6}$$

$s.t.$ 式(11-3-2)、式(11-3-5)。由此，最终品生产厂商的利润最大化条件分别是：

$$(1-\alpha)Y/L = w$$
$$(1-\alpha)PY'/L' = w$$
$$I_f = \frac{1}{\beta}(P\alpha \times \partial Y'/\partial K'_f - r)$$
$$K'_f, f \in (\eta,1] \tag{11-3-7}$$

其中，L' 表示下一期的劳动力；由于资本品 K_f 是可观察与契约完全的，所以相比标准的边际成本定价公式，在契约不完全的条件下，其边际价格与完全市场中的相同。

容易得到全行业的均衡投资水平为：

$$I=\int_0^1 I_i\,\mathrm{d}i=\frac{1}{\beta}\left\{P\alpha\alpha^{\frac{1}{\alpha}}\left(\frac{1-\alpha}{w}\right)^{\frac{1-\alpha}{\alpha}}[\varphi\eta+(1-\eta)]-r\right\} \tag{11-3-8}$$

对式(11-3-8)求偏导数，得出如下命题：

命题1：$\partial I/\partial\varphi>0$，契约执行效率越高 φ 越大，投资总额越大。

上述命题表明，契约高效执行地区的投资总额更大。对于该命题的经济学解释是：在契约不完全的条件下，契约的高效执行能够减少企业在进行专用性投资时所面临的"敲竹杠"风险，降低交易成本，提高经济利润，最终将增加投资，所以契约执行效率的提高能够提高地区企业的投资水平。

命题2：$\partial^2 I/\partial\varphi\partial\eta>0$，行业契约密集度 η 越高，契约执行效率对投资总额的影响越大。

这里关注的重点是契约执行效率对地区产业投资差异的影响。命题2表明，契约高效执行的地区不仅有更高的投资，而且从行业层面看，该地区的企业还将更多地投资于契约密集型行业。对于该命题的经济学解释是：在契约不完全的条件下，一个行业的契约实施越宽泛或密集度越高（η 越大），行业生产中签订不完全契约的部分在总投入中所占比重越高，中间品供应商进行专用性投资时所面临的被"敲竹杠"风险越大，则该行业对地区契约执行效率的反应更加敏感。因此，契约密集型行业的企业将更加集中在契约高效执行的地区进行投资。

（二）模型实证

1.计量模型设计

吕朝凤和支宏娟（2017）借鉴 Rajan 和 Zingales（1998）、Ciccone 和 Papaioannou（2009）的研究思路，采用产业特征和地区特征的交互项（即乘积项）作为核心解释变量，通过建立计量模型，对契约制度与地区工业投资之间的关系进行了检验。具体的计量模型为：

$$\ln(I_{ic})=\beta_i+\beta_c+\beta_1 Z_i Q_c+\chi' X_{ic}+\varepsilon \tag{11-3-9}$$

其中，i 和 c 分别代表行业和地区；β_i 和 β_c 分别表示行业和地区的固定效应，以控制影响地区工业投资的其他产业或地区特征；ε 为误差项；$\ln(I_{ic})$ 是地区工业行业投资对数；z_i 是行业 i 的契约密集度；Q_c 是地区 c 的契约执行效率；X_{ic} 为其他控制变量。核心解释变量是契约执行效率与契约密集度的交互项（z_iQ_c）。根据理论假设，预期估计系数 β_1 显著为正，即契约高效执行的地区在契约密集型行业上的工业投资更多，从而通过行业契约密集度差异，地区契约执行效率差异转化为地区产业投资差异，契约执行效率具有投资"促进效应"。

其中，地区行业投资的测度公式为 $I_{ic}=K'_{ic}-K_{ic}+\delta K_{ic}$，$K_{ic}$、$K'_{ic}$ 为当期和下一期地区行业的固定资产总量，δK_{ic} 为当期的固定资产折旧总量。契约执行效率 Q_c，选用世界银行公布的《2008中国营商环境报告》中各省份契约执行效率排名来测度。契约

密集度 z_i，采用 Nunn(2007)的相关数据来度量。其测度公式为：

$$z_i = \sum_j \theta_{ij} R_j^{\text{neither}} \tag{11-3-10}$$

其中，$\theta_{ij}=F_{ij}/F_i$；F_{ij} 表示行业 i 使用的行业 j 的投入量；$F_i=\sum_j F_{ij}$ 表示行业 i 使用的所有投入总和，R_j^{neither} 表示行业 j 中既非“机构交易产品(organized exchanges)”也没有“参考价格(reference price)”的产品所占比重，这个比重越大表明行业 j 的市场越“薄”。①

2.初步观察

在进行正式的计量检验之前，吕朝凤和支宏娟(2017)利用各省工业投资与契约执行效率数据，从总量角度初步观察了后者与地区工业投资的关系，并为计量分析奠定了基础。图 11-3-1、图 11-3-2 分别给出了契约执行效率与工业投资总额、与各地区的高市场潜力行业工业投资比重的直观关系。不难看出：契约执行效率与地区工业投资总额、与高市场潜力行业工业投资比重之间均存在明显的正相关关系，即契约高效执行地区，工业投资比较大，并且所对应的契约密集行业投资比重也相对比较高。

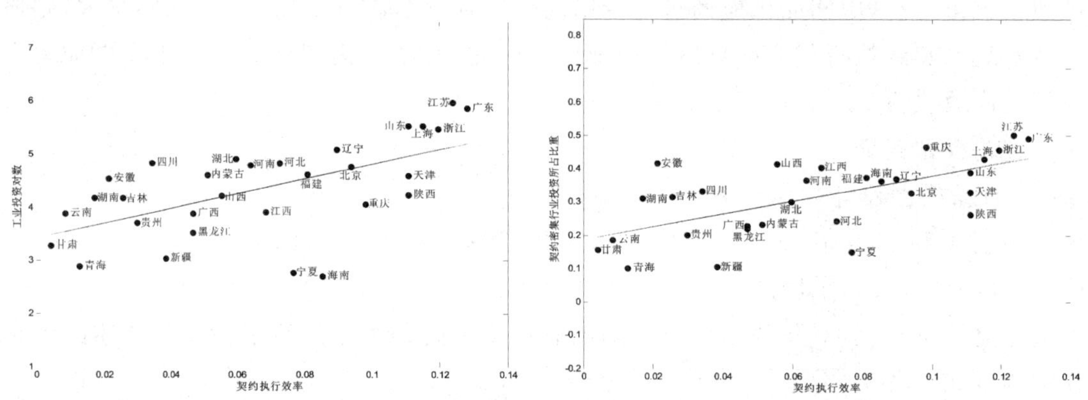

图 11-3-1 契约执行效率与工业投资总额的关系

图 11-3-2 契约执行效率与契约密集型行业投资比重的关系图

注：吕朝凤和支宏娟(2017)根据行业的市场潜力度进行排序，选择在 26 个行业中前 50%的 13 个行业作为高市场潜力行业。其分别为煤炭开采和洗涤业，有色金属矿采选业，饮料制造业，纺织服装、鞋、帽制造业，造纸及纸制品业，医药制造业，非金属矿物制品业，通用设备制造业，专用设备制造业，交通运输设备制造业，电气机械及器材制造业，通信设备、计算机及其他电子设备制造业，仪器仪表及文化、办公用机械制造业。

3.初步估计结果

表 11-3-1(Ⅰ)报告了回归方程(11-3-9)的面板最小二乘估计结果。参考 Rajan 和 Zingales(1998)的研究，采用地区和行业固定效应方法进行估计，以控制各地区和行业

---

① 控制变量和变量统计特征，请见吕朝凤和支宏娟(2017)的介绍。

的个体差异性；同时，对估计系数进行了怀特跨截面标准差和协方差调整，以克服各省区行业间可能存在而又无法识别的异方差。组合(1)是在不加入其他控制变量的情况下，组合(2)、(3)是在控制了其他变量的情况下的估计结果。结果显示，契约执行效率和契约密集度的交互项显著为正，与理论假设是一致的。这表明对于契约密集型行业，企业在契约高效执行地区的专用性投资过程中所面临的"敲竹杠"风险较低，其经济利润相对较高，投资增加，从而契约执行效率对工业投资具有"促进效应"。由此，吕朝凤和支宏娟(2017)从不完全契约的角度，发现契约执行效率差异是工业投资的重要原因，而契约密集度则会进一步扩大契约执行效率对工业投资的正影响。

4.内生性问题及处理

契约执行效率可能存在内生性问题。严重的内生性问题会导致估计结果的有偏与非一致性。为了尽可能地降低估计的偏差，吕朝凤和支宏娟(2017)从一国内部地区的角度出发，采用20世纪初中国各省区基督教初级教会小学注册学生数在当地人口中的比例($CLPS_c$)、各省区新民主主义经济时期的地区私营工业发展水平(PI_c)作为工具变量来克服契约执行效率的内生性问题。对契约执行效率的D-W-H检验拒绝该变量是外生的这一判断，因此，模型中契约执行效率是内生变量。[①] 在此基础上，他们还进一步检验工具变量是否为强工具变量，即在表11-3-1中对工具变量进行了弱识别检验和识别不足检验，并报告了相应的LM和Wald F统计量的统计值及相伴概率；此外，为了验证工具变量的外生性，作者还对工具变量进行了过度识别检验，并报告了相应的Hansen J统计量的统计值及相伴概率。

从表11-3-1(Ⅱ)的回归结果可以看出：(1)第一阶段的 F 值均大于100。根据Staiger等(1997)的研究，在运用两阶段最小二乘法进行估计时，第一阶段的 F 值在10以上就表明工具变量和内生变量具有较强的相关性。并且第一阶段的 R^2 都达到了0.9以上，这些均表明选取的工具变量与内生变量(契约执行效率)具有较强的相关性。

(2)对工具变量的LM和Wald F检验结果表明，拒绝工具变量识别不足与弱识别的原假设，进一步表明工具变量与内生变量具有强相关性，是强工具变量。对工具变量的Hansen J检验结果表明，在20%的显著水平上接受过度识别检验的原假设，所选用的工具变量是严格外生的。

(3)与表11-3-1(Ⅰ)的结果相比，契约执行效率交互项的系数及其显著性在各组合中都有较大幅度提高。说明契约执行效率的内生性使得最小二乘估计产生向下偏移，从而倾向于低估契约执行效率对工业投资的作用。各组合的拟合优度均保持在70%以上，并且没有明显的下降。这些表明两个工具变量能够有效地处理回归模型的内生性问题，提高了该模型对中国各地区工业行业投资的解释力。吕朝凤和支宏娟(2017)的研究不仅丰富了契约制度与企业投资行为的研究，还为缓解中国工业投资地区分布

---

① 对于存在异方差模型，传统的豪斯曼检验是失效的。

不平衡提供了一些新的启示。

表 11-3-1 初步回归与两阶段最小二乘法回归结果

	(Ⅰ)初步回归			(Ⅱ)IV2SLS 估计		
第二阶段						
	(1)	(2)	(3)	(1)	(2)	(3)
$z_i Q_c$	32.76*** (8.14)	18.64*** (5.65)	26.32*** (6.70)	52.364*** (8.27)	30.372*** (5.23)	40.162*** (6.33)
Pf_{ic}		0.37 (0.40)	2.71*** (2.66)		0.383 (0.44)	2.672*** (2.74)
$n_i N_c$		0.64*** (3.90)	0.81*** (3.96)		0.528*** (3.09)	0.671*** (3.00)
$h_i H_c$		0.05** (2.20)	0.06** (2.42)		0.038* (1.88)	0.053** (2.16)
Com_{ic}		−0.07 (0.09)	0.07 (0.10)		−0.066 (−0.81)	0.067*** (0.70)
Spec_{ic}		0.39*** (7.32)			0.385*** (7.57)	
Div_{ic}			0.99*** (4.40)			0.953*** (4.47)
D-W-H 检验				12.432 (0.001)	6.830 (0.014)	10.111 (0.004)
识别不足检验				96.395 (0.00)	96.778 (0.00)	94.583 (0.00)
弱识别检验				313.078 (0.00)	242.867 (0.00)	252.780 (0.00)
过度识别检验				0.451 (0.502)	0.930 (0.335)	0.003 (0.953)
地区固定效应	有	有	有	有	有	有
行业固定效应	有	有	有	有	有	有
R^2	0.726	0.836	0.73	0.719	0.833	0.753
样本量	740	649	649	649	649	649
第一阶段						
$z_i \text{CSPS}_c$				√	√	√
$z_i \text{PI}_c$				√	√	√
R^2				0.933	0.934	0.934
F				170.987	157.407	157.310

注:估计系数的括号内是估计参数的 T 值,*** 代表通过 1% 显著性水平检验,** 代表通过 5% 显著性水平检验,* 代表通过 10% 显著性水平检验;D-W-H、识别不足、弱识别与过度识别检验统计量的括号内是统计值的相伴概率。对于契约执行效率 Q_c 工具变量的构建,吕朝凤和支宏娟(2017)借鉴了 Nunn(2007)的处理方法。R^2 与 F 分别代表的是对 $z_i Q_c$ 第一阶段回归的拟合优度与 F 统计量(Nunn,2007)。

二、不确定性但资产可逆的投资决策模型①

(一)理论模型

刘贯春等(2019)构建了一个理论分析框架来解释资产可逆性如何影响经济政策不确定性与固定资产投资的关系。具体逻辑在于:经济政策不确定性显著增加了项目投资收益率的方差,即加剧了投资收益或现金流的不确定性,企业利润最大化目标下的最优投资规模向下调整。然而,资产可逆性越高,项目投资失败时的清算价值越大,会弱化经济政策不确定性对企业投资的抑制作用。特别地,在面临项目投资失败时,企业需要获取银行借贷以补充流动性,而融资约束严重的非国有企业和小规模企业通常面临着高融资成本,从而资产可逆性的重要性更为凸显。理论框架如下：

假定企业固定资产投资的生产函数为 $f(I)$,并满足边际产出递减规律,即 $f'(I)>0$ 和 $f''(I)<0$。在经济政策不确定性的大环境下,设定企业在面对某投资项目时的投资收益函数为：

$$\pi=\begin{cases}f(I)+A,p\\ f(I)-A,p\\ f(I),1-2p\end{cases} \tag{11-3-11}$$

经济政策不确定性使得企业的投资收益存在三种情形:一是获得超额收益 $f(I)+A$ 且概率为 p ,即不确定性下企业投资有一定机会获得超额利润 A ;二是获得低额收益 $f(I)-A$ 且概率为 p ,即不确定性下企业投资有一定可能处于劣势位置,从而遭受投资损失 A ;三是获得正常收益 $f(I)$ 且概率为 $1-2p$,与不存在不确定性情形的收益完全相同。结合式(11-3-11)可知,项目投资收益的期望值为 $f(I)$,而投资方差为 $2A^2p$ 。显然地,经济政策不确定性并未改变固定资产投资的期望收益率,而是加剧了投资收益的波动性,与实物期权理论的核心内涵相一致。基于这一设定,收益波动 A 和概率 p 可以被用于刻画经济政策不确定性。当经济政策不确定性上升时, A 和 p 增加,反之则下降。

进一步,当项目投资收益为 $f(I)-A$ 时,企业将选择退出市场或者理解为项目投资失败,从而获得资产清算价值。令 τ 表示资产清算比例,可得投资清算价值为 τI 。本质上,资产清算比例与资产可逆性完全等价,主要取决于所面临的潜在购买者,体现了资产的变现能力。特别地,当项目投资失败时,亏损所造成的资金缺口 $(1-\tau)I$ 需要通过银行借贷以维持正常的投资活动,对应的贷款利率为 r 。否则企业将陷入流动性危机,即项目投资失败使得企业面临一定的额外损失 $(1-\tau)Ir$ 。显然,贷款利率 r 越

① 本部分参考刘贯春等于2019年发表于《经济研究》上的《经济政策不确定性、资产可逆性与固定资产投资》一文。

大，企业面临的融资约束程度越严重，投资失败的额外损失越大。在此基础上，风险中性企业的利润函数期望值为：

$$\max_{I} \pi = p[f(I)+A-I]+(1-2p)[f(I)-I]+ p[\tau I-I-(1-\tau)Ir] \tag{11-3-12}$$

其中，$0<p,r,\tau<1$。

由上式可见，投资成本和等待期权价值分别为 I 和 $p(1-\tau)Ir$，投资收益为 $p[f(I)+A]+(1-2p)f(I)+p\tau I$。依据实物期权理论可知，当不考虑折现率时，当且仅当投资收益超过投资成本与投资期权的价值之和时，企业才会进行当期投资并决定最优投资规模。综上可知，式(11-3-12)能够较好地刻画实物期权理论的内在逻辑。

对式(11-3-12)关于投资 I 求偏导，对应的一阶条件为：

$$\frac{\partial \pi}{\partial I}=pf'(I)+(1-2p)f'(I)+p\tau-1-p(1-\tau)r=0 \tag{11-3-13}$$

求解式(11-3-13)，可得最优投资 I^* 满足：

$$f'(I^*)=\tau+\frac{1+p(1-\tau)r-\tau}{1-p} \tag{11-3-14}$$

可见，企业投资函数是概率 p 和资产清算比例 τ 的函数。

此时，最优投资 I^*、边际产出 $f'(I^*)$ 关于概率 p 的偏导函数为：

$$\frac{\partial f'(I^*)}{\partial p}=\frac{1+p(1-\tau)r-\tau}{(1-p)^2}+\frac{(1-\tau)r}{1-p}>0 \tag{11-3-15}$$

可以看出，概率 p 越高，最优投资的边际产出 $f'(I^*)$ 越大，即最优投资规模 I^* 越小。也就是说，伴随着经济政策不确定性的上升，投资收益波动在加剧，进而抑制固定资产投资，这与当前的研究结论相一致，如 Gulen 和 Ion(2016)、李凤羽和杨墨竹(2015)、饶品贵等(2017)、谭小芬和张文婧(2017)。同时不难发现，最优投资决策和波动幅度 A 无关，仅与概率 p 有关。

进一步，对式(11-3-15)关于资产清算比例 τ 求偏导，可得：

$$\frac{\partial[\partial f'(I^*)/\partial p]}{\partial \tau}=-\frac{1+r}{(1-p)^2}<0 \tag{11-3-16}$$

显然，资产清算比例 τ 越高，$f'(I^*)/p$ 越小，这表明概率 p 与企业最优投资规模 I^* 的负向关系越弱，即经济政策不确定性通过增加投资收益波动对固定资产投资的抑制作用越小。由于资产专用性的差异，不同企业在进行资产清算时面临的潜在交易者有明显区别，其搜寻成本和交易成本显著不同，从而致使资产可逆性在不同企业间存在异质性(Kim,Kung,2017)。换言之，企业资产可逆性越高，意味着更高的清算比例 τ。

新增固定资产投资的清算价值越大,固定资产投资相对于经济政策不确定性的敏感性更小,更为重要的是,贷款利率 r 越大,资产清算比例 τ 对概率 p 与企业最优投资规模 I^* 负相关的影响越强,具体表现为:

$$\partial \frac{\partial[\partial f'(I^*)/\partial p]}{\partial \tau}\partial r = -\frac{1}{(1-p)^2} < 0 \tag{11-3-17}$$

由此可见,相较于低融资约束企业,资产可逆性的作用在高融资约束企业中更为凸显。

(二)实证研究

1.企业资产可逆性的预算框架

刘贯春等(2019)为精确测算企业资产可逆性,遵照 Kim 和 Kung(2017)的做法,利用国民经济投入产出表构建资产一行业一企业三个维度的可逆性指标,操作步骤主要划分为三步:第一,基于不同行业对各类资产的配置频率,计算资产层面的可逆性指数;第二,依据各类资产在各行业的使用情况,构建行业层面的资产可逆性指数;第三,结合企业所处行业及其在不同行业的业务构成,得到企业层面的资产可逆性指数。

首先是界定可逆性。通过使用某类资产的行业数量来反映该资产被使用的广泛程度,进而把资产可逆性定义为:国民经济中使用该资产的行业数量。考虑到不同行业对该资产可逆性的贡献存在差异,利用行业产出占比作为权重进行加权处理。具体计算公式为:

$$\mathrm{Rev}_{aT} = \sum_{j=1}^{n} I_{ajT} \times (\mathrm{Value}_{jT} / \sum_{j=1}^{n} \mathrm{Value}_{jT}) \tag{11-3-18}$$

上式中,下标 a、j 和 T 分别代表资产、行业和年份;n 为行业数量;Rev_{aT} 表示资产 a 第 T 年的可逆性;I_{ajT} 是以 0 和 1 所代表的虚拟变量,表示资产 a 第 T 年是否被行业 j 使用。采用如下公式来计算行业 j 使用资产 a 的数量:

$$\mathrm{UR}_{ajT} = \mathrm{Use}_{ajT} / \sum_{j=1}^{n} \mathrm{Use}_{ajT} \tag{11-3-19}$$

上式中,Use_{ajT} 表示行业 j 第 T 年使用资产 a 的数量;UR_{ajT} 表示行业 j 第 T 年使用资产 a 的数量占资产使用总量的比重。刘贯春等(2019)利用阈值 UR^* 来确定行业 j 影响资产 a 的交易市场,即 I_{ajT} 为 1。具体度量方法如下:

$$I_{ajT} = \begin{cases} 0, & \mathrm{UR}_{ajT} \leqslant \mathrm{UR}^* \\ 1, & \mathrm{UR}_{ajT} > \mathrm{UR}^* \end{cases} \tag{11-3-20}$$

其次是行业资产可逆性构建。刘贯春等(2019)把行业资产可逆性定义为该行业所使用资产的可逆性按资产使用比例加权求和。具体计算公式为:

$$\text{Rev}_{jT}=\sum_{a=1}^{m}w_{ajT}\times\text{Rev}_{aT} \tag{11-3-21}$$

上式中，Rev_{jT}代表行业j第T年的资产可逆性；m为资产种类；w_{ajT}代表行业j第T年使用资产a的权重，用消耗比重来表示，即：

$$w_{ajT}=\text{Use}_{ajT}/\sum_{a=1}^{m}\text{Use}_{ajT} \tag{11-3-22}$$

利用式(11-3-21)、式(11-3-22)，结合资产可逆性可得企业资产可逆性，即：

$$\text{Rev}_{iT}=\sum_{j=1}^{m}\frac{s_{ijT}}{s_{iT}}\times\text{Rev}_{jT} \tag{11-3-23}$$

上式中，Rev_{iT}表示企业i第T年的资产可逆性；s_{iT}表示企业i第T年的销售总额；而s_{ijT}表示企业i第T年从事行业j经营活动的销售额。

2.计量模型设计

结合前文理论分析可知，与资产可逆性紧密相关的处置成本会显著影响经济政策不确定性与企业固定资产投资的负相关关系，尤其体现为融资约束严重的企业。为对上述理论假说进行验证，刘贯春等(2019)借鉴李凤羽和杨墨竹(2015)、Gulen 和 Ion(2016)、Kim 和 Kung(2017)、谭小芬和张文婧(2017)、纪洋等(2018)的做法，以企业固定资产投资作为被解释变量，将资产可逆性与经济政策不确定性的交互项引入投资方程，并纳入企业层面的异质性特征，构建如下计量模型：

$$\text{Inv}_{it}=\alpha_0+\alpha_1\times\text{Epu}_{t-1}\times\text{Rev}_i+\Gamma'X_{it}+\alpha_i+\alpha_t+\varepsilon_{it} \tag{11-3-24}$$

其中，i和t分别代表企业和时期；Inv、Epu 和 Rev 依次表示固定资产投资、经济政策不确定性指数和企业资产可逆性。同时，控制变量X_{it}包括成长机会、企业规模、企业年龄、经营性现金流、杠杆率和资产收益。此外，还纳入个体固定效应α_i和时间固定效应α_t，以控制不随时间变化且不可观测的企业固有特征和仅随时间变化的宏观环境调整。由此，刘贯春等(2019)利用中国 2012 年 139 个部门国民经济基本流量表来估算企业资产可逆性。选取中国 A 股上市公司作为研究对象，时间跨度为 2007 年第一季度至 2017 年第三季度，并把银行、保险、证券、房地产等金融行业剔除，从而构造非金融类企业的季度数据样本。

3.实证结果

表 11-3-2 第 1～2 列汇报了全样本回归结果。不难看出，在 5%的统计水平下，经济政策不确定性与企业资产可逆性的交互项的回归系数均显著为正，这意味着资产可逆性显著影响经济政策不确定性与企业固定资产投资的关系。具体而言，企业资产可逆性越高，固定资产投资的处理成本越低，企业当前投资面临的机会成本越小且未来投资的等待价值越低，经济政策不确定性对企业固定资产投资的负向作用越小。因此，企

业资产可逆性显著弱化了经济政策不确定性对固定资产投资的抑制作用。

表 11-3-2 基准回归结果

变量	全样本		不同融资约束分组			
	方程(1)	方程(2)	国有类型	民营类型	大规模	小规模
$Epu_{t-1}Rev_i$	0.0027** (0.0013)	0.0028** (0.0012)	−0.0002 (0.0017)	0.0045** (0.0020)	−0.0034** (0.0019)	0.0097** (0.0039)
控制变量	否	是	是	是	是	是
个体效应	是	是	是	是	是	是
时间效应	是	是	是	是	是	是
观测值	79499	79494	32497	39757	20517	19003
R^2	0.2384	0.2497	0.2623	0.2478	0.3655	0.1637

资料来源:刘贯春等(2019)。

表 11-3-3 资产可逆性的重要性

变量	全样本		不同融资约束分组			
	方程(1)	方程(3)	国有类型	民营类型	大规模	小规模
Epu_{t-1}	−0.0036** (0.0004)	−0.0033** (0.0004)	0.0003 (0.0006)	−0.0072** (0.0007)	0.0025*** (0.0007)	−0.0091** (0.0013)
$Epu_{t-1}Rev_i$	0.0021* (0.0031)	0.0029* (0.0013)	−0.0002* (0.0017)	0.0045* (0.0021)	−0.0035* (0.0020)	0.0097* (0.0039)
控制变量	否	是	是	是	是	是
个体效应	是	是	是	是	是	是
时间效应	是	是	是	是	是	是
观测值	79499	79494	32497	39757	20517	19003
R^2	0.2094	0.2378	0.2524	0.2303	0.3467	0.1527

资料来源:刘贯春等(2019)。

为说明资产可逆性在经济政策不确定性与固定资产投资关系中的重要性,刘贯春等(2019)遵照张成思和刘贯春(2018)的做法,以全国层面的实际 GDP 增长率、M2 增速和季节虚拟变量作为宏观经济环境(即时间固定效应)的代理变量,进而将经济政策不确定性的单独项引入回归模型(11-3-24)。表 11-3-3 汇报了全样本和不同融资约束企业的回归结果。容易看出,当以经济变量刻画企业所处的宏观经济环境时,估计结果与表 11-3-2 无明显差异。进一步地,结合回归系数大小可得,经济政策不确定性对企业固定资产投资的综合影响在全样本情形为$-0.0031+0.0029\times Rev$。可见，在经济政策不确定性与固定资产投资的关系中，企业资产可逆性是一条重要的传导渠道。

三、最近发展及相关经验研究

（一）制度环境与投资

余凡和王楚（2016）借鉴现有文献的测量方法计算制度环境感知，采用融资途径、市场需求、创新能力、知识产权保护、土地、政府管制与审批等6个方面的企业主观评价数据构建制度环境感知指标，运用OLS和工具变量法检验了制度环境感知与人力资本的关系。其具体计量模型设计为：

$$\ln y_{ijdt}=\alpha_0+\alpha_1\times\ln Ins_{ijdt}+\Gamma' X_{ijdt}+\alpha_j+\alpha_d+\alpha_t+\varepsilon_{ijdt} \tag{11-3-25}$$

式中，$\ln y_{ijdt}$ 表示员工平均受教育年限的对数；$\ln Ins_{ijdt}$表示制度环境感知；X_{ijdt} 表示控制变量；α_j、α_d、α_t 分别表示企业所处行业、地区和时间控制变量。在他们的问卷中，有6个主观评价数据，分为无、较小、中等、较大和完全5个等级，等级越高，表示企业家感知到该项制度环境会对企业的经营发展产生越不利的影响。因此，制度环境感知是一个反向数值，其值越高，表明企业家感知到的制度环境对本企业可能的负向影响越大。

对式（11-3-25）的OLS估计结果请见表11-3-4。观察可见，在不控制和控制所有其他变量的情形下，制度环境感知对人力资本均存在显著的正向影响，其中在控制所有变量的条件下，弹性系数为0.0447，说明制度环境感知每提升1个百分点，人力资本将提升4.47个百分点。为控制制度环境感知的内生性问题，余凡和王楚（2016）使用工具变量法剥离制度环境感知与人力资本的内生性。豪斯曼检验说明核心解释变量在5%的显著水平上拒绝了“所有解释变量均为外生”的原假设，表明解释变量存在内生性问题，因此可以使用工具变量法剥离制度环境感知与人力资本的内生性。

为此，余凡和王楚（2016）在现有文献（Blundell，Bond，1998）的基础上，选用中间投入总值和固定资产投资的滞后项作为制度环境感知的工具变量，针对工具变量进行相关检验，检验结果表明这些工具变量是有效变量。根据公式（11-3-25），对表11-3-4（Ⅰ）的三个模型分别进行了工具变量估计，估计结果如表11-3-4（Ⅱ）所示。三个模型的Hansen J估计量的P值均大于0.1，说明选取的中间投入总值和固定资产投资滞后项的对数值能够作为模型的工具变量。从检验结果可以看到，在加入工具变量后，模型3依然显著，说明制度环境感知与人力资本存在显著的正向因果效应。

表 11-3-4 估计结果

(Ⅰ)制度环境感知与人力资本的OLS估计			(Ⅱ)制度环境感知与人力资本的工具变量法(IV)的估计结果		
变量名	模型 1	模型 3	变量名	模型 1	模型 3
lninstitution10	0.0902*** (5.077)	0.0447* (1.849)	lninstitution10	2.660 (1.135)	0.848** (2.255)
控制变量	无	有	控制变量	无	有
Industry Dummy	Yes	Yes	Industry Dummy	Yes	Yes
County Dummy	Yes	Yes	County Dummy	Yes	Yes
Observations	906	469	Observations	263	213
			UncenteredR^2	0.926	0.992
R^2	0.167	0.384	Cragg-Donald Wald F statistic	0.781	2.606
			Hansen J P-val	0.897	0.846

资料来源:余凡和王楚(2016)。

刘慧凤和曹睿(2011)利用中国 2004—2008 年上市公司数据为样本,将所得税改革影响嵌入固定资产的投资成本(资本成本)中,检验 2008 年所得税改革与企业投资的关系。[①] 其研究发现,2008 年的企业所得税改革确实降低了公司的投资成本。而通过样本分层研究,进一步揭示了:所得税税率上升的企业,资本成本上升,并导致企业投资额下降;所得税税率下降的企业,资本成本明显降低,但资本成本的下降并没有对投资产生明显的促进作用。因此,所得税改革的影响可能更多地体现在对所得税税率上升企业投资的抑制作用上。

(二)地方官员与投资

An 等(2016)使用手工收集的关于 277 个中国城市政府官员变动的数据,研究了政治更替如何影响转型期经济体的企业投资。结果发现,政治更替导致企业大幅减少企业投资,特别是当新官员是由上级政府任命的外来者时。政治更替对企业投资的影响对于国有企业、资本密集型企业和被认为在当地很重要的企业来说更为强烈。总的来说,企业投资的波动性随着政治更替而增加。最后,政治更替导致的投资下降对私营企业的盈利能力有明显的负面影响,但对国有企业则没有影响。其具体计量模型为:

$$\begin{aligned} \mathrm{INV}_{i,t} = & \alpha + \beta_1 \mathrm{TO}_{i,t} + \beta_2 \mathrm{GROWTH}_{i,t-1} + \beta_3 \mathrm{LEV}_{i,t-1} + \beta_4 \mathrm{CASH}_{i,t-1} + \\ & \beta_5 \mathrm{FA}_{i,t-1} + \beta_6 \mathrm{SIZE}_{i,t-1} + \beta_7 \mathrm{INV}_{i,t-1} + \beta_8 \mathrm{GDP\_}G_{i,t} + \\ & \beta_9 \mathrm{INV\_GDP}_{i,t} + \varepsilon_{i,t} \end{aligned} \tag{11-3-26}$$

式中,公司投资 $\mathrm{INV}_{i,t}$ 为被解释变量;$\mathrm{TO}_{i,t}$ 代表政治周转率;$\mathrm{GROWTH}_{i,t-1}$ 代表

① 对于刘慧凤和曹睿(2011)的研究,在此不做详细讨论。需要了解的读者,请参见相关文献。

企业上期增长率；$LEV_{i,t-1}$ 代表企业上期杠杆水平；$CASH_{i,t-1}$ 代表企业上期现金流；$FA_{i,t-1}$ 代表企业年龄；$SIZE_{i,t-1}$ 代表企业规模；$INV_{i,t-1}$ 代表企业上一期投资。

(三)经济政策与投资

Wang 等(2014)研究了经济政策的不确定性对中国上市公司的企业投资的影响。结果发现，当经济政策的不确定性程度较高时，企业会降低其投资，反之亦然。然而，那些投资资本回报率较高、使用更多内部融资和非国有企业的公司可以缓解政策不确定性对企业投资的负面影响。此外，市场化程度较高地区的企业对经济政策的不确定性更为敏感。证据表明，保持经济政策实施的透明度和稳定性可以提高企业投资效率。其具体计量模型为：

$$(\text{Cap}_{i,t}/\text{TA}_{i,t-1})=\alpha_1+\beta_1\text{EPU}_{i,t-1}+\beta_2\text{TQ}_{i,t-1}+\beta_3\text{Cash}_{i,t}+\beta_4\text{FS}_{i,t}+\beta_5\text{Lev}_{i,t-1}+\beta_6(\text{S/T})_{i,t}+\sum\text{Year}+\sum\text{Quar}+\varepsilon_{i,t} \quad (11\text{-}3\text{-}27)$$

式中，$Cap_{i,t}$ 为资本支出；$TA_{i,t-1}$ 代表起初的总资产；$EPU_{i,t-1}$ 代表上一阶段经济政策的不确定性；$TQ_{i,t-1}$ 由上一期期初估计得到；$Cash_{i,t}$ 代表现金流；$FS_{i,t}$ 代表企业规模；$Lev_{i,t-1}$ 代表上一期的杠杆率；S/T 是按资产规模计算的销售收入。

事实上，大量研究结果表明：当企业面临较高程度的国内经济政策不确定性时，它们会减少投资(Lee et al.,2021)。Lee 等(2021)提供了一个新的发现：在控制了美国经济政策的不确定性之后，当中国经济政策的不确定性上升时，美国企业的投资也会下降。进一步的分析表明，对于位于对中国有较大出口的州的企业来说，这一结果更为强烈，这体现了全球供应链的联系在理解企业投资决策方面的重要性。其具体计量模型为：

$$\ln(\text{CN\_EPU}_t)=\alpha+\beta_1\ln(\text{US\_EPU}_t)+\beta_2\ln(\text{US\_EPU}_{t-1})+\gamma_1\ln(\text{VIX}_t)+\gamma_2\ln(\text{VIX}_{t-1})+\varepsilon_t \quad (11\text{-}3\text{-}28)$$

式中，EPU 代表经济政策的不确定性；CN_EPU_t、US_EPU_t、US_EPU_{t-1} 分别为中国经济政策的不确定性、美国经济政策的不确定性和美国上一期经济政策的不确定性。该计量模型结果说明，在控制了美国国内政策的不确定性后，美国企业的投资明显减少，面临着更高水平的中国政策不确定性。

Akron 等(2020)研究了 2001—2018 年期间，EPU 对美国 305 家酒店业公司样本的投资政策的影响。结果发现，酒店业公司的投资政策受到 EPU 的负面影响。面板量化估计显示，EPU 对企业投资的影响只与资本支出比率较处于尾部 25%的公司有关。其具体计量模型如下：

$$\text{CETA}_{i,t}=\beta_0+\beta_1\text{CETA}_{i,t}+\beta_2\text{LNEPU}_{i,t}+\beta_3\text{ROA}_{i,t}+\beta_4\text{SIZE}_{i,t}+\beta_5\text{LEV}_{i,t}+\beta_6\text{MB}_{i,t}+\text{SUBINDUSTRY}+\text{YEAR}+\eta_i+\varepsilon_{i,t} \quad (11\text{-}3\text{-}29)$$

其中，i 代表企业；t 代表时间；$\varepsilon_{i,t}$ 代表残差；β_0 是企业固定效应。模型还包括分行业和年度虚拟变量。Akron 等(2020)首次分析了经济政策的不确定性对酒店公司投资决策的影响,确认了不确定性会增加等待项目的盈利能力,直至有关项目盈利能力的信息被披露。这对酒店公司尤其重要,因为这些公司的投资组合传统上是基于非完全可逆转的项目。

与 Akron 等(2020)不同,Chen 等(2020)考察了 EPU 对澳大利亚公司资本投资的影响。结果表明 EPU 对澳大利亚证券交易所(ASX)上市公司的资本投资具有持续的负面影响(长达四年),与美国 EPU 更短暂的影响相反。不同的结果与 ASX 上市公司在资源和采矿业中的高比例是一致的,在这些行业中,投资项目经常是分阶段进行的,并有时间上的考虑。其具体计量模型如下:

$$\frac{\mathrm{CAPX}_{i,t+1}}{\mathrm{TA}_{i,t+l-1}}=\alpha_1+\beta_1\mathrm{EPU}_{i,t}+\beta_2\mathrm{TQ}_{i,t}+\beta_3\frac{\mathrm{CF}_{i,t}}{\mathrm{TA}_{i,t-1}}+\beta_4\mathrm{SG}_{i,t}+\delta M_t+\mathrm{QR}T_t+\varepsilon_{i,t+1} \tag{11-3-30}$$

其中资本支出(CAPX)是在未来 $l(l\in\{1,2,3,4\})$ 个季度或年份内的支出。EPU 以某一财政季度(季度数据)或某一年度(年度数据)的月度 BBD 指数值平均值的自然对数来衡量。由于 BBD 指数的时间序列可能不仅反映了与政策相关的不确定性,也反映了基本的经济波动,因此模型包括宏观经济控制(M),如 GDP 增长和选举指标,以减轻内生性的担忧。

本章小结

纵观西方宏观投资理论发展与演变的历史进程,可以看出,尽管不同时期经济学界从事投资理论研究的侧重点及其采用的分析方法各不相同,但学者们都把关注的焦点放在谁投资、投资何业与如何有效投资等问题上,并都不同程度地把投资与财富增加和经济增长的关系问题作为投资理论的核心问题之一加以研究。迄今为止,西方投资理论已发展成一套相对完整的理论体系,并能较好地对很多现实的投资问题进行解释。然而,西方投资理论并未对投资的真实来源和投资的实现条件进行分析,对投资的内在动机的研究也存在局限。

就投资的来源而言,马克思在《资本论》(第一卷)中指出,剩余价值资本化是投资的唯一源泉。虽然随着研究的深入,马克思在《资本论》(第二卷)中认为,可用于投资的货币资本"除了由于剩余价值的逐渐货币化外,新的货币资本还可有其他方法产生"。在考察资本主义再生产过程时,马克思仍然将投资的来源确定为剩余价值的资本化。就投资的实现条件而言,马克思指出:剩余价值所以能转化为资本,只是因为剩余产品(它的价值就是剩余价值)已经包含了新资本的物质组成部分。实际上,对于投资动机而言，西方投资理论仅是简单假定厂商追求利润最大化目标来设定模型，并没有对为何进行这一假定进行深入分析。据此，马克思从三个角度进行了阐释：一是从相对剩余价值的角度，阐述了资本家对超额剩余价值的追求而导致的投资竞争；二是从资本主义经济危机周期性的物质基础的角度，阐述了固定资产更新引起的投资竞争；三是从说明一般利润率和成本价格形成的角度，阐述投资在各个生产部门之间的流动与竞争。

习题

11.1 考虑一个厂家，它采用包括资本和劳动的C-D函数来生产产品，即 $Y=K^{\alpha}L^{1-\alpha}$，$0<\alpha<1$。假设厂商的价格在短期内固定不变，因而它将其产品价格 P 和产出 Y 视为给定的，投入品市场是竞争性的，因而厂商将工资 W 和资本的租用价格 r_K 视为给定的。

(1)在给定 P、Y、W 和 K 时厂商如何选择 L？

(2)根据选择的 L，把利润表示为 P、Y、W 和 K 的函数。

(3)求利润最大化下 K 的一阶条件。二阶条件是否得到满足？

(4)由(3)部分的一阶条件求解 K，把它表示为 P、Y、K 和 r_K 的函数。这些变量的变化如何影响 K？

11.2 一家厂商正在考虑从事一项成本为 i 的投资。经济有两个时期，在时期1盈利为 π_1，在时期2盈利为 π_2。π_1 是确定的，π_2 是不确定的。该厂商最大化预期利润，假定利率为零。

(1)假定该厂商的唯一选择是：要么在时期1投资，要么根本不投资。问：在什么条件下厂商将投资。

(2)假定厂商也可能在第2期当 π_2 的值已知后进行投资，在这种情况下，投资的盈利仅为 π_2。问：如果(1)中的条件得到满足，厂商在时期1不投资时的预期利润有无可能高于厂商在时期1投资时的预期利润。

11.3 不确定性与不可逆性并存的投资模型。给定式(12-4-3)所示的最优规划从而确定某个项目的等待价值(即投资的机会成本)。其中，r 为贴现率，T 为厂商进行投资的时刻，$C(M)$ 代表这个投资项目的等待价值。则当 $M_t-I\geqslant C(M_t)$ 成立时，厂商可以进行投资。

(1)在进行投资决策时，当不确定性和不可逆性并存时，厂商除了需要做出是否进行投资的决策，还需要做出什么决策？

(2) $M_t-I\geqslant C(M_t)$ 成立时，意味着什么？

(3)结合式(11-2-52)和式(11-2-54)，如何理解 M_T 与 ν、M_T 与 r 之间的关系？

11.4 契约制度与投资决策模型(吕朝凤，支宏娟，2017)。给定式(11-3-1)的生产函数，假设存在两类不同的中间品 $K_f(f\in(\eta,1])$ 和 $K_m(m\in[0,\eta])$。其中第一类中间品 $K_f(f\in(\eta,1])$ 是可观察的与可证实的，由制造商自己提供；第二类资本品

$K_m(m \in [0,\eta])$ 是由中间品供应商提供的，其不可观察与不可证实，在生产过程中面临着契约不完全，只能通过讨价还价即谈判来确定。

(1)请说明事件的过程分为哪几个阶段。

(2)模型中如何对不完全契约进行刻画？

(3)最终品生产厂商的利润最大化条件是什么？

11.5 不确定性、资产可逆与投资决策模型(刘贯春 等,2019)。假定企业固定资产投资的生产函数为 $f(I)$，并满足边际产出递减规律，即 $f'(I)>0$ 和 $f''(I)<0$。

(1)模型中如何体现经济政策不确定性？

(2)这一模型与第二节第四部分"不确定性下的不可逆投资模型"是否存在相同点？

(3)模型中资产可逆性的高低与不确定性与企业最优投资规模之间的关系是怎样的？

11.6 纳入经济集聚因素的新古典投资决策模型(付文林,耿强,2011)。假设企业的总投资 I 可被分为新增投资和重置投资：$I_t=I_t^N+I_t^R$，I_t^N 表示 t 期的新增投资水平，I_t^R 表示 t 期的重置投资水平。又假设 $I_t^R=\delta K_{t-1}$，δ 为折旧率，K_{t-1} 为上一期的资本存量。进一步假设生产技术为 C-D 函数 $Y_t=K_t^{\alpha}L_t^{\beta}$。

(1)求解在完全竞争要素市场条件下，企业的投资决策条件是什么？

(2)若将集聚因素产生的正外部性 A 考虑在内，则企业意愿的最优资本存量水平是多少？

(3)若继续考虑企业的意愿资本存量调整往往需要多个阶段，则代表性经济部门在时期 t 对新投资的需求水平为式(11-2-17)，请求解企业固定资产投资的决定方程。

11.7 基于托宾 q 理论测算中国国内的资本回报率(刘仁和 等,2018)。首先，假设代表性企业每期的现金流为式(11-2-20)，并假设生产函数为标准的 C-D 函数形式：$f(z_{t+j},k_{t+j},n_{t+j})=e^{z_{t+j}}k_{t+j}^{\alpha}n_{t+j}^{1-\alpha}$ 且 $0<\alpha<1$；再假设调整成本的函数形式为标准的二次函数：$g(i_{t+j},k_{t+j})=\dfrac{\xi}{2}\left(\dfrac{i_{t+j}}{k_{t+j}}\right)^2k_{t+j}$ 且 $\xi>0$。

(1)请简述托宾 q 理论。

(2)当生产函数规模报酬不变、调整成本函数线性齐次时，托宾 q 理论中平均 q 和边际 q 的大小关系如何？为什么？

(3)请求解企业包含当期现金流的最大化价值即式(11-2-21)。

(4)如果考虑剔除生产税，去除物价影响的实际资本回报率是多少？

参考文献

ABEL A B, 1979. Investment and the Value of Capital[M]. New York: Garland.

ABEL A B, 1983. Optimal Investment under Uncertainty[J]. The American Economic Review, 73(1): 228-233.

ABEL A B, 1985. Precautionary Saving and Accidental Bequests[J]. The American Economic Review, 75(4): 777-791.

ACEMOGLU D, ANTRÀS P, HELPMAN E, 2007. Contracts and Technology Adoption[J]. American Economic Review, 97(3): 916-943.

ACEMOGLU D, JOHNSON S, ROBINSON J A, 2004. Institution as the Fundamental Cause of Long-Run Growth[R]. NBER Working Paper, 10481.

ACEMOGLU D, JOHNSON S, MITTON T, 2009. Determinants of Vertical Integration: Financial Development and Contracting Costs[J]. Journal of Finance, 64(3): 1252-1290.

AKRON S, DEMIR E, DÍEZ-ESTEBAN J M, et al., 2020. Economic Policy Uncertainty and Corporate Investment: Evidence from the US Hospitality Industry[J]. Tourism Management, 77: 104019.

AN H, CHEN Y, LUO D, et al., 2016. Political Uncertainty and Corporate Investment: Evidence from China[J]. Journal of Corporate Finance, 36: 174-189.

ANTRÀS P, 2005. Property Rights and the International Organization of Production[J]. American Economic Review, 95(2): 25-32.

ARROW K J, 1968. The Economics of Moral Hazard: Further Comment[J]. The American Economic Review, 58(3): 537-539.

ARROW K J, KURZ M, 1970. Public Investment, the Rate of Return, and Optimal Fiscal Policy [M]. Baltimore: Johns Hopkins Press.

BERNANKE B S, 1983. Nonmonetary Effects of the Financial Crisis in the Propagation of the Great Depression[J]. American Economic Review, 73(3): 257-276.

BERTOLA G, CABALLERO R J, 1994. Irreversibility and Aggregate Investment[J]. The Review of Economic Studies, 61(2): 223-246.

BLOOM N, BOND S, VAN REENEN J, 2007. Uncertainty and Investment Dynamics[J]. The Review of Economic Studies, 74(2): 391-415.

BLUNDELL R, Bond S, 1998. Initial Conditions and Moment Restrictions in Dynamic Panel Data Models [J]. Journal of Econometrics, 87(1): 115-143.

BUCKLEY P J, CLEGG L J, CROSS A R, et al., 2007. The Determinants of Chinese Outward Foreign Direct Investment[J]. Journal of International Business Studies, 38(4): 499-518.

CABALLERO R J, 1991. On the Sign of the Investment-Uncertainty Relationship[J]. The American Economic Review, 81(1): 279-288.

CABALLERO R J, 1999. Aggregate Investment[J]. Handbook of Macroeconomics, 1: 813-862.

CABALLERO R J, PINDYCK R S, 1996. Uncertainty, Investment, and Industry Evolution[J]. International Economic Review, 37(3): 641-662.

CANES-WRONE B, PARK J K, 2014. Elections, Uncertainty and Irreversible Investment[J]. British Journal of Political Science, 44(1): 83-106.

CAO D, LORENZONI G, WALENTIN K, 2019. Financial Frictions, Investment, and Tobin's q[J]. Journal of Monetary Economics, 103(C): 105-122.

CARRUTH A, DICKERSON A, HENLEY A, 2000. What do We Know about Investment under Uncertainty? [J]. Journal of Economic Surveys, 14(2): 119-154.

CHAN M W L, HOU K, LI X, et al., 2014. Foreign Direct Investment and Its Determinants: A Regional Panel Causality Analysis[J]. The Quarterly Review of Economics and Finance, 54(4): 579-589.

CHEN X, LE C H A, SHAN Y, et al., 2020. Australian Policy Uncertainty and Corporate Investment [J]. Pacific-Basin Finance Journal, 61(C): 101341.

CHENERY H B, 1952. Overcapacity and the Acceleration Principle[J]. Econometrica: Journal of the Econometric Society, 20(1): 1-28.

CHIRINKO R, FAZZARI S, MEYER A, 1999. How Responsive Is Business Capital Formation to Its User Cost? An Exploration with Micro Data [J]. Journal of Public Economics, 74(1):53-80.

CICCONE A, PAPAIOANNOU E, 2009. Human Capital, the Structure of Production, and Growth [J]. The Review of Economics and Statistics, 91(1): 66-82.

COOPER R, EJARQUE J, 2003. Financial Frictions and Investment: Requiem In Q[J]. Review of Economic Dynamics, 6(4): 710-728.

CULL R, XU L C, 2005. Institutions, Ownership, and Finance: The Determinants of Profit Reinvestment among Chinese Firms[J]. Journal of Financial Economics, 77(1): 117-146.

DELGADO M S, MCCLOUD N, KUMBHAKAR S C, 2014. A Generalized Empirical Model of Corruption, Foreign Direct Investment, and Growth[J]. Journal of Macroeconomics, 42(C): 298-316.

DU J, LU Y, TAO Z, 2008. Economic Institutions and FDI Location Choice: Evidence from US Multinationals in China[J]. Journal of Comparative Economics, 36(3): 412-429.

DUHAUTOIS R, 2001. The Slowdown in Investment Is due mainly to Small Service Enterprises[J]. Economie et Statistique, 7(1): 341-342.

FAZZARI S M, HUBBARD R G, CPETERSEN B, 1988. Financing Constraints and Corporate Investment [J]. Brookings Papers on Economic Activity, 1988(1): 141-195.

GALE W G, ORSZAG P R, 2005. Deficits, Interest Rates, and the User Cost of Capital: A Reconsideration of the Effects of Tax Policy on Investment[J]. National Tax Journal, 58(3): 409-426.

GHOSAL V, LOUNGANI P, 1996. Product Market Competition and the Impact of Price Uncertainty on Investment: Some Evidence from US Manufacturing Industries[J]. Journal of Industrial Economics, 44 (2): 217-28.

GILCHRIST S, HIMMELBERG C P, 1995. Evidence on the Role of Cash Flow for Investment[J]. Journal of Monetary Economics, 36(3): 541-572.

GILCHRIST S, ZAKRAJŠEK E, 2012. Credit Spreads and Business Cycle Fluctuations[J]. American Economic Review, 102(4): 1692-1720.

GOMES J F, 2001. Financing Investment[J]. American Economic Review, 91(5): 1263-1285.

GOULD J P, 1968. Adjustment Costs in the Theory of Investment of the Firm[J]. The Review of Economic Studies, 35(1): 47-55.

GROSSMAN S J, HART O D, 1986. The Costs and Benefits of Ownership: A Theory of Vertical and Lateral Integration[J]. Journal of Political Economy, 94(4): 691-719.

GULEN H, ION M, 2016. Policy Uncertainty and Corporate Investment[J]. The Review of Financial Studies, 29(3): 523-564.

HALL R E, JORGENSON D W, 1967. Tax Policy and Investment Behavior[J]. American Economic Review, 57(3): 391-414.

HARTMAN R, 1972. The Effects of Price and Cost Uncertainty on Investment[J]. Journal Of Economic Theory, 5(2): 258-266.

HART O, MOORE J, 1990. Property Rights and the Nature of the Firm[J]. Journal of Political Economy, 98(6): 1119-1158.

HAYASHI F, 1982. Tobin's Marginal q and Average q: A Neoclassical Interpretation[J]. Econometrica, 50(1): 213-224.

JEFFERSON G H, SINGH I, 1998. Enterprise Reform in China: Ownership, Transition, and Perform [M]. Oxford: Oxford University Press.

JORGENSON D W, 1963. Capital Theory and Investment Behavior[J]. American Economic Review, 2 (C): 247-259.

KEYNES J M, 1936. The General Theory of Employment, Interest and Money[M]. London: Macmillan & Co Ltd.

KIM H, KUNG H, 2017. The Asset Redeploy Ability Channel: How Uncertainty Affects Corporate Investment[J]. The Review of Financial Studies, 30(1): 245-280.

KOLSTAD I, VILLANGER E, 2008. Foreign Direct Investment in the Caribbean[J]. Development Policy Review, 26(1): 79-89.

KOYCK L M, 1954. Distributed Lags and Investment Analysis[M]. North-Holland Publishing Company.

LEE K, JEON Y, SAMARBAKHSH L, et al., 2021. Chinese Economic Policy Uncertainty and US Corporate Investment[J]. International Review of Finance, 21(4): 1519-1528.

LIN X, WANG C, WANG N, et al., 2018. Investment, Tobin's Q, and Interest Rates[J]. Journal of Financial Economics, 130(3): 620-640.

LUCAS JR R E, 1967. Adjustment Costs and the Theory of Supply[J]. Journal of Political Economy, 75 (4, Part 1): 321-334.

LUCAS JR R E, PRESCOTT E C, 1971. Investment Under Uncertainty[J]. Econometrica: Journal of the Econometric Society, 39(5), 659-681.

MAGUD N E, 2008. On Asymmetric Business Cycles and the Effectiveness of Counter-Cyclical Fiscal Policies[J]. Journal of Macroeconomics, 30(3): 885-905.

MCDONALD R L, SIEGEL D R, 1985. Investment and the Valuation of Firms When There Is an Option to Shut Down[J]. International Economic Review, 26(2): 331-349.

MCKENZIE K J, THOMPSON A J, 1997. Taxes, the Cost of Capital, and Investment: A Comparison of Canada and the United States[M]. The Committee.

NUNN N, 2007. Relationship-Specificity, Incomplete Contracts, and the Pattern of Trade[J]. The Quarterly Journal of Economics, 122(2): 569-600.

PINDYCK R S, 1991. Irreversibility, Uncertainty, and Investment[J]. Journal of Economic Literature, 29 (3): 1110-1148.

PINDYCK R S, SOLIMANO S, 1993. Economic Instability and Aggregate Investment[J]. NBER Macroeconomics Annual, 30(8):259-303.

RAJAN R, ZINGALES L, 1998. Financial Development and Growth[J]. American Economic Review, 88

(3): 559-586.

SAMUELSON P A, 1948. Fundamentals of Economic Analysis[J]. Cambridge MA: Harvard University.

SAMUELSON P A,1939. Interactions between the Multiplier Analysis and the Principle of Acceleration [J]. The Review of Economics and Statistics, 21(2): 75-78.

STAIGER D, STOCK J H, WATSON M W, 1997. The Nairu, Unemployment and Monetary Policy [J]. Journal Of Economic Perspectives, 11(1): 33-49.

TANAKA H, IWAISAKO H, 2014. Intellectual Property Rights and Foreign Direct Investment: A Welfare Analysis[J]. European Economic Review, 67(4): 107-124.

TINTIN C, 2013. The Determinants of Foreign Direct Investment Inflows in the Central and Eastern European Countries: The Importance of Institutions[J]. Communist and Post-Communist Studies, 46(2): 287-298.

TOBIN J, 1969. A General Equilibrium Approach to Monetary Theory[J]. Journal of Money, Credit and Banking, 1(1): 15-29.

WANG Y, CHEN C R, HUANG Y S, 2014. Economic Policy Uncertainty and Corporate Investment: Evidence from China[J]. Pacific-Basin Finance Journal, 26: 227-243.

付文林，耿强，2011. 税收竞争，经济集聚与地区投资行为[J]. 经济学(季刊)，10(3)：1329-1348.

纪洋，王旭，谭语嫣，等，2018. 经济政策不确定性、政府隐性担保与企业杠杆率分化[J]. 经济学(季刊)，17(2)：449-470.

李方静，2016. 制度会影响出口质量吗？基于跨国面板数据的经验分析[J]. 当代财经(12)：99-108.

刘贯春，段玉柱，刘媛媛，2019. 经济政策不确定性、资产可逆性与固定资产投资[J].经济研究(8)：53-70.

刘慧凤，曹睿，2011. 企业所得税制度改革对投资的激励效果:基于上市公司数据的实证检验[J]. 税务与经济(3)：88-95.

刘仁和，陈其楠，吉晓萌，等，2018. 中国的资本回报率：基于Q理论的估算[J]. 经济研究(6)：67-81.

龙小宁，黄小勇，2016. 公平竞争与投资增长[J]. 经济研究(7):147-157.

吕朝凤，支宏娟，2017. 契约执行效率与地区工业投资差异:基于行业样本的实证研究[J]. 当代财经(12)：13-23.

祁春凌，邹超，2013. 东道国制度质量、制度距离与中国的对外直接投资区位[J]. 当代财经(7)：100-110.

饶品贵，岳衡，姜国华，2016.通货膨胀预期与企业存货调整行为[J]. 经济学(季刊),15(2)：499-526.

谭小芬，张文婧，2017.经济政策不确定性影响企业投资的渠道分析[J]. 世界经济,40(12)：3-26.

肖政，维克特，2001. 影响外商直接投资的因素:兼论中国沿海与西部地区差别[J]. 世界经济(3)：9-15.

颜银根，2014. FDI 区位选择:市场潜能,地理集聚与同源国效应[J]. 财贸经济(9)：103-113.

杨继东，杨其静，2020.制度环境、投资结构与产业升级[J]. 世界经济,43(11):52-77.

余凡，王楚，2016. 人力资本投资:制度环境感知下的企业战略选择:基于2015年“中国企业—员工匹配调查”(CEES)的实证研究[J]. 宏观质量研究，4(1):39-50.

张成思，刘贯春，2018. 中国实业部门投融资决策机制研究:基于经济政策不确定性和融资约束异质性视角[J]. 经济研究，53(12)：51-67.

第十二章

数学基础

第一节　矩阵代数

一、基础知识

矩阵就是一些排成矩形数组的数。例如 a_{ij}，其中，$i=1,2,\cdots,m$ 是行标，而 $j=1,2,\cdots,n$ 是列标。因此，一个维数为 $m\times n$ 阶的矩阵有 m 行和 n 列：

$$\boldsymbol{A}_{m\times n}=\begin{bmatrix} a_{11} & a_{12} & \cdots & a_{1n} \\ a_{21} & a_{22} & \cdots & a_{2n} \\ \vdots & \vdots & \ddots & \vdots \\ a_{m1} & a_{m2} & \cdots & a_{mn} \end{bmatrix} \tag{12-1-1}$$

如果 $m=n=1$，那么 A 是一个标量；如果 $m=1$ 而 $n>1$，那么 $\boldsymbol{A}$ 是行向量；如果 $n=1$ 而 $m>1$，那么 $\boldsymbol{A}$ 是列向量。如果 $m=n$，那么，$\boldsymbol{A}$ 是方阵，我们称包含了元素 a_{11}，a_{22}，…，a_{nn} 的对角线为主对角线。此外，有一些特殊的矩阵，零矩阵只包含零元素（对于 $i=1,2,\cdots,m$ 和 $j=1,2,\cdots,n$，$a_{ij}=0$），单位矩阵 $\boldsymbol{I}_n$ 是 $n\times n$ 阶矩阵，它的主对角线元素是 1，而在其他位置元素是 0。

二、加法、减法和乘法

当且仅当矩阵 $\boldsymbol{A}$ 和 $\boldsymbol{B}$ 有相同的维数时，矩阵 $\boldsymbol{A}$ 和 $\boldsymbol{B}$ 才可以相加。如果矩阵 $\boldsymbol{A}$ 有元素 $[a_{ij}]$ 而矩阵 $\boldsymbol{B}$ 有元素 $[b_{ij}]$，那么矩阵 $\boldsymbol{C}=\boldsymbol{A}+\boldsymbol{B}$ 通过对应元素相加得到：

$$A+B=C,c_{ij}=a_{ij}+b_{ij} \tag{12-1-2}$$

$i=1,2,\cdots,m$ 且 $j=1,2,\cdots,n$ 。

矩阵相减用同样的方式进行：

$$\boldsymbol{A}-\boldsymbol{B}=\boldsymbol{D},d_{ij}=a_{ij}-b_{ij} \tag{12-1-3}$$

$i=1,2,\cdots,m$ 且 $j=1,2,\cdots,n$。

矩阵可以与标量 k 相乘，只需让矩阵中的所有元素与该标量相乘即可，即 $\boldsymbol{B}=k\boldsymbol{A}$，那么对于 $i=1,2,\cdots,m$ 和 $j=1,2,\cdots,n$ 有 $b_{ij}=ka_{ij}$ 。因此，以下法则和性质可以立即得出（k 和 l 都是标量）：

$$\begin{aligned}
&k\boldsymbol{A}=A\boldsymbol{k}\\
&k(\boldsymbol{A}+\boldsymbol{B})=k\boldsymbol{A}+k\boldsymbol{B}\\
&(k+l)\boldsymbol{A}=k\boldsymbol{A}+l\boldsymbol{A}\\
&(kl)\boldsymbol{A}=k(l\boldsymbol{A})\\
&(-1)\boldsymbol{A}=-\boldsymbol{A}\\
&\boldsymbol{A}+(-1)\boldsymbol{B}=\boldsymbol{A}-\boldsymbol{B}
\end{aligned} \tag{12-1-4}$$

如果两个矩阵适合相乘，那么它们可以进行乘法运算。如果左边矩阵（矩阵 $\boldsymbol{A}$）的列维数和右边矩阵（矩阵 $\boldsymbol{B}$）的行维数相同，那么矩阵乘积 $\boldsymbol{AB}$ 有定义。如果 $\boldsymbol{A}$ 是 $m\times r$ 阶，$\boldsymbol{B}$ 是 $r\times n$ 阶，那么根据这一法则，$\boldsymbol{AB}$ 是 $m\times n$ 阶，定义如下：

$$\boldsymbol{AB}=\boldsymbol{C},c_{ij}=\sum_{k=1}^{r}a_{ik}b_{kj} \tag{12-1-5}$$

$i=1,2,\cdots,m$ 且 $j=1,2,\cdots,n$。

除非 $m=n$，否则 $\boldsymbol{BA}$ 没有定义。即便 $\boldsymbol{BA}$ 有定义，它一般也不等于 $\boldsymbol{AB}$。因此，用 $\boldsymbol{A}$ 左乘 $\boldsymbol{B}$（得到 $\boldsymbol{AB}$）和用 $\boldsymbol{B}$ 左乘 $\boldsymbol{A}$（得到 $\boldsymbol{BA}$）一般不会得出相同的结果。矩阵乘法的一些性质如下（$\boldsymbol{A}$、$\boldsymbol{B}$ 和 $\boldsymbol{C}$ 是合适的矩阵，$\boldsymbol{0}$ 是零矩阵，k 是标量）：

$$\begin{aligned}
&\boldsymbol{A}(\boldsymbol{B}+\boldsymbol{C})=\boldsymbol{AB}+\boldsymbol{AC}\\
&(\boldsymbol{A}+\boldsymbol{B})\boldsymbol{C}=\boldsymbol{AC}+\boldsymbol{BC}\\
&\boldsymbol{A}(\boldsymbol{BC})=(\boldsymbol{AB})\boldsymbol{C}\\
&k(\boldsymbol{AB})=\boldsymbol{A}(k\boldsymbol{B})\\
&\boldsymbol{A0}=\boldsymbol{0A}=\boldsymbol{0}\\
&\boldsymbol{AI}=\boldsymbol{IA}=\boldsymbol{A}
\end{aligned} \tag{12-1-6}$$

三、转　置

矩阵 $\boldsymbol{A}$ 的转置记为 $\boldsymbol{A}^{\mathrm{T}}$，它通过交换矩阵 $\boldsymbol{A}$ 的行和列得到。所以，如果矩阵 $\boldsymbol{A}$ 是 $m\times n$ 阶，而 $\boldsymbol{B}=\boldsymbol{A}^{\mathrm{T}}$，那么 $\boldsymbol{B}$ 是 $n\times m$ 阶且 $b_{ji}=a_{ij}$。 转置的一些性质如下：

$$(\boldsymbol{A}^{\mathrm{T}})^{\mathrm{T}}=\boldsymbol{A}$$
$$(k\boldsymbol{A})^{\mathrm{T}}=k\boldsymbol{A}^{\mathrm{T}}$$
$$(\boldsymbol{A}+\boldsymbol{B})^{\mathrm{T}}=\boldsymbol{A}^{\mathrm{T}}+\boldsymbol{B}^{\mathrm{T}}$$
$$(\boldsymbol{AB})^{\mathrm{T}}=\boldsymbol{B}^{\mathrm{T}}\boldsymbol{A}^{\mathrm{T}}, \tag{12-1-7}$$

四、方　阵

$n\times m$ 阶矩阵 $\boldsymbol{A}$ 的迹记为 $\mathrm{tr}(\boldsymbol{A})$，是它的主对角线上元素之和。

$$\mathrm{tr}(\boldsymbol{A})\equiv\sum_{i=1}^{n}a_{ii} \tag{12-1-8}$$

可以导出下列性质：

$$\mathrm{tr}(\boldsymbol{I}_n)=n$$
$$\mathrm{tr}(\boldsymbol{0})=0$$
$$\mathrm{tr}(\boldsymbol{A}^{\mathrm{T}})=\mathrm{tr}(\boldsymbol{A})$$
$$\mathrm{tr}(\boldsymbol{AA}^{\mathrm{T}})=\mathrm{tr}(\boldsymbol{A}^{\mathrm{T}}\boldsymbol{A})=\sum\nolimits_{i=1}^{n}\sum\nolimits_{j=1}^{n}a_{ij}^{2}$$
$$\mathrm{tr}(k\boldsymbol{A})=k\,\mathrm{tr}(\boldsymbol{A})$$
$$\mathrm{tr}(\boldsymbol{AB})=\mathrm{tr}(\boldsymbol{BA}) \tag{12-1-9}$$

方阵 $\boldsymbol{A}$ 的行列式记为$|\boldsymbol{A}|$，是唯一同此矩阵相对应的标量。对于一个 2×2 阶矩阵而言，它的行列式是：

$$\boldsymbol{A}=\begin{bmatrix}a_{11} & a_{12}\\ a_{21} & a_{22}\end{bmatrix},\ |\boldsymbol{A}|=a_{11}a_{22}-a_{12}a_{21} \tag{12-1-10}$$

对于一个 3×3 阶矩阵而言，它的行列式可以通过如下方式计算：

$$\begin{aligned}|\boldsymbol{A}|&=\begin{vmatrix}a_{11} & a_{12} & a_{13}\\ a_{21} & a_{22} & a_{23}\\ a_{31} & a_{32} & a_{33}\end{vmatrix}=a_{11}\begin{vmatrix}a_{22} & a_{23}\\ a_{32} & a_{33}\end{vmatrix}-a_{12}\begin{vmatrix}a_{21} & a_{23}\\ a_{31} & a_{33}\end{vmatrix}+a_{13}\begin{vmatrix}a_{21} & a_{22}\\ a_{31} & a_{32}\end{vmatrix}\\ &=a_{11}(a_{22}a_{33}-a_{23}a_{32})-a_{12}(a_{21}a_{33}-a_{23}a_{31})+a_{13}(a_{21}a_{32}-a_{22}a_{31})\\ &=a_{11}a_{22}a_{33}-a_{11}a_{23}a_{32}-a_{12}a_{21}a_{33}+a_{12}a_{23}a_{31}+a_{13}a_{21}a_{32}-a_{13}a_{22}a_{31}\end{aligned} \tag{12-1-11}$$

$|\boldsymbol{A}|$的计算过程被称为拉普拉斯展开。对于 $n\times n$ 阶矩阵的拉普拉斯展开由下式给出：

$$|\boldsymbol{A}|=\sum_{i=1}^{n}a_{ij}\,|C_{ij}|,j=1,2,\cdots,n,\text{(列扩展)} \tag{12-1-12}$$

$$|\boldsymbol{A}|=\sum_{j=1}^{n}a_{ij}\,|C_{ij}|,i=1,2,\cdots,n,(\text{行扩展}) \tag{12-1-13}$$

行列式的性质(k 是标量):

$$\begin{aligned}&|\boldsymbol{I}|=1\\&|\boldsymbol{0}|=0\\&|\boldsymbol{A}|=|\boldsymbol{A}^{\mathrm{T}}|\\&|\boldsymbol{A}|=(-1)^{n}\,|-\boldsymbol{A}|=k^{-n}\,|k\boldsymbol{A}|\\&|\boldsymbol{AB}|=|\boldsymbol{BA}|\end{aligned} \tag{12-1-14}$$

- 如果 $\boldsymbol{A}$ 的任意行(列)是其他行(列)的非平凡线性组合,那么 $|\boldsymbol{A}|=\boldsymbol{0}$。
- 如果 $\boldsymbol{B}$ 通过交换 $\boldsymbol{A}$ 的某两行(列)得到,那么 $|\boldsymbol{B}|=-|\boldsymbol{A}|$ 。
- 如果 $\boldsymbol{B}$ 通过与 $\boldsymbol{A}$ 的某行(列)相乘得到,那么 $|\boldsymbol{B}|=k|\boldsymbol{A}|$。
- 一行加上(或减去)任意其他行的倍数,$|\boldsymbol{A}|$不变。
- 一列加上(或减去)任意其他列的倍数,$|\boldsymbol{A}|$不变。

矩阵 $\boldsymbol{A}$ 的伴随矩阵记为 $\mathrm{adj}\boldsymbol{A}$。它定义为余子式矩阵的转置:

$$\mathrm{adj}\boldsymbol{A}=\begin{bmatrix}|\boldsymbol{C}_{11}| & |\boldsymbol{C}_{12}| & \cdots & |\boldsymbol{C}_{1\mathrm{n}}|\\|\boldsymbol{C}_{21}| & |\boldsymbol{C}_{22}| & \cdots & |\boldsymbol{C}_{2n}|\\\vdots & \vdots & \ddots & \vdots\\|\boldsymbol{C}_{n1}| & |\boldsymbol{C}_{n2}| & \cdots & |\boldsymbol{C}_{nn}|\end{bmatrix}^{\mathrm{T}} \tag{12-1-15}$$

如果 $|\boldsymbol{A}|\neq 0$,那么矩阵 $\boldsymbol{A}$ 是非奇异的,有唯一的逆,记为 $\boldsymbol{A}^{-1}$:

$$\boldsymbol{A}^{-1}=\frac{1}{|\boldsymbol{A}|}\mathrm{adj}\boldsymbol{A} \tag{12-1-16}$$

如果矩阵 $\boldsymbol{A}$ 可逆,那么有 $\boldsymbol{A}^{-1}\boldsymbol{A}=\boldsymbol{A}\boldsymbol{A}^{-1}=\boldsymbol{I}$。

假设涉及的逆矩阵存在,有如下性质:

$$\begin{cases}\boldsymbol{I}^{-1}=\boldsymbol{I}\\(\boldsymbol{A}^{-1})^{-1}=\boldsymbol{A}\\(\boldsymbol{A}^{\mathrm{T}})^{-1}=(\boldsymbol{A}^{-1})^{\mathrm{T}}\\(\boldsymbol{AB})^{-1}=\boldsymbol{B}^{-1}\boldsymbol{A}^{-1}\\|\boldsymbol{A}^{-1}|=|\boldsymbol{A}|^{-1}\end{cases} \tag{12-1-17}$$

五、克莱姆法则

假设有如下 n 个方程和 n 个未知量的线性方程组:

$$\begin{cases}a_{11}x_1+a_{12}x_2+\cdots+a_{1n}x_n=b_1\\a_{21}x_1+a_{22}x_2+\cdots+a_{2n}x_n=b_2\\\qquad\qquad\vdots\\a_{n1}x_1+a_{n2}x_2+\cdots+a_{nn}x_n=b_n\end{cases}\tag{12-1-18}$$

其中，a_{ij} 是系数；b_i 是外生变量；x_i 是内生变量。可将这个方程组写成单一矩阵方程的形式：

$$\boldsymbol{A}\boldsymbol{x}=\boldsymbol{b}\tag{12-1-19}$$

其中，$\boldsymbol{A}$ 是一个 $n\times n$ 阶矩阵；而 $\boldsymbol{x}$ 和 $\boldsymbol{b}$ 是 $n\times 1$ 阶(列)向量：

$$\boldsymbol{A}=\begin{bmatrix}a_{11}&a_{12}&\cdots&a_{1n}\\a_{21}&a_{22}&\cdots&a_{2n}\\\vdots&\vdots&\ddots&\vdots\\a_{n1}&a_{n2}&\cdots&a_{nn}\end{bmatrix},\boldsymbol{x}=\begin{bmatrix}x_1\\x_2\\\vdots\\x_n\end{bmatrix},\boldsymbol{b}=\begin{bmatrix}b_1\\b_2\\\vdots\\b_n\end{bmatrix}\tag{12-1-20}$$

假设系数矩阵 $\boldsymbol{A}$ 是非奇异的($|\boldsymbol{A}|\neq 0$)，矩阵方程的解是：

$$\boldsymbol{x}=\boldsymbol{A}^{-1}\boldsymbol{b}\tag{12-1-21}$$

通过克莱姆法则求得单个变量的解为：

$$x_j=\frac{|\boldsymbol{A}_j|}{|\boldsymbol{A}|},j=1,2,\cdots,n\tag{12-1-22}$$

其中，$|\boldsymbol{A}_j|$ 是矩阵 $\boldsymbol{A}_j$ 的行列式，该矩阵是将 $\boldsymbol{A}$ 的第 j 列用外生变量向量(如 $\boldsymbol{A}_1$)取代而得到：

$$\boldsymbol{A}=\begin{bmatrix}b_1&a_{11}&a_{12}&\cdots&a_{1n}\\b_2&a_{21}&a_{22}&\cdots&a_{2n}\\\vdots&\vdots&\vdots&\ddots&\vdots\\b_n&a_{n1}&a_{n2}&\cdots&a_{nn}\end{bmatrix}\tag{12-1-23}$$

如果向量 $\boldsymbol{b}$ 完全由 0 组成，称这样的方程是齐次的。如果 $|\boldsymbol{A}|\neq 0$，那么矩阵方程的唯一解是平凡的：$\boldsymbol{x}=\boldsymbol{A}^{-1}\boldsymbol{b}=\boldsymbol{0}$。得到齐次方程的非平凡解的唯一办法是系数矩阵是奇异的，即 $|\boldsymbol{A}|=0$。在该种情况下，克莱姆法则不再适用。然而，在该种情况下，存在无数个解(包括平凡解)。

六、特征根和特征向量

$n\times n$ 阶矩阵 $\boldsymbol{A}$ 的特征向量是非零向量 $\boldsymbol{x}$，当 $\boldsymbol{A}$ 左乘该非零向量时得到了同一个

向量的倍数：

$$\boldsymbol{Ax} = \lambda \boldsymbol{x} \tag{12-1-24}$$

其中，λ 被称为 $\boldsymbol{A}$ 的特征根。将式(12-1-24)改写如下：

$$(\boldsymbol{A} - \lambda \boldsymbol{I})\boldsymbol{x} = 0 \tag{12-1-25}$$

它由有非平凡解的齐次线性方程组构成，如果它的系数矩阵 $\boldsymbol{A} - \lambda \boldsymbol{I}$ 的行列式是零，即

$$\Phi(\lambda) = |\boldsymbol{A} - \lambda \boldsymbol{I}| = 0 \tag{12-1-26}$$

$\Phi(\lambda)$ 被称为 $\boldsymbol{A}$ 的特征方程，对于一个 2×2 阶矩阵，特征方程可以被写为

$$\begin{aligned}\Phi(\lambda) \equiv |\boldsymbol{A} - \lambda \boldsymbol{I}| &= \begin{bmatrix} a_{11} - \lambda & a_{12} \\ a_{21} & a_{22} - \lambda \end{bmatrix} = (\lambda - a_{11})(\lambda - a_{22}) - a_{12}a_{21} \\ &= \lambda^2 - (a_{11} + a_{22})\lambda + a_{11}a_{22} - a_{12}a_{21} \\ &= \lambda^2 - \mathrm{tr}(\boldsymbol{A})\lambda + |\boldsymbol{A}| = 0 \end{aligned} \tag{12-1-27}$$

其中，$\mathrm{tr}(\boldsymbol{A})$ 和 $|\boldsymbol{A}|$ 分别是矩阵 $\boldsymbol{A}$ 的迹和行列式。所以，对于这种矩阵，它的特征方程是 λ 的二次式，因此方程有两个根：

$$\lambda_{1,2} = \frac{\mathrm{tr}(\boldsymbol{A}) \pm \sqrt{[\mathrm{tr}(\boldsymbol{A})]^2 - 4|\boldsymbol{A}|}}{2} \tag{12-1-28}$$

如果判别式 $[\mathrm{tr}(\boldsymbol{A})]^2 - 4|\boldsymbol{A}|$ 不等于 0，那么两个根是不同的。如果判别式是正的，有两个实根。对于 $n \times n$ 阶矩阵而言，特征方程是 n 阶多项式，它有 n 个根，λ_1，λ_2，…，λ_n。它们可能不是相异的，也可能不是实的。特征根的一些性质：

$$\begin{cases} \sum_{i=1}^{n} \lambda_i = \mathrm{tr}(\boldsymbol{A}) \\ \prod_{i=1}^{n} \lambda_i = |\boldsymbol{A}| \end{cases} \tag{12-1-29}$$

与每个特征根相关的是特征向量，而且是唯一确定的常量。与 λ_i 相关的特征向量是式(12-1-25)的解。如果一个矩阵有不同的特征根，那么它可以对角化为如下形式：

$$\boldsymbol{P}^{-1}\boldsymbol{AP} = \boldsymbol{\Lambda} \Leftrightarrow \boldsymbol{A} = \boldsymbol{P}\Lambda\boldsymbol{P}^{-1} \tag{12-1-30}$$

其中，$\boldsymbol{P}$ 是以特征向量 $x^{(i)}$ 为列的矩阵，而 $\boldsymbol{\Lambda}$ 是主对角线元素为特征根 λ_i 的对角矩阵。

第二节 隐函数定理

一、单个方程

假设有如下方程，使得内生利率变量 y 与一个或多个外生变量 x_i 相关：

$$F(y,x_1,x_2,\cdots,x_m)=0 \tag{12-2-1}$$

假设：(a) F 有连续偏导；(b)在满足式(12-2-1)的 $[y^0,x_j^0]$ 附近有 $F_y\neq 0$。那么根据隐函数定理，存在 x_j^0 的 m 维领域，在该领域中，y 表示为外生变量的隐函数：

$$y=f(x_1,x_2,\cdots,x_m) \tag{12-2-2}$$

隐函数是连续的并且具有连续偏导数，记为 $f_i\equiv \partial f/\partial x_j$，可以通过如下方式计算：

$$\frac{\partial y}{\partial x_j}=f_i=-\frac{F_j}{F_y},j=1,2,\cdots,m \tag{12-2-3}$$

二、方程组

考虑含 n 个方程的方程组，有 n 个内生变量 $(y_1,y_2,\cdots,y_n)$：

$$\begin{cases}F^1(y_1,y_2,\cdots,y_n;x_1,x_2,\cdots,x_m)=0\\F^2(y_1,y_2,\cdots,y_n;x_1,x_2,\cdots,x_m)=0\\\qquad\qquad\vdots\\F^n(y_1,y_2,\cdots,y_n;x_1,x_2,\cdots,x_m)=0\end{cases} \tag{12-2-4}$$

假设：(a)函数 F^i 对于所有 y_i 和 x_j 都有连续偏导数；(b)在点 $[y_i^0,x_j^0]$，下面的行列式非零：

$$|\boldsymbol{J}|=\begin{vmatrix}\partial F^1/\partial y_1 & \partial F^1/\partial y_2 & \cdots & \partial F^1/\partial y_n\\\partial F^2/\partial y_1 & \partial F^2/\partial y_2 & \cdots & \partial F^2/\partial y_n\\\vdots & \vdots & \ddots & \vdots\\\partial F^n/\partial y_1 & \partial F^n/\partial y_2 & \cdots & \partial F^n/\partial y_n\end{vmatrix}\neq 0 \tag{12-2-5}$$

根据广义隐函数定理，存在 (x_j^0) 的 m 维领域，在该领域中，变量 y_i 被定义为外生变量的隐函数：

$$\begin{cases} y_1 = f^1(x_1, x_2, \cdots, x_m) \\ y_n = f^2(x_1, x_2, \cdots, x_m) \\ \qquad\qquad \vdots \\ y_n = f^n(x_1, x_2, \cdots, x_m) \end{cases} \tag{12-2-6}$$

这些隐函数是连续的并且有连续的偏导数，记为 $f_j^i \equiv \partial f^i / \partial x_j$，可以通过如下方式计算：

$$\frac{\partial y_i}{\partial x_j} = f_j^i = \frac{|\boldsymbol{J}_j^i|}{|\boldsymbol{J}|}, i = 1, 2, \cdots, n \tag{12-2-7}$$

其中，$\boldsymbol{J}_j^i$ 是用下面的偏导数向量取代矩阵 $\boldsymbol{J}$ 的第 i 列所得到的：

$$\begin{bmatrix} -\partial F^1 / \partial x_j \\ -\partial F^2 / \partial x_j \\ \vdots \\ -\partial F^n / \partial x_j \end{bmatrix} \tag{12-2-8}$$

第三节　微分方程

一、线性微分方程

考虑函数 $x : \tau \to \mathbf{R}$，其中 τ 是实数集 $\mathbf{R}$ 上的一个区间。设给定实数 Δt，可以得到

$$x(t + \Delta t) - x(t) = G[x(t), t, \Delta t] \tag{12-3-1}$$

其中，$G[x(t), t, \Delta t]$ 是一个实值函数。现在方程两侧同时除以 Δt，并取极限 $\Delta t \to 0$。假设极限值 $\lim\limits_{\Delta t \to 0} G[x(t), t, \Delta t] / \Delta t$ 存在，令

$$g[x(t), t] \equiv \lim_{\Delta t \to 0} \frac{G[x(t), t, \Delta t]}{\Delta t} \tag{12-3-2}$$

利用这一极限得到微分方程

$$\frac{\mathrm{d}x(t)}{\mathrm{d}t} \equiv \dot{x}(t) = g[x(t), t] \tag{12-3-3}$$

这是一个显式的一阶微分方程。与此相对应的是隐式一阶微分方程，形式如下：

$$H[\dot{x}(t), x(t), t] = 0 \tag{12-3-4}$$

如果一个微分方程可以写成如下形式：

$$\dot{x}(t) = g[x(t)] \tag{12-3-5}$$

或者在没有时间参数的情况下，简化为

$$\dot{x} = g(x) \tag{12-3-6}$$

称之为自治方程；反之，如果不能写成以上形式，称之为非自治方程。

二、线性一阶微分方程的解

线性一阶微分方程的一般形式如下：

$$\dot{x}(t) = a(t)x(t) + b(t) \tag{12-3-7}$$

此外，如果(12-3-7)被称为齐次方程，且 $a(t) = a, b(t) = 0$，则(12-3-7)式为常系数方程。

考虑一个一般变系数齐次方程：

$$\dot{x}(t) = a(t)x(t) \tag{12-3-8}$$

这个方程定义在 $t \geqslant 0$ 上，且有初始条件 $x(0) = x_0$。等式两边同时除以 $x(t)$，求积分并最终取指数，可得：

$$x(t) = c\exp\left[\int_0^t a(s)\mathrm{d}s\right] \tag{12-3-9}$$

积分常数由初始条件确定，即 $c = x_0$。可以通过对(12-3-9)求导，证得式(12-3-9)是式(12-3-8)的一个解。

考虑一个自治但非齐次的一阶线性微分方程：

$$\dot{x}(t) = ax(t) + b \tag{12-3-10}$$

通过类似分析得出通解为：

$$x(t) = -\frac{b}{a} + c\exp(at) \tag{12-3-11}$$

式(12-3-11)的推导：为了求解，对变量做如下简单变换，令

$$y(t) = x(t) + \frac{b}{a} \tag{12-3-12}$$

显然，$\dot{y}(t)=\dot{x}(t)$。用 $y(t)$ 将式(12-3-10)改写成如下

$$\dot{y}(t)=ay(t) \tag{12-3-13}$$

可求得 $y(t)=c\exp(at)$，其中 c 是适当的积分常数。再把方程还原成 $x(t)$，就能得到式(12-3-8)的通解为式(12-3-11)。

积分常数为 $c=x_0+b/a$，才能保证 $x(0)=x_0$。因此，满足边界条件的特解为

$$x(t)=-\frac{b}{a}+\left(x_0+\frac{b}{a}\right)\exp(at) \tag{12-3-14}$$

此方程有助于简单探讨解的稳定性。如果式(12-3-10)的稳态是指如下状态，那么对于所有 t，有 $\dot{x}(t)=0$。此时

$$x(t)=x^*=-\frac{b}{a} \tag{12-3-15}$$

是唯一的稳态。如果 $a<0$，则 $x(t)$ 随着 t 的增加而趋近稳态值 x^*；相反，如果 $a>0$，则随着 t 的增加偏离稳态值。

最后，给出式(12-3-7)的通解为

$$x(t)=\left\{c+\int_0^t b(s)\left[\exp\int_0^s a(v)\mathrm{d}v\right]^{-1}\mathrm{d}s\right\}\exp\left[\int_0^t a(s)\mathrm{d}s\right] \tag{12-3-16}$$

三、线性微分方程组

考虑线性微分方程组的最一般形式：

$$\dot{x}(t)=\boldsymbol{A}(t)x(t)+\boldsymbol{B}(t) \tag{12-3-17}$$

其中，$x(t)\in\mathbf{R}^n$，$n\in\mathbf{N}$，并且对于任意 t，$\boldsymbol{A}(t)$ 和 $\boldsymbol{B}(t)$ 都是 $n\times n$ 阶矩阵。假设 $\boldsymbol{A}(t)$ 和 $\boldsymbol{B}(t)$ 中每一个元素都是可积的。

首先引入一个状态转化矩阵 $\boldsymbol{\Phi}(t,s)$，并作为对应于 $\boldsymbol{A}(t)$ 的 $n\times n$ 阶矩阵函数，该矩阵函数关于其首个参数可导，且拥有唯一的定义式如下：对于所有 t 和 s，

$$\frac{\mathrm{d}}{\mathrm{d}t}\boldsymbol{\Phi}(t,s)=\boldsymbol{A}(t)\boldsymbol{\Phi}(t,s) \text{ 和 } \boldsymbol{\Phi}(t,t)=\boldsymbol{I} \tag{12-3-18}$$

状态转化矩阵之所以有用，是因为它有助于求解齐次方程组的解，进而利用式(12-3-17)对应的齐次方程组的解推导其自身的解。具体来说，如果 $\hat{x}(t)$ 是齐次方程组

$$\dot{x}(t)=\boldsymbol{A}(t)x(t) \tag{12-3-19}$$

的解，则对于所有 t 和 s，有：

$$\dot{x}(t)=\boldsymbol{\Phi}(t,s)\dot{x}(s) \tag{12-3-20}$$

然后定义式(12-3-19)的基本解集。如果在 $n\times n$ 阶矩阵 $\boldsymbol{X}(t)$ 的各列 $x^1(t)$，$x^2(t)$，…，$x^n(t)$ 中，含有方程(12-3-19)的解，且这些向量值函数两两之间线性无关，那么 $\boldsymbol{X}(t)$ 是式(12-3-19)的基本解集。在这种情况下有：

$$\dot{\boldsymbol{X}}(t)=\boldsymbol{A}(t)\boldsymbol{X}(t) \tag{12-3-21}$$

$$\boldsymbol{\Phi}(t,s)=\boldsymbol{X}(t)\boldsymbol{X}(s)^{-1} \tag{12-3-22}$$

在初始条件为 $x(0)=x_0$ 的情况下，(12-3-17)式的解为

$$\dot{x}(t)=\boldsymbol{\Phi}(t,0)x_0+\int_0^t\boldsymbol{\Phi}(t,s)\boldsymbol{B}(s)\mathrm{d}s \tag{12-3-23}$$

其中，$\boldsymbol{\Phi}(t,s)$ 是对应于 $\boldsymbol{A}(t)$ 的状态转换矩阵。

四、非线性微分方程的局部分析和稳定性

可以在稳态值的邻域中运用泰勒定理分析非线性微分方程组。考虑非线性的自治微分方程组

$$\dot{x}(t)=G[x(t)] \tag{12-3-24}$$

假设这一微分方程组有一稳态值 $x^*\in R^n$，并考虑 x^* 附近的 $x(t)$。然后根据泰勒定理，可得

$$\dot{x}(t)=DG(x^*)[x(t)-x^*]+o(\|x(t)-x^*\|^2) \tag{12-3-25}$$

其中，已知如果

$$o(\|x(t)-x^*\|^2)/\|x(t)-x^*\|^2\rightarrow 0,\text{当}\ \|x(t)-x^*\|\rightarrow 0 \tag{12-3-26}$$

如果矩阵没有零特征值，就说 x^* 是双曲稳态值。只要是双曲稳态值，就可以用线性微分方程组近似地刻画 x^* 附近的 $x(t)$：

$$\dot{x}(t)=DG(x^*)[x(t)-x^*] \tag{12-3-27}$$

令 x^* 为式(12-3-24)的稳态值，并假设 $G:\mathbf{R}^n\rightarrow\mathbf{R}^n$ 是连续可微的映射。如果 x^* 是双曲稳态，那么在 x^* 周围有式(12-3-24)的轨迹的开集和线性方程组 $\dot{x}(t)=DG(x^*)[x(t)-x^*]$ 的轨迹的开集，使存在一个一对一的连续函数 $h:U\rightarrow V$，它保持了 U 和 V 中轨迹的方向。

图 12-3-1 说明了上述稳态含义。在图中，N_c 和 N_d 分别对应一个有稳态值 (x^*,y^*) 的二维线性方程组的收敛和发散流形。E_c 和 E_d 则分别对应线性方程组的收敛和发散子空间。

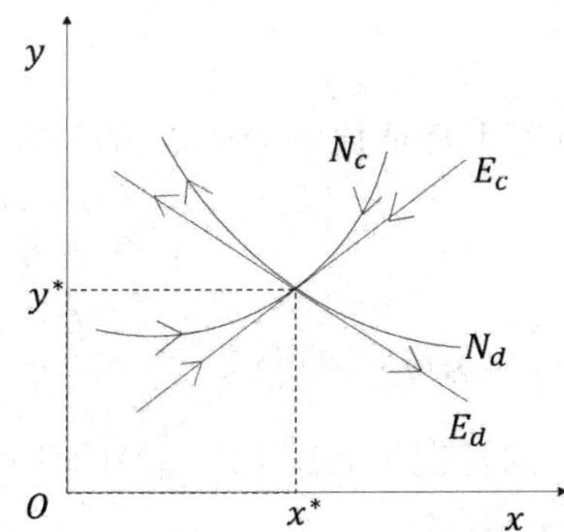

图 12-3-1　非线性和线性方程组的收敛与发散流形的关系

五、差分方程

类似于一阶微分方程，一阶差分方程的定义为

$$x(t+1)=g[x(t),t] \tag{12-3-28}$$

其中，$g:R\times R\to R$。另外，高阶差分方程和差分方程组的定义与此相仿。

差分方程的解与微分方程的解有许多相同之处。如简单的一阶差分方程

$$x(t+1)=ax(t)+b \tag{12-3-29}$$

具有类似于常系数一阶线性微分方程的解。设初始条件 $x(0)=x_0$，那么迭代形式为

$$\begin{cases}x(1)=ax_0+b\\ x(2)=a^2x_0+ab+b\end{cases} \tag{12-3-30}$$

以此类推。通过使用归纳法，得到这一方程的通解为

$$x(t)=\begin{cases}x_0+bt,\text{如果 } a=1\\ a^t\left(x_0-\dfrac{b}{1-a}\right)+\dfrac{b}{1-a},\text{如果 } a\neq 1\end{cases} \tag{12-3-31}$$

考虑一阶线性差分方程组：

$$x(t+1)=\mathbf{A}x(t) \tag{12-3-32}$$

其中，$x(t)\in\mathbf{R}^n$，$n\in\mathbf{N}$，并且 $\mathbf{A}$ 是一个 $n\times n$ 实矩阵。

假设 $\mathbf{A}$ 具有 n 个相异的特征根 $\xi_1,\cdots,\xi_n$，则在初值为 $x(0)=x_0$ 的情况下，式(12-3-32)的唯一解具有如下形式：

$$x(t)=\sum_{j=1}^{n}c_j\xi_j^t \boldsymbol{v}_{\xi_j} \tag{12-3-33}$$

其中，$\boldsymbol{v}_{\xi_1},\cdots,\boldsymbol{v}_{\xi_n}$ 表示对应于特征值 $\xi_1,\cdots,\xi_n$ 的特征向量，而 $c_1,\cdots,c_n$ 表示初始条件决定的积分常数。

考虑一阶差分方程组：

$$x(t+1)=\boldsymbol{A}(t)x(t)+\boldsymbol{B}(t) \tag{12-3-34}$$

在初始条件为 $x(0)=x_0$ 的情况下，式(12-3-32)的解可以写成：

$$x(t)=\boldsymbol{\Phi}(t,0)x_0+\sum_{s=0}^{t-1}\boldsymbol{\Phi}(t,s+1)\boldsymbol{B}(s) \tag{12-3-35}$$

第四节　静态优化

一、无约束优化

假设求以下函数的最优值：

$$y=f(x) \tag{12-4-1}$$

其中，假设函数是连续的且具有连续偏导数。该函数在点 $x=x_0$ 处具有极值的必要条件是：

$$f'(x_0)=0 \tag{12-4-2}$$

为了检验 $f(x)$ 是否在 $x=x_0$ 处取到相对最大值或相对最小值，计算二阶条件。二阶充分条件是：

$$\text{如果 } f''(x_0)\begin{Bmatrix}<\\>\end{Bmatrix}0, f(x_0)\text{ 是相对}\begin{Bmatrix}\text{最大值}\\\text{最小值}\end{Bmatrix} \tag{12-4-3}$$

现在假设函数依赖于 n 个参数：

$$y=f(x_1,x_2,\cdots,x_n) \tag{12-4-4}$$

其中，$f(\cdot)$ 是连续的且有连续偏导数。相对极值的一阶必要条件是：

$$f_i=0, i=1,2,\cdots,n \tag{12-4-5}$$

其中，$f_i=\partial f/\partial x_i$ 是 $f(\cdot)$ 对 x_i 的偏导数。为了研究二阶充分条件，定义二阶导

数的海塞(Hessian)矩阵 $\boldsymbol{H}$ 为：

$$\underset{n\times n}{\boldsymbol{H}} \equiv \begin{bmatrix} f_{11} & f_{12} & \cdots & f_{1n} \\ f_{21} & f_{22} & \cdots & f_{2n} \\ \vdots & \vdots & \ddots & \vdots \\ f_{n1} & f_{n2} & \cdots & f_{nn} \end{bmatrix} \tag{12-4-6}$$

其中，$f_{ii} \equiv \partial^2 f/\partial x_i^2$ 且 $f_{ij} \equiv \partial^2 f/\partial x_i \partial x_j$ 是二阶偏导数。根据杨氏定理，$f_{ij} = f_{ji}$，因此海塞矩阵是对称的。定义 $\boldsymbol{H}$ 的如下顺序主子式集，即沿着主对角线的子行列式：

$$|\boldsymbol{H}_1| \equiv f_{11},\ |\boldsymbol{H}_2| \equiv \begin{vmatrix} f_{11} & f_{12} \\ f_{21} & f_{22} \end{vmatrix},\cdots,\ |\boldsymbol{H}_n| \equiv \begin{vmatrix} f_{11} & f_{12} & \cdots & f_{1n} \\ f_{21} & f_{22} & \cdots & f_{2n} \\ \vdots & \vdots & \ddots & \vdots \\ f_{n1} & f_{n2} & \cdots & f_{nn} \end{vmatrix} \tag{12-4-7}$$

如果一阶条件在点 $(x_1^0, x_2^0, \cdots, x_n^0)$ 处成立，那么 $f(x_i^0)$ 是相对最大值的二阶充分条件是：

$$|\boldsymbol{H}_1| < 0,\ |\boldsymbol{H}_2| > 0,\cdots,\ |\boldsymbol{H}_n| > 0 \tag{12-4-8}$$

二、等式约束

目标函数由式(12-4-4)给定，约束条件由下式给出：

$$g(x_1, x_2, \cdots, x_n) = c \tag{12-4-9}$$

其中，c 是常数。假设 $g(\cdot)$ 是连续的且具有连续偏导数。拉格朗日函数定义如下：

$$L = f(x_1, x_2, \cdots, x_n) + \lambda[c - g(x_1, x_2, \cdots, x_n)] \tag{12-4-10}$$

其中，λ 是拉格朗日乘子。极值的一阶必要条件是：

$$L_i = 0, i = 1, 2, \cdots, n, L_\lambda = 0 \tag{12-4-11}$$

其中，$L_i = \partial L/\partial x_i$ 和 $L_\lambda = \partial L/\partial \lambda$ 分别是拉格朗日函数关于 x_i 和 λ 的偏导数。为了研究二阶条件，创立了由 $\bar{\boldsymbol{H}}$ 表示的所谓的加边海塞矩阵：

$$\underset{(n+1)\times(n+1)}{\bar{\boldsymbol{H}}} = \begin{bmatrix} 0 & g_1 & g_2 & \cdots & g_n \\ g_1 & f_{11} & f_{12} & \cdots & f_{1n} \\ g_2 & f_{21} & f_{22} & \cdots & f_{2n} \\ \vdots & \vdots & \vdots & \ddots & \vdots \\ g_n & f_{n1} & f_{n2} & \cdots & f_{nn} \end{bmatrix} \tag{12-4-12}$$

加边海塞矩阵由普通海塞矩阵和边界上的约束函数(g_i)的偏导数组成。定义 $\bar{\boldsymbol{H}}$ 的如下主子式集：

$$|\bar{\boldsymbol{H}}_2| = \begin{vmatrix} 0 & g_1 & g_2 \\ g_1 & f_{11} & f_{12} \\ g_2 & f_{21} & f_{22} \end{vmatrix}, \cdots, |\bar{\boldsymbol{H}}_n| = \begin{vmatrix} 0 & g_1 & g_2 & \cdots & g_n \\ g_1 & f_{11} & f_{12} & \cdots & f_{1n} \\ g_2 & f_{21} & f_{22} & \cdots & f_{2n} \\ \vdots & \vdots & \vdots & \ddots & \vdots \\ g_n & f_{n1} & f_{n2} & \cdots & f_{nn} \end{vmatrix} \tag{12-4-13}$$

那么,如果一阶条件在点 $(x_1^0, x_2^0, \cdots, x_n^0)$ 处成立,那么 $f(x_i^0)$ 是相对的有约束的最大值的二阶充分条件是：

$$(-1)^k |\bar{\boldsymbol{H}}_k| > 0, k = 2, \cdots, n \tag{12-4-14}$$

而相对的有约束的最小值的二阶条件是：

$$|\bar{\boldsymbol{H}}_k| < 0, k = 2, \cdots, n \tag{12-4-15}$$

如果有多个约束,那么其他拉格朗日乘子要加进拉格朗日函数,而每个拉格朗日乘子 λ_j 的一阶条件的形式是 $L_{\lambda_j} = \partial L / \partial \lambda_j = 0$。

对于拉格朗日乘子的解释:利用上标"0"表示最优值,将拉格朗日函数的最优值写为：

$$L^0 = f(x_1^0, x_2^0, \cdots, x_n^0) + \lambda^0 [c - g(x_1^0, x_2^0, \cdots, x_n^0)] \tag{12-4-16}$$

如果 c 变化了,那么 λ^0 和 $L^0 = f(x_1^0, x_2^0, \cdots, x_n^0) + \lambda^0 [c - g(x_1^0, x_2^0, \cdots, x_n^0)]$ 都要发生变化。对式(12-4-16)求微分,可以得到：

$$\frac{\mathrm{d}L^0}{\mathrm{d}c} = \sum_{i=1}^{n} L_i \cdot \frac{\mathrm{d}x_i^0}{\mathrm{d}c} + L_\lambda \cdot \frac{\mathrm{d}\lambda^0}{\mathrm{d}c} + \lambda^0 \cdot \frac{\mathrm{d}c}{\mathrm{d}c} = \lambda^0 \tag{12-4-17}$$

其中,从第一个等号推导到第二个等号时用到了最优化的必要条件。如果目标函数是效用而 c 是收入,那么 λ^0 就是收入的边际效用。

三、不等式约束

1.非负约束

假设面对的问题是在只有非负约束 $x \geqslant 0$ 的条件下最大化函数 $y = f(x)$ 。有三种情况能产生这种问题。

图 12-4-1(a)说明了前面无约束优化的情形。当 x 严格取正值时,函数取最大值,称之为内点解。约束 $x \geqslant 0$ 是松的,而一阶条件：

$$f'(x_0) = 0(\text{内点解}) \tag{12-4-18}$$

图 12-4-1(b)和图 12-4-1(c)处理了两种类型的边界解。在图 12-4-1(b)中函数在 $x=x_0=0$ 时取得最大值，即恰好在可行区域的边界上。因此，在图 12-4-1(b)中有：

$$f'(x_0)=0 \text{ 和 } x_0=0 (\text{边界解}) \tag{12-4-19}$$

在图 12-4-1(c)中也有一个边界解，但这个解对于负的 x 值，$f(x)$ 仍然上升。因此，该点有：

$$f'(x_0)<0 \text{ 和 } x_0=0 (\text{边界解}) \tag{12-4-20}$$

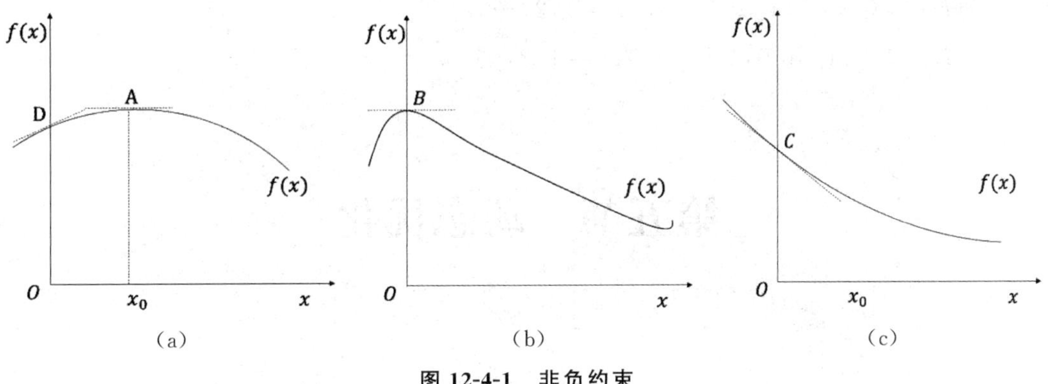

图 12-4-1 非负约束

涵盖了内点解和两种边界解这三大条件，能够合并成单一的表达式：

$$f'(x_0)\leqslant 0, x_0\geqslant 0, x_0 f'(x_0)=0 \tag{12-4-21}$$

当有 n 个选择变量时，问题转变为在非负约束 $x_i\geqslant 0 (i=1,2,\cdots,n)$ 下，选择 $x_i (i=1,2,\cdots,n)$，以最大化 $f(x_1,x_2,\cdots,x_n)$。与这一问题相关的一阶条件是对于式(12-4-21)的简单推广：

$$f_i\leqslant 0, x_i\geqslant 0, x_i f'(x_i)=0, i=1,2,\cdots,n \tag{12-4-22}$$

2.一般的不等式约束

假设目标函数由式(12-4-4)给出，非负约束为 $x_i\geqslant 0$，而非线性约束由下式给出：

$$\begin{cases} g^1(x_1,x_2,\cdots,x_n)\leqslant c_1 \\ g^2(x_1,x_2,\cdots,x_n)\leqslant c_2 \\ \qquad\vdots \\ g^m(x_1,x_2,\cdots,x_n)\leqslant c_m \end{cases} \tag{12-4-23}$$

其中，c_i 是常数而函数 $g^j(\cdot)$ 是连续的且有连续偏导数$(j=1,2,\cdots,m)$。与这个问题相关的拉格朗日函数是：

$$L\equiv f(x_1,x_2,\cdots,x_n)+\sum_{j=1}^{m}\lambda_j[c_j-g^j(x_1,x_2,\cdots,x_n)] \tag{12-4-24}$$

其中，λ_j 是与不等式约束 $c_j \geqslant g^j(\cdot)$ 相关的拉格朗日乘子。对于一个受约束最大化问题，一阶条件是：

$$\begin{aligned} &L_i \leqslant 0, x_i \geqslant 0, x_i L_i = 0, i = 1,2,\cdots,n \\ &L_{\lambda_j} \geqslant 0, \lambda_j \geqslant 0, \lambda_j L_{\lambda_j} = 0, j = 1,2,\cdots,m \end{aligned} \tag{12-4-25}$$

其中，$L_i \equiv \partial L/\partial x_i$ 且 $L_{\lambda_j} \equiv \partial L/\partial \lambda_j$ 。

对于一个最小化问题，拉格朗日函数和前面的相同，但是一阶条件变成：

$$\begin{aligned} &L_i \geqslant 0, x_i \geqslant 0, x_i L_i = 0, i = 1,2,\cdots,n \\ &L_{\lambda_j} \leqslant 0, \lambda_j \geqslant 0, \lambda_j L_{\lambda_j} = 0, j = 1,2,\cdots,m \end{aligned} \tag{12-4-26}$$

第五节　动态优化

一、由拉格朗日得到的最优法则

先从最基本的最优化问题入手，此问题包含无限生存个体的最优选择以及储蓄计划。该个体服从如下效用函数：

$$\Lambda(t_0) \equiv \int_{t_0}^{t_1} U[C(t)] \cdot e^{\rho(t_0 - t)} \mathrm{d}t \tag{12-5-1}$$

其中，$\Lambda(t_0)$ 为终生效用；t_0 是期望寿命；t_1 是规划期限；$U(\cdot)$ 为幸福函数；$C(t)$ 是时间 t 的消费流量；ρ 为纯时间偏好率。通常，幸福函数为正，但是消费的边际效用逐渐减少，即 $U'(\cdot) > 0 > U''(\cdot)$ 。

考虑个体面临的约束。假设金融资产 $A(t)$ 随着时间的推移满足下列预算等式：

$$\dot{A}(t) = r(t)A(t) + W(t) - C(t) \tag{12-5-2}$$

其中，$\dot{A}(t) \equiv \mathrm{d}A(t)/\mathrm{d}t$；$r(t)$ 为利率；$W(t)$ 是工资收入。假设 $r(t)$ 和 $W(t)$ 都被个体已知，但是可能会随着时间的推移而变化。个体面临的第二个约束为终止条件，即个体在死亡时金融资产为零：

$$A(t_1) = 0 \tag{12-5-3}$$

第三，存在一个初始条件，它规定规划期的资产等于在时间(A_0)个体所拥有的：

$$A(t_0) = A_0 \tag{12-5-4}$$

其中，A_0 是时间 t_0 的前定变量。最后，没有接入约束，因此 $A(t)$ 可能在某个时间 $t < t_1$ 时为负。

最优问题如下：个体必须在 $t_0 \leqslant t \leqslant t_1$ 时为 $C(t)$ 和 $A(t)$ 选择一个时间路径，使得式(12-5-1)在满足约束式(12-5-3)和式(12-5-4)时最大化。第一步，先定义拉格朗日等式：

$$L(t_0) \equiv \int_{t_0}^{t_1} U[C(t)] \cdot e^{\rho(t_0-t)} dt + \int_{t_0}^{t_1} \lambda(t) \cdot [r(t)A(t) + W(t) - C(t) - \dot{A}(t)] dt \tag{12-5-5}$$

其中，$\lambda(t)$ 为时间 t 的预算等式的拉格朗日乘子，方括号中的项只是约束式(12-5-2)的另一种写法。改写式(12-5-5)，得到：

$$\begin{aligned} L(t_0) &\equiv \int_{t_0}^{t_1} \{U[C(t)] \cdot e^{\rho(t_0-t)} + \lambda(t) \cdot [r(t)A(t) + W(t) - C(t)]\} dt - \int_{t_0}^{t_1} \lambda(t)\dot{A}(t) dt \\ &= \int_{t_0}^{t_1} H[t, C(t), A(t), \lambda(t)] dt - \int_{t_0}^{t_1} \lambda(t)\dot{A}(t) dt \end{aligned} \tag{12-5-6}$$

其中函数 $H(\cdot)$ 定义如下：

$$H[t, C(t), A(t), \lambda(t)] \equiv U[C(t)] \cdot e^{\rho(t_0-t)} + \lambda(t) \cdot [r(t)A(t) + W(t) - C(t)] \tag{12-5-7}$$

利用分布积分，可以得出：

$$\begin{aligned} -\int_{t_0}^{t_1} \lambda(t)\dot{A}(t) dt &= -\lambda(t)A(t) \Big|_{t_0}^{t_1} + \int_{t_0}^{t_1} A(t)\dot{\lambda}(t) dt \\ &= \lambda(t_0)A(t_0) - \lambda(t_1)A(t_1) + \int_{t_0}^{t_1} A(t)\dot{\lambda}(t) dt \end{aligned} \tag{12-5-8}$$

将式(12-5-8)代入式(12-5-6)，可以得到拉格朗日等式的不含 $\dot{A}(t)$ 的最佳表达式：

$$L(t_0) \equiv \int_{t_0}^{t_1} \{H[t, C(t), A(t), \lambda(t)] + A(t)\dot{\lambda}(t)\} dt + \lambda(t_0)A(t_0) - \lambda(t_1)A(t_1) \tag{12-5-9}$$

已知，$A(t_1) = 0$。

将最优效用最大化的 $C(t)$ 和 $A(t)$ 分别用 $\overline{C}(t)$ 和 $\overline{A}(t)$ 表示。考虑到 $C(t)$ 和 $A(t)$ 的邻近解可以写为：

$$C(t) = \overline{C}(t) + \varepsilon z_1(t) \tag{12-5-10}$$

$$A(t) = \overline{A}(t) + \varepsilon z_2(t) \tag{12-5-11}$$

其中，$z_1(t)$ 为 $C(t)$ 的扰动路径，$z_2(t)$ 是 $A(t)$ 相应的扰动路径。后一个扰动路径是从(a) $C(t)$ 的扰动路径和(b) $A(t)$ 的动态路径得来的。将式(12-5-9)的邻近解改写成：

$$L(\varepsilon,t_0)\equiv\int_{t_0}^{t_1}\{H[t,\bar{C}(t)+\varepsilon z_1(t),\bar{A}(t)+\varepsilon z_2(t),\lambda(t)]+\dot{\lambda}(t)[\bar{A}(t)+\varepsilon z_2(t)]\}\mathrm{d}t+\lambda(t_0)A(t_0)-\lambda(t_1)A(t_1) \quad (12\text{-}5\text{-}12)$$

$A(t)$ 的扰动路径与式(12-5-3)和式(12-5-4)是一致的，即 $\bar{A}(t_0)=A(t_0)$，所以 $z_2(t_0)=0$ 以及 $\bar{A}(t_1)=A(t_1)=0$，所以 $z_2(t_1)=0$。在时间 t_0 和 t_1 外，有 $z_2(t)\neq 0$。

如果 $\bar{C}(t)$ 和 $\bar{A}(t)$ 实际上为最佳解路径，那么必然存在当 $\varepsilon=0$ 时 $\mathrm{d}L(\varepsilon,t_0)/\mathrm{d}\varepsilon=0$。通过求导，有：

$$\frac{\mathrm{d}L(\varepsilon,t_0)}{\mathrm{d}\varepsilon}=\int_{t_0}^{t_1}\left\{\frac{\partial H(\cdot)}{\partial C(\cdot)}z_1(t)+\left[\frac{\partial \mathrm{H}(\cdot)}{\partial A(t)}+\dot{\lambda}(t)\right]z_2(t)\right\}\mathrm{d}t \quad (12\text{-}5\text{-}13)$$

$\mathrm{d}L(\varepsilon,t_0)/\mathrm{d}\varepsilon=0$ 成立当且仅当对所有非零扰动路径式(12-5-13)右边的所有项都为零，即最佳解必然满足：

$$\frac{\partial[\mathrm{t},\mathrm{C}(\mathrm{t}),\mathrm{A}(\mathrm{t}),\lambda(\mathrm{t})]}{\partial \mathrm{C}(\mathrm{t})}=0 \quad (12\text{-}5\text{-}14)$$

$$-\frac{\partial H[t,C(t),A(t),\lambda(t)]}{\partial A(t)}=\dot{\lambda}(t) \quad (12\text{-}5\text{-}15)$$

此外，显然，最初的约束式(12-5-2)可以写为：

$$\frac{\partial H[t,C(t),A(t),\lambda(t)]}{\partial \lambda(t)}=\dot{A}(t) \quad (12\text{-}5\text{-}16)$$

• 式(12-5-7)中定义的 $H(\cdot)$ 函数叫作汉密尔顿方程，其与动态最优问题有关。

• 在任何时刻可以自由选择路径的变量叫控制变量。在此处所讨论的问题中 $C(t)$ 为控制变量。

• 因为控制变量路径的变化而引起自身路径变量叫作状态变量。在此处所讨论的问题中，$A(t)$ 是状态变量。刻画状态变量路径的方程叫作状态方程。此处式(12-5-2)是状态方程。

• 与状态变量结合在一起的拉格朗日乘子叫共态变量，此处 $\lambda(t)$ 为共态变量。

二、无约束

经济学中典型的无限寿命最优控制问题有如下形式。目标函数定义如下：

$$\Psi(t_0)=\int_{t_0}^{\infty}\Phi[x(t),u(t),t]\cdot e^{\rho(t_0-t)}\,dt \tag{12-5-17}$$

其中，t_0 为规划期；$x(t)$ 是状态变量；$u(t)$ 是控制变量；$e^{\rho(t_0-t)}$ 是贴现因子；t 是时间。状态变量和控制变量根据下面的状态方程而相关：

$$\dot{x}(t)=f[x(t),u(t),t] \tag{12-5-18}$$

因此,状态方程描述了状态变量的运动。状态变量的初始条件由下式给出：

$$x(0)=x_0 \tag{12-5-19}$$

其中，x_0 是给定的常数。在多数最优控制问题里,状态变量的终值可以随意选取，但要满足一个最低限制。我们将终值条件写为

$$\lim_{t\to\infty}x(t)\geqslant x_{\min} \tag{12-5-20}$$

其中，$x_{\min}$ 为外生给定的对状态变量的最低限制(一般 $x_{\min}$)。目标是寻找控制变量的一条时间路径,对于 $t\in[t_0,\infty)$ 的 $u(t)$，给定状态方程(12-5-18)、初值条件式(12-5-19)以及终值条件式(12-5-20)时,最大化目标函数式(12-5-17)。

为解决这一问题,提出如下形式的汉密尔顿函数：

$$H\equiv\Phi[x(t),u(t),t]\cdot e^{\rho(t_0-t)}+\lambda(t)\cdot f[x(t),u(t),t] \tag{12-5-21}$$

其中，$\lambda(t)$ 是共态变量。最大化原理提供了如下条件($t\in[t_0,\infty)$)：

$$\frac{\partial H}{\partial u(t)}=0 \tag{12-5-22}$$

$$\dot{x}(t)=\frac{\partial H}{\partial\lambda(t)},x(0)=x_0 \tag{12-5-23}$$

$$\dot{\lambda}(t)=-\frac{\partial H}{\partial x(t)} \tag{12-5-24}$$

$$\lim_{t\to\infty}\lambda(t)\geqslant 0,\lim_{t\to\infty}\lambda(t)\cdot[x(t)-x_{\min}] \tag{12-5-25}$$

第一个条件说的是应当选择合适的控制变量使得汉密尔顿函数最大化,第二个条件给出了状态变量的运动方程,与此同时,第三个等式给出了共态变量的运动方程。最后,式(12-5-25)建立了横截面条件。

求解同一个问题的等价方法是利用现值汉密尔顿函数,定义如下：

$$H_C[\equiv He^{\rho(t_0-t)}]\equiv\Phi[x(t),u(t),t]+\mu(t)\cdot f[x(t),u(t),t] \tag{12-5-26}$$

其中，$\mu(t)\equiv\lambda(t)e^{\rho(t_0-t)}$ 是重新定义的共态变量。以上汉密尔顿函数表示的一阶条件是：

$$\frac{\partial H_C}{\partial u(t)}=0 \tag{12-5-27}$$

$$\dot{x}(t)=\frac{\partial H_C}{\partial \mu(t)} \tag{12-5-28}$$

$$\dot{\mu}(t)-\rho\mu(t)=-\frac{\partial H_C}{\partial x(t)} \tag{12-5-29}$$

$$\lim_{t\to\infty} e^{\rho(t_0-t)}\mu(t)\geqslant 0,\lim_{t\to\infty} e^{\rho(t_0-t)}\mu(t)\cdot[x(t)-x_{\min}] \tag{12-5-30}$$

在很多最优控制的应用中，式(12-5-17)的贴现项并不是 $e^{\rho(t_0-t)}$ 而是 $e^{-R(t_0,t)}$，其中 $R(t_0,t)\equiv\int_{t_0}^{t} r(s)\mathrm{d}s$，$\mu(t)\equiv\lambda(t)e^{R(t_0,t)}$。在这种情形下，定义 $H_C\equiv He^{R(t_0,t)}$，并且式(12-5-29)改写为

$$\dot{\mu}(t)-r(t)\mu(t)=-\frac{\partial H_C}{\partial x(t)} \tag{12-5-31}$$

上式利用了 $\mathrm{d}R(t_0,t)/\mathrm{d}t=r(t)$。在式(12-5-30)中用 $e^{-R(t_0,t)}$ 代替了 $e^{\rho(t_0-t)}$。

如果有 n 个状态变量和 m 个控制变量，那么同样的方法仍然适用，只是 $H(t)\equiv[x_1(t),\cdots,x_n(t)]$ 和 $H(t)\equiv[u_1(t),\cdots,u_n(t)]$ 必须解释为向量，且条件集适当扩展为

$$\frac{\partial H_C}{\partial u_i(t)}=0 \tag{12-5-32}$$

$$\dot{x}_i(t)=\frac{\partial H_C}{\partial \mu_i(t)} \tag{12-5-33}$$

$$\dot{\mu}_i(t)-\rho\mu_i(t)=-\frac{\partial H_C}{\partial x_i(t)} \tag{12-5-34}$$

$$\lim_{t\to\infty} e^{\rho(t_0-t)}\mu_i(t)\geqslant 0,\lim_{t\to\infty} e^{\rho(t_0-t)}\mu_i(t)\cdot[x_i(t)-x_{i,\min}] \tag{12-5-35}$$

其中，$u_i(t)$ 是与状态变量 $x_i(t)$ 相对应的共态变量，$j=1,\cdots,m$ 且 $i=1,\cdots,n$。

三、不等式约束

假设问题和式(12-5-17)～式(12-5-20)一样，但是有一个额外的约束，表现为如下形式：

$$g[x(t),u(t),t]\leqslant c \tag{12-5-36}$$

其中，c 是某个常数。进一步假设对于控制变量有非负限制，即要求 $u(t)\geqslant 0$。处理这些不等式的方法是形成下面的现值拉格朗日函数：

$$L_C=[\mathrm{x}(\mathrm{t}),\mathrm{u}(\mathrm{t}),\mathrm{t}]+\mu(\mathrm{t})\cdot \mathrm{f}[\mathrm{x}(\mathrm{t}),\mathrm{u}(\mathrm{t}),\mathrm{t}]+\theta(\mathrm{t})\cdot\{\mathrm{c}-\mathrm{g}[\mathrm{x}(\mathrm{t}),\mathrm{u}(\mathrm{t}),\mathrm{t}]\} \tag{12-5-37}$$

其中，$\theta(t)$ 是与不等式约束式(12-5-36)相关的拉格朗日乘子。一阶条件现在是

$$\frac{\partial L_C}{\partial u(t)} \leqslant 0, u(t) \geqslant 0, u(t)\frac{\partial L_C}{\partial u(t)} = 0 \tag{12-5-38}$$

$$\frac{\partial L_C}{\partial \theta(t)} \geqslant 0, \theta(t) \geqslant 0, \theta(t)\frac{\partial L_C}{\partial \theta(t)} = 0 \tag{12-5-39}$$

$$\dot{x}(t) = \frac{\partial L_C}{\partial \mu(t)} \tag{12-5-40}$$

$$\dot{\mu}(t) - \rho\mu(t) = -\frac{\partial H_C}{\partial x(t)} \tag{12-5-41}$$

式(12-5-38)给出了与控制变量非负约束相关的库恩-塔克条件。式(12-5-39)给出了不等式约束式(12-5-36)的库恩-塔克条件，而式(12-5-40)和式(12-5-41)分别给出了状态变量和共态变量的运动定律。横截面条件同样由式(12-5-35)给出。

后　记

本书是由西南财经大学、中国社会科学院、北京大学、中国人民大学、厦门大学、南开大学、四川大学、云南大学、上海大学、四川农业大学、西华大学、四川省社会科学院、成都市发展与改革委员会、英国剑桥大学、墨西哥下加利福尼亚大学蒂华纳分校的20名教学科研人员共同写作完成的，由吕朝凤任第一主编，并对全书修纂定稿。

感谢上述校园的众多经济学子，其中陶毅、郭子玉、钱旭洋、毛霞（现为海南大学经济学院讲师）、余啸（现为成都市发展和改革委员会主任科员）分别参与了本书第二章、第三章、第五章、第七章至第十一章的写作，并分别对全书进行了修改、校正和排版，谌科和龙佳乐参与了第十二章的撰写和修改工作，其贡献尤其值得称道。

本书得到西南财经大学光华英才工程"光华百人计划"项目、国家自然科学基金重点项目"新时代居民消费发展的驱动机制及政策研究"（编号：72033007）、国家社会科学基金西部项目"中国市场化改革与经济高质量增长研究"（编号：22XJL005）、西南财经大学中国特色现代金融理论平台，西南财经大学双一流重大（重点）建设项目"财政与金融协同机制研究"、国家自然科学基金项目"中国经济增长与经济结构转型研究：基于新结构经济学的新范式"（编号：72141301）的资助。

限于我们的知识水平和教学经验，本书的缺点和遗漏在所难免，因此，本书将来定要进行修改和增删。为此，希望使用本书的读者随时向本书的编写人员提出意见，指出问题。我们将在未来对这些不当之处，进行修订。具体联系邮箱为：advance_macroeco@126.com。